ESSAIS SUR L'HISTOIRE

GÉNÉRALE ET COMPARÉE

DES

THÉOLOGIES ET DES PHILOSOPHIES

MÉDIÉVALES

PAR

FRANÇOIS PICAVET

Secrétaire du Collège de France
Directeur à l'École pratique des Hautes-Études
Chargé du cours de philosophie du Moyen Age à la Faculté des Lettres
de l'Université de Paris

Recherches aux Hautes-Études, à la Faculté des Lettres.
Méthode de l'histoire générale et comparée des philosophies médiévales.
Classification des Mystiques. — Éducation hellénique
de saint Paul. — Le divin dans les premiers siècles. — Phavorinos
et J.-J. Rousseau. — Les Universaux au XIIᵉ siècle. — L'âme
du monde et l'Esprit-Saint. — Bacon, éditions faites et à faire,
son maître Pierre de Maricourt, son disciple Jean, ceux qu'il combat.
Deux directions au XIIIᵉ siècle. — Une des origines
de la Réforme luthérienne. — Averroïstes, libertins, esprits forts.
Descartes et les philosophies médiévales. — Modernisme et Thomisme.
Sciences, philosophie et théologie dans l'Islam.

PARIS

LIBRAIRIE FÉLIX ALCAN

108, BOULEVARD SAINT-GERMAIN

ESSAIS SUR L'HISTOIRE

GÉNÉRALE ET COMPARÉE

DES

THÉOLOGIES ET DES PHILOSOPHIES

MÉDIÉVALES

PRINCIPAUX OUVRAGES DE M. FRANÇOIS PICAVET

Éditions de Condillac, *Traité des sensations*, première partie. Paris, 1886, Delagrave édition, 1911; de Cicéron, *de Natura Deorum*, l. II. Paris, F. Alcan, 1887; de d'Alembert, *cours préliminaire de l'Encyclopédie*, Paris, Colin, 3ᵉ édition, 1912.
Kant, *Critique de la Raison pratique*, nouvelle traduction française, in-8, Paris, F. Alcan, 88, 4ᵉ édition, 1912.
Instruction morale et civique, 1 vol. in-18 de 690 pages, Paris, Colin, 1888, 4ᵉ édition, 05 (épuisé).
Les Idéologues, 1 vol. in-8 de 628 pages, couronné par l'Académie française, Paris, Alcan, 1891.
De Epicuro novæ religionis auctore, *sive de diis quid senserit Epicurus*, in-8. Paris, Alcan, 1885.
L'Éducation, 1 vol. in-12 de 232 pages, Paris, Chailley, 1895.
Troisième Congrès international d'Enseignement supérieur, 30 juillet-4 août 1900, 1 vol. -8, lii-592 pp. Paris, Chevalier-Marescq et Cⁱᵉ, 1902.

Brochures

L'Histoire de la philosophie, ce qu'elle a été, ce qu'elle peut être. Ac. des Sc. m. et pol. iris, F. Alcan, 1888; *M. Ludovic Carrau* « Rev. int. de l'Ens. » et Paris. Colin, 1889; *La ettrie et la Critique allemande*. Ac. des Sc. m. et pol. et Paris, F. Alcan, 1889; *Un document important pour l'histoire du pyrrhonisme*, Ac. des Sc. m. et pol. et Paris, Picard, 88; *La philosophie de Maine de Biran de l'an IX à l'an XI*, d'après les deux Mémoires r l'habitude, découverts aux Archives de l'Institut, Ac. des Sc. m. et p. et Paris, Picard 89; *Bibliographies de l'agrégation de philosophie*, en 1885, 1886, 1887, 1888, 1889, Paris, ul Dupont; *Essai sur l'éducation littéraire, philosophique et politique d'un grand orateur, ambetta*, Paris, 1905, Pichon et Durand-Auzias.

Publications relatives à l'histoire des philosophies médiévales

L'histoire des rapports de la théologie et de la philosophie, Paris, Colin, 1888; *De l'origine e la scolastique en France et en Allemagne*, Paris, Leroux, 1888; *Le mouvement néo- omiste et les travaux récents sur la scolastique* « Rev. ph. » 1892, 1893, 1896, 1902; *La colastique*, Paris, Colin, 1893; *La science expérimentale au XIIIᵉ siècle*, Paris, Bouillon, 94; *Galilée destructeur de la scolastique, fondateur de la science et de la philosophie odernes*, Paris « Revue rose » et Fontemoing, 1895; *Abélard et Alexandre de Halès, créa- urs de la méthode scolastique*, Paris, Leroux, 1896; *Les discussions sur la liberté au temps e Gottschalk, de Raban Maur, d'Hincmar et de Jean Scot*, Paris, Picard, 1896; *La renais- nce des études scolastiques* « Revue bleue » 1896; *Roscelin, philosophe et théologien*. Impri- erie Nationale 1896; *Gerbert, Un pape philosophe*, in-8, Paris, Leroux, 1897; Art. *Péri- atétisme et École Péripatéticienne, Scolastique, Stoïcisme à Rome, Thomisme et éo-thomisme* dans la Grande Encyclopédie; *Le moyen âge, caractéristique théologique et hilosophico-scientifique, limites chronologiques*, Ac. des Sc. m. et pol. et Alcan. *Entre amarades*, Paris, 1901; *B. Hauréau*. « Rev. int. de l'Enseig. »; *Histoire de l'Ens. et des 'coles du IXᵉ au XIIIᵉ siècle*. ibid., 1901; *Les Historiens de la Scolastique, Hauréau, de Vulf, Elie Blanc, Ueberweg-Heinze* « Rev. ph. », Moyen Age, « Rev. de l'histoire des reli- ions », 1902; *L'Averroïsme et les Averroïstes latins du XIIᵉ siècle, d'après le de unitate ntellectus contra Averroistas, de saint Thomas*, Paris, Leroux, 1902; *Valeur de la Scolas- ique*, Paris, Colin, 1902; *Plotin et les Mystères d'Eleusis*, Paris, Leroux, 1903; *Plotin et saint 'aul*, Ac. des sc. m. et pol. 1904; *Deux directions de la théologie et de l'exégèse catholi- ues au XIIIᵉ siècle, saint Thomas d'Aquin et Roger Bacon*, Paris, Leroux, 1905; *Esquisse 'une Histoire générale et comparée des philosophies médiévales*, 2ᵉ édition, Paris, Alcan, 907; *Roscelin, philosophe et théologien d'après l'histoire, et d'après la légende, sa place ans l'histoire générale et comparée des philosophies médiévales*, Paris, Alcan, 1911; *Quel- ues documents sur nos vieux maîtres, Roscelin de Compiègne*, 1912; *Pour une future dition des œuvres de Roger Bacon*, Paris, Hachette, 1912; *La conception d'une histoire énérale et comparée des philosophies médiévales*, Bruxelles, 1912.

ESSAIS SUR L'HISTOIRE
GÉNÉRALE ET COMPARÉE
DES
THÉOLOGIES ET DES PHILOSOPHIES
MÉDIÉVALES

PAR

FRANÇOIS PICAVET

Secrétaire du Collège de France
Directeur à l'École pratique des Hautes-Études
Chargé du cours de philosophie du Moyen Age à la Faculté des Lettres
de l'Université de Paris

Recherches aux Hautes-Études, à la Faculté des Lettres.
Méthode de l'histoire générale et comparée des philosophies médiévales.
Classification des Mystiques. — Éducation hellénique
de saint Paul. — Le divin dans les premiers siècles. — Phavorinos
et J.-J. Rousseau. — Les Universaux au XIIe siècle. — L'âme
du monde et l'Esprit-Saint. — Bacon, éditions faites et à faire,
son maître Pierre de Maricourt, son disciple Jean, ceux qu'il combat.
Deux directions au XIIIe siècle. — Une des origines
de la Réforme luthérienne. — Averroïstes, libertins, esprits forts.
Descartes et les philosophies médiévales. — Modernisme et Thomisme.
Sciences, philosophie et théologie dans l'Islam.

PARIS
LIBRAIRIE FÉLIX ALCAN
108, BOULEVARD SAINT-GERMAIN

—

1913

Tous droits de reproduction, de traduction et d'adaptation réservés pour tous pays.

AVANT-PROPOS

Comme suite annoncée à l'Esquisse, *on aurait dû donner le premier volume, qui est achevé dans ses grandes lignes, de l'*Histoire générale et comparée des philosophies médiévales. *Mais parmi les nombreuses questions qui restent encore obscures, il en est quelques-unes qui demandent à être traitées à part, en raison même de leur importance pour la succession et le développement des doctrines. C'est pourquoi on a publié en 1911* Roscelin philosophe et théologien d'après la légende et d'après l'histoire, sa place dans l'histoire des philosophies médiévales. *C'est pourquoi on a préparé les présents* Essais sur l'histoire générale et comparée des théologies et des philosophies médiévales.

On y a indiqué sommairement ce qui a été fait par le professeur et par les étudiants qui sont devenus ses collaborateurs, d'abord à l'Ecole pratique des Hautes-Etudes, depuis vingt-quatre ans, pour l'histoire des rapports de la théologie et de la philosophie, pour celle des dogmes et des doctrines du monde chrétien, qu'on a rapprochées, quand il y avait lieu, de celles qui se produisaient aux mêmes époques chez les Juifs et chez les Musulmans, comme de celles que fait naître, à partir du XVIIe siècle, le progrès scientifique (ch. I). Ensuite, à la Faculté des Lettres de l'Université de Paris, on s'est occupé plus spécialement, depuis 1906, des philosophies médiévales (ch. II). En notant ce qui a été achevé, ce qui a été commencé, on a essayé de montrer ce qui reste à faire dans ce domaine fort étendu, qu'il est même à peu près impossible de délimiter exactement.

Pour déterminer aussi nettement que possible la méthode, nouvelle par rapport aux recherches faites dans les trois premiers quarts du XIXe siècle, qu'il convient de suivre dans l'étude générale et comparée des théologies et des philosophies médiévales, on l'a distinguée de ce qu'on a appelé longtemps l'histoire universelle, puis l'histoire générale; on a établi qu'il ne faut pas la confondre avec la méthode comparative fréquemment employée dans les travaux contemporains sur l'histoire des religions; on l'a rapprochée de celle qu'on a inaugurée pour l'étude comparée des littératures, mais on en a surtout cherché l'origine dans la manière dont il a été usé de la comparaison par la psychologie et les sciences naturelles (ch. III).

Puis on a tracé les cadres dans lesquels peuvent être placés la plupart des théologiens et des philosophes rangés dans le Moyen Age (Esquisse, II). Car ils se proposent de réaliser en eux-mêmes une perfection de plus en plus grande pour s'unir, en ce monde ou en l'autre, à la suprême perfection qu'ils objectivent en Dieu (ch. IV).

Avec l'éducation hellénique de saint Paul, on a signalé une des premières tentatives qui furent faites pour unir la pensée gréco-romaine aux conceptions juives et chrétiennes (ch. V). Et la synthèse fut possible pour les représentants des doctrines du monde antique comme pour ceux du monde oriental, car le divin est partout, chez les penseurs et dans le peuple, aux premiers siècles de l'ère chrétienne (ch. VI). Ainsi se construit le système de Plotin où la philosophie tient la première place; ainsi se forment les théologies chrétiennes, juives, musulmanes auxquelles se joindront des philosophies où les éléments plotiniens seront nombreux et assez importants pour qu'on puisse en faire l'histoire générale et comparée.

Ainsi, en outre, s'affirme la continuité et l'évolution de la pensée humaine. L'effort fut incessant, quoiqu'on ait pu constater des moments d'arrêt et de stagnation — pour conserver et organiser ce qui avait été antérieurement acquis par la spéculation scientifique, religieuse et philosophique. Byzance voulut, jusqu'à ce que les Turcs eussent définitivement détruit son empire, sauvegarder tout l'héritage antique. Et elle le transmit avec ses propres acquisitions aux Syriaques, aux Persans, aux Arabes qui le firent rapidement fructifier, aux Slaves qui furent plus lents à l'assimiler, mais qui en tirèrent les germes de leur développement ultérieur. Les Arabes et les Juifs travaillèrent plus de trois siècles en commun et quand les premiers rompirent avec la science et la philosophie, les seconds conservèrent ce qui avait été leur propriété commune. Chez les Chrétiens de l'Occident, en Gaule tout au moins, on put croire un moment qu'il ne resterait rien de la civilisation antique. S'il y eut une première Renaissance avec Alcuin et Jean Scot Erigène (Esquisse, VI), il n'y eut pas alors, il n'y eut pas davantage au XIe et au XIIe siècle, absorption complète de la grande conception des Plotiniens et des chrétiens qui s'étaient appropriés la pensée du philosophe : c'est ce que prouvent, sans contestation possible, les études sur les Universaux (ch. VIII), sur l'Ame du monde et l'Esprit-Saint (ch. IX). Mais grâce aux Byzantins, aux Arabes, aux Juifs, l'Occident chrétien reçut, au XIIIe siècle, la science et la philosophie qu'ils avaient conservées et augmentées. Une double direction se partagea les esprits (ch. XIV) : les uns, comme Albert le Grand et saint Thomas, travaillèrent à systématiser tous les résultats acquis pour en faire une théologie et une philosophie catholiques. D'autres, comme Roger Bacon, soutinrent qu'il fallait continuer à cultiver les sciences profanes et sacrées, les mathématiques et la physique au sens très large du mot, les sciences et les langues, l'exégèse comme la morale, la métaphysique et le droit canon, pour en faire sans cesse bénéficier la théologie et le monde chrétien tout entier. Ce fut une seconde Renaissance. Mais les thomistes l'emportèrent et Roger Bacon fut pour un temps oublié. La publication de ses œuvres (ch. X) est d'autant plus nécessaire, la connaissance de son maître par excellence Pierre de Maricourt (ch. XI), du disciple Jean qu'il s'était attaché à former (ch. XII) comme des critiques qu'il adresse à Alexandre de Halès, surtout à Albert le Grand et à saint Thomas dont la papauté et les ordres religieux devaient accepter les

AVANT-PROPOS

enseignements (ch. XIII) est d'autant plus importante que la troisième Renaissance, celle que provoqua en partie la prise de Constantinople, la Réforme, dans ses directions multiples, le XVIIe siècle et ceux qui suivirent, par les recherches scientifiques de toute nature, auraient pu se réclamer de Roger Bacon qui avait recommandé l'étude des textes grecs, hébreux, arabes, pour en faire sortir comme de leur source, les idées religieuses, scientifiques et philosophiques en y joignant la pratique ininterrompue de l'observation externe par les sens et les instruments, de l'observation interne par la conscience et grâce à l'illumination divine.

Il ne faut pas croire, comme on a coutume de le répéter, qu'il y ait rupture, à partir du XVIIe siècle, avec toutes les conceptions médiévales. Déjà quand Luther, qui entend revenir aux Evangiles, s'attaque à la philosophie et à la théologie qui se présentaient comme chrétiennes et catholiques, c'est en s'inspirant de doctrines nettement plotiniennes (ch. XV). Quant à Descartes, il reproduit, non certes sans l'originalité propre aux hommes de génie, les doctrines essentielles sur l'existence de Dieu et l'immortalité ou plutôt la spiritualité de l'âme qui, de Plotin, étaient passées à saint Augustin, à saint Anselme et à leurs successeurs (ch. XVII). Et ceux qu'il combat, ceux que combattent Bossuet, La Bruyère, Berkeley et Leibnitz, qu'on les appelle des athées ou des impies, des libertins, des esprits forts ou des petits philosophes, continuent les Averroïstes du XIIIe et du XVIe siècle (ch. XVI). On fut surpris quand on vit Léon XIII ramener les catholiques à la philosophie thomiste (Esquisse, IX); on l'eût été moins si l'on avait su que J.-J. Rousseau s'était inspiré de Phavorinos (ch. VII), peut-être même d'Ibn Tofaïl; que les déistes du XVIIIe siècle, comme ceux du XIXe ne se distinguaient des théistes du XVIIe qu'en ce qu'ils se bornaient à invoquer la raison, sans laisser de place à la foi, pour affirmer qu'il y a un Dieu et que notre âme est immortelle (ch. XVII).

Non seulement il y a continuité pour qui considère le monde méditerranéen dans son ensemble, mais il y a une évolution qui suppose des additions successives et constantes, par lesquelles s'augmentent incessamment les données de la conscience dont on se sert pour édifier des systèmes de plus en plus compréhensifs. Aux doctrines juives et évangéliques, saint Paul ajoute des affirmations d'origine grecque. Plotin synthétise tout ce qui lui a été transmis du monde grec, en approfondissant la connaissance de l'âme humaine et en mettant à profit les conceptions religieuses de l'Orient. Et les Pères grecs utilisent, pour constituer la théologie chrétienne, l'œuvre tout entière de Plotin. A Byzance, on augmente, même au XIIe siècle, ce qui avait été réuni par les savants, les théologiens et les philosophes des époques antérieures. Après les Grecs, les Arabes apportent des accroissements importants aux sciences mathématiques, physiques et naturelles, leurs travaux sur l'algèbre, la trigonométrie, l'astronomie, l'optique et la physiologie marquent un progrès notable. On peut en dire tout autant de l'œuvre des chrétiens du XIIIe siècle : ils donnent une synthèse dont vivra pendant des siècles le monde catholique, ils continuent les recherches scientifiques des Byzantins et des Arabes, notamment pour les mathématiques, l'optique, l'alchimie, la pratique de la méthode expérimentale; ils indiquent à l'exégèse, à la théologie, comme à la philosophie et à la science, des directions nouvelles. La troisième Renaissance entreprend de remettre en lumière toutes les doctrines antiques sous la forme exacte qu'elles avaient revêtue; la Réforme poursuit la même tâche en ce qui concerne la pensée évangélique. Enfin les philosophes et les savants, à partir du XVIIe siècle réussissent à rendre de plus en plus précise l'étude des phénomènes par laquelle nous nous rendons maîtres de la nature, à étendre la connaissance du monde sensible pour arriver à la constitution d'un monde intelligible moins imparfait et plus accessible.

Sans doute ce ne sont pas toujours les peuples mêmes par lesquels ont été créées les sciences et les doctrines qui les transmettent à leurs successeurs et qui les accroissent. Et c'est pourquoi on s'est demandé si les catholiques revenus au thomisme pourront y incorporer les connaissances positives qui s'accumulent depuis plus de trois siècles (ch. XVIII), si les Musulmans réussiront à faire renaître, comme un certain nombre d'entre eux le souhaitent et y travaillent, les sciences et la philosophie qui avaient grandement contribué à rendre autrefois leur civilisation prospère (ch. XIX). Mais il reste acquis — et cela vaut la peine d'être relevé après cette enquête impartiale — que pendant cette longue période, il s'est trouvé des représentants des religions révélées qui ont voulu s'approprier toutes les conceptions dont avait vécu antérieurement l'humanité et qu'il s'est rencontré des partisans de la pensée libre dont le but a été de s'emparer à leur tour de tout ce qui avait servi essentiellement à guider la vie religieuse. C'est en procédant ainsi que l'humanité a enrichi sans cesse les données de la conscience sur lesquelles, en définitive, elle établit ses constructions théologiques ou métaphysiques et d'après lesquelles elle règle la vie des individus et des sociétés. Théologiens, philosophes, savants ont estimé que rien de ce qui est humain ne saurait être négligé.

FRANÇOIS PICAVET.

CHAPITRE PREMIER

VINGT-QUATRE ANS DE RECHERCHES ET D'ENSEIGNEMENT A LA SECTION DES SCIENCES RELIGIEUSES DE L'ÉCOLE PRATIQUE DES HAUTES ÉTUDES SUR LES RAPPORTS DE LA THÉOLOGIE ET DE LA PHILOSOPHIE, SUR L'HISTOIRE DES DOCTRINES ET DES DOGMES

Création d'une cinquième section, pour les sciences religieuses, à l'Ecole pratique des Hautes-Etudes, 1886 : histoire des dogmes. — Création en 1888 d'une conférence pour l'étude des rapports de la philosophie et de la théologie; partage de l'enseignement avec M. Albert Réville. — Plan et méthode du nouvel enseignement : extension des recherches à d'autres religions que le christianisme. — Division pour celui-ci en cinq périodes; sujets à étudier, comparaisons à établir, documents à consulter, questions à poser et méthode; histoire suivie et étude de textes.

I. — De 1888 à 1906, les recherches portent surtout sur l'histoire des rapports de la théologie et de la philosophie. — Conférence d'exposition : 1888-1889, la Renaissance carolingienne, publication de l'*Origine de la Scolastique en France et en Allemagne* dans la Bibliothèque de l'Ecole des Hautes-Etudes. — 1889-1890, Heiric et Remi d'Auxerre, Gerbert, d'après la légende et d'après l'histoire; l'école du Bec, saint Anselme, Plotin et Descartes. — 1890-1891, Roscelin, Guillaume de Champeaux, Abélard précurseur d'Alexandre de Halès, de Vincent de Beauvais et de saint Thomas, le *Didascalion* de Conrad de Hirschau, Jean de Salisbury; résultats introduits dans les *Idéologues* et le *de Epicuro novæ religionis auctore*. — 1891-1892, la restauration du thomisme et l'Encyclique *Æterni Patris*, résumé des recherches antérieures, publication, dans la *Revue philosophique*, du *Mouvement néo-thomiste*. — 1892-1897, les rapports de la théologie et de la philosophie au XIII° siècle; double importance du XIII° siècle; sources auxquelles on a puisé, les Latins antérieurs, les Byzantins, les Arabes, les Juifs; les traducteurs; David de Dinant et Amaury de Bennes; les Alchimistes; saint François d'Assise et Alexandre de Halès; Henri de Gand; saint Thomas, commentateur d'Aristote; publications dans la *Revue philosophique*, *Travaux récents sur la scolastique*, *Travaux récents sur le néo-thomisme et la scolastique*; dans la Revue internationale de l'Enseignement, la *Scolastique*; dans le Moyen Age, *la Science expérimentale au XIII° siècle*; dans la Revue scientifique, *Galilée, fondateur de la science et de la philosophie modernes, destructeur de la Scolastique*; dans la Bibliothèque de l'Ecole des Hautes-Etudes, *Abélard et Alexandre de Halès, fondateurs de la méthode scolastique*; dans les Comptes rendus de l'Académie des Sciences morales et politiques, *Discussions sur la liberté au temps de Gottschalk, de Raban Maur, d'Hincmar et de Jean Scot Erigène*; Fondation de la Société pour l'étude de la scolastique médiévale. — 1896-1897, Gerbert, Gundissalinus, Denys le Chartreux, *Speculum majus* de Vincent de Beauvais; publication dans la Revue bleue, de la *Renaissance des études scolastiques*; dans l'Annuaire des Hautes-Etudes, de *Roscelin, philosophe et théologien d'après la légende et d'après l'histoire*; dans la Bibliothèque de l'Ecole des Hautes-Etudes, de *Gerbert, un pape philosophe d'après la légende et d'après l'histoire*. — 1897-1899, le Mysticisme au Moyen Age dans l'Occident chrétien, Plotin et saint Augustin, le Pseudo-Denys l'Aréopagite, Jean Scot Erigène, les Franciscains, les mystiques flamands et allemands. — 1900-1902, saint Thomas d'Aquin, commentateur et philosophe, théologien et mystique, son précurseur Abélard. — 1902-1907, exégèse et théologie de Roger Bacon et de ses contemporains; publication, dans la Grande Encyclopédie, des articles *Péripatétisme, Stoïcisme à Rome, Scolastique, Thomisme* et *Néo-thomisme*, etc.; dans les Comptes rendus de l'Académie des Sciences morales et politiques, du *Moyen Age, caractéristique théologique et philosophico-scientifique, limites chronologiques*, de *Plotin et les Mystères d'Eleusis*; dans la Revue philosophique, dans le Moyen Age, dans la Revue d'histoire des religions, d'articles sur les historiens de la scolastique; dans la Revue philosophique, du *Mouvement thomiste et des travaux récents sur la scolastique*; dans la Revue internationale de l'Enseignement, sur *l'histoire de l'Enseignement et des écoles*; dans la Bibliothèque du Congrès de philosophie, de la *Valeur de la scolastique*; dans la Revue d'histoire des religions, de l'*Averroïsme et des Averroïstes du XIII° siècle d'après le de Unitate contra Averroïstas de saint Thomas d'Aquin, Deux directions de la théologie et de l'exégèse catholiques au XIII° siècle, saint Thomas d'Aquin et Roger Bacon*; dans la Revue internationale de l'Enseignement, le *Congrès d'histoire des religions de Bâle* et l'*Essai sur l'éducation littéraire, philosophique et politique de Gambetta; Esquisse d'une histoire générale et comparée des philosophies médiévales*.

II. — 1906 à 1912. — Mort de M. Albert Réville, Création d'un cours d'histoire de la philosophie médiévale à la Faculté des Lettres de l'Université de Paris; la rubrique de l'Ecole des Hautes-Etudes, Histoire des dogmes, devient, à la demande du Directeur, Histoire des doctrines et des dogmes. — On réserve pour les recherches et l'enseignement de l'Ecole tout ce qui concerne l'histoire des doctrines religieuses : doctrines hellénico-romaines et dogmes chrétiens, travaux récents sur l'histoire des doctrines et des dogmes; formules et doctrines philosophiques, doctrines purement religieuses dans les livres chrétiens des trois premiers siècles: rapports de Dieu et des hommes d'après l'Ancien et le Nouveau Testament.

III. — Seconde conférence hebdomadaire. — Les étudiants. — Les textes étudiés. — Ceux qui peuvent être considérés comme des sources pour la théologie et la philosophie médiévales. — Le Traité de l'Ame, la Métaphysique, les Seconds Analytiques, la Morale à Nicomaque, la Physique d'Aristote, comparés avec les versions et les commentaires du

Moyen Age. — Le *de Officiis* de Cicéron et le *de Officiis ministrorum* de saint Ambroise; le *de Fato* de Cicéron et les doctrines des Stoïciens, des Epicuriens, de Carnéade et des Académiciens, des Péripatéticiens et des Chrétiens; les *Académiques* de Cicéron et le *Contra Academicos* de saint Augustin; le *Phédon* de Platon; le *de Natura rerum* de Lucrèce; le *Manuel* et les *Entretiens* d'Epictète; textes choisis de Sénèque; comparaison avec les textes chrétiens; les principaux textes relatifs à la théologie grecque; les textes de Plotin relatifs à Dieu et aux hypostases, à l'âme humaine et à son union avec Dieu; comparaison avec des textes chrétiens, musulmans et juifs. — Les textes qui indiquent la persistance des idées théologiques du Moyen Age chez les modernes : textes de Descartes, Leibnitz, Malebranche, Thomassin, Bossuet et Fénelon, Berkeley, Kant et A. Comte. — Travaux des Étudiants. — Résumé.

C'est en 1885 que M. Antonin Dubost, dans un rapport sur le budget du Ministère de l'Instruction publique, demanda que le crédit attribué à l'École pratique des Hautes-Études pour les dépenses du personnel fût augmenté de 30 000 francs, afin d'ajouter une cinquième section, celle des Sciences religieuses, aux sections des sciences mathématiques, physiques, naturelles, historiques et philologiques, créées vers la fin de l'Empire par Victor Duruy. « Dans la discussion relative aux Facultés de théologie, disait M. A. Dubost, on a généralement été d'accord pour admettre qu'il y a, dans les matières de l'enseignement théologique, une partie qui a besoin d'être renouvelée, rajeunie, mise en rapport avec la science contemporaine, mais qui ne peut disparaître totalement de tout enseignement dans notre pays. Car les religions... constituent une portion intégrante de l'histoire de l'humanité et il y a lieu, dès lors, de les soumettre, comme l'histoire elle-même, à la comparaison, à l'examen et à la critique pour en montrer l'enchaînement et la filiation. »

La proposition fut combattue : des catholiques convaincus ne concevaient l'étude nouvelle que sous deux formes, ou l'apologie sans critique, ou la polémique sans impartialité, à la façon du xviii° siècle. « Ou, disaient-ils, la comparaison, l'examen et la critique seront conformes à l'enseignement catholique et il est inutile de supprimer les Facultés de théologie — ou ils y seront contraires et alors on sortira de la neutralité au nom de laquelle on supprime ces Facultés. — Ou, disaient-ils encore, les professeurs qui aborderont l'étude du mosaïsme et du christianisme se prononceront pour l'origine divine et ils rentreront dans l'enseignement supprimé — ou ils se prononceront contre elle et sortiront de la neutralité. Et l'État manquera, en ce dernier cas, à tous ses devoirs en créant exprès des chaires pour battre en brèche des religions qu'il reconnaît. »

Le Ministre répondit que les maîtres ne feraient pas œuvre de polémique, mais de recherche et de critique, qu'ils ne discuteraient pas les dogmes, mais qu'ils étudieraient les textes.

Par décret du 30 janvier 1886, la Section fut constituée. Un arrêté du même jour chargeait M. Albert Réville de l'histoire des dogmes. Deux ans plus tard, en 1888, fut créée une conférence destinée spécialement à l'étude des rapports de la théologie chrétienne et de la philosophie, rattachée à la rubrique « Histoire des Dogmes ». D'un commun accord, l'enseignement fut partagé entre les deux titulaires, pour chacun desquels la tâche était encore des plus considérables. M. Albert Réville traita des dogmes pris en eux-mêmes, de leurs éléments tirés de l'Ancien et du Nouveau Testament, de leur évolution : il procédait à la façon des Facultés de Théologie d'Allemagne et de Hollande, dont le produit le plus caractéristique est la célèbre *Dogmengeschichte* du professeur Harnack. Après une Introduction à l'histoire des dogmes, M. A. Réville exposa successivement l'histoire du dogme de la Trinité pendant les sept premiers siècles, celle du dogme eucharistique et de son évolution du 1er siècle à la fin du Moyen Age, celle du péché originel et de la rédemption, les époques et les divisions principales de l'histoire des dogmes chrétiens, l'histoire des doctrines eschatologiques dans l'Église chrétienne, de l'évolution de la doctrine ecclésiastique à Rome au IIe et au IIIe siècles, de la démonologie, de la christologie du Nouveau Testament, etc.

Le plan et la méthode du nouvel enseignement furent exposés dans la *Revue internationale de l'Enseignement* du 15 décembre 1888. On écartait la question théorique des rapports de la philosophie et de la théologie, de la raison et de la foi, dont on reconnaissait d'ailleurs l'importance pour l'humanité présente et future, on se bornait à rechercher historiquement ce que furent, chez les peuples civilisés, les rapports des doctrines scientifiques ou philosophiques, pour essayer d'en dégager quelques lois, de faire la psychologie de l'homme aux époques où la religion a eu sur lui une action prépondérante. La question historique se trouvait ainsi agrandie et étendue à l'Inde et à l'Égypte, à la Grèce et à Rome, au judaïsme et à l'islamisme comme au christianisme.

Dans le christianisme, on distinguait cinq périodes : la première, allant jusqu'au concile de Nicée ou mieux jusqu'à celui de Chalcédoine, est celle de la genèse des dogmes fondamentaux. Dans la seconde, la doctrine de l'Église se développe en partant de ces dogmes. La troisième commence avec la Renaissance carolingienne ; la quatrième, vers la fin du XIIe siècle et le début du XIIIe, avec l'arrivée des traductions latines d'ouvrages grecs, arabes et juifs qui donnent un nouvel essor à l'activité intellectuelle ; la cinquième, avec la prise de Constantinople qui introduit en Occident de nouveaux manuscrits, avec l'imprimerie qui multiplie les œuvres antiques, avec la Renaissance littéraire et artistique, suivie de la Réforme religieuse, avec la découverte d'un monde qui excite les esprits à rejeter l'autorité des Anciens pour qui il était demeuré inconnu.

Dans les deux premières périodes, on se proposait de chercher ce que chaque écrivain chrétien a connu des Grecs et des Latins, dans quelle mesure les doctrines des philosophes ont donné aux dogmes la forme qu'ils présentent après Nicée et Chalcédoine ; quelle fut la fortune du péripatétisme, du stoïcisme, de l'épicurisme et du pyrrhonisme jusqu'à Charlemagne, quelle lutte s'est livrée chez un Augustin ou un Synésius entre la théologie et la philosophie, quelle position ont prise les philosophes dans les controverses entre païens et chrétiens, entre orthodoxes et hérétiques et jusqu'à quel point ils furent — et s'ils le furent — les patriarches des hérétiques.

Du VIIIe au XIIIe siècle les rapports de la théologie et de la philosophie sont plus complexes et plus difficiles à définir qu'à aucune autre époque. Les chrétiens d'Occident manquent d'esprit critique et ignorent souvent qu'ils se trouvent en présence de doctrines utilisées par les défenseurs du polythéisme. Aussi l'influence exercée indirectement par le néo-platonisme fut profonde et durable. Plus compliquée encore fut la tâche des hommes du XIIIe siècle qui avaient à concilier, avec le christianisme, des doctrines qu'on avait déjà essayé de mettre en harmonie avec le judaïsme et le mahométisme. Et pour l'historien, la dernière période est la moins aisée à exposer clairement, parce que les doctrines des philosophes se heurtent entre elles et avec les formules chrétiennes, parce que les luthériens, les calvinistes, les catholiques luttent entre eux et avec les philosophes, parce que la science suscite des philosophies nouvelles et oblige les théologiens à résoudre des problèmes non encore posés.

Toutes ces recherches s'annonçaient comme supposant de nombreuses comparaisons entre des systèmes et des idées contemporains et d'une extrême variété. Par conséquent il fallait, pour les faire réussir, puiser à toutes les sources qui peuvent renseigner sur ce que pensèrent les hommes des périodes étudiées, d'après une méthode exposée dans un *Mémoire sur l'histoire de la philosophie* publié cette année même, et appliquée aux sources d'origine théologique ou religieuse, comme aux œuvres d'un caractère scientifique et philosophique. Il s'agissait de savoir quelles questions on s'est posées et quelles réponses y furent faites, spécialement sur l'origine du mal et l'existence de Dieu, la nature et la destinée de l'âme, le libre arbitre, la grâce et la prédestination, la prescience et la Providence divines, les Universaux, la Trinité, l'Incarnation, l'Eucharistie, etc., etc., surtout comment les théologiens, les savants et les philosophes se sont partagé le domaine où peut s'exercer l'activité intellectuelle, comment les dogmes et les doctrines religieuses, les affirmations scientifiques et philosophiques entrèrent en lutte ou furent mises en accord.

D'un autre côté, on se proposait de prendre un texte d'Aristote, de Plotin, de Cicéron, d'en faire l'explication et le commentaire, d'en suivre la fortune chez les théologiens et les philosophes. La critique et l'examen des textes devaient ainsi servir de vérification et de justification à l'histoire suivie des rapports de la théologie et de la philosophie.

Pendant vingt-quatre ans, les recherches entreprises en 1888 ont été poursuivies sans interruption. Pour en donner une idée approximative, il est nécessaire d'indiquer quels sont les sujets traités par le professeur et les travaux personnels qui en ont exposé partiellement tout au moins les résultats, puis quels en furent les auditeurs et quelle a été leur part dans l'une des conférences hebdomadaires.

I

De 1888 à 1906, M. Albert Réville s'occupa surtout des dogmes considérés en eux-mêmes et dans leurs rapports avec l'Ancien et le Nouveau Testament. Le maître de conférences, devenu directeur adjoint en 1903, consacra l'une de ses conférences hebdomadaires à l'exposition des rapports entre la théologie et la philosophie.

Il débuta par la Renaissance carolingienne, étudiant et analysant les œuvres philosophiques et théologiques dont disposaient les contemporains de Charlemagne, puis les ouvrages d'Alcuin, en qui il montrait le père de la scolastique française et allemande;

ensuite les ouvrages de ses successeurs, Fridugise, Raban Maur, etc., et les écrits relatifs à la querelle sur la présence réelle, à laquelle prirent part Paschase Ratbert, Scot Erigène, Hincmar. Pour étudier les phases diverses de la grande discussion sur la prédestination qui rappelle les noms de Gottschalk, de Raban Maur, de Hincmar, de Scot Erigène, de Prudence de Troyes, de Loup de Ferrières, de Ratramne, de Florus, on remonta aux doctrines stoïciennes sur la liberté, la Providence et la divination, à celles de saint Augustin sur la prédestination et la Providence, la liberté et la grâce. De même, pour déterminer si Scot Erigène, considéré comme théologien et comme philosophe, est un néoplatonicien ou un précurseur des philosophes modernes, ou même l'un et l'autre, on a rappelé, dans leurs points essentiels et avant d'étudier ses œuvres, les doctrines théologiques de Philon, des néo-pythagoriciens, de Plotin, de Porphyre et de Proclus, d'Apulée, de Marcianus Capella, de saint Augustin et d'Isidore de Séville (1888-1889).

De cette première année d'enseignement, le maître de conférences tira un Mémoire sur l'*Origine de la scolastique en France et en Allemagne*, qui parut dans le premier volume de la Bibliothèque de la nouvelle section.

La seconde année, 1889-1890, fut remplie avec Heiric et Remi d'Auxerre, avec Gerbert et saint Anselme. Dans les œuvres théologiques de Heiric, on releva des textes fort importants, négligés souvent par les historiens, et on constata qu'il y avait eu, dans cette période, des tendances néo-platoniciennes, atomistiques, stoïciennes et pythagoriciennes. Avec les disciples de Heiric, surtout avec Remi d'Auxerre, dont les œuvres théologiques ont fourni encore des indications précieuses, fut établie la succession ininterrompue des maîtres, la transmission continue des doctrines depuis Alcuin jusqu'à Abélard. Sur Gerbert, on rapporta les légendes, l'époque à laquelle elles ont pris naissance et accroissement; on réunit ce que l'on peut historiquement affirmer de son origine et de ses premières années, de son séjour en Espagne, de son enseignement à Reims, de son rôle comme abbé de Bobbio, comme archevêque de Reims et de Ravenne, enfin comme pape; de ses relations avec les rois de France et les empereurs d'Allemagne. Ses œuvres furent analysées, expliquées, commentées, traduites, en particulier le *Liber de rationali et ratione uti*, le *de Corpore et sanguine Domini*, dont l'authenticité parut au moins probable. Ce dernier texte, rapproché des ouvrages auxquels a donné naissance la question de la présence réelle au temps de Jean Scot, de Raban Maur et de Paschase Ratbert, comme au temps de Bérenger et de Lanfranc, permit de prouver, par divers passages et surtout par le syllogisme qui le conclut, combien la dialectique était alors un auxiliaire estimé de la théologie. On résuma le rôle de Gerbert en disant qu'il a élargi la dialectique en y joignant la poésie et la rhétorique, l'arithmétique et la géométrie; qu'il a lié la philosophie ainsi agrandie à la théologie, à laquelle il la déclare supérieure.

L'histoire des contemporains, des disciples de Gerbert, surtout celle de Bérenger de Tours a laissé voir que bien des points restent encore obscurs sur cette époque. Mais elle a appris tout au moins pourquoi la philosophie devint suspecte aux théologiens. De même on a vu pourquoi la poésie fut condamnée, par le passage où Raoul Glaber raconte l'hérésie du grammairien Vilgard, qui demande une règle pour la direction de la vie, non plus aux livres saints, mais à Virgile, à Horace, à Juvénal. Ainsi la destruction de l'œuvre synthétique de Gerbert a révélé les causes des légendes créées sur lui au xie et au xiie siècles.

De l'abbaye du Bec, dont on a mentionné les origines, on a étudié Lanfranc, l'adversaire de Bérenger de Tours et l'auxiliaire de Guillaume le Conquérant, surtout saint Anselme. Sa vie, à Aoste, au Bec, à Canterbury, à Lyon ou en Italie, a été exposée en détail et a préparé l'explication de ses œuvres en même temps qu'elle faisait voir assez exactement quelles étaient les mœurs des différentes classes de la société au xie siècle. Puis le *Monologium*, le *Proslogium*, l'opuscule de Gaunilon et la réponse de saint Anselme ont été analysés chapitre par chapitre, paragraphe par paragraphe. On a constaté que, dans le premier, l'idée de l'Essence suprême, du Dieu unique, souverain maître et gouverneur de toutes choses, est graduellement enrichie de nouveaux attributs. Constituée ainsi de façon à n'avoir en elle aucune contradiction, elle fournit un terrain solide à l'argumentation du *Proslogium*, que complète encore la réponse à Gaunilon. Après avoir rétabli la pensée de saint Anselme dans sa liaison systématique, on a comparé certains passages de ses ouvrages au *de Trinitate* de saint Augustin et celui-ci à Plotin ; on a conclu ainsi, une fois de plus, que la question des universaux n'est pas la seule dont se sont occupés les scolastiques, et aussi que l'influence, directe ou indirecte, du plotinisme a été considérable dans la période antérieure au xiiie siècle. Puis on a mis en regard des textes d'Anselme, les *Méditations* de Descartes, les passages de Spinoza, de Leibniz, de Kant où la preuve dite ontologique a été reproduite ou combattue ; on a rappelé les textes de Jean Scot Erigène et de Heiric qui contiennent le *Cogito ergo sum* et fortifié, par de nouveaux arguments, l'assertion de Leibnitz, justifiée déjà par Hauréau dans la vie de Marin Mersenne, que Descartes a connu saint Anselme. De cet examen on a conclu, en outre : 1° que les *Méditations* sont inférieures en rigueur logique comme en profondeur métaphysique au *Monologium* et au *Proslogium*; 2° que ce n'est pas dans sa Métaphysique, où il n'a guère fait que continuer le Moyen Age, mais dans sa philosophie scientifique, comme l'a montré M. Liard, que Descartes a été original ; 3° que la supériorité de saint Anselme est due en grande partie à ce qu'il est plus près, par saint Augustin, du Plotinisme.

En 1890-1891, l'étude de Roscelin, de Guillaume de Champeaux, d'Abélard montra qu'on leur avait accordé une importance beaucoup trop grande, relativement à leurs prédécesseurs Jean Scot Erigène, Gerbert et saint Anselme ; que Roscelin n'a pas lié sa doctrine de la Trinité à celle des Universaux et qu'on ne peut le comparer aux philosophes modernes ; que Guillaume de Champeaux ne saurait être rapproché de Spinoza ; qu'Abélard a fait constamment appel à l'autorité. Dans les questions littéraires, philosophiques, théologiques, Abélard s'appuie tout à la fois et également sur les poètes et les écrivains latins, sur les philosophes, sur l'Écriture et les Pères. Pour les étudiants et les maîtres, il a voulu constituer une *Somme* de philosophie avec les ouvrages d'Aristote, de Porphyre et de Boèce qu'il avait à sa disposition, bien exposer et non inventer. De même il a tenté de faire une *Somme* de théologie, en indiquant pour chaque question ce que disent les Écritures, les Pères, les poètes et les philosophes. Continuateur d'Alcuin, de Raban Maur, de Gerbert, il est le précurseur d'Alexandre de Halès, de Vincent de Beauvais, de saint Thomas. Les conciles où il fut condamné, ses rapports avec saint Bernard témoignent que l'ignorance était plus profonde qu'au temps de Gerbert, que les esprits, occupés des Croisades et de la vie mystique, tenaient la spéculation beaucoup moins en honneur.

L'enseignement littéraire que recevaient les contemporains d'Abélard, étudié dans le curieux *Didascalion* de Conrad de Hirschau qu'on venait de publier en Allemagne, reste, dans ses grandes lignes, le même qu'au temps d'Alcuin.

A Jean de Salisbury on a demandé d'abord l'état de la société anglaise au temps de Henri II et de Thomas Becket. Pour faire comprendre ses doctrines propres, comme celles des Cornificiens, on a rappelé Pyrrhon, Arcésilas, Carnéade et Cicéron. Avec les

Idéologues, on signalait la conception remarquable de Benjamin Constant sur l'histoire des religions, les articles impartiaux de Daunou sur saint Bernard et les scolastiques, le chapitre de l'*Histoire comparée des systèmes de philosophie* où Degérando parle des philosophes du Moyen Age, qui avaient déjà permis d'affirmer dans la *Revue Critique*, que l'un et l'autre, continuant d'Alembert et Condorcet, ont contribué à nous ramener à l'étude du Moyen Age. Par la thèse latine (*de Epicuro novæ religionis auctore*), on montrait comment, chez Epicure et plus encore chez Lucrèce et les Epicuriens contemporains, la philosophie tendait à devenir une religion et le divin à prendre, dans la vie humaine, une place qu'il devait conserver pendant tout le Moyen Age.

En 1891-1892, on débuta en exposant la restauration du thomisme provoquée par l'Encyclique *Æterni Patris* (1879) en Belgique, en Allemagne, en France, en Amérique, etc. Ainsi apparaissait l'importance actuelle des recherches impartiales sur les philosophies médiévales. Par l'examen des travaux récents des érudits, on indiquait comment on peut et doit modifier certaines assertions des thomistes sur l'histoire des rapports de la théologie et de la philosophie. Puis on résumait les résultats obtenus dans les années précédentes, on essayait de déterminer quelle est la part de la philosophie grecque et latine dans les problèmes posés et résolus en Occident du VIIIe au XIIIe siècle : 1° il n'est pas légitime de dire que la philosophie fut alors la servante de la théologie, mais il importe, pour chaque époque et pour chaque individu d'examiner les rapports très variables et très complexes de l'une et de l'autre ; 2° la question des Universaux ne fut guère traitée que de 1080 à 1160 et elle n'eut même pas alors l'importance que lui attribuent encore la plupart de historiens ; 3° on constate pour cette période l'influence des Epicuriens, des Stoïciens, de Platon et surtout de Plotin ; par contre, Aristote, loin d'être le maître universel, n'a pas fourni de solution aux principales questions que l'on discute ; 4° la méthode que suivra le XIIIe siècle, certaines doctrines métaphysiques ou mystiques encore en honneur auprès des modernes et même des contemporains, ont été formulées ou préparées par les penseurs de cette période.

La *Revue philosophique* de 1892 (I, p. 281-308) donna le résumé des conférences sur le mouvement néo-thomiste.

Les rapports de la théologie et de la philosophie au XIIIe siècle furent exposés pendant les années scolaires 1892-1893, 1893-1894, 1894-1895, 1895-1896, 1896-1897.

On a commencé par marquer tout à la fois la valeur du XIIIe siècle dans l'histoire générale de la civilisation et sa valeur actuelle pour le monde catholique qui se guide, depuis le Concile de Trente, sur la théologie de saint Thomas et, depuis l'Encyclique *Æterni Patris*, sur sa philosophie.

D'abord on a cherché les sources auxquelles ont puisé ses théologiens, ses philosophes, ses savants, ses artistes. On n'a fait que rappeler ce qui lui venait de ses prédécesseurs occidentaux. Mais on a indiqué plus amplement ce qui fut fourni par les Byzantins, les Arabes et les Juifs, dans la synthèse puissante que le XIIIe siècle a essayée des sciences, de la philosophie et de la théologie. On a signalé les difficultés d'une pareille synthèse, en raison même de la diversité des éléments contradictoires entre eux et plus encore avec le christianisme, qu'il a dû examiner et concilier. En résumant les travaux récents sur Byzance, on a vu qu'elle a conservé les traditions de la Grèce antique, et qu'elle a eu un art puissant; que, dans la philosophie, la théologie et les sciences, elle a institué des recherches originales ; qu'elle a toujours agi sur l'Occident depuis le Ve siècle et surtout depuis l'époque de Charlemagne ; que le XIIIe siècle enfin doit à Byzance ce que l'Occident latin lui avait déjà emprunté, comme ce qui lui est venu par les Arabes et les Juifs.

Des Arabes on a soigneusement relevé ce qu'ils ont connu de la science, de la philosophie grecques et ce qu'ils y ont ajouté, mais surtout on a noté comment ils ont envisagé les rapports de la théologie avec les sciences et la philosophie. On l'a fait spécialement pour Al-Farabi, Ibn Sina, Al Gazàli en Orient, pour Ibn Badja, Ibn Tofaïl, Ibn-Roschd en Occident. Le même travail a été exécuté pour les Juifs d'Orient et d'Occident, Saadia, Ibn Gebirol, Maimonide.

Puis on s'est demandé quel fut le rôle des traducteurs, de Constantin l'Africain, de Jean d'Espagne, de Gérard de Crémone, surtout de Gundisalvi, sur lequel des publications récentes avaient appelé l'attention. On a exposé les doctrines de David de Dinant, d'Amaury de Bennes et de ses sectateurs jugés au concile de Paris en 1210, par cela même expliqué comment la *Physique* et la *Métaphysique* d'Aristote, condamnées avec eux, ont pu être introduites à *corrections* dans les écoles et y acquérir par la suite une grande autorité.

On a énuméré les hommes chez qui il faut étudier, au XIIIe siècle, les rapports de la théologie, des sciences et de la philosophie, comme les autres questions qu'ils ont essayé de résoudre. Et on débuta par la vie et les œuvres de Guillaume d'Auvergne, évêque de Paris, légat du Pape, prédicateur, théologien et philosophe.

La *Revue philosophique* (1893, I, 394-421) donna une partie des recherches de cette année et des années précédentes, *Travaux récents sur le néo-thomisme et la scolastique*. La *Revue internationale de l'Enseignement* du 15 avril 1893 la complétant, sous le titre, *La Scolastique*, exposa : 1° ce que doit être une histoire des idées au Moyen Age ; 2° les sources auxquelles ont puisé les scolastiques de la première période ; 3° les questions examinées ; 4° les maîtres les plus éminents du ixe au xiiie siècle ; 5° résumé. Dans la *Revue de l'Histoire des Religions* (p. 315-344), on traita des *Rapports de la religion et de la philosophie en Grèce*.

En 1893-1894 on étudia la *Collection des Alchimistes*, publiée sous la direction de M. Berthelot, afin de savoir : 1° quelles connaissances positives servaient de base aux travaux métaphysiques et théologiques du xiiie siècle ; 2° quelles doctrines mystiques et philosophiques lui ont données les alchimistes ; 3° comment celles-ci se sont introduites chez Albert le Grand, saint Thomas, Vincent de Beauvais, Roger Bacon, etc. ; 4° comment Platon et les Plotiniens ont ainsi exercé une influence considérable, même sur des théologiens et des philosophes qui se réclamaient d'Aristote. En revenant sur les Amauriciens, à l'occasion de la publication du *Contra Amaurianos*, on a pu essayer de résoudre les questions que soulève une doctrine où semblent se réunir toutes les assertions des hérétiques du xiiie siècle ; on a pu exposer et expliquer la réforme tentée par saint François d'Assise. En examinant de très près la *Somme de théologie* d'Alexandre de Halès, le premier des Franciscains savants, on a comparé la méthode qui y est employée à celle d'Abélard, de Pierre le Lombard et de saint Thomas, pour en déterminer l'originalité. On a relevé dans cette *Somme* les emprunts faits aux prédécesseurs, à Raban Maur, à Hugues et à Richard de Saint-Victor, surtout à saint Anselme, puis on a marqué la place, tenue dans son œuvre, par les ouvrages récemment introduits en Occident et attribués, à tort ou à raison, à Aristote et aux Arabes. On a exposé enfin comment Alexandre résout les questions soulevées par les Amauriciens et les hérétiques contemporains, que d'ailleurs il ne nomme guère, et on a signalé les doctrines théologiques que, le premier, il a mises au jour et quelquefois transmises, directement ou indirectement, au xviie et même au xixe siècle.

Le *Moyen Age* (novembre 1894) publia sous le titre *La science expérimentale au XIIIe siècle*, une partie des résultats obtenus.

En 1894-1895, on s'attacha d'abord à Henri de Gand, sur qui

de récentes publications avaient apporté des renseignements nouveaux et intéressants ; on montra qu'il fallait désormais lui faire une place à côté de saint Bonaventure et de saint Thomas. Par l'explication et l'examen attentif de *l'Opus majus*, de l'*Opus minus*, de l'*Opus tertium*, on nota, étroitement unis, en Roger Bacon, le théologien plus soucieux qu'aucun de ses contemporains du triomphe de la foi chrétienne, le métaphysicien hardi qui effleure parfois l'hérésie, le savant que l'on croirait un homme des temps modernes.

La *Revue scientifique* du 5 janvier 1895 publia une conférence, reproduite dans un volume paru chez Fontemoing, sur *Galilée fondateur de la science et de la philosophie modernes, destructeur de la scolastique*, où l'on avait voulu mettre en lumière les éléments caractéristiques de la civilisation qui se développe dès le xviie siècle.

L'année suivante, 1895-1896, on étudiait saint Thomas commentateur d'Aristote en se demandant : 1° à quelle époque et pour qui saint Thomas a composé chacun de ses commentaires; 2° s'il avait pour chacun plusieurs versions latines; 3° s'il disposait aussi du texte et s'il connaissait le grec de façon à rectifier ou à compléter les traductions; 4° comment il choisissait entre plusieurs leçons; 5° quels auteurs grecs, latins, arabes et juifs, il a utilisés pour chacun de ces commentaires; 6° quelles doctrines antiques il a combattues ou transformées; 7° quelles doctrines péripatéticiennes et plotiniennes il a transportées dans ses ouvrages dogmatiques et fait entrer ainsi dans la philosophie et la théologie chrétiennes du xiiie siècle.

Pour le tome VII de la *Bibliothèque de l'École pratique des Hautes-Études*, on donna *Abélard et Alexandre de Halès, fondateurs de la méthode scolastique*. Dans la *Revue philosophique* (janvier) on examina les *Travaux récents sur le néo-thomisme et la scolastique*.

A l'Académie des Sciences morales et politiques (mai 1896), on lut, en Mémoire, *les Discussions sur la liberté au temps de Gottschalk, de Raban Maur, d'Hincmar et de Jean Scot*. On rappelait comment le problème naquit en Grèce et comment il se transforma dans le monde chrétien. On étudiait, en Gottschalk et ses contemporains, des précurseurs de Luther, de Calvin, de Jansénius et de leurs adversaires. Et l'on tirait de cette étude diverses conclusions. D'abord si des historiens — dont n'est pas Fustel de Coulanges — ont déploré, après Florus, la ruine de l'empire édifié par Charlemagne et la désorganisation politique, qui apparaît sous Louis le

Débonnaire et Charles le Chauve, ils ont eu tort de parler de décadence intellectuelle, car le progrès a continué pour le fond comme pour la forme, sous les successeurs de Charlemagne. On leur emprunterait aisément des pages qui feraient bonne figure à côté de celles des humanistes les plus estimés du xv° et du xvi° siècles. Et la question qu'ils débattent est philosophique autant que théologique : elle suppose l'expérience personnelle, l'argumentation philosophique, comme la connaissance des Livres saints et des Pères. Enfin, Jean Scot Erigène est supérieur aux contemporains de Charlemagne et il y a peu d'hommes au Moyen Age qui méritent de lui être égalés. L'œuvre de la reconstitution de la pensée antique ne sera plus dès lors interrompue, pas plus que le travail par lequel se constitue lentement la pensée moderne. Quand la philosophie ultérieure, avec une science positive plus étendue, s'efforcera d'expliquer l'univers et de trouver une règle de conduite appropriée aux besoins nouveaux, on ne perdra pas le souvenir des hommes et des choses du ix° siècle. Heiric d'Auxerre sera, plus de cent ans, honoré comme un précurseur de Descartes pour avoir copié, en l'abrégeant, une page de Jean Scot. Luther, Calvin et Jansénius ne font pas oublier Gottschalk ; Bayle et Leibnitz, aux prises sur des questions traitées dans les *Essais de théodicée*, citent plus d'une fois leurs prédécesseurs du temps de Charles le Chauve. C'est d'ailleurs pendant le siècle de Louis XIV, l'année même de la mort de Descartes, que Mauguin édite toutes les pièces de la discussion du ix° siècle. Et les mystiques, comme Eckhart et Bœhme, qui continuent Jean Scot, sont les vrais ancêtres des grands philosophes de l'Allemagne moderne, de Kant et de Fichte, d'Hegel et de Schelling, de Baader et de Schopenhauer. L'époque de Charles le Chauve mérite donc le nom de Moyen Age, au bon sens du mot, puisqu'elle s'attache à recueillir ce que les anciens ont laissé de vraiment humain et qu'elle élabore nombre d'idées dont vivra le monde moderne.

C'est en 1896 que fut fondée la *Société pour l'étude de la scolastique médiévale*. Elle se proposait de faire connaître les idées philosophiques, religieuses et scientifiques du Moyen Age, ce qui lui vient de l'antiquité, ce qui lui appartient en propre et ce qu'il a transmis aux temps modernes. Elle devait s'occuper des Byzantins et des Arabes, des Juifs et des Chrétiens occidentaux, des œuvres où l'on utilise les langues vulgaires comme de celles où l'on emploie les langues savantes. Ses publications prendraient la forme de monographies, de revues ou analyses d'ouvrages, d'éditions de textes inédits ou constitués avec des manuscrits non encore utilisés. Elle pouvait réunir des renseignements utiles aux recherches entreprises par ses membres ou leur venir en aide pour la publication de travaux acceptés par le Comité. La Société était fondée par le maître de conférences de la 5e section de l'École pratique des Hautes-Études, à qui se joignaient quelques-uns de ses collègues et ses étudiants diplômés.

En 1896-1897, on revint sur Gerbert, puis on étudia le traité de Gundissalinus sur l'immortalité de l'âme publié pendant l'année, Denys le Chartreux et la nouvelle édition de ses œuvres, enfin le *Speculum majus* de Vincent de Beauvais.

Les publications furent nombreuses. D'abord ce fut la *Renaissance des études scolastiques* dans la *Revue bleue* du 10 octobre 1896; puis *Roscelin, philosophe et théologien d'après la légende et d'après l'histoire*, leçon-programme pour l'Annuaire de la 5e section de l'École des Hautes-Études, en novembre 1896; enfin *Gerbert, un pape philosophe d'après l'histoire et d'après la légende*, 1 vol. in-8 de XI-228 pages, le 9e de la *Bibliothèque de l'École des Hautes-Études, Sciences religieuses*. Le chapitre premier portait sur la civilisation médiévale avant Gerbert; le second, sur la vie de Gerbert et son éducation; le troisième sur l'archevêque, l'abbé et le pape; le quatrième, sur l'enseignement, les lettres et les écrits; le cinquième, sur l'œuvre spéculative et pratique de Gerbert; le sixième sur sa légende. La conclusion montrait en Gerbert « un de ces hommes qu'on admire ou qu'on déteste mais devant lesquels on ne saurait rester indifférent », car il fut un penseur, original moins par les idées dont il a été le propagateur que par le système dans lequel il les fit entrer. La synthèse dans laquelle il réunit les prosateurs et les poètes, les savants et les philosophes, les livres saints et les auteurs chrétiens annonce celle de saint Thomas et ne laisse échapper aucun des éléments dont l'humanité peut tirer profit pour son développement intellectuel et moral. Erudit et humaniste, Gerbert surpasse ceux de la Renaissance en ce qu'il joint au souci de bien dire celui de bien penser et de bien faire. Savant, il eût été peut-être, s'il eût vécu de leur temps, l'égal d'Archimède ou de Galilée. L'homme fut aussi grand que le penseur. De sa philosophie, il fit sortir une morale et une politique, où il réunit ce qu'il y a de meilleur dans la pensée antique, surtout stoïcienne, et dans le christianisme. Ce qu'il crut vrai, il a tenté de le réaliser en lui-même, dans l'Eglise et dans l'État. Il a poursuivi la découverte de la vérité et le triomphe de la justice; il a mérité d'être compté parmi ceux qui, ayant été grands aux yeux de leurs contemporains, le sont plus encore pour la postérité.

En 1897-1898, on résuma les travaux relatifs aux mystiques du Moyen Age en commencant par ceux qui ont porté sur les mystiques de l'Inde et de la Perse. Puis on passa à Plotin et à son école, à saint Augustin et au Pseudo-Denys l'Aréopagite, en insistant sur les textes qui caractérisent chacun d'eux et dont se sont inspirés les théologiens et les philosophes ultérieurs. On a pu ainsi aborder Scot Erigène — en temps que mystique — puisqu'on avait déjà étudié en lui l'adversaire de Gottschalk. Il a été possible de suivre, dans le détail, l'influence de Plotin, de noter comment il a été modifié dans son union avec le christianisme, comment et dans quelle mesure il a été le maître des mystiques comme des hérétiques ou des orthodoxes du Moyen Age.

Ces recherches continuèrent en 1898-1899 et portèrent surtout sur les Victorins, sur les partisans de l'Evangile éternel, sur les Franciscains, sur les mystiques flamands et allemands. On releva les sources antiques auxquelles ils ont puisé, les doctrines des modernes qui les ont continués ou s'en sont inspirés. Comme les années précédentes et suivantes, on donna une bibliographie critique des théologiens étudiés et on examina les ouvrages récents dont le sujet se rapportait aux questions traitées dans la conférence.

On arriva ainsi, en 1900-1901, à une étude de saint Thomas d'Aquin, commentateur et philosophe, théologien et mystique. Mais, par cela même, on fut obligé de revenir en 1901-1902, à la théologie d'Abélard. On indiqua les sources auxquelles il a puisé, l'influence exercée par les *Catégories* d'Aristote, rattachées au principe de contradiction, sur l'interprétation d'une théologie constituée avec les catégories plotiniennes, qui distinguent un monde intelligible et un monde sensible, qui placent le principe de perfection au-dessus du principe de contradiction. On fit l'analyse des *Lettres*, en particulier de *l'Historia Calamitatum*, des divers ouvrages de théologie, comparés entre eux et avec la publication récente de Stölzle; on rapprocha Abélard de Roscelin, de Guillaume de Champeaux, d'Anselme de Laon et des théologiens contemporains; on rappela enfin qu'il a été, avec Alexandre de Halès, le fondateur de la méthode scolastique utilisée par saint Thomas et qu'il fut encore son précurseur pour la constitution de *Sommes* de philosophie et de théologie.

L'année suivante, 1902-1903, on s'attaqua à la théologie de Roger Bacon, en utilisant les publications nouvelles de Bridges et de

Gasquet : on montra qu'on ne saurait prendre Roger Bacon pour un positiviste ; que chez lui l'étude des sciences et des langues a pour objet ultime le progrès des connaissances religieuses. On montra de même quelle est la part de la grammaire latine, hébraïque, grecque et des différentes sciences dans la préparation à l'étude et à l'interprétation de l'Ancien et du Nouveau Testament, des Pères et des Docteurs.

Puis ce fut l'exégèse et la théologie de Roger Bacon et de ses contemporains — 1903 à 1907 — dont l'étude eut pour objet de mettre en lumière ce que savait Roger Bacon et ce qui nous reste à apprendre sur sa vie et son œuvre, d'expliquer les diverses phases de la lutte qui aboutit au triomphe, auprès de la Papauté, des idées soutenues par Albert le Grand et saint Thomas, au rejet de celles qu'avait défendues Roger Bacon. On établit en outre, d'une façon incontestable, que Roger Bacon connaissait bien l'hébreu, qu'il a formulé et mis en pratique, comme exégète et comme critique de l'Ancien Testament, bon nombre des principes qui sont d'un usage constant chez les modernes.

De nombreux articles furent publiés pendant cette période dans la *Grande Encyclopédie*. En traitant du *Péripatétisme*, on fit l'histoire de l'Aristotélisme du Ier siècle au XVIIe et l'on nota sommairement ce que lui durent les philosophies et les théologies médiévales. Le *Stoïcisme à Rome* montra comment les doctrines du Portique s'introduisirent dans le monde romain et comment elles y agirent sur le christianisme et son développement ultérieur. Les articles *Scolastique*, *Thomisme* et *Néo-thomisme*, beaucoup d'autres qui portent sur toutes les périodes résumèrent les résultats obtenus. En 1901, on communiqua à l'Académie des Sciences morales et politiques un Mémoire sur le *Moyen Age, caractéristique théologique et philosophico-scientifique, limites chronologiques*, qui parut dans les Comptes rendus et dans un volume publié par l'Association des anciens élèves de la Faculté des Lettres de Paris « *Entre camarades* ». On y établissait : 1° que s'il y a eu barbarie au Moyen Age, il n'y a pas eu que barbarie; 2° que la caractéristique du Moyen Age, c'est la religion et surtout la théologie; 3° que les religions médiévales se distinguent des religions antiques et se ressemblent entre elles, en ce qu'elles invoquent une révélation, qu'elles ont des livres saints et admettent en commun la création et la Providence comme l'immortalité de l'âme; 4° que pour interpréter les Livres Saints, on recourt à la dialectique et à la logique, aux sciences et à la philosophie des Latins et surtout des Grecs; 5° que les institutions privées et publiques, l'organisation de l'État, de la famille, de la corporation, de l'Église, des Universités et des tribunaux découlent du mélange, avec les traditions latines et les coutumes germaines, de la religion, de la philosophie et des sciences antiques ; 6° que la civilisation médiévale remonte au Ier siècle de l'ère chrétienne et finit ou plutôt laisse une place de plus en plus grande à la civilisation moderne au XVIIe siècle, après l'édit de Nantes et le traité de Vervins, avec Galilée et Harvey, Bacon et Descartes.

Dans la *Revue philosophique* (1902), on exposa le *Mouvement thomiste et les travaux récents sur la scolastique* ; dans la même Revue et aussi dans la *Revue de l'histoire des religions*, dans le *Moyen Age*, on chercha à déterminer ce que les historiens de la scolastique, Hauréau, M. de Wulf, Elie Blanc, Ueberweg-Heinze, etc., ont donné d'excellent ou de contestable, ce qu'ils ont laissé à faire. Dans la *Revue internationale de l'Enseignement*, on exposa comment on doit faire l'histoire de l'Enseignement et des Ecoles. Au Congrès international de philosophie, on avait présenté une communication sur la *Valeur de la Scolastique*, qui fut imprimée en 1902 dans la *Bibliothèque du Congrès*. On y établissait que la scolastique, chez les chrétiens d'Orient et d'Occident, chez les Arabes et les Juifs, qu'ils soient d'ailleurs hérétiques ou orthodoxes, est une conception systématique du monde et de la vie où entrent, en proportions diverses, la religion et la théologie, la philosophie grecque et latine, puisée à toutes ses sources, mais plus encore le néo-platonisme que le péripatétisme, enfin les données scientifiques de l'antiquité, peu à peu reprises et parfois considérablement augmentées. Or, les catholiques soutiennent que la partie essentielle des systèmes scolastiques, ce sont en somme les prémisses ou les conclusions de la théologie, dogmatique ou mystique. Celle-ci n'a pas changé et par conséquent il suffit pour conserver, par exemple, la construction thomiste, de remplacer les matériaux d'une science vieillie ou reconnue fausse par des matériaux d'une valeur incontestée pour tous ceux qui les utilisent en vue de comprendre l'univers, de régler la vie individuelle et sociale. Et pour les catholiques la scolastique demeurée fidèle à l'esprit du XIIIe siècle a la même valeur aujourd'hui qu'autrefois, elle peut satisfaire les esprits les plus difficiles et les plus soucieux de tenir compte des progrès scientifiques. Pour des rationalistes, il y a lieu de relever, dans les systèmes, ce qui vient de l'antiquité et ce qui est propre aux penseurs médiévaux, puis de déterminer la valeur propre de chacun des deux éléments et d'apprécier la méthode employée par eux. Pour les philosophes qui veulent faire sortir des sciences physiques et naturelles, psychologiques, historiques et morales, une métaphysique explicative des choses et régulatrice pour la vie humaine, il ne peut y avoir lieu de décider quelle est la valeur actuelle de doctrines dont ils ne sauraient rien accepter. Mais pour l'historien des doctrines et des idées, il n'y a pas d'époque plus intéressante à étudier. Car il assiste à l'évolution de trois — et même de quatre religions en y comptant la religion gréco-romaine — qui se constituent des dogmes et une théologie, qui entrent en relations et en conflit, qui unissent si étroitement la philosophie, la théologie et la science qu'il est presque impossible de délimiter le domaine de chacune d'elles. Il y trouve des types disparus ou dont le développement reste incomplet, des mystiques comme saint Anselme, métaphysicien subtil et administrateur capable de défendre contre le roi d'Angleterre les intérêts de son église, des philosophes très hardis, qui sont des chrétiens très fervents et très dociles, des raisonneurs intrépides qui croient enserrer la réalité dans leurs syllogismes, des savants qui attendent de la science la possession absolue de la nature et qui n'en font pas moins grand cas de la philosophie et de la théologie; des moines de toute mentalité et de toutes observances, des séculiers et des réguliers, des clercs et des laïques, pour qui le salut est chose essentielle, mais qui n'en poursuivent pas moins parfois avec une âpreté singulière les honneurs, les richesses, la puissance, qu'ils veulent d'ailleurs employer pour le service de Dieu. A cette période théologique appartient une humanité différente, par bien des côtés, de celle qu'on trouve dans les sociétés purement religieuses ou dans les sociétés que dominent les conceptions philosophiques ou scientifiques. Et la scolastique médiévale est une de ses créations les plus originales et les plus propres à la faire comprendre, à la reconstituer dans sa vivante unité et son infinie complexité.

La même année encore la *Revue d'Histoire des Religions* donnait l'Averroïsme et les Averroïstes du XIIIe siècle d'après le *de Unitate intellectus contra Averroistas* de saint Thomas d'Aquin. On y signalait, chez ces hommes du XIIIe siècle, ce qu'on n'attribue d'ordinaire qu'aux Averroïstes de la Renaissance : la foi opposée à la raison, l'appel au principe de contradiction, même en matière théologique, la raison empiétant sur le domaine de la foi et celle-ci indiquée comme ne s'appliquant guère qu'à ce qui est « faux et impossible », la distinction du croyant et du rationaliste, maintenue en fait, sans qu'elle soit justifiée en droit. L'article avait d'abord été communiqué comme Mémoire au Congrès d'Histoire des Religions de 1900.

En 1903, on lisait à l'Académie des Sciences morales et politiques un Mémoire sur Plotin et les Mystères d'Eleusis où l'on montrait comment Plotin avait superposé sa philosophie à toutes les parties constitutives et essentielles des Mystères, comment le Plotinisme a pris par suite dans les Mystères la place de l'interprétation stoïcienne. L'année suivante on signalait, dans la doctrine plotinienne, une explication systématique d'un passage célèbre de saint Paul — *En Dieu nous vivons, nous nous mouvons et nous sommes* — que Plotin ne nomme pas d'ailleurs, destinée à passer tout entière dans le christianisme et à en former une partie essentielle.

En 1904, on lisait au Congrès d'Histoire des Religions de Bâle un Mémoire sur *deux directions de la théologie et de l'exégèse catholiques au XIII° siècle, saint Thomas d'Aquin et Roger Bacon*. Puis le Mémoire était remanié et présenté à l'Académie des Sciences morales et politiques. Si l'Église s'était engagée dans la voie indiquée par Roger Bacon, disait-on, deux résultats considérables auraient été acquis : les théologiens seraient partis des textes et auraient acquis la connaissance des langues dans lesquelles sont écrits les Livres Saints ; ils auraient étudié les sciences, et leurs doctrines religieuses, fondées sur une exégèse et une critique de plus en plus sévères et de plus en plus minutieuses, sur des connaissances scientifiques de plus en plus exactes, n'auraient laissé de place ni pour une Renaissance parfois hostile au christianisme, ni pour une Réforme qui se séparât complètement du christianisme.

La même année (1904) la *Revue internationale de l'Enseignement* donnait un compte rendu complet de ce qui s'était passé au Congrès d'Histoire des Religions de Bâle; la *Revue philosophique* (mai 1905) et le *Journal des Savants* (juillet 1905) résumaient les résultats des recherches entreprises sur les publications relatives à Roger Bacon, tandis que la *Revue d'Histoire des Religions* (mars-avril 1905) publiait un exposé des conclusions préparées par les cours des années 1903-1904 et 1904-1905. Enfin la *Revue internationale de l'Enseignement* (15 décembre 1905), dans un *Essai sur l'Éducation littéraire, philosophique et politique de Gambetta*, montrait que, si Gambetta s'était occupé de la Révolution, de ses principes et de ses conséquences, des conquêtes de la raison et de la science, des généralisations et des déductions dues à Auguste Comte et à Littré, à Taine et à Renan, comme à Garnier et à Proudhon, il l'était presque autant par l'étude des doctrines royalistes, religieuses et ultramontaines qu'il allait chercher chez Joseph de Maistre, Bossuet, saint Thomas et les thomistes.

C'est encore en 1905 que paraissait chez Alcan, en 1 vol. in-8° de xxxii-368 pages, l'*Esquisse d'une Histoire générale et comparée des philosophies médiévales*. Dix chapitres traitaient de l'histoire de la philosophie dans l'histoire de la civilisation, de la civilisation médiévale, de l'histoire comparée des philosophies médiévales des écoles, des rapports de la philosophie et de la théologie au Moyen Age, des vrais maîtres des philosophes médiévaux, de la renaissance de la philosophie avec Alcuin et Jean Scot Erigène, de l'Histoire comparée des philosophies du viii° au xiii° siècle, de la raison et de la science dans les philosophies médiévales, de la restauration thomiste au xix° siècle, de l'histoire enseignée et écrite des philosophies médiévales.

II

En 1906 mourait M. Albert Réville. Le directeur-adjoint devenait directeur et un de ses élèves diplômés, M. Paul Alphandéry, était nommé maître de conférences, plus tard, directeur-adjoint. Sur la demande du Directeur, la section admettait le changement de la rubrique jusque-là employée : l'*histoire des dogmes* devenait l'*histoire des doctrines et des dogmes*. On voulait montrer par là qu'on s'occuperait, d'une façon historique et impartiale, des doctrines qui se sont développées dans l'Église chrétienne, qu'elles aient été imposées ou admises ou combattues ou tolérées par elle, et qu'il convenait, par suite, de mettre, d'un côté, les doctrines chrétiennes parce qu'elles avaient été émises par des chrétiens, en y joignant l'indication, nécessaire au point de vue historique, de la position prise à leur égard par l'autorité ecclésiastique, de l'autre, les doctrines que l'Église et les conciles avaient proclamées des dogmes et imposées à la croyance de tous les fidèles.

En 1906 également, à la Faculté des Lettres de l'Université de Paris était créé un cours d'histoire des philosophies médiévales dont était chargé le directeur de l'histoire des doctrines et des dogmes à l'École pratique des Hautes-Études. Dès lors l'enseignement se trouva dédoublé, sans que cependant il fût possible d'établir entre l'un et l'autre une démarcation complète. A la Faculté fut réservé tout ce qui concerne plus spécialement la science et la philosophie médiévales, à l'École des Hautes-Études tout ce qui se rapporte aux doctrines religieuses et surtout aux dogmes.

C'est ainsi que l'on traita, en 1907-1908, dans la conférence d'exposition des Hautes-Études, des doctrines hellénico-romaines et des dogmes chrétiens, de la mort de Marc-Aurèle à la mort de saint Augustin ; en 1908-1909, des doctrines hellénico-romaines et des dogmes chrétiens dans les deux premiers siècles ; en 1909-1910, des travaux récents sur l'histoire des doctrines et des dogmes ; en 1910-1911, des formules et des doctrines philosophiques, des doctrines purement religieuses dans les livres canoniques et chez les chrétiens des trois premiers siècles. Pour cette dernière étude qui sera continuée, on a laissé de côté — tout en exposant les nombreuses recherches faites à ce sujet depuis cinquante ans — la question de la composition et de la date à laquelle apparaissent l'Ancien et le Nouveau Testament. Historiquement les livres de l'Ancien Testament existent, tels que nous les connaissons aujourd'hui, dès le premier siècle avant l'ère chrétienne, les trois premiers Évangiles sont constitués au temps des Flaviens, le quatrième vers le troisième quart du second. — On les prend donc à ces époques diverses et on en étudie le contenu doctrinal et l'influence successive à travers les siècles. Ainsi l'on est sur un terrain solide, où il n'y a aucune place pour les polémiques doctrinales, où il n'y en pas davantage pour les hypothèses aussi ingénieuses que fragiles auxquelles il a été accordé tant d'attention — aux dépens d'autres questions plus importantes et plus accessibles — pendant plus d'un demi-siècle. C'est ainsi qu'on a réussi à montrer que, dans les Évangiles, la langue commune dont il est fait usage a contribué à faire entrer bon nombre d'idées stoïciennes et éclectiques qui étaient devenues le patrimoine commun des hommes du temps. Pour étudier les rapports de Dieu et des hommes, en particulier les révélations faites par Dieu aux hommes dans le Nouveau Testament, on a été obligé de reprendre la question, à propos de l'Ancien Testament — sans cesse cité et rappelé dans les Évangiles — et l'on a été amené à des résultats fort intéressants qu'on se réserve de compléter et de faire connaître ultérieurement.

III

La seconde des conférences hebdomadaires de l'École pratique des Hautes-Études a toujours été consacrée à l'étude des textes. Les étudiants y ont pris une part active. Ils ont fait des versions écrites des auteurs latins ou grecs que l'on expliquait ; ils ont posé les questions les plus diverses, soulevé toutes les hypothèses possibles, mais n'ont été autorisés à en soutenir la valeur qu'en s'appuyant sur l'interprétation historique des documents. Ils ont fait des expositions orales, des discussions de textes, ils ont préparé des travaux qui rentraient dans le cadre de la conférence, des Mémoires pour obtenir le titre d'élève diplômé de l'École des Hautes-Études, pour l'École des Chartes ou la Faculté des Lettres, même des thèses et des doctorats pour diverses Facultés.

Ces étudiants sont de provenance fort diverse : des Français, élèves de l'École normale supérieure, élèves des Facultés des Lettres, de Droit et de Médecine, de l'École des Chartes, pasteurs ou futurs pasteurs, ecclésiastiques, séculiers et réguliers, professeurs agrégés et même docteurs ; étrangers de toutes nationalités, Anglais, Américains, Tchèques, Égyptiens, Ottomans, Roumains, Allemands, Belges, Suisses, Russes et Polonais, encore étudiants ou déjà maîtres. Parmi eux il y a des chrétiens de toute confession, des Juifs, des Musulmans, des penseurs libres, tous uniquement préoccupés de tirer des textes ce qu'ils contiennent et d'atteindre autant que possible la vérité historique. Les inscrits des dix premières années occupent aujourd'hui les situations les plus diverses : il en est qui ont été députés ou même ministres, d'autres sont avocats ou médecins ; il en est qui sont professeurs à Berlin, à Prague, à Harvard ou dans des universités françaises, dans des lycées, des collèges, des écoles primaires supérieures, inspecteurs d'Académie, proviseurs ou censeurs, pasteurs, prêtres ou religieux, employés des Ministères, archivistes et bibliothécaires, agents de l'Intérieur ou des Affaires étrangères, journalistes, architectes, commerçants ou industriels. D'autres ont disparu prématurément, au moment où l'avenir commençait à leur sourire.

Voici, pour les œuvres étudiées, comment on a procédé. On a étudié le περὶ ψυχῆς d'Aristote en 1888-1889, en 1895-1896, en 1896-1897, en 1897-1898, en 1899-1900. On a pris le meilleur texte, les travaux les plus importants, analysé, mais non toujours suivi les plus récents ; on l'a expliqué littéralement et philosophiquement, puis comparé avec les versions et les commentaires du Moyen Age. Pour le Commentaire de saint Thomas, on s'est demandé sur quels ouvrages grecs, arabes ou juifs, saint Thomas s'est appuyé, quelle influence il a eue sur la philosophie et la théologie, pendant le Moyen Age et dans les temps modernes. On a exposé les doctrines psychologiques des Péripatéticiens, examiné la position prise à leur égard par les chrétiens, spécialement par les hérétiques et les orthodoxes du XIIIe siècle : on a recherché ce qu'ont pensé, relativement à l'immortalité, Aristote et ses commentateurs péripatéticiens et plotiniens, musulmans et chrétiens.

On s'est occupé de la *Métaphysique* d'Aristote, du livre XI en 1889-1890, du livre XII en 1891-1892, du livre VII en 1892-1893. On a débuté par l'historique des travaux qui portent sur la *Métaphysique* en général. Après explication et discussion des textes de Strabon, de Plutarque, d'Athénée, d'Asclépius, de Nicolas de Damas, d'Alexandre d'Aphrodise, etc., on a résumé et apprécié les conclusions de Jourdain, de Michelet et de Ravaisson, de Pierron et Zévort, de Barthélémy Saint-Hilaire, celles d'Édouard Zeller et de Natorp. On a fait un travail analogue pour les manuscrits et les éditions, en insistant surtout sur celles de Bonitz et de Christ. Puis on a traduit littéralement les textes, examiné les variantes et les versions antérieures (latines, françaises, allemandes). On les a ensuite rapprochés des versions latines et des commentaires du Moyen Age. En expliquant et analysant saint Thomas, on a constaté qu'il avait une connaissance exacte d'Aristote, que la lecture de son œuvre est une bonne préparation à l'étude du texte grec, mais que le commentateur est original et n'hésite pas, sur plusieurs questions importantes, à critiquer, à compléter, à modifier la pensée du maître. En examinant les commentaires d'Albert le Grand, comme ceux de saint Thomas, on a vu comment les chrétiens du XIIIe siècle complétaient la théologie d'Aristote avec ses interprètes plotiniens, comment ils la faisaient entrer ainsi modifiée dans le christianisme.

On a étudié les *Seconds Analytiques* d'Aristote en 1890-1891. On a expliqué le texte, on l'a comparé aux versions latines du Moyen Age ; on a expliqué le Commentaire de saint Thomas et on a examiné de près le *Metalogicus* de Jean de Salisbury : on a vu ainsi comment les scolastiques ne pouvaient être péripatéticiens quand ils n'avaient même pas les ouvrages où Aristote a exposé sa théorie de la science.

En s'attachant à la *Morale à Nicomaque*, 1893-1894, de façon analogue, on a compris pourquoi l'examen de la Morale d'Aristote a conduit le Pape à lever, conditionnellement tout au moins, les condamnations portées par l'Église contre la *Physique* et la *Métaphysique*. Le VIIIe livre de la *Physique*, 1894-1895, a obligé à se demander comment saint Thomas et ses successeurs, qui niaient l'éternité du mouvement pour affirmer la Création dans le temps, ont pu ensuite conserver la preuve dite du premier moteur ; comment ils ont joint le Dieu d'Aristote au Dieu du christianisme.

Dès la première année, on a étudié parallèlement le *de officiis* de Cicéron et le *de officiis ministrorum* de saint Ambroise. On a déterminé assez exactement les sources auxquelles il faut se reporter pour avoir une intelligence complète de la morale exposée par Cicéron, comme des modifications que la morale stoïcienne a subies, de Zénon, Cléanthe et Chrysippe à Panétius, Posidonius et Cicéron. Puis on a pu expliquer comment saint Ambroise a rempli les cadres que lui offrait Cicéron, avec l'Ancien et le Nouveau Testament, comment et dans quelle mesure la morale stoïcienne a été, par son intermédiaire, transmise à Alcuin et à ses successeurs.

Le *de Fato* de Cicéron a été le point de départ de longues recherches en 1896-1897, en 1899-1900, en 1900-1901, en 1905-1906, en 1906-1907. On l'a traduit littéralement; on en a exposé, en les prenant aussi à d'autres sources, les théories empruntées à Epicure, à Carnéade, aux Stoïciens. On a analysé la notion de destin et les idées connexes, liberté, grâce, prédestination, providence, chez les divers représentants du Stoïcisme, chez les Épicuriens, les Péripatéticiens, les Académiciens et les Néoplatoniciens, surtout chez Sénèque, Alexandre d'Aphrodise et Plotin, au temps de saint Augustin, de Gottschalk et de Jean Scot Erigène, de saint Thomas et de Duns Scot; on a insisté sur les théories augustiniennes relatives à la liberté, à la grâce, à la prédestination ; on a vu ce qu'est la doctrine de la liberté humaine, considérée en elle-même et dans ses rapports avec celle de la perfection divine (toute-puissance, bonté, justice, etc.), chez les Stoïciens et Carnéade, chez Alexandre d'Aphrodise et Plotin, chez saint Augustin et ses contemporains chrétiens.

Des *Académiques* de Cicéron, 1898-1899, 1904-1905, on a déterminé les sources et on a montré comment les Romains ont modifié, d'un point de vue pratique, qui comporte l'appel à l'autorité, à l'unité de pensée et d'action, les systèmes grecs et comment ensuite les mêmes principes sont intervenus pour différencier, dans le christianisme, l'Église romaine de l'Église grecque. On a noté l'influence du livre sur saint Augustin — en expliquant et en commentant certains passages du *Contra Academicos*, des *Confessions* et des *Rétractations* — puis sur les théologiens et les philosophes du Moyen Age, de la Renaissance, du XVIIe et du XVIIIe siècle.

Avec le *Phédon* — dont on a rappelé la traduction latine du XIIe siècle — on a affirmé que l'action directe de Platon sur les penseurs médiévaux ne s'est pas exercée uniquement par le *Timée*. Avec

Lucrèce et le *de Natura rerum*, 1893-1894, 1895-1896, on a relevé les doctrines psychologiques et théologiques des Epicuriens, on a vu comment les chrétiens se sont comportés dès l'origine par rapport aux unes et aux autres, on a exposé l'influence de Lucrèce du 1er siècle au xiie, on a compris pourquoi certains adversaires des Amauriciens les ont traités d'Épicuriens, et résolu certaines difficultés que soulevait encore le concile de 1210.

Epictète a été expliqué et commenté en 1907-1908, en 1908-1909. D'abord le *Manuel*, puis les *Entretiens*, qu'on a complétés par de nombreux textes empruntés à Sénèque. On a précisé la doctrine de l'un et de l'autre sur Dieu et sur l'âme, considérée au point de vue de l'immortalité. On a retrouvé leurs doctrines chez des Chrétiens, montré l'origine des lettres apocryphes de Sénèque et de saint Paul, l'influence profonde de Sénèque sur les théologiens et les philosophes, en particulier sur Roger Bacon, puis l'action d'Epictète, dont le *Manuel* servit au ve et au vie siècle de bréviaire aux moines de la Thébaïde.

En 1904-1905, on a résumé, par l'explication et le commentaire des principaux textes, les phases successives par lesquelles a passé la théologie grecque, depuis Homère et Hésiode, jusqu'à Ammonius Saccas et à Plotin, afin de montrer quelles sont les doctrines qui, par ce dernier, ont été aux théologiens chrétiens, musulmans et juifs. On a insisté tout particulièrement : 1° sur les analogies ou la parenté entre les Dieux et les hommes, par où s'expliquent les rapports qui rendent l'extase possible dans la doctrine de Plotin ; 2° sur l'idéalisation progressive de la théologie grecque, qui finit par placer dans la divinité les plus hautes formes de perfection intellectuelle et morale que l'humanité ait conçues ; 3° sur l'œuvre positive et négative de Xénophane et de son école ; 4° sur le νοῦς introduit par Anaxagore pour la formation du Cosmos, sur le développement de la doctrine du νοῦς, puis du λόγος, chez Platon, Aristote, les Stoïciens, Philon et Plotin ; 5° sur Socrate, dont le γνῶθι σεαυτόν, transformé par Platon et Aristote, aboutit chez Plotin à la connaissance intuitive de l'Un ou du Bien ; 6° sur le rôle d'Aristote, continuateur de Platon et préparateur de Plotin (unité et simplicité, puissance infinie et incorporalité, etc.) ; 7° sur la synthèse opérée par Plotin et ce qu'en a retenu saint Augustin.

Plotin a été expliqué et commenté en 1901-1902, en 1902-1903, 1909-1910. On a pris comme point de départ le traité sur le Bien ou sur l'Un (VI, 9), qu'on a traduit avec soin. On a mis en lumière les doctrines que Plotin y a placées et les sources auxquelles il a puisé, on a analysé chronologiquement les livres composés avant celui du Bien ou de l'Un. On a montré la formation, le développement des deux doctrines — de la Trinité chrétienne et des hypostases plotiniennes, — leur influence ultérieure sur la théologie et la philosophie chrétiennes de l'Orient et de l'Occident, sur celles des Juifs et des Musulmans. On a examiné les textes relatifs à l'Un, aux trois hypostases, à l'âme et à son union avec Dieu, dans les livres 1, 2, 3, 4, 6, 7, 8, 9, 10, 19, 20, 22, 23, 27, 28, 29, 37, considérés, non dans l'ordre où les a rangés Porphyre, mais dans celui de leur composition chronologique. Ainsi ont été définies les hypostases plotiniennes, qu'on a toujours rapprochées de la Trinité chrétienne; ainsi ont été suivies jusqu'au xvii° siècle, les deux conceptions mêlées, opposées ou unies. On a précisé les rapports de Dieu et de l'Ame chez les Stoïciens, chez saint Paul (Actes XVII), chez Plotin, chez saint Augustin, chez les chrétiens du xvii° siècle, chez Spinoza. Chez Plotin on a accordé une attention spéciale à l'extase, synthèse de toutes les formes qu'elle prendra par la suite chez les Chrétiens, les Musulmans et les Juifs. La doctrine religieuse et populaire, celle des initiés d'Eleusis ont été rapprochées de la théologie plotinienne, après examen des travaux de Pottier et Lenormant, de Foucart et Goblet d'Alviella. On a ensuite établi sommairement comment cette théologie est passée tout à la fois à ses successeurs, partisans de la religion hellénique, et aux chrétiens d'Orient ou d'Occident; comment elle a formé ainsi un fond commun pour toutes les spéculations médiévales chez les Byzantins et les Chrétiens occidentaux, chez les Arabes et chez les Juifs, chez les orthodoxes et les hérétiques. Enfin on a présenté, dans l'ordre chronologique de leur apparition, les doctrines des Ennéades plotiniennes et les emprunts qui leur ont été faits ultérieurement.

En même temps qu'on s'attachait ainsi à un certain nombre des sources de la théologie et de la philosophie dans les trois grandes civilisations du Moyen âge, on poursuivait, dans les œuvres modernes, la survivance de la pensée médiévale. On avait déjà comparé, en 1889-1890, les *Méditations* de Descartes au *Monologium* et au *Proslogium* de saint Anselme. On y revint en 1894-1895, puis en 1910-1911, en 1911-1912. On lut, expliqua et commenta les *Méditations*, on en rapprocha des textes empruntés au *Discours de la Méthode*, aux *Principes de philosophie* et aux *Lettres*. On releva avec soin toutes les formules qui rappellent l'École, au sens très large du mot, toutes les incursions sur le terrain théologique. Entre autres résultats obtenus, on citera les suivants :

1° Descartes continue contre les adversaires de l'immortalité de l'âme, la lutte recommandée par le concile de Latran et conduite au XIIIe siècle contre les Averroïstes latins; 2° la doctrine sur Dieu rappelle saint Anselme, saint Augustin et Plotin; 3° la religion naturelle de Descartes — privée de sa partie théologique — est celle du XVIIIe siècle, de Voltaire et de Rousseau.

On a inauguré en 1910-1911, repris en 1911-1912, et on continuera les années suivantes les mêmes recherches pour Leibnitz, Malebranche, Thomassin, Bossuet et Fénelon, Berkeley, Kant et Auguste Comte.

Les travaux des étudiants, en dehors des versions orales et écrites, des expositions et des commentaires, ont été nombreux pendant ces vingt-quatre années. On se bornera à en relever quelques-uns des plus caractéristiques.

Vers 1890, M. Drtina, aujourd'hui professeur à l'Université de Prague et député tchèque, préparait un travail sur l'enseignement de la scolastique à l'École des Hautes-Études. En 1891, M. Philippe, actuellement docteur en médecine et directeur-adjoint à l'École pratique des Hautes-Études, écrivait un Mémoire sur Lucrèce dans la théologie chrétienne et spécialement dans les écoles carolingiennes, qui lui valut le titre d'élève diplômé. Imprimé dans la *Revue de l'Histoire des Religions,* il fut tiré à part en 1896. Dans l'introduction, l'auteur se demandait s'il faut tenir compte de Lucrèce, par qui s'est surtout propagé l'épicurisme, pour expliquer la constitution des doctrines théologiques et philosophiques appelées « Scolastique ». Il relevait, dans un premier chapitre, l'influence de Lucrèce jusqu'au VIIIe siècle; dans un second, il suivait Lucrèce à partir de la Renaissance carolingienne; dans un troisième, il parlait des écrivains et des bibliothèques du VIIIe au XIe siècle. M. Philippe se croyait autorisé à conclure que l'influence grammaticale et littéraire de Lucrèce persiste du VIIIe au XIe siècle; qu'on ne veut pas de sa morale, mais qu'on n'a pas les mêmes défiances contre sa philosophie de la nature. Son travail est une contribution fort intéressante à l'histoire littéraire et à l'histoire générale du christianisme, considérée dans ses rapports avec la pensée antique.

A la même époque, M. Chauvin, actuellement professeur à la Faculté de Droit d'Alger, composait un Mémoire considérable sur les rapports généraux de la raison et de la religion révélée chez Leibnitz.

Puis M. Grandgeorge, aujourd'hui professeur agrégé d'allemand au lycée Henri IV, déposait une thèse sur saint Augustin et le néo-platonisme qui lui valait le titre d'élève diplômé et qui paraissait en 1896 dans la *Bibliothèque de l'École des Hautes-Études*.

En 1898, M. Albert Lamy exposait à Reims, dans une conférence, les résultats obtenus à l'École des Hautes-Études sur Gerbert et travaillait à une thèse sur l'enseignement théologique au xie siècle que la mort l'a empêché de terminer.

En 1900, MM. Alphandéry et Luquet, élèves titulaires, préparaient des Mémoires pour le Congrès d'Histoire des Religions. M. Paul Alphandéry était nommé élève diplômé avec une thèse sur les idées morales chez les hétérodoxes latins au début du xiiie siècle, M. Luquet, aujourd'hui professeur de philosophie au lycée de Douai, avec une thèse sur Aristote et l'Université de Paris pendant le xiiie siècle. Les deux thèses réunies étaient publiées dans la *Bibliothèque de l'École des Hautes-Études* dont elles forment le 16e volume. De 1900 à 1906, M. Paul Alphandéry faisait, sous le patronage du directeur-adjoint, des conférences sur les procès d'hérésie dans l'Église d'Occident du viiie au xiiie siècle, sur le Millénarisme avant Joachim de Flore, sur Joachim de Flore et le mouvement joachimite, sur l'histoire intérieure de l'Église, de Joachim de Flore à Guillaume de Saint-Amour, sur Guillaume de Saint-Amour et la question de l'Évangile éternel.

Pour M. Jean Réville et M. Picavet, M. Jean Ebersolt préparait une thèse, admise en 1902, sur Bérenger de Tours et la controverse sacramentaire au ixe siècle.

En 1909, en 1910, M. Louf, élève titulaire depuis 1889, a, sous le patronage du Directeur, parlé dans quelques conférences du *Secret des Secrets* attribué à Aristote pendant le Moyen Age. En 1911 il a été, à Oxford, copier des manuscrits de Roger Bacon. De même, M. Jungmann a donné quelques leçons sur les doctrines eucharistiques chez les Cartésiens.

En 1911, M. Jungmann, docteur en philosophie de Berne, a été diplômé avec une thèse sur les doctrines eucharistiques chez les Cartésiens; M. Georges Hardy, ancien élève de l'École normale supérieure, professeur agrégé d'histoire et de géographie, avec une thèse sur Bossuet et saint Augustin, qui paraîtra dans la *Bibliothèque de l'École des Hautes-Études*. D'autres Mémoires sur Roger Bacon, sur Thomassin, sur Giordano Bruno, etc., sont en préparation; d'autres, en nombre beaucoup plus considérable, ont été interrompus ou utilisés pour des examens ou concours. Ainsi M. Griveau et M. Labrosse ont achevé en grande partie, aux Hautes-Études, leurs thèses pour l'École des Chartes sur un des derniers Victorins et sur Nicolas de Lire; M. Lecomte y a préparé de même pour le diplôme d'études supérieures d'histoire et de géographie un Mémoire sur l'enseignement au xiii° siècle, M. Rollet, une thèse de doctorat, pour la Faculté de Médecine, sur la médecine astrologique.

**

En résumé le directeur et les étudiants se sont occupés de l'histoire des doctrines, des dogmes et de la théologie chrétienne.

De 1888 à 1906, on a travaillé surtout à mettre en lumière ce qui, de la pensée antique, est entré dans le christianisme et ce qui, du christianisme médiéval, s'est conservé chez les modernes.

On a donc fait l'histoire des philosophies et des théologies antiques, en fonction du christianisme, cherché ce qu'il s'est assimilé des Grecs et des Latins, platoniciens, péripatéticiens, épicuriens, stoïciens, pythagoriciens, pendant tout le Moyen Age; de Plotin et de ses successeurs, depuis le iiie siècle. On a fait ce travail pour les doctrines religieuses, surtout pour les dogmes et la théologie sous toutes ses formes, en s'attachant tout particulièrement aux périodes de formation, pour le christianisme, en général, à celle qui comprend le iii°, le iv°, le v° et le vi° siècle, pour le catholicisme, au xiiie où s'exerce l'action non seulement des Grecs et des Latins, mais celle des Byzantins, des Arabes et des Juifs. Et ce qui a été entrepris pour le christianisme et le catholicisme, pris dans leur ensemble, on a essayé de le faire pour quelques-unes des doctrines les plus importantes, sur Dieu, sur la liberté humaine, l'immortalité de l'âme et son union avec Dieu, surtout pour les dogmes, pour la Trinité, dont on a suivi l'histoire à travers tout le Moyen Age, pour l'Incarnation, pour l'Eucharistie, pour la Prédestination, etc.

A la recherche qui consiste à considérer la dogmatique chrétienne en elle-même et à la comparer à la pensée antique pour savoir ce qu'elle s'en est approprié, on a joint la vérification qui s'opère en prenant chez les Grecs ou les Latins un texte ou une doctrine pour en suivre la fortune à travers tout le monde médiéval et spécialement dans la constitution de sa théologie.

Depuis 1906, les études ont continué à porter sur les doctrines, les dogmes et la théologie, mais une place beaucoup plus grande a été faite à l'élément chrétien, que l'on a cherché dans l'Ancien, dans le Nouveau Testament, dans tous les livres canoniques et que l'on a rapproché des données antiques dont on avait déjà suivi l'introduction dans la théologie chrétienne. On espère arriver ainsi à expliquer d'une facon satisfaisante, par la synthèse des deux éléments, unis en des proportions fort diverses, la constitution des doctrines et des dogmes.

De 1888 à 1912, on a complété l'étude des sources, par celle de la persistance ou de la restauration, dans le monde moderne, des doctrines religieuses du Moyen Age, non seulement chez les catholiques qui demeurent ou redeviennent thomistes, scotistes, lullistes, etc., mais encore chez les philosophes avec lesquels la pensée libre s'estime le plus en accord, chez Descartes et Malebranche, Locke et Leibnitz, Berkeley et Kant, Turgot et Auguste Comte.

CHAPITRE II

L'ENSEIGNEMENT DE L'HISTOIRE GÉNÉRALE ET COMPARÉE DES PHILOSOPHIES MÉDIÉVALES DE 1906 A 1912, A LA FACULTÉ DES LETTRES DE L'UNIVERSITÉ DE PARIS

Création, en 1906, d'un cours complémentaire d'histoire des philosophies médiévales. — Seconde édition de l'*Esquisse*.

I. — Leçon d'ouverture : les maîtres français et étrangers dont les travaux ont rendu possible un semblable enseignement ; raisons qui le font nécessaire et profitable ; son objet ; emprunts et originalité des philosophies médiévales ; division en périodes ; étude de chaque période ; cours public, du Ier siècle avant J.-C. au concile de Nicée ; conférence fermée, bibliographie critique et explications ; travaux des étudiants ; méthode de direction pour ces travaux.

II. — 1907-1908, cours public sur la philosophie de Roger Bacon, publication de la leçon sur Pierre de Maricourt ; bibliographie critique et explication de textes du VIIIe au XIIIe siècle ; travaux des étudiants ; publication relative à Algazel ; transformation de la Société pour l'étude de l'histoire de la scolastique, rattachée tout à la fois à l'École des Hautes-Études et à la Faculté des Lettres. — 1908-1909, cours public sur la philosophie d'Abélard et de ses contemporains d'Occident et d'Orient ; bibliographie et explication de textes du XIIIe au XVIIe siècle ; travaux des étudiants ; publication dans la *Revue philosophique*, de deux articles sur le néo-thomisme et le modernisme. — 1909-1910, cours public sur les rapports de la science, de la philosophie et de la religion, du IXe au XIIIe siècle ; bibliographie critique et explication de textes du Ier au XIIe siècle ; travaux des étudiants ; publications relatives aux programmes de la licence ès lettres, à l'enseignement de Guillaume de Champeaux. — 1910-1911, cours public sur les principales questions soulevées par les philosophes du XIIIe siècle ; travaux des étudiants ; publication de deux articles, sur l'Éducation à travers les âges et sur les programmes de la licence ès lettres, d'une Note sur la place que tient la querelle des Universaux, d'après Abélard, dans les écoles du XIIe siècle, d'articles sur Witelo, Tauler, saint Thomas, Siger de Brabant et les Averroïstes latins, de Roscelin, philosophe et théologien, d'après la légende et d'après l'histoire, sa place dans l'histoire générale et comparée des philosophies médiévales ; Mémoire sur l'utilité de faire générale et comparée l'histoire des philosophies médiévales, l'histoire des philosophies et des sciences modernes.

III. — 1911-1912, cours public sur les doctrines plòtiniennes chez les théologiens, les philosophes, les savants, continué en 1912-1913, du IIIe au XIIIe siècle; bibliographie critique et explication des textes correspondants; travaux des étudiants; thèse, pour le doctorat d'Université, sur la *Deutsche Theologie*; thèses pour le doctorat ès lettres, sur Auzias March; publications d'un Essai sur la classification des Mystiques, de quelques documents sur Roscelin de Compiègne, de Vingt-quatre ans d'enseignement et de recherches à l'École des Hautes-Études, d'articles Pour les futurs éditeurs de Roger Bacon, sur les programmes de licence et d'agrégation; Mémoires pour le Congrès d'histoire des Religions sur l'Ame du monde et l'Esprit Saint chez certains théologiens grecs et latins, sur Roger Bacon et les Franciscains. — Conclusion : monographies et histoire générale et comparée des philosophies médiévales.

C'est en 1897 que la Faculté des Lettres et le Conseil de l'Université de Paris ont émis le vœu qu'un cours fût créé pour enseigner l'histoire des philosophies médiévales. Le but poursuivi était complexe: on voulait tout à la fois provoquer, parmi les étudiants français ou étrangers, des recherches impartiales et objectives, dont les résultats pourraient être mis en comparaison avec les apologies du thomisme ou de la scolastique, être utilisés par leurs partisans comme par leurs adversaires, mais surtout par ceux qui souhaitent savoir exactement ce que l'humanité a pensé aux diverses époques de son existence.

C'est en 1906 seulement que fut créé un cours complémentaire. L'ouverture en eut lieu le 26 novembre 1906, au moment même où paraissait la seconde édition de l'*Esquisse d'une Histoire générale et comparée des philosophies médiévales*.

On rappela d'abord les enseignements et les maîtres qui, dans notre pays et ailleurs, l'ont rendu possible. DEGÉRANDO, dans l'*Histoire comparée des Systèmes de philosophie*, DAUNOU, dans l'*Histoire littéraire de la France*, avaient ouvert la voie. GUIZOT, dans l'*Histoire de la Civilisation en Europe et en France*, fournissait de précieuses indications sur le mouvement philosophique et théologique qui en est une des marques caractéristiques. Victor COUSIN mettait, dans le cours de 1828, la philosophie du moyen âge, « berceau de la philosophie moderne », à côté de la philosophie orientale, de la philosophie grecque, de celles de la Renaissance et des temps modernes. Elle tient 55 pages sur 582 dans la 9e édition de l'*Histoire générale de la philosophie*. En 1829, COUSIN publiait la traduction de Tenneman qui donne une place considérable à la philosophie médiévale. En 1836, il édite Abélard, qu'il rapproche de Descartes, « le plus grand philosophe des temps modernes »; puis il appelle l'attention sur Roger Bacon; il encourage ou provoque des recherches dont nous tirons profit aujourd'hui encore. Charles de RÉMUSAT étudie saint Anselme et Abélard, Charles SCHMIDT, les Mystiques, Émile CHARLES, Roger BACON. Dès 1819, Amable JOURDAIN publiait les *Recherches critiques sur l'âge et l'origine des traductions latines d'Aristote*. Son fils Charles en faisait paraître une seconde édition en 1843, exposait en deux volumes la *Philosophie de saint Thomas d'Aquin*, et composait bon nombre de Mémoires fort intéressants sur la philosophie des chrétiens latins et occidentaux. C'est à la Faculté des Lettres de Paris que RENAN présentait en 1852 une thèse française sur *Averroès et l'Averroïsme*, souvent réimprimée, et une thèse latine non moins importante, *de philosophia peripatetica apud Syros*. Dans l'*Histoire du peuple d'Israël*, dans les *Origines du Christianisme*, dans l'*Histoire littéraire de la France au XIVe siècle*, il aborde et examine, parfois résout et toujours éclaire plusieurs des questions que soulève l'histoire des philosophies médiévales. MUNK donne des *Mélanges sur l'histoire de la philosophie juive et de la philosophie arabe*, édite et traduit le *Guide des Égarés* de Maimonide. Adolphe FRANCK publie, en 1843, la *Kabbale* ou la *Philosophie religieuse des Juifs*, dont la seconde édition a paru en 1889. Surtout Benjamin HAURÉAU, par l'*Histoire de la philosophie scolastique*, par des Mémoires, par des articles dans l'*Histoire littéraire*, le *Journal des Savants*, les *Notices et Extraits des manuscrits*, le *Dictionnaire philosophique*, les publications de l'Académie des Inscriptions et Belles-Lettres, a été pendant longtemps le maître le plus autorisé en France et à l'étranger, de tous ceux qui, de près ou de loin, abordent l'histoire des idées médiévales.

A la Faculté des Lettres de Paris, SAISSET traitait, de 1858 à 1860, du platonisme pendant les neuf premiers siècles de l'ère chrétienne, de l'influence des idées platoniciennes sur la philosophie de la Renaissance et des platoniciens de cette époque. M. WADDINGTON, l'auteur d'une remarquable étude sur Ramus, y étudiait de 1871 à 1879, la Renaissance, le platonisme, le péripatétisme du xve siècle, le mysticisme en général et spécialement les philosophies mystiques du xve et du xvie siècles, le scepticisme avant Descartes; M. GEBHART, dans la chaire même où OZANAM avait autrefois étudié Dante et la philosophie catholique du xiiie siècle s'occupait des penseurs du moyen âge, dont il faisait revivre la doctrine dans l'*Italie mystique*, dans *Moines et Papes*. Enfin M. BOUTROUX dans un cours sur la philosophie allemande, établissait d'une façon incontestable qu'il est indispensable, pour comprendre les mystiques, de les considérer d'un point de vue philosophique et religieux. Et ses publications sur Jacob Böhme, sur Pascal, rendaient la démonstration évidente pour tous.

Nombreux aussi sont à l'étranger les maîtres dont le travail a contribué à mieux faire connaître les philosophies du Moyen Age : Ritter, dont l'histoire de la philosophie religieuse est encore consultée avec profit; Ueberweg, dont divers continuateurs de grand mérite ont tenu le Manuel au courant des recherches actuelles; Stöckl et son *Histoire de la philosophie au Moyen Age*; Prantl et son Histoire si documentée de la *Logique en Occident*. Harnack, dont les travaux exégétiques et historiques fournissent tant de précieuses indications à l'histoire des doctrines philosophiques comme à l'histoire des doctrines religieuses; Krumbacher, avec son *Histoire de la littérature à Byzance* et sa *Revue byzantine*; Eduard Zeller qu'il faut sans cesse consulter pour l'histoire des idées dans les six premiers siècles de l'ère chrétienne comme pour celle de la période antérieure; Diels, avec les *Doxographi Græci* et ses publications des commentaires néo-platoniciens d'Aristote; bien d'autres encore, même parmi les apologistes et les détracteurs du Moyen Age, qui fournissent des renseignements utiles et suggestifs.

I

On comprend donc la création d'un enseignement consacré à l'histoire de la philosophie du Moyen Age, quand même il n'aurait pour objet que la réunion, l'exposition et la synthèse des résultats déjà obtenus. A plus forte raison, si le nombre des questions à résoudre l'emporte de beaucoup, comme on l'a montré et le montrera encore, sur celui des questions résolues.

D'une façon générale d'ailleurs nos établissements d'enseignement supérieur, Université de Paris, École des Hautes Études, École du Louvre, Universités régionales ont augmenté, parfois doublé ou triplé les cours et les chaires où l'on étudie, du Moyen Age, l'histoire et la civilisation, la langue et la littérature françaises, l'art et les institutions. L'expérience a prouvé que le domaine ainsi limité restait assez étendu pour occuper toute l'activité intellectuelle d'un homme distingué, même s'il groupe autour de lui des travailleurs nombreux, disciplinés par la méthode et pleins d'initiative pour les recherches.

Au contraire, l'histoire de la philosophie n'est pas même représentée dans toutes nos Universités. A Paris, où elle a toujours été l'objet d'un enseignement distinct de celui de la philosophie, elle fut confiée à un seul professeur, de 1809 à 1814. Elle en eut deux, l'un pour la philosophie ancienne, l'autre pour la philosophie moderne, de 1814 à 1852. Il n'y eut qu'une chaire, pour toute l'histoire de la philosophie, de 1852 à 1879. Depuis 1879, la chaire est dédoublée. En fait, il y a actuellement (1906) une chaire et une conférence pour l'histoire de la philosophie moderne, une chaire et un cours pour l'histoire de la philosophie ancienne. C'est par occasion seulement qu'on s'est occupé des philosophies médiévales.

Par cela même le domaine de la philosophie du Moyen Age s'est de plus en plus rétréci. Les historiens de la philosophie ancienne conduisent leurs recherches jusqu'à la fermeture de l'école d'Athènes par Justinien ou jusqu'à l'exode des derniers néoplatoniciens en Perse. Et il est incontestable qu'il importe, pour l'histoire des idées, de suivre, jusqu'à cette époque, le développement de la philosophie grecque.

D'après le même principe, mais procédant en sens inverse, les historiens de la philosophie moderne, pour la faire mieux comprendre, remontent jusqu'à la Réforme, jusqu'à la Renaissance, même jusqu'au xiiie siècle. Il n'est pas douteux qu'une semblable introduction est utile, voire nécessaire à leurs travaux.

Mais alors il ne reste, en dehors des philosophies anciennes et modernes, que l'histoire de la philosophie chrétienne des Pères et de la scolastique. Or on confond souvent l'histoire de la philosophie patristique et celle de la constitution du dogme, qui se pénètrent et s'éclairent d'ailleurs l'une par l'autre. Sortis de l'école d'Origène, dit-on, les Pères grecs, Athanase, les deux Grégoire, Basile, ont fixé les dogmes et la théologie chrétienne. Les Pères latins, hostiles en général à la philosophie, se sont attachés surtout aux vérités morales, aux conséquences pratiques du christianisme. Donc, c'est à l'historien des dogmes qu'il incombe d'étudier les Pères grecs. Quant aux Pères latins, ajoute-t-on, l'historien des philosophies peut les passer sous silence, puisqu'ils négligent les hautes spéculations et que, même pour certains catholiques, leur philosophie est « inférieure ».

Ainsi nous n'aurions plus à examiner, au Moyen Age, que les philosophies nées du viiie au xive siècle. Mais, là même, on semble avoir fait tout ce qu'il fallait pour diminuer et restreindre les recherches. En général, on n'étudie la philosophie des Arabes, des Byzantins et des Juifs qu'en fonction de la philosophie chrétienne d'Occident. On ne l'expose pas, à son ordre chronologique, quand elle naît, se développe et grandit, décline ou meurt. Jamais on ne rapproche, par exemple, comme il conviendrait, Alkindi, Photius et Jean Scot Erigène, — Alfarabi et Gerbert, — Avicenne, Ibn Gebirol et Fulbert de Chartres, — Algazel, saint Anselme, saint Bernard, Abélard et Avempace, — Ibn Tofaïl, Averroès, Maimonide et Jean de Salisbury. Sans doute, en examinant les doctrines juives, byzantines et arabes pour marquer leur influence sur Albert le Grand, saint Thomas, Roger Bacon et leurs contemporains, on explique mieux l'évolution de l'Occident chrétien, mais aussi, en ne les étudiant que sous cette forme, on diminue singulièrement l'importance des philosophies médiévales, prises dans leur ensemble.

Elles sont plus amoindries encore quand on se refuse à séparer la philosophie de son histoire et que, partant, on attribue plus de place au jugement des doctrines qu'à leur exposition impartiale. Pour certains catholiques, il y a une philosophie orthodoxe qui se forme avec saint Anselme et les Victorins, qui atteint son apogée avec saint Thomas, qui entre ensuite en décadence : c'est la *scolastique* où se marque l'accord des enseignements catholiques et de l'investigation philosophique. A elle s'oppose *l'antiscolastique* de Scot Erigène et des Averroïstes, des mystiques hétérodoxes, des protestants et des humanistes. Plus voisines de la seconde que de la première sont les *déviations* de la scolastique avec Roger Bacon, Raymond Lulle, maître Eckhart, Raymond de Sebonde et Nicolas de Cus.

Des travaux ainsi dirigés nous aident certes à comprendre le thomisme, son évolution médiévale et sa restauration par Léon XIII, mais ils laissent au second plan les systèmes hérétiques ou hétérodoxes, plus propres que tous les autres peut-être à montrer à la plupart de nos contemporains combien il est intéressant de savoir quelles furent les pensées philosophiques du Moyen Age. Aussi certains de leurs adversaires les prennent au mot et ne veulent plus voir dans les philosophies médiévales qu'une scolastique asservie aux dogmes catholiques plus encore qu'à la logique péripatéticienne.

Au contraire d'autres historiens cherchent l'originalité chez les hérétiques et dédaignent toutes les doctrines voisines des dogmes, oubliant que l'opposition à une orthodoxie, quelle qu'elle soit, est insuffisante pour former un penseur digne de ce nom et aussi que la connaissance des dogmes, formulés par des Stoïciens ou des chrétiens, est indispensable à l'historien des idées qui veut savoir quelles furent, à tel ou tel moment, les doctrines prépondérantes.

D'autres enfin voient l'essentiel de la philosophie médiévale dans le problème des universaux, négligent par conséquent les grands dogmatiques et les grands mystiques et la ramènent ainsi, selon l'énergique expression de M. Boutroux, « à des concepts quasi mathématiques, immobiles, sans profondeur et sans âme ».

Les conséquences de telles conceptions ont été tirées *a priori*, de la façon qu'on peut imaginer, par tous ceux qui ne peuvent ou ne veulent étudier eux-mêmes les doctrines philosophiques du Moyen Age. Des esprits cultivés qui suivent avec intérêt toutes les autres formes des civilisations médiévales, ont donné raison à ceux qui condamnent les hérétiques et à ceux qui méprisent les orthodoxes, comme à ceux qui diminuent le domaine et le contenu de la philosophie. Ils n'ont voulu voir au Moyen Age que misère philosophique et ils ont volontiers chaussé les bottes de sept lieues dont parlait un philosophe qui pourtant lui devait beaucoup, pour arriver plus vite aux penseurs modernes. A plus forte raison, des hommes que préoccupent surtout les questions politiques ou qui relèvent uniquement d'une philosophie scientifique, se sont-ils cru autorisés, pour répondre à des adversaires qui condamnent toutes les doctrines issues de la Révolution, à écarter tout système qui vient du Moyen Age, à proclamer indigne d'attention tout ce à quoi l'on peut appliquer l'épithète de scolastique!

Or, si l'on admet aujourd'hui qu'il y eut parfois de l'ignorance et de la barbarie au Moyen Age, que l'élite intellectuelle fut peut-être plus nombreuse à d'autres époques, personne, parmi ceux qui l'ont étudié, ne prétend plus n'y voir que barbarie, personne n'ose se vanter de mépriser les littératures romanes, les cathédrales gothiques, le « byzantinisme » ou le « Bas Empire ». Désormais, nous l'espérons, pas un homme cultivé ne soutiendra non plus qu'on peut historiquement ramener toutes les philosophies du Moyen Age à un système chrétien, catholique, orthodoxe, plus ou moins réductible au thomisme et entièrement fondé sur la logique péripatéticienne.

C'est qu'elles sont essentiellement des philosophies théologiques, jointes aux religions helléniques dont elles provoquent les transformations, au judaïsme, qu'elles changent plus encore, au mahométisme et au christianisme, sous leurs formes successives ou simultanées, multiples et diverses. Toutes donnent la prédominance aux spéculations sur Dieu et sur l'âme, toutes recherchent les moyens de nous rapprocher de la perfection divine, puis de nous unir définitivement avec elle. Toutes font des emprunts aux systèmes de l'antiquité grecque et latine, aux acquisitions, passées et présentes, des sciences positives. Toutes aboutissent au plotinisme ou s'en inspirent. Car Plotin a exposé l'ensemble des idées sur lesquelles ont vécu et vivent encore ceux qui se rattachent à une philosophie théologique. Il admet un monde intelligible dont l'existence et l'essence s'expliquent par le principe de perfection, où se trouve réalisé l'idéal qu'ont fait concevoir la considération de la nature et de l'homme, les aspirations incessantes de l'humanité vers la justice et l'amour, la vérité et la beauté. Quant au monde sensible, il peut être rangé, selon Plotin, dans des catégories analogues à celles d'Aristote ; il relève des principes de contradiction et de causalité que supposent toutes les sciences positives. Le philosophe procède ainsi à une double synthèse. D'une part, il réunit les notions que nous classons aujourd'hui dans les sciences physiques, naturelles, psychologiques et morales, pour en faire un système qui reproduise, d'un point de vue phénoménal, les relations entre les êtres. Cela fait, il établit ce qu'est le monde intelligible avec ses hypostases dont l'existence et l'action expliquent la production du monde sensible; puis de quelle façon des êtres ainsi produits hiérarchiquement se convertissent ou se retournent vers le monde intelligible; enfin comment Dieu gouverne toutes choses et comment, par lui et par nous, seront réalisées la justice, la sainteté et la béatitude, souvent entrevues et jamais atteintes.

On utilise donc ainsi tous les faits qui viennent de l'observation interne ou externe, comme de l'expérimentation sous ses multiples formes, pour donner une connaissance de plus en plus complète du monde sensible, pour construire le monde intelligible, pour multiplier les moyens par lesquels l'âme humaine peut se rapprocher de plus en plus de la souveraine perfection.

Et les systèmes, qui découlent du plotinisme ou s'en rapprochent, présentent des combinaisons en nombre presque indéfini pendant dix-sept siècles, car on a montré déjà et on s'efforcera de montrer mieux encore, qu'il faut les étudier de l'époque d'Auguste au temps de Galilée, de Bacon, de Descartes et de Harvey, même les suivre jusqu'à nos jours. On pressent dès lors quel intérêt il y a, pour le penseur, à bien voir ce que furent ces systèmes si complexes qui tenaient à l'autorité et à la tradition, à l'expérience et au raisonnement, à l'imagination et à la raison, qui voulaient embrasser l'idéal et le réel, en s'aidant de ce qu'un platonicien, comme M. Fouillée, appellerait la dialectique des sentiments et des idées, de ce qui, pour M. Ribot, est la logique des idées et des sentiments.

Intéressantes à étudier en elles-mêmes comme des créations originales dans leur synthèse, sinon dans leurs éléments, les philosophies médiévales le sont tout autant pour l'histoire de la civilisation et des religions dont elles sont contemporaines.

Sans doute on étudie la civilisation médiévale pour connaître ce qu'y furent l'agriculture, le commerce et l'industrie, la vie publique et privée, les institutions, les arts et les sciences, les langues et les littératures. Sur ces sujets, on a écrit des volumes fort instructifs et il reste assez à apprendre sur chacun d'eux pour qu'on emploie à l'étudier sa vie tout entière. Mais, par cela même, on est tenté d'y voir la caractéristique essentielle du Moyen Age et aussi d'en déterminer la durée d'après les documents que fournissent les diverses périodes. De là les dates fort différentes auxquelles on fait commencer et finir le Moyen Age, selon qu'on s'occupe des institutions, des arts, des littératures en langue vulgaire, etc. Toutefois, pour qui considère l'ensemble des résultats auxquels parviennent les chercheurs spécialisés, la vraie caractéristique du Moyen Age, c'est la religion et surtout la théologie. Pour les individus et pour les sociétés, la vie tout entière est réglée par des prescriptions religieuses. Mais les trois grandes religions, judaïsme, christianisme, mahométisme, ont des traits communs qui permettent tout à la fois de les comparer entre elles et de les distinguer des religions de l'antiquité. Elles admettent que la vérité a été révélée par Dieu, ses prophètes et ses envoyés. Elles ont des livres saints, Bible, Évangile, Coran qui ont entre eux d'étroites relations et auxquels elles demandent ce qu'il faut faire comme ce qu'il faut croire. Monothéistes, elles enseignent la Création, la Providence et l'immortalité de l'âme. Pour préparer et assurer leur triomphe, elles recourent à l'apologétique et à la prédication, parfois aux armes ou aux supplices. Toutes trois interprètent les Livres saints, en établissent le texte et en font le commentaire. Pour cela, elles usent de la dialectique et de la logique, des sciences et de la philosophie des Latins et surtout des Grecs. Ainsi elles construisent une théologie et une philosophie entre lesquelles il est fort difficile d'établir une ligne de démarcation, mais qui se supposent et tantôt se complètent, tantôt entrent en conflit. Du mélange avec les traditions et coutumes d'origine hellénico-latine, germaniques et autres, de la religion, de la théologie et de la philosophie constituées grâce aux systèmes et aux sciences antiques, dérivent les institutions privées et publiques, l'organisation de l'Etat, de la famille, des corporations, des églises, des écoles et des tribunaux comme les conceptions maîtresses des arts et des littératures.

Ainsi les civilisations médiévales sont essentiellement religieuses. Mais elles contiennent des éléments scientifiques, philosophiques et religieux, rationnels et mystiques. Par leurs théologies et surtout par leurs philosophies, elles se distinguent complètement des religions primitives qui ne font place — et pour cause — ni à la philosophie ni à la science; elles se distinguent des religions de l'Inde, brahmanisme et bouddhisme, qui ne cherchent guère à relier, par la raison et l'expérience, le monde intelligible et le monde sensible. Par conséquent on peut affirmer que l'étude de ces philosophies est indispensable pour comprendre les civilisations médiévales.

Dès lors on aperçoit aussi combien les philosophies médiévales éclairent l'histoire des religions, celle des religions hellénico-romaines d'Auguste à Justinien, qui arrivent au temps de Porphyre à se constituer des livres saints, celle du mahométisme, du VIIIe au XIIIe siècle, celle du christianisme et du judaïsme, du Ier siècle au XVIIe et même au XIXe. En particulier l'histoire des dogmes en tire une lumière singulière. Qu'est-ce en effet que l'histoire des dogmes, sinon l'histoire des doctrines, populaires, philosophiques et théologiques qui ont été acceptées par les Églises et imposées aux fidèles, qu'elles vinssent d'ailleurs d'un individu ou d'un groupe? Et cette histoire ne saurait se comprendre, ni même se construire, si l'on ignore celle des doctrines rejetées pour eux au second plan, mais qui furent un temps leurs rivales et parfois demeurèrent longtemps encore en opposition avec eux.

Elle est aussi précieuse pour la philosophie des religions. Pour constituer celle-ci de manière à lui assurer quelque solidité, il faudrait connaître aussi exactement que possible ce que furent les religions des peuples non civilisés et des peuples civilisés. Or les documents sont rares sur les premiers; ils sont trop souvent d'une authenticité douteuse et d'une imprécision caractéristique; presque jamais ils ne nous permettent de suivre le développement des idées et des formes religieuses. Au contraire notre documentation se complète de jour en jour sur les religions médiévales : les philosophies nous expliquent l'évolution de théologies dogmatiques et mystiques qui présentent au sentiment et à la raison, la réalisation de l'idéal peut-être le plus élevé qu'ils puissent trouver dans une conception religieuse. Sans compter que la faculté de création n'est éteinte de nos jours ni chez les Juifs, ni chez les musulmans, ni chez les chrétiens : souvent encore nous voyons apparaître des sectes nouvelles qui, étudiées de près, nous renseignent assez bien sur les origines et les transformations des doctrines religieuses.

Enfin le psychologue trouve décrites, dans les philosophes du Moyen Age avec une exactitude et une précision merveilleuses, toutes les formes de la pensée et du sentiment religieux, dont il peut ainsi suivre l'évolution ou la transformation pendant des siècles. Chez eux l'on puisera, quand on voudra s'en donner la peine, les meilleures illustrations des chapitres les plus curieux de la *Psychologie* et de la *Logique des sentiments* de M. Ribot comme de l'*Expérience religieuse* de William James. Ils nous présentent des types disparus ou dont le développement reste aujourd'hui incomplet.

Non seulement les philosophies du Moyen Age valent d'être étudiées pour elles-mêmes, pour l'histoire des civilisations où elles ont pris place, des religions auxquelles elles ont été jointes et des dogmes qui en ont réglé les croyances, pour la philosophie religieuse et la psychologie, mais encore elles nous éclairent sur les origines de notre société qui tend à devenir surtout scientifique et laïque, sur les sociétés contemporaines, qui presque partout, continuent à se réclamer des principes sur lesquels s'est appuyée la vie humaine pendant tout le Moyen Age. L'Amérique presque tout entière, une partie de l'Asie et de l'Afrique, la Russie, l'Allemagne, l'Autriche et l'Angleterre, la Belgique et l'Espagne, la Turquie, comme la Grèce et les états balkaniques, sont plus ou moins, aujourd'hui encore, dans la période théologique. Le mahométisme et le judaïsme, le christianisme, sous ses formes de plus en plus variées, interviennent dans la direction de la vie publique autant au moins que dans le gouvernement de la vie privée; les institutions, les lois politiques et sociales, les lois et règlements scolaires en fournissent journellement la preuve. Si la France laïcise de plus en plus l'État et l'École, il y reste des Églises et ces Églises se guident sur les doctrines — en tout ou en partie d'essence philosophique — qui régnaient au temps où elles se sont constituées et où elles ont acquis leur entier développement. Ainsi le catholicisme, avec sa monarchie absolue, représentée par le pape, avec son aristocratie de cardinaux, d'archevêques et d'évêques, avec ses laïques subordonnés aux clercs, maintient, en ses grandes lignes, la hiérarchie ecclésiastique que le Pseudo-Denys l'Aréopagite modelait sur une hiérarchie céleste dont la constitution relève en grande partie de Plotin et de Proclus. Et il est appelé à vivre, non seulement dans les pays où se maintiennent une monarchie voisine de l'absolutisme et une aristocratie qui n'a guère perdu de sa puissance, comme en Allemagne, mais encore dans un pays comme la France où la démocratie devient de plus en plus dominante et ne semble plus laisser aucune place à un gouvernement ou à une aristocratie qui ne se justifieraient pas par des raisons purement humaines. De là des luttes que l'on ne comprend pas et des sympathies qui semblent étranges quand on ne se rend pas compte des philosophies théologiques et scientifiques qui représentent le monde du Moyen Age et le monde moderne. Comme d'ailleurs il y a des combinaisons infiniment diverses des deux éléments, les États politiques se différencient par cela même et varient chacun dans sa composition par suite de la prépondérance de l'un ou de l'autre. Ainsi la restauration du thomisme par Léon XIII, en faisant l'unité dans le monde catholique, a donné au catholicisme une force qui lui a fait acquérir une influence prépondérante en Belgique, en Allemagne, qui l'a constitué plus puissant qu'il ne l'avait jamais été dans bien d'autres pays et qui partout l'a rendu redoutable à ses adversaires. On dirait qu'il se prépare dans le monde musulman une restauration de la philosophie qui fut florissante du VIIIe siècle à la fin du XIIe et qui pourrait orienter les esprits — tout au moins l'élite dont l'action a été et reste encore si grande — dans des directions toutes différentes de celles où tous ont longtemps marché, dans les voies de la tolérance et de la recherche scientifique et philosophique. Partout les dogmes et les doctrines théologiques qui, du Moyen Age, se sont transmises aux catholiques, aux protestants, aux chrétiens de toute confession comme aux musulmans et aux juifs de nos jours, se trouvent en contact avec une philosophie scientifique dont l'importance a été grandissant depuis trois siècles. Aux partisans des religions, aux défenseurs des doctrines scientifiques, à ceux qui entreprennent de concilier les unes avec les autres, il importe donc de savoir ce que furent en leur contenu et dans leur développement les philosophies médiévales.

Il reste à indiquer brièvement ce qui ressort déjà de cette exposition, le programme que l'on se propose de remplir et la manière dont on essayera de le développer.

L'objet de l'enseignement, c'est l'exposition des philosophies qui ont dominé dans les civilisations du Moyen Age, intermédiaires entre les civilisations antiques et les civilisations modernes. Par conséquent il y a lieu d'indiquer ce qu'elles doivent à l'antiquité orientale, grecque et latine, ce qui leur appartient en propre, ce qu'elles nous ont transmis. Comme toutes comportent des éléments dogmatiques et mystiques qui viennent des religions, des éléments scientifiques, rationnels et métaphysiques qui sont dus à l'antiquité, il faudra suivre la formation, l'accroissement, le développement et le déclin de la partie théologique de ces philosophies, puis les éclipses partielles, les réapparitions et les disparitions, les progrès de la partie scientifique, enfin examiner comment l'une et l'autre se combinent aux diverses époques. Ainsi on fera non seulement l'histoire des philosophies médiévales, mais aussi celle des origines de notre philosophie scientifique et de nos sciences, prises telles que l'antiquité les a transmises et suivies dans leur fortune diverse à travers toute la période médiévale.

Toutes ces philosophies ont leur originalité qui se montrera parfois dans leurs éléments constitutifs, toujours dans la manière dont s'en fera la liaison ou la synthèse : leur histoire sera *générale*. D'autant plus qu'il y a une ressemblance profonde entre leurs conceptions théologiques et que bon nombre des éléments scientifiques ou rationnels qu'elles utilisent sont identiques. Mais elle sera en même temps *comparée*, parce que toutes présentent des différences aussi caractéristiques que leurs ressemblances. L'étude chronologique permettra de suivre leur développement dans un même groupe ; l'étude synchronique le présentera dans les groupes différents.

Quelles divisions convient-il d'établir dans l'histoire générale et comparée des philosophies médiévales? Sans oublier qu'il faut étudier la vie intellectuelle et spéculative dans sa continuité, on adoptera les divisions suivantes. Une première période conduira du 1er siècle avant J.-C. au VIIIe siècle après J.-C. ; une seconde période, jusqu'au XVIIe siècle où commencent les temps modernes. Au début de la première on constatera la persistance de penseurs qui continuent leurs prédécesseurs de la Grèce antique. Au XVIIe, au XVIIIe, au XIXe siècle et même au XXe, on étudiera la survivance, parfois la restauration des philosophies médiévales, intimement liées aux religions qui entendent diriger l'individu et la société pour la vie actuelle et la vie future, tandis que les partisans de la science et de la philosophie scientifique demandent surtout à la connaissance du monde sensible sous ses deux faces, matérielle et morale, de régler la vie actuelle des individus et des sociétés.

Dans la première période, le concile de Nicée en 325, la fermeture des écoles d'Athènes en 529 marquent une orientation nouvelle dans la pensée. Jusqu'en 325, nous sommes en présence de luttes, de transformations, de synthèses plus ou moins heureuses dans lesquelles on veut unir les tendances rationnelles, scientifiques et métaphysiques de la Grèce antique avec les aspirations religieuses et mystiques de l'Orient. On trouve encore des épicuriens, des sceptiques comme Enésidème et Sextus Empiricus, des péripatéticiens dont le commentateur par excellence, Alexandre d'Aphrodise. Mais les éclectiques sont bien plus nombreux : judéo-alexandrins dont le plus marquant est Philon ; néo-pythagoriciens comme Apollonius de Tyane, dont on fera presque un dieu ; platoniciens éclectiques et pythagorisants, comme Plutarque de Chéronée, Celse l'adversaire des chrétiens, Numénius d'Apamée, intermédiaire entre Philon et Plotin ; Stoïciens, comme Sénèque, Epictète et Marc-Aurèle, comme ceux qui meurent sous l'Empire pour l'honneur de la dignité humaine ; enfin Plotin, avec son maître Ammonius Saccas et son disciple Porphyre, qui construit le système dont vivra tout le Moyen Age. Les chrétiens ont, après saint Paul, des gnostiques qui tentent un essai de philosophie religieuse, des apologistes qui utilisent, pour défendre leur religion, les lettres et la philosophie helléniques, des monarchiens et des trinitaires ; Panténus, Clément d'Alexandrie et Origène, qui travaillent à constituer une philosophie orthodoxe.

De 325 à 529, les Juifs fixent le texte de leurs livres sacrés, en réunissent les développements traditionnels et les interprétations dans la Mischna, les Beraïtot, le Talmud et les Midraschites, où ils introduisent des doctrines philosophiques et surtout plotiniennes. Les néo-platoniciens ont des représentants illustres : Jamblique, qu'on dit un thaumaturge, l'empereur Julien qui tenta de rendre aux religions helléniques la place qu'elles avaient perdue depuis Constantin, Macrobe et peut-être Martianus Capella, Hypatie que l'on déchire en morceaux dans la grande église dite l'Impériale, parce qu'elle obtient trop de succès dans un enseignement qui détourne du christianisme, Proclus et tous ses disciples de l'école d'Athènes, Simplicius et bien d'autres qui ont laissé des œuvres remarquables dont les chrétiens tireront un grand profit et que nous étudions encore. De Plotin relèvent aussi bon nombre des penseurs chrétiens, saint Basile, saint Grégoire de Nysse, saint Grégoire de Nazianze, les trois lumières de l'Eglise de Cappadoce, Synésius, le disciple d'Hypatie, Cyrille qui combat Hypatie et Julien en s'appuyant sur Plotin, Victorinus qui traduit en latin les néo-platoniciens, saint Augustin qui se convertit au catholicisme en lisant ces traductions, peut-être Boèce dont le plotinisme est plus incontestable que le christianisme.

De 529 à la Renaissance carolingienne, les chrétiens d'Orient ont encore quelques grands noms : Leontius de Byzance, le Pseudo-Denys l'Aréopagite, Jean Philopon et Jean Damascène. L'Occident s'obscurcit singulièrement. Il reste des écoles en Irlande ; Cassiodore survit en Italie à Boèce ; Isidore de Séville est un maître pour l'Espagne, Bède le Vénérable pour l'Angleterre, mais on peut craindre que toute civilisation disparaisse de la Gaule ! Quant aux Juifs et aux Arabes, ils préparent le grand mouvement scientifique et philosophique qui se produira du VIIIe au XIIIe siècle.

Dans la seconde période, celle qui va du VIIIe au XVIIe siècle, il y a aussi des divisions tout indiquées. La fin du XIIe siècle, qui voit disparaître Averroès (1198), Maimonide (1204) l'année même où les chrétiens d'Occident s'emparent de Byzance, marque des transformations capitales dans l'existence, ou l'orientation de la philosophie chez les Arabes, les Juifs, les Byzantins, les chrétiens d'Occident. Au point de vue d'une histoire générale et comparée, l'époque qui va du VIIIe au XIIIe siècle est d'un intérêt considérable. Byzantins et chrétiens d'Occident, Juifs et Arabes d'Orient et d'Occident cultivent les sciences et la philosophie de façon à montrer avec Photius, Jean Scot, Gerbert, saint Anselme et Jean de Salisbury — avec Avicenne et Averroès — avec Saadia, Ibn Gebirol et Maimonide, avec tous les savants du monde arabe, que le temps de Charlemagne et d'Haroun al Raschid constitue une véritable Renaissance, où sont remises en honneur les recherches et les méthodes de la Grèce antique comme les spéculations les plus hautes de Plotin et de son école.

La prise de Constantinople met fin à la civilisation byzantine. Du XIIIe siècle à 1453, se place le plus grand développement de la philosophie chrétienne de l'Occident avec Albert le Grand, saint Thomas et Roger Bacon. Puis avec la Renaissance qui suit 1453 et qui seule compte comme telle pour beaucoup d'historiens, les systèmes antiques revivent presque tous ; avec la Réforme, de nouvelles combinaisons des formes religieuses et de la pensée hellénique prennent naissance. L'édit de Nantes et le traité de Vervins en 1598, qui coïncident à peu près avec les ouvrages de Bacon et les recherches de Galilée, que suivront celles de Harvey, de Descartes, de Huyghens, des naturalistes, des physiciens et des astronomes, marquent la fin de la période médiévale et le véritable commencement des temps modernes. Quoique les doctrines plotiniennes conservent encore chez les thomistes, les scolastiques protestants, les mystiques et les métaphysiciens comme Leibnitz, Malebranche ou Kant, même chez Hegel, Schelling ou Ravaisson et chez certains de nos contemporains une place que nous aurons à délimiter, les sciences — aussi bien psychologiques et historiques que physiques et naturelles — et la philosophie, qui se construit avec elles et sur elles, tendent à devenir prépondérantes pour la direction de la vie humaine, sinon dans tous les pays, au moins dans ceux qui sont les plus civilisés et chez les hommes qui ont atteint le plus haut degré de culture.

Pour chaque période, il y a à indiquer sommairement sur quels pays elle porte, quels sont les grands faits politiques et sociaux qui la caractérisent, comment s'y répartit géographiquement la civilisation; quel a été le mouvement religieux, juridique, littéraire, scientifique et artistique, quelles écoles ont contribué au développement et à la transmission des doctrines, parfois quels conciles ou quelles assemblées ont déterminé ou contribué à déterminer l'orientation de la philosophie. Puis il faut rassembler les données positives qui proviennent des historiens, des savants, des jurisconsultes, enfin les doctrines philosophiques, métaphysiques et théologiques prises à toutes les sources capables de nous renseigner. Ainsi on pourra, pour chaque période, dire quelles questions ont été posées et quelles réponses ont été données, quelles doctrines ont été conservées de l'époque antérieure, quelles idées nouvelles ont fait leur apparition et quelles conceptions se sont ensuite transmises aux époques ultérieures. Et dans chacune de ces étapes successives, on s'attachera à établir aussi exactement que possible ce que nous connaissons et ce qui peut être considéré comme acquis, ce qui reste douteux ou obscur et doit être soumis à une nouvelle étude, ce qui n'a pas encore été exploré et devrait l'être.

Ainsi on exposera impartialement ce que nous savons actuellement et on indiquera aux collaborateurs éventuels ce qui reste à faire. Une conférence sera employée à fournir des indications bibliographiques et à expliquer des textes. La bibliographie sera critique et comportera deux parties : l'une aura pour objet d'analyser brièvement les principaux ouvrages qu'il faut connaître pour entreprendre utilement l'étude des philosophies médiévales; l'autre sera employée à signaler ce qu'il convient de lire avec attention, de dépouiller soigneusement ou de parcourir rapidement pour traiter telle ou telle question particulière. Les textes expliqués seront choisis, d'après un plan analogue à celui du recueil que Ritter et Preller ont constitué pour la philosophie antique, de manière à donner à ceux qui les auront étudiés, une idée générale et suffisamment exacte, d'après les sources, des philosophies médiévales.

Par conséquent, s'il y a quelque chose à apprendre pour ceux qui voudront bien suivre cet enseignement, il y aura beaucoup de choses à étudier pour ceux d'entre eux qui deviendront des collaborateurs. Qu'ils poursuivent des titres universitaires ou qu'ils entendent faire œuvre désintéressée, qu'ils soient des étudiants pour les licences, les diplômes d'études supérieures, les doctorats d'Université ou d'Etat, qu'ils soient des politiques, des historiens purs, des sociologues o des éducateurs so ucieux de connaître le passé pour mieux orienter le présent, qu'ils viennent de la France ou de l'étranger, qu'ils soient partisans d'une philosophie scientifique, qu'ils se réclament de la pensée libre ou qu'ils se règlent, pour leur conduite personnelle, sur des doctrines religieuses, ils seront les bienvenus pourvu qu'ils veuillent étudier, d'un point de vue objectif et impartial, les hommes et les œuvres de cette période qui doit être examinée avec d'autant plus de sérénité sympathique qu'elle compte plus de représentants dans notre époque contemporaine. Le paléontologiste observe, de manière à les représenter dans leur existence et dans leur milieu, les êtres disparus, sans s'occuper de donner une appréciation personnelle sur chacun d'eux, et il n'utilise, en ce sens, l'examen des êtres actuels que pour mieux comprendre ceux d'autrefois. De même, l'historien des philosophies médiévales doit, en tant qu'historien, se donner pour tâche essentielle et exclusive de les comprendre et de les faire connaître. Il doit y apporter une impartialité d'autant plus grande que les résultats auxquels il aboutira serviront de point de départ tout à la fois aux croyants qui continueront à y puiser leur règle de vie en politique, en morale, en éducation ; aux penseurs libres qui se demandent comment il convient de faire passer, de l'état métaphysique ou théologique, à l'état positif, les individus et les sociétés ; aux hommes politiques qui ont la charge de défendre la société laïque contre les attaques de ses adversaires, mais aussi d'assurer à tous, même à ces derniers, le libre exercice de leurs croyances religieuses ; à tous ceux enfin qui entendent fonder sur la connaissance, impartiale et approfondie du passé, l'organisation du présent et la préparation de l'avenir.

Le programme de l'enseignement a porté, pour le cours public, sur l'histoire générale et comparée des philosophies médiévales depuis le premier siècle avant J.-C. jusqu'aux Antonins et des Antonins jusqu'au concile de Nicée. Dans la conférence fermée, on a procédé à la présentation et à l'analyse des principaux ouvrages qu'il faut connaître pour aborder utilement l'étude des philosophies médiévales. Puis on a expliqué, analysé et commenté un certain nombre de textes dont quelques-uns ont été autographiés et qui ont tous été choisis d'après un plan analogue à celui des leçons d'exposition. On a examiné et fait manier autant que possible les ouvrages les plus importants sur les philosophes, les savants et les théologiens. On a relevé, en suivant l'ordre chronologique, les textes où sont traitées les questions qui ont spécialement intéressé les contemporains. Les étudiants ont pris part aux explications et ont fait des expositions.

Sous la direction du chargé de cours, il a été préparé pour la licence, des travaux sur

Chalcidius, traducteur et commentateur du *Timée* de Platon,
La théologie d'Aristote,
La liberté dans saint Thomas;
pour le diplôme d'études supérieures sur
Saint-Martin, le philosophe inconnu,
Porphyre et les chrétiens,
Albert le Grand et Aristote (non terminé);
pour le diplôme de l'École des Chartes sur
La connaissance et l'enseignement du grec au Moyen Age dans l'Occident latin;
pour le doctorat ès lettres, sur
L'Intellectualisme dans saint Thomas.

Voici la méthode suivie pour la direction de l'étudiant dans son travail. On le charge d'abord de dresser une bibliographie aussi complète que possible des textes à consulter et des travaux antérieurs dont il convient de tenir compte. Par conséquent on n'accepte que des sujets bien délimités, pour lesquels il est possible, en trois ou quatre mois s'il s'agit d'un diplôme d'études supérieures, de dépouiller et d'examiner tous les documents, de se mettre au courant de toutes les recherches qui ont déjà été faites sur la question. Mais on s'attache en même temps à lui rendre nécessaire l'étude, partielle ou complète, d'un grand penseur. Cette bibliographie est corrigée, s'il y a lieu, par des indications du professeur. Puis l'étudiant recueille les textes, prépare une traduction, aussi exacte que possible, de ceux qu'il veut utiliser, indique le parti qu'il entend en tirer, comme les conceptions des historiens antérieurs qu'il se propose d'accepter ou de combattre. Il communique en outre le plan général qu'il a l'intention de suivre. Des observations lui sont présentées, s'il y a lieu, par le professeur, pour l'empêcher de partir d'une interprétation inexacte ou d'une conception incomplète qui serait de nature à vicier tout son travail. Quand le Mémoire est écrit, l'étudiant expose en conférence les résultats auxquels il est arrivé, parfois la méthode qu'il a suivie; même les interprétations qu'il a données de certains textes et les raisons pour lesquelles il s'y est arrêté. Ce sont de nouveaux moyens de s'assurer, par la manière dont les auditeurs accueillent son exposition, par les objections qu'ils lui adressent, s'il a bien compris et traité le sujet. Ainsi se fait véritablement l'apprentissage de la recherche et de l'exposition scientifiques, ainsi l'initiative de l'étudiant est complètement sauvegardée, parce qu'on ne le laisse pas s'égarer sur des sujets trop vastes et qu'il ne saurait complètement éclairer.

La même méthode est employée avec ceux qui préparent à la Faculté un doctorat d'Université ou d'État. C'est celle qui depuis longtemps était mise en usage par le professeur et les étudiants de l'École pratique des Hautes-Études pour la préparation des Mémoires qui peuvent donner le titre d'élève diplômé.

II

En 1907-1908, le cours public a porté sur la philosophie de Roger Bacon : une leçon relative à Pierre de Maricourt et à son influence sur Roger Bacon a paru dans la *Revue internationale de l'Enseignement* du 15 octobre 1907.

Dans la conférence, on a donné la bibliographie critique de l'histoire générale et comparée des philosophies médiévales du VIIIe siècle à la fin du XIIe siècle, en ce qui concerne les Arabes d'Orient et d'Occident, les Juifs d'Orient et d'Occident, les Byzantins et les chrétiens occidentaux. Puis on a mis sous les yeux des étudiants les œuvres les plus importantes, expliqué des textes, pour la plupart autographiés, et analysé les principaux ouvrages des philosophes, des théologiens et des savants, comme des historiens modernes qui ont travaillé à les faire connaître.

Les étudiants ont fait des expositions écrites et orales, des leçons et des discussions critiques de textes, en particulier sur

Le *Cogito ergo sum* (plus exactement, *Cogito sum*) et ses origines, chez Plotin et saint Augustin, Scot Érigène et Heiric d'Auxerre, avant Descartes;

La preuve dite ontologique, Plotin et saint Augustin, saint Anselme et Gaunilon, Mersenne et Descartes, Spinoza, Leibnitz et Kant;

L'intellect agent d'après Aristote et les Péripatéticiens, Plotin et les Plotiniens, les Arabes, les Averroïstes et les Padouans.

Sous la direction constante du professeur, il a été préparé, pour le diplôme d'études supérieures, des mémoires sur

L'expérience par illumination intérieure chez Roger Bacon,

Marsile Ficin, traducteur et commentateur de Plotin,

La façon dont Macrobe a fait connaître les grandes théories de Plotin à l'Occident chrétien.

L'auteur du Mémoire sur Porphyre avait soigneusement réuni, en deux années, tous les textes qui sont de nature à nous éclairer sur la manière dont Porphyre s'est exprimé sur les Chrétiens et les rapports qu'il a entretenus avec eux. Il a repris le sujet pour en faire une thèse de doctorat ès lettres.

Dans la *Revue d'histoire des Religions* (295-312), le professeur a traité, à propos du livre de Miguel Asin Palacios (*Algazel Moral, Ascetica, con prologo de Menendez y Pelayo*), d'Algazel, dont il avait déjà parlé en même temps que d'Avicenne dans la *Revue philosophique*, dès 1904, en analysant les deux ouvrages de M. Carra de Vaux. Il y présentait les trois solutions possibles à la question de savoir si Algazel a complètement rompu avec la philosophie : 1° Algazel a été successivement philosophe, théologien et mystique, mais il n'a pas essayé de synthétiser, comme Plotin, en une harmonie supérieure, ces trois formes de la spéculation et de la pratique; le mystique n'a rien voulu avoir de commun avec le philosophe, ni peut-être avec le théologien. Et alors il importe, pour comprendre son évolution, de déterminer exactement l'ordre chronologique de ses œuvres; 2° ou Algazel n'a renoncé, qu'en apparence, à penser comme les philosophes, ce qu'il faudrait établir autant que semblable chose est possible; 3° ou encore, si on arrivait à le montrer en relation étroite avec Plotin et ses successeurs, il suivrait cette conséquence notable que, superposant le principe de perfection aux principes de contradiction et de causalité, le monde intelligible au monde sensible, il ne doit pas être soumis à une critique de ce genre, puisque le principe de contradiction et les catégories d'Aristote ne conviennent ni aux spéculations théologiques, ni aux conceptions mystiques. Et cette dernière hypothèse a d'autant plus d'importance qu'elle rendrait inutile, si elle était justifiée, la recherche d'une influence chrétienne dont on n'a pas établi d'ailleurs la réalité. De même il est incontestable que Pascal, que saint Thomas, que Raymond Lulle ont pratiqué le *Pugio Fidei* de Raymond Martin. Mais celui-ci a-t-il utilisé Algazel et Averroès?

C'est ce qu'on a affirmé plus d'une fois et ce qu'il ne serait pas nécessaire de supposer, si l'on retrouve chez les prédécesseurs chrétiens de saint Thomas et, en dernière analyse, chez Plotin ou ses successeurs, leurs doctrines essentielles. Enfin on s'est à peu près rangé à l'opinion de M. Basset, en ce qui concerne le jugement ultime à porter sur la valeur d'Algazel et de son œuvre. Le triomphe d'Algazel a été « un malheur pour la civilisation musulmane ». On a été amené ainsi à affirmer, encore une fois, que la philosophie arabe a plus d'importance que ne lui en accorde Renan et à se demander comment il faut juger le mystique qui se serait arrêté à une conception inférieure à celle de Plotin, s'il a rompu avec la science et la philosophie, pour les remplacer par des pratiques et des exercices purement matériels.

La même année, la *Revue internationale de l'Enseignement* du 15 février 1907 annonçait la transformation de la Société fondée en 1898 à l'École pratique des Hautes-Études.

La Société constituée d'abord, y était-il dit, auprès de la conférence d'histoire des dogmes (rapports de la théologie et de la philosophie) de l'École pratique des Hautes-Études, section des sciences religieuses, fonctionnera aussi par la suite auprès du cours institué à la Faculté des Lettres.

La Société se propose de faire connaître les idées philosophiques, religieuses et scientifiques du Moyen Age, de déterminer ce qui lui vient de l'antiquité, ce qui lui appartient en propre et ce qu'il a transmis aux temps modernes.

La Société s'occupera des philosophies du monde hellénico-romain et du monde chrétien, des Byzantins et des Chrétiens occidentaux avec leurs sectes si nombreuses à partir du XVIe siècle, des Juifs et des Musulmans.

Ses membres publieront des textes inédits ou constitué avec des manuscrits non encore utilisés, des versions, des commentaires, des œuvres où l'on aura usé des langues vulgaires, comme de celles où l'on aura employé les langues savantes, des monographies, des revues ou analyses d'ouvrages, etc.

Toutes ces publications pourront paraître dans des collections spéciales, dans des revues, dans les recueils des académies ou des sociétés savantes. Elles seront considérées comme faisant partie de la *Bibliothèque* de la Société. Son *Bulletin* les signalera toutes comme il signalera les publications étrangères à la Société et dont la connaissance pourrait être utile à ses membres.

La Société pourra centraliser les renseignements nécessaires aux recherches entreprises par ses membres et leur venir en aide pour la publication des travaux qui auront rapport au but poursuivi par elle. Un bulletin sera publié aussitôt que possible et envoyé aux adhérents.

Publications à entreprendre par les élèves, français et étrangers, du cours d'histoire générale et comparée des philosophies médiévales, à la Sorbonne, par ceux des conférences d'histoire des doctrines et des dogmes à l'École des Hautes-Études, par les membres des sociétés savantes et par ceux de la Société pour l'histoire générale et comparée des philosophies médiévales.

Le cours à la Faculté des Lettres ira régulièrement du 1er siècle au xviie. Le professeur recherchera, en outre, au xviie, au xviiie, au xixe et au xxe siècles les idées directrices qui se maintiennent dans les philosophies nées avec les sociétés médiévales, chez les catholiques, les protestants, les chrétiens de toute confession, les musulmans et les juifs. A l'École des Hautes-Études, il s'occupera surtout des dogmes, des doctrines et des théologies chrétiennes.

Toutes les publications porteront sur l'histoire ainsi comprise des philosophies et des théologies médiévales. Elles seront préparées par un enseignement historique des théologies ou des doctrines et des dogmes (École pratique des Hautes-Études) et un enseignement également historique et objectif des philosophies (Faculté des Lettres).

Les unes seront des œuvres d'érudition par lesquelles on fera connaître ou mieux connaître, dans leur passé et dans leur présent, des doctrines hellénico-romaines, chrétiennes, musulmanes ou juives, prises en elles-mêmes et dans leurs relations avec les doctrines adverses.

D'autres seront des œuvres de vulgarisation scientifique où l'on présentera au public cultivé et spécialement à celui que préoccupent les questions religieuses en même temps que politiques et sociales, les résultats des recherches érudites.

Enfin d'autres seront des instruments d'enseignement et de recherche, qui fourniront des matériaux bien préparés aux étudiants et aux maîtres, de manière à ce que les premiers fassent leur apprentissage et à ce que les seconds poursuivent leurs études.

Un certain nombre de ces publications pourront être:

1° Des mémoires pour diplômes supérieurs de philosophie (Faculté des lettres);

2° Des thèses pour le doctorat d'Université (Faculté des lettres);

3° Des thèses, grandes et petites, pour le doctorat d'État (Faculté des Lettres);

4° Des mémoires pour le diplôme de l'École des Hautes-Études (Section des sciences religieuses).

A. — *Éditions à bon marché pour l'étude et l'enseignement de l'histoire générale et comparée des philosophies médiévales*. Elles seront:

1° Des œuvres individuelles, tout entières menées à bonne fin par un seul étudiant. Exemple : un livre de Plotin, le *Contra Academicos* de saint Augustin, le *de prædestinatione* de Jean Scot Érigène, la pseudo-correspondance de Sénèque et de saint Paul, le *Monologium* et le *Proslogium* de saint Anselme, un opuscule ou un livre d'Al Farabi, d'Avicenne, d'Averroès, de Maimonide, de saint Thomas, de Roger Bacon, une des Encycliques de Léon XIII relatives au thomisme, à l'exégèse biblique, aux œuvres sociales, etc. ;

2° Des œuvres collectives résultant de l'association d'un grammairien ou d'un chartiste, d'un historien et d'un philosophe qui contribueront, chacun pour sa spécialité, à la préparation d'un seul texte. Exemple: la *Consolation philosophique* de Boèce, les œuvres d'Apulée, de Macrobe, de Martianus Capella, le *de Trinitate* de saint Augustin, le περὶ φύσεως μερισμοῦ de Jean Scot Érigène, un livre de Plotin, une *Méditation* de Descartes, un volume de Bossuet, etc.;

3° Des œuvres collectives où chaque collaborateur se chargera plus spécialement de tel livre dans un ensemble de livres, de tel volume dans un ensemble de volumes d'un même auteur. Exemple: les *Ennéades* de Plotin publiées dans l'ordre chronologique de leur apparition, les œuvres ou fragments relatifs à la lutte des chrétiens et des néo-platoniciens, les œuvres de Cassiodore, d'Isidore de Séville, d'Alcuin, de Jean Scot Érigène, d'Avicenne, d'Ibn Gebirol, de Maimonide, de saint Thomas (Sommes et Opuscules), de Mélanchthon, de Bossuet, de Malebranche, de Spinoza, le *Pape* de Joseph de Maistre, l'*Essai sur l'indifférence* de Lamennais, les Encycliques de Pie IX, de Léon XIII, etc., etc.

Toutes ces éditions comporteront, partielles ou complètes, collectives ou individuelles:

1° Un texte aussi correct et aussi bon que possible, pour le philologue et le philosophe;

2° Des notes philologiques, autant qu'il en faudra pour l'intelligence du texte, mais surtout des notes historiques et philosophiques, exclusivement placées aux endroits qui présentent des difficultés ou nécessitent des éclaircissements ;

3º Parfois une traduction française qui en facilitera l'étude à ceux qui connaissent le latin ou le grec, l'hébreu, l'arabe, qui en donnera, autant que possible, l'intelligence à ceux qui ignorent latin et grec, hébreu et arabe, qui justifiera ainsi, aux yeux de tous, l'enseignement constitué ;

4º De brèves notices : *a*) biographique, sur l'auteur qui sera replacé dans son milieu ; *b*) bibliographique, manuscrits, éditions, commentaires, donnant l'histoire de l'œuvre et de son influence ; *c*) philosophique et théologique, relevant les questions que s'est posées l'auteur et les réponses qu'il y a faites.

B. — Monographies. Sur une question spéciale, on rassemblera tous les textes connus, en essayant de déterminer leur importance respective. Selon les cas, on en donnera la traduction, l'interprétation ou le commentaire. On fera l'historique de la question, on en montrera les origines, l'importance qu'elle a eue pour les contemporains, les raisons qui l'ont fait soulever, les réponses qui y ont été données, comme parfois aussi sa survivance pour des motifs tout scolastiques, à travers les âges. Exemple : comment le christianisme a triomphé de l'hellénisme (mesures politiques et législatives relatives aux écoles, polémiques philosophiques). Les discussions sur la grâce, la liberté, la prédestination au temps : 1º de saint Augustin et de Pélage ; 2º de Gottschalk et de Jean Scot Erigène ; 3º de Luther et de Calvin ; 4º de Jansénius et de Pascal. Monographie, d'écoles helléniques, chrétiennes, byzantines, juives, arabes, carolingiennes, protestantes, jansénistes, piétistes, etc., des Universités du Moyen Age.

Sur un homme, on procédera d'une façon analogue. Exemple : Porphyre et son influence au Moyen Age ; Cicéron et son influence au Moyen Age sur saint Ambroise, saint Augustin, Macrobe, le pseudo-Hildebert, etc ; Victorinus et les néo-platoniciens. Les apologistes. Alcuin, Raban Maur, Gerbert, Avicenne, Averroès, saint Anselme, Roscelin, Maimonide, etc., Lamennais, Chateaubriand, Joseph de Maistre, de Bonald, Pie IX, Léon XIII, etc.

C. — Morceaux choisis. — Dans une époque déterminée, on prendra des morceaux choisis de manière à présenter une idée caractéristique de la langue, de la littérature, de la doctrine scientifique, philosophique ou théologique, en tenant compte des prédécesseurs (antécédents), comme des successeurs (conséquents). Exemple : Époque de Plotin et d'Origène, de Charlemagne, de Gerbert, de Lanfranc, d'Ibn Gebirol, d'Avicenne, d'Al Gazel, de Jean de Salisbury, de Maimonide, de saint Thomas, de Roger Bacon, d'Albert le Grand, etc.

D. — *Analyses et comptes rendus*. — Tous les livres qui formeront une contribution directe ou indirecte à l'histoire générale et comparée des philosophies médiévales, éditions, commentaires, monographies, seront signalés et analysés.

En 1908-1909 le cours public a eu lieu sur la philosophie d'Abélard et de ses contemporains, arabes, juifs et chrétiens d'Orient et d'Occident.

La conférence fermée, organisée comme les années précédentes, a comporté l'étude de l'histoire générale et comparée des philosophies médiévales du xiiie au xviie siècle. Les analyses, les expositions, les explications et les discussions de textes ont été nombreuses. Des leçons, des commentaires, des résumés ont été faits par les étudiants sur

Saint Thomas d'Aquin (analyse des principaux ouvrages et des principales théories),

Duns Scot, *id.*,

Roger Bacon, *id.*,

L'Imitation de J.-C.,

La vision divine d'après Guillaume d'Auvergne,

L'expérience d'après saint Thomas,

L'expérience scientifique d'après Roger Bacon,

Le mysticisme de maître Eckart,

Chalcidius et Plotin,

Salluste et le περὶ θεῶν,

Les écoles irlandaises,

Les maîtres irlandais venus en France, etc.

Sous la direction du professeur, il a été préparé, pour le diplôme d'études supérieures, des Mémoires sur

L'expérience scientifique chez Roger Bacon et l'influence des Arabes,

Les sources d'après lesquelles les chrétiens occidentaux ont connu le Stoïcisme,

La Nouvelle Académie, de saint Augustin à l'abbé Foucher,

La vision divine d'après les Commentaires de saint Thomas sur les Sentences de P. Lombard.

Pour le doctorat ès lettres, des étudiants ont commencé à travailler à des thèses sur

Le rôle de l'analogie dans la théologie d'Abélard,

L'expérience par illumination intérieure chez Roger Bacon,

Les moyens mis en œuvre par le mystique pour arriver à la connaissance et à la possession de Dieu (Psychologie de saint Bonaventure).

Pour le doctorat d'Université, les sujets suivants ont été choisis :

La *Deutsche Theologie* et son influence sur Luther,

Les formes principales du mysticisme chez les philosophes arabes du VIIIe au XIIIe siècle.

Un professeur de Cracovie est venu pendant près de deux mois travailler tous les jours des questions de bibliographie et de manuscrits à la petite bibliothèque mise à la disposition des étudiants et augmentée par les prêts du chargé de cours.

La *Revue philosophique* (décembre 1908 et janvier 1909) a publié un travail sur le mouvement néo-thomiste et le modernisme. On suivait le thomisme pendant les dernières années de Léon XIII, en Italie, en Autriche, en Allemagne, en Hollande, en Angleterre, en Amérique, en Espagne, en Belgique, en France et on notait l'augmentation du nombre des dissidents. Puis on exposait les débuts du Pontificat de Pie X, avec la lettre à l'Académie romaine de saint Thomas et les actes qui l'ont suivie ; ce que furent le thomisme et le modernisme en 1905, 1906, 1907 ; enfin on analysait l'Encyclique *Pascendi Dominici gregis*, qui marque la condamnation du modernisme en fonction de la philosophie, et le triomphe du thomisme dans le monde catholique.

En 1909-1910, le cours public eut pour objet les rapports de la science, de la philosophie et de la religion d'après les philosophes et théologiens chrétiens, arabes et juifs d'Orient et d'Occident, du IXe au XIIIe siècle.

L'étude de ces rapports devait aller de l'avènement de Charlemagne et de Haroun al Raschid à la mort d'Averroès (1198) et de Maimonide (1204). Elle s'étendait à la région méditerranéenne et aux pays du nord de l'Europe, à l'Asie centrale, orientale et à l'Afrique, en tant que s'y sont implantées les civilisations chrétiennes, latines et byzantines, les civilisations arabes et juives.

Une introduction, du Ier au VIIIe siècle, esquissait les conceptions actuelles sur la science, la philosophie des sciences et la métaphysique, sur la religion, qu'il importe de préciser pour les distinguer des conceptions qui ont prévalu à l'époque médiévale. La religion juive, complètement formée, entre en plein contact avec les sciences et les philosophies hellénico-romaines, vers le début de l'ère chrétienne, comme en témoignent surtout Philon d'Alexandrie et Josèphe. La religion chrétienne lutte, non seulement avec les religions orientales et occidentales qui lui disputent l'empire, mais avec les philosophies et les sciences à l'égard desquelles elle doit prendre de bonne heure une position réfléchie et voulue. Occupée à se constituer et à s'organiser, elle se contente, pendant longtemps, de puiser chez les Latins et chez les Grecs des connaissances scientifiques et philosophiques.

A priori, on peut déterminer les rapports possibles entre la science, la philosophie et la religion dans les civilisations juives, chrétiennes et plus tard dans la civilisation musulmane. Mais, en fait, la religion prédomine du Ier siècle au XIIIe. De saint Paul à Origène, le christianisme a des rapports intermittents et partiels avec la science et la philosophie des Grecs et des Romains. Plotin fait, d'un point de vue mystique, la synthèse des philosophies antérieures, en y comprenant la science antique qu'il augmente pour la connaissance de l'homme moral. La philosophie, avec l'extase comme fin suprême, est chez lui au premier plan. Par elle, il interprète les mystères et les mythes, ce qui lui vient du judaïsme et du christianisme. En combattant les Gnostiques, Plotin devint l'auxiliaire des orthodoxes chrétiens. De sorte qu'il est invoqué ensuite par les partisans des religions hellénico-romaines et par les partisans du christianisme. Ses successeurs sont des chrétiens grecs, byzantins, arméniens pour qui sa philosophie est un complément de leur religion; des philosophes qui le suivent pour sa méthode et ses doctrines ou des Gréco-Romains, qui défendent leur religion en s'appuyant sur son système. Chez les chrétiens occidentaux, on rencontre saint Ambroise qui utilise le *de officiis* de Cicéron ; Victorinus et les Plotiniens ; saint Jérôme et Rufin, les traductions d'Eusèbe et d'Origène; saint Augustin, cicéronien, académicien, plotinien et chrétien ; puis leurs continuateurs jusqu'au temps de Charlemagne.

Au VIIIe et au IXe siècles, Byzance continue à cultiver les sciences et la philosophie, en même temps qu'elle se livre aux discussions théologiques les plus subtiles. Photius (815-891), dont le rôle est capital dans les rapports de l'Eglise grecque et de l'Eglise latine, est aussi important comme historien de la philosophie que comme théologien et canoniste. A partir de 622, les Musulmans travaillent à constituer leur religion et bientôt ils entreprennent la conquête du monde. Arrêtés à Poitiers, en 741, et près de Constantinople par Léon III l'Isaurien, ils donnent un grand développement à leur civilisation. Chez eux se forment les sectes des kadrites, des djabarites, des cifatistes, des motazales, auxquels s'opposent les motecallemins orthodoxes : tous font appel à la dialectique et à la raison. La médecine et la philosophie grecques s'introduisent parmi eux, avec les traductions du début et du milieu du IXᵉ siècle. Les mathématiques, l'astronomie, l'alchimie et les sciences naturelles sont cultivées avec succès. Il y a contact journalier entre une science qui s'accroît tous les jours, une philosophie qui se réclame surtout d'Aristote, mais qui en réalité est plotinienne, une théologie qui a des représentants dont la plupart se disent orthodoxes, mais sont opposés les uns aux autres sur des questions d'importance capitale. Les savants et les philosophes doivent plus d'une fois justifier leurs recherches auprès des purs croyants. Ceux qui sont tout à la fois savants, philosophes et théologiens, ont à établir eux-mêmes l'accord entre leurs directions diverses : tel Alkendi, mort vers 870, mathématicien, astronome, médecin, philosophe et théologien.

Les Juifs avaient essayé de concilier la prophétie et la loi dans le Talmud, en excluant tout élément païen ou chrétien, mais en faisant usage de la dialectique. Par la Haggadah et les Midraschim entrent les philosophies et les métaphysiques grecques, spécialement le plotinisme. Les *gaonim* de Soura et de Poumbedita sont en rapports avec les Arabes. Chez eux, on rencontre une doctrine anthropomorphique, matérialiste et mystique, qui se rattache à la Haggadah; une doctrine mystique dans le Sefer-Yesira, le Livre de la création. Au IXᵉ siècle, Anan ben David et les karaïtes ou partisans du texte se servent de la raison pour l'interpréter, comme sont obligés de faire aussi les rabbanites ou partisans du Talmud.

Dans l'Occident chrétien, Cassiodore, Isidore de Séville, mort en 636, Bède le Vénérable, 674-735, des moines irlandais avaient conservé pour l'Italie, l'Espagne, la Grande-Bretagne et l'Irlande une partie de l'héritage scientifique laissé par le monde gréco-romain, tandis que la civilisation disparaissait à peu près de la Gaule. Avec Charlemagne et ses contemporains se produit une Renaissance qui est due surtout à Alcuin, 735-804, et qui, par son disciple Raban Maur, s'étend à l'Allemagne. Par la méthode des *Deflorationes*, Alcuin s'approprie ce que l'on a conservé du savoir antique. La dialectique et les arts libéraux sont considérés comme une préparation à la vie religieuse et sociale, comme une arme excellente contre les hérétiques : la philosophie renaît dans l'Occident pour n'en plus disparaître. Jean Scot Erigène soutient, après saint Augustin, l'identité de la vraie philosophie et de la vraie religion, mais il subordonne l'autorité à la raison. Son opuscule sur la *Prédestination* réunit contre lui tous les théologiens adversaires de Gottschalk ; son traité *de la Division de la nature* fera des hérétiques et sera condamné par l'Eglise. Remi et Heiric d'Auxerre le continuent en un sens orthodoxe.

Au xe siècle, Byzance cultive à la fois les sciences, la philosophie et la religion, comme on le voit par Constantin Porphyrogénète. Chez les Arabes, Al-Aschari, 880-940, provoque un mouvement qui tend à condamner la science et la philosophie. Al-Farabi, mort en 942, est à la fois un mathématicien, un médecin et un philosophe plotinien. Les Frères de la Pureté tentent d'unir la philosophie grecque et l'islamisme. Chez les Juifs, Saadia, 892-942, commente le Sefer-Yesirah et écrit, vers 932, le livre des *Croyances et des Opinions*, où il invoque la raison, l'Ecriture, la tradition, en soutenant que la religion trouve dans la raison un solide appui. En Occident, le xe siècle est « un siècle de fer et de plomb ». Gerbert, mort en 1003, est un érudit, un savant, un philosophe et un théologien, pour qui la raison et la foi, la philosophie et le christianisme doivent collaborer à la direction de l'homme et de la société.

Pendant le xie et le xiie siècles, Michel Psellus, Xiphilin, Jean Italus, Eustratius, Nicolas de Méthone travaillent à Byzance les sciences, la philosophie et la théologie. L'Orient arabe a Ibn Sina ou Avicenne, 980-1037, médecin et philosophe, dont l'œuvre aura tant d'influence sur l'Occident chrétien ; l'Asharite Algazel (Al Gazali, 1058-1111) n'est pas un savant, mais un théologien et un philosophe mystique, adversaire de ceux qui ont fleuri avant lui dans le monde musulman. En Espagne, Ibn Badja, médecin, mathématicien, érudit et philosophe, montre dans le *Régime du Solitaire* que la nature peut, comme la religion, conduire à l'intuition divine ; Ibn Tofaïl, poète, mathématicien, médecin et philosophe, établit, dans un roman, *Le Vivant fils du Vigilant*, que la religion et la philosophie enseignent les mêmes vérités. Averroès, mort en 1198, poète, médecin, mathématicien, théologien, jurisconsulte et philosophe, cherche à déterminer les rapports de la philosophie et de la religion. Mais c'est à lui que l'on rattache de bonne heure la légende d'après laquelle il aurait parlé des fondateurs des trois religions, Moïse, Jésus-Christ, Mahomet, comme de trois imposteurs.

Chez les Juifs, le poète Ibn Gebirol place comme Plotin, la

philosophie au premier plan dans le *Fons vitæ*, que l'on considérera pendant longtemps comme l'œuvre d'un chrétien ou d'un Arabe inclinant vers le christianisme. Juda Hallevy met le judaïsme au-dessus du christianisme, se prononce pour les théories rabbiniques et maintient, tout en se donnant comme mystique, que la foi n'est pas contraire à la raison. Maimonide, mort en 1204, invoque la raison, la science et la métaphysique comme la révélation, la foi et la religion.

Dans l'Occident chrétien, l'Ecole de Chartres, au sens très large du mot, a Fulbert, Bérenger, Yves, Bernard et Thierry de Chartres, Gilbert de la Porrée, Guillaume de Mortagne et Guillaume de Conches, Jean de Salisbury qui cultivent les sciences, la philosophie et la théologie, en discutant la place qu'il convient de faire à la foi, à la raison, à l'autorité. A l'Ecole du Bec, Lanfranc qui combat Bérenger, met l'autorité au-dessus de la raison ; saint Anselme veut faire la part de l'une et de l'autre, *Fides quærens intellectum*, dans la plupart de ses ouvrages. Roscelin unit très curieusement la raison et l'autorité ; Guillaume de Champeaux finit en mystique ; Abélard fait parfois une place considérable à la raison et parfois se réclame surtout et avant tout de l'autorité ; Pierre Lombard et d'autres colligent les sentences ou les autorités. Il y a des mystiques qui utilisent, comme certains Victorins, avec saint Anselme, la raison et la philosophie pour arriver à l'intuition divine ; il en est d'autres — des Victorins et saint Bernard — qui sont hostiles à la raison et à la dialectique. Pierre Damien veut que la philosophie soit uniquement la servante de la théologie. Raymond de Tolède fait traduire des œuvres de savants et de philosophes grecs, arabes et juifs. Adhélard de Bath va chercher la science en Orient. Alain de Lille, Amaury de Bennes, David de Dinant subissent l'influence des doctrines introduites dans l'Occident chrétien : les orthodoxes et les hérétiques seront obligés de recourir davantage à la raison pour s'assimiler ou pour combattre la science et la philosophie récemment acquises. Aussi le XIIIe siècle, qui verra concorder les progrès de la civilisation, en particulier ceux de la philosophie, avec ceux de la raison et des sciences a-t-il été un grand siècle dans l'histoire du christianisme et dans l'histoire de l'humanité.

La conférence du samedi fut employée à donner une bibliographie critique, générale et comparée des philosophies médiévales, à expliquer les textes les plus importants, du Ier siècle au XIIe. On signala les bibliographies complètes pour chacune des périodes étudiées, en s'attachant à déterminer la valeur des œuvres citées.

Puis on passa en revue les recueils généraux des textes, Conciles, Pères grecs et latins, etc. Ensuite on indiqua, pour chaque auteur, les meilleures éditions, parfois les plus commodes à consulter pour le travail journalier. Dans chacune des œuvres principales d'un auteur, on releva les questions posées et les réponses fournies ; on expliqua les passages les plus propres à donner, par leur rapprochement, une idée exacte des doctrines. On fit manier aux auditeurs les monographies essentielles, les histoires générales ou partielles des religions et des dogmes, des systèmes et des philosophies, des littératures, des sciences et des arts, qu'il est indispensable de consulter. Enfin on énuméra les recherches qui restent à faire et les problèmes qui ne sont pas résolus.

Comme les années précédentes, les étudiants prirent une part très active à la conférence, par des expositions écrites ou orales, des explications et des discussions de textes, des commentaires et des comparaisons propres à jeter une lumière plus vive sur les questions étudiées.

Pour le diplôme d'études supérieures, M. Mansour Fahmy, étudiant égyptien, conduisit à bonne fin un mémoire sur la mystique d'Al Ghazali et les moyens recommandés par lui pour arriver à l'union avec Dieu. Mlle Rozier, aujourd'hui professeur au Collège de La Fère, traita de l'éducation de la femme dans les monastères au XIIe siècle ; M. Troude, des rapports de la raison et de la foi chez Jean Scot Erigène.

Dans la *Revue internationale de l'Enseignement* du 15 octobre 1909, on relevait la liste des auteurs choisis, pour 1909 et 1910, en vue des compositions écrites et des explications orales de la licence philosophique dans les Facultés des Lettres des Universités françaises. Platon était aux programmes de toutes les Facultés, Aristote, dans treize sur quinze ; Epictète figurait sur deux programmes, Démocrite, sur un. Une Faculté, celle de Poitiers substituait, à l'étude d'un texte suivi, celle des extraits de Platon et d'Aristote donnés par Ritter et Preller. Il s'agissait donc, dans tous ces choix, d'une histoire classique où l'on n'introduisait que les philosophes de marque, ceux en qui l'on est habitué de voir l'apogée de la pensée antique.

Pour les auteurs latins, Cicéron était choisi six fois ; Lucrèce, neuf ; Sénèque, trois ; François Bacon, une ; Descartes, deux ; Spinoza, neuf.

Pour les auteurs français, Descartes était pris neuf fois ; Malebranche, huit ; Leibnitz, douze ; Pascal, une ; d'Alembert, une ; J.-J. Rousseau, deux ; Condorcet, une ; Biran, trois ; A. Comte, sept; Renouvier, trois; Ravaisson, une; Taine, une; Cournot, une, Guyau, une.

Pour les auteurs allemands, Kant était aux quinze programmes et remplissait à lui seul un d'entre eux ; Schopenhauer y était sept fois; Fichte, deux; Nietzsche, trois; Wundt et Weber, une fois.

Locke était, pour l'anglais, dans trois programmes; Berkeley, dans huit; Hume, dans sept; Stuart Mill, dans six ; Spencer, dans cinq ; William James, dans un seul.

Les futurs licenciés en philosophie ont donc à étudier pendant deux ans, pour l'histoire de la philosophie grecque, surtout Platon et Aristote, quelques-uns, Épictète et Démocrite. La plupart ne sont obligés de voir ni les Socratiques, ni les Stoïciens et les Epicuriens grecs, ni Plotin et son école, ni aucun des Pères grecs. En latin, ils ont surtout à travailler Cicéron, Lucrèce, Spinoza; quelques-uns Sénèque, François Bacon et Descartes. Dans aucune Faculté, on n'étudie ni les Pères ni les philosophes qui ont écrit en latin, du IVe au XVIIe siècle.

Sans doute, des jeunes gens chercheront à combler cette double lacune, mais la plupart d'entre eux n'auront à peu près aucune notion des philosophies qui, pendant des siècles, ont inspiré les chrétiens, les Arabes et les Juifs d'Orient et d'Occident.

Pour les étudiants en histoire et dans les lettres anciennes, il n'en est nullement de même. A l'examen de licence comme au concours d'agrégation en histoire, il y a toujours une composition écrite sur le Moyen Age. Les étudiants en lettres anciennes avaient en 1909 et 1910, outre des textes de Platon et d'Aristote, l'*Epître aux Romains* de saint Paul, VIII-XII; le Manuel et le 4° livre des *Entretiens* d'Épictète, les *Pensées* de Marc-Aurèle, l'*Intelligence des animaux* de Plutarque, l'*Eloge funèbre de saint Basile*, par saint Grégoire de Nazianze. En latin, ils avaient, avec des textes de Cicéron, de Lucrèce et de Sénèque, l'*Octavius* de *Minucius Felix*, La *Cité de Dieu et les Confessions* de saint Augustin, l'*Apologétique* de Tertullien. Et leur concours d'agrégation comporte chaque année des explications de ce genre.

Cependant, il serait indispensable aux étudiants en philosophie d'avoir, plus que personne, une connaissance suffisante de la pensée médiévale, théologique et philosophique. Considérée en elle-même, c'est celle de la période théologique la plus importante et la seule qu'il soit possible de bien suivre dans ses origines et dans son développement, comme dans sa persistance à travers une période positive. Puis elle nous permet de constater les transformations que la philosophie antique, d'origine et de tendance rationnelles, subit au contact des religions juive, chrétienne et musulmane. Enfin elle est au point de départ de notre civilisation rationnelle et scientifique et elle coexiste avec elle, parfois en lutte, parfois en accord. Et les survivances, comme il a été montré, par l'enseignement de l'histoire des dogmes et des doctrines, aux Hautes Etudes, sont infiniment plus nombreuses qu'on ne pense d'ordinaire.

A ce triple point de vue, les textes à étudier ne manquent pas. De saint Augustin, on peut prendre la *Cité de Dieu*, les *Confessions*, les *Soliloques*, la *Vie heureuse*, le traité *contre les Académiciens* et le traité *de la Trinité*, qui nous ramènent à la philosophie antique, surtout à Plotin et dont la matière se retrouve chez tous les chrétiens d'Occident jusqu'au xvii° siècle, chez Jansénius, Descartes et Malebranche. De Macrobe, le *Commentaire sur le Songe de Scipion* montre comment Plotin s'est superposé à Cicéron et comment il fut connu en Occident du viii° au xiii° siècle. Les *Commentaires* de Boèce, son *Livre de la Consolation philosophique*, le *Monologium* et le *Proslogium* de saint Anselme, le *Liber pro insipiente* de Gaunilon; la *Dialectique*, le *Traité de la Trinité et de l'Unité divine* d'Abélard, le *Fons vitæ* d'Avicebron, les Œuvres d'Avicenne, d'Al Kendi, d'AlFarabi, d'Averroès, dont il ne reste bien souvent que des traductions latines, les *Commentaires* de saint Thomas sur Aristote, diverses parties des deux *Sommes* présentent un intérêt analogue. Roger Bacon avec l'*Opus majus*, l'*Opus minus*, l'*Opus tertium*, la lettre publiée par M. Gasquet, le *de potestate artis et naturæ*, serait une introduction naturelle à l'étude du xvii° siècle.

C'est encore dans la *Revue internationale de l'Enseignement* (1910, II. 309) que parut une note sur l'enseignement de Guillaume de Champeaux d'après l'*Historia Calamitatum* d'Abélard, d'où il résulte que Guillaume a étudié en théologie avec Anselme de Laon; qu'il a enseigné à Notre-Dame, puis à Saint-Victor, le *trivium*, c'est-à-dire la grammaire, la rhétorique et la dialectique, peut-être aussi la théologie qui le rendit ensuite célèbre à Châlons

Le cours public de 1910-1911 exposa les principales questions soulevées par les philosophes du xiii° siècle. On recueillit beaucoup de résultats intéressants qu'on publiera peut-être sous peu.

La conférence fermée fut employée à l'explication des textes les plus importants des philosophies du xiv°, du xv° et du xvi° siècle. De nombreuses versions et expositions furent faites par les étudiants : celles-ci portèrent sur toutes les questions qui ont été discutées avant la Renaissance du xv⁵ siècle, pendant la Renaissance et la Réforme, aux origines de la philosophie moderne.

Deux Mémoires furent préparés pour le Diplôme d'études supérieures, l'un sur saint Thomas commentateur des Noms divins du Pseudo-Denys l'Aréopagite, l'autre sur le plotinisme de Synésius. Une étudiante américaine travailla toute l'année pour un futur doctorat de l'Université de Paris, à chercher les sources de Christine de Pisan.

Dans la *Revue internationale de l'Enseignement*, on signalait une initiative heureuse des organisateurs du deuxième Congrès international de l'enseignement primaire (janvier 1911, p. 62). Pour commémorer le souvenir de cette réunion, ils avaient eu l'ingénieuse idée d'offrir aux membres du Congrès un curieux album intitulé *L'éducation à travers les âges.* Dans l'antiquité, ils avaient choisi fort judicieusement Socrate, Platon et Aristote; pour la Renaissance, Erasme, Rabelais et Montaigne; pour les temps modernes, Descartes, Locke et J.-J. Rousseau; pour l'époque contemporaine, Pestalozzi, Condorcet, Frœbel, Herbart, Herbert Spencer.

Ils se dirent alors que leur album aurait une lacune fâcheuse s'ils passaient d'Aristote à Erasme, comme s'il n'y avait pas eu, pendant toute la période intermédiaire, d'homme dont on puisse rappeler le souvenir. Pensant qu'il fallait avant tout faire œuvre de vérité, ils ont décidé de donner une place au Moyen Age comme à l'antiquité et aux temps modernes. D'après les indications qu'ils voulurent bien me demander et que je m'empressai de leur fournir, ils commencèrent par Plotin, le maître véritable de tous les penseurs de cette période, en lui empruntant la formule suivante : *Celui qui apprend cherche à acquérir la science dont la possession fait le sage.* Après Plotin, ils signalèrent Avicenne : *La perfection propre de l'âme raisonnable est de devenir savante, intelligente, de voir ce qui est la perfection véritable, de devenir comme la substance même du bien.* Puis, Roger Bacon, avec son appel à l'expérience : *Il y a deux modes de connaissance, le raisonnement et l'expérience. Sans l'expérience, on ne peut rien connaître d'une façon suffisante.* Enfin Gerson « le docteur très chrétien », avec ces recommandations qu'on croirait écrites d'hier et qu'on pourrait retrouver cependant chez saint Jérôme : *Ayons pour la jeunesse un langage plein de douceur; pour nous mettre à la portée de son intelligence, ne rougissons pas de parler simplement comme feraient de bonnes et tendres mères.*

Dans le même numéro de la *Revue internationale de l'Enseigne-*

ment (p. 64) on revenait sur les programmes de la licence ès lettres. Comme les Facultés allaient être appelées à les renouveler en partie, on se demandait s'il ne serait pas utile d'introduire dans le programme quelques auteurs, latins et grecs, dont l'étude aurait l'avantage de varier le travail des maîtres et d'obliger les jeunes gens à se documenter un peu sur des choses qu'ils ignorent absolument au sortir de leurs études secondaires. Aux auteurs déjà signalés dans la *Revue internationale de l'Enseignement* et dans la *Revue philosophique*, on joignait le traité d'Origène sur les *Principes*, les œuvres du Pseudo-Denys l'Aréopagite, de saint Jean Damascène, le *Myriobiblion* de Photius, Michel Psellos, le traité de *l'Immortalité de l'âme*, de Gundissalinus, des textes de Guillaume d'Auvergne, d'Erasme, etc. A ceux qui objecteraient qu'il n'y a pas, de plusieurs de ces auteurs, d'éditions à bon marché qu'on puisse placer entre les mains des étudiants, on répondrait que ce serait chose rapidement faite, si on décidait tout d'abord qu'on leur demandera d'étudier tel ou tel d'entre eux. Les livres ainsi préparés pourraient ensuite être utilisés pour les explications du diplôme d'études supérieures. Et l'on arriverait peut-être à faire admettre un jour qu'il n'est pas plus permis d'ignorer l'histoire des philosophies médiévales que celle des philosophies antiques ou modernes, quand on veut comprendre la marche de la pensée humaine et s'appuyer sur ceux qui ont précédé pour se guider dans la recherche de la vérité.

Dans la même Revue (1911, II, 232), une Note sur la place que tient la querelle des Universaux, d'après Abélard, dans les écoles du XIIe siècle, montrait que, pour Abélard lui-même, la dialectique, à plus forte raison la philosophie, n'est pas constituée tout entière par la question des Universaux.

Dans la *Revue philosophique*, dans la *Revue critique*, on exposait, à propos de livres récents, certains résultats acquis par des recherches sur Witelo, le contemporain de Roger Bacon, sur Raymond Lulle, sur Tauler et les mystiques allemands, sur saint Thomas d'Aquin, sur Siger de Brabant et les Averroïstes latins

Enfin, on publiait, chez Alcan, *Roscelin, philosophe et théologien d'après la légende et d'après l'histoire, sa place dans l'histoire générale et comparée des philosophies médiévales* (1 vol. in-8° de XVI-158 pages). Pour le Congrès de Philosophie de Bologne, on rédigeait un Mémoire sur l'utilité de *faire générale et comparée l'histoire des philosophies et des théologies médiévales, l'histoire des philosophies et des sciences modernes.*

III

En 1911-1912 et 1912-1913, le cours public a porté et portera sur les doctrines d'Ammonius Saccas et de Plotin chez les théologiens, les philosophes et les savants, dans le monde hellénico-romain, parmi les Chrétiens, les Musulmans et les Juifs de l'Orient et de l'Occident. La conférence fermée a comporté et comportera l'explication des textes qui forment, pour ainsi dire, l'histoire générale et comparée des philosophies médiévales, depuis le Ier siècle avant l'ère chrétienne jusqu'au XIIIe siècle. Les étudiants ont pris à cette conférence et sous toutes les formes, une part des plus actives.

Deux mémoires sur le droit canon chez Roger Bacon, sur le plotinisme de saint Cyrille ont été menés à bonne fin ; deux autres, sur les principes de l'alchimie chez Roger Bacon, sur l'esclavage chez Aristote et saint Thomas ont été reportés à l'année prochaine. Une boursière de l'Université d'Aberdeen est venue à la Faculté pour travailler à la recherche des sources médiévales du poète anglais Donne. Des thèses pour le doctorat d'Université et d'État ont été continuées ou entreprises par des Français ou des étrangers.

Mlle Windstosser a soutenu, devant la Faculté des Lettres de l'Université de Paris, pour le doctorat d'Université, une thèse sur la *Deutsche Theologie* et son influence sur Luther et la Réformation, qui est doublement intéressante, par le sujet qu'elle traite et les résultats qu'elle apporte. Venue à Paris en avril 1908, Mlle Windstosser a mis plus de trois ans à la préparation de sa thèse et elle les a bien employés, à suivre des cours et à faire des recherches. Elle a entrepris différents voyages en Allemagne, en Angleterre, en Belgique et en Hollande pour trouver des exemplaires des deux éditions de Luther et des traductions qui en ont été publiées du XVIe siècle à nos jours. Elle a consigné, dans un premier chapitre, tout ce qu'elle a appris sur les manuscrits, les éditions et les traductions, sur les travaux auxquels a donné lieu la *Deutsche Theologie*, éditée deux fois par Luther. Dans un second chapitre, elle a donné le plan et l'analyse de l'ouvrage ; dans un troisième, elle en a cherché les sources. De maître Eckhart, comme de Tauler, d'Albert le Grand et de saint Thomas, elle est remontée, par le Pseudo-Denys l'Aréopagite et saint Augustin, à Plotin et à son école. Si donc Luther a rompu avec la philosophie et la théologie qui dominaient en son temps, il n'a rompu ni avec toute philosophie, ni avec toute théologie. C'est dans l'Évangile de saint Jean que se trouve la christologie, et, dans l'Épître aux Romains de saint Paul, la morale de la *Théologie germanique*. Avec le chapitre ıv, Mlle Windstosser expose l'influence de l'ouvrage sur la réformation ; il a contribué à la formation de Luther et par conséquent à la constitution du protestantisme; avec le chapitre v, elle examine son action sur la pensée ultérieure et montre que ses doctrines se sont transmises à travers les générations de théologiens et de philosophes qui se sont succédé en Allemagne jusqu'à nos jours. Le travail de Mlle Windstosser se termine par une traduction française de la *Deutsche Theologie*.

Un des plus anciens étudiants de la Conférence d'histoire des dogmes à l'École des Hautes-Études, M. Amédée Pagès a été reçu docteur ès lettres de la Faculté de Paris, avec une thèse sur *Auzias March et ses prédécesseurs, Essai sur la poésie amoureuse et philosophique en Catalogne aux XIVe et XVe siècles*, où il a fourni toute une série de renseignements fort intéressants pour l'histoire des philosophies médiévales sur les emprunts qu'Auzias March a faits, directement ou indirectement, à saint Thomas, à Aristote, à bien d'autres penseurs dont on s'inspire alors (*Revue int. de l'Ens.*, 15 mai, p. 472).

Dans la *Revue philosophique* du 1er juillet (p. 1-26), on donnait un *Essai sur la classification des mystiques*, qui condensait les recherches poursuivies pendant de nombreuses années à l'École des Hautes-Études, puis à la Faculté des Lettres. La *Revue internationale de l'Enseignement* du 15 juillet 1912 (p. 21-33) insérait *Quelques documents sur un de nos vieux maîtres, Roscelin de Compiègne*, qui complétaient le volume paru l'année précédente. Celle du 15 septembre (p. 218-248) a fait connaître ce que fut, pendant vingt-quatre ans, l'enseignement de l'histoire des doctrines et des dogmes à l'École pratique des Hautes-Études. Le *Journal des Savants* (septembre et octobre 1912) a publié un article, *Pour les futurs éditeurs de Roger Bacon*, dont l'objet est de provoquer une édition complète et d'indiquer la manière dont elle pourrait être conçue, au moment même où l'Angleterre se prépare à élever une statue à un de ses plus illustres enfants.

Les programmes des Facultés des Lettres, pour 1912 et 1913, n'ont pas encore fait la place qui conviendrait aux philosophies médiévales. Un certain nombre de nos collègues, à l'Université de Paris et dans les Universités régionales, ont objecté que les étudiants arrivent à la Faculté, fort ignorants en histoire de la philosophie et qu'il importerait tout d'abord de faire, au lycée, plus de place à la lecture des grands maîtres de la pensée philosophique, quand même on devrait restreindre l'étendue du cours dogmatique. Ne vaut-il pas mieux, ajoutait-on, étudier Descartes, Leibnitz, Kant, Auguste Comte, que les conceptions du meilleur agrégé de philosophie ? En attendant qu'on le fasse, il n'y a pas trop de temps pour l'analyse et le commentaire, à la Faculté, des auteurs vraiment classiques.

Il y a du vrai dans ces objections, mais il faudrait peut-être s'entendre sur la valeur du mot « classiques ». Sans doute Cicéron, Lucrèce ont déjà été étudiés dans les classes antérieures à celle de philosophie. Mais il semble bien incontestable qu'on devrait introduire surtout dans celle-ci les penseurs qui ont marqué par leurs conceptions personnelles ou qui ont exercé sur leurs contemporains et leurs successeurs une influence considérable. Or, il a été montré bien souvent déjà qu'il y a, parmi les auteurs indiqués plus haut, des penseurs comparables à ce double point de vue à ceux qui figurent depuis si longtemps dans les programmes. Et l'on pourrait ajouter que la plupart de ceux-ci ont été si souvent étudiés, avec ampleur dans des œuvres considérables, avec sobriété et compétence dans de nombreux manuels, que les étudiants se dispensent plus d'une fois de lire de près les textes.

Enfin on faisait valoir autrefois cette raison qu'il n'y avait aucun enseignement de l'histoire des philosophies médiévales organisé dans nos Universités. La création d'un cours n'a pas supprimé l'objection ; car on fait remarquer que, par cela même qu'on a institué un cours complémentaire et non une chaire magistrale, on a voulu bien marquer que les philosophes médiévaux ne sauraient être mis sur le même plan que ceux du Moyen Age ou des temps modernes. Mais on ne saurait considérer comme sérieusement valable une objection qu'il dépendrait de l'Université de Paris ou des pouvoirs publics de faire disparaître, en transformant le cours en chaire. Et il faut en revenir à l'examen des textes considérés en eux-mêmes.

C'est ce qu'ont fait d'ailleurs les professeurs de certaines Universités : un passage de la *Somme de théologie* de saint Thomas a été choisi par deux Facultés pour le programme de licence. Et ce qui est plus caractéristique encore, c'est que le jury d'agrégation, pour la philosophie, vient de mettre au programme de 1913, une partie du livre X et le livre XI des *Confessions* de saint Augustin. Il convient de rappeler que le président du jury, M. Émile Boutroux a présenté, dès 1897, à la Faculté des Lettres de Paris, le vœu qui a abouti, en 1906, à la création du cours dont on vient de rappeler la brève histoire. C'est un résultat fort important dont peuvent se féliciter tous ceux pour qui l'étude des philosophies médiévales est d'autant plus nécessaire qu'elles ont été trop systématiquement louées ou dénigrées sans mesure.

*
* *

En résumé les recherches faites à la Faculté des Lettres complètent celles qui ont été entreprises à l'École pratique des Hautes-Études : elles ont déjà donné naissance à de nombreuses monographies, elles ont posé des questions plus nombreuses encore, dont la solution prochaine peut être espérée. Ainsi se prépare une histoire générale et comparée des philosophies médiévales dont les conclusions seront solidement appuyées sur de multiples Notes et Mémoires et dans laquelle on prendra presque autant de soin à mettre en lumière les problèmes qui restent à résoudre qu'à exposer les questions déjà résolues.

CHAPITRE III

NÉCESSITÉ DE FAIRE GÉNÉRALE ET COMPARÉE L'HISTOIRE DES PHILOSOPHIES MÉDIÉVALES

Travaux antérieurs sur la méthode de l'histoire générale et comparée.

I. — Ce qu'il convient d'entendre par l'histoire générale dont il est question à propos des philosophies médiévales. — Il faut distinguer la méthode comparée de la méthode comparative employée dans l'histoire des religions et se rappeler, pour la concevoir, le rôle de la comparaison dans les sciences positives : les comparaisons doivent être synchroniques autant que successives.

II. — Comment l'histoire des philosophies médiévales peut être générale et comparée : ce qui est donné à la conscience pour la réflexion philosophique. Les comparaisons entre les philosophies doivent être faites avec les œuvres des contemporains et non avec les sources auxquelles ils rapportent les doctrines qui en sont parfois des transformations complètes.

III. — Du 1er siècle avant J.-C. aux Antonins, il y a unité politique dans le monde gréco-romain; les doctrines des anciens philosophes sont la propriété de tous, comme celles des savants et il y a des ressemblances significatives entre les croyances religieuses; la comparaison peut donc se faire entre des philosophies dont la base est théologique, dont les éléments scientifiques et philosophiques sont empruntés à une source commune. Pour une raison analogue, elle peut se faire au IIe siècle. C'est au IIIe siècle que se produit la synthèse plotinienne qui réunit le donné scientifique, philosophique et religieux, de telle façon qu'elle sera désormais le fonds commun où puiseront les philosophies, dont on pourra ainsi faire l'histoire générale et dont on comparera les élément constitutifs, la place qu'ils tiennent dans les synthèses ultérieures, et l'importance qui leur y est donnée : jusqu'en 529 les unes sont plus spécialement chrétiennes, d'autres conservent des attaches avec l'ancien culte, sans qu'on puisse parfois décider si leurs partisans sont plus plotiniens que chrétiens ou plus chrétiens que plotiniens. De 529 à la Renaissance carolingienne, il y a lieu de comparer l'Occident chrétien, qui s'appauvrit sans cesse, les Byzantins et les Syriaques qui conservent et parfois même augmentent l'héritage antique. Du IXe au XIIIe siècle, l'histoire des philosophies chrétiennes, musulmanes et juives d'Orient et d'Occident est générale, parce qu'elles sont unies à des religions monothéistes et qu'elles utilisent les mêmes éléments d'ordre scientifique et philosophique. Elle est comparée, parce que les unes ne les mettent pas tous en œuvre, tandis que d'autres en ajoutent de nouveaux, spécialement d'ordre scientifique. La comparaison détaillée et synchronique est possible et fructueuse.

IV. — Au xiiie siècle, on peut encore comparer l'Occident chrétien au monde arabe, juif, byzantin, surtout les philosophies qui mettent en œuvre tout ce qui provient des Grecs et des Romains, des Byzantins, des Arabes et des Juifs, mais qui vont dans des directions divergentes et indiquent ce que sera le mouvement philosophique des siècles ultérieurs. Au xive siècle, il y a en Occident des thomistes, des scotistes, des lullistes, des occamistes, des réalistes et des nominalistes, des continuateurs de la seconde Renaissance et des préparateurs de la troisième, des mystiques comme des dogmatiques. Au xve siècle, c'est la troisième Renaissance, plus occupée de la forme que la seconde; parfois, on veut reproduire exactement la pensée antique; parfois, on la mêle à des idées ultérieures ou contemporaines; les scolastiques, les mystiques de la période précédente ont des successeurs. Au xvie siècle, la comparaison doit être géographique en même temps que chronologique : l'élément religieux domine chez les partisans de la Réforme et les défenseurs thomistes du catholicisme, mais la comparaison peut s'exercer sur des groupements fort divers. Au xviie, au xviiie et au xixe siècle, l'élément scientifique est prépondérant : il y a lieu de rapprocher soigneusement les philosophies, les sciences et les systèmes scientifiques des philosophies qui sont en tout ou en partie des survivances médiévales pour reconnaître ce qui vient du passé et ce qui est vraiment original, en tenant compte, pour le xixe et le xxe siècle, de la Restauration thomiste qui s'attache à unir les acquisitions scientifiques des temps modernes à la théologie et à la philosophie du xiiie siècle; des tendances du monde musulman qui cherche à s'approprier les connaissances positives et philosophiques, pour les joindre, comme il fit autrefois, aux croyances religieuses, comme des systèmes et des philosophies d'ordre purement scientifique ou rationnel. Conclusion : ce que donne l'histoire générale et comparée.

C'est par les recherches sur l'histoire des doctrines et des dogmes qu'on a été amené à la conception d'une histoire générale et comparée des philosophies médiévales. C'est dans la première édition de l'*Esquisse*, en 1905, qu'on réunit, en en donnant la synthèse, les articles de la *Revue philosophique* et les résultats non encore publiés des recherches antérieures, pour lesquelles la méthode avait été recommandée et pratiquée. Dans l'*Avant-Propos*, on annonçait pourquoi on renonçait au terme « scolastique » pour y substituer celui de « Philosophies médiévales ». On expliquait que si, comme on le soutenait, Plotin est bien le maître des philosophes et des théologiens médiévaux, il est possible de faire une histoire *générale* des philosophies du Moyen Age (p. ix) et qu'elle doit être en même temps *comparée*, puisque leurs auteurs partent d'éléments religieux qui sont analogues, d'éléments scientifiques et philosophiques qui sont identiques (p. x). Et l'on montrait sommairement sur quels penseurs pouvait, dans chaque période, porter la comparaison. On donnait, au chapitre ii, les caractéristiques de la civilisation médiévale qui la justifient; le chapitre iii en indiquait les divisions; le chapitre iv rappelait les rapprochements nécessaires entre la philosophie et la théologie; le chapitre v établissait, tout à la fois — trop brièvement sans doute, mais de façon incontestable cependant — que Plotin est le vrai maître des philosophes médiévaux et comment ses doctrines se sont transmises à travers les diverses civilisations. Avec le chapitre vi on pouvait voir comment l'Occident chrétien reprend sa place dans la civilisation qui a continué à se développer chez les Byzantins. Au chapitre vii on notait que la comparaison s'étend tout à la fois aux Chrétiens d'Occident et d'Orient, aux Arabes et aux Juifs, qui, après avoir donné un brillant développement à la civilisation de l'Orient, la firent surtout fleurir en Occident. Par l'examen du rôle de la raison et de la science, il apparaissait qu'on se trouvait en présence d'un nouvel élément de comparaison pour l'étude des philosophies médiévales (ch. viii). Et le chapitre ix, par l'exposition de la restauration thomiste au xixe siècle, marquait la nécessité de constituer une comparaison analogue, non seulement entre les philosophies relevant exclusivement des sciences, à partir du xviie siècle, mais entre elles et les survivances, complètes ou partielles, des systèmes médiévaux. Enfin le dernier chapitre établissait, par l'examen des travaux antérieurs sur les philosophies médiévales, dont on mettait la valeur en pleine lumière, qu'ils doivent être complétés par des recherches entreprises du point de vue d'une histoire générale et comparée.

On constatait, dans la seconde édition, que la valeur de la méthode recommandée avait été généralement reconnue (xii). Elle était constamment appliquée pour les cours, les conférences et les directions de travaux, de 1906 à 1912, à l'Ecole pratique des Hautes-Etudes comme à la Faculté des Lettres; elle l'était, pour déterminer la place qu'il convient d'attribuer à Roscelin dans l'histoire des philosophies médiévales au xie et au xiie siècle, pour esquisser un *Essai de classification des mystiques*.

I

Pour préciser ce qu'il convient d'entendre par l'histoire générale et comparée, telle qu'on en conçoit l'application, il faut la distinguer de ce que l'on désigne d'ordinaire par l'histoire générale et par la méthode comparative, puis expliquer comment elle peut s'appliquer aux diverses périodes de la civilisation médiévale.

Au temps où l'homme croyait encore qu'il pouvait atteindre la science universelle, celle qui concerne les êtres et les phénomènes soumis à son observation, directe ou indirecte, comme leur origine et leur destinée, il estimait de même qu'il lui était permis de constituer une histoire universelle, s'appliquant à tous les phénomènes et à tous les êtres. Puis l'histoire universelle se limita aux hommes et on pourrait encore signaler au xixe siècle des collections destinées à nous faire connaître le passé de toutes les réunions d'hommes qui ont laissé des témoignages de leur existence. A mesure que le domaine du savoir s'est étendu, on s'est aperçu qu'il importait de le diviser pour en poursuivre fructueusement l'acquisition. Même une science particulière comme la physique ou la chimie ne peut plus être la possession d'un seul individu. Plus lentement on est arrivé à reconnaître qu'il fallait diviser le domaine de l'histoire, science du passé, comme celui de la science dont les objets restent continuellement à la portée de notre observation. Ainsi on a eu l'histoire chronologique qui mentionne tous les faits dont l'humanité a conservé le souvenir, l'histoire politique relatant le passé des hommes groupés en états qui s'organisent et entretiennent des relations, l'histoire sociale qui s'occupe de toutes les associations, explicites ou tacites, que les hommes ont formées entre eux, famille, corporation, sectes religieuses ou systèmes politiques; puis l'histoire de la civilisation avec ses divisions nombreuses qui portent sur l'agriculture, l'industrie, le commerce, c'est-à-dire sur la vie économique et ses complexités infinies, sur les institutions privées et sur l'éducation; sur les institutions politiques et religieuses et sur les sciences, les lettres et les arts, sur la philosophie.

Il ne peut plus aujourd'hui être question d'histoire universelle ou générale, au sens plein du mot, car d'un côté, nous n'avons pas encore réuni, expliqué et commenté tout ce que nos ancêtres nous ont laissé de documents propres à nous renseigner sur leur existence — et nous savons que notre connaissance aura toujours des lacunes que nous ne pourrons combler, même pour les hommes civilisés — ; de l'autre, le domaine à explorer est tellement étendu, il exige des compétences telles, pour les langues dont l'intelligence est nécessaire, pour les sciences dont il faut toujours connaître et parfois approfondir le développement actuel, qu'il est tout à fait impossible à un seul et même individu de suivre, de façon à se les assimiler, toutes les recherches auxquelles se livrent les spécialistes. Ce que l'on a pu appeler, par exemple, l'histoire générale des peuples civilisés, du 1er siècle de l'ère chrétienne à nos jours, c'est une œuvre où l'on a donné place aux principaux événements constatés dans le monde que nous appelons civilisé, avec des tableaux sommaires relatant ce que furent alors l'agriculture, l'industrie, le commerce, la vie privée et publique, la religion, les sciences, les lettres, les arts et même la philosophie. On la veut générale, à un double point de vue, par la compréhension qui comporte l'étude de tout ce qu'a fait, pensé, voulu et désiré l'humanité dans ce passé limité, par l'extension qui implique qu'elle tient compte de tous les hommes dont on a, pour cette époque déterminée, trouvé des traces de leur passage sur la terre. Ce double idéal — qui laisse sans en tenir compte un nombre si grand de générations antérieures ou même contemporaines — est des plus difficiles à réaliser, parce que les spécialistes qui seraient capables d'explorer par eux-mêmes une partie de ce vaste domaine ne peuvent en connaître que de seconde main toutes les autres.

Mais ce n'est même pas cette généralité que l'on veut atteindre. Il s'agit de prendre les philosophies médiévales, du 1er siècle au XVIIe, chez les peuples dont l'histoire politique a déjà été faite, où la civilisation a manifestement existé et a été déjà suffisamment étudiée dans ses parties diverses, en sachant fort bien qu'il a pu avoir et qu'il y a même eu civilisation, peut-être réflexion philosophique, chez d'autres peuples. On a fait ou l'on peut faire une histoire de la philosophie, chez les Grecs, chez les Latins, chez les Syriaques, chez les Arabes, les Juifs, chez les Byzantins, en France, en Allemagne, en Angleterre, en Espagne ; on a fait ou l'on peut faire une histoire du pythagorisme, du platonisme et du plotinisme, de l'épicurisme et du pyrrhonisme, du péripatétisme et du stoïcisme, de la philosophie juive et de la philosophie chrétienne, de la philosophie musulmane, de la philosophie catholique et des philosophies protestantes. De même on conçoit une histoire de la logique, une histoire de la psychologie, une histoire de la morale et de la métaphysique, une histoire de la théologie, de la cosmogonie, de l'esthétique. C'est par opposition avec toutes ces histoires *spéciales*, soit pour le lieu, soit pour l'objet, que l'on conçoit l'histoire *générale* des philosophies médiévales.

On parle souvent, de nos jours, de la méthode *comparative* qui a été surtout employée pour l'étude des idées, des pratiques et des institutions religieuses. Ainsi M. Charles Michel nous dit que la « vieille religion grecque... s'éclaire singulièrement et s'explique d'une façon très simple, si nous la comparons aux cultes primitifs que les recherches récentes ont retrouvés un peu partout dans les sociétés antiques et chez les peuples arriérés, les non-civilisés que nous pouvons encore observer actuellement ». Et l'on a été fort loin dans cette voie, en rapprochant des choses qui présentent une certaine analogie, mais sans s'occuper ni de la date à laquelle elles font leur apparition, ni du milieu dans lequel elle se sont montrées. Qu'il s'agisse de comparaison avec les sauvages actuels ou avec les Égyptiens d'autrefois, il se peut qu'on éclaire les questions religieuses dont le milieu est différent et différente aussi l'époque, à condition sans doute que les observations aient été bien faites, que les témoignages viennent de personnes manifestement compétentes et strictement impartiales. Mais ce n'est pas de cette méthode que l'on veut faire usage : la comparaison à laquelle on entend faire appel est psychologique, scientifique et synchronique.

On sait que la *comparaison* est au point de départ de l'étude des êtres et de la formation des concepts. D'abord empirique, elle repose sur une vue superficielle. Puis elle implique l'examen de plus en plus complet des caractères, des ressemblances, mais aussi des différences ; ainsi s'établissent les classifications en genres et en espèces, ainsi se constitue l'idée générale. Le progrès scientifique consiste à mettre entre les êtres comparés une coordination et une subordination qui ont eu pour résultat, par exemple, de montrer que le système nerveux est d'une importance capitale dans l'organisme animal, qu'il domine tous les autres caractères et permet de les coordonner pour établir ce que l'on a appelé une classification naturelle. Le savant s'habitue ainsi à trouver ce qui est essentiel derrière ce qui est apparent : en comparant les organes — si dissemblables pour le vulgaire, comme la main de l'homme, l'aile de l'oiseau, la nageoire du poisson — il crée l'anatomie comparée ; en comparant les fonctions, il constitue la physiologie comparée ; par le rapprochement des cellules, il établit l'histologie comparée. C'est en tenant compte ainsi tout à la fois des ressemblances et des différences, puis en essayant de déterminer quelles sont, des unes et des autres, celles qui sont essentielles et celles qui sont secondaires, que l'on a pu donner un *Essai de classification des mystiques* : l'observation psychologique, imitant l'observation employée dans les sciences naturelles, a passé de la phase empirique à la période vraiment scientifique. Enfin la méthode comparée doit être *synchronique*. De bonne heure, on a rapproché et opposé les doctrines scientifiques et philosophiques; mais il n'y eut guère, avant l'ère chrétienne, d'historien uniquement préoccupé de comprendre et d'exposer impartialement la pensée de ceux qu'il étudie, sans l'interpréter pour en constituer une partie intégrante de sa propre doctrine ou pour la faire entrer dans une conception dont il a déjà montré la fausseté. Plus d'une fois les modernes ont poursuivi et atteint l'exactitude en exposant les doctrines de leurs prédécesseurs. Souvent aussi ils ont pris le soin d'établir des comparaisons entre les systèmes de ceux qui se sont succédé dans l'ordre du temps : ils montrent ce qu'Aristote doit à Platon, ce en quoi il le combat, ce en quoi il le continue et le complète, ce qu'il a fourni lui-même à ses successeurs. On compare Descartes à Viète pour l'algèbre; on se demande si Kant a répondu à Hume, ce que Spinoza doit à Descartes de ses doctrines. Et cela est excellent, car nous sommes ainsi mis à même de suivre, en partie du moins, la pensée humaine dans son développement continu et dans ses phases diverses. Mais ce que l'on veut faire en plus, c'est instituer des comparaisons synchroniques, à côté des comparaisons successives. Donc elles portent sur les contemporains et sur l'ensemble même des doctrines qui, à une même époque, se sont développées en différents pays, comme les historiens des littératures ont commencé à le faire pour les écrivains qui, à un même moment, utilisent des langues différentes.

II

Comment l'histoire des philosophies médiévales peut-elle être générale et comparée?

Il faut partir, pour le montrer, de la division en époques, qui a servi de base aux recherches et à l'enseignement. Or on peut admettre comme généralement accordé, semble-t-il, que la philosophie consiste essentiellement dans la réflexion sur ce qui est donné à la conscience humaine. Ce que l'individu trouve ainsi dans la connaissance de lui-même, au sens large et incontesté de la formule, c'est ce qui vient de la connaissance vulgaire de la nature ou des hommes, ce que lui apporte la science actuelle ou la science d'autrefois, ce qu'il tient des croyances anciennes ou présentes, ce qui lui a été transmis de la philosophie antérieure, c'est-à-dire du travail de la réflexion qui s'est exercée déjà sur les éléments autrefois saisis par la conscience. A quoi il faudrait joindre, dans l'hypothèse intuitionniste, ce que peut fournir l'étude approfondie du moi lui-même.

Comment peut-on appliquer la méthode générale et comparée, ainsi entendue, aux philosophies médiévales?

Du Ier siècle avant l'ère chrétienne à la fermeture des écoles d'Athènes par Justinien, il y a une philosophie judéo-alexandrine, qui se résume dans Philon, il y a des néo-pythagoriciens, des platoniciens éclectiques et pythagorisants, des Épicuriens et des sceptiques, des Stoïciens éclectiques et pratiques, qui donnent au système un caractère plus théologique. Puis viennent Ammonius Saccas et Plotin qui font, d'un point de vue théologique et mystique, la synthèse de la pensée antique, déjà transformée par leurs prédécesseurs.

Mais il y a aussi une philosophie chrétienne, qui va de saint Paul, par les Gnostiques et les Apologistes, à l'école d'Alexandrie, avec Pantène, saint Clément et Origène, aux Cappadociens, à saint Cyrille et à David d'Arménie; par saint Ambroise, à saint Jérôme et à saint Augustin.

D'ordinaire on étudie, comme Zeller, surtout comme Ueberweg-Heinze, Philon et les philosophes latins et grecs jusqu'aux derniers successeurs de Plotin, dans la période consacrée à l'antiquité, dont la pensée est ainsi suivie dans tout son développement. Et l'on voit mieux ce que devient, à travers les siècles, la philosophie qui s'est constituée avec Thalès et les penseurs qui le suivirent. Par contre, tout occupé de la comparaison successive, on ne fait pas appel à la comparaison synchronique et complète qui porterait sur les chrétiens et relèverait, chez les uns et les autres, des éléments communs.

Inversement, mais en suivant les mêmes principes, Ritter, Ueberweg-Heinze étudient la philosophie chrétienne, sans exposer la philosophie hellénico-romaine, qui se développe à la même époque. Peut-être est-ce là une des raisons pour lesquelles nos contemporains, qui ont rompu avec le christianisme, ont une tendance à ne tenir aucun compte de la philosophie qui s'étend du Ier siècle au XVIIe, dans laquelle ils n'ont pas été accoutumés à reconnaître les éléments gréco-romains qui en sont une des caractéristiques, non plus que les éléments scientifiques et philosophiques dont la pensée moderne lui reste redevable.

Mais y a-t-il dans toutes ces philosophies des caractères communs qui en légitiment la comparaison? On peut déjà le soupçonner en voyant les Chrétiens rapprocher Sénèque et saint Paul auxquels ils attribuent une correspondance longtemps considérée comme authentique ; les moines de la Thébaïde prendre le *Manuel* d'Épictète pour guide de la vie ascétique ; les partisans d'Apollonius de Tyane comparer leur maître au Christ, Celse, mettre à côté de Jésus mourant sur la croix Epictète dont Epaphrodite se serait amusé à briser la jambe ; Constant Martha soutenir l'analogie de l'idéal que se sont formé Sénèque, Épictète, Marc-Aurèle et leurs contemporains et de celui que se proposèrent, pour la perfection morale et l'union avec Dieu, les plus grands d'entre les chrétiens. Il faut se souvenir d'ailleurs — et l'on aura plus d'une fois l'occasion de le répéter — que toutes nos divisions chronologiques sont artificielles, que la vie humaine ne commence pas plus au moment où nous avons décidé de l'étudier qu'elle ne finit quand elle cesse de nous intéresser.

Mais il convient de recourir à un examen plus précis. D'abord il faut éviter une des plus fréquentes erreurs que l'on commet d'ordinaire lorsqu'on se prononce pour ou contre ces comparaisons. Sans doute, on admet bien parfois qu'il y a eu des modifications dans les doctrines du Portique, de Zénon à Sénèque, mais on a une tendance à les unifier en parlant du « système stoïcien », au lieu d'étudier chacun des représentants de l'École pour se demander ensuite ce qui leur appartient en commun. On voit, avec raison, dans les Epicuriens des disciples fidèles du maître, dont ils mettent cependant au premier plan des doctrines qui, pour lui, étaient moins importantes. C'est encore avec raison qu'on voit dans les sceptiques des continuateurs de Pyrrhon. Mais on aurait complètement tort d'identifier avec Platon, avec Pythagore, avec Aristote, les platoniciens, les péripatéticiens, les pythagoriciens des premiers siècles de l'ère chrétienne. Tous les philosophes du temps sont partisans de l'autorité ; mais tous aussi recourent à l'interprétation allégorique qui leur permet de donner comme venant du maître ce qui, au fond, est leur pensée propre. Cela est manifeste pour les Platoniciens, parmi lesquels Sextus Empiricus, historien impartial, distingue cinq écoles ou Académies profondément différentes, l'ancienne avec Speusippe et Xénocrate, qui ne sont plus déjà des disciples fidèles de Platon — dont on pourrait d'ailleurs se demander s'il a vraiment donné un système, — la nouvelle, avec Arcésilas qui est presque pyrrhonien, celle de Carnéade, qui est probabiliste, celle de Philon qui voisine avec le Stoïcisme et celle d'Antiochus, qui fait entrer le Portique dans l'Académie. Sans compter Philon, le Juif, qui retrouve dans Platon les doctrines bibliques. Les Pythagoriciens font plus et mieux encore. Non seulement ils interprètent allégoriquement les doctrines des disciples anciens, sinon du maître; mais ils multiplient les ouvrages apocryphes qu'ils attribuent à Pythagore ou à ses disciples immédiats. Les ouvrages de ce genre sont encore un des moyens par lesquels les hommes satisfont alors à la règle qui veut qu'on attribue l'autorité à ce qui est ancien, à l'imitation sans doute de ce que faisaient à Rome les jurisconsultes, peut-être aussi par cette pensée obscure, qu'en remontant ainsi dans le passé, on se rapproche du temps où l'homme, récemment produit par la Divinité, en recevait un enseignement immédiat. Mais ils conservent leur pensée propre; ils en font certifier la valeur, pour ainsi dire, par ceux dont aucun de leurs contemporains ne saurait contester l'autorité. Aussi les apocryphes se multiplient-ils pendant toute cette période chez les Juifs et chez les chrétiens, chez les alchimistes, chez les philosophes. C'est Porphyre, peut-être après Longin, qui posera un des premiers la question d'authenticité à propos d'ouvrages attribués à Zoroastre, même à propos de livres juifs, en particulier du livre de Daniel. Mais il n'aura guère de successeur et l'on ne saurait dire si le nombre des ouvrages apocryphes, mis en circulation jusqu'au XIII° siècle, n'est pas près d'égaler celui des livres authentiques ou plutôt si ce n'est pas dans les premiers plus que dans les seconds qu'on va chercher la véritable doctrine des philosophes, des théologiens et parfois même des savants.

C'est donc aux ouvrages des contemporains qu'il faut demander leurs doctrines, quelles que soient d'ailleurs les sources auxquelles ils les rapportent, à tort plus souvent qu'avec raison. Sans doute on doit noter les noms dont ils se réclament, mais il faut toujours se demander — et l'on est bien souvent obligé de répondre négativement — si l'attribution des doctrines est exacte. D'autant plus que, par l'éclectisme général à cette époque, on tend à ramener les doctrines à l'unité, par conséquent à enlever à chacune d'elles son caractère propre. C'est pour régler sa conduite, pour organiser la vie sociale, que l'on cherche des doctrines et, une fois qu'on pense les avoir trouvées, on les fortifie par tous les moyens possibles. Ce n'est pas — sauf pour les sceptiques et encore n'est-ce chez eux qu'un but indirect — pour en faire l'histoire qu'on rapporte des doctrines religieuses ou philosophiques, c'est pour en vivre; ce n'est pas pour rendre à chacun ce qui lui appartient qu'on invoque les noms de Pythagore, d'Aristote, de Platon, c'est pour donner plus de force aux idées que l'on a adoptées.

III

Du 1ᵉʳ siècle avant J.-C. aux Antonins, c'est l'époque où l'unité politique se fait dans le monde gréco-romain, qui comprend une grande partie de l'univers civilisé, la seule tout au moins sur laquelle nous ayons des renseignements suffisants. Ce qui vient des philosophes est la propriété commune de tous, ce qui ne veut pas dire que tous en usent, mais seulement que les penseurs ne font guère que s'approprier, en le modifiant, ce qui avait été l'œuvre de leurs prédécesseurs. Il en est de même de ce qui vient des savants, quoique, dans tous les ordres de sciences, mathématiques, physiques et morales, il y ait alors encore quelques acquisitions nouvelles. De même la connaissance vulgaire de la nature et de l'homme, reflet de la connaissance scientifique, tend à s'unifier, comme on le constate dans les formules de la langue commune que l'on trouve dans les inscriptions et dans les Évangiles. Quant aux croyances religieuses, il n'est pas difficile de signaler entre elles des différences. Mais les ressemblances sont significatives. Partout se retrouve la préoccupation du divin. Auguste, en construisant le Panthéon, et en prenant le titre de souverain pontife, indique bien que la religion est un des fondements de l'unité politique, administrative et sociale. Les Juifs et les Chrétiens mettent au premier plan leurs livres saints. Et les philosophes font du divin le centre de leurs spéculations. Philon unit le Dieu des Juifs au Logos, au Verbe des Platoniciens et des Stoïciens; les néo-pythagoriciens veulent concilier la doctrine d'un Dieu transcendant avec celle de l'immanence. L'un d'eux Apollonius de Tyane passera pour un thaumaturge et sera adoré comme un Dieu. Ceux qu'on appelle les Platoniciens éclectiques et pythagorisants travaillent à faire prévaloir le Dieu transcendant de Platon sur le Dieu immanent des Stoïciens; l'épicurisme s'organise comme une église; l'école sceptique subsiste dans des communautés analogues aux associations religieuses; la théologie est déjà chez Cléanthe une partie essentielle du système, mais à Rome, le stoïcisme, éclectique et pratique, prend un caractère de plus en plus théologique ; il a ses martyrs comme le christianisme. Il y a accord ainsi pour le fond, entre les philosophies qui s'adressent aux esprits d'une haute culture et les croyances populaires qui, sous des formes diverses, font au divin une part de plus en plus grande. On pressent déjà que, si des philosophes comme Plutarque sont les prêtres des antiques religions, les Chrétiens pourront s'approprier une partie des philosophies théologiques et invoquer, comme saint Paul, des formules de Cléanthe ou d'Aratus.

Ainsi la comparaison pourra et devra se faire entre des philosophies dont la base est théologique et dont les éléments d'ordre scientifique ou philosophique sont puisés à une source commune.

Cela est tout aussi vrai du siècle des Antonins où domine le Stoïcisme, dont les principaux représentants, Epictète et Marc-Aurèle, recommandent avant tout la soumission à Dieu. Les Chrétiens ont leurs Evangiles ; les gnostiques tentent un premier essai de philosophie religieuse ; les Apologistes défendent le Christianisme et le comparent aux philosophies anciennes pour en montrer la supériorité ; l'école d'Alexandrie, avec Pantène, surtout avec Clément, unit la doctrine chrétienne et la doctrine grecque. Le néopythagorisme continue son œuvre philosophique et populaire : au début du IIIe siècle, la légende d'Apollonius est complètement formée. Les platoniciens éclectiques et pythagorisants ont pour représentants Plutarque de Chéronée, le prêtre d'Apollon ; Galien, l'un des maîtres pour la médecine, de la période ultérieure ; Celse qui combat les Chrétiens, Numénius qui veut ramener la philosophie grecque à la sagesse orientale, où il fait entrer le judaïsme et le gnosticisme ; d'autres, comme Apulée et Alcinoüs, qui traitent de démonologie et de magie.

Au IIIe siècle se fait la synthèse plotinienne. Ammonius Saccas a été chrétien et, par Numénius, l'école s'assimile bon nombre des doctrines de Philon, en même temps qu'elle unit intimement les théories qui se réclament du platonisme, du pythagorisme, du stoïcisme et du péripatétisme, qu'elle s'assimile les données scientifiques jusque-là acquises, et augmentées, en ce qui concerne la psychologie, par Plotin lui-même. Plotin combat les gnostiques et s'en distingue de façon à paraître souvent en accord avec les chrétiens orthodoxes. D'ailleurs il a été fort vraisemblablement le condisciple d'Origène à l'école d'Ammonius Saccas, dont on ne saurait suivre les destinées sans étudier ce que deviennent les successeurs de l'un et de l'autre. D'autant plus que, dans l'école même, un certain nombre de disciples de Plotin se rapprochent des chrétiens, en croyant se mettre avec eux en opposition complète. Ainsi Porphyre, l'adversaire des Chrétiens et leur maître futur, travaille déjà à joindre à Homère, à Hésiode, aux Orphiques pris comme sources de la théologie grecque, les recueils d'oracles, qu'on opposera comme livres saints, à l'Ancien et au Nouveau Testament des Juifs et des Chrétiens. D'autres après lui emploient la théurgie pour produire des actions merveilleuses qu'ils opposent aux miracles rapportés dans les Evangiles ; quelques-uns meurent comme les Chrétiens pour témoigner de leur foi en leurs croyances. Dès lors il y a plus que jamais place pour une histoire *générale* des philosophies, puisque toutes se rattachent à des religions qui se réclament de livres considérés comme révélés et qui usent également de l'autorité et de l'interprétation allégorique, puisque toutes puisent l'essentiel de leurs doctrines chez Plotin, puisque toutes reposent sur des connaissances positives qui sont identiques et qui ne s'accroissent guère.

Dans l'école plotinienne, il y a donc deux directions que l'on distingue par les affirmations religieuses — et encore y a-t-il, même pour saint Cyrille, de grandes analogies entre la Trinité chrétienne et les hypostases plotiniennes — mais qui se rejoignent par les affirmations philosophiques.

Le plotinisme se trouve en effet chez les Chrétiens grecs, chez saint Basile dont certaines homélies reproduisent littéralement Plotin, chez Synésius, disciple d'Hypatie et évêque de Cyrène, chez Jean Philopon, chez le Pseudo-Denys l'Aréopagite, même chez Eusèbe qui donne, sous leur forme exacte et complète, les principaux textes où Plotin démontre l'immortalité de l'âme, chez saint Cyrille d'Alexandrie qui, adversaire de la plotinienne Hypatie, combat Julien avec des citations de Plotin. Il en est de même des Latins, chez qui le Plotinien Macrobe reste attaché à l'antique religion, tandis que les chrétiens contemporains, Victorinus, saint Augustin, Chalcidius utilisent Plotin tout autant que lui. Et l'on discute encore pour savoir si le plotinien Boèce fut chrétien.

Donc cette histoire ne peut être générale que si elle est comparée. Et on ne peut se rendre compte de la fortune des doctrines de Plotin et de son école, et par Plotin des doctrines antiques, que si l'on a vu ce qu'en prirent, en modifièrent et en transmirent les Chrétiens. Par contre, on ne comprendrait que fort incomplètement les croyances chrétiennes — de saint Paul à saint Augustin et à saint Cyrille — même celles qui furent formulées aux conciles de Nicée et de Chalcédoine, si l'on ignorait les doctrines philosophiques, récentes ou anciennes, auxquelles ils font des emprunts fréquents et considérables. Un même courant entraîne tous les hommes de cette époque : on ne le connaît bien que si l'on examine avec soin les eaux qui coulent sur les deux rives et qui incessamment se mêlent ; on ne connaît bien les doctrines des Chrétiens et celles de leurs adversaires qu'après les avoir étudiées et comparées dans leur apparition synchronique.

De 529 à la Renaissance carolingienne, il y a lieu de constater l'appauvrissement continu — théologique comme scientifique et philosophique — de l'Occident latin, le développement, à peu près parallèle, de la civilisation byzantine et de la civilisation syriaque.

Du IX° au XIII° siècle, la comparaison est possible et elle est indispensable entre les philosophies chrétiennes, musulmanes et juives, qui se développent tout à la fois en Orient et en Occident. Elles sont unies à trois religions qui invoquent une révélation et des livres saints, qui font appel à l'autorité et à l'interprétation allégorique, qui sont monothéistes et admettent la Création, la Providence, l'immortalité de l'âme. Elles utilisent les mêmes éléments, d'ordre scientifique et d'ordre métaphysique, mais les Byzantins et surtout les Arabes augmentent les données positives qui leur avaient été transmises, pour les mathématiques et pour l'astronomie, pour l'alchimie, la médecine et les sciences naturelles, pour la psychologie et l'optique, pour l'histoire et la géographie. De cette première comparaison fort sommaire, mais générale, on conclut que les chrétiens d'Occident, qui emploient trois siècles à rentrer en possession des sources scientifiques, métaphysiques et même théologiques dont ils avaient désappris l'usage, sont manifestement inférieurs aux Byzantins qui n'ont jamais cessé d'augmenter le savoir humain, aux Arabes d'Orient et d'Occident qui, instruits par les Byzantins et les Syriaques, sont devenus supérieurs à leurs maîtres, aux Juifs dont le développement en toute direction se fit alors comme chez les Arabes.

Une comparaison détaillée et synchronique le montre mieux encore. Ainsi les Byzantins ont au IX° siècle Photius dont l'activité est prodigieuse en philosophie comme en théologie, les Arabes ont, en Orient, Alkendi, le mathématicien, l'astronome, le médecin et le philosophe († 870), les Juifs, Saadia († 942), poète et philosophe qui entreprend de montrer la conformité de la pensée rationnelle avec les croyances bibliques et postbibliques. Tous trois sont entourés de théologiens, de savants, de philosophes, qui, sans être leurs égaux, ne leur sont pas cependant trop inférieurs. En Occident, Jean Scot Erigène, peut-être d'ailleurs formé par des maîtres grecs, leur est comparable, mais il est infiniment supérieur à ses prédécesseurs et à ses successeurs. Au xe siècle, les connaissances scientifiques d'un Gerbert paraissent tout à la fois dépasser celles des Latins qui viendront après lui et rester bien en dessous de celles des Arabes qui, après s'être assimilé toute la science grecque, y apportent des accroissements considérables. Les Frères de la Pureté travaillent à une Encyclopédie scientifique, philosophique et théologique; Alfarabi est un savant, un logicien, un métaphysicien et un mystique, qui utilise l'Aristote commenté par les Plotiniens. Au xie siècle, c'est Avicenne (980-1037), théologien, philosophe et métaphysicien, médecin et encyclopédiste, qui sera pendant plusieurs siècles l'un des maîtres les plus suivis de l'Occident latin; c'est le physicien, astronome et psychologue Alhazen, dont l'influence s'exercera en Occident jusqu'au temps de Képler. C'est aussi Algazel (1059-1111), le théologien mystique qui arrêtera en Orient le développement de la philosophie. Mais déjà, en Espagne, le juif Ibn Gebirol (1020-1070), poète, moraliste et philosophe, a composé la *Source de Vie*, toute plotinienne, dont l'action sera d'autant plus grande dans l'Occident qu'on le tiendra longtemps pour un Chrétien ou tout au moins pour un Arabe inclinant au christianisme. A Byzance, Jean Xiphilin, surtout Michel Psellos (1018-1096) continuent les maîtres antérieurs, pour la théologie, la philosophie et les sciences. En Occident, les Chrétiens citent Fulbert et Bérenger de Tours, Lanfranc et Yves de Chartres, surtout saint Anselme qui est un grand métaphysicien et un grand mystique, mais qui n'a aucune connaissance scientifique, en dehors de celles qu'il a acquises en psychologie par la tradition et son observation personnelle.

Au xiie siècle, les Arabes atteignent leur plein développement : Ibn Badja, mort en 1138, est un savant, médecin et physicien, un philosophe qui commente Aristote et un mystique qui montre en plotinien comment l'homme, par ses facultés naturelles, arrive à l'intuition de Dieu. Ibn Tofaïl, poète et mathématicien, médecin, philosophe et politique, affirme, dans un ouvrage original, le *Vivant, Fils du Vigilant*, que la philosophie et la religion enseignent les mêmes vérités, qu'elles conduisent toutes deux à l'union avec Dieu. D'Averroès, théologien et jurisconsulte, littérateur et poète, médecin, mathématicien et philosophe, on a des commentaires petits, moyens et grands, qui rejoignent Plotin, des œuvres spéculatives qui nourriront pendant longtemps la pensée des Chrétiens d'Occident; un nouveau fonds de doctrine rendra ainsi possibles les comparaisons entre toutes les philosophies jusqu'au xviie siècle, qui se prononceront pour ou contre l'Averroïsme réel et l'Averroïsme légendaire, pour ou contre l'immortalité, pour la supériorité de la théologie ou pour celle de la philosophie.

Chez le Juif Maimonide, mort au début du xiiie siècle, on retrouve avec l'héritage qu'il tient des philosophes de sa race, ce que les Arabes avaient réuni dans les sciences positives et la philosophie : toutes ses doctrines seront transmises aux Chrétiens occidentaux, qui y feront de fréquents emprunts et y apprendront comment l'homme est conduit à la connaissance et à la vision de Dieu, par la raison, les sciences et la philosophie comme par la révélation, la foi et la religion.

Chez les Byzantins, il y a aussi des noms marquants : Johannes Italus, devenu après Psellos le prince des philosophes, Eustrate, le théologien dont les Commentaires sur Aristote sont employés par Robert de Lincoln, Albert le Grand et saint Thomas; Nicolas de Méthone qui suit le Pseudo-Denys et combat Proclus comme un adversaire encore redoutable.

Pendant tout le xiie siècle, les Musulmans, les Juifs, les Byzantins continuent à accroître le patrimoine commun, dont une bonne partie leur vient, pour les sciences, des Grecs et, pour la philosophie, des Plotiniens qui ont réalisé la synthèse de la pensée antique. Les Chrétiens d'Occident leur sont inférieurs: qu'il suffise de rappeler les noms de Roscelin, de Guillaume de Champeaux auquel se rattachent les mystiques saint Bernard, Hugues et Richard de Saint-Victor, Abélard, de qui relèvent les auteurs de *Sommes* et de *Sentences,* qui conduisent à Alexandre de Halès, à Albert le Grand, à saint Thomas ; l'école de Chartres, avec Thierry et Bernard, Guillaume de Conches, Gilbert de la Porée; puis Raymond de Tolède et ses traducteurs, Gundissalinus, Jean d'Espagne, qui vont enrichir le domaine où puiseront les théologiens et les philosophes : Adhélard de Bath, qui voyage pour acquérir les connaissances positives que possèdent les Byzantins, les Arabes et les Juifs; Jean de Salisbury, l'écrivain qu'on peut comparer aux humanistes de la Renaissance et qui se rattache en philosophie à Arcesilas et à Carnéade; Alain de Lille, le poète mystique, qui use, avant Spinoza, de la méthode géométrique et qui connaît déjà quelques-unes des œuvres dont vivra le xiiie siècle.

IV

Au XIIIe siècle, Byzance est prise par les Chrétiens d'Occident. Mais l'empire, bientôt reconstitué en face de l'empire latin, compte encore des théologiens, des philosophes qu'on ne saurait ignorer, puisqu'on attribuera à leurs successeurs l'apparition de la Renaissance italienne du XVe siècle, dont ils ne sont pas seuls la cause. D'ailleurs ils vivent sur ce qui a été acquis par leurs prédécesseurs : le donné scientifique, théologique et philosophique est le même et c'est pourquoi il convient de les comparer à leurs prédécesseurs d'Orient et à leurs contemporains d'Occident.

Les Musulmans n'ont plus que des *motecallemin* occupés de théologie, ayant renoncé, ce semble, à ce qu'avaient acquis et transmis leurs savants et leurs philosophes. Pour cette raison, il ne serait pas inutile de les comparer aux Juifs et aux Occidentaux qui se substituent à eux. Et cela pourrait servir aussi pour se rendre compte du chemin qu'auraient à parcourir leurs successeurs actuels pour se remettre au niveau de nos penseurs modernes.

Au contraire les Juifs ont hérité, non seulement de Maimonide et d'Ibn Gebirol, mais encore d'Avicenne et d'Averroès. Même les doctrines averroïstes, supprimées par les Musulmans, condamnées partiellement par les Chrétiens, persistent dans leurs écoles jusqu'au temps de Spinoza. Et ce serait un curieux travail de mettre en pleine lumière la succession ininterrompue des maîtres qui font survivre, de la spéculation musulmane, les doctrines qui avaient été éliminées par le monde chrétien.

Le XIIIe siècle est, pour les chrétiens d'Occident, l'époque où ils prennent, pour ne plus la perdre jusqu'à nos jours, la première place dans l'histoire de la civilisation. On sait, qu'après une destruction partielle de la culture gréco-romaine, il y eut une première Renaissance au temps de Charlemagne et de Charles le Chauve : il y eut arrêt, parfois recul, mais, somme toute, les progrès furent assez marqués au XIIe siècle. Le XIIIe vit une seconde Renaissance : par l'Espagne, par Byzance, les Occidentaux entrèrent en possession de tout ce que n'avaient pas eu leurs prédécesseurs, de l'héritage des savants et des philosophes grecs. Ils y ajoutèrent ce qu'avaient trouvé les Arabes, les Byzantins et les Juifs, puis ils travaillèrent, savants ou alchimistes, à accroître ce qu'ils avaient ainsi réuni. La connaissance vulgaire s'augmente alors elle-même, comme on peut le voir par les littératures des langues nationales qui commencent à se constituer fortement.

L'histoire des philosophies du xiiiᵉ siècle peut donc être *générale*, puisqu'on se trouve encore en présence d'un fonds commun dont la richesse s'est augmentée ; elle est *comparée*, non seulement parce qu'elle s'étend, en une certaine mesure, aux Musulmans, aux Byzantins, aux Juifs, comme aux chrétiens d'Occident, mais encore parce qu'elle a l'occasion de suivre, chez ceux-ci, des directions infiniment diverses. Il y a d'abord les utilisations hétérodoxes des acquisitions nouvelles par David de Dinant, Amaury de Bennes, par ceux qu'on appelle les Averroïstes latins ; puis des systématisations orthodoxes qui portent sur le donné ancien et nouveau, que l'on ne songe qu'à rassembler et non à accroître, avec Alexandre de Halès, Albert le Grand, Vincent de Beauvais et saint Thomas, Raymond Lulle et Duns Scot. Une systématisation qui porterait sur les acquisitions présentes et futures, auxquelles elle laisserait place, est tentée par Roger Bacon et elle suppose non seulement la comparaison avec les précédentes, mais encore le rapprochement de toutes les connaissances nouvelles que les mathématiciens, les alchimistes, les physiciens au sens très large du mot, s'occupent alors à rassembler. Il y a des mystiques, François d'Assise, saint Bonaventure, Albert le Grand — et aussi saint Thomas — dont les doctrines, développées en Allemagne et en Flandre, seront absorbées par Luther ; il y a, à leurs débuts tout au moins, des philosophies nationales ; puis des philosophies séculières, qui fleurissent surtout dans les Universités et des philosophies qui se produisent dans les ordres religieux, spécialement chez les Dominicains et les Franciscains ; des philosophies politiques, qui présagent les grandes discussions des siècles suivants, comme elles rappellent les luttes antérieures du sacerdoce et de l'empire. Même on peut prévoir la troisième Renaissance, par l'apparition de traductions du *Phédon* de Platon, des *Hypotyposes* de Sextus Empiricus et par l'extension que prend l'étude du grec, comme on peut entrevoir l'apparition de la philosophie du xviiᵉ siècle, par ce que font Roger Bacon et les savants du temps. Toutes ces philosophies, aux directions différentes, se mêlent, se combattent, s'unissent ou s'opposent de mille façons ; elles accentuent leurs divergences, parfois cependant elles mettent au premier plan ce qui leur appartient en commun, mais toujours elles nous apparaissent singulièrement vivantes et semblent s'être proposé, toutes ensemble, de systématiser ce que fournit l'étude de l'homme et de la nature, de reprendre, au point de vue catholique, la grande construction plotinienne, dont la connaissance lui est venue par des sources multiples.

On rencontre au xiv⁰ siècle des philosophes thomistes, scotistes, lullistes et occamistes qui ne sont pas à dédaigner. C'est aussi le temps où réalistes et nominalistes groupent autour de leurs doctrines toutes les réponses diverses aux questions que s'est posées le xiii⁰ siècle. Puis il y a des représentants de la Renaissance comme Dante, Barlaam, Pétrarque, Boccace qui continuent en ce sens le xiii⁰ siècle, mais qui donnent une attention plus grande à l'expression de leur pensée et indiquent ainsi quelle sera la préoccupation du siècle suivant. Les mystiques sont nombreux en Allemagne, en Flandre et en d'autres pays, car c'est l'époque de maître Eckhart, de Tauler, de Suso, de Ruysbroek, peut-être des auteurs de la *Deutsche Theologie* et de l'*Imitation de Jésus-Christ*. Alors aussi des penseurs, qui ne sont pas toujours sans originalité, introduisent dans les littératures en langue vulgaire ce qui a été synthétisé d'abord dans des œuvres latines. L'examen comparatif de chacun de ceux qui entrent dans une même série est important pour suivre toutes ces directions diverses, mais la comparaison synchronique des catégories différentes de philosophes est plus nécessaire encore, au xiv⁰ comme au xv⁰ siècle, pour qui veut se rendre compte de ce que furent réellement ces deux siècles dans l'histoire de la pensée humaine, afin de ne pas parler de leur pauvreté spéculative, comme l'ont fait, par exemple, Ueberweg et ceux qui l'ont suivi, après avoir reporté dans la philosophie moderne, Dante et bon nombre de ses successeurs ou de ses contemporains.

C'est au xv⁰ siècle que se produit en Occident une troisième Renaissance qui continue la précédente, mais s'en distingue par des caractères essentiels. D'abord on tient beaucoup plus à la forme qu'au xiii⁰ siècle : il y a même des humanistes dont le souci capital est d'employer les mots et les tournures en usage chez ceux qu'ils prennent pour des modèles, à l'exclusion de tout ce qui avait pu paraître nécessaire pour l'expression des idées postérieures à l'époque classique. Puis il en est qui s'attachent surtout à rendre aux anciennes doctrines leur signification exacte et primitive, sans les transformer par une interprétation allégorique en vue de les adapter à des pensées modernes ou de les concilier avec des doctrines tirées d'autres sources. D'autres mêlent la pensée qu'ils ont voulu faire renaître à des idées qui ont fait leur apparition à la même époque ou dans le même pays, qui se sont produites dans d'autres régions ou dans d'autres temps, à des idées orientales et juives, musulmanes et chrétiennes. Il y a, en Italie surtout, des Platoniciens, des Péripatéticiens orthodoxes à la façon de saint Thomas, hérétiques comme les Averroïstes et les Alexandristes Padouans, des Plotiniens chrétiens et d'autres qui ne le sont guère, des Épicuriens et des Stoïciens qui se complètent les uns les autres, qui entrent tous en lutte entre eux ou avec les représentants de la scolastique des deux siècles précédents, qu'ils se réclament de saint Thomas ou d'Albert le Grand, de Duns Scot, de Raymond Lulle ou d'Occam, des réalistes ou des nominaux. On trouve enfin des scolastiques considérables comme Pierre d'Ailly et Biel, des mystiques comme Jean Gerson et Raymond de Sebonde.

Ces groupements si complexes, il importe qu'on les étudie sans doute en eux-mêmes, mais aussi en les comparant entre eux et en comparant leurs divers représentants, car c'est la seule façon d'arriver à saisir la richesse, la complexité et l'évolution de la pensée, comme la transformation des questions qu'avait soulevées le xive siècle et que se posera le xvie.

Au xvie siècle, la comparaison doit être géographique et chronologique. C'est une des périodes où la pensée et l'action furent également puissantes et pour lesquelles il est presque impossible de comprendre isolément une des formes qui les ont manifestées. Si l'élément philosophique est parfois au premier plan pendant le xve siècle, c'est l'élément religieux qui domine au xvie. L'Allemagne, la Suisse, les Pays-Bas, l'Angleterre, l'Espagne, le Portugal, comme la France, ont des penseurs notables qui l'emportent peut-être par l'originalité sur un certain nombre de ceux du xviie siècle que nous avons pris l'habitude d'admirer. Ce sont d'abord les partisans de la Réforme, avec Luther, Calvin, Zwingle, qui se rallient aux philosophies les plus diverses. Puis il y a les défenseurs du catholicisme, jésuites et dominicains, qui se réclament du thomisme dont l'Église se sert pour combattre les nouveaux hérétiques et qui, par cela même, constitue, en théologie, l'orthodoxie la plus pure, en philosophie, la doctrine la plus sûre, en attendant qu'elle soit au xixe siècle mise à peu près sur le même plan que la théologie. Nombreux encore sont les humanistes, soucieux alors du fond au moins autant que de la forme, comme cela est évident pour Érasme, Vivès, Ramus, Montaigne et bien d'autres. Les savants constituent un groupe compact et bien armé : Léonard de Vinci conduira à Viète, Galilée, Képler et Harvey, en passant par Copernic, Rabelais, Vesale, Huarte et Bernard Palissy. Mais il y a encore des Padouans averroïstes ; il y a des écrivains politiques, dont le nom se conservera et dont les doctrines demeureront agissantes, Machiavel,

Thomas Morus et Bodin ; il y a des philosophes généralisateurs, comme Télésio et Giordano Bruno.

On sait que le traité de Vervins et l'édit de Nantes marquent également la diminution de l'influence exercée pendant toute la période antérieure par les idées théologiques et religieuses ; que la science avec Galilée, Harvey et tous les observateurs du XVIIe siècle, avec Descartes et les mathématiciens, ruine la scolastique, prépare l'avènement de philosophies nouvelles, pour lesquelles la raison et l'expérience seront seules guides dans l'explication de l'univers, dans la constitution des doctrines qui présenteront une éducation, une morale, une politique nouvelles. Mais l'étude comparée des philosophies et des découvertes ou des systèmes scientifiques est d'autant plus indispensable que l'on est trop souvent disposé à ne voir dans le XVIIe siècle que ce que l'on y a proclamé original. Sans doute l'élément scientifique est le plus important pour qui veut signaler l'évolution progressive de la civilisation ; sans doute il faut comparer le développement des sciences positives en Italie, en France, en Allemagne, en Angleterre, en Hollande, unies ou non entre elles et à des systématisations philosophiques. Mais il reste beaucoup de thomistes, beaucoup de partisans des philosophies médiévales qui ne sauraient être mis complètement en oubli ; car ils ont plus d'une fois témoigné un goût fort vif pour les recherches positives. Des continuateurs de la Renaissance philosophique remettent en honneur le stoïcisme comme Juste Lipse et Gataker ; le scepticisme, comme Charron, Sanchez, La Mothe le Vayer, précurseurs de Huet et de Bayle ; la Nouvelle Académie, comme l'abbé Foucher. D'autres mêlent ces doctrines antiques avec les découvertes scientifiques ou avec les doctrines religieuses et les conceptions philosophiques du Moyen Age ; c'est ce que fait le chrétien Gassendi pour Épicure ; c'est ce que font en d'autres sens les Van Helmont, Campanella, Vanini, Jacob Böhme, Jansénius et ses disciples ; c'est ce que l'on trouve encore dans les *Dogmata theologica* où Thomassin fait une place si grande à Plotin, tandis que Richard Simon et Spinoza rejoignent et dépassent Roger Bacon pour l'exégèse biblique. Enfin viennent les penseurs que seuls nous avons faits classiques, Bacon, Hobbes et Locke ; Descartes, Pascal et Malebranche ; puis Geulincx et Spinoza qui tous préparent Leibnitz. Sans doute il faut comparer ces derniers entre eux et avec les savants du temps. Mais il faut aussi les mettre en regard de tous leurs autres contemporains, d'abord pour reconnaître leur originalité ; puis pour constater ce qu'ils ont de commun avec les représentants des philosophies antérieures, par suite avec les penseurs grecs et latins, arabes et juifs, dont ils reproduisent les conceptions les plus solidement établies, sur lesquelles ils élèvent ensuite les constructions nouvelles où s'abritent encore aujourd'hui bon nombre d'entre nous.

Des comparaisons analogues s'imposent pour le XVIIIe et le XIXe siècles. On peut constater l'importance sans cesse grandissante de l'élément scientifique, la place de plus en plus grande qu'il tient dans les conceptions philosophiques et morales, dans celles qui ont rapport à l'éducation et à la politique. Mais les théories théologiques et philosophiques du Moyen Age se sont maintenues presque à l'état de pureté chez les catholiques, surtout depuis l'Encyclique *Æterni patris* de Léon XIII, qui les oblige à y faire entrer les acquisitions scientifiques des trois derniers siècles. On entrevoit qu'il pourrait en être de même dans le monde musulman où l'on constate certaines tendances à reprendre la direction scientifique et philosophique d'autrefois, sans renoncer aux croyances religieuses; on édite les philosophes dont les œuvres furent brûlées à la fin du XIIe siècle; on tâche d'acquérir les connaissances scientifiques qui se sont accrues d'une façon prodigieuse depuis le temps où les Musulmans travaillaient eux-mêmes à les augmenter. Ils se trouvent ainsi dans une position analogue à celle des thomistes catholiques, qui doivent assimiler à leur synthèse théologique et philosophique, les données positives des trois derniers siècles, avec cette double différence qu'ils ont renoncé pendant longtemps à la philosophie, mais qu'ils n'ont pas d'autorité chargée de se prononcer sur l'orthodoxie en matière religieuse.

*
* *

Ainsi du Ier au VIIIe siècle, les systèmes médiévaux vivent des mêmes éléments scientifiques et philosophiques, qui proviennent des recherches faites par le monde hellénico-romain et qui sont réunis, dès le IIIe siècle, dans la synthèse plotinienne; ils ont des croyances dont les ressemblances sont plus grandes que les différences, puisque les défenseurs de l'antique religion en arrivent à constituer des livres révélés qu'ils opposent à l'Ancien et au Nouveau Testament des Juifs et des Chrétiens.

Du IXe au XIIIe siècle, il y a accroissement, pour le monde byzantin, juif et surtout arabe, des données positives que l'on tire de l'observation, de l'expérience et du calcul; mais les éléments philosophiques, combinés d'une façon nouvelle qui a pour résultat, par exemple, de présenter les doctrines plotiniennes sous des formules péripatéticiennes, restent en somme les mêmes et viennent surtout de la synthèse opérée par Plotin; les doctrines religieuses sont analogues, parce que Juifs, Chrétiens et Musulmans admettent un seul Dieu, Créateur et Providence, des livres saints et révélés qu'on interprète allégoriquement, la spiritualité et l'immortalité de l'âme.

Du xiii° siècle au xvii°, la philosophie se développe surtout en Occident, avec un fond commun, qui est constitué par les croyances chrétiennes, dont la diversité reste cependant assez grande pour qu'on en fasse l'histoire comparée, par les doctrines philosophiques qui comprennent à peu près toutes les spéculations grecques et romaines, prises en leur sens exact, interprétées allégoriquement, ou mêlées et combinées entre elles et avec les doctrines théologiques, de manière cependant à ce que le plotinisme fournisse presque toujours les questions et souvent les réponses; enfin par les connaissances scientifiques qu'avaient acquises les Grecs, les Romains, les Byzantins, les Arabes et qui ne s'augmentent que fort lentement, parce qu'on ne va pas dans une direction réfléchie et voulue.

A partir du xvii° siècle, les recherches positives prennent la première place et, par cela même, la comparaison est possible entre les systèmes qui leur font exclusivement appel; mais elle peut également se faire entre les systèmes à base rationnelle ou théologique, qui sont obligés de les utiliser et qui sont ainsi appréciés en fonction de leur valeur scientifique; tous sont donc rapprochés en raison de leur fondement commun. Mais la comparaison pourra être plus étendue, plus complète entre les systèmes théologiques — comme le thomisme religieux et philosophique ou l'islamisme reprenant ses directions philosophiques et scientifiques d'autrefois — et les systèmes rationnels ou mystiques comme ceux de Descartes, de Malebranche, de Leibnitz, de Kant, d'Auguste Comte et de Cournot, de Schelling et de Ravaisson, dans lesquels se trouvent des théories qui viennent des spéculations médiévales et qui même ont servi de fondement solide à leurs additions, de manière à provoquer une évolution et non une révolution dans la marche intellectuelle de l'humanité.

Ainsi l'histoire générale et comparée des philosophies médiévales suppose qu'on les prend chacune dans son ensemble, pour faire l'analyse des éléments scientifiques, philosophiques et religieux qui la constituent, pour relever la manière dont ces éléments sont groupés ; puis qu'on les compare entre elles à ce double point de vue, en les considérant chacune dans sa relation avec celles qui la précèdent ou la suivent, avec celles qui se sont élevées dans le même temps. Ainsi se fait l'histoire générale, qui relève dans le développement chronologique des systèmes ce qui leur appartient en commun, l'histoire comparée des éléments qu'ils utilisent en des proportions différentes et des synthèses qui en sont établies. Ainsi on étudie les philosophies médiévales en contact avec la civilisation gréco-romaine, avec les civilisations essentiellement théologiques qui se groupent autour du judaïsme, du christianisme et de l'islamisme, avec les civilisations auxquelles a donné naissance le progrès de la recherche scientifique. Ainsi l'on saisit la continuité dans la vie spéculative de l'humanité, en même temps qu'on la suit dans son développement successif et synchronique, dans les éléments qui la constituent et dans les systèmes qu'elle en forme.

CHAPITRE IV

ESSAI DE CLASSIFICATION DES MYSTIQUES

I. — Le mysticisme existe chez des hommes qui diffèrent par leur puissance intellectuelle, esthétique et morale, par les aptitudes pratiques et par l'état organique (Th. Ribot). Deux conceptions opposées président à la classification des mystiques : on tient compte de la perfection poursuivie et atteinte ou bien des phénomènes nerveux ou morbides d'où résultent la maladie cérébrale et la folie (Dr Thulié).

II. — Les éléments divers du mysticisme : l'idéal, perfection sous forme complète en Dieu, sous une forme aussi élevée que possible dans l'homme. Ses dégradations dans les philosophies et dans les religions positives. Les moyens par lesquels se prépare l'union avec Dieu : d'abord développement exclusif des facultés naturelles; puis pratiques théurgiques et pratiques religieuses de toute espèce avec leurs conséquences psychologiques et physiologiques.

III. — Première classe de mystiques : ils cherchent par eux-mêmes le développement de la personnalité et l'union avec la suprême perfection. Ils forment trois groupes dans lesquels on constate parfois des bizarreries et des singularités, des troubles cérébraux, concomitants et non causes. Seconde classe de mystiques : ils font appel à Dieu pour réaliser en eux une personnalité plus haute et pour s'unir à lui; ils usent de pratiques qui ont parfois des conséquences physiologiques et morbides.

IV. — La troisième classe des mystiques comprend ceux qui ne songent plus au perfectionnement individuel, ceux dont la misère physiologique est aussi grande que la misère psychologique. En tout temps, les mystiques de la première classe sont rares, ceux de la troisième sont les plus nombreux. Le nombre des uns et des autres est plus considérable dans les périodes théologiques.

Nos langues se servent d'un seul mot pour désigner des êtres dont les différences sont telles, qu'à la réflexion on se demande pourquoi on l'applique à tous. Marc-Aurèle, Charlemagne, saint Vincent de Paul, Pasteur sont des *hommes*. Le sauvage le plus borné d'intelligence et de moralité, le malade de la Salpétrière, le criminel en qui n'a jamais apparu la notion morale la plus simple, l'idiot ou le fou inférieurs à bon nombre d'animaux sont aussi des *hommes*. Raphaël, Rubens et Murillo ont fait de la *peinture* et nous appelons *peintre* l'homme qui tapisse nos appartements ou met de la couleur sur nos portes et nos fenêtres. De sorte qu'on donnerait en partie l'histoire de nos civilisations, si l'on exposait, en suivant l'ordre chronologique, les sens successifs ou simultanés des mots par lesquels nous exprimons certaines idées générales.

Ainsi en est-il pour le mot *mystique* et pour le mot *extase* qui impliquent l'un et l'autre, depuis Plotin, l'idée d'une union de l'âme avec Dieu.

Le Dictionnaire de Littré donne les significations suivantes : c'est l'élévation extraordinaire de l'esprit dans la contemplation des choses divines. C'est aussi une vive admiration, une volupté intime qui absorbe tout autre sentiment : J.-J. Rousseau parle des chères *extases* qui, durant cinquante ans, lui ont tenu lieu de fortune et de gloire ; Chateaubriand dit que René reçut Amélie dans une sorte d'*extase* de cœur ; Lamartine, qu'un sein oppressé par l'*extase* se soulevait sous ses transports ; Paul-Louis Courier, qu'il y a dans les bibliothèques de Toscane de quoi ravir en *extase* tous les hellénistes du monde. C'est enfin une affection du cerveau dans laquelle l'exaltation de certaines idées, absorbant l'attention, suspend les sensations, arrête les mouvements volontaires et même ralentit quelquefois l'action vitale.

De même le *mystique* est, pour Littré, un initié au culte secret, un philosophe ou un religieux qui admet des communications secrètes entre l'homme et la divinité. C'est encore celui qui interprète allégoriquement l'Ancien et le Nouveau Testament, celui qui raffine sur les matières de dévotion, celui qui croit posséder Dieu dans les bras du démon (Boileau) ; le chrétien qui fait appel à l'amour par opposition au dogmatique qui invoque la foi.

Pour le docteur Thulié (VIII), tous les phénomènes mystiques dont traitent les différentes théologies sont dus aux mêmes faits pathologiques ; apparitions, révélations, miracles sont d'essence identique dans toutes les religions.

En réalité le mysticisme se présente chez des hommes fort différents par leur puissance intellectuelle, esthétique et morale ; par l'état sain ou morbide de l'organisme, par les aptitudes pratiques

C'est ce que M. Th. Ribot a bien vu, dans la *Psychologie de l'attention*. L'extase suppose l'exaltation de l'intelligence ; c'est l'activité extrême de l'intelligence concentrée sur une idée unique. Mais elle ne peut transformer l'individu. Elle n'agit pas sur l'esprit borné et ignorant comme sur l'esprit très cultivé et de haute volée.

Aussi M. Ribot distingue-t-il les mystiques chez qui l'événement intérieur consiste dans l'apparition d'une image maitresse autour de laquelle tout rayonne (Passion, Nativité, Vierge) et qui se traduit par une suite régulière de mouvements et de discours, comme chez Marie de Moerl, Louise Lateau, l'extatique de Voray ; puis les grands mystiques dont l'esprit, après avoir traversé la région des nuages, atteint celle des idées pures. Volontiers, il opposerait le monoidéisme, facile pour qui n'a que quelques idées ou même quelques images, au monoidéisme qui s'attacherait à l'axiome éternel dont parle Taine, à la loi génératrice et suprême « du sein de laquelle on verrait se dérouler, par des canaux distincts et ramifiés, le torrent éternel des événements et la mer infinie des choses ».

Complétons la distinction de M. Th. Ribot en faisant pour les autres facultés ce qu'il a fait pour l'intelligence ; l'extase agit différemment sur l'individu complètement formé et sur celui qui, en tout sens, est resté étranger à tout développement personnel.

Voici d'abord l'idéal le plus élevé pour l'homme : acquérir toute a science, la vérité intégrale, celle que nos prédécesseurs ont possédée et celle qui reste encore à atteindre ; réaliser toutes les vertus pour approcher du Bien souverain ; s'élever des beaux êtres, des belles choses et des belles œuvres à la Beauté suprême ; poursuivre avec toute son intelligence et sa sensibilité, par toute sa volonté, la perfection que cherchent à réaliser le savant, l'artiste, l'homme épris de moralité ; indiquer aux autres les solutions les plus sages et les voies les plus sûres pour l'activité pratique, voilà le but que se propose l'homme vraiment homme. Le mystique va plus loin. Il poursuit la perfection suprême qui dépasse et explique ce qu'il y a de meilleur dans le monde de la vie, de la pensée, de l'art et de la morale, dans le monde de l'observation et de l'expérience, dans celui que l'homme transforme, améliore ou crée. Il veut vivre dans un monde idéal où ne reste rien d'inachevé et d'incomplet, où résident toutes les perfections, indéterminées encore et à peine entrevues ; il veut s'unir à l'Un ou au Bien, à Dieu, parfois dès cette vie, toujours dans une autre qui sera sans fin. Or les grands mystiques disent que nous trouvons Dieu en nous. Psychologiquement et en laissant ici de côté la question de la réalité objective, il est exact d'affirmer qu'ils l'y mettent, dans la mesure du possible, et que l'union de l'âme avec Dieu est celle de l'individu, en son fond primitif, avec son âme indéfiniment agrandie, enrichie et rapprochée de plus en plus de la suprême perfection. Psychologiquemen aussi la connaissance de Dieu sort de la connaissance de soi-même.

Ainsi Plotin poursuit l'union avec Dieu par la vertu, par la dialectique, par l'amour de la beauté. Et il est de bon conseil, prudent et sage dans la vie pratique, qu'il s'agisse de l'éducation des jeunes gens qui lui sont confiés par testament et de l'administration de leurs biens, de la découverte d'un voleur, ou de Porphyre qui songe au suicide et à qui il ordonne un voyage pour rendre la santé à son esprit malade. (*Vie de Plotin*, IX.)

Que la béatitude résulte pour l'homme de la réalisation de cet idéal, c'est ce que l'on peut concevoir sans trop de peine. Toute découverte amène à sa suite une grande joie, depuis celle de la solution d'un problème élémentaire de géométrie pour un écolier, jusqu'à celle de la démonstration d'un théorème nouveau que Pythagore ne paya pas trop cher, dit la légende, par un sacrifice de cent bœufs, jusqu'à celles du principe de l'hydrostatique par Archimède, des lois qui régissent la marche des astres par Képler, de la gravitation universelle par Newton, du vaccin de la rage, de la diphtérie et d'autres maladies redoutables par Pasteur et ses disciples.

Il en est de même pour celui qui atteint un idéal moral, pour l'enfant à qui sa mère dit qu'elle est satisfaite de sa conduite, pour Franklin qui avance dans la pratique des vertus dont il veut se rendre maître, pour Vincent de Paul qui délivre des prisonniers ou sauve des enfants abandonnés, pour ceux qui, sans souci de leur tranquillité ou même de leur existence, assurent le triomphe d'une cause juste, le salut d'un homme ou d'un peuple.

Cela est tout aussi vrai pour la contemplation, la possession ou la création de la beauté. Inutile d'insister pour l'amitié, surtout pour l'amour sexuel qui, en raison même du plaisir espéré ou éprouvé, met dans son objet les perfections qui lui font défaut, comme en témoignent les vers de Lucrèce (IV, 1140-1158) et de Molière dans le *Misanthrope* (II, 5). Mais il faut rappeler quelle admiration et quelle joie c'était pour les Grecs de contempler, en dehors de toute pensée d'appropriation personnelle, les beaux corps que parfois ils adoraient comme des divinités. Quant aux beautés de la nature, quant à celles que créent les peintres, les sculpteurs, les architectes, surtout les musiciens, elles provoquent une joie d'autant plus grande qu'elle n'est pas égoïste et qu'elle grandit par cela même qu'elle se communique à nos semblables. La beauté des grandes actions produit un tel épanouissement de l'être que nous nous croyons capables pour un temps de les imiter. Plus grand encore est le plaisir de la création esthétique, depuis la trouvaille de la formule expressive qui rend heureusement notre pensée jusqu'à la production de l'œuvre artistique qui fait un nom immortel et prépare des joies durables à l'humanité future.

Additionnez toutes les perfections entrevues ou rêvées ; rassemblez toutes les joies éprouvées ou espérées, vous aurez une idée approximative du bonheur souverain et nullement négatif, comme on le dit parfois, qu'attend le mystique de son union avec Dieu. Et il sait que la joie s'accroîtra en lui à chaque progrès nouveau, qu'à la limite, souveraine perfection et béatitude suprême se confondent. Il n'ignore pas d'ailleurs qu'il n'atteindra jamais complètement le but, pas plus que Zénon ou Socrate ne furent le Sage dont les Stoïciens ont tracé le portrait.

Nous avons maintenant le point de départ d'une classification où les mystiques seraient rangés uniquement d'après le degré de perfection qu'ils ont voulu atteindre. Au premier rang se placeraient ceux qui ont entrepris tout à la fois de saisir la vérité, de faire le bien, de créer ou au moins de goûter le beau pour se rendre semblables à Dieu avant de s'unir à lui. Parmi eux, on établirait trois catégories, selon qu'ils mettraient plus de soin à s'avancer dans l'une des trois directions, sans cependant négliger les deux autres.

Puis viendraient les mystiques qui voient surtout en Dieu ou l'entière vérité, ou l'infinie Beauté ou le Bien absolu. Dans chacune de ces trois divisions, il y aurait des degrés en nombre infini, comme il y en a pour les formes diverses du savoir, de la moralité, de la beauté goûtée ou créée.

Mais l'union avec Dieu ainsi comprise peut ne pas se produire en cette vie, en raison même du progrès qu'elle exige chez l'individu. C'est pourquoi bon nombre de chrétiens réserveront, pour une autre vie, c'est-à-dire pour l'âme séparée du corps, la vision de Dieu, la possession et la béatitude qui en est la conséquence.

En tout cas elle est rare : elle se produit pour Plotin quatre fois pendant les six années que Porphyre vit auprès de lui ; Porphyre ne s'unit à Dieu qu'à l'âge de soixante-dix-huit ans. Ne faut-il pas devenir semblable à Dieu pour le contempler? et combien d'hommes peuvent arriver à la perfection que Plotin met en Dieu et qui est infiniment plus grande encore que nous ne pouvons le supposer? Non seulement l'extase est rare, mais elle dure peu. L'âme qui s'est élevée là-haut, dit Plotin, n'y demeure pas. C'est, dit M. Th. Ribot, que les éléments nerveux, supports et agents de cette prodigieuse activité, ne peuvent y suffire longtemps.

Enfin la manière même dont s'accomplit l'union — quand l'âme devient Dieu ou plutôt est Dieu (θεόν γενόμενον μᾶλλον δὲ ὄντα, Enn. VI. 9.9.) — a pour résultat de supprimer la conscience, puisqu'il n'y a plus discrimination : la conscience, comme dit encore M. Th. Ribot, est placée alors en dehors de ses conditions nécessaires d'existence et là où il n'y a pas conscience, il ne saurait y avoir souvenir précis. L'extase, prise en elle-même, ne saurait donc nous fournir le moyen d'établir une classification des mystiques chez lesquels on en signale l'existence.

Toutefois on peut faire entrer en ligne les états concomitants qui se trouvent alors chez l'individu. On croit généralement que le grand homme paie la rançon de son génie par quelque infériorité physique ou morale, qu'il y a en lui un grain de folie et qu'il possède rarement la santé intellectuelle et morale dont jouissent ses semblables moins favorisés. Le mystique qui poursuit le développement complet ou partiel de ses facultés pourra oublier la pratique des règles les plus élémentaires de la vie usuelle et paraître singulier ou même voisin de la folie. De là une classification des mystiques d'après les divergences qu'ils présentent par rapport aux individus qui rentrent dans la moyenne normale : on signalerait, d'un côté, les bizarreries, les distractions, les inaptitudes d'adaptation à la vie pratique, de l'autre les lacunes relatives à la vie intellectuelle et morale, les déviations qui peuvent être trouvées chez ceux dont l'état de folie ne fait aucun doute, les phobies, les hallucinations, etc.

On sait de même que la santé physique se présente aussi rarement à l'état pur que la santé intellectuelle et morale. C'est un paradoxe souvent développé que la maladie est partout, que la santé complète n'existe nulle part. Or le mystique, qui cherche science, beauté et sainteté, fait du cerveau un usage si continu qu'il peut en résulter une fatigue et des troubles d'où naissent les neurasthénies et les maladies nerveuses. Puis la tempérance qu'il veut trop stricte, les privations qu'il s'impose, l'excès de travail ou de méditation intérieure mettent l'organisme dans une situation mauvaise qui a son retentissement sur le système nerveux. Enfin les causes qui agissent sur les hommes ordinaires agissent sur le mystique pour produire des maladies de l'organisme et du système nerveux. Pour toutes ces raisons, il pourra présenter des phénomènes identiques à ceux que l'observation clinique relève chez les fous dont l'intelligence a presque complètement sombré.

Voici donc une nouvelle façon de ranger les mystiques. Au lieu de constater uniquement les progrès vers le perfectionnement total de l'individu, on relèvera les signes de folie ou de maladie, les tares physiques, intellectuelles et morales : le mysticisme ne sera plus ainsi qu'une maladie et une folie.

C'est ce que fait le docteur Thulié, plus occupé d'ailleurs de combattre le merveilleux, « fléau de l'intelligence humaine », que de rassembler les caractères des mystiques non adhérents aux religions révélées, pour en faire sortir une classification positive et vraiment scientifique. Son livre traite surtout des phénomènes maladifs où certains représentants des religions voient une preuve de l'union mystique avec Dieu. Pour lui, ce sont des symptômes d'affections cérébrales, des signes de malformation native ou de déformation accidentelle du cerveau (p. 4). C'est d'ailleurs les mystiques et les théologiens chrétiens qu'il vise (p. 12). Chez les premiers, il relève des imperfections — qu'on pourrait signaler chez bien d'autres que des mystiques — des bizarreries, des singularités, des phénomènes que l'on constate chez les fous. Aux seconds, il emprunte les trois voies qui conduisent à la perfection, la voie purgative, la voie illuminative, la voix unitive, présentées sous une forme qui montre déjà comment une conception profonde, dont le but est le souverain perfectionnement de toute la personne humaine, se transforme et se déforme chez des esprits d'ordre inférieur. Pour le docteur Thulié, ces trois voies sont les grandes routes de la folie parsemées de phénomènes maladifs. Lorsqu'on arrive à la voie unitive, la maladie mentale est déjà absolument établie et, dans le plus grand nombre des cas, entièrement incurable (p. 13). « Pour les gens habitués, dit-il, à voir les illuminés dans les maisons d'aliénés où on les rencontre surtout aujourd'hui, il n'y a là que des hallucinations, du délire systématisé et des phénomènes convulsifs ; les mystiques divine, diabolique ou naturelle, constituent une vaste collection d'observations de malades atteints d'aliénation mentale, dont les plus fous sont les plus honorés » (p. 14). Le docteur Thulié part donc de l'étude des mystiques que l'on traite dans nos asiles — et, se bornant à mettre à part ceux qu'il appelle des dégénérés supérieurs, « comme la délicieuse sainte Thérèse » (p. 16), il y relève surtout « des débiles intellectuels, des imbéciles et quelques déments, plus rares que les aliénés mystiques tués par les macérations et les jeûnes où les pousse leur délire et qui meurent le plus souvent avant de tomber dans la dégradation cérébrale ultime » (p. 16). Étude d'où est absente toute sympathie, mais fort intéressante, car elle nous présente toutes les déformations que peut subir une doctrine élevée et féconde en passant par des milieux d'une mentalité constamment décroissante.

Et nous voici en présence de deux conceptions absolument opposées. Dans l'une, on tiendra surtout compte de la perfection poursuivie et atteinte, en laissant au second plan l'état de santé générale ou cérébrale, les dispositions singulières ou bizarres, les manières de vivre qui s'écartent de la moyenne assez pour faire penser à l'absence complète de sens pratique ou même à la folie. Dans l'autre, le mystique sera, par excellence, celui chez qui l'on trouve les phénomènes nerveux ou morbides d'où résultent pour l'individu la maladie cérébrale et la folie. On ne se préoccupera nullement de savoir si le Dieu auquel il veut s'unir représente la souveraine perfection, s'il a lui-même fait effort pour devenir moins imparfait, s'il a atteint un degré plus ou moins élevé de développement intellectuel, esthétique ou moral.

II

Faut-il se prononcer pour l'une ou pour l'autre des deux conceptions?

Il faut reconnaître qu'on ne saurait établir une classification des mystiques sans examiner l'idée qu'ils se font de l'être dont ils poursuivent la contemplation ou la possession, non plus que les moyens dont ils usent pour y parvenir. Mais s'il y a des hommes pour qui l'idéal à atteindre est la perfection conçue, sous sa forme complète en Dieu, sous une forme aussi élevée que possible dans l'homme, comme Plotin, Avicenne, Averroès, Ibn Gebirol, saint Thomas ou Roger Bacon — auxquels on pourrait joindre quelques-uns de nos modernes intuitionnistes —, il arrive que l'idéal est moins haut et que moins élevés aussi sont les moyens employés pour l'atteindre.

D'abord la notion de l'idéal s'abaisse. Et c'est par là surtout qu'un Plotin diffère d'une malade de la Salpétrière, même avant qu'on ait dû procéder à son internement. Poursuivre la perfection sous sa triple forme, Bien, Beau et Vrai, est chose commune aux grands mystiques et à tous ceux qui, après Condorcet et sans admettre l'immortalité personnelle, veulent que l'humanité s'avance d'une façon parfois lente, parfois rapide, mais toujours continue vers un perfectionnement indéfini de l'individu et de la société. S'il s'agit d'une conception mystique et purement philosophique, on peut ne chercher que la perfection de l'intelligence, ou que la beauté suprême ou que l'absolue bonté.

Même on ne voit dans l'intelligence, d'un côté, que la puissance de connaître le monde sensible, de l'autre, que celle de construire le monde intelligible. Dans la volonté on considère seulement ou la faculté de s'unir à Dieu ou celle de réaliser en soi la forme la plus haute de l'humanité. Enfin, dans l'ordre esthétique, on s'arrête à la beauté que l'on trouve ou que l'on imagine dans l'être dont on a acquis la possession sexuelle. Ainsi l'idéal mystique du philosophe se limite à une des grandes divisions dont la réunion seule le constituait d'abord ; puis la limitation s'introduit, jusqu'à l'infini, dans chacune de ces divisions.

Le mysticisme existe aussi dans la plupart des religions positives, dans le christianisme, dans le bouddhisme, dans l'islamisme. L'idéal suprême, pour la première, comprend la Trinité dont on se représente la perfection, comme celle des trois hypostases plotiniennes, aussi complète que possible. On y joint les anges, les saints, la Vierge, dont la place varie dans le monde intelligible, avec les mérites que les générations diverses leur reconnaissent. Le mystique chrétien peut donc se proposer d'atteindre la plus grande ressemblance avec le Dieu triple et un dont l'image est en lui, comme dit souvent saint Augustin. Mais il peut prendre aussi pour idéal, le Fils, l'Esprit Saint ou la Vierge Marie, comme cela s'est produit et se produit encore dans le christianisme. Que si l'on se borne à Jésus, c'est, d'un côté, avec le Père et le Saint Esprit, la suprême perfection, mais il est aussi le Fils de Marie et de Joseph, l'homme qui a vécu en Judée au milieu de ses apôtres et de ses disciples, celui qui a été arrêté, jugé et condamné, bafoué et flagellé, celui qui est mort en croix, dont les pieds et les mains furent troués par les clous et le côté percé par une lance. L'imitation du mystique portera sur le Jésus dont la haute moralité peut être constituée par les Évangiles, mais aussi sur le Jésus flagellé, sur le Jésus mort en croix, sur le Jésus aux stigmates, dont on arrivera bien plus aisément à reproduire les traits caractéristiques, sans être obligé de travailler à un perfectionnement personnel, parfois impossible, toujours difficile à réaliser. De ces imitations purement matérielles, le docteur Thulié nous fournit des exemples aussi nombreux que concluants. On ne s'est pas arrêté d'ailleurs dans cette voie historique, on a considéré les parties du corps de Jésus dont il n'est pas question dans les Évangiles et le docteur Thulié abonde encore, sur ce point, en faits caractéristiques dont on ne saurait nier l'exactitude. Avec l'imitation de la Vierge, on ira plus loin peut-être dans les considérations d'ordre matériel et physique.

Les moyens par lesquels se prépare l'union avec Dieu présentent des déviations plus grandes encore. Même quand le mystique veut posséder l'absolue perfection, il ne la cherche plus uniquement dans le progrès de ses facultés naturelles. Sans doute la préparation par la recherche de la science, de la vertu, de la beauté, continue d'intervenir comme cause coopérante, nous disent Jamblique et ses disciples, mais on recourt aux pratiques théurgiques par lesquelles on provoque l'intervention des dieux, qui nous attirent à eux, de sorte que l'union sera leur œuvre autant et plus peut-être que la nôtre. Dans ces pratiques entrent le choix des matériaux pour les temples et les statues, les prières et les sacrifices de tout genre.

Puis si l'on place la toute-puissance parmi les perfections divines, on est amené, à moins de faire appel comme Plotin au principe de perfection, à restreindre la liberté et le pouvoir de l'homme, même à les anéantir. Dieu est alors le seul auteur de l'union de l'âme avec lui : le ravissement, au sens énergique et primitif du mot (ἁρπαγέντα, raptum) devient, comme dans le cas de saint Paul, le moyen unique par lequel il nous arrache au monde sensible pour nous conduire au monde intelligible. Dieu, qui est tout-puissant, ne peut-il, à lui seul et sans notre aide, produire l'union que nous souhaitons? Les causes conservées d'abord comme coopérantes ne peuvent-elles être laissées de côté, en tout ou en partie? Même on les trouvera nuisibles, car elles peuvent nous égarer, nous perdre dans la recherche des connaissances qui n'ont pas un rapport direct avec le monde intelligible, dans la poursuite de la beauté naturelle, humaine ou artistique, dans la pratique des vertus individuelles et sociales qui nous détournent des vertus contemplatives ou seules propres à nous unir à Dieu. Le nombre est grand des mystiques qui, au Moyen Age, condamnent la science et la philosophie, comme Algazel et ses disciples, comme certains Victorins, qui suppriment l'art à peu près sous toutes ses formes comme saint Bernard, ou qui limitent leur vie morale, comme les moines, à la poursuite des vertus propres à les conduire, en cette vie ou en l'autre, à l'union avec Dieu.

Dès lors les pratiques se multiplient et prennent les formes les plus variées, de façon à occuper la vie humaine tout entière. C'est ce que nous montrent les fakirs indous, les soufis persans, des moines grecs et latins, les Musulmans de la suite d'Algazel et des confréries modernes. Les prières importent tout à la fois par la qualité et la quantité : il y a chez tous des formules spéciales qu'il faut réciter dans des conditions déterminées, à certaines heures et en certains jours, dans des lieux spéciaux et dans des positions variées. Il y a avantage à en multiplier le nombre ; quand on ne peut les réciter soi-même, on les fait dire par d'autres ou encore on recourt aux moulins à prières qui introduisent le machinisme là où on l'attendrait le moins. Il y a avantage enfin à ce que la prière soit continue : aussi remplit-elle les journées et en partie les nuits du moine chrétien ou du religieux musulman. A la prière s'ajoutent les abstinences et les jeûnes : la diminution croissante de nourriture et de sommeil affaiblit l'organisme, par suite le système nerveux. De là viennent des troubles du cerveau, des hallucinations, des illusions sensorielles de la vue, du toucher, parfois des autres sens intérieurs ou extérieurs. La pratique de la tempérance, qui empêche l'âme d'être esclave du corps, peut ainsi, quand il y a exagération, conduire l'âme à dépendre d'un corps affaibli et malade qui ne saurait ni remplir ses fonctions ordinaires ni exécuter les commandements qu'elle lui adresse. On fait plus. On maltraite le corps à la façon des fakirs — qui s'infligent les tourments les plus variés — ou des flagellants désireux d'aboutir à un double résultat, de dompter leurs passions et d'imiter, de leur plein gré, ce qui fut infligé à Jésus comme un châtiment. A la discipline, on ajoute la haire ; aux jeûnes, aux abstinences, on joint l'emploi de certaines substances qui provoquent les visions, attendues et espérées. C'est ce qui se pratique encore, au témoignage de M. Maspéro, en Egypte, où le régime traditionnel et très ancien fait intervenir surtout la belladone. D'autres pratiques produisent des effets analogues. Telles sont celles auxquelles recourent les derviches tourneurs, celles dont usent en tout pays les hommes qui atteignent le monoïdéisme en fixant leurs regards sur un point brillant ou sur un seul objet dont ils ne les détournent pas un instant. L'ingéniosité des hommes qui ont ainsi substitué des procédés mécaniques au progrès poursuivi et voulu vers la perfection, est inépuisable et inlassable : elle aboutit, en réalité, à la production de phénomènes qui parfois accompagnaient ou suivaient ce progrès comme une conséquence déplorable pour l'individu, mais qui dans ce cas se présentent seuls et sans aucune des perfections réalisées par le mystique plotinien. C'est la disparition de la conscience et du souvenir qui laisse le champ libre à l'imagination. C'est le rôle grandissant de l'imagination, dont Malebranche a si bien expliqué l'action chez ceux qui croyaient aller au Sabbat. C'est la part de plus en plus grande faite à l'hallucination et aux mouvements variés et complexes, mais inconscients et involontaires, qu'elle provoque et qu'elle détermine.

Des intermédiaires de plus en plus nombreux sont appelés en outre à venir en aide à qui cherche l'union avec Dieu : il n'a plus qu'à se laisser guider et à remettre son sort entre leurs mains. Dans le monde intelligible, il y a les anges, les saints, la Vierge, le Christ, l'Esprit Saint. Dans le monde sensible, le prêtre est l'intermédiaire ordinaire entre l'homme et Dieu. L'abbé dirige ses moines ; l'évêque dirige les prêtres ; le Pape représente Dieu sur la terre, montre la voie à tous les fidèles, à l'Église entière et, par les indulgences, par mille autres moyens, il facilite l'accès de Dieu à ceux qui ne pourraient, par eux-mêmes, s'en approcher. D'une façon générale, la grâce, les sacrements, qui sont les meilleurs moyens de l'acquérir, suppléent à la faiblesse de l'individu. L'eucharistie, en particulier, met en lui le corps et le sang de J.-C., du Jésus qui est né de la Vierge Marie, qui est mort sur la croix, qui a été enseveli et qui est ressuscité le troisième jour pour aller s'asseoir à la droite du Père. Du même coup l'individu est déifié, christifié selon les expressions énergiques du xiiie siècle, sans qu'il lui faille autre chose que l'aveu de sa faute, son repentir et l'absolution du prêtre pour être admis par celui-ci à la communion.

III

Il y a lieu de synthétiser toutes ces considérations fondées sur l'observation, pour donner des mystiques une classification vraiment satisfaisante.

Dans une première classe, on peut mettre ceux qui poursuivent le développement total de leur personnalité et l'union avec la suprême perfection. Ils savent que la complète béatitude sera la conséquence d'un entier perfectionnement, comme chacune des joies éprouvées fut celle d'un progrès intellectuel, esthétique ou moral. Et, pour le psychologue, l'union de l'âme avec Dieu, très rare et durant peu, sans laisser de souvenir, parce qu'il n'y a pas eu de conscience, est l'union de l'individu primitif avec son âme, débarrassée de tout élément étranger, agrandie et élevée à sa puissance la plus haute.

Cette première classe comprendra trois groupes : le premier voudra la réalisation complète de la personnalité humaine ; le deuxième la voudra aussi, mais s'attachera surtout à chercher, en fait, le Vrai, ou le Bien, ou le Beau ; le troisième suivra, de propos délibéré, une seule des trois voies indiquées par Plotin, estimant qu'il est plus aisé de la parcourir entièrement et d'arriver ainsi, par un côté tout au moins, plus près de la suprême perfection.

Chez tous ces mystiques, le perfectionnement individuel et l'union avec la souveraine perfection seront surtout l'œuvre des hommes qui, pour cette raison même, seront des représentants marquants de l'humanité, envisagée dans son évolution progressive à travers les siècles. Entre eux, on pourra établir des distinctions secondaires, en notant ce que sont le sens pratique et l'état organique. Mais des distractions, comme celles d'Ampère, des bizarreries, de l'inaptitude à certaines considérations ou besognes de la vie ordinaire, alors qu'on se réserve tout entier pour l'œuvre de haut perfectionnement, il ne faudra tenir compte qu'en passant, pour s'attacher à l'essentiel, c'est-à-dire à l'agrandissement de la personnalité humaine. Il en sera de même pour les phénomènes morbides ou cérébraux qui n'impliqueraient pas une santé parfaite. On aura soin de les noter : la cause en sera dans des accidents qui surviennent indifféremment à tous les hommes, parfois dans l'excès de travail cérébral ou de contention intérieure que s'impose le mystique. Mais, en aucun cas, on n'établira une relation de cause à effet entre l'état de maladie et le développement spirituel du mystique sous toutes ses formes, pas plus qu'on ne considère l'épilepsie de Flaubert, l'hémiplégie de Pasteur, les phénomènes morbides qui présageaient et précédaient la folie chez Maupassant, comme la cause à laquelle il faut rapporter leurs découvertes ou leurs œuvres.

Une seconde classe comprend les mystiques qui travaillent à leur perfectionnement, mais qui usent des pratiques théurgiques ou religieuses. On y distingue trois groupes. Les uns laissent encore une part considérable à l'homme, en soutenant qu'il dépend de lui d'amener l'intervention de la Divinité. D'autres, tout en se proposant le développement de la personnalité, usent surtout des pratiques. Enfin il en est qui condamnent la science et l'art comme moyens de perfectionnement et qui s'en remettent entièrement aux pratiques pour réaliser en eux l'idéal moral, dont la divinité présente le type supérieur.

Il n'est pas facile d'établir les démarcations entre les trois groupes. Ce sont, pour ainsi dire, des groupes ouverts, dans chacun desquels un seul et même mystique pourra figurer, selon que l'on considérera tel ou tel côté de son existence.

Chez tous, une part reste à l'homme — ne fût-ce que l'acte par lequel il s'abandonne à Dieu ou à Jésus — ; Dieu est conçu comme un idéal de perfection dans lequel il entre des éléments de mentalité humaine ; la poursuite d'un perfectionnement individuel est indispensable pour arriver à l'union avec Dieu.

Dans chaque groupe, il convient de noter les dispositions pratiques des individus, comme les phénomènes morbides ou les troubles cérébraux qui se rencontrent chez un certain nombre d'entre eux. Fort souvent le sens pratique est très développé : saint Augustin, saint Bernard, saint Bonaventure, sainte Thérèse — pour nous borner à quelques noms — ont supérieurement rassemblé les moyens propres à amener la réalisation de leurs combinaisons pratiques ou le triomphe de leurs doctrines religieuses.

En ce qui concerne les phénomènes morbides et les troubles cérébraux, il faudra faire une distinction assez précise. D'un côté, certaines maladies résulteront de causes agissant sur tous les hommes et coexisteront avec la conception d'un idéal en Dieu et d'un idéal dans l'homme, sans qu'il soit possible d'établir entre les deux choses la relation de cause à effet. D'un autre côté, il se produira des maladies organiques ou cérébrales qui proviendront d'une trop grande tension de l'esprit, d'une activité cérébrale trop grande, du manque de nourriture et de sommeil. En ce cas encore, il ne faudra pas chercher, dans la maladie organique ou dans les troubles cérébraux, la cause de l'union avec Dieu préparée par l'amélioration intellectuelle, esthétique ou morale, à laquelle Dieu contribue, mais qu'il n'est pas seul à produire. Enfin il y a des pratiques — dont le nombre varie avec la puissance physique ou mentale de l'individu — qui produisent des troubles organiques et cérébraux, des hallucinations de toute espèce, qui suppriment la conscience, laissent libre cours à l'imagination et par suite font considérer, comme une union avec Dieu, ce qui n'est que la production d'un état psychologique dont la cause est, pour la plus grande part, exclusivement physiologique. Dans les pratiques de ce genre rentrent toutes les macérations et toutes les austérités, toutes les souffrances cherchées et produites, ou artificiellement cultivées, toutes les préparations belladonnées ou autres, tous les procédés qu'on range aujourd'hui dans l'hypnotisme et la suggestion ; bien d'autres encore qui produisent des troubles organiques ou cérébraux chez les individus d'une santé chancelante ou d'une mentalité sans équilibre. Mais c'est toujours par l'observation et non *a priori* qu'il faut déterminer les relations causales de ce genre.

Dans chacun des groupes de cette seconde classe se trouvent

des types fort variés. C'est là qu'il faut placer la plupart des grands mystiques qui relèvent d'une religion positive et qui font parfois tout autant pour leur progrès personnel que les mystiques de notre première classe, chez qui n'interviennent pas les pratiques religieuses. On y mettrait les saints en qui se montre une moralité supérieure ou singulière, des artistes comme Giotto et Fra Angelico, des philosophes et des savants, maîtres de la science du passé ou travaillant à constituer celle de l'avenir, comme Albert le Grand, saint Thomas d'Aquin ou Roger Bacon, pour qui le but suprême est la christification, la déification, autant qu'elle est possible à l'homme en cette vie. Saint Thomas, en particulier, fut un guide et un modèle pour les hommes qui suivirent. Son œuvre compliquée et travaillée comme une cathédrale gothique, utilise pour la vision de Dieu, tous les moyens et tous les intermédiaires qui ne l'ont jamais facilitée, mais qui parfois nous font uniquement sentir combien grand est l'intervalle qui nous sépare de l'Être infiniment parfait.

Voici saint François d'Assise et aussi l'auteur de l'*Imitation de J.-C.* qui restreignent sans doute beaucoup le domaine à cultiver, mais qui donnent à leur conception une puissance et un éclat tels que les imitateurs les suivront en foule.

Voici les mystiques allemands qui simplifient la marche vers Dieu. De maître Eckhart, M. H. Lichtenberger dit que les éléments spécifiquement chrétiens font à peu près complètement défaut chez lui et que sa doctrine peut se résumer dans les deux formules suivantes : « Contemplez la divinité et vous y trouverez le Verbe et les idées de toute chose et la création entière et l'âme humaine. Descendez en vous-même et dans les tréfonds de votre âme, vous trouverez toutes les âmes humaines et le Verbe et la Divinité elle-même ». Pour qui considère les choses d'un point de vue psychologique, Eckhart reproduit la grande pensée de Plotin et de son école, du *Connais-toi toi-même* de Porphyre, encore développé par Proclus : quand vous aurez mis en vous une perfection aussi grande que possible, contemplez cette perfection réalisée et vous vous unirez à Dieu dans la mesure où vous aurez atteint vous-même la souveraine perfection.

Suso, que M. H. Lichtenberger a plus spécialement étudié, semblait être une des figures les mieux connues de la psychologie mystique. D'après son Œuvre et d'après sa Vie, les uns le prenaient pour un des hommes les plus chrétiens de tous les temps et pour un mystique à peu près unique en son genre. D'autres faisaient des réserves sur la conception de la vie qui s'y reflète, sur l'exaltation et la frénésie de l'ascétisme qui s'y montre et dont témoignent le cilice garni de pointes aiguës qu'il porte jour et nuit, la croix de bois hérissée de clous et d'aiguilles qui blesse ses épaules nues, les gants à pointes de laiton qui déchirent cruellement ses blessures, chaque fois qu'il y veut porter la main, la vieille porte de rebut sur laquelle il dort sans couverture au plus fort de l'hiver, la torture de la soif qu'il s'impose, si bien que sa langue se dessèche et qu'à la procession, il ouvre la bouche dans l'espoir qu'une goutte d'eau bénite, tombée de l'aspersoir, viendra lui apporter un léger soulagement. C'était, selon William James, le type accompli du névropathe en quête d'austérités physiques, c'était une sorte de bouffon tragique qui inspirerait en somme un médiocre respect. Mais M. H. Lichtenberger a établi, de façon à peu près incontestable, que la *Vie* de Suso n'est pas authentique, que l'hagiographe a laissé une image du saint tel qu'il le rêvait et telle qu'elle lui est apparue. Ce que M. Lichtenberger a dit de la *Vie* de Suso est valable d'ailleurs pour les autres mystiques allemands : la plupart de leurs œuvres se sont transformées, sous la main des copistes, avant d'être livrées à l'impression. Nous l'avons fait remarquer déjà à propos de Tauler. C'est ce que disent Jostes, Vernet, Delacroix et Pierre Noël, à propos d'Eckhart ; c'est ce qu'on est obligé d'admettre pour la *Deutsche Theologie*, deux fois éditée par Luther. Et voici ce que M. Lichtenberger conclut en définitive pour Suso. « C'est bien le disciple d'Eckhart. Il s'est plongé comme lui dans la contemplation vertigineuse de l'Unité, il a trouvé comme lui la Divinité même au fond de son âme ; et, comme lui, il a cherché à communiquer ses expériences ineffables à un groupe de disciples et de filles spirituelles. Mais il semble avoir été une nature plus naïve, plus ingénue que son maître, plus apte à exercer une action immédiate et bienfaisante sur les âmes religieuses ordinaires. Il leur a apporté un idéal religieux et moral très simple, mais aussi très élevé. Il leur a montré la valeur éducative de la souffrance et prêché l'acceptation de la douleur, non pas la folie ascétique de l'âge précédent qui hantait encore les imaginations du xiv° siècle, mais la résignation humble à la destinée humaine : il leur a appris à dire « oui » à la vie, malgré la souffrance et malgré le mal ; il a reconnu dans la douleur l'aiguillon qui pousse l'homme à se dépasser lui-même... Il a montré que le miracle vrai est le miracle intérieur de la grâce, l'unité de l'âme et de Dieu... Il nous apparaît en définitive comme un de ces esprits d'élite par qui la pensée religieuse du moyen âge se rattache à la pensée religieuse des temps modernes, comme un de ces illuminés qui ont découvert le divin au fond de leur âme ». Ajoutons que si Suso rejoint nos contemporains, c'est qu'il continue Plotin et son école, dont les hommes de son temps connaissent les doctrines par saint Augustin et Macrobe, par Eusèbe et les Pères grecs, par les commentateurs néo-platoniciens et par les opuscules de Proclus traduits ou paraphrasés en latin dès le xiiie siècle.

Tauler doit être rapproché de Suso. La publication de Pierre Noel montre les rapports de Tauler avec Albert le Grand et saint Thomas, avec saint Bernard et saint Anselme, Hugues et Richard de Saint-Victor, avec saint Bonaventure et l'Imitation : Tauler, que les luthériens avaient revendiqué pour un de leurs précurseurs, est repris comme catholique par les Dominicains. En outre P. Noel établit nettement qu'il ne faut pas parler, comme on l'a fait longtemps, de panthéisme à propos des mystiques allemands. Mais il se borne pour cela à dire qu'on ne doit pas prendre à la lettre des formules exagérées ou équivoques. Il eût mieux justifié son assertion en invoquant le principe de perfection qui règle la pensée de tous ceux dont les doctrines comportent un monde intelligible: comme Plotin, ils admettent tout à la fois que l'Un ou le Bien conserve son entière perfection après avoir produit le monde intelligible et le monde sensible, que l'Intelligence universelle et les intelligences particulières unies entre elles ont une existence propre; qu'il en est de même de l'âme universelle et des âmes particulières; que Dieu est tout puissant et que l'homme est libre. On voit aussi, d'après cette publication, les rapports des mystiques allemands avec Plotin et ses disciples, par l'intermédiaire des Victorins, du pseudo-Denys, de Macrobe, de saint Augustin et d'autres pères de l'Eglise, des commentateurs néo-platoniciens d'Aristote et surtout de Proclus. Ainsi s'expliquent les analogies entre Tauler et Plotin. Sans doute c'est un chrétien qui fait intervenir Jésus et le Saint-Esprit, la grâce et l'Eucharistie, les pratiques de tout genre et les prières, les anges, la Vierge et les Saints; sans doute la part de Dieu est grande dans le travail qui amène l'union de l'âme avec lui, sans doute encore les sciences sublimes et les discussions subtiles lui paraissent un mauvais moyen de s'élever à Dieu. Mais les formules plotiniennes abondent:

« Détournez-vous vraiment de vous-même et de toutes les créatures mortelles; élevez vos esprits au-dessus de tout ce qui est créé, pour les fixer entièrement en Dieu... Au-dessus des sens, au-dessus de toute l'intelligence, dans le fond intérieur de votre âme entrez en union avec Dieu..., vous obtiendrez plus que par toutes les paroles, par tous les exercices, par tous les moyens possibles (II, 344). L'âme, se voyant elle-même, voit Dieu dans son image (IV, 59). Dieu est notre origine et notre principe, c'est de Dieu, infiniment bon et infiniment grand que nous sommes sortis par la création (IV, 100). L'affinité ou la parenté entre le fond de l'âme (mens) et Dieu est si ineffable que nul homme n'oserait et ne saurait en parler longuement (IV, 192). Le fond le plus intime de l'âme s'unit au fond le plus intime de la très haute divinité (IV, 255). Il faut que l'âme, dans ce qu'elle a de plus pur, se soumette humblement à Dieu et avec un amour intime, un désir profond, qu'elle se transporte jusqu'à Dieu sans intermédiaire : voilà la seule et véritable prière (III, 10). La préparation prochaine, la plus pure pour la réception du Saint-Esprit, suppose la véritable abstraction, par laquelle on se détourne de tout ce qui n'est pas Dieu, la nudité intérieure, l'habitation de l'homme en son fond intime, l'unité (III, 17). La grâce, l'état de perfection la plus complète, non seulement est compatible avec la nature, mais rend l'homme naturel au suprême degré. L'homme surnaturalisé, divinisé, ne change pas de nature; il reste homme, complètement homme, tout en devenant divin; la nature est simplement élevée, exaltée par la puissance de Dieu (III, 97). Dieu se révèle à l'homme, quand la nativité divine s'opère (III, 257). L'homme doit se tourner vers les œuvres admirables et merveilleuses de Dieu, se prêter sans arrière-pensée à la réception de ses dons et grâces ineffables; puis il y a transport dans un être, une vie déiforme par l'union ou l'unité de l'esprit créé avec l'esprit vivant de Dieu (III, 328). La préparation à la contemplation suppose une vie extérieure bien ordonnée, toujours employée aux bonnes œuvres, toujours embellie par des mœurs pures, une vie intérieure remplie de la grâce et du divin amour, toujours fixée en Dieu, une conscience pure, une vie innocente, des sens sobres, une nature domptée à qui l'on ne refuse rien de ce que la prudence réclame, de la douceur et de la disposition à rendre tous les services que les autres peuvent attendre. Par-dessus tout il faut se recueillir en soi-même, loin de toutes les formes et de toutes les images, rassembler toutes les puissances de son âme dans l'unité de son esprit (II, 268). Les règles, les œuvres, les pratiques de toutes les congrégations... n'ont d'autre fin, en s'imposant à notre observance que de nous apprendre à tendre vers Dieu seul, à conserver notre fond dégagé de tout ce qui pourrait mettre obstacle à ce que Dieu s'y place seul (II, 200). Les philosophes disent qu'en demeurant immobile et en se taisant, l'âme devient sage (III, 441). Voulez-vous faire l'expérience, dit Proclus, que ce fond existe en nous... regardez-le avec l'œil de l'intelligence... faites-vous un avec lui qui est un. Cet un, c'est l'obscurité reposée, silencieuse, dormante, divine et hors de soi (III, 119) ».

L'auteur de la *Deutsche Theologie* doit, d'après un travail récent, être comme Suso et Tauler, mis à côté des mystiques plotiniens, qui rapprochent l'homme de Dieu. L'ouvrage édité deux fois par Luther, pourrait être repris, comme ceux de Tauler, par les catholiques. On y trouve l'influence de saint Paul, celle de Tauler et d'Eckhart, celle de saint Augustin et indirectement par ces derniers, par le pseudo-Denys, par Boèce, celle des Plotiniens. C'est une Théologie, avec l'Un ou Dieu-Déité, avec le Dieu-Dieu qui se détache de la Déité, avec le Dieu-Homme ou le Christ qui est la créature dans sa perfection. C'est une morale qui nous décrit le bonheur et la peine de la vie parfaite, celle qui consiste à se livrer entièrement à Dieu, en imitant la vie du Christ. Pour la réaliser, il faut une volonté sincère de la connaître, il faut avoir un exemple que l'on suive, un maître qui nous guide; il faut essayer, il faut pratiquer la vie divine.

L'âme descend dans la créature pour y manifester l'Etre divin; elle reste unie à Dieu qu'elle porte en elle et qui la réclame. Par la lumière éternelle, par la grâce, elle peut avoir une intuition immédiate de Dieu, d'où résulte le bonheur suprême. La purification, l'illumination, l'union avec Dieu sont comprises dans la vie parfaite, celle des déifiés, celle du Christ même.

IV

Ainsi la première classe des mystiques ne comprendra que des hommes occupés de perfectionner leur personnalité, supposant la présence en eux d'un être ayant toutes les perfections que l'homme peut concevoir et leur union avec cet être, qu'ils travaillent sans relâche à créer en eux, quelle que soit d'ailleurs l'opinion qu'ils aient de sa réalité objective. C'est par eux-mêmes que ces mystiques entendent produire le progrès qui leur permettra de croire, à de rares moments, qu'ils se sont unis à la perfection suprême. Et dans les groupes qu'ils forment, les bizarreries, les singularités, les troubles cérébraux, qui seront concomitants et ne seront jamais des causes, serviront à établir des espèces ou à distinguer les individus.

Dans la seconde classe des mystiques où entrent, avec des esprits philosophiques, les adeptes des religions, révélées ou non, les hommes qui y tiennent le premier rang sont en accord avec ceux de la classe précédente, pour la conception de l'idéal à réaliser en eux et de l'idéal avec lequel on doit s'unir. Les derniers qui y entreront poursuivront encore, par certains côtés, le progrès de leurs facultés naturelles et ils auront l'idée d'une perfection supérieure qu'ils voudront atteindre. Mais tous feront appel aux pratiques théurgiques, aux pratiques religieuses de toute espèce pour obtenir de la Divinité qu'elle les aide à se rapprocher d'elle. Pour ceux qui tiendront, à ce point de vue, le dernier rang, ils seront à peu près passifs, ils laisseront Dieu agir en eux et s'abandonneront entièrement à lui. Mais des groupes seront aussi formés par la distinction des conséquences d'ordre pratique ou physiologique, qui résulteront des procédés dont on aura fait usage. Pour quelques-uns d'entre eux, tout au moins, il y aura suppression du sens pratique; il y aura production de faits morbides, de troubles cérébraux qui prendront parfois l'apparence de la folie.

Nous arrivons ainsi à la troisième classe des mystiques, à ceux dont on trouve de nombreux exemples dans l'ouvrage du docteur Thulié. On peut les caractériser d'une façon négative et d'une façon positive. Au premier point de vue, il n'y a en eux aucune tendance au perfectionnement même partiel de leur personnalité, aucune conception de la perfection souveraine à laquelle il conviendrait de s'unir. Par contre, les pratiques capables de troubler l'organisme et le cerveau abondent. Ce sont, comme le dit fort bien M. Th. Ribot, des esprits bornés et ignorants — en qui d'ailleurs les limites esthétiques et morales sont aussi proches que les limites intellectuelles. Le monoïdéisme, en eux, est aisé, en raison même de leur pauvreté psychologique et il se traduit par une suite régulière de mouvements et de discours. Ce monoïdéisme est parfois le résultat, parfois il est accompagné de troubles cérébraux qui voisinent avec la folie, quand ils ne sont pas une des formes de la folie. La misère physiologique est aussi grande que la misère psychologique. Chez les mystiques de la seconde classe, même chez ceux de la première, on pouvait constater l'existence de phénomènes morbides. Il n'y a plus guère que des phénomènes morbides chez ceux de la troisième classe. Et la description pourrait en être étendue à l'infini.

* *

Les anciens logiciens avaient noté que la compréhension ou le nombre des caractères inclus dans une idée générale est en raison inverse de son extension, c'est-à-dire du nombre des êtres auxquels elle s'applique. Il en est ainsi du mysticisme. Les trois classes de mystiques pourraient être représentées par un cône, tronqué tout près de son sommet, qui figurerait la première, tandis que la troisième serait à la base. En tout temps et en tout lieu, les mystiques de la première classe sont peu nombreux, parce que toujours et partout sont fort rares les hommes qui atteignent un développement aussi complet de toutes leurs facultés naturelles ou même de l'une d'entre elles. Ils sont plus rares encore, en dehors des périodes théologiques, quand l'activité humaine se propose surtout, comme depuis trois siècles, de connaître, de conquérir et d'améliorer le monde dans lequel nous vivons. Et c'est peut-être pour cette raison que ne le rencontrant guère de nos jours — où ils se présentent plus volontiers sous le nom d'intuitionnistes — on n'a plus étudié que les mystiques de l'ordre inférieur. Car dans la seconde classe, le nombre des grands mystiques diminue aussi à mesure que les préoccupations de l'homme le portent à transformer notre monde en l'améliorant, plutôt qu'à constituer un monde intelligible d'où sera éliminée toute imperfection. Le nombre reste grand des mystiques de la troisième classe, quoiqu'ils soient bien moins nombreux qu'ils ne l'étaient pendant tout le Moyen Age — du Ier siècle au XVIIe — où des individus transmettaient autour d'eux, par contagion psychologique et physiologique, les phénomènes morbides qui se groupaient, d'une façon presque naturelle, autour d'une idée ou d'une image religieuse.

Cette classification n'est pas chronologique; les documents font défaut pour la construire en ce sens d'une façon suffisante. Il est toutefois évident que les mystiques de la première classe ont dû faire assez tard leur apparition, car elle suppose une haute culture de l'individu et de la société. En outre, il est impossible d'établir une démarcation absolue entre les classes et même entre les groupes qui constituent chacune d'elles. Mais nous arrivons ainsi à distinguer fort nettement les hommes qui créent en eux une personnalité supérieure à celle de leurs semblables par le puissant développement de leurs facultés, de ceux dont la personnalité reste inférieure à la moyenne ordinaire, par l'arrêt du progrès intellectuel, esthétique et moral et par l'invasion des phénomènes morbides et des troubles cérébraux.

CHAPITRE V

SAINT PAUL A-T-IL REÇU UNE ÉDUCATION HELLÉNIQUE?

Pendant longtemps on a affirmé que saint Paul, citoyen romain de Tarse et apôtre des Gentils, connaissait la civilisation et la philosophie de ceux qu'il s'est donné la tâche de convertir au christianisme; Renan et Sabatier n'ont voulu voir en lui qu'un Juif, sans formation hellénique.

I. — D'abord il faut écarter l'assimilation entre saint Paul et Luther qu'ont établie Sabatier et Renan, pour affirmer que saint Paul est resté étranger à la philosophie antique comme Luther a, pour revenir aux Evangiles, rompu avec toute philosophie. Car, en la supposant exacte, on serait obligé d'admettre qu'il y a chez saint Paul, comme chez Luther, des doctrines philosophiques. Mais l'histoire objective et impartiale ne peut demander à un successeur de saint Paul quelle fut la conception de l'apôtre, c'est à son œuvre qu'il faut s'adresser.

II. — Des raisons données par Renan pour montrer que saint Paul n'a pas reçu la culture hellénique, les unes ne valent rien pour justifier sa thèse, d'autres sont favorables à la thèse adverse. Sabatier établit, ce que personne ne conteste, que saint Paul reçut l'éducation religieuse des Juifs. Les arguments qu'il donne dans l'*Encyclopédie des sciences religieuses* pour nier qu'il eut une éducation hellénique ne sont pas valables, d'autres sont plutôt favorables à l'ancienne opinion. Ceux qu'il emploie dans l'Apôtre Paul ont été considérés comme excessifs par M. de Faye qui a réédité le volume. Ils n'établissent nullement que la synthèse originale de saint Paul ne comporte pas l'emploi de doctrines helléniques. Les affirmations sur l'origine juive des notions premières et fondamentales manquent de justification. Au contraire la plupart de ces notions se rencontrent expressément dans les Stoïciens antérieurs à saint Paul et chez ses contemporains. Les faits mêmes que rapporte Sabatier constituent de fortes présomptions en faveur d'une éducation hellénique et c'est ce que supposent également les conversions entreprises parmi les Gentils.

III. — Son œuvre prouve qu'il a reçu une initiation philosophique. Cela est incontestable d'abord pour le discours à l'Aréopage qui est rapporté dans les Actes. La formule empruntée à Cléanthe et à Aratus résume la théologie grecque et comble l'abîme qui existe dans la Genèse entre Dieu et la créature. Déjà citée par le Pseudo-Aristobule, elle faisait partie d'un fragment dans lequel l'auteur rattachait au judaïsme les poètes et les philosophes païens. Ce que Philon et le Pseudo-Aristobule tentent pour les Juifs, saint Paul le fait pour les Chrétiens. Son influence en ce sens sera considérable. Sabatier cite d'autre textes qui montrent que les affirmations du discours aux Athéniens ne sont pas isolées dans l'œuvre de saint Paul. Et les conceptions qu'il y signale sont éclectiques et stoïciennes. Renan relève de même des analogies entre ce discours et des textes stoïciens. Des indications analogues sont dans la Lettre aux Galates, dans la première aux Corinthiens, dans la seconde aux Corinthiens, dans la Lettre aux Romains, dans la Lettre aux Colossiens, dans la Lettre aux Ephésiens.

Conclusion : saint Paul a connu l'Ancien Testament, il reste à établir qu'il a reçu une éducation rabbinique et en quelle mesure il l'a reçue. Mis en contact dans sa jeunesse et son âge mûr avec les doctrines éclectiques et stoïciennes de ses contemporains, il en a pris quelques grandes théories. Il a employé la philosophie comme une introduction au christianisme ; il l'a combattue quand elle voulait tenir la place de la religion nouvelle Aussi a-t-il pu être revendiqué par les protestants et les catholiques, par les théologiens et les philosophes.

Saint Paul, citoyen romain et originaire de la ville de Tarse où la civilisation grecque a été florissante, fut longtemps considéré comme un juif qui avait reçu une éducation hellénique. Même de ce qu'il s'est surtout adressé aux Gentils, que la postérité a vu en lui leur Apôtre, on concluait qu'il avait été mieux préparé, par sa formation intellectuelle, à les convaincre qu'à faire renoncer les Juifs aux pratiques et aux croyances fondées exclusivement sur l'Ancien Testament, par suite que, s'il a lu et médité les livres juifs, il a pris une connaissance assez complète de la culture hellénique, de ses idées constitutives, donc de la philosophie éclectique autour de laquelle elles se groupaient dans le Ier siècle avant J.-C. et dans le Ier de l'ère chrétienne.

C'est vers la fin du dernier siècle que l'on a nié absolument la formation hellénique de saint Paul. Renan, dans les *Apôtres* et dans *saint Paul*, Sabatier, dans *l'Encyclopédie des Sciences religieuses* et *l'Apôtre Paul*, n'ont voulu voir en lui qu'un Juif converti au christianisme qui, par l'inspiration divine ou un génie original, a contribué à donner au christianisme une de ses formes les plus caractéristiques.

De sorte qu'il ne faut plus aujourd'hui se borner aux affirmations longtemps admises, mais se demander si saint Paul a été familiarisé, en une certaine mesure, avec la philosophie antique, s'il a pu l'utiliser, soit comme point de départ de son apologétique, soit comme matière propre à lui venir en aide dans la construction de ses doctrines mi-théologiques et mi-philosophiques.

I

Avant d'examiner les raisons positives par lesquelles Renan et Sabatier essaient de justifier leur thèse, il faut écarter une façon de raisonner qui n'a rien à voir avec l'histoire impartiale et objective, puisqu'elle transporte le présent dans le passé et nous oblige à juger l'un par l'autre.

Pour Renan et pour Sabatier, saint Paul est un protestant. « C'est par une révélation immédiate, écrit Renan au chapitre x des *Apôtres*, que saint Paul a tout appris... Le protestantisme existe déjà, cinq ans après la mort de Jésus, saint Paul en est l'illustre fondateur... Rome (p. 116) sera l'Eglise de l'autorité, nos véritable chef sera Pierre... Mais Luther, quatorze siècles et demi plus tard, comprendra la belle épître de saint Paul à Rome pour exposer le mystère de la croix de Jésus et du salut par la foi seule... Il ouvrira une ère nouvelle dans la série séculaire des triomphes alternatifs de Pierre et de Paul... En toutes choses (p. 327), saint Paul est un ancêtre véritable du protestantisme et il a les défauts d'un protestant... Au Moyen Age, surtout en Occident, la fortune de saint Paul subira une étrange éclipse... il est perdu en quelque sorte dans les rayons de saint Pierre (365)... La Réforme ouvre pour saint Paul une ère nouvelle de gloire et d'autorité. Le catholicisme lui-même y revient... Rome élève Paul sur un piédestal presque égal à celui de Pierre... Le personnage historique qui a le plus d'analogie avec saint Paul, c'est Luther... saint Paul est le père (570) du subtil Augustin, de l'aride Thomas d'Aquin, du sombre calviniste, de l'acariâtre janséniste, de la théologie féroce qui damne et prédestine à la damnation... Jésus est le père de tous ceux qui cherchent dans les rêves de l'idéal le repos de leurs âmes. »

Il faut noter déjà que Renan se corrige lui-même en joignant d'autres noms, surtout celui de saint Thomas, le théologien et le philosophe catholique par excellence, à celui de Luther. Par cela même, il nous invite à ne pas admettre une ressemblance aussi complète entre Luther et saint Paul, puisqu'il place, dans la descendance du grand Apôtre, celui-là même que les catholiques ont considéré comme l'irréductible adversaire de la Réforme

Sabatier est plus affirmatif et plus exclusif : « Paul, écrit-il dans l'*Encyclopédie des sciences religieuses*, est resté fort étranger à l'Eglise catholique... un grand silence se fit après sa mort sur son nom... Captif et emprisonné pendant quinze siècles, l'esprit de Paul triompha et prit une revanche éclatante au seizième. C'est lui qui a fait la Réforme. Apôtre protestant au milieu des Douze et de la tradition apostolique, il a fait le protestantisme et c'est de ses lettres qu'est sortie toute la dogmatique protestante depuis Luther. » Et dans la Préface de l'*Apôtre Paul*, Sabatier a été plus catégorique encore ; il montre saint Paul déchirant les langes du judaïsme, continué par saint Augustin, puis par Luther, par Schleiermacher et Vinet.

Il y a lieu de remarquer, comme il a été fait déjà dans la *Revue internationale de l'Enseignement* (15 mars 1912, p. 283) que M. de Faye, dans la préface à une quatrième édition du saint Paul de Sabatier, prend soin d'atténuer ses affirmations : « Si Sabatier avait vécu, écrit-il, il aurait certainement ajouté un ou deux chapitres (aux origines de la pensée de saint Paul)... *Il aurait fait une description de ce milieu hellénistique où Paul est né, dont il parlait la langue et dont il porte l'empreinte...* Depuis Sabatier... la langue de saint Paul a fait l'objet d'investigations très approfondies... On l'a comparée à celle des *Septante*, au grec courant de l'époque (la κοινή), à la langue littéraire. On y a relevé des termes qui semblent dériver du Stoïcisme ou du moins dont le sens paraît être celui qu'a consacré cette philosophie. Etude qui aurait passionné Sabatier, *parce qu'elle nous révèle, avec précision, les multiples attaches de l'Apôtre avec le monde hellénistique et grec où il a vécu. Elle nous fait mieux voir dans quelle mesure il a subi l'influence de ce milieu... Par le sens qu'ils avaient alors, le génie grec a marqué ce Juif de son empreinte et lui a inoculé à son insu, certaines formes de pensée et même quelques-unes de ses conceptions...* Pfleiderer a démontré, par une admirable analyse des principales notions de l'apôtre, qu'il était redevable des éléments essentiels de sa pensée à l'enseignement rabbinique de son temps (méthode d'exégèse, doctrine de la chair, du péché, de la loi de l'expiation)... Mais déjà Pfleiderer notait, avec une remarquable sagacité, *que la pensée de Paul avait subi l'influence de l'hellénisme. Cette influence paraît s'être accentuée avec les années. Inconsciemment sans doute, mais de plus en plus, il s'est approprié les manières de concevoir alors courantes dans le monde hellénistique... Grâce à une analyse minutieuse des conceptions de l'Apôtre, on est arrivé à y discerner, non seulement des éléments philoniens, mais encore d'autres plus directement helléniques : on a relevé, dans son argumentation, certaines formes de la diatribe ou argumentation philosophique; on a pu même étudier très sérieusement les rapports du paulinisme et de la doctrine d'Épictète, tant au point de vue de la terminologie que des idées.* »

Pourquoi donc a-t-on lié les deux thèses et soutenu tout à la fois que saint Paul est le protestant par excellence et qu'il ne doit rien à la culture hellénique? Il semble que ce soit pour affirmer, à un point de vue dogmatique et fort peu historique, que saint Paul a pensé de la philosophie antique ce qu'en pensèrent Luther et ses successeurs. Or on dit fort souvent que Luther rompit avec la théologie et la philosophie scolastiques, représentées par saint Thomas dont l'autorité n'a fait que grandir dans le monde catholique; que son but fut de retourner aux Evangiles et de supprimer du christianisme tout ce qui s'y est introduit de la philosophie grecque et a constitué la théologie dont vit encore le catholicisme romain. Si Mélanchthon revint à Aristote, condamné d'abord par Luther, pour former une philosophie protestante, si les théologiens dont il fut un des chefs créèrent un ensemble systématique qu'ils opposèrent à la théologie catholique, en recourant à saint Augustin et à d'autres Pères de l'Eglise, les piétistes se replacèrent au point de vue primitif, qu'on dit être celui de Luther. On peut voir par exemple que Kant, dans la *Critique de la Raison pratique*, ne justifie son christianisme que par des citations empruntées aux Evangiles. Sans doute le protestantisme a reconstruit, après les attaques du piétisme, une théologie et une philosophie nouvelles; mais, de nos jours encore, il s'est trouvé des protestants pour supprimer de leurs doctrines tout ce qui est une adjonction au christianisme évangélique. Et c'est ce qu'a voulu, ce semble, établir Sabatier; c'est à quoi Renan a été incliné par l'étude des travaux allemands, dont il a tenu un si grand compte. De sorte qu'en faisant de saint Paul le protestant par excellence, on veut affirmer, implicitement et sans justification aucune, qu'il n'eut aucun rapport direct ou indirect avec les philosophies antiques dont on s'est servi pour édifier des doctrines condamnées par cela seul qu'elles ne se sont pas bornées à reproduire l'Evangile.

Mais d'abord il n'est plus possible de soutenir que Luther a rompu avec toute la philosophie antique. Il n'est pas douteux qu'il ait voulu remettre les chrétiens en face de l'Evangile et en séparer les interprétations ou tout au moins la plupart des interprétations qui s'y étaient jointes antérieurement. Il n'est pas douteux non plus qu'il ait formellement condamné le péripatétisme scolastique et peut-être Aristote lui-même qui offre, dans ses œuvres authentiques, et littéralement comprises, assez de théories antichrétiennes pour qu'il soit difficile d'être à la fois son disciple et celui du Christ. Mais il est faux de soutenir qu'il a renoncé à toute philosophie antique ; le retour à saint Paul s'accompagne, comme on l'a montré dans *Une des sources de la réforme luthérienne*, d'une adhésion explicite aux doctrines de la *Deutsche Theologie*, de tous les mystiques allemands, qui, par des intermédiaires connus et incontestés, nous ramènent à Plotin et à ses successeurs. Peut-être même serait-il juste de dire que c'est par l'étude des Plotiniens de son temps que Luther est revenu à saint Paul comme saint Augustin avait été ramené à l'orthodoxie par la lecture de Plotin, mis en latin par Victorinus.

Ainsi l'argumentation, tacite plutôt qu'expresse, de Renan et de Sabatier, n'est nullement fondée. En admettant même qu'il soit légitime de comparer Luther et saint Paul, on serait amené à supposer qu'il y a des doctrines philosophiques chez saint Paul comme chez Luther.

Mais on ne peut accepter que l'histoire objective et impartiale se demande, pour savoir ce qu'a pensé saint Paul, quelle fut la conception de ceux que l'on considère, à tort ou à raison, comme ses seuls et fidèles successeurs. On procède ainsi pour Ammonius Saccas ; mais c'est parce que nous n'avons à peu près rien conservé de lui et l'on sait que les résultats auxquels on aboutit en le cherchant dans Plotin ou même chez les disciples d'Origène ne sont qu'approximatifs. Nous avons l'œuvre de saint Paul, et c'est elle qu'il faut consulter pour résoudre la question.

II

Commençons donc par examiner les raisons positives pour lesquelles Renan et Sabatier ont soutenu que saint Paul n'a pas reçu la culture grecque.

« Saul, écrit Renan au chapitre x des *Apôtres*, latinisa son nom, quand il fut devenu apôtre des Gentils, en celui de Paul, qu'il prit, selon saint Jérôme, du proconsul Sergius Paulus, converti par lui... Il fut élevé dans les principes les plus sévères des pharisiens... Le goût des lettres était très répandu à Tarse, la ville était riche en écoles et en instituts scientifiques. Mais il ne faut pas en conclure que Paul reçut une éducation hellénique très soignée. Car les Juifs fréquentaient rarement les établissements d'instruction profane. Puis les écoles les plus célèbres de Tarse étaient les écoles de rhétorique et Paul écrit une langue bizarre, incorrecte et peu hellénique par le tour. En outre sa doctrine ne trahit aucun emprunt direct fait à la philosophie grecque. Les citations de Ménandre, Cor. XV, 33, d'Epiménide, Tit. I, 12, d'Aratus, *Actes* XVII, 28 (le discours est l'ouvrage de l'auteur des *Actes* bien plus que de saint Paul) s'expliquent par des emprunts de seconde main. La culture de Paul est presque exclusivement juive... Il ne savait rien de la logique péripatéticienne... Sa dialectique a la plus grande ressemblance avec celle du Talmud... Son père le destina de bonne heure à être rabbi... Jeune il fut envoyé à Jérusalem et entra, dit-on, à l'école de Gamaliel le Vieux, homme libéral, éclairé, comprenant les païens, sachant le grec... Aussi il y a contradiction absolue entre les principes de Gamaliel (*Actes* V, 34 et suivants) et la conduite de Paul avant sa conversion... Il ne connut pas Jésus... C'est par une révélation immédiate qu'il a tout appris... De Jérusalem où il vit les apôtres, Paul se rendit à Césarée, puis il parcourut la Syrie et la Cilicie... Tarse, sa patrie, fut son séjour habituel pendant environ deux ans... Le point de départ de l'Eglise des gentils, le foyer primordial des missions chrétiennes fut vraiment Antioche... C'est là que se forma définitivement saint Paul... La langue dominante de l'Eglise d'Antioche était le grec... Ce fut à Antioche que le nom de *Chrétien* fut formé... les Juifs conservant celui de Nazaréens aux disciples de Jésus. »

Dans les diverses affirmations de Renan, que l'on vient de résumer, il y en a qui ne valent rien pour justifier sa thèse, il en est au contraire qui sont favorables à la thèse adverse.

D'abord la formule générale, *les Juifs fréquentaient rarement les établissements d'instruction profane* — ne s'applique qu'aux Juifs de Jérusalem et encore Gamaliel sait-il le grec, selon Renan lui-même. Puis il y avait dautres écoles que celles de rhétorique, les écoles stoïciennes, dont le fondateur, Zénon, méprisait la rhétorique et l'art du style. Nombre de Stoïciens étaient d'Asie Mineure ou de pays voisins. Zénon et Persée sont de Cittium, Denys est d'Héraclée, Sphœros, du Bosphore, Cléanthe, d'Assos en Mysie, Chrysippe, de Soles en Cilicie, Posidonius, d'Apamée en Syrie ; Aratus, l'auteur des *Phénomènes*, est également de Soles ou peut-être de Tarse.

Laissons de côté, pour le moment, la question des emprunts aux philosophes. Nous y reviendrons et nous utiliserons le témoignage de Renan pour le discours des *Actes*. Dire que saint Paul ne savait rien de la logique péripatéticienne est chose contestable, pour qui examine la contexture d'un certain nombre de ses œuvres. D'ailleurs c'est l'époque où la logique stoïcienne et une logique, éclectique comme toute la philosophie du temps, sont en honneur, tandis qu'on commence à peine à revenir au Péripatétisme. Enfin Renan remarque une contradiction absolue entre les principes de Gamaliel et la conduite de Paul avant sa conversion. Aussi use-t-il de la formule dubitative, *dit-on*, pour parler de son entrée chez Gamaliel.

D'un autre côté, Renan rappelle que le grand-père de Paul avait peut-être obtenu le titre de citoyen pour services rendus à Pompée lors de la conquête romaine en 63 avant J.-C. ; que le goût des lettres était très répandu à Tarse — en quoi d'ailleurs il est d'accord avec Strabon — ; que saint Paul revint à Tarse deux ans comme chrétien et qu'il se forma définitivement à Antioche. Toutes raisons qui semblent préjuger une éducation hellénique aussi bien que judaïque.

La thèse de Sabatier est plus absolue dans le fond, sinon dans la forme, que celle de Renan. « Fils d'un Juif orthodoxe, dit-il dans l'*Encyclopédie des Sciences Religieuses*, ayant appris tout d'abord à parler dans la langue de Canaan, il était préparé à devenir l'élève ardent du pharisaïsme... comme il l'indique lui-même (II Cor. XI. 22). Si quelqu'un a sujet, dit-il, de se glorifier d'avantages charnels, j'en ai plus que lui : circoncis le huitième jour, de la race d'Israël, de la tribu de Benjamin, Hébreu issu d'Hébreux, pharisien; pour le culte de la loi, j'ai poussé le zèle jusqu'à persécuter l'Eglise et, quant à la justice légale, j'étais sans reproche... Quatre vers grecs ne prouvent rien, ce sont des dictons devenus proverbes... Paul ne cite pas la littérature classique. Donc elle lui est inconnue... L'araméen est sa langue maternelle, il est obligé de le traduire en grec en écrivant, d'où les hébraïsmes et les violences grammaticales du style... Il parle le grec assez couramment... mais il dicte ses lettres. Donc l'éducation de Paul fut celle d'un Juif rigide et scrupuleux... Dès sa première enfance, il vint à Jérusalem, pour être rabbi ou maître dans les Ecritures... Il entre à douze ans dans l'école pharisienne de Gamaliel... C'est un rabbin converti qui donna à l'Eglise naissante son premier théologien... Cette théologie scolastique, qui fut sa première nourriture et qu'il n'a jamais bien digérée, consistait avant tout dans l'art subtil d'interpréter l'Ancien Testament... en double sens... Le texte original était déjà si éloigné pour le judaïsme de cette époque qu'il se servait habituellement de la version des *Septante*... comme Josèphe... quoiqu'il sache recourir à l'original...

Il a lu la *Loi*, les Prophètes, les hagiographes, les apocryphes, en particulier la *Sapience*... Dans la théologie rabbinique, on trouve les doctrines que l'Apôtre a rendues chrétiennes en les transformant, notion de Dieu, de la justice, du péché, notions anthropologiques, doctrine de la prédestination, des deux Adam, sur l'eschatologie, la démonologie, la nature du paganisme et de ses Dieux. Il passa dix années autour de Tarse et d'Antioche... C'est lui qui a fait le protestantisme. »

Certaines remarques s'imposent. Du texte où il est question d'*avantages charnels*, il n'y a rien à conclure, si ce n'est peut-être que saint Paul a reçu une éducation juive. Mais cela, tout le monde l'accorde. Ce sur quoi l'on discute, c'est pour savoir si une éducation hellénique s'y est jointe ou non. De ce que saint Paul ne cite pas la littérature classique, on ne peut conclure qu'il ignore le Stoïcisme. On pourrait tout aussi bien dire d'ailleurs que, s'il ne la cite pas, c'est qu'il ne s'adresse pas à des hommes qui la connaissent. Si, pour Sabatier, Paul se rendit à Jérusalem afin de devenir rabbi, rien ne justifie cette affirmation. Il en est de même de celle qui concerne le « rabbin converti, premier théologien de l'Eglise naissante ». Deux suppositions injustifiées ne font pas une certitude. Et voici d'autres énonciations qui sont bien plutôt favorables à la thèse contraire. Paul sait le grec, le parle assez couramment et lit l'Ancien Testament dans la version des *Septante*. Il étudie la *Sapience* où les doctrines grecques se mêlent au judaïsme. Parmi les doctrines que Paul a, dit-on, rendues chrétiennes, il s'en trouve, comme celles de la prédestination, qui existent manifestement chez les Stoïciens, et Sabatier n'établit nullement, par des textes, qu'elles sont dans la théologie rabbinique, pas plus qu'il n'explique en quoi consiste cette transformation qui les fit chrétiennes. Enfin Sabatier admet que Paul passa dix années autour de Tarse et d'Antioche, dans ce milieu grec où, selon Renan, il se forma définitivement.

C'est dans l'*Apôtre Paul* que Sabatier donne à la thèse sa forme définitive. « Saul est un juif helléniste, né à Tarse... On accorde trop d'importance à ce fait... l'influence de la Grèce sur le développement de sa pensée *paraît* avoir été faible... La parenté entre sa manière d'écrire et celle de Thucydide ne prouve que la ressemblance naturelle de leurs deux génies... La dialectique de Paul a bien plus d'analogie avec celle du Talmud et des rabbins qu'avec celle de Platon ou d'Aristote... Il écrit en grec et pense en araméen... Il n'a emprunté à la Grèce que son vocabulaire... Il prend soin de relever expressément la pureté de sa descendance hébraïque et la rigueur de son judaïsme... *Tout nous porte* à croire que, s'il est né à Tarse, il a été, dès sa plus tendre enfance, élevé à Jérusalem... Voulant en faire un rabbin, ses parents, *sans doute*, l'avaient fait entrer dans l'école de Gamaliel (Actes XXII : 3. Je suis Juif, dit-il, né à Tarse en Cilicie, mais j'ai été élevé ici, dans cette ville, j'y ai été instruit aux pieds de Gamaliel, dans l'observance stricte de la Loi de nos pères, ayant pour Dieu le même zèle que vous avez tous aujourd'hui, etc.)... Il reçut l'éducation scolastique d'un rabbin, dialectique subtile, herméneutique ingénieuse et raffinée; méthode d'enseignement et de discussion déjà arrêtée et formulée par Hillel... Nous n'avons, sur les doctrines enseignées dans les écoles pharisiennes de cette époque, que *des renseignements très vagues et très incomplets. Cependant il est bien certain* que la théologie de l'Apôtre repose sur une base générale empruntée au judaïsme... La pensée de Paul (p. 32) est restée plus juive qu'on ne le croit communément... De l'Ancien Testament, Paul tient les notions premières et fondamentales de son système, Dieu, révélation, justice, sainteté. Il juge le monde païen comme faisaient les pharisiens de son temps... C'est encore au pharisaïsme que Paul doit ses idées sur les anges et les démons... Pour Paul, comme pour les Pharisiens (p. 34), l'histoire de l'humanité se divise en deux grandes périodes, le siècle actuel dont Adam est le chef, le siècle futur dont le Messie est le chef... On sait aussi que la doctrine de la prédestination, dont les racines sont dans l'enseignement prophétique de l'Ancien Testament, avait été développée et formulée dans les écoles pharisiennes, comme le dit Josèphe... Enfin (p. 35) n'est-ce point encore à la théologie rabbinique que Paul est redevable de ses vues anthropologiques? La division de l'être humain en chair, σάρξ, âme, ψυχή, souffle, πνεῦμα, a ses racines dans le langage même de l'Ancien Testament. L'idée du péché originel *semble* avoir été également formulée par le pharisaïsme. *On le voit*, c'est un corps de doctrines, complet, cohérent et systématique que Saul s'est formé aux pieds de Gamaliel.. L'histoire de la pensée de Paul n'est pas autre chose que celle de la transformation progressive, sous l'influence du principe chrétien, de ce pharisaïsme théologique qui fut sa croyance première... Dieu (p. 54) n'a pas choisi un païen pour en faire l'apôtre du paganisme... il prend un pharisien, mais ce pharisien a fait l'expérience (p. 54) la plus entière de la vanité des cérémonies extérieures et du joug écrasant de la Loi... Le judaïsme est absolument vaincu dans son âme, parce qu'il est absolument remplacé... Le discours d'Athènes (p. 93) est d'un ton oratoire si exquis, d'une profondeur de vue si admirable qu'on ne peut guère se refuser à y reconnaître le souffle du maître... apologétique d'un ordre nouveau, qui n'a rien d'analogue ni dans les discours qui ont précédé, ni dans ceux qui ont suivi... Le point de départ de la prédication de Paul n'est plus dans l'Ancien Testament, mais dans la conscience religieuse et morale de l'humanité... On le voit par les discours des *Actes* et par le récit de ce qui s'est passé chez les Thessaloniciens (I, 9)... Il y a autre chose, dans ces discours, que la notion générale de Dieu qui appartenait encore plus à la théologie juive qu'à la doctrine chrétienne, il y a un effort et un essai de comprendre le paganisme et son histoire au point de vue de la révélation nouvelle, une ébauche de cette philosophie de l'histoire que l'Apôtre achèvera plus tard... Au polythéisme ainsi compris, Paul peut rattacher sans effort le culte du vrai Dieu. Le paganisme... est ici saisi dans sa valeur positive, il rentre, par ce côté, dans le plan de salut préparé par Dieu à toute l'humanité... Dieu a fait d'un seul sang toutes les nations... Dans le plan divin, parallèlement à l'histoire d'Israel, se déroule celle du paganisme et toutes deux viennent aboutir à la croix de Jésus-Christ. Ainsi s'exprime (p. 94) l'universalisme du nouvel Evangile et se dessine, dans l'esprit de Paul, ce grand plan historique qu'il exposera dans l'Epitre aux Romains ».

Encore une fois, qu'il y ait du judaïsme chez saint Paul, personne ne le conteste. Mais n'y a-t-il chez lui que du judaïsme? Sans doute il faut tenir compte des doctrines du Christ ; sans doute, il faut faire la part de l'originalité chez Paul, mais, par cela même, il convient de se demander si la synthèse originale qu'il a esquissée ne comporte pas l'emploi de doctrines helléniques incorporées aux doctrines judaïques et chrétiennes. Or les arguments mis en avant par Sabatier n'établissent nullement le contraire. D'abord il n'est plus question aujourd'hui d'une parenté entre la manière d'écrire de saint Paul et celle de Thucydide. Ce qui a été établi par les savants, ce que M. de Faye signale dans la préface à la quatrième édition de l'*Apôtre Paul*, ce qui a été montré en détail dans la Conférence de l'histoire des doctrines et des dogmes à l'Ecole des Hautes-Etudes, c'est qu'il y a une étroite parenté entre la langue des écrits canoniques du Nouveau Testament et celle des inscriptions contemporaines : c'est que, dans les uns et dans les autres, on use de la langue commune, κοινή, et que la communauté de langage amène plus d'une fois la communauté d'idées. Puis, mettre à part la dialectique de Platon et celle d'Aristote, ce n'est pas écarter celle des Stoïciens, qui seule est en cause. Les formules —*Tout nous porte* à croire, ses parents *sans doute* — que n'accompagne aucune justification, ne servent qu'à souligner la faiblesse de l'argumentation. Quant au passage des *Actes*, XXII, 3, il convient de le voir dans son ensemble. Paul est à Jérusalem et devant le sanhédrin où il a été conduit par le tribun romain. Son discours est tout de circonstance, comme l'indique bien le narrateur : « Paul (XXIII, 6), sachant que l'Assemblée se composait en partie de sadducéens et de pharisiens, s'écria en plein sanhédrin, Mes frères, je suis pharisien, fils de pharisiens, c'est à cause de l'espérance et de la résurrection des morts que je suis mis en jugement. Dès qu'il eut prononcé ces paroles, une discussion éclata entre les pharisiens et les sadducéens et l'assemblée se divisa : car les sadducéens prétendent qu'il n'y a ni résurrection, ni ange, ni esprit, tandis que les pharisiens croient à tout cela. Une grande clameur se fit entendre; des scribes du parti des pharisiens s'étant levés, dirent, dans l'ardeur de la lutte : Nous ne trouvons aucun mal en cet homme ». La diversion est d'un orateur et d'un psychologue, qui met aux prises ses adversaires divisés d'opinion sur des matières d'importance capitale. Il en est de même du chapitre XXII, Paul parle en hébreu et ses auditeurs redoublent de tranquillité. Il continue par les affirmations célèbres : « Je suis Juif, né à Tarse à Cilicie, mais j'ai été élevé ici, dans cette ville, et j'y ai été instruit aux pieds de Gamaliel dans l'observance stricte de la Loi de nos pères, ayant pour Dieu le même zèle que vous avez tous aujourd'hui. » Il réussit ainsi à faire le récit de sa conversion jusqu'au moment où il raconte que le Seigneur Jésus lui a dit : « Va, car je t'enverrai au loin chez les païens. » Ils l'écoutèrent jusqu'à ce mot, mais alors ils élevèrent la voix, disant : « A mort cet homme ! Il n'est pas digne de vivre. »

C'est de la même façon que Paul procède avec les Athéniens (XVII) : « Athéniens, je me suis aperçu que vous êtes, à tous égards, fort religieux... Le Dieu inconnu que vous révérez sans le connaître, c'est celui que je vous annonce, le Dieu qui a fait le monde et tout ce qu'il renferme », — jusqu'au moment où ils entendent parler de la résurrection des morts : les Athéniens l'arrêtent lorsque se produit l'affirmation qui a provoqué déjà les cris des sadducéens. Si l'on conclut, dans un cas, à une éducation judaïque, pourquoi ne pas admettre, dans l'autre, qu'il y a eu une formation hellénique ? D'autant plus que ce rapprochement entre les deux procédés a été fait fort nettement par saint Paul dans un passage qui rappelle la manière même dont Leibnitz s'exprimait avec ses différents interlocuteurs (I. Corinth. IX, 19 à 23) : « Ne dépendant de personne, je me suis fait esclave de tous, pour gagner un plus grand nombre de personnes : j'ai été avec les Juifs, comme un Juif, afin de gagner les Juifs ; avec ceux qui sont sous la Loi, comme étant sous la Loi, quoique, personnellement, je ne sois pas sous la Loi, afin de gagner ceux qui sont sous la Loi ; avec ceux qui sont sans loi, comme sans loi moi-même — quoique je ne sois pas sans la loi de Dieu, étant sous la loi du Christ — pour gagner ceux qui sont sans loi. J'ai été faible avec les faibles, afin de gagner les faibles ; je me suis fait tout à tous, afin, de toutes les manières, d'en sauver quelques-uns. Je fais tout à cause de l'évangile, afin d'y avoir part moi-même. » D'ailleurs aucun texte n'autorise à dire que Paul « reçut l'éducation scolastique d'un rabbin ». Et, ce qui est plus grave, c'est que, pour Sabatier, nous n'avons sur les doctrines enseignées dans les écoles pharisiennes de cette époque que des renseignements très vagues et très incomplets. Comment dire dès lors : *il est bien certain* que la théologie de l'Apôtre repose sur une base générale empruntée au judaïsme ?

Toutes les affirmations qui suivent sur l'origine des notions premières et fondamentales manquent, elles aussi, de justification. Il en est de même des notions relatives à Dieu, à la justice, à la sainteté, même à la fraternité et à la charité qui sont courantes alors chez les Stoïciens, voire pour quelques-unes chez les Épicuriens. Cicéron parle de la *caritas generis humani* et Philodème écrit sur la sainteté. C'est en faisant tous ces rapprochements entre chrétiens et stoïciens que Constant Martha a pu justifier, à un moment où l'on était disposé à la croire dangereuse pour les fidèles, la doctrine de Sénèque, de Lucain, de Perse, d'Épictète et des Stoïciens des premiers siècles.

Il faut insister sur la prédestination. Les textes abondent, qui nous la montrent fort nettement formulée par les Stoïciens. Et Sabatier ne cite que Josèphe pour soutenir qu'elle se trouve chez les Pharisiens. Or nous savons que Josèphe, comme Philon, s'est donné pour tâche d'avancer, mais non d'établir que la plupart des doctrines grecques se trouvaient chez les Juifs. Avec raison Renan lui a reproché de chercher à helléniser ses compatriotes et Maurice Croiset, plus indulgent d'ailleurs, estime qu'il y a lieu de *transposer* les informations qu'il nous donne sur le monde de ses compatriotes.

On trouve les vues anthropologiques que Sabatier attribue, sans preuve, aux théologiens rabbiniques chez les Stoïciens, comme l'a bien mis en lumière Constant Martha. Et les affirmations suivantes : l'idée du péché originel *semble* avoir été formulée par le pharisaïsme... *On le voit*, c'est un corps de doctrines complet, cohérent et systématique que Saul s'est formé aux pieds de Gamaliel... ne sauraient même être discutées, puisqu'elles nous apparaissent absolument gratuites, alors qu'on ne nous fournit aucun texte relatif à Gamaliel. Le polythéisme ainsi compris, « auquel Paul peut rattacher le culte du vrai Dieu » n'est-il pas celui que les Stoïciens exposent dans leurs interprétations et qu'il n'a plus dès lors été nécessaire d'inventer ?

Donc on peut admettre, sans doute, que saint Paul a été le disciple de Gamaliel. Mais on ne saurait dire ni combien de temps il le fut, ni ce qu'il en apprit, ni même s'il en apprit quelque chose — étant donnée l'opposition de ses principes et de ceux de saint Paul dont parle Renan dans les *Apôtres* (p. 137). — L'habitude de lire l'Ancien Testament dans les *Septante* semble indiquer que Paul n'avait rien des connaissances exégétiques qu'on s'attendrait à trouver chez un rabbin. L'égale aptitude à parler en hébreu et en grec, qui est incontestable pour tous ceux qui ont lu les *Actes* et les *Lettres* (*Actes* XX, 21 ; XXI, 37, 40 : XXII, 1 ; I. Cor. IX, 20 à 23 etc.) ; le souci égal de mettre les Juifs et les Grecs sur le même plan pour l'entrée dans le royaume de Dieu, sont de fortes présomptions pour faire admettre que Paul a reçu une éducation hellénique comme une éducation hébraïque.

Que l'Apôtre des Gentils ait été obligé de partir de ce que connaissaient ses auditeurs pour les amener à changer leurs convictions contre les siennes, c'est ce qui apparaît incontestable et c'est en cela même qu'on fait d'ordinaire consister l'originalité de son apologétique. Avec les Juifs, il part de l'Ancien Testament et il fait état de ce qu'il a figuré parmi les Pharisiens. Avec les Gentils, il utilise son titre de citoyen et les doctrines stoïciennes et éclectiques qui se trouvaient alors chez bon nombre de Gréco-Romains.

Qu'il ait pu les acquérir pendant sa jeunesse à Tarse et se les remettre en mémoire pendant les dix années de son apostolat à Tarse et à Antioche, c'est ce que personne ne mettait en doute jusqu'au xixe siècle. L'exemple d'Épictète et de plusieurs de ses contemporains prouve que les connaissances philosophiques n'étaient nullement réservées aux hautes classes de la société, mais qu'elles se transmettaient aux pauvres et même aux esclaves, dont le christianisme ne fut pas seul à s'occuper. A plus forte raison à un artisan qui était citoyen romain.

III

Si l'on n'a pas de document qui dise de qui et quand saint Paul reçut une initiation philosophique, il est incontestable qu'on en trouve des preuves manifestes dans son œuvre. Qu'il n'y ait pas de philosophie dans tous ses écrits, cela provient de ce qu'il ne s'adressa pas toujours à des philosophes. Et cela n'a rien de surprenant, parce que, toujours et en tout pays, les hommes qui ont le temps et la volonté de réfléchir sont une minorité. Saint Paul, qui se fait tout à tous, qui parle à chacun son langage, a grand soin de ne faire intervenir la philosophie qu'avec ceux dont la culture en justifie l'emploi.

Cela est manifeste pour le discours que rapportent les *Actes* pendant le séjour à Athènes (XVII, 16 à 32) : « Pendant que Paul attendait Silas et Timothée à Athènes, il avait le cœur outré de voir cette ville toute pleine d'idoles. Il discutait donc, dans la synagogue, avec les Juifs et avec les prosélytes et tous les jours, sur la place, avec les premiers venus. Quelques philosophes épicuriens et des stoïciens conférèrent avec lui; quelques-uns disaient : Que veut bien dire ce discoureur? et d'autres : Il paraît que c'est un prédicateur de divinités étrangères, parce que Paul leur annonçait Jésus et la résurrection. Alors ils le prirent et le menèrent à l'Aréopage, disant : Pourrions-nous savoir quelle est cette doctrine nouvelle que tu prêches? car tu nous fais entendre des choses étranges; nous aimerions bien savoir ce que cela peut être. Or tous les Athéniens et les étrangers qui demeuraient à Athènes ne passaient leur temps qu'à dire ou à écouter des nouvelles. Paul, debout au milieu de l'Aréopage, leur dit : Athéniens, je me suis aperçu que vous êtes, à tous égards, bien religieux, car, ayant examiné en passant les objets de votre culte, j'ai trouvé même un autel sur lequel il est écrit : — Au Dieu inconnu. — Eh bien! ce que vous révérez sans le connaître, c'est ce que je vous annonce, le Dieu qui a fait le monde et tout ce qu'il renferme. Lui, qui est le maître du ciel et de la terre, n'habite pas dans des sanctuaires faits de main d'homme; il n'est point servi non plus par des mains humaines, comme s'il avait besoin de quelque chose, lui qui donne à tous la vie, la respiration et toutes choses. Il a fait habiter tout le genre humain, qui est issu d'un seul et même sang, sur toute la surface de la terre, ayant déterminé la durée précise des nations, ainsi que les limites de leur habitation, afin qu'elles le cherchent et le trouvent en le touchant. Et certes, il n'est pas loin de chacun de nous, car c'est en lui que nous avons la vie, le mouvement et l'être; et comme l'ont dit quelques-uns de vos poètes, *Nous sommes aussi de sa race*, τοῦ γὰρ καὶ γένος ἐσμέν. Puisque nous sommes de la race de Dieu, nous ne devons pas croire que la Divinité soit semblable à de l'or, de l'argent ou de la pierre sculptés par l'art et l'intelligence de l'homme. Mais maintenant, oubliant ces temps d'ignorance, Dieu invite, en tous lieux, tous les hommes à se repentir, parce qu'il a fixé un jour, où il doit juger la terre avec justice, par l'homme qu'il a désigné et qu'il a ressuscité des morts pour l'accréditer auprès de tous. Lorsqu'ils entendirent parler de résurrection des morts, les uns se moquèrent, les autres dirent : Nous t'entendrons là-dessus une autre fois. C'est ainsi que Paul se retira du milieu d'eux. Toutefois quelques hommes s'étant attachés à lui, embrassèrent la foi; parmi eux était Denys l'Aréopagite; il y avait aussi une femme nommée Damaris et d'autres avec eux. »

Les poètes dont parle saint Paul, c'est Aratus, l'auteur des *Phénomènes*, c'est Cléanthe, l'auteur de l'*Hymne* à Zeus. La formule qu'il leur emprunte, *Nous sommes de sa race*, résume toute la théologie grecque, d'Homère et d'Hésiode à Plotin, et explique l'union des dieux avec les femmes, celle des déesses avec les hommes, comme l'extase plotinienne, qui joint à Dieu l'âme devenue la partie capitale de l'homme. Elle tend à combler l'abîme qui existe entre Dieu et la créature et contribuera à distinguer ainsi le christianisme de la religion dont il est sorti. Il convient de noter d'ailleurs que, chez Cléanthe, la théologie (pour Clément d'Alexandrie, la vraie théologie) reconnaît un Dieu suprême, tout-puissant, éternel, qui gouverne la nature suivant une loi immuable, d'où vient tout ce qui vit et meurt sur cette terre. A l'époque où étaient écrits les Actes, Sénèque traduisait les vers de Cléanthe où apparaissent, avec la doctrine de la Prédestination en Dieu, celles de l'obéissance et de la résignation dans l'homme : « Conduis-moi, père et maître de l'univers, au gré de tes désirs : me voici; je suis prêt à te suivre. Te résister, c'est te suivre encore, mais avec la douleur que cause la contrainte; les destinées entraînent au terme fatal ceux qui n'y marchent pas d'eux-mêmes; seulement on subit, lâche et faible, le sort au-devant duquel, fort et digne, on pouvait se porter ». Aussi n'est-il pas surprenant que les générations ultérieures, celles qui lurent Sénèque et saint Paul, voyant dans le chapitre suivant des *Actes*, la comparution de saint Paul à Corinthe devant le proconsul Gallion, le frère de Sénèque, qui fait sortir les Juifs du tribunal et refuse de juger les disputes entre Chrétiens et Juifs, en soient venues à imaginer, avec une prétendue conversion de Sénèque, la Correspondance apocryphe entre Sénèque et saint Paul qui aura un succès si grand pendant toute la période médiévale.

Saint Paul n'a pas été le premier d'ailleurs à citer dans le monde juif la formule d'Aratus et de Cléanthe. Le Pseudo-Aristobule, dont Eusèbe a conservé deux fragments, s'est occupé d'interpréter allégoriquement l'Ecriture — pour donner aux textes à tournure anthropomorphiqne, une explication acceptable par les philosophes et les théologiens : — les mains désignent la puissance, la stabilité divine, l'organisation ou l'ordre du monde, etc. En même temps, il veut rattacher au judaïsme les poètes et les philosophes païens : les Péripatéticiens ont emprunté leur doctrine à la Loi et aux Prophètes ; Platon a puisé dans une version grecque de la Bible antérieure à celle des *Septante* et Pythagore a transporté beaucoup d'idées juives dans l'exposition de ses dogmes. Orphée déclare que toutes choses, ayant été gouvernées par Dieu, le sont par sa puissance. C'est après avoir rappelé quarante et un vers d'Orphée, que le Pseudo-Aristobule en reproduisait neuf d'Aratus consacrés à louer la toute-puissance de Dieu et dans lesquels figurait le vers célèbre mentionné par saint Paul (Eusèbe XIII.12) : τοῦ γάρ καὶ γένος ἐσμέν.

Ainsi ce que Philon et le Pseudo-Aristobule faisaient pour les Juifs auxquels ils voulaient persuader d'imiter leurs ancêtres, qui avaient emporté les vases d'or, les vases d'argent et les vêtements empruntés aux Egyptiens, en dépouillant les savants, les philosophes et les poètes grecs des connaissances qui, en dernière analyse, viennent des Hébreux et de Dieu lui-même, saint Paul, sans donner les raisons qui sont déjà admises par les Juifs, le fait pour le monde chrétien, dont il justifiera par la suite les incursions dans la philosophie antique. Et il ne faut pas oublier qu'il a lu la *Sapience*, où l'esprit hellénique fusionne avec l'esprit juif et qui peut être rattachée, non au platonisme ou au stoïcisme, mais à l'éclectisme qui les réunit et qui caractérise les œuvres dont l'apparition se place du Ier siècle avant J.-C. au IIIe siècle de l'ère chrétienne.

Aussi tout ce texte de saint Paul que résument les deux formules célèbres : — *Nous sommes de sa race* — *C'est en lui que nous vivons, que nous sommes et que nous sommes mus,* — a-t-il eu une influence considérable. On a montré, il y a plusieurs années déjà (*Esquisse*, p. 102-109), que Plotin a exposé une doctrine qui constitue une explication systématique de saint Paul et qui passera tout entière dans le christianisme. Le Dieu inconnu devient la première hypostase, l'Un ou le Bien, autour duquel se groupe la théologie négative. Et le jour viendra où les Chrétiens reprendront, chez les Plotiniens, pour l'attribuer au Pseudo-Denys l'Aréopagite converti par saint Paul, les théories exposées dans la *Théologie mystique* et les *Noms divins*, dans la *Hiérarchie ecclésiastique* et dans la *Hiérarchie céleste*. Puis c'est l'idée profondément stoïcienne que, sans révélation spéciale, nous avons, en étudiant le monde, le moyen de connaître Dieu. Surtout Dieu est rapproché de nous, ou nous sommes rapprochés de lui. Et c'est là une doctrine sur laquelle on n'a pas assez insisté, car elle sépare, bien plus complètement que la suppression de la circoncision, le christianisme du judaïsme. Dieu, d'après la *Genèse*, est à une distance incommensurable du monde et même de l'homme. Le terme *bara*, créer, implique la production de la forme et de la matière. Il ne sera pas trop inexactement rendu quand les Latins diront que Dieu a créé de rien le ciel, la terre et tout ce qu'ils renferment. Les mots dont elle use ensuite : *Faisons l'homme à notre image, selon notre ressemblance... Dieu créa l'homme à son image, il le créa à l'image de Dieu... Il forma l'homme de la poussière de la terre, il souffla dans ses narines un souffle de vie et l'homme devint un être vivant*, — n'impliquent aucune communauté de nature entre Dieu et l'homme.

Or, chez saint Paul, c'est en Dieu que nous avons la vie, le mouvement et l'être. La formule est si pleine de sens, au point de vue métaphysique, qu'elle se retrouve chez Plotin et ses successeurs, chez saint Augustin, chez ses disciples, théologiens orthodoxes ou philosophes comme Jean Scot Erigène, chez Bossuet, Fénelon et Malebranche, chez Spinoza qui y voit une justification de son système. Et cette formule, saint Paul l'explique, comme les Grecs, comme tous ceux qui ont soutenu la possibilité de connaître Dieu suffisamment pour nous unir à lui : c'est, dit-il, que nous sommes de sa race. Il n'ignore pas que la formule vient des poètes grecs. Et comme il a été dit, saint Paul reprend le texte d'Aratus qu'avait mentionné le Pseudo-Aristobule, il fait entrer dans le christianisme la doctrine qui a permis à Philon d'entreprendre la fusion du judaïsme et de l'hellénisme. Il pose ainsi la question des rapports de la foi et de la raison, de la religion et de la philosophie et il la pose de manière à fournir des réponses à ceux qui voudront plus tard la résoudre. C'est ce que n'ont vu ni Sabatier ni Renan.

Cependant ils ont, dans plusieurs passages, entrevu que ce qui fait l'originalité propre de saint Paul, ce qui explique la place qu'on lui a faite dans l'histoire du développement du christianisme, c'est qu'il a préparé la fusion des doctrines évangéliques et des doctrines grecques, c'est qu'il a permis à la religion nouvelle de se faire accepter par les représentants de l'hellénisme — auquel on fera sa part — c'est qu'il fut vraiment l'Apôtre des Gentils en conservant de leurs doctrines une partie qui les préparait à la doctrine nouvelle ou même qui servait à les y introduire. Et tout cela suppose, encore une fois, une éducation grecque, même une mentalité grecque, qui systématise des doctrines simplement juxtaposées par les Sémites.

Sabatier constate que le point de départ de la prédication de saint Paul n'est plus dans l'Ancien Testament, mais dans la conscience religieuse et morale de l'humanité (p. 93). Or ceux par qui est guidée alors la conscience de l'humanité, ce sont les Stoïciens éclectiques qui ont contribué si puissamment à épurer la notion de la Divinité. Sabatier a soin d'ailleurs de montrer que les affirmamations du discours aux Athéniens ne sont pas isolées dans l'œuvre de saint Paul. A Lystres (XIV, 8 à 18), le peuple voyant marcher un paralytique de naissance à qui Paul avait ordonné de se lever, s'écrie : « Les dieux ont pris une forme humaine et sont descendus vers nous ». Et ils appelaient Barnabas, Jupiter, et Paul, Mercure, parce que c'était lui qui portait la parole. Le prêtre de Jupiter, dont le temple est à l'entrée de la ville, amena devant leur porte des taureaux, apporta des bandelettes et se disposait, ainsi que la foule, à leur offrir un sacrifice. Les apôtres Barnabas et Paul, l'ayant appris, déchirèrent leurs vêtements et se précipitèrent vers la foule, en s'écriant : « O hommes, pourquoi faites-vous cela? Nous sommes, comme vous, des hommes, sujets à toutes vos misères; nous vous annonçons qu'il faut quitter ces vaines divinités pour vous tourner vers le Dieu vivant, qui a fait le ciel, la terre, la mer et tout ce qu'ils renferment. C'est lui qui, dans les âges passés, a laissé toutes les nations suivre leurs propres voies : néanmoins il ne s'est point laissé sans témoignage, faisant du bien, vous dispensant du ciel les pluies et les saisons fertiles, vous donnant la nourriture en abondance et remplissant vos cœurs de joie. » Malgré ces paroles, ils ne vinrent qu'avec peine à empêcher le peuple de leur offrir un sacrifice.

Aux Thessaloniciens, saint Paul écrit (I. I. 5 à 10) : « Vous savez ce que nous avons été parmi vous, pour votre bien ; vous-mêmes, vous avez été nos imitateurs et ceux du Seigneur... vous avez été des modèles pour tous les croyants dans la Macédoine et l'Achaïe ; le bruit de votre foi en Dieu s'est répandu en tout lieu..., tous racontent ce qu'a été notre visite chez vous, comment vous vous êtes convertis à Dieu, abandonnant les idoles pour servir le Dieu vivant et vrai, et pour attendre des cieux son Fils qu'il a ressuscité des morts, Jésus, qui nous délivre de la colère qui va venir. »

De même la conception nouvelle et profonde du paganisme, dont parle Sabatier, est la conception stoïcienne et éclectique par laquelle l'interprétation allégorique transforme les mythes les plus éloignés du concept de perfection et place, sous les formules antiques, des pensers nouveaux qui dénotent les progrès de l'humanité dans la voie de la réflexion et du perfectionnement moral. C'est d'ailleurs encore par le stoïcisme, qui proclame l'unité du monde, l'unité de la race humaine, la fraternité universelle que saint Paul arrive à parler d'un plan divin dans lequel il y a place pour un développement du paganisme parallèle à celui d'Israël. Son originalité, ce fut de faire aboutir l'un et l'autre au christianisme, comme il a fait dans l'Épître aux Romains, ce fut de s'approprier, pour l'Évangile, l'universalisme que le Stoïcisme attribuait à l'idéal moral et religieux.

Il y a plus à relever encore dans Renan, à propos de ce discours. On y sent, dit-il (p. 195), un juste sentiment d'Athènes qui lui dicte quelques traits appropriés à l'auditoire. C'est donc que Paul connaît Athènes, l'auditoire auquel il s'adresse et surtout les idées qui le dirigent. Cette philosophie profonde, ajoute-t-il (p. 197)... supérieure à la religion populaire de la Grèce... restait, en bien des choses, au-dessous de la philosophie courante du siècle... mais lui tendait la main par la haute notion de la divinité et la belle théorie de l'unité morale de l'espèce humaine. Et Renan renvoie à Sénèque (Ep. XCV, 51 et suivantes, de benef. IV, 19) et à Dion Chrysostome (Or. XII, p. 231, 232)! N'est-ce pas dire implicitement que saint Paul connait les doctrines stoïciennes? Puis Renan trouve, encore, dans ce discours, une tentative à peu près unique au Ier siècle (p. 198) pour concilier le christianisme avec la philosophie, même avec le paganisme. N'est-ce pas admettre que l'orateur sait quelles sont, au moins au point de vue moral et religieux, les doctrines gréco-romaines?

« C'est ici, dit encore Renan, le premier exemple de la tactique de certains apologistes du christianisme..., on sent déjà l'effort pour traduire, dans le langage de la philosophie grecque, les idées juives et chrétiennes ; on entrevoit Clément d'Alexandrie et

Origène. » On ne saurait affirmer avec plus d'énergie que saint Paul fut nourri de la pensée grecque.

Les lettres de saint Paul fournissent des indications analogues. On a déjà rappelé la Lettre aux Thessaloniciens. Dans la Lettre aux Galates, il dit que Dieu a daigné lui révéler son Fils afin qu'il l'annonce parmi les Païens. Dans la première aux Corinthiens, saint Paul distingue la sagesse du monde et la sagesse de Dieu. Il oppose les Juifs aux Grecs : les Juifs demandent des miracles, les Grecs recherchent la sagesse. Pour nous, dit-il, en montrant qu'il s'adresse aux uns et aux autres, nous prêchons Christ crucifié qui est scandale aux Juifs, folie aux païens, mais qui, pour les élus, soit juifs, soit grecs, est Christ, puissance de Dieu et sagesse de Dieu. Il se présente, ajoute-t-il, non avec le prestige de l'éloquence et de la sagesse, mais en vue d'enseigner aux adultes une sagesse qui n'est pas de ce monde, qui est la sagesse mystérieuse de Dieu, les plans cachés que Dieu, de toute éternité, avait arrêtés pour notre gloire. C'est, dit-il, au chapitre XIII, dans un seul et même esprit, que nous avons tous été baptisés pour former un seul corps, soit Juifs, soit Grecs, soit esclaves, soit libres et nous avons tous été abreuvés d'un seul et même Esprit. Nettement il se place au-dessus de la sagesse stoïcienne et de la sagesse juive : « Où est le sage ? où est le scribe ? où est le raisonneur de ce monde ? Dieu n'a-t-il pas fait voir que la sagesse du monde est folie ? Puisque Dieu, dans sa sagesse, n'a pas voulu que le monde arrivât, par sa propre sagesse, à le connaître, il lui a plu de sauver les croyants par la folie de la prédication » (I. 20 à 22).

Dans la seconde Lettre aux Corinthiens, saint Paul déclare que « les armes avec lesquelles il combat ne sont point charnelles, elles sont puissantes, par la grâce de Dieu, pour renverser les raisonnements et toute forteresse élevée contre la connaissance de Dieu, il fait prisonnière toute intelligence pour l'amener à l'obéissance du Christ (X, 4. 5). Si je suis étranger à l'art de la parole, je ne le suis pas à la science, nous l'avons démontré, en tout temps et en tout lieu (XI, 6). Et il s'élève contre les faux apôtres, contre les ouvriers de fraude qui se présentent en apôtres du Christ, qui, ministres de Satan, se déguisent en ministres de justice, comme Satan se déguise lui-même en ange de lumière (XI. 13 à 15) ».

Dans la Lettre aux Romains, saint Paul déclare tout d'abord que l'Évangile est la puissance de Dieu pour le salut de tout homme qui croit, du Juif d'abord, puis du Grec, parce que la justice qui vient de Dieu par la foi y est révélée, pour amener à la foi. Puis il proclame que les païens ont mérité la condamnation de Dieu. « La colère de Dieu, dit-il, se révèle du ciel contre toute impiété et toute méchanceté des hommes qui étouffent la vérité, attendu que ce qu'on peut connaître de Dieu est manifeste en eux. Dieu le leur a manifesté : les perfections invisibles de Dieu, sa puissance éternelle et sa divinité se voient comme à l'œil, depuis la création du monde, quand on considère ses ouvrages. Ils sont donc inexcusables parce que, connaissant Dieu, ils ne l'ont ni glorifié, ni béni comme Dieu, mais ils ont déraisonné dans leurs raisonnements, et leur cœur, dépourvu d'intelligence, s'est enveloppé de ténèbres. Se disant sages, ils sont devenus fous et ils ont changé la gloire de Dieu immortel en une image semblable à celle de l'homme mortel, des oiseaux, des quadrupèdes et des reptiles. Aussi Dieu les a-t-il livrés, par les convoitises de leur cœur, à l'impureté... à des passions honteuses... Comme ils n'ont pas eu la sagesse de retenir la vraie connaissance de Dieu, Dieu les a abandonnés à leur esprit pervers, de sorte qu'ils font des choses immorales » (I, 18 à 29).

Saint Paul fait donc encore, pour le christianisme, ce que le Pseudo-Aristobule et Philon font pour le judaïsme : la preuve par les causes finales, celle que préfèrent et développent les Stoïciens, lui semble suffisante pour établir l'existence de Dieu auprès de ceux à qui elle ne fut pas directement révélée.

En soutenant que les Juifs ont eux-mêmes mérité la condamnation de Dieu, parce qu'ils n'ont pas observé la Loi qui leur a été donnée, l'Apôtre indique que les païens pouvaient non seulement arriver à la connaissance de Dieu, mais encore à celle de la Loi, en termes qui sont stoïciens et restent modernes : « Quand les païens font naturellement ce que la Loi commande, n'ayant pas de Loi, ils s'en tiennent lieu à eux-mêmes ; ils montrent que l'œuvre commandée par la Loi est écrite dans leur cœur : leur conscience le témoigne et aussi les raisonnements par lesquels ils s'accusent ou se disculpent les uns les autres. » Et il prouve en termes — stoïciens autant que Juifs — que tous, tant Juifs que Grecs, sont sous l'empire du péché comme il est écrit : « Il n'y a point de juste, pas même un seul ; il n'y a pas de distinction entre eux, car le même est le Seigneur de tous et il est riche pour tous ceux qui l'invoquent. Dieu n'a point rejeté son peuple, mais, par sa chute, le salut a été pour les païens, afin d'exciter la jalousie d'Israël. » Enfin il se glorifie d'être ministre de Jésus-Christ pour les païens : « Je n'oserai dire chose au monde que Christ n'ait faite par mon ministère pour la conversion des païens, en parole et en action, par la puissance des miracles et des prodiges, par celle de l'esprit. »

Aux Colossiens, saint Paul recommande de ne « pas se laisser induire en erreur par des raisonnements spécieux... de prendre garde que personne ne fasse d'eux sa proie par la philosophie, vaine illusion qui appartient aux enseignements des hommes » (II. 6, 8) ; mais il exprime, à propos du Fils, des idées que les Stoïciens et les Platoniciens du temps rapportent au Logos. C'est ce Fils qui est l'image du Dieu invisible, le premier né de toute la création, car c'est en lui que toutes les choses ont été créées, celles qui sont dans les cieux et celles qui sont sur la terre, les choses visibles et les choses invisibles, les majestés, les seigneuries, les puissances, les principautés : tout a été créé par lui et pour lui. Il est avant toutes choses et toutes choses subsistent en lui. Il est la tête du corps de l'Eglise, lui qui est les prémices, le premier-né en tout. Car Dieu s'est plu à faire habiter en lui toute la perfection et à réconcilier avec soi, par lui, toutes choses, soit celles qui sont sur la terre, soit celles qui sont dans les cieux, en faisant la paix par le sang de sa croix » (I. 15 à 20).

Aux Ephésiens saint Paul ordonne comme pourrait faire un Stoïcien « d'être des imitateurs de Dieu » ; à Timothée et à Tite, il recommande de fuir « les faux docteurs » et c'est à ce sujet qu'il cite le mot d'Epiménide à propos des Crétois « toujours menteurs, méchantes bêtes, ventres paresseux ». Ces faux docteurs existent surtout parmi les incirconcis, ce sont des gens insubordonnés, bavards et séducteurs à qui il faut fermer la bouche. D'où il résulte assez vraisemblablement que saint Paul est au courant de ce qu'ils enseignent, rhétorique et philosophie, qu'il combat leur enseignement et veut qu'on le combatte quand il est manifestement en opposition avec celui du Christ, comme il lutte contre le judaïsme qui s'oppose à la nouvelle doctrine.

Sans entreprendre ici un relevé complet de tout ce qui est philosophique, stoïcien où éclectique chez saint Paul, soit qu'il l'accepte, soit qu'il le rejette — ce qui a été fait ou ce qui est en train de se faire, par MM. Naegeli, Heinrici, Bonhœffer, de Faye, etc., et à la Conférence d'histoire des doctrines et des dogmes de l'Ecole des Hautes-Etudes — remarquons encore que Renan (p. 274) voit déjà en germe, dans l'Epître aux Corinthiens et aux Colossiens le Jésus, hypostase divine : « Nous n'avons qu'un seul Dieu, le Père, d'où tout vient, et par lequel nous sommes, nous n'avons qu'un seul Seigneur, J.-C., par lequel tout existe » — Quelques mots de plus, dit Renan, et Jésus sera le Logos créateur. C'est ce qu'il semble être déjà dans le texte relevé plus haut. Même, ajoute Renan, les formules les plus exagérées des consubstantialistes du iv° siècle peuvent être pressenties. Enfin Renan trouve, dans l'*Epitre aux Romains*, la base de la théologie chrétienne, le résumé du christianisme dogmatique, la déclaration de guerre de la théologie à la philosophie, la pièce capitale qui a porté toute une classe d'esprits âpres à embrasser le christianisme comme une manière de narguer la raison, en proclamant la sublimité et la crédibilité de l'absurde (p. 485).

**

En résumé, saint Paul a connu les livres de l'Ancien Testament, mais il reste à établir qu'il a reçu une éducation rabbinique et en quelle mesure il l'a reçue. Il est infiniment vraisemblable qu'il fut mis en contact, dans sa jeunesse et dans son âge mûr, avec les doctrines éclectiques et stoïciennes de ses contemporains. Il en prit, en les adaptant à la religion nouvelle, quelques grandes théories. Même il les employa et il employa la raison à préparer la voie au christianisme. Il combattit la philosophie du temps quand elle voulut rester au premier plan et il la remplaça par une philosophie chrétienne, dont il a donné une esquisse sommaire, par certains côtés assez développée. Ainsi il fut le vrai fondateur de la philosophie chrétienne considérée dans toutes ses directions, soit qu'elle veuille avec Clément d'Alexandrie et Origène, avec saint Thomas et Roger Bacon, utiliser les anciennes doctrines comme une introduction au christianisme, soit qu'elle leur déclare la guerre et veuille les expulser de la pensée chrétienne, constituée en une philosophie entièrement religieuse et évangélique.

C'est ce qui fait son originalité, ce qui explique qu'il ait pu être réclamé par les protestants et les catholiques, par les théologiens et les philosophes; il a synthétisé les doctrines des Grecs avec le judaïsme devenu le christianisme; il a mis, dans cette synthèse, les germes qui devaient un jour fleurir et fructifier dans le monde chrétien.

CHAPITRE VI

LE DIVIN DANS LES PREMIERS SIÈCLES DE L'ÈRE CHRÉTIENNE

Le divin tient la plus grande place chez les hommes des premiers siècles de l'ère chrétienne.

I. — Le divin dans l'école de Pyrrhon : les pyrrhoniastes; la doctrine d'Evhémère sert à justifier les apothéoses, comme celles d'Epicure par Lucrèce, d'Auguste par Virgile. Epicure est un fondateur de religion bien plus qu'un philosophe; Lucrèce se sert de l'épicurisme pour combattre la religion telle qu'elle est et y substituer la religion telle qu'elle doit être. Par l'emploi du principe de perfection, il rejoint ses contemporains, tout occupés de constituer un monde intelligible. L'Académie, avec Carnéade, trouve vraisemblable l'existence des Dieux et défend la liberté contre les Stoïciens. Cicéron unit la morale à la religion : la croyance à la divinité est pour lui le fondement nécessaire de la morale. Sur la nature des Dieux, il assure ce qui lui paraît probable. En politique, il recommande le respect de la religion romaine et il combat la superstition. A l'âme il attribue, comme probable, une origine divine, la liberté et l'immortalité. — Les Platoniciens éclectiques et pythagorisants s'opposent au panthéisme des Stoïciens et s'efforcent de remettre en honneur le principe platonicien de la transcendance : Eudore, Arius Didymus, Ammonius, Thrasylle et Dercyllide; Théon de Smyrne et Plutarque de Chéronée, Maxime de Tyr et Apulée de Madaure, Alcinoüs, Albinus, Sévérus et Calvisius Taurus, Atticus, Galien, Celse et Numénius. — Les Péripatéticiens reviennent à l'étude complète d'Aristote. Les Néo-Pythagoriciens veulent fonder la discipline morale sur une croyance religieuse; leurs doctrines forment, au IIe siècle, une sorte de religion populaire. Philostrate recueille avant 217 toute la légende d'Apollonius, pris pour un Dieu et dont la vie est pleine de prodiges et de choses merveilleuses.

II. — Le stoïcisme et sa théologie : les Stoïciens des premiers siècles; Sénèque directeur de conscience; Dion Chrysostome; Epictète et les rapports entre les dieux et les hommes; les Dieux et leur Providence; le philosophe fils de Dieu et son envoyé; Marc-Aurèle s'exprime sur Dieu comme Epictète.

III. — Le divin prend aussi plus de place dans le monde populaire; la religion officielle et les apothéoses; la religion populaire; les religions qui placent le bonheur dans une autre vie: mystères, religions orientales. Judaïsme: influence exercée sur lui par l'hellénisme, le Pseudo-Aristobule et Philon. Christianisme : Jésus rapproché de l'humanité; il est présenté comme Fils de l'homme et comme Fils de Dieu; des formules qui ont avec celles-ci une certaine analogie sont données à propos de ses disciples et des autres hommes; la soumission à Dieu est demandée par les Evangiles comme par Epictète. — Conclusion: accord entre les philosophes et le peuple; union de l'humain et du divin; nécessité de faire générale et comparée l'histoire des théologies et des philosophies médiévales.

Pour qui veut se rendre compte de la place que tient le divin dans les premiers siècles de l'ère chrétienne, il convient de considérer successivement les écoles philosophiques et les groupements religieux, de se demander tout à la fois ce que Dieu fait dans le gouvernement de la nature et de l'homme, ce que l'humanité est alors par rapport à lui et quelles relations elle soutient avec Dieu créateur, organisateur et Providence.

Il a été établi (*Esquisse*, ch. II) que la caractéristique des philosophies médiévales, c'est d'être théologiques comme la civilisation même dans laquelle elles prennent naissance. Et cela est vrai de toutes, même de celles que l'on considère volontiers d'ordinaire comme les moins favorables aux influences religieuses, les Pyrrhoniens et les Epicuriens.

I

L'école de Pyrrhon ne fut jamais hostile à la religion. Son fondateur est grand prêtre à Elis. Timon, avant Lucrèce, compare son maître à un Dieu : « Apprends-moi, Pyrrhon, dit-il dans les *Images*, quelle est cette vie aisée et tranquille dont tu jouis avec joie, cette vie qui te fait goûter, seul sur la terre, une félicité semblable à celle d'un Dieu vivant parmi les hommes. » Peut-être même faut-il reconnaître l'influence de Pyrrhon dans la manière dont les Stoïciens parlent des dieux populaires, que maltraitaient leurs maîtres, Héraclite et les Cyniques : « Les Sages, disaient-ils (*Diog. Laerce*, VII, 118, *Cic. de Nat. Deorum* II, 28, 71) offrent des sacrifices aux Dieux et se présentent devant leurs autels purs de toute souillure ; seuls les sages peuvent être prêtres, car seuls ils ont médité sur les sacrifices, la construction des temples, les expiations et tout ce qui concerne les Dieux ». Et Sextus, qui synthétise au IIIe siècle les doctrines de l'école, prend soin, avant de critiquer dans les Hypotyposes les conceptions des dogmatiques sur les Dieux, de rappeler que les sceptiques disent qu'il y a des dieux, les honorent et croient à leur Providence. Dans le *Traité contre les Physiciens*, Sextus répète que le sceptique reconnaît l'existence des Dieux, les honore comme le commandent les lois et les coutumes de sa patrie, mais ne porte à ce sujet aucune décision téméraire au point de vue philosophique. Un document sur lequel l'attention a été appelée en 1887 à l'Académie des sciences morales et politiques parle d'un certain Ménéclès,

> Moi le chef de la poésie lyrique en Grèce
> Qui partout ai mis en égalité les choses qui sont exprimées dans
> [le raisonnement
> Et qui ai parcouru parmi les mortels la route de l'ataraxie,
> Moi Ménéclès, le pyrrhoniaste, voici que je suis ici.

L'inscription est du premier ou peut-être du second siècle après l'ère chrétienne. Le premier vers présente un poète, le second un sceptique qui s'efforce, dans tous les sujets, de mettre en opposition, avec une valeur égale, les raisons qu'on peut invoquer pour nier ou affirmer les diverses conceptions métaphysiques ; e troisième nous apprend que, pour lui comme pour les autres sceptiques, l'ataraxie a été la conséquence de la suspension du jugement. Le quatrième commence par un mot πυρρωνιαστάς qu'on ne trouve ni chez Diogène ni chez Sextus. On songe à un collège formé par des Pyrrhoniens et qui aurait tiré son nom de son fondateur. M. Foucart, étudiant les associations religieuses chez les Grecs, a montré que, si les thiases et les éranes étaient des termes génériques qui désignent tous les membres de ces associations, chacune d'elles se distinguait par un nom particulier régulièrement formé du nom ou d'une épithète de la divinité qu'elle a choisie comme patron et du suffixe σται et il cite, en exemples, les *Sarapistai*, les *Aliastai*. Mais il veut, sans en donner d'ailleurs de raisons, qu'on distingue ces associations de celles dont les membres prenaient pour patrons des rois, — Démétrius Poliorcète, Attale, Mithridate Eupator, Agrippa et de celles que formaient les disciples de certains philosophes pour témoigner leur enthousiasme à l'égard de leur maître élevé au rang des dieux, les *Diogenistai*, les *Antipatristai*, les *Panaitiastai*. Distinguons-les, si l'on y tient, quoique le texte d'Athénée (V. 186 A) semble les mettre sur le même plan. Il reste que l'on tend à rapprocher des dieux les philosophes, même Pyrrhon, comme les rois, pour en faire des chefs d'associations religieuses ; que l'humain tend à se confondre avec le divin, ou que le divin, si l'on préfère, prend plus de place dans la vie sociale.

C'est ce que l'on peut constater encore à propos de la doctrine d'Evhémère pour qui les dieux sont des hommes qui furent autrefois des bienfaiteurs ou des maîtres. Après avoir expliqué, par elle le culte rendu à certaines divinités, on en vint, par un raisonnement inverse, à créer des Divinités nouvelles. C'est en procédant ainsi que Lucrèce divinise Epicure. Epicure, dit-il à Memmius, fut un Dieu (V, 8), *Deus ille fuit*. Et il le prouve en rappelant quelques inventions divines. A Cérès on doit les fruits de la terre, à Bacchus, le nectar des vignes. Mais leurs dons n'étaient pas absolument nécessaires, puisqu'il y a des peuples qui s'en passent. Tandis qu'on ne peut bien vivre sans un cœur pur, *At bene non poterat sine puro pectore vivi*. C'est pourquoi Epicure nous paraît un Dieu, *Deus nobis videtur*, lui qui a fourni aux hommes ces douces consolations de la vie *Dulcis permulcent animos solatia vitæ*. Et Lucrèce met les exploits d'Hercule au-dessous de l'œuvre d'Epicure : les monstres dont il a débarrassé l'univers ne nous feraient aujourd'hui aucun mal, pas plus que ne nous en font les bêtes féroces qui peuplent actuellement les montagnes et les forêts. Mais si l'on n'a pas une conscience pure, que de combats, que de périls, que de soucis rongeurs, quelles inquiétudes, quels déchirements ! Il faut donc mettre au nombre des Dieux, *numero Divom*, celui qui a extirpé du cœur humain tous ces fléaux, celui qui parle divinement des Dieux, *divinitus de Divis*, et qui nous découvre par ses paroles la nature des choses.

Ainsi Lucrèce, après Colotès, divinise Epicure et invoque, pour le faire, la doctrine qu'Évhémère avait autrefois employée à faire rentrer les dieux dans l'humanité. Virgile agit de même avec Auguste (*Bucol.*, I, 6, 35, 41) :

> Deus nobis hæc otia fecit,
> Namque erit ille mihi semper deus, illius aram
> Sæpe tener nostris ab ovilibus imbuet agnus.
> .....Iste deus qui sit, da Tityre, nobis.
> Hic illum vidi juvenem, Melibœe, quotannis
> Bis senos cui nostra dies altaria fumant.

Et il se demande, après avoir invoqué Bacchus, Cérès, Faunus, les Dryades, Neptune, Pan, Minerve, tous les dieux et les déesses dont relèvent les choses dont il va parler dans *les Géorgiques*, quel sera le rôle d'Auguste dans le gouvernement de l'univers.

> Dii deæque omnes, quibus arva tueri
> . . . .
> Tuque adeo, quem mox quæ sint habitura deorum
> Concilia, incertum est: urbisne invisere, Cœsar,
> Terrarumque velis curam, et te maximus orbis
> Auctorem frugum tempestatumque potentem
> Adcipiat, cingens materna tempora myrto
> An Deus immensi venias maris.

Ainsi la théorie d'Evhémère sert à justifier, dans le monde hellénico-romain, les déifications et les apothéoses qui vont y être si fréquentes et qui, par suite, sembleront moins étranges aux contemporains.

On a montré, il y a longtemps déjà, qu'Epicure est bien plus un fondateur de religion qu'un philosophe, qu'il a écrit sur les dieux, sur la sainteté et sur la piété, qu'il a constitué sa théologie sous une triple forme. D'abord elle est le fond de tous ses ouvrages. Puis les lettres à Hérodote, à Pythoclès et à Ménécée reproduisent les doctrines essentielles de la morale et de la physique, en montrant que les dieux n'ont ni créé, ni ordonné le monde, mais sont des modèles que nous devons imiter pour être heureux. Enfin il a condensé sa doctrine en quarante-quatre maximes, κύριαι δόξαι, qu'on peut inscrire sur les murs des appartements afin de les avoir sans cesse sous les yeux pour y conformer sa conduite.

Epicure cherche comment nous connaissons les dieux; il affirme qu'ils existent; il nous apprend quelle est leur nature; il traite de leurs rapports avec le monde et avec les hommes; il expose nos devoirs envers les Dieux.

Au temps de Cicéron et de Lucrèce, les tendances religieuses se montrent plus nettement encore qu'aux origines de l'école; Zénon de Sidon, Phèdre, Philodème écrivent sur la théologie, les dieux, sur la sainteté et la piété. Cicéron peut consacrer aux Epicuriens tout un livre du *de Natura Deorum*. Les disciples d'Epicure ont des fêtes religieuses où la musique joue un rôle considérable. Philodème, qui invite son ami Pison à l'une d'elles, lui écrit, dans une charmante épigramme, qu'on y verra des amis sincères, qu'on y entendra des sons plus doux que tout ce qu'on nous vante de la terre des Phéaciens.

Lucrèce semble avoir trouvé, dans l'épicurisme, le moyen de combattre une religion dont le joug lui paraît intolérable et de se guider dans une direction nouvelle. L'originalité du *de Natura rerum*, c'est d'abord qu'il attaque la religion avec une âpreté qu'on ne trouve pas chez Épicure et qui s'explique par ce fait que les dieux romains sont infiniment plus tyranniques et plus redoutables que les dieux grecs. De cette lutte, dont on a souvent mis en pleine lumière les traits caractéristiques, on peut conclure que la religion ainsi combattue tient une place considérable dans la vie romaine et parmi les contemporains de Lucrèce, même parmi ceux qui ont reçu, comme Memmius, une culture intellectuelle par laquelle ils se distinguent du vulgaire.

Mais si Lucrèce combat la religion telle qu'elle est, c'est pour y substituer la religion telle qu'elle doit être. Aux orgueilleux tyrans qu'il veut dépouiller d'un pouvoir qu'on leur a faussement attribué, il oppose les divinités saintes, tranquilles et calmes qui mènent une vie si paisible et coulent des jours si radieux (II, 1094). S'il établit qu'elles n'interviennent ni dans la formation ni dans le gouvernement du monde, c'est parce qu'il a posé en principe que les Dieux passent leur vie sans aucun souci, *securum agere œvom*. C'est presque en mystique qu'il parle de leur essence et de leurs demeures (III, 16) : « A mes yeux se dévoile l'essence des dieux ; je vois leurs paisibles demeures qui ne connaissent ni les assauts des vents, ni les déluges que versent les nuages ; jamais la neige aux flocons blancs condensés dans une âpre saison, n'outrage ces lieux sacrés : l'éther toujours pur les environne et leur verse à flots la riante lumière. Cependant la nature pourvoit à tout pour eux et rien n'altère, en aucun temps, la paix de ces êtres heureux. » Lucrèce souligne l'importance de ces affirmations en disant : « qu'il ne voit nulle part les espaces de l'Achéron, quoique la terre n'arrête pas ses regards qui découvrent sous ses pieds tout ce qui se passe dans les profondeurs du vide et qu'à ce spectacle, une joie divine, mêlée d'un frisson religieux, pénètre son cœur ». Sur les demeures et l'essence des dieux, Lucrèce revient encore au livre V (146) : « Il n'est pas permis de croire que les saintes demeures des Dieux soient situées dans quelqu'une des parties du monde. Les Dieux sont d'une essence subtile, qui échappe à nos sens et qu'à peine peut distinguer la vue de l'esprit. Puisqu'elle échappe au toucher et à toute prise de nos mains, elle ne doit faire d'impression sur aucun des corps que nous pouvons toucher ; car ce qui échappe au toucher ne peut en être doué. Leurs demeures doivent donc être différentes des nôtres et subtiles comme leur essence même. » Et le vers qui termine ce passage,

> Quæ tibi posterius largo sermone probabo

indique que Lucrèce s'était proposé de traiter des intermondes dans lesquels, après Épicure, il logeait les Dieux, et des rapports qu'il convenait d'établir entre la subtilité de leur essence et la ténuité de leur demeure. De sorte que la divinité apparaissait ainsi, par la manière dont elle est constituée, *tenuis natura*, par la manière dont nous la connaissons, *animi vix mente videtur*, par les demeures où elle habite, *sedes tenues*, absolument différente des êtres matériels qui constituent notre monde sensible. Curieuse idéalisation, qu'on n'a pas assez remarquée et qui rapproche Lucrèce plus de ses contemporains qui suivent Aristote ou Platon que de ses maîtres, les Épicuriens grecs.

C'est en artiste, en mystique qu'il vante (V. 1165) ces figures d'une beauté divine, d'une stature imposante, à la voix superbe et à la force considérable, *ægregias animo facies, corporis auctu, vocesque superbas, facie præclara et viribus amplis*, qui, apparaissant aux hommes dans la veille et dans le sommeil, leur firent croire d'abord à l'existence des Dieux. Si l'on rapproche ce passage des textes où il est parlé des simulacres, de ces enveloppes ténues comparables à la peau abandonnée chaque année par les serpents et qui, par nos sens, nous révèlent l'existence des objets, on comprend mieux l'une des parties les plus curieuses de la théologie épicurienne. Le maître, en Grec amoureux des belles choses, n'a pu nier l'existence des Dieux que lui présentaient des statues admirables, d'autant plus que sa canonique l'obligeait à affirmer la vérité et la réalité de ces images et des êtres qui les émettent. Ainsi s'édifie une religion au sens étymologique du mot. Les Dieux exercent sur les hommes une action bienfaisante et heureuse : ils leur envoient de belles images, détachées d'eux-mêmes, qui révèlent leur vie et leur bonheur ; ainsi est fourni aux hommes le modèle qu'ils n'ont qu'à regarder et à imiter pour atteindre le bonheur suprême.

Voilà pourquoi Lucrèce présente, très sommairement aussi, une esquisse de la piété telle qu'il la conçoit dans la religion nouvelle. Elle consiste — non dans les pratiques que tous recommandent — mais bien plutôt à tout regarder d'un esprit assuré *pacata... omnia mente tueri*, surtout à contempler ces images que nous envoient les Dieux pour régler notre vie sur la leur et atteindre, autant que nous le pouvons, à leur perfection et leur bonheur.

En outre, il y a un certain nombre de solutions que Lucrèce ne se soucie de justifier ni au point de vue du principe de contradiction, ni au point de vue du principe de causalité. On sait qu'Epicure, — d'après Cicéron, dans le *de Fato* — n'hésite pas à écarter l'un et l'autre pour maintenir la liberté humaine, qui lui paraît compromise par la théorie stoïcienne de l'enchaînement des causes à l'infini et par celle de la vérité des futurs, rendue nécessaire par l'affirmation du principe de contradiction. Ainsi Lucrèce ne tente d'expliquer ni comment les Dieux peuvent être éternels, alors qu'ils sont composés d'atomes et émettent continuellement des images que notre âme peut percevoir, ni comment il peut y avoir des intermondes que ne viennent pas battre les flots d'atomes par lesquels les mondes sont incessamment modifiés ou détruits. Le principe de perfection tend donc à intervenir et à se superposer aux principes de causalité et de contradiction quand il s'agit de constituer un monde intelligible supérieur au monde sensible. Par ce côté, Lucrèce rejoint ses contemporains et laisse un essai dont il sera tenu compte dans les synthèses ultérieures, quels que soient d'ailleurs les sentiments d'hostilité que l'on éprouvera longtemps, dans les milieux religieux, contre les adversaires des théories que tous mettront bientôt au premier plan, la formation et le gouvernement par Dieu de l'univers, surtout contre ceux qui, comme Lucrèce, sembleront nier expressément la création *ex nihilo*, point de départ du judaïsme, du christianisme et de l'islamisme.

Rappelons que Carnéade justifiait contre les Stoïciens la théorie de la liberté et qu'il trouvait assez vraisemblable l'existence des Dieux, son argumentation ayant pour objet non de supprimer les Dieux, mais d'établir que les explications des Stoïciens n'étaient nullement satisfaisantes. Pour Cicéron, l'étude de la physique nourrit l'esprit qui devient plus grand et dédaigne les choses humaines en s'occupant des choses divines et célestes. Il estime qu'à l'opinion qu'on a des Dieux sont liées la religion, la piété, la sainteté, la bonne foi, les serments, les cérémonies, les temples, les autels, les sacrifices. Aussi en critiquant la théologie épicurienne, puis la théologie stoïcienne, il croit que la vraisemblance est en général pour ceux qui soutiennent l'existence des Dieux.

D'abord, sans la piété, il ne pense pas qu'il y ait ni bonne foi, ni société civile, ni justice : la croyance à la divinité est pour lui le fondement nécessaire de la morale. Puis la religion est une partie de la constitution romaine et il défendra toujours « la religion et les cérémonies venues des ancêtres ». Ensuite la preuve tirée du consentement universel, sans être aussi probante que le disent les stoïciens, suffit tout au moins à faire considérer comme probable l'existence des Dieux. Enfin la preuve téléologique, par les causes finales, qu'il attaque sous sa forme stoïcienne, lui semble avoir en elle-même la valeur d'un argument probable, comme il le montre en disciple de Carnéade et même d'Aristote.

Pour la nature des Dieux, il donne de même ce qui lui semble le plus probable. Il parle d'un Dieu unique, spirituel, *mens solita et libera*, séparé de tout composé mortel, connaissant et mouvant toutes choses. Ce Dieu spirituel, il le confond avec l'éther ou feu divin des Stoïciens, avec la quinte essence d'Aristote, avec la sphère la plus élevée, ce qui montre : 1° qu'il se refuse à le faire corporel puisqu'il ne le constitue avec aucun des éléments terrestres; 2° qu'il n'en fait pas un esprit absolument pur; 3° qu'il mêle — après son maître Antiochus — Platon, Aristote et les Stoïciens. S'il n'attribue pas à Dieu tout ce que lui donnent les poètes, il lui reconnaît l'intelligence, la puissance, la sagesse, la prévoyance, le gouvernement de l'univers ou la Providence, dont il fait le fondement de la moralité et de la justice, la loi qui nous enseigne ce que nous devons faire et ne pas faire.

En politique il recommande le respect de la religion romaine, qu'il ne cherche pas à justifier comme les Stoïciens par les interprétations mythiques. Il condamne la superstition (de Divin, II, 72) en termes qui rappellent ceux dont Lucrèce use pour la religion; mais il entend qu'on garde, avec le culte établi par les premiers Romains, l'adoration d'un être parfait, éternel, gouvernant l'univers.

Pour extirper la superstition il combat à la fin de sa vie la divination, qui a servi à tromper Pompée et son parti, à préparer le gouvernement personnel de César. C'est un fléau de l'esprit humain, écrit-il quand la liberté est menacée de nouveau par Antoine et ses compagnons. Aussi semble-t-il avertir ses concitoyens qu'ils ne doivent compter que sur eux-mêmes et non sur les augures ou les haruspices pour maintenir la République.

Ce que Cicéron dit de l'âme humaine rejoint sa théologie. Il admet comme probable que l'âme a une origine divine, que le genre humain a été semé sur la terre, l'âme humaine engendrée par Dieu. On reconnaît le lecteur du *Phèdre* et du *Timée*, on comprend que Macrobe ait pu interpréter par Plotin le *Songe de Scipion*. Avec Antiochus Cicéron dira qu'il n'y a pas plus dans l'âme qu'en Dieu d'éléments terrestres, qu'elle est, comme Dieu, formée ou de l'éther ou de la quinte essence et il insistera sur la communauté de nature des hommes et des Dieux, citoyens d'une seule cité. C'est pourquoi, tout en croyant à un Etre parfait et éternel, il parle des Dieux et appelle l'âme divine; il songe à l'apothéose de sa fille et accepte la vieille formule que « tout est plein de Dieux ». S'il admet qu'on soutienne la mortalité de l'âme et s'attache à établir que, dans ce cas, il n'y a rien à craindre de la mort, il trouve son immortalité infiniment plus probable et, pour la défendre, il recourt à l'argument stoïcien du consentement universel, comme aux arguments platoniciens du Phédon, non seulement dans ses livres, mais encore dans de simples lettres à ses amis, où il touche rarement à la philosophie. Aussi soutient-il, dans le *de Fato*, la théorie de la liberté, après Carnéade et avant Plotin, de manière à répondre de façon péremptoire à ceux qui ont osé parler de son inintelligence philosophique!

L'Académie prend une direction encore plus métaphysique et religieuse avec les Platoniciens éclectiques et pythagorisants. Ils se donnent pour tâche de remettre en honneur le principe de la transcendance. Sous Auguste, Eudore expose et peut-être commente *le Timée* de Platon; il réserve le mot de principe, ἀρχή, à l'Un; Arius Didymus est ami d'Auguste, directeur de conscience de Livie et place les âmes des sages, après leur mort, dans l'espace infini où elles ont leur éternelle demeure; Ammonius met une âme partout pour expliquer les harmonies de la nature et celles du monde moral; la Nécessité divine gouverne l'ordre des choses, mais l'âme est libre. Sous Tibère, Thrasylle, astrologue et magicien, Dercyllide qui aurait commenté *le Timée*, éditent et classent les œuvres de Platon dont ils facilitent ainsi la lecture.

Au second siècle, les platoniciens éclectiques et pythagorisants travaillent à constituer le monde intelligible d'après le principe de perfection et à lui donner une importance sans cesse grandissante. Pour Alcinoüs, les principes primitifs sont la Divinité, les Idées et la Matière; pour Calvisius Taurus, l'âme est le trait d'union entre le monde intelligible et le monde sensible. Atticus admet trois principes, Dieu et les idées, la matière et l'âme du monde. Plutarque de Chéronée, le prêtre d'Apollon, revient à l'opinion platonicienne de deux principes cosmiques, Dieu, auteur du bien, la matière, condition de l'existence du mal. Le monde est pour lui une partie de Dieu. Entre la matière et Dieu sont les Idées ; dans la matière, il y a une tendance vers le Divin. Outre le Dieu suprême, Plutarque reconnaît les divinités populaires des Hellènes et des autres peuples. A côté des dieux, qui sont bons, il y a des démons, en partie bons, en partie mauvais, qui forment l'intermédiaire entre l'humain et le divin. De Plutarque on peut rapprocher Phavorinos d'Arles (ch. vii), qu'on a souvent placé parmi les sceptiques, et qui, en réalité, est un éclectique : il remplit des fonctions sacerdotales dans sa ville natale. Pour Maxime de Tyr, l'âme humaine est d'essence divine, le libre arbitre n'est point incompatible avec la divination, non plus que la puissance divine avec la pensée éclairée. L'harmonie, qui commence à Dieu, pénètre l'air, la terre, la mer, le monde animal et le monde végétal ; puis elle descend dans les êtres multiples, particuliers et divers, ramène à l'ordre la discorde qui y règne, comme la voix du coryphée, intervenant dans la polyphonie du chœur, ramène à l'harmonie le tumulte discordant de leurs voix : Dieu est unique, ineffable, roi et père de tous les êtres et de toutes les choses. Pour former le monde, il a besoin d'une matière. Pour établir l'accord entre lui et le monde, il y a des médiateurs, les seconds dieux, visibles ou invisibles, les démons, êtres immortels en quantité innombrable. Ils habitent à la limite du monde céleste ; serviteurs de Dieu, ils sont les protecteurs et les patrons des hommes, ils apparaissent sous des formes sensibles, dans des songes, et se manifestent par des voix, par le vol des oiseaux, par les signes imprimés dans les entrailles des victimes. L'univers se remplit ainsi d'êtres divins, ou semi-divins. C'est ce qu'on voit encore chez Apulée, qui met son talent de rhéteur au service des idées religieuses. Ainsi, dans les *Florides*, il raconte avec respect les prodiges accomplis par les fakirs indiens, célèbre des miracles, des résurrections de mort et termine, par un hymne mystique, une de ses conférences mondaines. Dans l'*Apologie* ou *Discours sur la magie*, il est question de la Vénus terrestre et de la Vénus céleste, des cultes orientaux et des rites sacrés, des secrets extraordinaires que possède Apulée. Le *Démon de Socrate*, le *Monde*, le *Dogme de Platon*, sont des résumés où l'auteur insiste sur les idées mystiques et religieuses, sur l'immortalité de l'âme et la vie future, sur la grande année et le renouvellement perpétuel des choses, sur la croyance aux démons, sur tout ce qui s'éloigne de la science positive pour se rapprocher des mythes. Les démons joueront, en bonne partie par lui — car la définition qu'il en donne sera encore reproduite par saint Thomas — un rôle considérable chez les hommes de la période médiévale. Avec lui comme avec la plupart de ses contemporains, la piété et la pureté prennent la première place parmi les vertus, la philosophie a besoin du surnaturel, des prodiges, des révélations : « Il y a bien des cas, dit-il, où les sages eux-mêmes sont forcés de recourir aux devins et aux oracles, *ad hariolos et oracula* ». Et la *Métamorphose*, dont les dix premiers livres sont d'un rhéteur, se termine par un livre tout mystique : Apulée invoque une déesse unique qui est la Nature adorée sous des noms différents, Cérès, Junon, Vénus, Diane, Cybèle, Isis. Partout il est question de vœux et d'abstinence, de chasteté et de dévotion : « Divinité sainte, dit-il, source éternelle de salut, protectrice adorable des mortels, qui leur prodigues dans leurs maux, l'affection d'une tendre Mère, pas un jour, pas une nuit, pas un instant qui ne soit marqué de tes bienfaits... Dans ma pauvreté, je t'apporterai au moins l'hommage d'un cœur religieux ; ton image sacrée restera toujours gravée dans le secret de mon cœur ». Dieu, la matière et les Idées constituent, avec l'âme, le monde suprasensible. Au-dessous du Dieu suprême, en qui réside la première Providence, Apulée met une seconde Providence, dieux célestes, visibles ou invisibles, dieux olympiens, puis les démons, divins et humains à la fois, *genere animalia, ingenio rationabilia, animo passiva, corpore aeria, tempore æterna;* enfin les animaux et les hommes. L'âme est un démon ou un génie emprisonné dans le corps. Les démons supérieurs ont vécu constamment d'une vie purement psychique : tel le gardien qui nous accompagne toute la vie et nous assiste devant le juge suprême auquel il apporte, sur nos actes et sur nos pensées, son témoignage bienveillant mais sincère.

Le médecin Galien se distingue des autres Platoniciens. Il n'y a chez lui ni mysticisme, ni illumination extatique, ni démonologie, ni superstitions théurgiques et magiques ; mais il reconnaît l'existence de Dieu et de sa Providence. Il en est de même de Celse : il déclare inintelligible la notion d'un Dieu fait homme, inacceptable la conception d'un Dieu qui se conduit par des décisions changeantes et particulières, et il complète sa critique du christianisme en la déclarant une religion sans patrie. Pour lui, il est bon que les hommes restent attachés au culte de leurs pères, à leurs coutumes, à leurs Dieux locaux et nationaux. Même si la religion se fait philosophique, il faut qu'elle conserve les formes particulières et anciennes sous lesquelles elle s'est transmise. L'âme a, avec Dieu, une communauté de nature, elle le désire quand elle est pure. Dieu se sert pour agir d'agents, de ministres visibles ou invisibles, des démons à chacun desquels il donne une partie de la terre et un ordre dans la hiérarchie des fonctions. Enfin Numénius d'Apamée ramène la philosophie des Grecs à la sagesse orientale et ne voit dans Platon qu'un Moïse parlant le langage attique. Il admet trois Dieux, le Dieu suprême, bon en soi et par soi le Démiurge ou second Dieu, bon par participation, et le monde, ouvrage du Démiurge et troisième Dieu : « Il exige que celui qui traite du Bien invoque Platon, remonte à Pythagore, en appelle aux nations les plus célèbres, expose les dogmes et les institutions établies par les Brahmanes, les Juifs, les Mages et les Egyptiens et qui sont en accord avec le système de Platon. » Par Origène nous savons que Numénius citait, dans le troisième livre de son *Traité du Bien*, un fragment de l'histoire de J.-C. dont il cherchait le sens caché.

C'est au 1er siècle qu'Andronicus de Rhodes donne, grâce à Tyrannion, la première édition des œuvres d'Aristote rangées par ordre de matière qui ramènera l'étude de la *Métaphysique* et du *Traité de l'Ame* où l'intelligence est proclamée divine, Θεῖος. Le *Traité du Monde*, qu'on croit d'un péripatéticien, fait effort pour concilier l'immanence avec la transcendance de Dieu, le dualisme de Platon et d'Aristote avec le panthéisme stoïcien. Les Péripaticiens qui suivent commentent les divers traités du maître. Le plus célèbre d'entre eux, Alexandre d'Aphrodise, le commentateur par excellence, maintient la doctrine de la liberté humaine contre le destin stoïcien, mais donne de l'intellect actif, νοῦς ποιητικός, une interprétation qui supprime l'immortalité personnelle.

Le néo-pythagorisme se développe, avec une activité singulière, au 1er siècle avant J.-C. Une des tendances qui le caractérisent, c'est qu'il veut fonder la discipline morale sur une croyance religieuse. Les *Vers dorés* recommandent la piété envers les Dieux, le respect des parents, la douceur, la tempérance sans ascétisme, la résignation aux maux inévitables, l'examen de conscience, certains rites et certaines purifications dont la pratique doit conduire à la possession d'une immortalité bienheureuse. Au ve siècle, le plotinien Hiéroclès les commentera en y montrant toutes les doctrines de l'école.

D'une façon générale, les auteurs des écrits apocryphes veulent faire œuvre religieuse. C'est ce que se proposent également les auteurs de *Sentences* et de *Comparaisons*. Le *Manuel* de Sextius est mis en latin au ive siècle par un prêtre d'Aquilée, qui le confond avec le pape martyr de ce nom, mais c'est aussi qu'il offre des tendances religieuses en accord avec celles du christianisme. Modératus de Gadès, dont s'inspirent plus tard Plotiniens et Chrétiens, compte trois principes des choses, une première unité supérieure à l'être et à l'essence ; une seconde unité, l'intelligible ou les idées, une troisième, l'âme. Pour la matière, il essaye de la rattacher au principe divin. Dans le *Tableau de Cébès* entre une image de la vie humaine dont l'explication est une véritable doctrine de salut, une conception mystique et ascétique qui n'est pas sans analogies avec celle d'Épictète. Au second siècle, Nicomaque de Gérase et Secundus d'Athènes achèvent le développement philosophique de l'école qui devient, au troisième, une sorte de religion populaire. Son héros, c'est Apollonius de Tyane, qui mourut peu de temps après l'avènement de Nerva, et dont Philostrate écrivit avant 217 la *Vie* légendaire. Apollonius est devenu un Dieu en qui les partisans du mysticisme néo-pythagoricien ont réalisé leur idéal. Sa mère a eu, avant sa naissance, une vision dans laquelle le dieu égyptien Protée lui annonce qu'elle doit l'enfanter. Elle accouche endormie en entendant autour d'elle les cygnes qui forment un chœur harmonieux. Même les habitants de Tyane le disent fils de Jupiter. Pendant cinq ans il garde le silence pythagoricien, apaisant les émeutes par ses gestes et sa physionomie dans la Pamphylie et dans la Cilice. Il part pour voir les mages de la Perse et les brahmanes de l'Inde. A Damis qui se joint à lui à Ninive, il dit qu'il sait toutes les langues sans en avoir appris aucune, qu'il comprend même le silence des hommes et Damis le considère comme un Dieu. Chez les Arabes, il apprend à comprendre la voix des animaux. Aux sages de l'Inde, il donne l'art de lire l'avenir dans les songes comme ce qu'il y a de plus divin parmi les hommes. Ces sages habitent sur une colline entourée d'un brouillard et se laissent voir ou se rendent invisibles à volonté. Ils adorent le feu qu'ils tirent eux-mêmes du soleil ; ils s'élèvent en l'air à la hauteur de deux coudées ; ils portent un anneau et une baguette qui ont des vertus souveraines, mais secrètes ; ils savent qui arrive vers eux et connaissent tout ; ils croient être des Dieux parce qu'ils sont vertueux. Des trépieds viennent leur servir du vin, de l'eau chaude et de l'eau froide, les échansons en airain noir qui sont au-dessus des trépieds mêlent l'eau et le vin dans les coupes qu'ils leur présentent. Au-dessous du Dieu qui a créé le monde, viennent les Dieux qui en gouvernent les parties ; il y en a beaucoup au ciel, sur la mer, dans les fleuves et les fontaines, sur terre et sous terre. Les sages accomplissent des miracles, chassent les démons, redressent la jambe d'un boiteux, rendent à un manchot l'usage de son bras, les deux yeux à celui qui les a crevés ; ils assurent Apollonius qu'il sera un Dieu pour la plupart des hommes, non seulement après sa mort, mais de son vivant même. Et Apollonius accomplit à son tour des prodiges, pressent et arrête la peste, commande à la tempête, au feu, à toutes les puissances de la nature, chasse les démons ; il affirme qu'un brigand qu'on allait exécuter n'est pas coupable et un cavalier vient annoncer qu'il en est comme l'avait dit Apollonius. Un lion apprivoisé se couche à ses pieds en lui disant qu'il est Amasis. Il fait trouver un trésor dans un champ, arrête les tremblements de terre, guérit un jeune homme mordu par un chien enragé et le chien lui-même. Enchaîné par ordre de Domitien, il tire sa jambe des fers qui la retenaient, puis l'y replace. A Domitien qui lui demande pourquoi on l'appelle Dieu, Apollonius répond qu'on honore du nom de Dieu tout homme que l'on estime vertueux. Puis quand Domitien menace de le faire périr, Apollonius soutient qu'il y a une sorte de parenté entre l'homme et la Divinité et disparaît du tribunal. Le soir Démétrius et Damis le rencontrent à Dicéarchie, près de Pouzzoles : « Vous pouvez, leur dit-il, voir dans ce voyage l'intervention d'un Dieu ». A Olympie, il reste sept jours dans l'antre de Trophonius et en sort avec un livre qui contient les préceptes de Pythagore. D'Éphèse il voit ce qui se passe à Rome lors de la mort de Domitien. Pour quelques-uns il disparaît à Linde au moment où il entre dans le temple de Minerve. Pour d'autres, les gardiens du temple de Dictymne en Crète l'arrêtent comme magicien et voleur. Ils le chargent de chaînes dont il se dégage pendant la nuit, puis les portes s'ouvrent et se referment, tandis que des voix de jeunes filles chantent : « Quittez la terre, allez au ciel », comme pour l'engager à s'élever de la terre dans les régions supérieures. Un jeune homme avait soutenu qu'Apollonius était bien mort et ne répondrait pas aux prières qu'il lui avait adressées afin de savoir la vérité sur l'immortalité : « L'âme, lui dit Apollonius en lui apparaissant, n'est pas à vous, mais à la Providence ». Les empereurs lui font élever un temple à Tyane, ne le trouvant pas indigne des honneurs qui leur sont décernés à eux-mêmes.

Pour Eunape, Apollonius tient le milieu entre les dieux et les hommes ; sa vie est le voyage d'un Dieu sur la terre. Caracalla lui consacre un herooum ; Alexandre Sévère place l'image d'Apollonius dans son lararium à côté de celles de Jésus-Christ, d'Abraham et d'Orphée. Au IVe siècle, Hiéroclès soutient que ses prodiges sont l'œuvre d'une vertu divine et l'oppose à J-C., Eusèbe ne croit pas que l'ouvrage de Philostrate soit une parodie des Evangiles ;

mais il voit en Apollonius un magicien, comme font après lui tous les Pères de l'Église. Son souvenir se conserve en Occident et en Orient. Le xvIII[e] siècle rapproche les prodiges d'Apollonius et les miracles de J.-C., les spirites modernes en font un médium d'une puissance remarquable.

II

En résumé, Pyrrhon et Epicure deviennent des dieux pour leurs disciples. La doctrine d'Evhémère qui avait servi à expliquer l'origine humaine de la croyance aux Dieux sert à justifier la transformation des hommes en Dieux. La philosophie d'Epicure est à Rome une religion véritable. Avec la Nouvelle Académie, Cicéron admet les Dieux et la liberté. A l'âme humaine il attribue une origine divine et veut, pour la morale, une base religieuse. Chez les Platoniciens, le divin est au premier plan; l'âme est d'essence divine; le monde se peuple de Dieux et de Démons; les prodiges, les effusions mystiques se substituent aux recherches positives; les conceptions philosophiques des Grecs arrivent à se confondre avec celles des Orientaux. Les Néo-Pythagoriciens construisent leur œuvre morale sur un fondement religieux. Apollonius de Tyane devient un Dieu en qui ils réalisent leur idéal et dont la vie légendaire est pleine de prodiges et d'actions merveilleuses.

Avec le Stoïcisme, qui fut pendant les deux premiers siècles la doctrine la plus florissante et la plus suivie, le divin et l'humain se confondent, le monde intelligible ne se distingue plus du monde sensible, dans la période où tous deux existent. C'est ce qui a été exposé, pour l'ensemble du système, dans le chapitre IX sur *l'Ame du Monde de Platon, des Stoïciens, de Plotin et le Saint-Esprit d'après quelques théologiens grecs et latins*. Il reste à montrer ici comment cela est plus caractéristique encore pour les Stoïciens des premiers siècles. Les Stoïciens ont leurs martyrs, avant les Chrétiens et les Plotiniens, Crémutius Cordus, Pœtus et sa femme Arria, Lucain, Sénèque, Thraséas, Helvidius Priscus. L. Annœus Cornutus laisse un Abrégé des traditions grecques relatives à la théologie où il résume les interprétations étymologiques et symboliques que l'école stoïcienne donne à la mythologie poétique et populaire. Sénèque fait encore une place aux recherches positives, à l'observation et il sera pour cela même, un des maîtres de Roger Bacon. Mais à côté et au-dessus des phénomènes qui se produisent dans les cieux, dans les airs ou sur la terre, il y a les choses divines et célestes : la physique nous conduit à la contemplation de Dieu et de ses œuvres, d'où résulte le souverain bonheur. Et cette philosophie toute théologique est complétée par la morale essentiellement ascétique et mystique des *Lettres à Lucilius*. Sénèque a des préceptes admirables, pour tous les temps sur la manière de se comporter avec ses serviteurs ou ses esclaves, sur la nécessité de régler notre vie et nos pensées comme si les autres pouvaient pénétrer au fond de notre cœur, d'aimer pour être aimé, d'être constant dans nos volitions, *semper idem velle atque idem nolle*, de bien employer une vie si courte, de se résigner à ce que l'on ne peut empêcher, de prendre pour modèle quelque homme de bien. Surtout il recommande de se préparer à supporter la pauvreté, la souffrance, la maladie et la mort, de mépriser les opinions du vulgaire, de travailler à libérer notre âme de cette prison qu'est pour elle le corps, de faire consister notre bonheur et notre sagesse dans la vertu, d'obéir à Dieu, de consentir à sa volonté, de l'imiter en mettant le calme en soi-même, de s'assurer ainsi la contemplation des choses divines, la connaissance de ce qui nous échappe en cette vie, mais ne saurait échapper aux âmes bienheureuses.

Aussi Constant Martha a-t-il pu appeler Sénèque un directeur de conscience et le comparer aux hommes les plus illustres à qui l'on a donné ce nom dans le monde chrétien, comme les Chrétiens ont eux-mêmes fabriqué de bonne heure la légende de Sénèque converti par saint Paul et la correspondance apocryphe qui fut si célèbre pendant le Moyen Age.

Dion Chrysostome est, au temps de Trajan, un véritable prédicateur, épris de « belle morale et de belle religion », qui unit la théologie de Platon à celle des Pythagoriciens comme des Stoïciens et à la mythologie populaire.

Épictète a les formules les plus énergiques pour marquer les rapports entre les Dieux et les hommes. « Je t'ai donné, dit Jupiter, une partie de nous-mêmes (μέρος τι ἡμέτερον I, 1)... Dieu est le père des hommes et des divinités... Tous nous avons été enfantés par Dieu... Tu es fils de Dieu τοῦ Διὸς υἱὸς εἶ,... La raison et le jugement nous sont communs avec les Dieux (I, 3)... Nous sommes parents avec Dieu, συγγενεῖς... τῷ θεῷ... la famille la plus grande est celle qui se compose de Dieu et des hommes... Pourquoi celui qui comprend le gouvernement du monde ne dirait-il pas : Je suis Fils de

Dieu, ὑίον τοῦ θεοῦ,... Avoir Dieu pour auteur, pour père et pour protecteur, ποιητήν, πατέρα καὶ κηδεμόνα... devrait nous affranchir de toute crainte et de toute inquiétude (I, 9)... Les esclaves sont tes parents, tes frères par nature, les descendants de Jupiter (I, 13)... Un homme est membre de la cité qui se compose des Dieux et des hommes μέρος πόλεως... τῆς ἐκ Θεῶν καὶ ἀνθρώπων... (II, 6)... Les autres êtres ne sont pas nés pour commander et ils ne sont pas des parties de Dieu. Toi tu es né pour commander; tu es un fragment détaché de la divinité... Tu as en toi une partie de son être, τι ἐν σεαυτῷ μέρος ἐκείνου... Tu nourris en toi un Dieu! C'est un Dieu que tu exerces! un Dieu que tu portes partout!... Et crois-tu que je parle ici d'un Dieu d'argent ou d'or, en dehors de toi? Le Dieu dont je parle, tu le portes en toi-même... Tu as Dieu avec toi... (II, 8). »

Formules que l'on peut rapprocher, pour la matière et pour l'usage qui en est fait par Épictète, de celles que l'on trouve dans les Évangiles, dans les Actes et dans les lettres de saint Paul (ch. v).

S'agit-il des Dieux? Les uns disent que la divinité n'existe pas, d'autres qu'elle existe, mais n'agit pas, qu'elle ne prend soin de rien, qu'elle ne s'occupe de quoi que ce soit; d'autres affirment qu'elle existe et qu'elle s'occupe, mais uniquement des grandes choses du Ciel et point de ce qui se passe sur la terre; d'autres, de la terre et des hommes, mais seulement d'une manière générale et point des êtres particuliers, d'autres enfin, dont faisaient partie Ulysse et Socrate, s'en vont disant : « Le moindre mouvement de moi ne t'échappe pas ». C'est à cette dernière opinion que se rattache Épictète : s'il n'y a pas de Dieu, comment la fin de l'homme pourrait-elle être de suivre les Dieux? s'ils existent, mais sans s'occuper de rien, comment là encore une telle fin serait-elle vraie? S'ils existent enfin et s'occupent de quelque chose, mais sans que l'humanité reçoive rien d'eux et moi pas plus que les autres, comment là encore cette fin serait-elle vraie? Le sage accompli, après avoir examiné tout cela, soumet son esprit à celui qui dirige l'univers, comme les bons citoyens se soumettent à la loi de leur pays (I, 12).

Et les expositions se multiplient pour établir que le gouvernement divin est bon et s'étend à toutes choses. Epictète développe d'abord les conclusions qui résultent de ce que Dieu est le Père des hommes (I, 3). Il montre qu'il est aisé de louer la Providence de tout ce qui arrive dans le monde si l'on a la capacité de comprendre ce qui se produit pour chacun et un cœur reconnaissant (I, 6). A nouveau, il cherche les conséquences que l'on peut tirer de notre parenté avec Dieu (I, 9), comment on peut faire toute chose d'une manière agréable aux Dieux (I, 13). Il prouve que toutes les actions de l'individu tombent sous l'œil de Dieu, en raisonnant par analogie : « les plantes fleurissent, quand il leur a dit de fleurir ; elles germent quand il leur dit de germer ; elles produisent des fruits, elles les mûrissent, les laissent tomber, perdent leurs feuilles et se reposent quand Dieu leur a donné ses ordres; les plantes et nos corps se relient ainsi avec le grand tout et seraient en harmonie avec lui et nos âmes se relieraient à Dieu, comme des parties qui en ont été détachées, sans que Dieu s'aperçut de leur mouvement qui est de même nature que le sien et qui est le sien même ! Tu pourrais appliquer ton esprit au gouvernement de Dieu, à toutes les choses divines, aux affaires humaines et Dieu ne serait pas capable de tout voir, d'être présent partout, d'être en communion partout ! Le soleil serait capable d'éclairer une si grande portion de l'univers et celui qui a fait le soleil ne serait pas capable de tout connaître ». D'où Epictète conclut qu'il faut jurer de ne jamais désobéir à Dieu, de ne jamais lui adresser de reproches, de ne jamais se plaindre de ce qu'il donne, de n'être jamais mécontent ou de souffrir ce qui est inévitable (I, 14). Et ce serait assez d'une seule créature pour révéler la Providence, « du lait qui provient de l'herbe, du fromage qui vient du lait, de la toison qui vient de la peau ». Si nous avions le sens droit, dit-il (I, 16), que devrions-nous faire, tous en commun et chacun en particulier, que de célébrer Dieu, de chanter ses louanges et de lui en adresser des actions de grâces? Ne devrions-nous pas, en fendant la terre, en labourant, en prenant nos repas, chanter cet hymne à Dieu : Dieu est grand, parce qu'il nous a donné ces instruments, avec lesquels nous travaillerons la terre ! Dieu est grand parce qu'il nous a permis de croître sans nous en apercevoir et de réparer nos forces en dormant. Et si la plupart des hommes l'oublient, ne fallait-il pas qu'il y eût quelqu'un qui remplit ce rôle et qui chantât pour tous l'hymne à la Divinité? Que puis-je faire, moi, vieux et boiteux, si ce n'est de chanter Dieu ! Si j'étais rossignol, je ferais le métier d'un rossignol; si j'étais cygne, celui d'un cygne. Je suis un être raisonnable : il me faut chanter Dieu. Voilà mon métier et je le fais. Aussi l'homme doit-il (II, 23) se proposer d'apprendre à se servir, conformément à la nature, de toutes les idées qui lui arrivent, à ne jamais manquer ce qu'il désire, à ne jamais tomber dans ce qu'il peut éviter, à n'avoir jamais ni malheur ni mauvaise chance, à être toujours libre, indépendant, sans entrave, en accord parfait avec le gouvernement de Jupiter, se soumettant à lui, s'en trouvant heureux, sans accusation contre personne, en état de dire du fond du cœur : « Conduisez-moi, ô Jupiter, ô destinée ».

Reproche-t-on quelque chose à la Providence, il suffit de bien examiner les choses pour voir que ce qui est arrivé était logique (III, 17). Quant au philosophe, au véritable cynique, il doit savoir que Jupiter l'a détaché vers les hommes comme un envoyé, ἄγγελος, pour leur montrer quels sont les biens et les maux, combien ils se trompent quand ils cherchent le vrai bien et le vrai mal là où ils ne sont pas, sans songer à les chercher là où ils sont (III, 22). Il doit veiller et travailler par amour pour l'humanité, s'endormir le cœur pur et se réveiller plus pur encore, avoir des pensées qui sont celles d'un ami des Dieux, d'un de leurs ministres, d'un associé à la souveraineté de Jupiter, avoir partout présent à l'esprit ce mot : « O Jupiter, ô Destinée, conduisez-moi », et cet autre encore : « Si les Dieux le veulent ainsi, qu'il en soit fait ainsi ». Le Sage, dit-il (III, 26), est venu quand Dieu l'a voulu ; il s'en ira de même quand Dieu le voudra, et dans sa vie il n'avait qu'à chanter les louanges de Dieu, soit seul avec lui-même, soit en face d'un autre ou de plusieurs ». Il se met à la suite de Dieu, veut ce que Dieu veut, en étudiant les desseins de Dieu et sa façon de disposer les choses (IV, 1). S'il meurt, il lui suffit de pouvoir élever les mains vers Dieu et lui dire : « Les moyens que tu m'avais donnés de comprendre ton gouvernement et de m'y conformer, je ne les ai pas négligés. Tu n'as pas eu à rougir de moi. Voici l'usage que j'ai fait de mes sensations αἰσθήσεσιν ; voici celui que j'ai fait de mes notions *a priori*, προλήψεσιν. T'ai-je jamais adressé un reproche ? Me suis-je jamais emporté contre les événements ? Les ai-je jamais désirés autres ? Ai-je jamais manqué à quelqu'un de mes devoirs ? Je te remercie de m'avoir fait naître ; je te remercie de tes présents ; le temps que j'ai eu pour jouir de tes dons me suffit. Reprends-les et mets-les où tu voudras. Ils étaient tous à toi, car c'est toi qui me les avais faits. » N'est-ce pas assez de partir dans de pareils sentiments ? Peut-on vivre mieux et plus honorablement que celui qui les a ? Peut-on mourir plus heureusement ? (IV, 10).

La personne d'Epictète apparaît ainsi, malgré la mutilation du texte, dans un singulier relief. Dieu gouverne toutes choses ; l'homme est Fils de Dieu, appelé à collaborer à son œuvre, en lui obéissant et en joignant sa bonne volonté, son acquiescement joyeux — non sa résignation, la chose vaut la peine d'être notée — sa louange continue et reconnaissante au dessein de Dieu qu'il est seul capable de comprendre et d'expliquer. Et le philosophe, qui travaille à instruire de tout cela ses semblables, est l'envoyé de Dieu, en même temps que son Fils ; son œuvre est d'autant plus méritoire qu'il a mieux atteint son idéal et qu'il s'est fait plus complètement l'imitateur, le serviteur et l'image de Dieu (ch. IV).

On comprend que les moines de la Thébaïde aient pris pour bréviaire le *Manuel* d'Epictète, en remplaçant Socrate par saint Paul. On comprend que Constant Martha ait montré aux chrétiens qu'ils auraient grand tort de tenir rigueur à Epictète, dont les doctrines voisinent si souvent avec celles des fondateurs du christianisme !

Marc-Aurèle rend grâce à Rusticus de lui avoir communiqué Epictète. C'est dire que le puissant empereur, devenu lui-même un Dieu, s'exprime sur la Divinité comme son prédécesseur, l'esclave affranchi. Aussi se montre-t-il reconnaissant aux Dieux (I, 17) de tout ce qu'il trouve de bon dans son existence passée. Et les œuvres des Dieux lui semblent pleines de Providence (II, 3). Tout me convient, dit-il (IV, 23), qui te convient parfaitement, ô Monde ! Vit avec les Dieux, dit-il encore (V. 27), celui qui leur montre constamment une âme satisfaite de son sort, faisant ce que veut le génie que Jupiter a donné comme chef et comme guide à chacun, émanation de lui-même.

III

La place du divin grandit dans le monde populaire comme chez les philosophes. Dans les milieux grecs comme dans les milieux latins, on est toujours disposé à supposer que des Dieux se présentent fréquemment sous forme humaine. Et l'on a vu (ch. V) quelle peine saint Paul et son compagnon eurent à empêcher le peuple de les prendre pour Jupiter et Mercure, comme le prêtre de leur offrir un sacrifice. Après l'établissement de l'empire, il y a réunion et fusion des divinités grecques, des divinités romaines, parfois des divinités de l'Orient et de l'Occident. Les empereurs veulent compléter l'unité politique par l'unité religieuse, ce qui sera une des raisons pour lesquelles on travaillera aussi à l'unité philosophique. On fait entrer, dans le Panthéon romain, les dieux des autres nations, on veut restaurer les cultes et les temples, on s'efforce de reconstituer une religion populaire. Auguste replace dans les carrefours les images des Lares et ordonne que, deux fois l'an, au printemps et dans l'été, à la fête des *Compitalia*, les habitants des quartiers voisins les ornent de fleurs. Chacun des deux cent soixante-cinq *vici* a quatre prêtres pour ce culte populaire. Les lares de Rome trouvent des frères divins dans les divinités locales ou domestiques des provinces. Après Actium, le Sénat ordonna que le Génie d'Auguste serait honoré aux mêmes lieux que les dieux Lares. Dans les provinces, même dans celles de l'Occident et de la Pannonie, que leur culte rendait étrangères aux races latines et grecques, ces divinités furent associées à celles de leurs maîtres, des prêtres nouveaux, les Augustaux furent chargés du culte et l'empereur fut introduit parmi les dieux locaux comme au milieu des lares romains. Il fut ainsi associé aux divinités nationales parmi les Dieux identifiés de Rome, de la Grèce et de l'Occident, Zeus, Jupiter, Tarannis — Hadès, Pluton et Teutatès — Athena, Minerva, Belisama, etc.

La religion officielle, dont le principe est l'empereur, se manifeste encore en rapprochant les dieux et les hommes quand on accorde le *jus trium liberorum* à Jupiter Tarpéien, à Apollon Didyméen, au Mars Gaulois, à la Minerve d'Ilion, à l'Hercule de Gadès, à la Diane d'Ephèse, à la Mère des Dieux de Smyrne, à la Vierge céleste de Carthage.

Dans cette constitution d'une religion officielle où figure l'empereur mort et même vivant, deux choses surtout sont à remarquer. La théorie d'Evhémère, destinée comme il a été déjà dit, à expliquer le passé, servit à créer de nouveaux Dieux. C'est ce qui était arrivé en Egypte pour les Ptolémées; c'est ce qui se produisit dans la Syrie, dans l'Asie mineure, même dans la Grèce macédonienne. Dans la haute société romaine, l'évhémérisme prépara l'apothéose des Césars comme la foule y était gagnée par la croyance aux manes et aux Génies.

D'un autre côté, les Romains qui avaient fait de chacun des attributs propres à un Dieu une divinité particulière, agirent de même pour les hommes. Ils distinguèrent, dans les empereurs, le prince qui commit parfois tant de crimes ou de folies et l'intelligence impériale, toujours la même sous des noms différents, grâce à laquelle, dit un historien, cent millions d'hommes ne virent, durant deux siècles, ni une émeute, ni les feux d'un camp ennemi. Telle est la religion de l'Etat-Dieu, qui vénère le Génie du peuple romain sous la double forme de la Ville éternelle et du chef de l'Empire. C'est la Providence augustale dont les bienfaits se résument en deux mots, *Pax Romana*. Les successeurs d'Auguste accomplissent des miracles que racontent Tacite et Suétone: Vespasien guérit des maladies comme nos rois guériront des écrouelles et l'on croit que Marc-Aurèle envoie des songes qui révèlent l'avenir comme il rend la vue aux aveugles.

La religion populaire est mise en accord avec la religion savante. Elle divinise les empereurs, parfois même les membres de leur famille. A ces hommes-dieux, on attribue le gouvernement total ou partiel de l'Univers, le don des miracles; ils sont les égaux, sinon les chefs des Dieux à triple nom — parce que leur origine est triple — qu'on rencontrera dans bon nombre des formes religieuses de cette époque ou des époques ultérieures.

Pour ceux qui cherchent autre chose que la paix, la subsistance et les jeux, pour ceux même qui verront plus tard la Providence augustale impuissante à préserver des Barbares et à protéger contre les calamités intérieures, il y aura les religions qui placent le bonheur suprême dans une autre vie. Seules elles peuvent nourrir les espérances de ceux que ne satisfait pas la vie présente, qui refusent de se laisser guider par les sciences d'observation et d'expérience, de se contenter des améliorations réelles, mais limitées qu'elles peuvent introduire dans la vie individuelle et sociale. Car seules les religions qui se maintiennent dans le monde du divin ne sauraient entrer en contradiction avec l'expérience que nous tirons du monde sensible, puisqu'elles restent de parti pris dans le domaine de l'intelligible.

Aussi il faut noter la persistance ou la naissance d'autres cultes, d'autres religions qui, presque toutes, admettent le miracle dans la vie actuelle, mais font surtout intervenir l'autre vie avec ses mystères et ses espérances que l'observation scientifique ne peut contredire. Les recherches contemporaines ont montré le développement des mystères, spécialement d'Eleusis, auxquels se joint une interprétation stoïcienne, puis néo-platonicienne, celui des religions égyptiennes, en particulier du culte d'Isis et de Sérapis, celui des religions asiatiques et orientales, de la Grande Mère et du Sabasios phrygien, celui de Mithra avec son baptême sanglant, qui luttent alors avec le christianisme et le judaïsme à qui prendra la place des religions grecques et romaines.

Il n'est pas nécessaire d'insister sur la place qu'occupe Dieu dans la religion judaïque. Il est infiniment au-dessus de toute créature; sa Providence s'étend à toutes choses et on lui demande d'intervenir sans cesse dans l'organisation de la vie humaine et dans la production des phénomènes. Mais si l'on est d'accord pour affirmer que l'influence de la religion juive croît rapidement dans le monde gréco-romain, on omet trop souvent de signaler les modifications que l'hellénisme introduit dans les croyances anciennes auxquelles il joint une philosophie et qu'il modifie, en ce sens tout au moins, que l'homme est rapproché de Dieu et que son âme est considérée comme immortelle. Par le seul fait de mettre en grec l'Ancien Testament, on avait changé le sens des formules : ainsi ποιεῖν traduisant *bara* insinue l'idée d'une matière que l'on conçoit ordinairement comme distincte de la forme et qui serait mise en œuvre par le Créateur. Les sectes que Josèphe essaie de présenter comme philosophiques sont, pour la plupart, religieuses, et grandissent encore le rôle de Dieu : les Pharisiens sont des dévots et des pratiquants qui observent plus que la Loi et admettent l'intervention perpétuelle de Dieu dans les choses humaines ; les Esséniens sont des moines qui croient plus fortement encore que leurs coreligionnaires à l'action immédiate de Dieu sur toutes choses. Mais le Pseudo-Aristobule soutient que les philosophes et même les poètes de la Grèce ont puisé directement ou indirectement dans Moïse, que l'interprétation allégorique est indispensable pour écarter des livres saints tout anthropomorphisme et pour établir, par suite, leur conformité avec les meilleurs des systèmes grecs de philosophie ; enfin que l'on peut ainsi rapporter au judaïsme la formule célèbre de Cléanthe et d'Aratus : « Nous sommes de ta race », ce qui revient à affirmer comme Epictète, que nous sommes Fils de Dieu. D'autres livres continuent dans la même voie. Mais c'est surtout Philon qui complète l'œuvre du Pseudo-Aristobule, en soumettant l'Ancien Testament à un système d'interprétation allégorique qui fait dire plus tard que Platon philonise ou que Philon platonise, surtout en produisant une théorie mystique de l'extase qui explique, en cette vie même, notre union avec Dieu, en faisant un usage constant du principe de perfection, en laissant aux Juifs et aux Chrétiens, comme aux Plotiniens, la doctrine du Logos ou du Verbe et des Idées tranformées en pensées divines.

Le christianisme donne à Dieu la même puissance que le judaïsme; peut-être la grandit-il encore. C'est lui qui vêt les fleurs des champs, qui fait croître les lis, qui nourrit les oiseaux, qui fait luire son soleil sur tous et qui envoie la pluie sur les champs comme c'est lui qui opère tous les miracles et les prodiges dont il est question dans les Evangiles. Peut-être le christianisme attribue-t-il cependant une part plus grande aux hommes dans l'accomplissement de l'œuvre divine : apôtres et disciples sont, comme les anges, des envoyés auxquels Dieu transmet une partie de son pouvoir.

Surtout l'humain se trouve étroitement rattaché au divin auquel il participe plus que dans le judaïsme.

C'est de façons multiples que les textes évangéliques rapprochent Jésus de l'humanité. C'est Jésus de Nazareth ou le Nazaréen ; c'est le fils du charpentier, le charpentier dont on rappelle le père et la mère, les frères et les sœurs ; c'est un prophète et c'est le Fils de David, comme l'appellent tous ceux qui invoquent son secours. C'est le Roi des Juifs. A la conception juive d'un Messie, qui est un homme choisi par Dieu pour rendre à Israël son antique splendeur, se juxtapose ou se superpose celle d'un Messie qui annonce un royaume intelligible et divin, auquel il présidera par la suite. Ainsi se joint, comme on dira plus tard, le règne de la Grâce au règne de la Nature. Les paraboles sont destinées à faire comprendre par ceux que ne toucherait pas la description exacte et abstraite, ce que peut être ce monde intelligible et divin où nous sommes appelés à vivre et qu'il semble déjà, même en ce monde, possible de constituer en nous.

Jésus s'appelle lui-même le Fils de l'homme et c'est l'appellation la plus fréquente dans les Évangiles. Rien de ce qui concerne la condition humaine, surtout la souffrance, ne lui est épargné, mais les Évangiles le disent aussi Fils de Dieu, parlent souvent de son Père qui est dans les cieux, de son triomphe futur, de la gloire du Fils de l'homme, qu'à plusieurs reprises Dieu a proclamé son Fils bien aimé.

Non seulement Jésus est présenté comme Fils de l'homme et comme Fils de Dieu, mais des formules qui ont une certaine analogie sont employées à propos de ses disciples et des autres hommes. Ainsi la prière que Jésus enseigne traite Dieu de Père, « Notre Père qui es aux cieux » ; Jésus appelle frère, sœur, mère, ceux qui font la volonté de son Père qui est dans les cieux : ses disciples ne doivent nommer personne sur la terre leur Père, car ils n'ont qu'un seul Père, celui qui est dans les cieux et qui par conséquent est aussi son propre Père. Aussi sont-ils tous frères et sont-ils ou deviendront-ils — les deux formules peuvent être tirées par conclusion ou directement des textes — Fils de Dieu. Ceux qui ont le cœur pur verront Dieu ; les pacifiques seront appelés Fils de Dieu, est-il dit dans le Sermon sur la Montagne. Ainsi nous nous trouvons en présence de formules qui peuvent être comparées à celles des Stoïciens et surtout d'Épictète. Ainsi s'expliquent les emprunts célèbres de saint Paul à Cléanthe et à

Aratus : « Nous sommes de sa race, c'est en lui que nous vivons, que nous sommes et que nous nous mouvons » (ch. v). Ainsi s'expliquent les formules énergiques des mystiques chrétiens (ch. IV) qui parlent de leur christification et de leur déification, autant que cela est possible en cette vie !

Enfin pour montrer encore des analogies qui expliquent les rapprochements faits ultérieurement par les chrétiens eux-mêmes, on doit rappeler que la soumission à Dieu est demandée par les Évangiles comme par les œuvres stoïciennes du temps : « Que votre volonté soit faite », est-il dit dans la prière enseignée par Jésus. Ceux-là seuls, dit-il à ses disciples, entreront dans les cieux qui feront la volonté de mon Père ; celui qui fait la volonté de mon Père est mon frère, ma mère et ma sœur. Et quand Jésus, au mont des Oliviers, demande à son Père d'éloigner ce calice, il ajoute : « Toutefois que ta volonté soit faite et non la mienne ».

*
* *

Donc il y a accord, pour le fond — en laissant bien entendu de côté les différences qui ont été souvent, mais uniquement signalées — entre les philosophes qui s'adressent aux esprits d'une haute culture et le peuple qui, sous des formes diverses, augmente la part du divin dans ses préoccupations. Tous s'efforcent d'en rapprocher l'humain pour l'y unir, en tenant de moins en moins compte du monde sensible et des procédés par lesquels on peut en faire l'étude et la conquête.

Ainsi nous voyons encore que les conceptions médiévales sont essentiellement religieuses et théologiques ; ainsi est établie à nouveau la nécessité de faire générale et comparée l'histoire des théologies et des philosophies médiévales.

CHAPITRE VII

PHAVORINOS D'ARLES PRÉDÉCESSEUR
DE JEAN-JACQUES ROUSSEAU

Article de Sainte-Beuve sur Charron.
I. — Les *Remplaçantes* de Brieux et l'article de la *Revue internationale de l'Enseignement* du 15 mars 1901.
II. — Phavorinos, sa vie et ses œuvres.
III. — Les conseils ed Phavorinos à une mère pour nourrir son enfant : le texte d'Aulu-Gelle et la façon dont les conseils sont donnés.
IV. — Le plaidoyer de Rousseau reproduit et transforme, d'une façon qui n'est pas toujours heureuse, les idées de Phavorinos. — Conclusion : le xviiie siècle se rattache par cette question au second siècle de l'ère chrétienne.

Dans un article sur Charron (*Lundis*, XI, p. 260), Sainte-Beuve écrivait : « Charron s'occupe de l'enfant dès avant la naissance et donne là-dessus, comme ferait un médecin, des prescriptions de pure hygiène. L'enfant aussitôt né, il songe à la nourrice: selon la raison, dit-il, et tous les sages, ce doit être la mère. » Et il cite à ce sujet ce que dit le philosophe Phavorinos et ce que répétera J.-J. Rousseau.

Sainte-Beuve ajoute en note: Dans un lieu où les développements seraient permis, il y aurait à citer au long et à mettre en regard les passages de ces divers auteurs; c'est ce qu'il me fut permis de faire un jour dans une de mes leçons à l'École normale, et, à propos de ces idées de Charron sur la convenance qu'il y a pour les mères d'allaiter elles-mêmes leurs enfants, ayant produit le plaidoyer de Favorin, je disais à mes jeunes et studieux auditeurs : Je cherche à établir dans vos esprits une filiation naturelle. On est accoutumé à rapporter à J.-J. Rousseau l'honneur de ce conseil : il lui a donné, en effet, dans l'*Émile*, l'aile et le souffle de son éloquence. Il a été le dernier venu et qui a fait le plus de bruit sur cette question. Mais l'humanité va incessamment, apprenant et oubliant tour à tour, et vous avez vu que l'éloquence aussi et le souffle n'avaient pas manqué dans le conseil donné par un philosophe et un sage gaulois, parlant en grec à un romain de ses amis, par Favorin, né à Arles, l'une des lumières du siècle des Antonins. Vous êtes remplis encore de cette parole abondante, douce, affectueuse, onctueuse, fondée en raisons de physiologie et d'hygiène, solide à la fois et moralement persuasive qu'Aulu-Gelle déclare cependant n'avoir pu reproduire qu'imparfaitement avec l'infériorité de son latin et de la langue romaine elle-même. Il nous faut voir maintenant le même conseil sous la plume brûlante et entrainante de Jean-Jacques. Il y a de la raison, il y aura aussi de la rhétorique chez tous deux, etc. »

I

La *Revue internationale de l'Enseignement* du 15 mars 1901 publiait la lettre suivante adressée au Président du groupe marseillais de la *Société d'Enseignement supérieur*.

« Monsieur et cher Confrère,

« Il y a longtemps que j'ai réuni tous les documents nécessaires pour faire revivre un de nos compatriotes dont la vie et l'œuvre ne me semblent pas avoir été suffisamment mis en lumière par nos historiens de la littérature, de la philosophie et de la pédagogie. Phavorinos d'Arles fut certes un sophiste qui, par la subtilité de ses pensées et parfois par la futilité des sujets traités, mérita les jugements sévères des ennemis de la sophistique. Mais aussi ce fut un philosophe dont la place est marquée dans l'histoire des doctrines acataleptiques et sceptiques. Ce fut un érudit et un homme d'un sens très pratique, qu'Aulu-Gelle a fort bien fait connaître. A tous ceux qui auront lu avec soin les *Nuits attiques*, Phavorinos apparaîtra comme un des hommes dont le pays qui les a vu naître peut se trouver honoré et conserver le souvenir.

« Pour me borner aujourd'hui à une thèse sur laquelle l'œuvre récente et applaudie de M. Brieux, *Les Remplaçantes*, a appelé de nouveau l'attention, je me permettrai de vous signaler ce que Phavorinos, le premier à ma connaissance, a dit avant J.-J. Rousseau, et tous ses successeurs, sur la nécessité pour les mères de nourrir elles-mêmes leurs enfants. »

On rappelait ensuite l'article de Sainte-Beuve précédemment

cité; on établissait que J.-J. Rousseau a connu son prédécesseur, on donnait le texte et la traduction du passage d'Aulu-Gelle qui nous a conservé la pensée de Phavorinos et l'on concluait en demandant s'il n'y avait pas lieu de réunir en un volume tous les fragments, épars çà et là, qui feraient revivre un de nos vieux maitres et si la ville d'Arles ne pourrait dédier au moins un buste ou une rue au prédécesseur de Montaigne, de Charron, de J.-J. Rousseau et de M. Brieux ?

Le Conseil municipal de la ville d'Arles s'est souvenu de Phavorinos. Mais le second centenaire de J.-J. Rousseau a laissé complètement dans l'ombre notre vieux compatriote. Il importe de le rappeler à la lumière, d'abord pour rendre à chacun ce qui lui est dû; puis pour montrer que la période médiévale, surtout occupée du divin comme il a été montré dans le précédent chapitre, n'a pas laissé parfois, comme on peut le voir chez Plotin le mystique par excellence, de présenter des conceptions pratiques d'une valeur singulière; enfin pour noter une fois de plus qu'il y a évolution plutôt que révolution dans la marche de la civilisation et de la pensée humaines.

II

C'est un curieux personnage que Phavorinos d'Arles. Né à Arles entre 70 et 80, il se rendit à Rome et y séjourna sous Trajan, Adrien et Antonin. Il parcourut en sophiste la Grèce et l'Asie Mineure; il entendit Dion Chrysostome, dont il se disait le disciple, peut-être Epictète dont il cite certains propos que nous a transmis Aulu-Gelle. Il fut l'ami de de Plutarque dont il donne le nom à un de ses écrits, tandis que Plutarque lui dédie son livre sur le premier froid et lui adresse peut-être une lettre sur l'amitié. Sous Adrien, il exerce un sacerdoce à Arles, mais il séjourne le plus souvent à Rome vers la fin de sa vie. Autour de lui, il réunit des hommes distingués et des jeunes gens. On a noté en lui la grâce du langage, la variété des idées et de l'érudition, l'habileté à tourner tous les sujets vers l'utilité. Il tient école de déclamation et de philosophie, également versé dans les langues et littératures de la Grèce et de Rome. Sa vie se termine sous Antonin.

Parmi ses œuvres, on en trouve qui sont purement sophistiques à la mode du temps, l'éloge de Thersite et de la fièvre quarte, des bagatelles, des gladiateurs, des bains; d'autres sont des rédactions de son enseignement, Mémoires, Histoire variée, Epitome. La plupart portent sur la philosophie : ainsi il écrit l'histoire des Cyrénaïques, sur la philosophie d'Homère, des traités populaires de philosophie, un recueil de sentences morales, sur l'ironie socratique, sur Platon ou la manière de vivre des philosophes. On le rattache, au point de vue spéculatif, aux Pyrrhoniens et aux représentants de la Nouvelle Académie : il compose dix livres de tropes pyrrhoniens, un écrit en trois parties sur la présentation compréhensive, περὶ τῆς καταληπτικῆς φαντασίας, à laquelle les stoïciens suspendent tout l'édifice de leurs dogmes, la première étant dédiée à Adrien, la seconde à Dryson, la troisième à Aristarque. A cet ouvrage se rattachait peut-être celui où il établissait qu'on ne peut percevoir le soleil. Ajoutons encore ceux où il traitait de la disposition des Académiciens et qu'il intitulait Plutarque, où un esclave de Plutarque s'entretenait avec Epictète, etc.

C'était un grand admirateur d'Aristote, selon Plutarque, et il trouvait sa philosophie la plus vraisemblable de toutes. Aulu-Gelle signale la concordance de certaines opinions de Phavorinos avec celles d'Aristote. Mais il puisait aussi chez les Stoïciens, comme on le voit dans les conseils qu'il donne à une mère pour nourrir son enfant et dans la discussion où, choisi pour arbitre, il se prononce pour le stoïcisme et déclare que la vertu à elle seule donne le bonheur. Phavorinos s'accorde donc avec des dogmatiques.

Il marche aussi avec les sceptiques et, dans les dix modes pyrrhoniens, établit, à la façon d'Enésidème, le sens véritable des doctrines sceptiques qui ne comportent aucune affirmation métaphysique. Philostrate dit même qu'il les acceptait pour son compte. Mais aussi il se rattache aux Académiciens : il combat l'astrologie et subit probablement l'influence de Carnéade et d'Enésidème, en rapprochant l'ancienne doctrine de l'incompréhensibilité des théories pyrrhoniennes. Il alla plus loin, dans cette voie, qu'Arcésilas et, par suite, il n'est guère possible de le distinguer des purs sceptiques, au point de vue des affirmations métaphysiques sur l'essence des choses.

Quant aux emprunts qu'il fait aux Stoïciens et au Péripatétisme, à la recommandation qu'il adresse à ses disciples de se livrer à l'étude des sciences, on s'en rend compte en remarquant que Phavorinos, comme Carnéade, se réserve après avoir soutenu que rien n'est compréhensible, de choisir pour leur vraisemblance les doctrines dont il ne peut affirmer ou nier la vérité. Ainsi il nous présente une des formes les plus remarquables de cet éclectisme qui règne aux premiers siècles de l'ère chrétienne.

III

Nous en venons au texte même, dont nous donnons la traduction tout entière pour qu'on puisse suivre l'argumentation de Phavorinos.

« On vint annoncer au philosophe Favorinus, en notre présence, que la femme d'un de ses auditeurs et sectateurs, venait d'accoucher, et avait donné un fils à son mari : « Allons, dit-il, voir la « mère et féliciter le père. »

« Celui-ci était d'une famille noble, qui avait figuré au Sénat. Nous suivîmes tous Favorinus, nous l'accompagnâmes jusqu'à la maison, et entrâmes avec lui. Il embrassa le père dans le vestibule, le félicita et s'assit. Il s'informa si l'accouchement avait été long et laborieux ; et ayant appris que la jeune mère, fatiguée par les veilles et les douleurs, s'était endormie, il donna un plus libre cours à ses paroles : « Je ne doute pas, dit-il, qu'elle ne soit dis-
« posée à nourrir son fils de son propre lait. » La mère de l'accouchée ayant répondu qu'il fallait user de ménagement, et donner à l'enfant des nourrices, pour ne pas ajouter aux douleurs de l'enfantement la fatigue et les inquiétudes de l'allaitement : « Je
« te conjure, femme, répliqua Favorinus, de permettre qu'elle
« soit tout à fait la mère de son fils. Enfanter et rejeter aussitôt
« loin de soi l'être qu'on a mis au monde, n'est-ce pas une mater-
« nité imparfaite et contraire à la nature? On n'est mère qu'à
« demi, lorsqu'après avoir nourri de son sang, dans son sein, un
« être qu'on ne voyait pas, on lui refuse son lait lorsqu'on le voit
« déjà vivant, déjà homme, implorant déjà, demandant en pleurant
« à sa mère, qu'elle s'acquitte de son devoir. Et toi aussi, ajouta-
« t-il, penses-tu que la nature ait donné les mamelles aux femmes
« comme de gracieuses protubérances destinées à orner le sein,
« et non à nourrir les enfants? Dans cette idée, la plupart de nos
« merveilleuses » *pleræque istæ prodigiosæ mulieres* » (et vous êtes
« loin de penser comme elles) s'attachent à dessécher et à tarir
« cette fontaine sacrée où le genre humain puise la vie, risquent
« de corrompre ou de faire dévier leur lait, persuadées qu'il
« dégraderait ces insignes de la beauté. C'est la même folie qui
« les pousse à s'empêcher d'être mères, par des pratiques fraudu-
« leuses et abortives, pour ne pas laisser la surface polie de leur
« ventre se rider ou s'affaisser sous le poids de l'enfant et les
« douleurs de l'enfantement. Mais si l'on encourt la haine

« publique, l'exécration générale, pour aller détruire l'homme
« à ses premiers jours, lorsqu'il se forme et s'anime entre les
« mains de la nature, agit-elle beaucoup moins mal celle qui
« refuse à l'enfant déjà formé, déjà venu au jour, déjà son fils,
« la nourriture de son sang, nourriture qu'il connaît et dont il a
« pris l'habitude? Mais peu importe, dit-on, pourvu qu'il vive et
« soit nourri, de quel lait il le soit. Celui qui tient ce langage,
« puisqu'il est si sourd à la voix de la nature, pourquoi ne pense-
« t-il pas aussi que peu importe dans quel corps et de quel sang
« l'homme soit formé et nourri? Le sang, pour avoir blanchi par
« l'abondance de la chaleur et de la respiration, n'est-il plus le
« même dans les mamelles que dans le sein? Peut-on, sans recon-
« naître la sollicitude manifeste de la nature, voir ce sang géné-
« rateur, après avoir formé l'homme dans son atelier mystérieux,
« se porter, au moment où approche l'heure de l'enfantement,
« dans les parties supérieures, prêt à seconder la vie dans ses
« commencements, et à offrir aux nouveau-nés une nourriture
« déjà familière? Aussi n'est-ce pas sans raison qu'on a pensé que,
« si la semence a la propriété de créer des ressemblances de corps
« et d'esprit, le lait a des propriétés toutes semblables et aussi
« puissantes. On a reconnu cette influence, non pas seulement
« dans l'espèce humaine, mais aussi dans les animaux. Que des
« chevreaux tettent le lait d'une brebis, ou des agneaux celui
« d'une chèvre, il arrive presque constamment que la laine de
« ceux-ci est plus rude, le poil de ceux-là est plus doux. Dans les
« arbres et les plantes, les eaux et le terrain ont plus d'influence
« dans la plupart des cas pour les améliorer ou les détériorer que
« la semence même d'où ils sont sortis; et souvent on a vu un
« arbre plein de vie et de sève mourir dans le sol moins heureux
« où il avait été transplanté. Quelle raison peut-il donc y avoir
« pour dégrader la noblesse que l'homme apporte en venant au
« jour, pour détériorer ce corps et cette âme commencés sous de
« si heureux auspices, en y introduisant l'aliment dégénéré d'un
« lait étranger? Que sera-ce encore si la nourrice que vous lui
« donnerez est esclave par sa condition ou par ses mœurs, si elle
« est, selon l'usage, étrangère et barbare, si elle est méchante,
« difforme, ivrogne ou impudique? Car pour l'ordinaire on prend
« au hasard, lorsqu'on en a besoin, la première femme qui a du
« lait. Laisserons-nous donc notre enfant s'infecter d'un poison
« mortel et, d'un corps et d'une âme dépravés, tirer la vie pour
« son âme et pour son corps? Étonnons-nous après cela si des
« femmes pudiques ont des enfants qui, ni pour l'âme ni pour le

« corps, ne ressemblent à leurs parents ! J'admire ici la haute
« raison de notre Virgile. Il imite ces vers d'Homère :

« Tu n'as pas eu pour père Pélée habile à manier les chevaux,
« ni pour mère Thétis ; tu dois ta naissance à la mer cruelle, à des
« roches nues, puisque tu portes un cœur inexorable. »

« Virgile ne s'arrête pas, comme son modèle, à l'enfantement ;
« il ajoute, ce qui n'est pas dans Homère :

« Les tigresses de l'Hyrcanie t'ont prêté leurs mamelles. »

« Rien en effet ne contribue plus à former les mœurs que le
« caractère de la nourrice, et la qualité du lait, qui participe à la
« fois des qualités physiques et morales du père et de la mère.
« Il est encore une autre considération qu'on ne saurait dédaigner.
« N'est-il pas vrai que les femmes qui abandonnent et exilent loin
« d'elles leurs enfants, pour les laisser nourrir par d'autres,
« brisent, ou du moins relâchent, affaiblissent le lien de tendresse
« dont la nature unit l'âme des enfants à celle des parents ? Aus-
« sitôt que l'enfant est sorti de la maison pour aller ailleurs,
« l'énergie du sentiment maternel s'émousse peu à peu, et tout le
« tumulte de l'inquiétude et de l'impatience maternelle fait
« silence. Un enfant mis en nourrice n'est guère moins oublié
« qu'un mort. L'enfant à son tour porte tout d'abord sur celle qui
« le nourrit son affection et son amour ; et celle qui lui a donné
« le jour ne lui inspire pas plus de sentiment, pas plus de regret
« que s'il avait été exposé. Ainsi s'altère et s'évanouit la piété dont
« la nature avait jeté la première semence ; et si l'enfant paraît
« encore aimer son père et sa mère, cet amour n'est pas l'effet
« de la nature, mais le fruit de la société et de l'opinion. » Ainsi
parla Favorinus en grec. Les idées m'ont paru d'un intérêt général,
et je les rapporte aussi fidèlement que ma mémoire me le permet.
Pour les grâces et la richesse de la diction, toute l'éloquence
latine n'en retracerait qu'une ombre ; ma faiblesse, rien du tout. »
(Aulu-Gelle, *Nuits attiques*, liv. XII, ch. I.)

Notons d'abord que les conseils de Phavorinos concernent
quelqu'un qui a coutume de lui en demander, puisqu'il s'agit
d'un de ses sectateurs, *auditoris sectatorisque*, et qu'ils sont offerts
au moment même où l'occasion se présente de les mettre en
pratique. Puis ils sont adressés à la mère de l'accouchée, à celle
qu'il est le plus difficile de convaincre, parce qu'elle craint pour
la santé de sa fille. Aussi lui explique-t-il que des inconvénients
plus grands peuvent résulter de l'emploi d'une nourrice. Il lui
montre que, n'acceptant pas les conséquences extrêmes que
tirent certaines « merveilleuses » du souci de leur beauté pour

s'empêcher d'être mères, elle ne saurait non plus admettre qu'une femme renonce à nourrir son enfant pour ne pas déformer les seins qu'elles ne considèrent que comme de gracieux ornements. Toute son argumentation a pour objet d'établir quels inconvénients peuvent résulter, pour l'enfant et par suite pour sa mère et pour sa famille, de la substitution d'une nourrice à la mère, dans cette première éducation donnée au corps mais aussi à l'âme de celui qu'on souhaite ressemblant à ses ancêtres. Et la nature ou les Dieux — à la façon stoïcienne — sont discrètement invoqués. Et Virgile et Homère sont cités pour emporter l'assentiment. Les disciples de Phavorinos sont d'ailleurs présents et, si l'on en juge par Aulu-Gelle qui a rapporté le discours de Phavorinos, ne refusent leur admiration au maître ni pour le fond, ni pour la forme. Si jamais homme eut chance de convaincre le mari, la mère et par suite la jeune femme, on peut donc dire que ce fut Phavorinos.

IV

On sait quel fut le succès de la thèse défendue brillamment par Rousseau, combien même parfois il fut étrange! Sans le rendre responsable des déformations imposées à ses conseils, il faut cependant noter quelques singularités dans son plaidoyer. Il grandit singulièrement le rôle de la mère. « C'est à toi que je m'adresse, tendre et prévoyante mère, qui sus t'écarter de la grande route et garantir l'arbrisseau naissant du choc des opinions humaines! Cultive, arrose la jeune plante avant qu'elle meure; ses fruits feront un jour tes délices. Forme de bonne heure une enceinte autour de l'âme de ton enfant; un autre en peut marquer le circuit; mais toi seule y dois poser la barrière. » La République de Platon n'est point pour lui un ouvrage de politique, « c'est le plus beau traité d'éducation qu'on ait jamais fait ». C'est à l'*Histoire naturelle* de Buffon qu'il emprunte la condamnation du maillot, mais il attribue cet « usage déraisonnable » à un usage dénaturé : « Depuis que les mères, méprisant leur premier devoir, n'ont plus voulu nourrir leurs enfants, il a fallu les confier à des femmes mercenaires qui... n'ont cherché qu'à s'épargner de la peine ». Rousseau simplifie fort spirituellement les raisons pour lesquelles on aboutit à ce résultat : « J'ai vu quelquefois le petit manège des jeunes femmes qui feignent de vouloir nourrir leurs enfants. On sait se faire presser de renoncer à cette fantaisie, on fait adroitement intervenir les époux, les médecins, surtout les mères. Un mari qui oserait consentir que sa femme nourrît son enfant serait un homme perdu. L'on en ferait un assassin qui veut se défaire d'elle. Maris prudents, il faut immoler à la paix l'amour paternel ; heureux qu'on trouve à la campagne des femmes plus continentes que les vôtres ».

Comme Phavorinos, Rousseau s'occupe tout à la fois de l'enfant et de la mère : « Le devoir des femmes n'est pas douteux : mais on dispute si, dans le mépris qu'elles en font, il est égal pour les enfants d'être nourris de leur lait ou d'un autre. Je tiens cette question... pour décidée au souhait des femmes et pour moi je penserais bien aussi qu'il vaut mieux que l'enfant suce le lait d'une nourrice en santé que d'une mère gâtée, s'il avait quelque nouveau mal à craindre du même sang dont il est formé... Mais la question doit-elle s'envisager seulement par le côté physique et l'enfant a-t-il moins besoin des soins d'une mère que de sa mamelle ? D'autres femmes, des bêtes mêmes pourront lui donner le lait qu'elle lui refuse : la sollicitude maternelle ne se supplée point. Celle qui nourrit l'enfant d'une autre au lieu du sien, est une mauvaise mère, comment sera-t-elle une bonne nourrice ?... (Voici) un inconvénient qui seul devrait ôter à toute femme sensible le courage de faire nourrir son enfant par une autre, c'est celui de partager le droit de mère ou plutôt de l'aliéner, de voir son enfant aimer une autre femme autant et plus qu'elle, de sentir que la tendresse qu'il conserve pour sa propre mère est une grâce et que celle qu'il a pour sa mère adoptive est un devoir ; car où j'ai trouvé les soins d'une mère, ne dois-je pas trouver l'attachement d'un fils ? »

On trouve, dans tout ce passage, des réminiscences de Phavorinos, mais on y rencontre aussi des exagérations et des idées dans lesquelles il y a peut-être plus d'erreur que de vérité. Il en est de même du passage suivant, où Rousseau semble dire que la face du monde sera changée, si les femmes en reviennent à nourrir leurs enfants : « Voulez-vous rendre chacun à ses premiers devoirs ? Commencez par les mères ; vous serez étonné des changements que vous produirez. Tout vient successivement de cette première dépravation ; tout l'ordre moral s'altère ; le naturel s'éteint dans tous les cœurs, l'intérieur des maisons prend un air moins vivant... Mais que les mères daignent nourrir leurs enfants, les mœurs vont se réformer d'elles-mêmes, les sentiments de la nature se réveiller dans tous les cœurs, l'État va se repeupler, ce premier point, ce point seul va tout réunir .. Ainsi de ce seul abus corrigé résulterait bientôt une réforme générale; bientôt la nature aurait repris tous ses droits. Qu'une fois les femmes redeviennent mères, bientôt les pères redeviendront pères et maris ». Curieuses affirmations qui montrent bien le caractère idéal des conceptions de Rousseau ! Quand il a lié certaines idées par une logique purement intérieure, il s'imagine que, du même coup, les réalités se trouveront enchaînées ! Si vous faites passer, comme dirait un péripatéticien, une de ces idées de la puissance à l'acte, vous aurez du même coup amené toutes les autres à l'existence. Écoutez-le encore quand il s'adresse aux mères qui suivront ses conseils : « Il se trouve pourtant quelquefois encore de jeunes personnes d'un bon naturel qui, sur ce point, osant braver l'empire du monde et les clameurs de leur sexe, remplissent avec une vertueuse intrépidité, ce devoir si doux que la nature leur impose. Puisse leur nombre augmenter par l'attrait des biens destinés à celles qui s'y livrent! Fondé sur des conséquences que donne le plus simple raisonnement et sur des observations que je n'ai jamais vues démenties, j'ose promettre à ces dignes mères un attachement solide et constant de la part de leurs maris, une tendresse vraiment filiale de la part de leurs enfants, l'estime et le respect du public, d'heureuses couches sans accident et sans suite, une santé ferme et vigoureuse, enfin le plaisir de se voir un jour imiter par leurs filles et citer en exemples à celles d'autrui. »

Ainsi du seul fait de nourrir l'enfant doit résulter une foule de conséquences heureuses pour la mère, pour sa famille, pour la société tout entière, comme la réformation des mœurs elles-mêmes!

Il semble d'ailleurs que Rousseau fasse ensuite bon marché des conseils qu'il a donnés, car il en donne de nouveaux pour le choix d'une nourrice qui convienne à son Emile : « Au nouveau-né il faut une nourrice. Si la mère consent à remplir son devoir, à la bonne heure, on lui donnera ses directions par écrit : car cet avantage a son contre-poids et tient le gouverneur un peu plus éloigné de son élève. Mais il est à croire que l'intérêt de l'enfant, et l'estime pour celui à qui elle veut bien confier un dépôt si cher, rendront la mère attentive aux avis du maître; et tout ce qu'elle voudra faire, on est sûr qu'elle le fera mieux qu'une autre. S'il nous faut une nourrice étrangère, commençons par la bien choisir.... Je n'irai pas consulter un accoucheur, j'aurai soin de la choisir moi-même.... une nourrice nouvellement accouchée... aussi saine de cœur que de corps... Le choix importe d'autant plus que son nourrisson ne doit point avoir d'autre gouvernante qu'elle.... Il faut que la nourrice vive un peu plus commodément, qu'elle prenne des aliments un peu plus substantiels.... etc. etc. »

Qu'on relise maintenant les conseils de Phavorinos et qu'on n'oublie pas qu'il a parlé en grec, qu'Aulu-Gelle rapporte les idées aussi fidèlement que sa mémoire le lui permet, mais que « pour les grâces et la richesse de la diction, toute l'éloquence latine n'en retracerait qu'une ombre et sa faiblesse, rien du tout ». Que si l'on préfère Rousseau, il restera toujours que celui-ci est le dernier venu, comme dit Sainte-Beuve, et qu'il faut se souvenir de son antique prédécesseur !

Mais J.-J. Rousseau, dira-t-on, a-t-il connu Phavorinos ? On ne saurait le contester. Sans parler, comme le bénédictin Dom Cajot, des Plagiats de Rousseau en matière d'éducation, — car il transforme ce qu'il emprunte — il suffit de remarquer que Rousseau a cité Phavorinos, d'après Aulu-Gelle (*N. att.*, IX, 8), dans le second livre de *l'Emile*. « Les grands besoins, disait Favorin, naissent des grands biens, et souvent le meilleur moyen de se donner les choses dont on manque est de s'ôter celles que l'on a. » Et si l'on veut prendre la peine ou le plaisir de relire les deux textes, on verra que Rousseau a utilisé toutes les idées qui se trouvent chez Phavorinos et que, par conséquent, le xviiie siècle se rattache directement au second siècle pour cette question sur laquelle il a cru parfois faire œuvre entièrement originale.

CHAPITRE VIII

SUR LA QUESTION DES UNIVERSAUX AU XIIe SIÈCLE

Les recherches des Arabes et des Juifs d'Orient et d'Occident, des yzantins et même des chrétiens occidentaux ne sauraient être ramenées, du viiie au xiiie siècle, à la question des Universaux. Même au xiie siècle on n'a pas admis qu'elle constituât toute la dialectique.

I. — L'*Historia Calamitatum* d'Abélard nous apprend que Guillaume de Champeaux enseignait la dialectique quand Abélard arriva à Paris, qu'il continua chez les clercs réguliers ses études et son enseignement sur le *trivium* tout entier, enfin qu'il professa aussi la théologie, étudiée par lui avec Anselme de Laon. Nous savons d'ailleurs qu'il fut un des fondateurs du mysticisme de Saint-Victor.

II. — Abélard nous dit que pour lui-même — et son œuvre en est un sûr témoignage — la question des universaux n'est ni toute la dialectique, ni toute la philosophie, ni toute la spéculation théorique.

III. — La publication de M. Lefèvre sur Guillaume de Champeaux : un seul fragment a pu être utilisé par lui pour la question des universaux. De la discussion à laquelle il s'est livré, il résulte que Guillaume a admis la doctrine de la similitude.

Conclusion : les hommes du xie et du xiie siècle ont donné des solutions obscures à la question des universaux, parce qu'ils en ont ignoré la portée psychologique et métaphysique. L'Occident doit achever son éducation avec les Byzantins, les Arabes et les Juifs.

Il a été établi (*Revue internationale de l'Enseignement*, 15 avril 1893, *La Scolastique, Esquisse d'une histoire générale et comparée des philosophies médiévales*, 2e éd., ch. vii) que l'on ne saurait légitimement ramener aux discussions sur les universaux les recherches des Arabes et des Juifs d'Orient et d'Occident, des Byzantins et même des Chrétiens occidentaux du viiie au xiiie siècle, à plus forte raison de tous les philosophes médiévaux.

Sans doute on s'est occupé des universaux dans certaines écoles d'Occident et on en a beaucoup discuté à la fin du xie siècle et dans la première moitié du xiie. Mais on a examiné, dans ces écoles et en dehors d'elles, d'autres problèmes qui parurent plus importants et qui ont été signalés dans les travaux mêmes auxquels il vient d'être fait allusion.

Il y a plus. A l'époque où les universaux tiennent une grande place dans les préoccupations des maîtres et de leurs disciples, c'est-à-dire de 1087, date à laquelle se rapporte le texte de *l'Historia francica* (*Roscelin philosophe et théologien*, ch. II, p. 22), à 1160, où Jean de Salisbury peut écrire l'histoire des discussions que va remplacer l'étude des textes arabes, grecs et juifs, mis en latin sous la diretion de l'archevêque de Tolède, Raymond, par Gundissalinus et Jean d'Espagne, ceux-là même qui y ont donné une grande attention n'ont pas cru que l'étude des universaux constituât ni toute la dialectique, ni à plus forte raison toute la philosophie. C'est ce que prouve Abélard, en nous parlant de Guillaume de Champeaux, disciple du théologien Anselme de Laon et maître en grammaire, en rhétorique, en dialectique; puis, en nous affirmant que, pour lui, la dialectique s'étend à d'autres questions; c'est ce qu'achèvent de mettre en lumière des travaux récents sur Guillaume de Champeaux.

I

On sait que l'*Historia Calamitatum*, adressée à un ami, fait connaître en partie la vie d'Abélard, sans mentionner toutefois Roscelin, dont il avait été longtemps l'élève, comme en témoignent Abélard lui-même, Othon de Freisingen et Roscelin dans la lettre à Abélard. On y trouve sur l'enseignement de Guillaume de Champeaux quelques indications intéressantes.

Abélard vient de dire qu'il a préféré, à tous les enseignements de la philosophie, la dialectique et son arsenal, qu'il a échangé les armes de la guerre contre celles de la dialectique et sacrifié les trophées des batailles aux luttes des discussions; puis qu'il se mit à parcourir les provinces, où l'étude de cet art était en honneur, et toujours disputant, en véritable émule des Péripatéticiens :

Et quoniam dialecticarum rationum armaturam *omnibus philosophiæ documentis prætuli, his armis alia commutavi, et trophœis bellorum* conflictus prætuli disputationum. *Proinde diversas* disputando *perambulans provincias, ubicunque* hujus artis *vigere* studium *audieram, peripateticorum æmulator factus sum.*

Abélard arrive enfin à Paris, où depuis longtemps la dialectique était particulièrement florissante, auprès de Guillaume de Champeaux, le maître alors le plus fameux, en réputation et en fait, en ce genre d'enseignement :

Perveni tandem Parisius, ubi jam maxime disciplina hæc florere consueverat, ad Guillelmun scilicet Campellensem, præceptorem meum in hoc *tunc* magisterio *re et fama præcipuum.*

De ces deux textes, en rapprochant les mots soulignés, *dialecticarum rationum armaturam, conflictus disputationum, disputando, hujus artis studium, disciplina hæc, hoc magisterio,* il résulte que Guillaume enseignait à Paris la dialectique quand Abélard y arriva. Quelques années plus tard, après qu'Abélard fut guéri d'une maladie de langueur qui l'avait obligé de quitter la France, son maître Guillaume, archidiacre de Paris, entra dans l'ordre des clercs réguliers. Mais ce changement de profession ne lui fit abandonner ni le séjour de Paris, ni ses études de philosophie et, dans le monastère même où il s'était retiré par esprit de piété, il ouvrit aussitôt des écoles publiques :

Præceptor meus ille Guillelmus Parisiensis archidiaconus, habitu pristino commutato, ad regularium clericorum ordinem se convertit... Nec tamen suæ conversionis habitus aut ab urbe Parisiaca, aut a consueto philosophiæ studio cum revocavit : sed in ipso quoque monasterio, ad quod se causa religionis contulerat, statim more solito publicas exercuit scholas.

C'est en 1108 que Guillaume, archidiacre et maître à Notre-Dame, se retire parmi les clercs réguliers. Il ne renonce pas à la philosophie, c'est-à-dire qu'il continue à l'étudier, car les mots *a consueto philosophiæ studio,* indiquent qu'il ne s'occupait pas seulement de dialectique, comme il a été dit dans le texte précédent. Et dans ce monastère, il reprend immédiatement son enseignement, comme le montrent les mots *statim more solito publicas exercuit scholas.*

C'est alors qu'Abélard revient auprès de lui pour étudier la rhétorique et c'est dans les discussions qui suivent qu'il l'oblige, nous dit-il, à changer sa doctrine des universaux. Comme la question des universaux est une des plus importantes pour les dialecticiens, Guillaume vit son cours négligé :

Tum ego ad eum reversus ut ab ipso rhetoricam audirem, inter cætera disputationum nostrarum conamina, antiquam ejus de universalibus sententiam patentissimis argumentorum disputationibus ipsum commutare, imo destruere compuli... Et quoniam de universalibus in hoc ipso præcipua semper est apud dialecticos quæstio... quum hanc ille... corruisset... sententiam, in tantam lectio ejus devoluta est negligentiam, ut jam ad dialecticæ lectionem vix admitteretur.

Guillaume continue à Saint-Victor son enseignement antérieur : il en résulte donc qu'avant d'y venir, il enseignait déjà la rhétorique, comme il fait encore à Saint-Victor les leçons de dialectique, pendant lesquelles ont lieu les discussions auxquelles tient avant tout son disciple Abélard.

Il semble bien qu'il enseignait aussi la grammaire dans les deux écoles. Guillaume, dit Abélard, s'est transporté, lui, sa petite confrérie et son école, dans une campagne, à quelque distance de la capitale. Mais Abélard s'installe sur la montagne Sainte-Geneviève. Guillaume revient alors dans son ancien cloître. Et celui qu'il avait chargé de le remplacer à Notre-Dame perd les quelques disciples que lui avaient valu ses leçons sur Priscien :

Guillelmus... transtulit se et conventiculum fratrum cum scholis suis ad villam quamdam ab urbe remotam... Extra civitatem in monte S. Genevofæ, scholarum nostrarum castra posui... Quo audito, magister noster statim ad urbem... rediens, scholas quas tunc habere poterat et conventiculum fratrum ad pristinum reduxit monasterium... Ille quippe antea aliquos habebat qualescunque discipulos, maxime propter lectionem Prisciani in qua plurimum valere credebatur. Postquam autem magister advenit, omnes penitus amisit.

Si le remplaçant de Guillaume faisait des leçons sur Priscien, c'est vraisemblablement que Guillaume avait enseigné la grammaire dans l'école dont il conservait en une certaine mesure la direction, puisqu'il avait fait destituer son premier remplaçant, qui avait offert sa chaire à Abélard. Et si le second perd les étudiants qui lisaient avec lui Prescien, c'est qu'ils trouvent, auprès de Guillaume, un enseignement grammatical qui leur paraît supérieur.

Enfin Guillaume professa aussi la théologie. Quand Abélard revint de Bretagne où il avait assisté à la prise d'habit de sa mère, Guillaume s'était déjà fait un nom comme théologien dans son évêché de Châlons-sur-Marne. Il avait reçu les leçons d'Anselme de Laon : *Reversus in Franciam, maxime ut de Divinitate addiscerem, quando jam sæpe fatus magister noster Guillelmus in episcopatu Catalaunensi pollebat. In hac autem lectione magister ejus Anselmus Laudunensis maximam et antiquitate auctoritatem tunc tenebat.*

Guillaume enseigna-t-il la théologie au cloître Notre-Dame, puis à Saint-Victor, avant de la professer à Châlons ? C'est ce que le texte ne dit pas formellement, mais ce qui est possible, puisque Abélard, qui entreprend de le surpasser, enseigne lui-même à Paris, au retour de Laon, la théologie et la philosophie : *Ut me non minorem gratiam in sacra lectione adeptum jam crederent quam in philosophia viderant.*

Notons enfin qu'Abélard, dans ce dernier texte, désigne par le mot de philosophie l'enseignement où il traitait surtout de dialectique et qu'il emploie le même mot pour rappeler que Guillaume s'était opposé à ce qu'il devint maître en philosophie avant qu'Anselme le persécutât à Laon où il voulait enseigner la théologie sans l'avoir apprise: *Non minus in sacra lectione me persequi cœpit (Anselmus) quam antea Guillelmus noster in philosophia.*

De tous ces textes il résulte que Guillaume a étudié la théologie avec Anselme de Laon, qu'il a enseigné à Notre-Dame, puis à Saint-Victor, le *trivium*, grammaire, rhétorique, dialectique, peut-être aussi la théologie qui le rendit célèbre à Châlons.

D'un autre côté, l'abbé Michaud a soutenu (p. 40) que Guillaume fut le maître, en mystique, des Victorins et qu'il conçoit trois degrés dans l'ascension de l'âme vers Dieu (fr. 31) : « D'abord connaître le créateur; ensuite, en vertu de cette connaissance, lui rendre un culte raisonnable; enfin, en lui rendant ce culte, atteindre jusqu'à la charité parfaite. » Mais c'est un mystique qui suit la tradition plotinienne (ch. iv) en attribuant à la partie la plus élevée de la raison — *primus et summus gradus rationis* — la contemplation de Dieu et des choses célestes (fr. 32). Contre l'abbé Rupert de Tuy, Guillaume soutient que Dieu, ayant donné à l'homme tous ses moyens d'action, n'est étranger à rien de ce que nous produisons; mais s'il veut le mal, il ne le veut que dans ce qu'il a de bon, c'est-à-dire dans l'action elle-même et non dans l'intention qui vicie cette action, et dès lors sa volonté conserve intacte toute sa sainteté (fr. 21).

Enfin il convient aussi de tenir compte des rapports de Guillaume avec saint Bernard dont il tempère les excès d'ascétisme, avec les religieux des Trois-Fontaines, les Augustins de Châlons, pour être convaincu que les discussions sur les universaux n'ont rempli ni toute sa vie, ni toute sa pensée.

II

Abélard ne nous éclaire pas seulement sur l'enseignement d'un de ses maîtres, il nous apprend aussi quelle place la question des universaux tient dans les écoles, en apparence pendant un temps, en réalité pendant sa propre existence.

On a souvent discuté le texte où Abélard raconte, dans *l'Historia calamitatum*, qu'il obligea son maître Guillaume de Champeaux à affirmer non plus l'identité de l'essence, mais son indifférence, *ut rem eamdem non essentialiter, sed indifferenter diceret*. On a moins remarqué que, dans les lignes suivantes, Abélard indique, d'un côté, que la question des universaux a toujours été capitale chez les dialecticiens et que Porphyre n'a pas osé prendre sur lui de la trancher ; de l'autre, que Guillaume de Champeaux, obligé de modifier sa pensée, vit son cours tomber dans un tel discrédit, qu'on lui permettait à peine de faire sa leçon de dialectique, comme si la dialectique eût consisté tout entière dans la question des universaux : *Et quoniam de universalibus in hoc ipso præcipua semper est apud dialecticos quæstio, ac tanta ut eam Porphyrius quoque in* Isagogis *suis, quum de universalibus scriberet, diffinire non præsumeret dicens : « Altissimum enim est hujusmodi negotium », quum hanc ille correxisset, imo coactus dimisisset sententiam, in tantam lectio ejus devoluta est negligentiam, ut jam ad dialecticæ lectionem vix admitteretur : quasi in hac scilicet de universalibus sententia tota hujus artis consisteret summa.*

Laissons de côté la généralisation inexacte par laquelle Abélard applique à tous les temps ce qui n'est vrai que de son époque, *præcipua semper apud dialecticos*.

Certes celui qui considère cette question comme capitale — et le mot *præcipua* a un sens moins fort assurément que *capitale* — ne la dit pas néanmoins seule et unique. Abélard a soin de souligner et de préciser sa pensée. Dire : comme si la dialectique eût consisté tout entière dans la question des universaux, *quasi in hac scilicet de universalibus sententia tota hujus artis consisteret summa*, ce n'est pas dire que la question des universaux constitue toute la dialectique.

En fait l'œuvre d'Abélard prouve qu'il a vu bien d'autres questions à traiter dans ses leçons et dans ses livres. Il a donné une *Somme* de dialectique, dans laquelle il a traité, à l'usage des maîtres et des étudiants, bien d'autres questions que celle des universaux, puisqu'il y a condensé ou même développé les Catégories et l'Interprétation d'Aristote, l'Isagoge de Porphyre, les Divisions, les Topiques, le Syllogisme catégorique et le Syllogisme hypothétique de Boèce : *Quorum summam omnium nostræ dialecticæ textus plenissime concludet et in lucem usumque legentium ponet* (2º partie. *Primus Peripatetici analyticorum priorum*).

On pourrait relever des textes analogues, sinon aussi caractéristiques chez un certain nombre de contemporains d'Abélard. Pour lui comme pour Guillaume de Champeaux, il y aurait lieu de faire entrer en ligne son enseignement et son œuvre théologique. Et par cela même apparaît une fois encore l'inexactitude de la formule répétée dans certains manuels que le Moyen Age a réduit les spéculations théoriques au problème des Universaux.

III

La publication de M. G Lefèvre, *Les Variations de Guillaume de Champeaux*, étude suivie de documents originaux, en fournit une nouvelle confirmation, en même temps qu'elle montre que la question, telle qu'elle est alors discutée, n'a qu'une portée toute relative.

On sait qu'Abélard attribue à Guillaume de Champeaux une glose dont nous n'avons pas le texte sur le *de interpretatione* d'Aristote; Hauréau et Cousin parlent d'autres ouvrages sur la dialectique, que Guillaume a dû composer et dont nous ne connaissons même pas les titres. Le *de origine animæ*, que Martenne et Migne ont édité sous son nom, appartient en réalité à Anselme de Laon. Mabillon et Migne ont donné, sous le titre *de Sacramento Altaris*, un fragment authentique que M. Lefèvre publie en entier (nº XI, 5/4 de page) : « il établit, dit M. Lefèvre, que l'usage existait encore, au début du xiiᵉ siècle, de donner la communion sous les deux espèces, bien que l'on considérât Jésus-Christ comme présent tout entier dans chacune ». Faut-il rapporter à Guillaume le *Dialogus seu altercatio cujusdam Christiani et Judæi de fide catholica*, que Migne a mis dans sa Patrologie? Martenne et les auteurs de l'*Histoire littéraire* s'y refusent. Michaud, dans Guillaume de Champeaux et les écoles de *Paris au XIIᵉ siècle* (2ᵉ éd., 1868), considère l'ouvrage comme authentique. Mais M. Lefèvre ne trouve pas son argumentation décisive.

Voici des manuscrits importants. L'un d'eux, signalé et décrit dans une lettre du 31 janvier 1670 adressée au P. Cl. du Molinet par le P. Degyves, se trouvait dans le diocèse de Châlons et renfermait les *Sententiæ Guillelmi Catalaunensis episcopi* », où il y avait, selon le P. Degyves, « des questions de théologie ». Au même P. Cl. du Molinet, le P. Germiny envoyait, le 21 février 1670, le commencement d'un morceau sur la Simonie, qui est le premier du numéro 18113 de la Bibliothèque nationale, le dix-huitième du numéro 425 de Troyes. Le manuscrit de la Nationale a été décrit et analysé par Cousin, celui de Troyes par Ravaisson.

C'est celui-ci qui est le plus important : 94 feuillets sont remplis par les œuvres de Pierre Comestor ou le Mangeur; les autres, de 95 à 148, forment le *Liber Pancrisis* : *Incipit liber pancrisis, id est totus aurens, quia hic auree continentur sententiæ vel quæstiones sanctorum patrum, Augustini, Iheronimi, Ambrosii, Gregorii, Isidori, Bedæ et modernorum magistrorum Wilhelm Catalaunensis episcopi, Ivonis Carnotensis episcopi, Anselmi et fratris ejus Radulfi.*

Dans ce *Liber Pancrisis* figurent 42 fragments de Guillaume de Champeaux. Patru, dans une thèse latine, *Willelmi Campellensis de natura et de origine rerum placita*, aujourd'hui presque introuvable, en a donné la liste d'après Ravaisson et publié les fragments I, II (écourté), XIII (abrégé et écourté), XIV (avec 14 lignes intercalées du précédent), XVI, XX, XXI, XXXII, XXXVII et XLI. Un certain nombre de ces fragments ont été aussi publiés en appendice par l'abbé Michaud, de sorte que, depuis fort longtemps déjà, on peut savoir que Guillaume de Champeaux s'est occupé de beaucoup d'autres questions que celle des Universaux !

M. Lefèvre a donné en entier les fragments de Troyes et cinq du manuscrit de Paris. Dans ce dernier, Cousin en signalait encore trois dont deux, qui portent sur l'orgueil et la simonie, sont le XLIIe et le XVIIIe de Troyes, dont le dernier, imprimé par Martenne, est d'Anselme de Laon.

Ce qui ressort, avant tout, de cette publication, c'est que, sur les 47 fragments, M. Lefèvre n'en trouve à utiliser qu'un seul pour déterminer ce que Guillaume pense des Universaux. Et encore n'est-ce qu'accessoirement qu'il en est question, puisque le sujet traité, dans les sept pages que comporte ce premier fragment, c'est l'essence, la substance et les trois personnes de Dieu ! Nous sommes ramenés ainsi, par ce premier texte, à Alcuin, à saint Anselme, à Roscelin, à Abélard comme à saint Bernard. Le péché originel (IV, XXIV, XXV, XXVI, XXVII, XXVIII, XXX, XXXI, XXXIII, XXXIV, etc.) tient dans ces fragments une place qui est bien en rapport avec l'importance qu'on lui attribue dans le monde chrétien pendant toute la période médiévale. Il en est de même pour ceux qui concernent la création des anges, les deux natures et la personne unique du Christ, pour son âme séparée du corps, sa conception sans péché, sa mort, pour l'hérésie et la simonie. Ceux qui portent sur la liberté humaine, la Providence, la Prédestination, la grâce, prouvent que la grande querelle philosophique autant que théologique, soulevée au temps de Gottschalk, de Jean Scot Erigène, de Raban Maur et d'Hincmar, ne cesse pas d'occuper les esprits. Ainsi les textes qui se rapportent à l'Eucharistie ou au corps du Christ nous ramènent à Paschase Ratbert, à Gerbert, à Béranger et à Lanfranc. D'autres témoignent d'une psychologie qui rappelle Alcuin, saint Augustin et Plotin. Ce qui est dit de la prophétie, en particulier des mauvais prophètes, correspond à une des grandes préoccupations du XIIe siècle. La répugnance de l'auteur à s'aventurer trop loin en certaines questions, le désir de laisser à Dieu le soin de nous expliquer dans l'autre vie, s'il le juge à propos, ce que la foi nous ordonne de croire et ce que la raison est impuissante à nous faire entendre, dénotent une tendance qui prédominera chez certains Victorins, par exemple, chez le prieur Gauthier, pour qui Abélard, Pierre Lombard, Gilbert et Pierre de Poitiers, *traitant avec une légèreté scolastique et inspirés du seul esprit aristotélique les mystères ineffables de la Trinité et de l'Incarnation*, constituaient les *quatre labyrinthes de la France*, comme aussi chez saint Bernard et qui prouve une influence mystique de Guillaume dont on a sans doute faussé la doctrine, mais dont on ne tient pas d'ordinaire assez de compte.

Ce qui, dans ces fragments, a surtout intéressé M. Lefèvre, c'est ce qui a trait à la question des Universaux. Il rappelle d'abord le passage célèbre d'Abélard, *Inter cetera disputationum nostrarum conamina antiquam ejus de universalibus sententiam patentissimis argumentationum disputationibus, ipsum commutare, immo destruere compuli*. Abélard insinue, selon Cousin, que Guillaume se serait rallié à sa propre opinion, mais en critiquant la nouvelle doctrine de Guillaume, celle de la non-différence, il reconnaît bien que la controverse n'a pas cessé entre eux. Hauréau, dit M. Lefèvre, s'efforce de prouver qu'entre la première et la seconde doctrine de Guillaume, les différences ne sont pas radicales, qu'en fait la doctrine professée par maître Guillaume, avant comme après la correction, c'est l'unité de substance. De même l'abbé Michaud estime que Guillaume n'a jamais renoncé au réalisme.

La première thèse de Guillaume est suffisamment connue, selon M. Lefèvre, par deux passages du livre des *Divisions* et des *Définitions*, du *de generibus et speciebus* (Cousin, 513-514) et par un texte de l'*Historia Calamitatum*: *Erat autem in ea sententia de communitate universalium, ut eamdem essentialiter rem totam simul singulis suis inesse adstrueret individuis ; quorum quidem nulla esset in essentia diversitas, sed sola multitudine accidentium varietas*. Mais, se demande M. Lefèvre, Guillaume est-il vraiment l'auteur de cette opinion? Abélard veut-il dire que ce fut *autrefois* l'opinion de Guillaume ou que c'est une *ancienne* opinion à laquelle il a adhéré? Les mots *erat autem in ea sententia* semblent déjà indiquer, selon M. Lefèvre, que la seconde interprétation est la plus vraisemblable. C'est ce que confirme, dit-il, un texte publié par Hauréau. (*Notices et Extraits des ms. de la B. N.* xxxi, 2º partie, p. 201), *Est autem antiqua sententia et quasi antiquis erroribus inveterata quod unumquodque genus naturaliter præjacet suis inferioribus.*

Cette doctrine « admise depuis longtemps déjà en certains milieux », Guillaume la corrigea en substituant *indifferenter* à *essentialiter*, comme dit Abélard, *ut deinceps rem eamdem non essentialiter sed indifferenter diceret.* Là où Cousin lit *indifferenter*, Hauréau lisait *individualiter*. Mais l'un et l'autre s'accordent à reconnaître que Guillaume continue à soutenir la réalité des universaux. De cette position, Abélard nous dit encore qu'il chassa Guillaume, *coactus dimississet hanc sententiam.* Le manuscrit de Troyes donne la troisième opinion de Guillaume. D'abord l'espèce est pour lui *essentiellement* la même et à la fois tout entière en chaque individu, *eamdem essentialiter.* Puis l'espèce reste encore pour lui la même dans les individus : si Socrate et Platon ne sont plus le même homme, l'humanité de l'un est la même que celle de l'autre, *indifferenter* ou *individualiter*. Enfin Guillaume substitue la similitude à l'identité : *ubique personæ sunt plures, plures sunt substantiæ... non est eadem utriusque humanitas, sed similis, cum sint duo homines.*

De cette ingénieuse argumentation de M. Lefèvre, une chose paraît aussi fortement établie que curieuse à noter, c'est que Guillaume s'est attaché à la doctrine de la similitude. A-t-il eu auparavant deux autres opinions? Si l'on s'en rapporte à ce que dit Abélard, on l'admettra. Sans doute, il est d'usage courant, à la fin du xie et au début du xiie siècle, d'appeler *anciens* ceux qui commentent Porphyre en réalistes, *legere in re*, et *modernes*, ceux qui le commentent en nominalistes, *legere in voce*, mais il n'y a aucune raison positive et expresse de choisir entre les deux interprétations possibles — *son* opinion ancienne, et *l'*opinion ancienne — la dernière, celle qui s'écarte le plus du texte, *antiquam ejus de universalibus sententiam.* D'un autre côté, si l'on réunit les passages où Abélard a parlé de ses maîtres, de Roscelin, d'Anselme de Laon, de Guillaume de Champeaux, on verra qu'il a été plus occupé de les combattre que d'exposer fidèlement leurs idées. Ne reproche-t-il pas à Roscelin d'avoir écrit et enseigné qu'il y a trois dieux, ce dont il sera d'ailleurs lui-même accusé à Soissons? N'a-t-on pas montré, à plusieurs reprises, que sa doctrine des Universaux est identique, au fond, à celle qu'il critiquait chez Roscelin? De sorte qu'il conviendrait peut-être de suspendre son jugement, d'attendre que d'autres textes nous renseignent, comme la lettre publiée par Schmölders nous a permis d'éclaircir en partie nos idées sur Roscelin. Il resterait acquis que Guillaume, comme le montre le texte publié et commenté par M. Lefèvre, a admis la doctrine de la similitude.

*
* *

Dans un article de la *Revue de philosophie* (juillet 1911) où il était rendu compte de *Roscelin, philosophe et théologien*, il était dit, en conclusion : « Dans son étude du point de vue philosophique de Roscelin, l'auteur expose très complètement tous les textes qui peuvent se rapporter à son nominalisme. Il ne semble pas pourtant qu'il s'en dégage une conception claire. Et je sais bien que l'historien doit se garder de préciser des états d'esprit restés confus, car préciser, dans ce sens, serait fausser, mais encore lui reste-t-il le soin de mettre en lumière et d'interpréter les textes qu'il collige. Et l'on pourrait regretter peut-être que M. P., par souci d'exactitude, ait manqué, sur ce point, d'approfondissement. C'est une question intéressante pourtant de savoir en quoi consistait ce nominalisme de Roscelin qu'on a défini en des sens si divers. On eût aimé posséder l'avis d'un spécialiste de son autorité ». Dans la *Revue internationale* du 15 septembre 1911, on s'était borné à rappeler que, placé à un point de vue strictement historique on se refusait à rendre claire une conception qui ne l'est pas chez son auteur comme à mêler l'histoire du nominalisme à celle de Roscelin. Et notre avis, sur ce point, n'a pas changé.

Il y a lieu peut-être d'*approfondir* la question, comme écrivait M. Simeterre, mais en un autre sens qu'il l'entendait. Revoyez dans Prantl la série des solutions proposées à cette époque au problème des Universaux et vous éprouverez, en présence de toutes, la même impression qu'en examinant la réponse de Roscelin : c'est qu'il n'y a guère dans toutes que des mots et l'on comprend que ce soit dans une conférence de rhétorique bien plus que de philosophie que Guillaume ait exposé sa première opinion. Les homme du xie et du xiie siècle ne semblent pas s'être aperçus qu'il y avait là un problème psychologique et métaphysique :

ils n'ont pas su donner une réponse claire, parce qu'ils n'ont pas su poser la question comme elle doit l'être, parce qu'ils sont restés sur le terrain logique et surtout grammatical. Plotin avait bien vu l'importance de la recherche et en avait donné une solution complète, sinon satisfaisante pour tous : l'intelligence humaine, par voie d'analyse, d'abstraction et de synthèse se forme des idées générales en observant les individus ; ces idées générales correspondent aux genres et aux espèces qui constituent le monde vivant ou le monde sensible. Dans le νοῦς divin, se trouvent les Idées ou les êtres véritables que notre intelligence a connues avant de venir sur terre, qu'elle peut de nouveau connaître si elle opère heureusement sa conversion vers Dieu. Et il y a des Idées, non seulement des universaux, mais encore des individus.

Le XIII° siècle systématise d'après Plotin la conception du XII° et la solution complète, sinon admise par tous, suppose des universaux *ante rem* qui sont en Dieu les exemplaires des choses, des universaux *post rem* qui sont des conceptions de l'esprit, des universaux *in re*, qui représentent les genres et les espèces où l'on groupe les individus observés dans le monde sensible. Les deux solutions sont claires, parce que les problèmes à résoudre sont nettement posés, parce que l'on sait qu'ils sont bien plus métaphysiques et psychologiques que logiques et grammaticaux, parce que l'on saisit qu'il s'agit des rapports du monde sensible et du monde intelligible, du Dieu Créateur et Providence, comme de l'univers produit et gouverné par lui. Les solutions des hommes du XI° et du XII° siècle sont obscures, confuses et imprécises, parce qu'ils ignorent comment s'est posée autrefois la question simplement rapportée par Porphyre, parce qu'ils n'en voient ni les éléments, ni la portée, parce qu'ils ignorent à quelles conceptions philosophiques et théologiques d'une importance capitale elle se rattache, chez ceux à laquelle ils l'ont prise sans même se douter de la solution qu'ils lui avaient donnée. Et cela prouve, encore une fois, que l'Occident a besoin du monde byzantin, arabe et juif pour faire son éducation philosophique et même pour achever sa formation théologique, qu'il lui faut Jean Damascène et Psellos, Avicenne et Averroès, Ibn Gebirol et Maimonide, pour produire Albert le Grand, saint Thomas, Roger Bacon et Duns Scot.

CHAPITRE IX

L'AME DU MONDE DE PLATON, DES STOÏCIENS, DE PLOTIN ET LE SAINT-ESPRIT, D'APRÈS QUELQUES THÉOLOGIENS GRECS ET LATINS

I. — L'Ame du Monde de Platon, œuvre du Démiurge, figure à côté du Démiurge et de l'Idée du Bien. Les Stoïciens font disparaître les distinctions entre l'Idée du bien et le Démiurge, entre l'Ame du monde et les âmes particulières. Leur doctrine est nettement panthéiste et soulève de nombreuses difficultés. Elle est mentionnée chez Virgile et chez saint Paul.

II. — La doctrine de Plotin sur l'Ame du monde donne satisfaction aux théologiens et aux philosophes. L'hypostase est pour lui l'existence substantielle. L'un ou le Bien engendre l'Intelligence universelle dans laquelle sont les intelligences particulières et les Idées. L'Ame universelle contient les âmes individuelles qui conservent leur individualité et leur liberté; elle comprend une puissance principale et une puissance naturelle par laquelle elle administre l'univers. Plotin n'est ni panthéiste ni dualiste, il maintient la perfection divine et la personnalité humaine, la toute-puissance de Dieu et la liberté humaine.

III. — A partir du IIIe siècle, Plotin est un maître pour les chrétiens comme pour les partisans de l'ancien culte et les purs philosophes: Théognoste et Athanase, Eusèbe et les Cappadociens; l'Esprit Saint chez saint Basile et l'Ame du Monde chez Plotin; saint Augustin et Chalcidius; saint Cyrille et les citations de Plotin, les Hypostases et la Trinité, l'Ame du Monde et l'Esprit-Saint; Théodoret et les Hypostases.

IV. — Abélard et le Traité sur l'Unité et la Trinité divine : l'Ame du monde et l'Esprit-Saint; *l'Introductio ad theologiam*, Platon et Plotin, d'après Macrobe; pourquoi Platon donne un commencement à l'âme du Monde; l'Epitome Theologiæ christianæ; Abélard, condamné au concile de Sens, renonce dans sa Dialectique à identifier l'Ame du Monde et l'Esprit-Saint; Thierry de Chartres, surtout Guillaume de Conches ont, comme Abélard, assimilé l'Ame du Monde à l'Esprit-Saint, puis renoncé à cette assimilation — Conclusion: les chrétiens occidentaux mettent sur le même plan des doctrines philosophiques qui se sont succédé et ignorent quelles sont celles qui ont servi à la formation de la théologie et des dogmes.

I

On trouve chez les vieux penseurs de la Grèce, une conception qui fait du monde un grand animal, avec un corps visible et une âme invisible. Platon l'a soumise à un examen qui a abouti à une reconstruction poétique autant que philosophique, dans le *Timée*, un de ses dialogues les plus obscurs. L'Ame du Monde est l'œuvre du Démiurge, qui forme aussi les âmes particulières et les laisse distinctes d'ailleurs de l'Ame du Monde. Le Démiurge est un Dieu personnel, intelligent, Providence des Dieux inférieurs et des hommes, ordonnateur du monde. Certains textes permettent d'identifier, dans Platon, l'Idée du Bien avec le Démiurge, d'autres, de subordonner le Démiurge à l'Idée du Bien ou, inversement, celle-ci au Démiurge. L'Ame imprime au monde le mouvement circulaire, le plus parfait de tous, et lui donne sa beauté; elle est douée de connaissance et le mouvement sphérique par lequel elle se replie sur elle-même pour revenir à son point de départ, est le symbole et l'expression de sa vie consciente.

Les Stoïciens font disparaître les distinctions entre l'Idée du Bien et le Démiurge, entre l'Ame du Monde et les âmes particulières.

Pour eux Dieu est corporel. A l'origine, il existe seul sous la forme de l'éther, la partie la plus pure du feu. Puis une portion de l'éther perd de sa tension et devient de l'air en s'éteignant peu à peu; de la même manière, l'air se transforme partiellement en eau; puis une double transformation se produit dans cet immense Océan. Au centre se forme la terre, qui peu à peu s'accroît et cesse d'être couverte par la mer; à la surface se produisent des vapeurs qui deviennent les régions de l'air et du feu; les sphères célestes prennent naissance, l'éther divin les pénètre et constitue dans chacune d'elles un ou plusieurs centres qui sont les astres, leurs *principes dirigeants*. Au-dessus de la terre, s'élèvent ainsi successivement la Lune, le Soleil, Vénus, Mercure, Mars, Jupiter, Saturne, la sphère des fixes, dans laquelle l'éther divin se trouve à l'état le plus pur et avec sa plus grande concentration. Les astres sont des êtres vivants qui se nourrissent des émanations de la terre, à l'exception du soleil et de la lune qu'alimentent les vapeurs de la mer et des sources d'eaux douces; ils envoient en retour à la terre la chaleur qui y fait éclore les germes et produit tous les êtres vivants. Dans tout corps, il y a un principe passif, la matière ou la substance sans qualité et un principe actif, la force, la qualité. Chez le corps brut, le principe actif, c'est l'habitude ; dans le végétal, c'est la nature ; dans l'animal, c'est l'âme ; dans l'homme, la raison. En Dieu qui dirige le monde, il y a une tension plus puissante, une subtilité plus grande, une perfection spirituelle qui est supérieure à celle des autres êtres. Dieu est le plus subtil et le plus puissant de tous les corps, mais il possède toutes les perfections du Dieu purement spirituel de Platon et d'Aristote. L'éther divin pénètre toutes choses et se trouve partout, dans le caillou, dans l'eau, dans l'air, dans les plantes et dans les animaux ; il circule à travers l'univers en conservant sa continuité, sa tension et son unité. C'est la raison séminale, le λόγος σπερματικός, en qui sont les germes de tous les êtres particuliers ; la puissance qui établit un lien interne entre tous les êtres, qui enchaîne chacun des événements à tous ceux qui se produisent en même temps, chaque groupe des événements au groupe antérieur et au groupe ultérieur, sans qu'il reste nulle part une place pour le hasard ; c'est la *fatalité* ou le *destin*. Cet enchaînement, elle le fait dans une *fin* déterminée, subordonnant les causes efficientes aux causes finales, le *mécanisme* au *dynamisme* ; elle est la *Providence* qui veille sans cesse sur les êtres qu'elle a produits, sur le monde qu'elle a formé et dont elle fait le κόσμος, l'ordre même. Enfin Dieu possède, à un degré infini, toutes les qualités des êtres particuliers : il est sage, il est souverainement heureux, il a tout ce qui est bon sans rien de mauvais.

Il est le feu ou l'éther intelligent, artiste, qui forme méthodiquement l'univers ; l'*âme du monde* qui conserve en lui la vie, l'ordre et l'harmonie ; la *nature*, le *principe dirigeant* de l'univers. Mêlé à la matière, il y a un endroit où sa tension et sa pureté sont plus grandes, d'où il part et où il revient sans cesse ; son siège est dans la sphère lumineuse qui est au delà des fixes, comme l'âme humaine, tout en pénétrant et en maintenant unies toutes les parties du corps, réside plus spécialement dans la poitrine. Quand les planètes occuperont toutes ensemble les points d'où elles étaient parties à l'origine, quand la grande année sera accomplie, l'embrasement universel détruira le monde et ne laissera plus que Dieu, Zeus, retiré dans la sphère d'où il dirigeait auparavant l'univers, dans sa Providence, et reprenant toute sa puissance et sa pureté. Puis un nouveau monde sera produit, identique au monde antérieur, destiné à périr à son tour dans l'embrasement universel, à renaître et à périr ainsi pendant toute l'éternité.

Dieu donne donc naissance aux corps et aux âmes par la transformation et la division de sa propre substance, les corps sont une portion transformée de la Divinité, les âmes sont des parties de l'Ame du Monde et celle-ci est elle-même, de la Divinité, ce qui conserve le plus de tension et de pureté, pendant que le monde existe, ce qui alors le dirige, le gouverne et autour de quoi se fera la concentration divine, l'embrasement final et universel.

Les avantages spéculatifs de cette conception en expliquent le succès. Dieu est la Providence qui gouverne l'univers et qui s'occupe, avec un soin tout particulier, de l'homme et des affaires humaines; tout est fait en vue des dieux et des hommes, citoyens de la cité universelle. De là découlent un optimisme développé en toutes ses parties, une doctrine de la divination qui s'accorde parfaitement avec celle de l'enchaînement et de la sympathie universelle, une interprétation des mythes, dont les poètes et le vulgaire ont perdu le sens, qui y retrouve une religion en accord parfait avec la philosophie; de là l'imitation de Dieu ou plutôt la soumission absolue à une volonté toute pleine de puissance et de bonté.

Mais cette doctrine est nettement panthéiste. Il est difficile de nier, si l'on s'en rapporte à l'observation, l'existence du mal physique, métaphysique et moral; il est impossible d'en enlever la responsabilité à un Dieu qui est tout et qui fait tout, partant de maintenir la perfection divine. Plus difficile encore est-il d'établir la personnalité de l'homme, la liberté pour l'âme humaine, par suite la responsabilité nécessaire pour qu'une immortalité, heureuse ou malheureuse, soit attribuée à l'individu dont la vie a été vertueuse ou vicieuse. Toutes ces difficultés, presque insolubles, troubleront profondément, après le triomphe du Stoïcisme sous les Antonins, les hommes également désireux d'affirmer la perfection divine, avec toutes ses conséquences, mais aussi la liberté et l'immortalité de l'âme, impliquant une vie ultérieure de bonheur ou de malheur.

La théorie stoïcienne de l'Ame du Monde se trouve mentionnée, dès le 1er siècle de l'ère chrétienne, par deux hommes qui auront une grande influence en Occident pendant toute la période médiévale. C'est d'abord Virgile (*Enéide*, VI, 724).

> Principio cœlum, ac terras, camposque liquentes,
> Lucentemque globum Lunæ, Titaniaque astra,
> Spiritus intus alit, totamque infusa per artus
> Mens agitat molem, et magno se corpore miscet.
> Inde hominum pecudumque genus, vitæque volantum,
> Et quæ marmoreo fert monstra sub æquore pontus.
> Igneus est ollis vigor et cœlestis origo

Seminibus, quantum non noxia corpora tardant
Terreniquehebètantartus, moribundaquemembra, etc.

Ces vers durent appeler d'autant plus l'attention qu'on trouvait, selon certains commentateurs chrétiens, la doctrine du Purgatoire dans ceux qui suivent :

Quin et, supremo quum lumine vita reliquit,
Non tamen omne malum miseris, nec fonditus omnes
Corporæ excedunt pestes; penitusque necesse est
Multa diu concreta modis inolescere miris.
Ergo exercentur pœnis, veterumque malorum
Supplicia expendunt; aliæ panduntur inanis
Suspensæ adventos; aliis sub gurgite vasto
Infectum eluitur scelus, aut exuritur igni;
Quisque suos patimur Manis; exinde per amplum
Mittimur Elysium, et pauci læta arva tenemus;
Donec longa dies, perfecto temporis orbe,
Concretam exemit labem, purumque reliquit
Ætherium sensum, atque auraï simplicis ignem.

Puis, c'est le célèbre chapitre des *Actes* (XVII) où figure le discours de saint Paul aux Athéniens : « Athéniens, je me suis aperçu que vous êtes, à tous égards, bien religieux... Ce Dieu inconnu que vous révérez, sans le connaître, c'est celui que je vous annonce, le Dieu qui a fait le monde et tout ce qu'il renferme. Lui qui est le maître du ciel et de la terre, n'habite pas dans les sanctuaires faits de main d'homme... C'est lui qui donne à tous la vie, la respiration et toutes choses... Et certes, il n'est pas loin de chacun de nous, car c'est en lui que nous avons la vie, le mouvement et l'être ; et, comme l'ont dit quelques-uns de vos poètes, *nous sommes aussi de sa race* » (ch. VI).

II

C'est avec Plotin, au IIIe siècle, que se produit la théorie par laquelle satisfaction est donnée aux théologiens et aux philosophes. Les trois hypostases divines, l'Un ou le Bien, l'Intelligence et l'Ame universelle sont la synthèse des doctrines platoniciennes, péripatéticiennes et stoïciennes, comme celle des doctrines néo-pythagoriciennes et judéo-orientales, unies par un lien religieux et mystique. L'hypostase semble bien être pour Plotin *l'existence substantielle*. Sans doute, on a pu dire que les Pères de l'Eglise distinguent l'essence et l'hypostase ou la personne : « Ce qui est commun dans la Trinité, dit saint Basile, c'est l'essence ou la substance οὐσία, ce qui est propre à chacun, c'est l'hypostase. » (Lettre XXXVIII.) — « Je dis essence, affirme saint Augustin, ce qui est dit en grec οὐσία et ce que nous appelons le plus fréquemment substance. Les Grecs disent aussi hypostase, mais je ne sais quelle différence ils veulent établir entre οὐσία et ὑπόστασις, de sorte que les nôtres affirment en grec μίαν οὐσίαν, τρεῖς ὑποστάσεις, en latin *unam essentiam, tres substantias*. Comme la coutume veut qu'on entende par essence ce que l'on appelle substance, nous n'osons pas dire *unam essentiam, tres substantias*, mais nous disons, une essence ou substance, trois personnes (*de Trinitate*, V, 9). Sans doute, on fait remarquer encore que les trois personnes de la Trinité chrétienne sont égales et consubstantielles, tandis que les trois hypostases de Plotin sont inégales. Mais on ajoute que Plotin parle du Verbe presque dans les mêmes termes que les Pères. En fait, les ressemblances ont été bien plus souvent signalées que les différences par les théologiens antérieurs à 529. C'est qu'en effet Plotin, guidé par le principe de perfection, a conçu l'existence des hypostases et la production des êtres, de manière à répondre à toutes les questions et à résoudre toutes les objections, pourvu qu'on se laisse conduire par le principe qui règle sa propre pensée. L'Un ou le Bien, simple et indivisible, unique et suprême, infini et absolu, Premier Principe et cause de la cause, réalisant en lui une perfection supérieure à toutes celles que nous pouvons concevoir ou imaginer, engendre sans se diminuer lui-même. C'est par une *procession descendante* que les deux autres hypostases, l'Intelligence et l'Ame universelle, que tous les êtres qui forment le monde intelligible, puis le monde sensible sont appelés à l'existence et constituent une série dans laquelle chacun, produit par celui qui le précède et qui reste le même, produisant celui qui le suit sans rien perdre de sa substance, est uni à l'un et à l'autre, en conservant son individualité. Par une *conversion ascendante*, chaque être se retourne vers celui qui l'a engendré pour en tirer sa forme, de sorte que, depuis la matière, la dernière en valeur des productions divines, tous peuvent augmenter leur perfection personnelle et un certain nombre d'entre eux poursuivre l'union avec la perfection infinie.

Le premier des êtres engendrés par l'Un, c'est l'Intelligence, νοῦς, dans laquelle il y a unité consubstantielle de l'être et de la pensée, avec les catégories spéciales de l'être, de la différence, de l'identité, du mouvement et de la stabilité. Dans l'Intelligence universelle, sont contenues les intelligences particulières qui ont leur individualité propre. En outre elle contient le monde intelligible, l'ensemble des idées, essences ou êtres véritables, οὐσίαι, ὄντα, qui sont conçues toutes à la fois par l'Intelligence et qui cependant restent distinctes comme les notions réunies dans une seule et même science. Ces Idées sont les modèles, les archétypes, les formes intelligibles des choses qui existeront dans le monde sensible ; elles en sont la raison d'être, les formes premières et créatrices, les raisons que l'Intelligence transmet à l'Ame universelle et auxquelles, partout présentes, participe la matière. Les Idées correspondent aux Universaux, mais aussi aux individus : il y en a des êtres intelligents et raisonnables, des êtres privés d'intelligence et de raison. Elles sont les nombres premiers et véritables contenus dans le Nombre universel et essentiel. L'Intelligence est *l'Animal premier*, qui, ayant la Vie parfaite et la Sagesse suprême, est la cause, l'archétype et le paradigme de l'univers, la Providence universelle, le type de la Beauté et des perfections dont on admire l'image dans les objets sensibles.

La troisième hypostase, c'est l'Ame universelle, dont l'essence est intermédiaire entre l'essence divisible des corps et l'essence indivisible de l'Intelligence ; elle est indivisible, étant tout entière dans tout l'univers et dans chacune de ses parties, divisible, en ce qu'elle anime toutes ces parties. L'Ame est le monde de la vie, dans laquelle sont les essences vivantes qui en sont distinctes, mais qui n'en sont pas séparées ; dans laquelle toutes les âmes ne forment qu'une seule âme, tout en conservant leur individualité et leur liberté. Descendue dans le corps de l'univers, l'Ame universelle comprend, comme l'âme humaine, deux parties, une Puissance principale, une Puissance naturelle et génératrice ou Nature. Celle-ci reçoit les raisons séminales, qui sont la Raison totale de l'univers, de sorte que l'Ame contient et administre l'univers par la Raison, produisant à la fois la matière et les raisons séminales pour constituer les êtres vivants. L'action exercée par la Puissance naturelle et végétative est le Destin, subordonné à l'intelligence. Par les démons, l'Ame administre l'Univers et y fait régner l'ordre et la justice.

Ainsi Plotin n'est pas panthéiste et il combat formellement la doctrine stoïcienne ; il n'est pas dualiste et son Dieu produit tout à la fois la matière et la forme ; il maintient la perfection divine et la personnalité humaine, la toute-puissance de Dieu et la liberté humaine ; il affirme que les trois hypostases sont unies et distinctes ; en particulier, il montre que l'Ame du Monde, distincte de l'Un ou du Bien, distincte de l'Intelligence universelle, distincte des âmes individuelles, est unie à celles-ci et aux deux hypostases supérieures ; que l'Un reste lui-même en produisant l'Intelligence, que l'Intelligence demeure ce qu'elle était en engendrant l'Ame universelle, que l'Ame ne perd rien de sa substance en produisant et organisant le monde sensible.

III

A partir du IIIe siècle, Plotin fut un maître pour les chrétiens comme pour les partisans de l'ancien culte et les purs philosophes. Ce qui ne veut pas dire que ni les uns ni les autres n'aient d'originalité, qu'il n'y ait pas beaucoup d'autres choses que du Plotinisme dans le christianisme, ni surtout que le dogme et la théologie chrétienne puissent se réduire à la théologie puissante et profonde de Plotin. Mais des éléments fort importants en sont allés aux chrétiens. Et cela apparaît nettement en ce qui concerne la doctrine de la Trinité et en particulier celle de l'Esprit-Saint chez Eusèbe, Théognoste et Anastase, chez saint Basile et les Cappadociens, chez saint Augustin, saint Cyrille et Théodoret, pour ne citer qu'un certain nombre de ceux dont il y aurait à consulter les œuvres pour y recueillir les données plotiniennes.

Théognoste, chef de l'école chrétienne d'Alexandrie après Denys, avant Piérios qui fut contemporain de l'évêque Théonas (282-300), est mis par Athanase sur la même ligne qu'Origène comme autorité à opposer aux Ariens. C'est en combattant ceux-ci — qui auraient pu d'ailleurs se réclamer de Plotin — qu'Athanase cite un passage de Théognoste où se trouvent des expressions et des comparaisons plotiniennes, à propos de la substance du Fils « émanation, ἀπορροία, de celle du Père, sans que celle-ci subisse aucune division, comme le soleil, demeurant ce qu'il est, n'est pas diminué par les rayons qu'il répand ». Et cela est d'autant plus important à relever que Théognoste l'emploie pour l'interprétation d'un passage de l'Épitre aux Hébreux (I, 3) où il est question « de Jésus, reflet de sa gloire et empreinte de sa substance ».

On relèverait, chez Eusèbe, un nombre considérable de citations empruntées à Plotin et à Porphyre sur les hypostases comparées aux personnes de la Trinité. Par lui les doctrines plotiniennes ont été incoporées, sous leur forme littérale, à la théologie chrétienne. Sa *Préparation évangélique* nous offre sur l'immortalité de l'âme, des textes plotiniens plus complets que ceux des manuscrits des Ennéades. Elle a rendu classique, dans le monde chrétien de l'Orient et de l'Occident, tout ce que Plotin a donné sur l'âme, sur sa nature et sur l'immortalité de l'âme humaine.

On pourrait montrer que les Cappadociens se sont assimilé beaucoup de doctrines néoplatoniciennes qui leur sont venues ou directement, ou indirectement, par Origène, le condisciple de Plotin à l'école d'Ammonius Saccas. Cela est vrai pour saint Grégoire de Nysse et saint Grégoire de Nazianze, comme pour saint Basile. Mais c'est surtout chez celui-ci qu'apparaît manifestement l'inspiration plotinienne. Et elle se montre de façon fort curieuse. Saint Basile ne nomme guère Plotin, mais il reproduit ce que le philosophe dit de l'Âme du Monde, parfois en termes presque identiques, en l'appliquant à l'Esprit-Saint et en y joignant des citations justificatives empruntées aux livres révélés. Voici d'abord l'*Homélie sur l'Esprit-Saint*. Saint Basile recommande, comme Plotin (V, I, 1, 2, 3, 4, 5), de chercher si l'âme a la faculté de connaître Dieu et il cite Isaïe, *Si vous cherchez, cherchez et entrez avec moi* (XXI, 12), puis David (Psaumes CXXXVIII, 6), *Votre science s'est montrée admirable en moi; elle s'est fortifiée et je ne pourrai rien contre elle*, et saint Marc (IX, 23), *Je crois, Seigneur, venez au secours de mon incrédulité*. Une mention de l'Écriture Sainte, attestant que l'Esprit-Saint sanctifie les saints et accorde la vie divine à ceux qui lui demandent Dieu, est placée entre deux phrases qui reproduisent Plotin, notamment pour la supériorité de l'Âme du Monde sur tous les êtres qu'elle a produits. Puis vient la phrase célèbre : « Que tout se taise donc, et le ciel, et la terre, et la mer, » et les êtres raisonnables qui y vivent, pour que l'âme se représente les choses remplies par l'Esprit-Saint qui se tient au-dessus d'elles, qui s'y répand, les pénètre intimement et les illumine, comme les rayons du soleil éclairent et dorent un nuage sombre. Et pour christianiser ce que Plotin dit de la nature et de la puissance de l'Âme, saint Basile ajoute : « Gabriel saluant Marie, et un autre ange saluant ailleurs quelqu'un des saints, chacun des prophètes au moment où il prophétisait, Paul annonçant l'évangile à Rome, Jacques à Jérusalem, Marc à Alexandrie, d'autres dans des villes différentes, tous étaient remplis de l'Esprit-Saint, sans qu'aucun intervalle empêchât la même grâce de Dieu d'agir de la même manière. C'est par l'Esprit-Saint que Dieu est chacun des saints. C'est à eux qu'il a été dit au nom de Dieu : *Je l'ai dit, vous êtes tous dieux et fils du Très-Haut* (Ps. LXXXI, 6) et *Le Dieu des dieux*, c'est-à-dire des saints, *le Seigneur a parlé* (Ps. LIX, 1), et encore, *On verra sur Sion le Dieu des dieux*, c'est-à-dire des saints

(Ps. LXXXIII, 8). Viennent ensuite les formules plotiniennes que saint Basile applique à l'Esprit-Saint : « son essence est si divine et si précieuse..., la chaleur latente qui constitue l'essence du feu,... la vie divine et céleste de ceux qui participent de l'Esprit-Saint,... qui n'ont pas besoin de se développer puisqu'ils sont souverainement parfaits, renfermant toutes choses parfaites, possédant tout dès l'éternité... l'âme réduite à l'unité en s'approchant de l'Esprit-Saint. » Et toujours elles sont christianisées : « C'est cet Esprit-Saint que Dieu a versé abondamment sur nous par le seigneur Jésus... Celui qui a appris de l'Esprit-Saint ce qu'il doit répondre aux questions qu'on lui adresse est appelé disciple de Dieu par le prophète : *Et ils seront tous disciples de Dieu* (Isaïe, LXV, 13)... l'âme réduite à l'unité s'applique cette parole : *Celui qui est uni au Seigneur est un seul esprit* (saint Paul, Corinth. I, 6, 17).

Le *Traité de l'Esprit-Saint* contient une bonne partie de la doctrine plotinienne des deux livres (VI, 4 et 5) sur l'*Etre un et identique, partout présent tout entier*, avec des formules qui en sont des reproductions littérales, avec des tendances à diminuer la part de l'homme pour grandir celle de Dieu : « Se purifier de la turpitude des souillures que le vice lui a imprimées, recouvrer sa beauté naturelle et rendre sa forme première à une royale image en lui rendant sa pureté, c'est la seule voie ouverte à l'âme pour s'approcher du Paraclet. Celui-ci, comme le soleil, si ton œil est purifié, te fera voir en lui l'image de celui qu'on ne peut voir lui-même. Par la contemplation bienheureuse de cette image, tu verras la beauté de l'archétype. C'est le Paraclet qui élève les cœurs, conduit les faibles comme par la main et amène à la perfection ceux qui sont déjà avancés dans la bonne foi... les âmes qui reçoivent l'Esprit-Saint et sont illuminées par lui deviennent elles-mêmes spirituelles et font rejaillir la grâce sur les autres... elles habitent la cité céleste et elles forment un chœur avec les anges... elles demeurent en Dieu, elles lui deviennent semblables et ce qui comble leurs désirs, elles deviennent Dieu même... Telles sont les idées que nous avons sur l'Esprit-Saint et que, par ses propres entretiens, il nous a fait concevoir sur sa grandeur, sa puissance et ses opérations. »

Saint Augustin, ramené à l'orthodoxie par la lecture de Plotin, que Victorinus avait mis en latin, nous fournirait bien des rapprochements entre les trois hypostases et la Trinité. Ils ont été faits d'ailleurs pour la plupart dans une thèse préparée pour la conférence des Hautes-Etudes par M. Grandgeorge, sur saint

Augustin et le néoplatonisme. Dans la *Cité de Dieu* (X, 29), alors même qu'il reproche aux Platoniciens de ne pas avoir voulu reconnaître l'incarnation du Fils de Dieu, saint Augustin conjecture encore que, par l'intermédiaire entre le Fils et le Père, ils entendent le Saint-Esprit et voient le but vers lequel on doit tendre. Il explique fort bien que les Platoniciens parlent, à propos du monde éternel et créé, d'un commencement de cause et non de temps, qu'il en est pour eux comme d'un pied posé de toute éternité sur la poussière : l'empreinte existerait toujours en dessous; cependant elle est faite par le pied, de sorte que le pied n'existe pas avant l'empreinte, bien qu'il la produise (X, 31). Mais il combat cette doctrine qu'il déclare contraire à celle de Platon et aussi à la raison, de sorte que, parmi ses successeurs, il y aura des adversaires de l'identification de l'Ame du monde, telle que la présentent les *Ennéades*, avec le Saint-Esprit.

Par contre, le chrétien Chalcidius joint des idées qui viennent de Plotin et de ses successeurs à la doctrine de Platon dans le *Timée*, qu'il traduit et commente pour les théologiens et les philosophes chrétiens de l'Occident.

C'est dans les livres contre Julien que Cyrille invoque le plus souvent les philosophes grecs et plus spécialement Plotin : « Lorsque les plotiniens admettent trois hypostases principales et qu'ils affirment que la substance de Dieu s'étend jusqu'à trois hypostases; lorsqu'ils emploient quelquefois le nom même de la Trinité, ils sont d'accord avec les croyances des Chrétiens et il ne leur manquerait rien s'ils voulaient bien appliquer aux trois hypostases le terme de consubstantialité ὁμοουσια pour faire concevoir l'unité de Dieu, en qui la triplicité n'implique pas une différence de nature et en qui les hypostases ne sont pas inférieures l'une à l'autre » (Contre Julien, VIII). Dans le livre VIII saint Cyrille reproduit encore la même affirmation et la justifie en citant Plotin : « Nous trouverons chez les philosophes grecs eux-mêmes la connaissance de la Sainte Trinité. Ils disent en effet que les trois natures sont étroitement unies entre elles, sans aucun intermédiaire, et que l'âme, qui occupe le troisième rang, est avec l'intelligence, qui occupe le second rang, dans le même rapport que l'Intelligence est avec le Premier. Que ces philosophes établissent entre ces natures le rapport qui existe entre celui qui engendre et celui qui est engendré, c'est ce que prouvent les phrases suivantes de Plotin (V, 1. 6) : *L'Ame*, dit Plotin, *est le Verbe et l'Acte de l'Intelligence, comme l'Intelligence est le Verbe et l'Acte de l'Un. Mais l'Ame est un Verbe obscur. Étant l'image de l'Intelligence, elle doit contempler l'Intelligence, comme celle-ci doit, pour subsister, contempler l'Un. Si l'Intelligence contemple l'Un, ce n'est pas qu'elle s'en trouve séparée, c'est seulement parce qu'elle est après lui. Il n'y a nul intermédiaire entre l'Un et l'Intelligence, non plus qu'entre l'Intelligence et l'Ame. Tout être engendré désire s'unir au principe qui l'engendre et il l'aime, surtout quand Celui qui engendre et Celui qui est engendré sont seuls. Or, quand Celui qui engendre est souverainement parfait, Celui qui est engendré doit lui être si étroitement uni qu'il n'en soit séparé que sous ce rapport qu'il en est distinct.* — Vous entendez, ajoute Cyrille, comme il affirme que Celui qui est engendré est étroitement uni à Celui qui engendre, qu'il n'en est pas séparé, qu'il lui est naturellement attaché, qu'il n'y a pas d'intermédiaire entre eux, qu'ils sont séparés seulement sous ce rapport qu'ils sont distincts, non par leur nature, mais par la différence qui existe entre Celui qui engendre et Celui qui est engendré en tant que l'un engendre et que l'autre est engendré. »

Saint Cyrille ne se borne pas à comparer d'une façon générale les trois hypostases aux trois personnes de la Trinité, il passe en revue chacune des personnes et chacune des hypostases : « Plotin, dit-il, qui approfondit les questions et qui est arrivé, si je puis le dire, au plus haut degré de subtilité, s'exprime de la manière suivante sur le Bien. » Et il reproduit le passage où Plotin, (V, ɪ, 6) explique la génération — qu'il ne faut pas entendre comme une génération opérée dans le temps — de l'Intelligence par l'Un : l' *Un est immobile ; c'est sans aucune espèce de mouvement qu'il faut concevoir cette génération... C'est le rayonnement d'une lumière qui s'en échappe sans troubler sa quiétude, semblable à la splendeur qui émane perpétuellement du soleil sans qu'il sorte de son repos et qui l'environne sans le quitter.* Ainsi encore saint Cyrille cite un passage où Porphyre attribue à Platon, dans son quatrième livre de l'*Histoire des Philosophes*, ce que Plotin dit de l'Un (I) : « Aucun nom ne lui convient, l'entendement humain ne peut le connaître, les dénominations tirées des choses inférieures ne le désignent qu'imparfaitement; ... des noms que nous employons, celui dont on doit se servir de préférence, c'est l'Un ou le Bien, *Un* exprime son caractère absolu et son unité, car il n'a besoin de rien, ni de parties, ni d'essence, ni de facultés, ni d'opérations; il est seulement la cause de toutes ces choses; *Bien* fait comprendre que c'est de lui que procède tout ce qui est bon, en tant que les autres êtres imitent, selon leur pouvoir, son caractère propre ». Ce que saint Cyrille a fait pour l'Un, il le fait pour la seconde hypostase. Après avoir cité le paragraphe où Plotin (V, 1, 6) dit que ce qui est engendré par le Principe supérieur à l'Intelligence ne peut être que l'Intelligence, qui est ce qu'il y a de meilleur après l'Un, étant supérieure à tous les êtres, saint Cyrille ajoute : « Ainsi Plotin appelle Intelligence le *Verbe divin*, que nous nommons aussi la Sagesse, sauf que nous n'admettons pas que le Fils soit en rien inférieur à la gloire et à la majesté du Père. Car nous ne disons pas qu'il doive contempler le Père pour arriver à la perfection, comme s'il n'était point parfait par lui-même, ainsi que l'admettent ces philosophes, selon qui l'Intelligence a besoin du premier principe et le contemple pour arriver à posséder toute la perfection que comporte sa nature. » De même encore saint Cyrille rapporte ce que Pophyre, dans le quatrième livre de l'*Histoire des Philosophes*, fait dire à Platon auquel il attribue la doctrine de Plotin sur l'Intelligence, « engendrée d'une manière incompréhensible pour les hommes, souverainement belle, étant le Beau même, née avant tous les siècles, de Dieu qui est sa cause... existant de toute éternité, unique, éternelle », etc.

Mais c'est plus encore l'Ame du Monde qu'il a rapprochée du Saint-Esprit : Il rappelle ce qu'en dit Plotin (V, 1, 3). « Puisque l'essence de l'âme est si divine et si précieuse, sois persuadé que par elle tu peux atteindre Dieu, avec elle élève-toi à lui. Tu n'auras pas à le chercher loin de toi, il n'y a pas entre lui et toi plusieurs intermédiaires. Afin de l'atteindre, prends pour guide la partie la plus divine et la plus haute de l'âme, la puissance dont elle procède et par laquelle elle touche au monde intelligible (l. VIII) ». Dans un autre livre (IV) saint Cyrille dit que, pour Plotin, du Bien naît l'Intelligence et de l'Intelligence l'Ame (V, 1, 8). Il cite le passage où Plotin (V, 1, 2) parle du gouvernement du monde par l'Ame : « Elle embrasse et gouverne le monde par sa volonté. Elle est présente dans tous les points de ce corps immense, elle en anime toutes les parties, grandes ou petites. Quoique celles-ci soient placées dans des lieux divers, elle ne se divise pas comme elles, elle ne se fractionne pas pour vivifier chaque individu. Elle vivifie toutes choses en même temps, en restant toujours entière, indivisible, semblable par son unité et son universalité à l'Intelligence qui l'a engendrée. C'est sa puissance qui maintient dans les liens de l'unité ce monde d'une grandeur et d'une variété infinie. Si le ciel, le soleil, les astres sont des dieux, c'est par la présence de l'Ame, c'est par elle que nous sommes nous-mêmes quelque chose, car un cadavre est plus vil que le vil fumier. » Saint Cyrille, après avoir annoncé (VIII) qu'il va rapporter en quels termes Plotin s'exprime sur l'Ame du monde, « qui est pour lui, je crois, dit-il, le Saint Esprit », clôture la citation de la façon suivante : « Plotin ne nous montre-t-il pas, par ces paroles, la puissance créatrice et vivifiante du Saint-Esprit, qui, ainsi que je l'ai dit, donne le mouvement à tout ce qui se meut, contient, anime et vivifie l'univers? » Il est plus explicite encore en citant le début du même paragraphe, où Plotin dit (V, ɪ, 2) que l'Ame universelle a produit en leur soufflant un esprit de vie — reproduisant d'ailleurs à peu près la formule même de la Genèse (II, 7) ἐνέφυσεν εἰς τὸ πρόσωπον αὐτοῦ πνοὴν ζωῆς — tous les animaux qui sont sur la terre, dans l'air et dans la mer, ainsi que les astres divins, le soleil et le ciel immense ; qu'elle a donné au ciel sa forme et préside à ses révolutions régulières sans se mêler aux êtres auxquels elle communique le mouvement et la vie, etc. « Au lieu de l'Esprit-Saint, dit saint Cyrille, les philosophes grecs les plus illustres admettent comme troisième principe l'Ame, qui donne la vie à tous les animaux et ils lui attribuent toutes les puissances et les opérations de l'Esprit-Saint (VIII). » Il y met en outre plusieurs passages du quatrième livre de l'*Histoire des philosophes* de Porphyre, celui où Porphyre fait dire à Platon que toutes choses dépendent des trois Dieux, au premier degré, du Roi de tout, au second, du Dieu qui procède de lui, au troisième, du Dieu qui procède du second ; celui où il est dit, toujours d'après Platon qui plotinise, que la substance divine a, dans sa procession, formé trois hypostases, le Dieu suprême étant le Bien, le Démiurge étant au second plan, l'Ame du Monde, au troisième, la Divinité s'étendant jusqu'à l'Ame. Ce dernier passage, saint Cyrille le commente : « Porphyre affirme donc clairement que la substance divine a, dans sa procession, formé trois hypostases. En effet, le Dieu de l'univers est unique, mais sa notion s'étend, en quelque sorte, dans la Trinité sainte et consubstantielle formée par le Père, le Fils et l'Esprit-Saint, que Platon appelle l'âme du monde. L'Esprit vivifie et procède du Père, vivant par le Fils, *C'est en lui que nous vivons, que nous sommes mus et que nous sommes.*

La parole de Notre-Seigneur Jésus-Christ est vraie, *C'est l'Esprit qui vivifie*. Ainsi saint Cyrille justifie, par saint Paul (Actes XVII, 28) et par saint Jean (VI, 64) l'assimilation de l'Ame du Monde à l'Esprit-Saint. Et cela est d'autant plus important à noter que saint Cyrille a été l'adversaire de la plotinienne Hypatie, de l'empereur Julien, qui lui-même fut de l'école néoplatonicienne, qu'il a combattu avec la plus grande énergie saint Jean

Chrysostome et Nestorius, l'origénisme et l'arianisme, qu'il a enfin, dans l'histoire des dogmes, d'après un contemporain « un rôle qui n'a de comparable que celui d'Athanase », que, dans l'histoire de la théologie, saint Augustin est le seul qui l'égale pour l'autorité.

Enfin Théodoret, l'adversaire de saint Cyrille, semble avoir résumé la conception classique chez les Pères grecs, relativement aux hypostases et à l'Ame du Monde, « Plotin et Numénius, dit-il, développant la pensée de Platon, ont dit qu'il y a trois principes suprêmes et éternels, le Bien, l'Intelligence et l'Ame de l'Univers. Ce que nous appelons le Père, ils le nomment le Bien. Ils nomment intelligence ce que nous appelons Fils et Verbe. La puissance qui anime toutes choses et qui les fait vivre, c'est pour eux l'Ame, pour nous l'Esprit Saint ». Dans le livre IV de son *Traité sur la Providence*, Théodoret citait les livres de Plotin sur le même sujet et s'attachait à montrer que Plotin s'est inspiré du Nouveau Testament, comme d'autres affirmaient que Platon avait utilisé l'Ancien, ce qui nous explique encore une fois que les Chrétiens n'ont presque jamais hésité à faire des emprunts à Plotin et à ses interprètes.

IV

C'est chez Abélard que nous rencontrons au xiie siècle les indications les plus curieuses, sinon les doctrines les plus approfondies, sur les rapports de l'Ame du Monde et de l'Esprit-Saint.

Abélard a suivi pendant longtemps les leçons de Roscelin. Il a été à l'école de Guillaume de Champeaux et après l'avoir vaincu, nous dit-il dans l'*Historia Calamitatum*, il règne sans partage dans le domaine de la dialectique. Mais Guillaume enseigne la théologie et se fait ainsi un nom, dans le diocèse de Châlons où il est évêque. Abélard se résout à l'étudier et à l'étudier avec Anselme de Laon, qui avait été le maître de Guillaume. Rapidement il juge qu'Anselme ne répond pas suffisamment aux questions, qu'il use merveilleusement des mots, mais qu'il manque de sens et de raison (*sensu contemptibilem, ratione vacuum*). Il assiste avec moins d'assiduité à ses leçons. En présence de ses camarades, il dit un jour que, pour expliquer les expositions des saints, il ne faut que le texte et la glose. Et il entreprend, sur leur demande, de donner l'explication d'une obscure prophétie d'Ezéchiel. Il y emploie plusieurs leçons. Mais Anselme lui défend de continuer, parce que, en raison de son inexpérience — *utpote rudis in hoc studio* — le maître pourrait être rendu responsable de ses erreurs. Revenu à Paris et n'ayant fait en réalité aucune étude vraiment théologique, il enseigne tout à la fois la philosophie et la théologie. C'est alors que commencent ses relations avec Héloïse. Quand il a été mutilé par les ordres de Fulbert, Abélard se retire à l'abbaye de Saint-Denis, Héloïse à celle d'Argenteuil. Il se livre à l'enseignement de la théologie, mais il y joint comme introduction celui des arts libéraux, *secularium artium* — à l'imitation d'Origène. On lui objecte, d'un côté, que l'étude de ceux-ci ne convient pas à un moine, de l'autre qu'il y a présomption — pour un homme qui n'a pas véritablement reçu les leçons d'un maître — à monter en chaire sans le concours d'un théologien. Il fait plus. Il discute le fondement de la foi chrétienne par des analogies empruntées à la raison et il écrit un traité sur l'unité et la trinité divine pour ses disciples, qui demandent des raisons humaines et philosophiques. C'est ce traité qui détermine la réunion du concile de Soissons. La foule veut le lapider, sous prétexte qu'il a enseigné et écrit qu'il y a trois dieux. Le concile l'oblige à lire le symbole d'Athanase, après avoir, sans discussion et sans examen, jeté lui-même son livre au feu. C'est ce traité, semble-t-il, qui a été publié par Stölzle en 1891. L'ouvrage était divisé en trois livres. Le premier apportait les témoignages des prophètes et des philosophes, avec un essai d'identifier l'Ame du monde et le Saint-Esprit. Dans le troisième Abélard devait répondre aux objections dirigées contre Platon qui a donné un commencement à l'Ame du monde. D'abord il interprète la formule de Platon, pour qui l'Ame du monde est composée de la substance indivisible et de la substance divisible. Puis il signale ce qu'on appelle l'erreur de Platon — en supposant implicitement qu'il est impossible de contester que l'Ame du monde et l'Esprit Saint sont identiques — Platon dit que l'Ame du monde a été faite et a eu un commencement, tandis que, pour tous les vrais catholiques, les trois personnes de la Trinité sont coégales en toutes choses et coéternelles. Abélard annonce d'ailleurs que, pour qui regarde attentivement, Platon ne s'éloigne pas de la vérité. C'est que si Platon est recommandé par les hommes habiles dans les arts libéraux, il l'est également par les saints. Saint Augustin dit que, pour les chrétiens, Platon affirme beaucoup de choses qui sont en accord avec leurs doctrines et qu'il a pu connaître les Livres Saints. Abélard cite également le passage où saint Augustin parle des Platoniciens chez qui il avait trouvé presque toute la doctrine du Verbe éternel. Il soutient que beaucoup d'hommes, surtout les Grecs, ont eu la foi en la Trinité. Plus loin il réunit le Démiurge du *Timée* de Platon « le plus grand des philosophes » et l'Intelligence née, au témoignage de Macrobe, de Dieu lui-même.

Enfermé à l'abbaye de Saint-Médard de Soissons, puis renvoyé dans celle de Saint-Denis, qu'il est obligé de quitter parce qu'il soutient que l'Aréopagite n'en est pas le fondateur, il finit par être autorisé à se retirer en Champagne où il élève une sorte d'oratoire de roseaux et de chaume qu'il place sous l'invocation de la Sainte Trinité. Pour avoir ce qui est nécessaire à son existence matérielle, il ouvre une école. L'oratoire rebâti est appelé « Paraclet ». On s'étonne et on l'attaque, parce qu'il n'est pas permis de consacrer spécialement une église au Saint-Esprit, pas plus qu'à Dieu le Père, mais qu'il faut la dédier au Fils seul ou à la Trinité. Abélard, pour se justifier, distingue l'Esprit du Paraclet et le Paraclet. La Trinité en toutes ses personnes peut être appelée Paraclet ou consolateur, aussi bien qu'elle est dite Dieu et Protecteur. Même il y aurait plus de raison de vouer un temple au Saint-Esprit qu'à aucune autre personne de la Sainte Trinité, pour peu que l'on regarde à l'autorité apostolique et à l'œuvre du Saint-Esprit lui-même. C'est alors sans doute qu'Abélard écrit *l'Introductio ad theologiam*, où il se défend énergiquement d'être hérétique et prend soin de légitimer, par l'exemple des saints docteurs, l'appel qu'il adresse aux philosophes. Platon est corrigé par Plotin : il a donné, après les prophètes, une somme de toute la Trinité. L'Intelligence (*mens*) qu'ils appellent lui et ses disciples, νοῦς, née de Dieu et coéternelle à lui, c'est le Fils, la sagesse de Dieu, engendré éternellement de Dieu le Père. Ils ne paraissent pas non plus omettre la personne de l'Esprit-Saint, puisqu'ils établissent que l'âme du Monde est la troisième personne en Dieu. Et en rappelant le texte où saint Paul, dans les *Actes* (xvii), a cité les doctrines stoïciennes, en invoquant Boèce, Salvien et Gennadius où se trouvent des passages de Pythagore, de Cicéron, puis saint Augustin donnant les formules de Varron, Macrobe le plotinien et Virgile en son texte stoïcien, Abélard signale toutes les analogies entre l'Ame du Monde et le Saint-Esprit : il suffit de les interpréter pour trouver en eux toute la doctrine chrétienne sur l'Esprit Saint. Ce que dit Platon de l'Ame du Monde et ce qu'ajoute Macrobe ne s'écarte pas de la vérité catholique. En expliquant encore Platon par Plotin, en se servant de Macrobe, Abélard dira que l'âme du monde par laquelle il entend l'Esprit-Saint, procède du νοῦς, c'est-à-dire du Fils, comme l'Intelligence procède du Père. Puis il se demande pourquoi Platon fait commencer l'Ame du Monde. Et il en donne une explication fort ingénieuse. D'abord Abélard, qui ne distingue pas Platon de Plotin, sait par Macrobe que le νοῦς est coéternel à l'Un ou au Bien, et il ne doute pas qu'il en soit ainsi pour Platon. Puis il explique comment l'emploi du mot a amené l'abus qu'il signale. L'Esprit-Saint a été appelé *âme*, de *animando*, c'est-à-dire *vivificando nos donis suæ gratiæ per incrementum virtutum*. Mais l'Esprit n'a pas toujours été appelé Ame (*anima, id est vivificans*). En effet, quand les créatures n'existaient pas, il ne leur distribuait pas ses dons, il ne procédait pas en leur faveur à la répartition de ses biens. Platon a donc voulu dire que l'Esprit-Saint, subsistant éternellement dans son essence propre, a commencé quant à ses effets, d'après lesquels il a été appelé Ame plutôt qu'Esprit. Ainsi Jésus-Christ, éternel quant à la Divinité, a commencé quant à son humanité. D'ailleurs tous ceux qui comprennent ce que l'on entend par la bonté de la grâce divine, croient au Saint-Esprit comme tous ceux qui croient à la Sagesse et à la Puissance de Dieu, croient au Père et au Fils.

De même encore dans l'*Epitome Theologiæ christianæ* — car tous les ouvrages théologiques d'Abélard ne sont guère que des essais où il se répète souvent, pour constituer une *Somme de théologie* — nous retrouvons l'identification du Bien ou de l'Un avec Dieu le Père, celle de l'Intelligence avec le Fils, celle de l'Ame du monde avec le Saint-Esprit, l'interprétation de Platon par la doctrine plotinienne que donnait Macrobe; l'appel aux témoignages des philosophes qui sont arrivés par leur intelligence et la dignité de leur vie à la connaissance de Dieu, qui ont prêché l'immortalité de l'âme, qui ont indiqué à l'avance les règles de la morale évangélique.

Mais le concile de Sens, après celui de Soissons, condamne Abélard à qui l'on reproche, entre autres choses, de donner une trop grande place aux philosophes et d'identifier l'Ame du monde avec l'Esprit-Saint. C'est après cette condamnation qu'Abélard remanie sa *Dialectique* et, pour demeurer orthodoxe, renonce à sa première opinion. « Il y a des catholiques, dit-il, qui s'attachent trop à l'allégorie. Ils s'efforcent d'attribuer à Platon la foi en la Sainte Trinité, ils voient l'Intelligence, *Noy*, venir du Dieu suprême, qu'on appelle *Tagaton*, comme le Fils engendré du Père et l'Ame du Monde procéder du *Noy*, comme du Fils le Saint-Esprit. Ce Saint-Esprit en effet qui partout répandu tout entier, contient tout, verse aux cœurs de quelques chétiens, par la grâce qui y réside, ses dons qu'il est dit vivifier en suscitant en eux les vertus ; mais dans quelques-uns ses dons semblent absents, il ne les trouve pas dignes qu'il habite en eux, quoique sa présence ne leur manque pas, il ne leur manque que l'exercice des vertus. Mais cette foi platonique est convaincue d'être erronée en ce que cette âme du monde, comme elle l'appelle, elle ne la dit pas coéternelle à Dieu, mais originaire de Dieu à la manière des créatures. Or le Saint-Esprit est tellement essentiel à la perfection de la Trinité divine, qu'aucun fidèle n'hésite à le croire consubstantiel, égal et coéternel tant au Père qu'au Fils. Ainsi ce qui a paru à Platon assuré touchant l'âme du monde, ne peut en aucune manière être rapporté à la teneur de la foi catholique ».

Thierry de Chartres, Guillaume de Conches ont aussi appliqué au Saint-Esprit la formule du *Timée* : « Dieu mit une âme au milieu du monde et l'étendit dans toutes les parties. » Le second a développé cette conception : « L'âme du monde est une force naturelle d'où vient à certaines choses la faculté de se mouvoir, à d'autres celle de croître, de sentir, de penser. On se demande quelle est cette force. C'est, il me semble, le Saint-Esprit, c'est-à-dire la divine et bienfaisante harmonie de qui toutes les choses ont reçu le don de se mouvoir, de croître, de sentir, de vivre, de penser. On l'appelle à bon droit une force naturelle, car c'est au divin amour que toutes les choses doivent leur développement et leur vigueur. On l'appelle à bon droit âme du monde, car toutes les choses vivent dans le monde uniquement par l'amour, par la tendre affection de Dieu... Une seule âme, toujours et partout la même, fait vivre et sentir quelques êtres, comme par exemple les brutes ; elle en fait penser d'autres comme les hommes ; mais elle n'exerce pas en tous la même puissance, son action étant ralentie par la nature propre des corps ».

Guillaume de Saint-Thierry et Gauthier de Saint-Victor s'attaquèrent à Guillaume de Conches « qui avait préféré Platon à tous les philosophes païens, parce que sa doctrine est celle qui se rapproche le plus de notre foi ». Et l'auteur renonça dans le *Dragmaticon philosophiæ* à toutes les doctrines dont on avait suspecté l'orthodoxie.

*
* *

C'est un curieux spectacle que fournissent pendant trois ou quatre siècles les chrétiens d'Occident. On a pu relever chez eux — notamment Hauréau — des formules qui, interprétées en un sens auquel ils n'ont pas songé, constituent des affirmations hétérodoxes. Mais ce qui est caractéristique, c'est qu'ils n'hésitent pas à y renoncer pour rester fidèles à l'Église. De là résulte chez d'autres, également soucieux de ne pas s'écarter de la foi catholique, une défiance marquée à l'égard des conceptions dogmatiques, surtout de celles qui ont une origine philosophique.

C'est que la philosophie et la théologie se sont développées parallèlement chez les chrétiens d'Orient. La doctrine de la Trinité chrétienne s'est constituée en partie avec celle des hypostases plotiniennes : l'une et l'autre présentent des ressemblances telles que les Pères grecs ont pu, en restant orthodoxes, rapprocher l'Ame du monde, non telle que l'avaient conçue Platon dans le *Timée* ou les Stoïciens dans toutes leurs œuvres, mais telle qu'elle se trouvait chez Plotin, de l'Esprit-Saint dont les conciles avaient fixé la nature et les attributs.

Au contraire, les chrétiens d'Occident travaillent péniblement, à dater du VIIIe siècle, à se constituer une théologie et une philosophie. Leur ignorance est grande dans l'un et l'autre domaine : ils ne connaissent ni les Plotiniens, ni les Pères grecs. Sans doute, ils ont des textes qui leur donnent, sur l'Ame du monde, la doctrine de Platon, celle des Stoïciens et celle des Plotiniens : ils disposent du *Timée* traduit et commenté par Chalcidius ; ils ont Virgile, Aulu-Gelle, Sénèque, Lucain et d'autres œuvres stoïciennes ; ils ont Macrobe et saint Augustin. Mais toutes ces doctrines sont pour eux sur le même plan ; ils ne savent pas que seule la philosophie plotinienne est en accord avec les dogmes chrétiens ; ils n'ont pas été à même de se rendre compte des transformations qui se sont produites de Platon à Cléanthe et à Plotin, en ce qui concerne l'Ame du Monde, par exemple. Sans le savoir et sans le vouloir, ils puisent dans le Platon du *Timée* et non dans le Platon rendu plotinien, dans le Stoïcisme de Cléanthe ou d'Aratus, non dans le Stoïcisme transformé par Plotin de manière à pouvoir être en accord avec les formules de saint Paul qui avait commencé à le christianiser (ch. v). C'est ce qui a échappé à Hauréau et à plusieurs des historiens de cette période. C'est ce qui prouve encore qu'ils sont alors inférieurs aux Byzantins, aux Arabes et aux Juifs leurs contemporains, dont l'étude déterminera au XIIIe siècle le développement de la civilisation, de la philosophie et de la théologie dans le monde occidental.

CHAPITRE X

ÉDITIONS FAITES ET A FAIRE DE ROGER BACON

I. — Les éditions de Roger Bacon antérieures au xviie siècle ; les éditions de Combach en 1614 ; l'édition de Jebb en 1733 et la réimpression des Franciscains en 1750. — Les travaux de Victor Cousin et de John Kell Ingram, d'Emile Charles et de Brewer.
II. — L'édition de Bridges, 1897 ; la publication de Gasquet, 1897 ; le 3e volume de Bridges, 1900 ; les travaux de Nolan et de Hirsch ; les recherches faites à l'Ecole pratique des Hautes-Etudes et à la Faculté des Lettres de l'Université de Paris ; les éditions de Steele et de Duhem.
III. — Projet d'une statue à élever à Roger Bacon. — Projet d'une édition complète des œuvres de Roger Bacon. — Nécessité de remonter aux manuscrits écrits ou corrigés par lui. Bacon a donné de chacune de ses œuvres plusieurs rédactions : il croit qu'il est indispensable de procéder ainsi pour composer un écrit capable d'agir sur les hommes. Comment on peut reconnaître toute œuvre écrite ou corrigée par lui, comment on peut reconnaître les écrits envoyés au Pape.
IV. — Il faut prendre une copie exacte des divers manuscrits que renferment les bibliothèques de la France et de la Grande-Bretagne. La comparaison des textes que nous possédons nous a déjà appris beaucoup de choses sur Roger Bacon et a rendus intelligibles des passages qui ne l'étaient guère. Un des exemples les plus caractéristiques pour établir que la lecture de tous les ouvrages et de tous les manuscrits est nécessaire à l'intelligence du texte est fourni par une phrase du Pseudo-Aristote sur les Végétaux. — Quand on aura retrouvé les manuscrits envoyés à Rome, rassemblé ceux qui se trouvent dans les bibliothèques, on pourra donner une édition convenable de Roger Bacon et composer des monographies qui apporteront des renseignements précieux sur l'homme, sur son époque, sur la marche ultérieure de la civilisation.

Emile Charles, dans son excellente monographie sur Roger Bacon, résume ainsi la chronologie des principales œuvres du philosophe anglais (p. 91). Avant 1263, les lettres réunies sous ce titre, *De mirabili potestate artis et naturæ, ubi de philosophorum lapide, etc.*, dont les cinq dernières sont peut-être apocryphes ; les commentaires sur la Physique et la Métaphysique ; les traités

De termino paschali et *De temporibus a Christo*, qui sont, peut-on croire, un seul et même volume. En 1263 Bacon écrit le *Computus naturalium*, en 1267, l'*Opus majus*, l'*Opus minus*, l'*Opus tertium*, en 1272 le *Compendium philosophiæ*, en 1276 le traité *De retardandis senectutis accidentibus*, en 1292, le *Compendium Studii theologiæ*. Il convient de noter que l'on ne saurait considérer aujourd'hui les *Communia naturalium* comme une partie de l'*Opus tertium* et surtout qu'on n'arrivera à une classification chronologique d'une valeur incontestable qu'après avoir procédé, comme il sera indiqué — à propos d'une future édition des œuvres de Bacon — en tenant compte d'ailleurs de tous les travaux antérieurs.

I

Charles a relevé de même après Victor Leclerc les éditions de Roger Bacon qui ont paru avant 1861.

Un certain nombre d'entre elles sont antérieures au xviie siècle. C'est d'abord le *Speculum alchimiæ*, imprimé en 1541 et souvent réimprimé dans les bibliothèques et répertoires d'alchimie, traduit en anglais par un anonyme, mis en français par un gentilhomme du Dauphiné, souvent aussi sous le faux titre, *Miroir de maistre Jean de Mehun*. Puis vient le *De mirabili potestate artis et naturæ*, que publia à Paris en 1542 Oronce Finé, qui fut souvent réimprimé, traduit en français et en anglais. En 1590, c'est le *Libellus Rogerii Baconis Angli, doctissimi mathematici et medici de retardandis senectutis accidentibus et de sensibus conservandis*, Oxoniæ.

Du xviie siècle, on a le *De mirabili potestate* imprimé à Hambourg en 1618 sous un titre plus exact, *Epistola fratris Rogerii Baconis de secretis operibus artis et naturæ et de nullitate magiæ opera J. Dee, Londinensis, pluribus exemplaribus castigata olim et ad sensum integrum restitutæ*, in-8°. Une traduction anglaise en parut en 1659, elle avait été publiée pour la première fois en 1597. Richard Brown donnait en 1683 une traduction anglaise du *De retardandis senectutis accidentibus*. En 1603 paraissait *Sanioris medicinæ magistri D. Rogeri Baconis Angli de arte chymiæ scripta, cui accesserunt opuscula alia ejusdem authoris*, in-12, réimprimé en 1620 sous le titre *Sanioris medicinæ, etc. Thesaurus chemicus*. Surtout Combach donnait deux opuscules qui entraient dans l'usage courant et étaient immédiatement employés comme livres d'études avec ceux des contemporains, Galilée, Képler, Scheiner, etc. C'est d'abord la cinquième partie de l'*Opus majus* : *Rogerii Baconis Angli, viri eminentissimi Perspectiva, nunc primum in lucem edita, opera et studio Johannis* COMBACHII PHILOSOPHIÆ *professoris in academia marpurgensi*, Francofurti, 1614, in-4. Puis la quatrième partie du même ouvrage, avec omission des chapitres qui traitent de l'astrologie, de la géographie et de la chronologie, avec addition d'un opuscule sur les Miroirs, *de speculis* : *Specula Mathematica in quibus de specierum multiplicatione earumdemque in inferioribus virtute agitur. Liber omnium scientiarum studiosis apprime utilis*, COMBACHII *studio et opera*, Francofurti, 1614.

Il faut tenir compte de ces publications du xviie siècle, car elles exercèrent une grande influence, peut-être même sur Descartes.

Au xviie siècle, Samuel Jebb publiait en 1733 l'*Opus majus ad Clementem Papam* et l'ouvrage était réimprimé en 1750 à Venise par les Franciscains della Vigna, avec un *Prologus galeatus*. « C'est le monument le plus important, dit Charles, que la presse nous ait livré du génie de Bacon » (p. 60). D'Alembert, dans ses *Eléments de philospohie*, fait mention de « quelques génies » supérieurs qui, abandonnant cette méthode vague et obscure de philosopher, laissaient les mots pour les choses et cherchaient dans leur sagacité et dans l'étude de la nature des connaissances plus réelles. Le moine Bacon, trop peu connu et trop peu lu aujourd'hui, doit être mis au nombre de ces esprits du premier ordre ; dans le sein de la plus profonde ignorance, il sut, par la force de son génie, s'élever au-dessus de son siècle et le laisser bien loin derrière lui ; aussi fut-il persécuté par ses confrères et regardé par le peuple comme un magicien, à peu près comme Gerbert l'avait été près de trois siècles auparavant pour ses inventions mécaniques, avec cette différence que Gerbert devint pape et que Bacon resta moine et malheureux. »

Dans le *Journal des Savants*, Victor Cousin analysait, en 1848, un manuscrit de la Bibliothèque de Douai, qui contenait, avec des fragments de l'*Opus majus* et de l'*Opus minus*, l'*Opus tertium* presque en entier. Il y soutenait que l'*Opus majus* a une septième partie, qui traite de la morale et que Samuel Jebb a supprimée, purement et simplement, dans son édition de 1733. Il demandait avec toute l'énergie persuasive, dont il est coutumier, qu'on vérifiât et même qu'on comblât cette lacune, à l'aide du manuscrit de Dublin mieux examiné.

En 1858, John Kell Ingram, fellow de Trinité Collège et professeur de littérature anglaise à l'Université de Dublin, établissait dans une brochure de huit pages que le manuscrit de Dublin était bien celui dont s'est servi Samuel Jebb et qu'il contient une septième partie plus étendue qu'aucune des six autres (92 pages sur 498). Victor Cousin signalait cette publication dans le *Journal des Savants* et donnait quelque temps après l'analyse d'un manuscrit d'Amiens où l'on trouve des commentaires de Roger Bacon sur la *Physique* d'Aristote, sur la *Métaphysique*, sur le *Traité des Plantes*, peut-être sur le *Traité des Causes*.

A cette époque, Émile Charles et Brewer travaillaient déjà, en s'ignorant l'un l'autre, à augmenter notre connaissance de Roger Bacon et de ses œuvres. En 1859, J. S. Brewer donnait les *Fr. Rogeri Bacon opera quædam hactenus inedita*, où il y avait, après une ample Préface, la Vie de Roger Bacon, par Wood, l'*Opus tertium*, l'*Opus minus*, le *Compendium Studii philosophiæ*, avec deux appendices, *Epistola fratris Rogerii Baconis de Secretis Operibus artis et naturæ, et de nullitate magiæ*, *Apologia in Hieronymum Tartarotum, nuperum censorem doctrinæ Fr. Rogerii Baconis, Minoritæ*.

Deux ans plus tard, Émile Charles faisait paraître *Roger Bacon, sa vie, ses ouvrages, ses doctrines, d'après des textes inédits*, la meilleure monographie que nous ayons maintenant encore sur le penseur franciscain. Dans une première partie, l'auteur donne la biographie de Roger Bacon, fait connaître les ouvrages imprimés et manuscrits. Il établit que l'édition de Jebb pèche par excès, puisqu'elle contient un long traité qui ne fait pas partie de l'*Opus majus*, *Tractatus magistri Rogeri Bacon de multiplicatione specierum*, mais qu'elle pèche surtout par défaut, puisque la seconde partie, sur la grammaire, est incomplète et que la septième sur la morale, fin suprême de la science et de la théologie profane, en est totalement absente. La seconde traite de la méthode de Roger Bacon; la troisième, de ses doctrines philosophiques; la quatrième, des travaux scientifiques et des découvertes; la cinquième contient des analyses et des extraits du *Computus rerum naturalium*; de la septième partie, morale, de l'*Opus majus*; de l'*Opus minus*, de l'*Opus tertium*, du *Compendium philosophiæ* et du *Compendium studii theologiæ*. Émile Charles annonce (p. 335) qu'il a en mains de nombreux matériaux par lesquels pourrait être facilitée une édition des œuvres de Bacon. Sa fille, à qui l'on s'est adressé tout récemment, a fait savoir que ces papiers ont dû être détruits quand Charles a quitté l'Académie de Lyon. Quand on voit la façon dont il a présenté ses extraits, on regrette qu'il n'ait pas entrepris lui-même l'édition que, mieux que personne, il eût pu mener à bonne fin.

II

C'est en 1893 que Bridges pensa à préparer une édition de l'*Opus majus :* « C'était, dit-il, le sixième centenaire d'un des premiers et des plus grands penseurs de l'Université d'Oxford. » Deux volumes parurent en 1897.

Le premier débute par une préface (p. VII-XIX), où l'auteur indique les raisons pour lesquelles il a entrepris ce travail, les manuscrits et les diverses éditions, monographies ou histoires qu'il a consultés. Viennent ensuite les faits relatifs à la vie de Bacon (p. XX), l'Introduction (p. XXI-XCII), avec les divisions suivantes : *Vie de R. Bacon* (p. XXI-XXXVI), *Position de Bacon dans les controverses métaphysiques du XIIIe siècle* (p. XXXVI-XLIII), *Scriptum principale de Bacon* (p. XLIII-XLVIII), *Philologie de Bacon* (p. XLVIII-LV), *Mathématiques de Bacon* (p. LV-LIX), *Astrologie de Bacon* (p. LIX-LXV), *La propagation de la force* (p. LXV-LXIX), *Optique (Perspectiva) de Bacon* (p. LXIX-LXXIV), *Alchimie de Bacon* (p. LXXIV-LXXVIII), *Science expérimentale* (p. LXXVIII-LXXIX), *Philosophie morale* (p. LXXIX-LXXXVIII), *Caractères généraux de l'Opus majus* (p. LXXXVIII-XCI). Puis Bridges donne une analyse détaillée de l'*Opus majus* (p. XCII-CLXXI), de la *Multiplication des images* (p. CLXXII-CLXXXVII), et il arrive au texte de l'*Opus majus*, dont la première partie, des *Causes de l'erreur*, occupe les pages 1-32 ; la seconde, *Affinité de la philosophie et de la théologie*, les pages 33-65 ; la troisième, *de l'utilité de la grammaire* ou de la connaissance des langues, les pages 66-96 ; la quatrième, *du pouvoir des mathématiques*, les pages 97-404, avec les subdivisions suivantes, *utilité de la mathématique dans les sciences de la nature (in physicis)*, p. 97-174 ; *utilité de la mathématique pour la théologie (in divinis)*, p. 175-238 ; *distinction des mathématiques et de la magie (Judicia astronomiæ)*, p. 238-269 ; *Correction du calendrier*, p. 269-285 ; *géographie*, p. 286-376 ; *astrologie*, p. 376-404.

Le second volume contient la cinquième partie de l'*Opus majus*, l'*Optique, de scientia perspectiva* (p. 1-166), avec trois grandes divisions : *Principes de la vision* (p. 1-82) ; *Vision directe* (p. 83-129) ; *Réflexion et réfraction* (p. 130-166) ; la sixième partie, *la science expérimentale* (p. 167-222) ; la septième partie, *Philosophie morale* (p. 223-404), dont la première division (p. 223-249) a surtout pour objet la définition et l'importance de la morale, la deuxième (p. 250-253), la famille et l'État, la troisième (p. 254-365), la morale individuelle, la quatrième (p. 366-404), les fondements de la religion chrétienne. Cette quatrième division, incomplète comme la *Philosophie morale*, comme l'*Opus majus* lui-même, se termine par des considérations sur les sacrements, en particulier sur l'Eucharistie, qui nous incorpore au Christ et fait de nous des dieux, *ex participatione Dei et Christi deificamur et christificamur et fimus Dei... Et quid potest homo plus petere in hac vita?* Par l'*Opus tertium* (ch. xiv) nous savons qu'une cinquième division de la *Philosophie morale* traitait de l'enseignement religieux, de la prédication où R. Bacon recommandait de tenir compte du débit, du style et de l'action; qu'une sixième division s'occupait des procès devant le juge entre les parties, pour que la justice fût exactement rendue; mais Bridges ne les a pas trouvées dans les manuscrits.

Le second volume contient encore la *Multiplication des Images*, *de Multiplicatione specierum* (c'est-à-dire la radiation ou la propagation de la force), avec ses six parties (405-552) et un *Index* (553-568).

Au moment où paraissaient ces deux volumes, Gasquet signalait dans l'*English Historical Review*, un manuscrit de Bacon (appelé v dans l'édition de Bridges), qui, moins ancien peut-être que le manuscrit Cottonien Jul. D. V., le plus vieux de tous, fournissait cependant en certains endroits, un texte que ne donnait pas ce dernier, détérioré par l'incendie de 1731. En outre, d'autres manuscrits n'avaient pas été suffisamment mis à profit. De là un troisième volume, avec Préface (i-xv), un texte revisé des *Causes de l'erreur* (p. 1-36); de l'*Affinité de la Philosophie avec la Théologie* (36-79); de l'*Utilité de la Grammaire* (80-125); des corrections et améliorations au reste du volume I et au volume II (129-157); des notes additionnelles au volume I et au volume II (157-187). Un fac-similé de l'écriture hébraïque et grecque de Roger Bacon est placé dans les deux premières pages du volume.

Bridges avait d'autres raisons pour justifier son entreprise que le sixième centenaire du maître d'Oxford. L'œuvre de Roger Bacon est, selon lui, en connexion avec la science moderne et avec la science grecque, par l'intermédiaire des écoles arabes de Bagdad et d'Espagne. En particulier l'*Opus majus*, le « Grand OEuvre », est le livre qui contraste le plus, par son contenu, avec le siècle de Bacon et ceux qui l'ont suivi : « Combinant l'étude comparative du langage avec une recherche compréhensive de la physique, concevant ces études comme progressives et les subordonnant cependant à un but moral suprême, il surpasse, disait Bridges, tout ce qui a paru avant les œuvres philosophiques et sociales d'Auguste Comte». Et les brèves indications qui précèdent, sur le contenu de ce livre, notamment sur la place accordée à la connaissance des langues, aux mathématiques, à l'optique, à la science expérimentale et à la morale ont déjà expliqué ce jugement, qui le serait plus encore, si on rapprochait ce sommaire d'une Analyse de la *Somme de théologie* d'Alexandre de Halès ou de saint Thomas d'Aquin, ou même du *grand Miroir* de Vincent de Beauvais.

L'édition de Bridges a un double avantage. Quelle que soit l'opinion qu'on adopte au sujet du *De multiplicatione specierum*, qu'on le prenne pour une partie de l'*Opus tertium*, avec Charles, ou mieux, avec Bridges, comme une édition ultérieure et augmentée du premier travail de Bacon, il n'en est pas moins incontestable qu'il ne rentre pas dans l'*Opus maius* et Bridges a eu raison de l'en faire sortir. D'autant plus que Jebb ne s'était pas borné à incorporer au « Grand Œuvre » un texte d'ordre purement scientifique ; il semble, comme plus tard Cousin éditant Abélard, qu'il ait mis de côté « ce qui ne devait pas intéresser le lecteur du xviii° siècle». Ainsi il avait laissé la «Morale» inédite ; il manquait à la troisième partie un alphabet grec et un alphabet hébreu qui figurent dans un manuscrit dont il a tiré de nombreuses corrections ; il a édité la sixième avec si peu de soin qu'elle paraît avoir été confiée à un assistant tout à fait incompétent qui interprète mal les abréviations les plus ordinaires, qui omet des phrases entières, etc. Mais Jebb a donné une grande attention à la quatrième et à la cinquième, déjà publiées par Combach, qui présentaient encore quelque originalité pour le xviii° siècle. On fut tenté, en lisant Bacon dans Jebb, d'oublier que son but suprême a été la consolidation de la foi catholique, propre, selon lui, à donner tout son développement à la civilisation par la rénovation complète de l'homme intellectuel et moral. On vit surtout en lui le savant, le théoricien scientifique, dont on voulut faire parfois même un positiviste avant Auguste Comte. On ne se souvint ni de l'exégète, ni du théologien dont l'originalité était égale et qui, en opposition à Albert le Grand et à saint Thomas, aurait imprimé, si le pape Clément IV eût vécu et suivi ses conseils, une direction toute différente à l'Eglise catholique. Ainsi s'expliquent les jugements de d'Alembert, d'Hauréau, de Renan, ainsi s'explique l'épigraphe de Bridges lui-même dont l'édition a eu cependant pour résultat de mettre en pleine lumière le chrétien, le théologien et l'exégète. Le troisième volume est, en ce sens, aussi important que le second où figure la morale. Les changements sont importans, les améliorations notables, les additions parfois considérables. Ainsi, dans la troisième partie, Grammaire ou connaissance des langues, plus de cinq pages sont ajoutées, comprenant une partie du chapitre XII, le chapitre XIII et le chapitre XIV. Elles insistent sur l'utilité de la connaissance des langues : 1° pour la direction de la république des Latins, en vue du commerce, afin de ne pas être sous la dépendance d'interprètes ignorants ou infidèles, en vue de la justice à réclamer chez les peuples étrangers et de la paix à maintenir avec les autres nations ; 2° pour la conversion des infidèles, car, par les guerres, on peut en tuer et en envoyer aux enfers un certain nombre, on ne les convertit pas, et ceux qui survivent n'en sont que plus acharnés contre les chrétiens et plus éloignés d'accepter la religion du Christ ; 3° pour combattre ceux qui ne peuvent être convertis. Car, dit encore Bacon, la guerre est moins efficace que la sagesse. Surtout il y a, dans les paroles, une puissance telle, qu'aucun mortel ne peut y résister. Et mêlant le naturel et le surnaturel, de manière à montrer tour à tour en lui les tendances positives des modernes et toutes les croyances des hommes du XIII° siècle, il cite la vertu des paroles sacramentelles, celle des paroles des saints, des fidèles, des orateurs et des philosophes, celle de deux versets contenant les noms des trois rois de Cologne par lesquels est arrêtée l'épilepsie, etc. C'est, dit-il en manière d'explication, que l'âme raisonnable, dont l'œuvre principale est la parole, sait choisir, pour agir, le temps indiqué comme opportun par les constellations et qu'elle peut transmettre aux mots une puissance plus grande qu'à ses autres œuvres, pourvu qu'elle soit immaculée, que son désir soit fort, son intention certaine, qu'elle agisse en accord avec la puissance céleste et qu'elle s'applique aux trois langues qui sont consacrées aux divins mystères, à l'hébreu, au grec, au latin.

En somme, cette édition constitue, malgré les critiques dont elle a été l'objet, un progrès marqué dans la série des œuvres mises à notre disposition pour étudier Roger Bacon.

On peut en dire tout autant du fragment publié par D. Gasquet dans l'*English Historical Review*, dont on a tiré toute une série d'indications précieuses pour l'intelligence des autres textes de Roger Bacon, comme de son étude sur les maîtres du XIII° siècle en Angleterre, de 1898, suivie en 1899 par celle de Hirsch sur les premiers hébraïsants de l'Angleterre, sur Roger Bacon et ses prédécesseurs. Hirsch notait, chez Bacon, l'instinct philologique, la claire notion d'une connexion entre les dialectes variés qui appartiennent à des groupes de langues, les spéculations sur le langage primitif, sur la manière dont Adam imposait leurs noms aux choses et dont les enfants placés dans un désert pourraient exprimer leurs sentiments. Il inclinait à croire que Bacon a écrit une grammaire hébraïque.

Au moment où paraissait l'article de Hirsch, Nolan examinait, pour l'éditer, la grammaire grecque qui existe en manuscrit à Oxford. Il trouva à Cambridge, à côté du fragment de grammaire grecque, un fragment de grammaire hébraïque dont Hirsch accepta de faire l'examen. En 1902, l'University-Press de Cambridge publiait la grammaire grecque d'Oxford (182 pages en trois parties, alphabet, orthographe, noms, pronoms et verbes). le fragment de la grammaire grecque de Cambridge (184-196), celui de la grammaire hébraïque (202-208), une préface (3 pages) et deux introductions (XIII-LXXV et 199-201). Pour justifier l'authenticité des fragments mis au jour, Nolan et Hirsch invoquent d'excellentes raisons, surtout tirées de la comparaison avec les œuvres incontestées de Roger Bacon. Celui d'Oxford devait être une grammaire élémentaire. Bacon a exprimé l'intention de composer, pour les étudiants, un dictionnaire grec, Nolan estime que c'est peut-être celui du manuscrit d'Arundel au *Collège of Arms* à Londres. Le manuscrit de Cambridge est une esquisse ou une nouvelle rédaction de celui d'Oxford, ou encore l'ébauche d'une grammaire plus complète. Heiberg de Copenhague estimait que Roger Bacon a utilisé les grammaires byzantines de Lascaris et de Chrysoloras, mais Nolan fait remarquer que les analogies signalées par Heiberg peuvent provenir d'une source commune et il rappelle, à ce sujet, les œuvres du Thrace Denys, d'Hérodien, de Théodore Prodromus. Hirsch pense que, jusqu'au moment où l'on aura découvert une grammaire hébraïque de Bacon, il faudra considérer le fragment de Cambridge comme une ébauche des observations grammaticales qu'il a incorporées à la troisième partie de l'*Opus majus*.

On se borne à rappeler les travaux préparés à la section religieuse de l'Ecole des Hautes-Etudes et à la Faculté des Lettres de l'Université de Paris (ch. I et II), la publication de Steele, *Opera hactenus inedita Rogeri Baconi*, Metaphysica *Fratris Rogeri, ordinis Fratrum Minorum, De viciis contractis in studio theologiæ*, celle de Duhem, celle de Radshall, etc. Il importe d'arriver à une question qui s'est posée récemment avec plus d'insistance et qui, si elle était résolue affirmativement, aurait pour résultat, semble-t-il, de donner aux publications des textes et aux travaux sur Roger Bacon une importance nouvelle.

III

Dès 1905 on demandait, dans le *Journal des Savants*, qu'il fût procédé au recensement des manuscrits de Roger Bacon, qu'on prît de tous une copie, qu'on vérifiât à nouveau les parties communes déjà signalées dans un certain nombre d'entre eux et qu'on les replaçât, pour chacun, dans le contexte qui lui est spécial. On exprimait l'espoir qu'on pourrait peut-être établir ainsi, entre les écrits qu'ils reproduisent, un ordre chronologique et aussi un ordre de perfection croissante pour la pensée et pour la forme.

Or un Comité s'est constitué récemment, en Angleterre, pour élever une statue à Roger Bacon. A ce Comité on a proposé de préparer une édition, ainsi entendue, de l'œuvre de Roger Bacon et le *Journal des Savants* a bien voulu publier les indications rassemblées pour le Comité et pour le public auquel il s'adressera.

C'est aux manuscrits de Roger Bacon ou tout au moins à ceux qui sont de son temps qu'il faudrait essayer de remonter. Ces manuscrits du xiiie siècle forment trois catégories bien distinctes : ceux qui ont été écrits par Roger Bacon, ceux qui le furent par des copistes dont il utilisait les services et dont il revoyait le travail; ceux que ces copistes constituaient pour eux, pour leurs amis ou pour des acheteurs qui les payaient fort cher, mais n'y trouvaient pas une correction irréprochable.

Or presque tous les manuscrits dont on connaît actuellement l'existence sont postérieurs au xiiie siècle. Ce ne sont donc que des copies de manuscrits contemporains de Roger Bacon, sans que nous sachions si ceux-ci avaient été écrits par l'auteur, corrigés par lui, ou simplement *piratés* par les copistes.

On comprend quel intérêt il y aurait à se trouver en présence des deux premières catégories, qui seules peuvent nous donner la pensée véritable de Roger Bacon.

Sa vie se divise en deux périodes : dans l'une, il est clerc et scolastique; dans l'autre, il fait partie de l'ordre de saint François. Dans sa première condition, il a composé beaucoup d'ouvrages pour la formation des jeunes gens, *multa in alio statu conscripse-*

ram propter juvenum rudimenta; dans la première comme dans la seconde, il a écrit, à la demande de ses amis, et d'une façon sommaire, *more transitorio*, un certain nombre de chapitres sur diverses sciences.

Avant 1267, Roger Bacon a certainement écrit sur l'alchimie et sur les sciences, il a composé le *Computus naturalium*, les traités *de termino paschali* et *de temporibus a Christo*, le *de Mirabili potestate artis et naturæ*, tous les ouvrages relatifs à l'éducation des jeunes gens, les Commentaires sur la *Physique* et la *Métaphysique* d'Aristote, sur le *Traité des Végétaux*, sur le *Traité des Causes*, le Commentaire sur le *Secret des Secrets*, peut-être la *Somme élémentaire de physique* (n° 1751 de la Bodléienne), le *Liber ultimus summæ magistri* (n° 1668), la *Summula dialectices* (n° 1805, Digby, 204), le *de Intellectu et intelligibili*, le *de Nutrimento*, le *de Meteoris*, le *de Somno et Vigilia*, l'*Antidotarius*, le *de Graduatione rerum compositarum*, le *Tractatus de erroribus medicorum*, une géométrie pratique et théorique, une arithmétique, une grammaire grecque, une grammaire hébraïque, etc., etc.

A partir de 1267, il compose l'*Opus majus*, l'*Opus minus*, l'*Opus tertium*. Puis il passe aux *Communia naturalium* et au *Scriptum principale*, dont il est souvent question dans son œuvre. Viennent ensuite le *Compendium philosophiæ* ou *Liber sex scientiarium*, le traité *de Retardandis senectutis accidentibus*, le *Compendium studii theologiæ*.

Il va sans dire que cette liste sommaire est incomplète et ne pourrait être dressée de façon satisfaisante qu'après le travail de recensement et de copie des manuscrits.

Or, de chacune de ces œuvres, les rédactions successives ont été fort nombreuses. Pour toute question qu'il traite, Bacon se reprend à plusieurs reprises avant d'atteindre le plan, les formules et les expressions qui conviennent. C'est que la composition de l'œuvre capable d'agir sur les hommes est, pour lui, chose fort difficile à mener à bonne fin. Car elle doit remplir sept conditions. D'abord ce que l'on écrit sera vrai. Puis on choisira entre les choses vraies : ce qui peut être dit est infini et ce que l'on choisit doit être suffisant. Et ce que l'on écrit sera approprié à la matière dont on traite : on évitera de confondre, par exemple, les choses physiques avec les choses métaphysiques. On sera bref, car ce qui est superflu et inutile est embarrassant pour la connaissance de la vérité et rend une œuvre abominable : mais la brièveté ne sera pas exagérée. En outre, on sera clair et il est difficile de concilier la clarté avec la brièveté. Enfin il faut atteindre la certitude et ne laisser subsister aucun doute : ce qui revient, en résumé, à réaliser la perfection autant que cela est possible à l'homme.

Personne, au xiii° siècle, ne semble avoir eu un idéal aussi élevé, un égal souci de la forme et du fond, de la matière et de la manière, comme aurait dit un de nos contemporains. Et l'on se rend compte des critiques qu'il adresse aux œuvres fort étendues, parfois composites et confuses, en raison même de leur développement, d'Alexandre de Halès et d'Albert le Grand.

Mais en même temps Roger Bacon exagère sa propre faiblesse : il lui faut quatre ou cinq rédactions avant de rencontrer celle qu'il souhaite et qui répond au but poursuivi. C'est ce qu'il répète dans la plupart de ses écrits et c'est ce qui a permis de le comparer, plus d'une fois et non sans raison, aux érudits de la Renaissance.

Puis il ne peut se passer de copistes et parfois même de gens qui contrôlent et complètent leur travail. Un bon texte, dit-il (*Opus tertium*, chap. ii, p. 13), ne peut être constitué que par des copistes étrangers à l'ordre. Pour en avoir un sans défaut (p. 501 de la lettre publiée par Gasquet), il faut beaucoup de parchemin et de copistes. Ne voyons-nous pas, ajoute-t-il, que, dans les cours des prélats et des princes, une seule lettre passe par beaucoup de mains avant de recevoir la bulle et le sceau? A plus forte raison doit-il en être ainsi quand il s'agit de choses difficiles et grandes. D'autant plus qu'il faut des auxiliaires capables de remédier aux fraudes et aux négligences des copistes, des correcteurs pour revoir leurs écrits, des hommes habiles dans les langues et dans les sciences, propres à tracer des figures et à exécuter des calculs.

Et ce n'est pas seulement quatre ou cinq rédactions qui lui semblent nécessaires pour un chapitre ou pour un ouvrage ; il lui arrive de faire usage d'une seule et même page pour quatre ou cinq ouvrages différents, en cherchant chaque fois à lui donner une forme meilleure en elle-même et meilleure par rapport à l'endroit où il l'insère. Pour la rédaction nouvelle, il procédera, avec les mêmes scrupules, à l'établissement d'un texte irréprochable, *bona littera*.

Il ne faut pas oublier d'ailleurs qu'il a formé de bonne heure le projet de mettre par écrit tout ce qu'il a appris ; qu'il a toujours été aussi soucieux de communiquer sa pensée par son enseignement et par ses œuvres que d'augmenter ses connaissances. Toujours préoccupé d'améliorer, par le fond et par la forme, ses rédactions diverses, ou les copies successives d'une composition trouvée à peu près satisfaisante, ou un fragment qu'il introduit dans une composition nouvelle, il a fait tantôt des additions, tantôt des suppressions, de sorte que toutes les rédactions et copies peuvent nous renseigner utilement sur la vie et l'œuvre de Roger Bacon, que nous risquons d'ignorer bien des choses ou d'en avoir une compréhension incomplète, si nous laissons de côté plusieurs ou même une seule d'entre elles.

D'abord on peut reconnaître les pages écrites ou corrigées par lui. En opposition avec ceux qu'il appelle les modernes, Roger Bacon estime qu'il faut écrire *mihi*, *nihil* et non *michi*, *nichil*, parce que le c ne se trouve ni dans les Bibles anciennes, ni dans les livres antiques (*Op. tert.*, LXI, p. 249).

Il n'est pas impossible de trouver l'écriture de Roger Bacon dans certains textes de l'*Opus tertium* envoyé au Pape. Bacon y parle des obstacles qui l'ont empêché de répondre plus rapidement aux ordres du Pape et annonce qu'il écrira peut-être de sa propre main quelque chose à ce sujet (ch. III, p.15).

Il n'est guère vraisemblable que cette phrase elle-même ne fût pas écrite de la main de Roger Bacon sur l'exemplaire qu'il envoyait après l'avoir retiré des copistes, car ceux-ci auraient pu autrement le faire connaître à ses supérieurs et le secret n'aurait plus été gardé. Quant aux confidences annoncées, on n'en trouve rien dans l'édition de Brewer. Toutefois il faut noter que Brown a emprunté à Léland un texte que Charles n'a pas retrouvé dans les manuscrits de l'*Opus tertium* et qui correspond à l'indication précédente.

Sur l'*Opus majus* envoyé au Pape, Bacon nous fournit des renseignements qui pourraient le faire reconnaître. Ainsi il a corrigé et signé ce qui concerne la colère (*Bridges*, II, p. 275-298) et tout cela est clair. Mais le reste n'a été ni corrigé ni signé. Et c'est pourquoi il envoie un exemplaire corrigé (*Op. tert.*, p. 305).

Le pape a donc dû recevoir un exemplaire corrigé de l'*Opus majus* (ou tout au moins de la partie qui n'avait pas été corrigée), dans lequel Roger Bacon a sans doute employé l'orthographe qu'il recommande pour *mihi* et pour *nihil*.

A propos du premier exemplaire de l'*Opus majus*, Roger Bacon annonce, dans l'*Opus tertium*, qu'il a donné un document tiré de Sénèque, important pour le Pape, trop peu préoccupé d'une santé si précieuse à la chrétienté, par lequel il est établi qu'une tranquillité continuelle ne peut être conservée dans la vie si l'homme ne reçoit pas ce qui est nécessaire à son corps. Roger a fait un signe en marge, afin que le Pape pût remarquer le passage (*Op. tert.*, p. 87).

De même dans l'*Opus minus*, Roger Bacon rappelle quelles sont les parties les plus importantes de l'*Opus majus*. Et il ajoute qu'il fait des signes dans quelques passages utiles, pour que certaines choses soient notées (*Op. minus*, p. 316). On peut se demander ce que Roger Bacon entend par le *facio signa*. S'agit-il de l'*Opus majus* corrigé qu'il envoie à Clément IV? ou de l'*Opus minus* lui-même? Nous ne pouvons l'affirmer expressément. Mais ce qui est certain, c'est qu'il y a là des moyens suffisants pour reconnaître les manuscrits envoyés au Pape.

Enfin Roger Bacon, parlant de l'alchimie, nous dit qu'il a mis aux passages importants des signes, des têtes d'hommes dans la marge. Et, tout en signalant d'autres choses de grande valeur, il fait remarquer qu'elles en ont moins cependant que celles qu'il a signées ou marquées d'un signe (*Op. minus*, p. 321).

Roger Bacon a donc signalé, dans chacun des grands ouvrages, les passages que le Pape devait lire s'il n'avait pas le temps de les étudier en entier : les marques qu'il y a mises peuvent aujourd'hui nous permettre de distinguer ses envois propres des manuscrits qui sont des copies ou des rédactions antérieures et imparfaites.

Dans cette recherche, on pourrait rencontrer d'autres manuscrits, en divers états, envoyés aussi à Clément IV. En particulier le traité de la multiplication des espèces : « Je vous envoie un traité plus complet de cette multiplication, comme il en est fait mention par la suite (*Op. tertium*, XI, p. 38)... Il faut considérer avec soin le traité *de Speciebus Virtutibus agentium*, que je vous ai envoyé en double, que j'ai recommencé une troisième fois et que je n'ai pu achever (xxvi, p. 99). Il n'y a pas encore, chez les Latins, de traité sur cette matière... sauf ce que j'en ai transmis à Votre Gloire, dans le premier ouvrage. Et, en outre, je vous ai envoyé un traité spécial, édité tout exprès, *misi tractatum specialem de hoc negotio ex proposito editum* (chap. xxxvi, p. 117)... L'espèce, *species*, est semblable à l'agent en nature et en définition, comme je l'ai prouvé dans le traité spécial que j'ai envoyé à Votre Gloire (chap. xliv, p. 167)... Les théologiens se demandent ce qu'est la lumière, sa multiplication et son action... mais rien de bon ne peut être dit sans faire appel à la géométrie, comme le montre le traité *de Radiis* que je vous ai envoyé séparément de l'*Opus majus* (lviii, p. 227). »

Et Bridges estime, non sans vraisemblance, que ce traité, ou au moins quelque chose qui lui ressemble, avait déjà été écrit avant que Roger Bacon reçût la lettre de Clément IV. Ce serait une partie d'un ouvrage plus complètement systématique, à la composition duquel aspira Roger Bacon, qu'il écrivit dans un langage philosophique et en suivant les règles de la dialectique des écoles. Ce fut Jean qui le porta au Pape comme les ouvrages principaux, *in tractatu de Radiis quem Johannes extra principalia opera deportavit* (LIX, p. 230).

Voici encore un autre traité que Jean a emporté avec lui et qui pourrait bien être de l'écriture de Roger Bacon. C'est au chapitre LXL de l'*Opus tertium* que nous en trouvons l'indication : l'auteur, pour défendre la mathématique, distingue une science de ce nom, qui fait partie de la philosophie, et ne peut être en aucune façon condamnée, comme il le prouve par les saints et les philosophes, de la partie de l'art magique que seule proscrivent les saints et les philosophes, parce qu'elle impose la nécessité à la volonté en la soumettant aux influences astrologiques : « Et si vous voulez bien voir, *copiosius videre*, ajoute-t-il, que les autorités sacrées ne contredisent en rien la mathématique qui rentre dans la philosophie, ordonnez à Jean de faire mettre en bonne écriture, *scribi de bona litera*, le traité plus complet qu'il a entre les mains, *tractatum pleniorem quem habet*, et qui vous prouvera que les philosophes sont très sobres dans les jugements relatifs à l'astronomie, *sobriissimi in judiicis astronomiæ* » (*Op. tert.*, chap. LXV, p. 270).

Enfin il est question dans le *Compendium studii philosophiæ* : 1° d'un traité spécial dans lequel Roger Bacon a réuni, par ordre du pape Clément IV, des pensées choisies de l'Ecriture et des saints, du droit canon et de la philosophie (chap. III, p. 414); 2° d'un résumé (*compendium*), dans lequel il a rassemblé tout ce que les philosophes disent de Dieu, de la Trinité, de l'Incarnation. Il l'a envoyé, comme beaucoup d'autres choses, *sicut multa alia*, à Clément IV qui le lui avait prescrit, *efficaciter et districte*.

On peut d'ailleurs retrouver, dans les trois grands ouvrages, des parties qui répondent à ces indications, mais les termes mêmes dont use Roger Bacon, *tractatus specialis, compendium*, peuvent tout aussi bien faire penser à des œuvres distinctes.

Personne ne dira certes que les publications faites d'après les manuscrits jusqu'ici consultés sont pleinement satisfaisantes. Sans doute Bridges a donné, dans les trois volumes consacrés à l'*Opus majus*, bien des choses qui sont des améliorations notables à l'édition de Jebb, mais il reste encore beaucoup à désirer. La troisième partie est incomplète comme la septième; des lacunes subsistent en plus d'un endroit, des passages restent difficiles à comprendre. Et ce que nous disons de l'*Opus majus* est plus vrai encore de l'*Opus minus* et même de l'*Opus tertium*.

Il est donc souhaitable qu'on retrouve ces manuscrits de Roger Bacon qui nous donneraient de meilleurs textes.

Ce n'est pas impossible, car Gasquet a publié dans l'*English historical Review*, un manuscrit venant du Vatican, qu'il considère comme une préface à l'*Opus majus*, et Bridges a utilisé, pour son troisième volume, un manuscrit de l'*Opus majus* signalé par Gasquet, et dont une copie photographiée lui avait été envoyée de Rome.

IV

Il ne faut pas négliger non plus les divers manuscrits que renferment les bibliothèques de France et de la Grande Bretagne. Le seul procédé qui puisse donner des résultats complètement satisfaisants, c'est, comme il a été dit en 1905, d'en prendre une copie exacte et d'étudier tous les textes ainsi réunis. Par la comparaison des textes que nous possédons, nous avons appris déjà beaucoup de choses, propres, d'un côté, à nous renseigner plus exactement sur Roger Bacon, et, de l'autre, à rendre intelligibles des passages qui apparaissaient comme très obscurs. Le rapprochement de l'*Opus tertium* et du fragment publié par Gasquet est particulièrement instructif. En voici quelques exemples.

Dans l'*Opus tertium* (xx, p. 65) Roger Bacon rappelle que, depuis quarante ans qu'il a appris l'alphabet, il a été toujours plein de zèle pour l'étude (*studiosus*) et qu'il a toujours vécu dans un *studium*, c'est-à-dire dans une école, sauf pendant deux années. Charles avait remarqué qu'il ne dit pas pour quelles raisons il a passé ces deux années sans étudier. Nous le savons par le texte de Gasquet : il s'est reposé afin de mieux travailler par la suite, *exceptis duobus annis quibus recreationem et solatium quietis sumpsi, ut melius postea laborarem*.

Dans l'*Opus tertium* (ii, p. 13), Roger Bacon dit qu'avant d'être franciscain (*in alio statu*) il n'avait pas fait d'ouvrage de philosophie (*non feci aliquod scriptum philosophiæ*), mais qu'il avait rassemblé quelques fragments en diverses matières, sur les instances de ses amis, *aliqua capitula de diversis materiis ad instantiam amicorum, aliquotiens more transitorio compilavi*. Le texte de Gasquet est plus explicite. Roger Bacon a beaucoup écrit, dans son premier état, pour l'instruction des jeunes gens (*multa conscripseram propter juvenum rudimenta*), mais il n'a traité que fragmentairement tantôt d'une science, tantôt d'une autre (*nunc de una scientia, nunc de alia*). Il avait bien des matériaux, il n'avait aucune œuvre systématique qu'il pût envoyer au Pape (*nec... alicujus partis philosophiæ scripturam edidi completam*).

Dans l'*Opus tertium*, Charles lisait que depuis que Roger Bacon était devenu franciscain, il avait moins travaillé. Le texte de Brewer ajoute, comme explication (xx, 65), *quia non fuit necesse propter exercitium sapientiæ*. Et le fragment de Gasquet parle de langueurs et d'infirmités diverses (*langor continuus, langores multos et infirmitates varias*) qui l'ont empêché de vaquer aux occupations extérieures du *studium* (*occupationibus exterioribus studii non vacavi*), de sorte que Roger Bacon a moins travaillé parce qu'il a été souffrant.

Le fragment publié par Gasquet dit que Roger Bacon a été obligé, par un commandement très strict, de ne communiquer aucun écrit fait par lui (*precepto fui obligatus artissimo ne scriptum in hoc statu a me factum communicarem*), et il ajoute qu'on sait que toute sa congrégation est soumise à cette obligation, *nostra tota congregatio firmiter noscitur obligari*, et qu'aucun de ses supérieurs ne l'a forcé à écrire (*nullus de superioribus meis ad scribendum me coegit*). Dans l'*Opus tertium* de Brewer, Roger Bacon dit encore que ses supérieurs ne l'ont pas requis de composer un écrit de philosophie, mais la défense de communiquer un écrit à des personnes étrangères à l'ordre est donnée comme une prescription générale, une constitution faite pour tous (*facta est constitutio gravis in contrarium, sub præcepto et pœna amissionis libri, et jejunio in pane et aqua pluribus diebus, si aliquod scriptum factum apud nos aliis communicetur* (II, p. 13). De sorte qu'il n'est plus possible de dire avec Charles que ses supérieurs « lui défendirent même de composer aucun ouvrage ». D'autant plus que Roger Bacon explique abondamment, comme nous avons vu, et comme le dit un peu plus loin Charles, qu'il n'en a pas composé, parce qu'il ne lui était plus possible de les communiquer ou à son frère, ou à ses amis.

De même Charles parle d'une première persécution, antérieure à 1267 et qui aurait commencé en 1257. Saint Bonaventure, après avoir adressé une lettre à Roger Bacon sur les vœux des Franciscains, pauvreté, travail manuel et lecture, l'aurait obligé à quitter Oxford et son enseignement pour être soumis à Paris au régime d'un frère qu'on tenait pour suspect et prévenu de doctrines dangereuses. Nous savons maintenant, par la publication de Gasquet, que sa mauvaise santé l'empêcha de continuer à donner un enseignement public.

Mais on s'appuie avec Charles sur un passage de l'*Opus tertium*. Bacon se dit exilé depuis dix ans, quant à la gloire du studium, qu'il avait obtenue dans les temps antérieurs et il complète sa pensée en s'émerveillant que le Pape l'ait cru propre à composer des écrits sur la sagesse, lui qu'on n'écoute plus depuis longtemps et qui est déjà pour ainsi dire enseveli et détruit par l'oubli ! *recolens me jam a decem annis exulantem, quantum ad famam studii, quam retroactis temporibus obtinui... admirans quod a me jam omnibus inaudito et velut jam sepulto et oblivione deleto* (p. 7). On comprend tous les mots dont se sert Roger Bacon si l'on se reporte aux précédentes indications : ils n'impliquent rien de plus, pour ce qui concerne ses supérieurs, que le fait qu'ils ne lui ont pas demandé d'écrire et qu'une constitution générale défend à tous les Franciscains de communiquer leurs écrits à d'autres qu'aux membres de l'ordre. Quant au mot *exulantem*, on peut remarquer d'abord que le sens en est déterminé, comme nous l'avons montré, par ce qui suit. Si même on veut le prendre à la lettre, il n'implique nullement qu'il y ait eu condamnation par les Franciscains. Dans l'*Opus tertium* (p. 16), Roger Bacon dit que son frère aîné, s'étant mis du parti du roi, fut exilé avec sa mère, ses frères et toute sa famille. Dans le fragment publié par Gasquet, il affirme que ses parents et ses amis, tenant pour le roi, furent détruits comme lui-même, *parentes et amici..., destructi sunt sicut ipse...* Il ajoute que les siens étaient exilés et que les ennemis du roi s'étaient emparés de la terre familiale. Roger Bacon ne dut-il pas quitter Oxford pour échapper aux ennemis du roi, comme sa famille avait été obligée de quitter sa terre ? Le seul fait de venir à Paris, pour Roger Bacon, ne pouvait être considéré, ce semble, comme une punition.

Quand le Pape lui a enjoint d'écrire, et en même temps lui commande de garder le secret à l'égard de ses supérieurs, Roger Bacon ne parle pas de persécution, mais d'obstacles. Il a pris soin de l'expliquer lui-même (*Opus tertium*, III, p. 15) : « Le premier obstacle vint de ceux qui sont mes chefs, à qui vous n'avez rien écrit pour m'excuser et auxquels je ne pouvais révéler votre secret, *quibus cum nihil scripsistis in excusationem meam et eis non potui revelare vestrum secretum, nec debui*; ils insistaient avec une violence indicible pour que j'obéisse, comme les autres, à leur volonté : *instabant ineffabili violentia ut cum aliis eorum voluntati obedirem.* »

Dans l'opuscule publié par Gasquet, il indique, comme obstacles, ses langueurs continuelles, le manque d'argent et le défaut de collaborateurs, l'insistance quotidienne de ses supérieurs pour qu'il fît ce qui lui était commandé, *ut aliis occupationibus obedirem*. On veut donc l'obliger à l'obéissance, il n'y a pas de persécution. C'est probablement quand ses supérieurs furent informés — nous ignorons d'ailleurs de quelle façon, mais ce qui serait étonnant, ce serait qu'ils ne l'eussent pas été — qu'intervinrent les punitions dont il a été question dans le texte de Léland cité plus haut.

Des deux passages relatifs à la demande d'argent faite par Roger Bacon en Angleterre, l'un nous dit que ses parents et ses amis étaient du parti du roi (Gasquet, p. 502); l'autre qu'il y avait une terre familiale, encore occupée par son frère aîné, par sa mère et toute sa famille (*Opus tertium*, III, p. 16).

Le fragment de Gasquet, p. 501, requiert six conditions d'une composition qui mérite ce nom (*sermo dignus*) : elle doit contenir des choses vraies, choisies, propres au sujet, brèves, claires et achevées. L'*Opus tertium* en énumère sept en joignant aux précédentes la certitude, sans aucune espèce de doute et définit chacun des termes employés (XVI, p. 57).

Que l'on voie dans le fragment de Gasquet une préface à l'*Opus majus* ou une première rédaction de l'*Opus tertium*, il n'en est pas moins incontestable qu'il contient des renseignements qui ne figurent ni dans l'*Opus majus* ni dans l'*Opus tertium*, comme ceux-ci en renferment qu'on ne trouve pas dans le fragment. De telle sorte que la lecture de la rédaction qui lui a paru la plus parfaite, pourrait nous donner sans doute la forme définitive de sa pensée, mais nous laisserait ignorer bien des choses que nous offrent les rédactions antérieures. A plus forte raison est-il nécessaire de comparer toutes les rédactions incomplètes, d'autant plus que Roger Bacon ne consulte pas toujours ce qu'il a écrit antérieurement. « Je n'ai pas, dit-il, les chapitres sur les diverses sciences que j'ai composés à la demande de mes amis, car je n'en ai pris aucun soin, en raison de leur imperfection, *illa quæ conscripsi non habeo, nam propter imperfectionem eorum de ipsis non curavi* » (Gasquet, 500).

On arriverait à la même conclusion par l'étude des nombreux manuscrits de l'optique ou du traité de la multiplication des espèces. Ainsi l'édition de Combach (1614) a un préambule qui lui appartient en propre : Roger Bacon écrit à la prière de celui à qui il adresse le manuscrit, de sorte qu'on peut se demander s'il l'a composé avant d'être au couvent ou si on lui a permis après 1267 de communiquer sa pensée à d'autres qu'aux

Franciscains. Il désire l'exciter, lui et d'autres, à étudier l'Optique, dont ont traité Euclide, Ptolémée, Alkindi, Alhazen, etc. ; il rassemble, sous forme de *Compendium*, la moelle de leur œuvre, mais il recommande d'avoir toujours sous les yeux le traité de la multiplication des espèces, sans lequel on ne peut, sur l'optique, rien comprendre qui en vaille la peine.

Si l'on s'attache aux sujets traités, on s'aperçoit que l'on a tout profit, pour avoir la pensée de Roger Bacon sous sa forme la plus complète, à la suivre sur une même question dans toutes ses œuvres. Ainsi, pour ses rapports avec Pierre de Maricourt, j'ai pu montrer que nous sommes infiniment mieux renseignés qu'on ne l'était en 1861, quand Emile Charles donna sa remarquable monographie (ch. XI). Des textes relevés dans l'*Opus majus*, dans la lettre à Clément IV publiée par l'*English Historical Review*, dans l'*Opus minus*, dans l'*Opus tertium*, ont fourni des indications variées, avec lesquelles il a été possible de reconstituer partiellement son œuvre, et laissent entrevoir ce que pourraient donner des publications nouvelles.

Des études analogues sur les rapports de Roger Bacon avec Jean, le disciple qui lui est si cher et dont il fait un si grand éloge, sur Alexandre de Halès, sur Albert le Grand, qu'il critique si vivement, ont conduit à la même conclusion (ch. XII et XIII). L'*Opus maius*, le fragment de Gasquet, l'*Opus minus*, l'*Opus tertium* contiennent sur Jean des renseignements qui se complètent les uns les autres et qui seraient fort vraisemblablement éclaircis par la découverte de rédactions que nous ne possédons pas encore. De même l'*Opus majus*, la lettre à Clément IV, l'*Opus minus*, l'*Opus tertium*, les *Communia Naturalium*, le *Compendium studii philosophiæ* parlent d'Albert le Grand et d'Alexandre de Halès en des termes fort différents, nous apportant chaque fois des données nouvelles et nous montrant chez Roger Bacon un jugement de plus en plus sévère, qui coïncide, semble-t-il, avec le déclin de plus en plus marqué de ses espoirs scientifiques.

Voici un des exemples les plus caratéristiques pour établir que la lecture de tous les ouvrages, ou de tous les manuscrits, est nécessaire à l'intelligence du texte. On sait combien Roger Bacon juge sévèrement les traductions faites en latin des œuvres grecques, soit directement, soit par l'intermédiaire de textes arabes. Elles usent trop souvent, dit-il, de termes vulgaires qu'on ne peut remplacer par le mot latin et le lecteur ne peut se rendre compte de ce dont il est question. Dans l'*Opus majus*, il cite une phrase du Pseudo-Aristote sur les Végétaux, relative à une plante qui, très pernicieuse en Perse, devient comestible quand elle est transplantée à Jérusalem. Le non de *belenum*, dit-il, équivaut, en latin, à *jusquiamus* ou *semen capsilaginis*. Et il ajoute que des écoliers espagnols rirent de lui parce qu'il ne comprenait pas ce qu'il lisait : c'est d'eux qu'il apprit que ce mot était espagnol et quel en était le sens, *Nam pro mille millibus exemplis unum ponatur de libro vegetabilium Aristotelis, ubi dicit Belenum in Perside pernitiosissimum, sed transplantatum Jerusalem fit comestibile. Hoc vocabulum non est scientiale laïco Hispanicorum. Nam jusquiamus vel semen capilaginis est nomen ejus in Latino. Quæ sicut multa alia prius ab Hispanis scholaribus derisus cum non intelligebam quod legebam ipsis vocabula linguæ maternæ scientibus, tandem didici ab eisdem* (Bridges, 1re édition *Opus majus*, III, chap. I, p. 67).

En lisant ce texte on pouvait se demander : 1° ce que veut dire exactement la formule : « Ce mot n'est pas scientifique pour un laïque espagnol » ; 2° quels sont les autres mots en grand nombre, *multa alia* que Roger Bacon ne comprenait pas en lisant ; 3° s'il s'agit de ses condisciples ou de ses disciples, le mot *legebam* fait supposer que Roger Bacon enseignait, mais *derisus sum* s'appliquerait plutôt, ce semble, aux rapports d'écoliers entre eux qu'à ceux de maître à écolier ; 4° où s'est passée la scène qu'il rapporte ? Si les Espagnols dont il parle étaient ses condisciples, aurait-il fréquenté les écoles arabes d'Espagne, comme l'a affirmé, sans raison suffisante, un historien de la scolastique ? S'ils étaient ses disciples, enseignait-il à Paris ou à Oxford ? 5° à quelle période de sa vie lut-il le livre des Végétaux ? Etait-il aspirant au titre de maître ou professeur en titre ? Etait-ce avant d'être Franciscain ou quand il le fut devenu ?

La deuxième édition de Bridges nous apprend que le mot *belenum* n'est pas un mot scientifique — à l'usage des clercs, — mais un mot dont se servent en Espagne les laïques : *Hoc vocabulum non est scientiale, sed laïcorum Hispanorum* (*Opus majus*, III, chap. I, p. 82).

L'*Opus minus*, que Brewer a donné d'ailleurs fort incomplet, ne fournit aucun renseignement. L'*Opus tertium* offre un texte où Roger Bacon dit que personne, à Paris ou en Angleterre, ne peut savoir par cette traduction ce que veut dire le mot *belenum*. Il nous obligerait, par contre, à poser de nouvelles questions, puisque Roger Bacon se borne à dire que le mot est espagnol, sans distinguer entre le latin dont se servent les clercs et la langue vulgaire et qu'il nous laisse ignorer comment et par qui il l'a su : « J'ai cherché avec soin, dit-il, et j'ai trouvé que c'est la jusquiame, ou semence de cassilage, ce qui est la même chose » (p. 91).

Enfin le *Compendium Studii philosophiæ*, édité par Brewer, nous apprend : 1° qu'il y a, dans les traductions, beaucoup de mots de la langue lombarde, de la langue espagnole et des autres langues parlées par les Latins : 2° que Roger Bacon lisait le traité des Végétaux dans ses écoles et ne savait interpréter le mot *belenum*, que ses écoliers espagnols rirent de lui, qu'ils lui apprirent ensuite que ce n'était pas un mot arabe, comme le croient tous les docteurs, mais un mot espagnol ; ce que l'on comprend fort bien du reste, lorsqu'on se rappelle qu'un juif converti traduisait en langue vulgaire le texte arabe avant qu'un clerc mît en latin l'œuvre deux fois déjà traduite.

Deux choses sont donc également indispensables pour établir une édition convenable de Roger Bacon. D'abord il faut chercher à Rome, et dans les bibliothèques où ils pourraient avoir été transférés, les ouvrages que Roger Bacon a envoyés à Clément IV. Puis il faut réunir des copies de tous les manuscrits qui sont épars dans les bibliothèques de la France, de l'Angleterre et d'autres pays. La Société Royale pourrait prendre l'initiative d'une entreprise de ce genre. Les Franciscains contribueraient peut-être pour une part à ce travail d'inventaire et de copie. Il en serait de même de nos étudiants des deux sections de l'Ecole pratique des Hautes-Etudes, de l'Ecole française de Rome, de l'Ecole des Chartes, de la Faculté des Lettres de Paris et de certaines Facultés de nos Universités régionales. Il y faudrait beaucoup d'argent, dira-t-on. D'abord on pourrait espacer les publications pour que la vente des unes paie l'impression des autres. Surtout il semble que l'Angleterre trouvera les ressources nécessaires, comme elle les a trouvées pour Shakespeare. Roger Bacon a été un des penseurs les plus originaux du monde médiéval. Si l'on eût suivi la direction qu'il indiquait, on aurait étudié les textes sacrés en hébreu et en grec, les philosophes dans leurs œuvres grecques, arabes et latines, on se serait rendu maître de la science déjà faite et on aurait travaillé à acquérir des connaissances nouvelles (ch. XIII). Ainsi on aurait connu de mieux en mieux le monde sensible et on serait arrivé à une représentation de plus en plus harmonieuse du monde intelligible : la théologie et l'exégèse, l'histoire, l'étude des langues et des sciences, la philosophie morale et métaphysique se seraient développées et dans leur intime union se seraient prêté un mutuel concours. Notre monde moderne eût-il été différent? En eût-il été plus mauvais?

.*.

En admettant qu'on n'aboutisse pas à un classement complet et définitif, on pourrait avec ces textes nouveaux composer des monographies qui apporteraient les renseignements les plus précieux, non seulement sur l'homme et sur son époque, mais encore sur la marche ultérieure de la civilisation.

Ainsi on compléterait Charles et Bridges en déterminant quels auteurs grecs, latins, hébreux et arabes, authentiques ou apocryphes— tels le *Secretum Secretorum*— Bacon connaît en tout ou en partie.

L'importance qu'il donne à l'étude des langues, les qualités qu'il exige de l'interprète — connaître la science dont il est traité, savoir la langue de l'original et celle dans laquelle on doit le traduire — les distinctions qu'il établit entre les diverses manières d'entendre la connaissance des langues, obligent à dépouiller toutes ses œuvres pour déterminer en quelle mesure il a su le grec, l'hébreu, l'arabe, le chaldéen, le latin, le français et l'anglais de ses contemporains. Pour le latin, en particulier, il y aurait lieu de le distinguer d'Albert le Grand et de saint Thomas. « Avec eux, dit Jourdain, il y a divorce entre la langue du peuple et la langue de l'école. » Au contraire la syntaxe de Roger Bacon, dont les œuvres pullulent de gallicismes, se rapproche de singulière façon du français et surtout du français moderne.

Un travail analogue devrait être fait sur chacune des sciences dont il déclare la culture indispensable. On chercherait, d'après tous les textes, jusqu'où allaient ses connaissances, en mathématiques, en optique, en physique, en alchimie, en astronomie, en géographie, etc., de qui il les tient et quelles sont celles qui lui appartiennent en propre. On verrait s'il est possible de savoir exactement ce qu'est ce maître Pierre qu'il appelle le maître des expériences, et jusqu'à quel point il a pratiqué lui-même cette méthode qu'il a tant recommandée et vantée (ch. xi).

En connexion avec les recherches précédentes s'imposerait celle dont l'objet serait de montrer comment ses œuvres se sont transmises, quelle influence il a exercée pendant le Moyen Age et au xviie siècle, où il semble qu'il y a tout au moins des présomptions de croire qu'il a contribué, en une mesure qu'il faudrait fixer, au développement scientifique qui se réclame de François Bacon, de Galilée, de Descartes, de Képler et de Harvey.

Sur ces questions, on aurait à tenir compte des travaux antérieurs. Sur d'autres, il y aurait plus à faire œuvre personnelle. Le fondateur d'une exégèse et d'une théologie qui devraient être en accord constant avec les acquisitions philologiques et scientifiques; le savant et le philosophe qui poursuit, comme but suprême, le triomphe de la religion ; l'adversaire d'Albert le Grand et de saint Thomas, contre lesquels il est d'autant plus sévère que sa cause est plus compromise; le partisan du droit canon qui le rattache intimement à la théologie et condamne entièrement le droit civil ; le critique, dont les jugements sont en quelques cas d'un enthousiasme qui étonne et le plus souvent d'une dureté dont on se demande si elle est justifiée, donneraient lieu à des études aussi importantes au point de vue de l'histoire religieuse qu'au point de vue de l'histoire générale de la civilisation.

CHAPITRE XI

LE MAITRE DES EXPÉRIENCES, PIERRE DE MARICOURT, L'EXÉGÈTE ET LE THÉOLOGIEN VANTÉS PAR ROGER BACON

En 1861 Emile Charles écrivait que Roger Bacon a tout appris de Pierre de Maricourt, le Picard. Aujourd'hui que nous avons des documents nouveaux, que peut-on dire de maître Pierre ?

I. — Dans l'*Opus majus*, Roger Bacon parle du pouvoir d'un miroir comburant que le plus habile des Latins travaille à construire, puis d'un expérimentateur parfait qui donnerait le mouvement à un astrolabe sphérique, enfin d'un expérimentateur et d'un savant qui fait des expériences sur les serpents. S'agit-il d'un seul et même personnage ?

II. — La lettre publiée par D. Gasquet introduit un théologien et un exégète. L'*Opus minus* dit qu'il n'y a qu'un seul homme, parmi les Latins, auquel convienne le nom d'expérimentateur et il ne saurait être question de Robert de Lincoln, mort en 1253. Un autre passage du même ouvrage parle de l'homme dont Bacon, il y a vingt ans, a appris tout ce dont il parle. Enfin il est question encore d'un très savant théologien et d'un excellent homme, avec qui il a préparé la table latine.

III. — L'*Opus tertium* est plus précis. Il cite Pierre de Maricourt comme un des deux mathématiciens parfaits qui existent de son temps. Puis il est question d'alchimie, d'observateurs très savants et tout à fait expérimentés qui ne sont pas trois chez les Latins, ensuite des principes de l'expérience que peut comprendre, seul des Latins, maître Pierre, dont il fait un éloge pour lequel on évoque Bernard Palissy, Diderot et Berthelot. En outre Bacon parle d'un très savant homme dans l'étude de l'Ecriture sainte et du miroir comburant qui vient d'être terminé par maître Pierre.

IV. — Pour Roger Bacon, Pierre de Maricourt est un mathématicien parfait, le maître des expériences, l'homme qui a étudié l'alchimie spéculative, l'alchimie opérative et pratique. On voit comment, d'après Bacon, le savant s'est formé, comment il travaille à augmenter les connaissances et aussi ce que fut l'homme. Bacon se présente comme son disciple.

V. — Peut-on voir dans maître Pierre, un théologien et un exégète, comme un savant et un philosophe ? Il n'est pas impossible qu'il en soit ainsi ; mais il n'y a pas de raisons positives de l'admettre et il y a de grandes difficultés à faire de Pierre Pérégrin un théologien et un exégète. En résumé on peut conclure, d'après les documents actuellement connus, que Roger Bacon a subi l'influence de deux maîtres éminents qui l'ont initié l'un, Pierre de Maricourt, à la recherche scientifique, l'autre à la connaissance des langues, à la critique et à l'exégèse sacrées, tout en supposant peut-être qu'il les a singulièrement grandis.

Émile Charles disait, en 1861, que Roger Bacon a tout appris, langues, astronomie, mathémathiques et surtout science expérimentale, de Pierre de Maharnecourt ou de Maricourt, le Picard, auprès de qui ses contemporains n'étaient que des idiots et des ânes (p. 17). De sorte que maître Pierre devrait, dans l'histoire religieuse, scientifique et philosophique, occuper une place égale, ou peu s'en faut, à celle de Roger Bacon, comme un des précurseurs de la science et de l'exégèse modernes.

Ce que Charles a dit de maître Pierre n'a été ni examiné ni discuté depuis 1861. Or, à cette époque, on n'avait, de Roger Bacon, que l'édition de Jebb, réimprimée par les Franciscains, où figuraient six sur sept des parties de l'*Opus majus* avec le *De multiplicatione specierum*, indûment placé dans l'*Opus majus*, quelques opuscules imprimés avant le xvııı° siècle, *Speculum alchimiæ, De mirabili potestate artis et naturæ, de retardandis senectutis accidentibus, De arte chymiæ scripta, Perspectiva* et *Specula mathematica*, 5° et 4° partie de l'*Opus majus*. Sans doute Charles a lu beaucoup de manuscrits, peut-être même les plus importants de Roger Bacon, mais ses lecteurs n'en connaissent que ce qu'il a transcrit.

On est aujourd'hui plus favorisé, quoique l'on soit fort éloigné encore de posséder tout ce qu'il faudrait pour bien apprécier l'œuvre et l'homme. Car on a les publications de Brewer, de Bridges, de Nolan, de Hirsch, etc. Et M. Berthelot a fait paraître, de 1885 à 1893, toute une série d'ouvrages sur l'alchimie et les alchimistes, dont on peut tirer bon parti.

Que peut-on donc savoir et affirmer aujourd'hui de ce maître Pierre aussi inconnu que célèbre ?

I

Dans la quatrième partie de l'*Opus majus*, Roger Bacon traite de l'utilité de la mathématique pour la physique et, dans le second chapitre, de la deuxième distinction, des règles de la multiplication des vertus agissantes — en termes autres et plus modernes, de la propagation de la force — selon les lignes et les angles. Il y explique le merveilleux pouvoir (Bridges, I, p. 115) d'un miroir qui consumerait tout ce qui serait placé sous son action et dont se servira probablement l'Antichrist pour brûler cités, camps et armées. L'auteur du livre sur les miroirs comburants, dit-il, en enseigne la fabrication, mais il y a bien des lacunes dans son exposition. S'il renvoie à un autre ouvrage où il aurait complété le précédent, les Latins ne l'ont pas traduit. Excités cependant par ce qu'ils savaient et par ce qu'ils ignoraient, des savants ont fait des recherches et trouvé la manière dont ce miroir doit être construit. Le plus habile des Latins travaille, *elaboratur... a peritissimo Latinorum*, à en faire un et la Gloire de Votre Magnificence, dit Roger Bacon à Clément IV, pourra prescrire qu'il soit achevé, quand elle saura ce qui en est.

Charles (p. 304) et Bridges (I, p. 116) s'accordent à reconnaître maître Pierre dans ce savant Latin qui s'occupe de construire un miroir, mais ils n'en donnent pas de justifications positives. Les manuscrits ne semblent pas, comme en d'autres endroits qui sont à relever, fournir d'annotations propres à éclairer le texte. En fait, tout ce que nous apprenons ici, c'est qu'il y a un savant d'une grande habileté, dont les recherches ont porté sur la mathématique, spécialement sur ses applications à l'optique et à la propagation de la force, et qu'il espère mener à bonne fin une œuvre où il faut avoir des mains très exercées.

Voici des indications nouvelles. Un chapitre de la sixième partie de l'*Opus majus* explique ce que Bacon entend par la seconde prérogative de la science expérimentale. Seule elle peut donner, dit-il (Bridges, II, p. 202), les vérités magnifiques auxquelles les autres sciences n'offrent aucun moyen d'atteindre, quoiqu'elles soient sur leur terrain et dans leurs limites. Et il en présente un premier exemple, destiné à montrer comment l'expérimentateur peut compléter le mathématicien : « Il appartient au mathématicien de produire un astrolabe sphérique, qui décrive du ciel tout ce qui est nécessaire à l'homme... Mais il n'est pas en son pouvoir de faire mouvoir naturellement cet astrolabe d'un mouvement diurne. Au contraire, l'expérimentateur parfait peut considérer les voies de ce mouvement, excité qu'il est à le faire par beaucoup de choses qui suivent le mouvement des cieux; d'abord, par les trois éléments qui tournent en cercle sous l'influence céleste... puis par les comètes, les mers, les fleuves, les moelles, les cervelles et les matières des maladies. Même les herbes s'ouvrent et se ferment dans leurs parties, selon le mouvement du soleil. Et l'on trouve beaucoup de choses qui se meuvent ainsi, d'un mouvement local, des parties ou du tout par le mouvement du ciel. C'est pourquoi le savant est encouragé, par une considération analogue des choses de ce genre, dans la partie qu'il a en vue, de telle façon qu'il atteint parfois le but. L'instrument ainsi obtenu vaudrait les trésors d'un roi ; les instruments d'astronomie et les horloges cesseraient d'être employés et ce serait le plus beau spectacle de la sagesse. Mais peu de gens sauraient réfléchir utilement et de belle façon sur un miracle si grand et sur de semblables dans les limites de la mathématique, *de tanto miraculo et similibus... præclare et utiliter scirent cogitare.* »

Il convient de remarquer que ce passage de l'*Opus majus*, écrit comme tout l'ouvrage en 1267, est la reproduction presque textuelle d'une page du *De mirabili potestate artis et naturæ*, antérieur aux rapports de Bacon avec Clément IV. Il est caractéristique pour montrer comment l'auteur utilisa ses travaux antérieurs avant de répondre aux ordres du pape (Brewer, p. 537).

Charles (p. 18) attribue à maître Pierre la construction de cette sphère qui imiterait le mouvement du ciel. Entre maître Pierre et Pierre Pérégrin de Maricourt, l'auteur d'une lettre sur la pierre magnétique, *de magnete*, Charles relève de singuliers traits de ressemblances sur lesquels on aura à insister. Pour Bridges (II, p. 203), Roger Bacon doit cette remarquable conception à Pierre Pérégrin de Maricourt. Des notes de John Dee, l'astrologue et l'illuminé qui vit de 1327 à 1606, sur un manuscrit du British Museum, rapprochent Roger Bacon de Pierre Pérégrin. D'un autre côté, Gilbert, physicien et médecin anglais, qui vécut de 1540 à 1603, offre, dans son œuvre *De Magnete, Magneticisque corporibus et de Magno Magnete Tellure*, plusieurs références à Pierre Pérégrin et l'on peut se convaincre, en comparant le chapitre III du premier livre de Gilbert avec le *De magnete* de Pérégrin, imprimé à Augsbourg en 1558, que Gilbert doit à Pierre le point de départ de ses recherches, à savoir la manière de trouver les pôles dans la sphère magnétique. Puis Kenelm Digby (1603-1655), le diplomate qui hérita de son ancien précepteur Thomas Allen une bibliothèque qu'il offrit à la Bodléienne, où il y a ainsi 238 manuscrits Digby, rapporte que Gilbert était arrivé à découvrir beaucoup de choses sur la philosophie magnétique, en construisant un petit aimant sous la forme de la terre. On sait d'ailleurs que Digby, ami de Descartes, avait écrit deux volumes sur l'Immortalité auxquels celui-ci renvoie plus d'une fois; qu'il avait projeté, avec Selden, d'éditer les œuvres de Roger Bacon; qu'il réalisa une des conceptions les plus chères au philosophe du XIIIe siècle en contribuant à fonder la *Royal Society* et qu'enfin les observations de Gilbert furent reproduites par François Bacon qui, indirectement et peut-être directement, se rattache à son homonyme.

Certes tout cela est fort intéressant pour l'influence exercée par Roger Bacon et par Pierre Pérégrin. Mais le texte ne donne aucun nom, ne fournit aucun renseignement sur l'*expérimentateur parfait*, sur le *savant* qui a entrepris de douer d'un mouvement naturel l'astrolabe sphérique. Même on pourrait penser à un expérimentateur idéal, qui, déjà mathématicien, travaillerait par l'expérience à compléter son œuvre. Toutefois, nous sommes autorisés, d'après les comparaisons précédentes, à supposer tout au moins que Pierre Pérégrin est un mathématicien et un expérimentateur auquel Bacon est fort redevable.

Dans la même division de l'*Opus majus*, Roger Bacon introduit, en parlant de la prolongation de la vie humaine (Bridges, II, p. 208), un expérimentateur et un savant : « Il y eut naguère, à Paris, un savant qui cherchait des serpents. On lui en apporta un qu'il coupa en petits morceaux, en ne laissant intact que la peau du ventre sur laquelle il rampait. Comme il put, le serpent se dirigea vers une herbe au contact de laquelle il fut aussitôt guéri. Et l'expérimentateur recueillit une herbe d'une verdeur admirable. Comme la raison humaine est supérieure à toute la prudence des bêtes, les savants, excités par leur exemple, ont imaginé des voies meilleures et plus grandes. »

Qu'il y eût alors des expérimentateurs empruntant aux animaux la conception de quelques-unes de leurs recherches, c'est ce que Bacon nous apprend déjà, dans le septième chapitre, sur la manière de retarder les accidents de la vieillesse et de prolonger la vie humaine, du *de mirabili potestate artis et naturæ* (Brewer, p. 539).

Mais quel est ce savant qui fit à Paris les expériences en question, c'est ce que le texte ne nous permet pas de conjecturer.

En résumé, Roger Bacon fait admirer, dans l'*Opus majus*, un opticien qui travaille à un miroir dont la puissance comburante dépasserait tout ce qu'on peut prévoir, un mathématicien ou astronome qui construit un astrolabe sphérique, un expérimentateur qui cherche à lui donner un mouvement naturel — ce que nous offre la lettre sur la pierre magnétique et fait penser à son auteur Pierre Pérégrin, chez qui Gilbert puise encore au xvi° siècle, — enfin un expérimentateur qui, pour compléter l'œuvre du médecin, observe les animaux et les prend pour maîtres dans la recherche des secrets que renferme la nature en vue de prolonger la vie des hommes.

Est-il possible de montrer, par d'autres textes, qu'il n'y a là, comme on l'a peut-être affirmé trop vite, qu'un seul personnage aux connaissances fondées sur l'expérience et véritablement encyclopédiques — non comme chez un Vincent de Beauvais qui compile, aidé de ses confrères et le plus souvent sans critique, les acquisitions bonnes, mauvaises ou médiocres du passé — mais venant d'un homme qui a interrogé la nature dans toutes les directions, pour la forcer à lui découvrir ses secrets les plus importants et les plus curieux ?

II

La Lettre à Clément IV, publiée en 1897 dans l'*English historical Review*, présente un autre personnage qui n'est pas moins curieux dans un domaine, où sans lui, Roger Bacon ne saurait rien faire. L'auteur insiste (p. 516) sur la nécessité d'étudier les langues pour constituer la théologie et la philosophie, surtout pour corriger le texte sacré et convertir les Infidèles : « Je prouve sans contradiction possible, par une preuve universelle, que tout le texte, dans l'exemplaire vulgaire, est faux ou douteux... On peut en présenter la preuve particulière et spéciale à Votre Sagesse quand vous l'ordonnerez. Elle ne sera pas exposée par moi seul, mais bien plus par un autre qui a travaillé dans cette vue pendant trente ans, qui a examiné tous les modes de correction et tout ce qui est requis en cela, qui peut mener l'œuvre à bonne fin pourvu qu'il soit aidé dans les livres des autres langues. Il y a longtemps déjà qu'il en aurait donné une preuve certaine, s'il avait eu une Bible grecque et hébraïque, avec le livre des Etymologies en ces langues qui abondent chez les Hébreux et les Grecs, comme chez nous Isidore et Papias, qui se trouvent même en Angleterre et en France, comme dans beaucoup d'autres lieux parmi les chrétiens. Ainsi cet homme donnerait le texte véritable, avec une exposition assurée du sens littéral, de façon que qui le voudrait pourrait comprendre le texte de Dieu sans aucune peine ou difficulté, jusqu'aux propriétés et natures des choses dans lesquelles consiste le sens littéral. Toutes les créatures — du haut des cieux à leurs extrémités — sont placées dans l'Ecriture. Les connaître, c'est posséder le sens littéral, d'où par des adaptations convenables et des analogies empruntées aux choses, on fait sortir le sens spirituel. C'est là ce qui appartient en propre à l'Ecriture, ce que donnent les expositions des saints et des sages, de manière que toute la sagesse de la philosophie soit comprise dans l'exposition de la sagesse de Dieu. Ce qui fait défaut à cet homme peut lui être fourni par d'autres, par votre aide et par votre ordre. »

Aucune indication ne nous permet de conjecturer, d'après le contexte, le nom de cet exégète vraiment extraordinaire pour l'époque.

Avec l'*Opus minus*, on apprend qu'il n'y a chez les Latins (Brewer, p. 317) qu'un seul homme auquel convienne le nom d'expérimentateur : « La question de l'arc-en-ciel et des cercles colorés présente des difficultés du côté de la géométrie. Aussi ce que j'en ai dit m'a retenu pendant un mois avant que je puisse la traiter complètement par des figures et par des expériences. Et comme l'ouvrage principal que vous demandez requiert les unes et les autres, je ne suis satisfait ni pour moi, ni pour la matière dont je traite, surtout que l'arc-en-ciel et ces cercles colorés apparaissent rarement, relativement à la manière dont il convient d'établir la certitude en ce sujet. Et je suis certain que nul chez les Latins, un seul excepté, celui qui est le plus sage d'entre eux, ne peut faire ce qu'il faudrait en cette partie. *Et certus sum quod nullus apud Latinos, præter unum, qui est sapientissimus Latinorum, poterit satisfacere in hac parte.* C'est pourquoi j'estime que je suis inférieur à ma tâche, là plus que dans presque tout ce que j'envoie, en raison des expériences admirables qui sont requises non seulement pour le jour, mais encore pour la nuit, à savoir l'iris de la lune et des cercles colorés qui l'entourent. »

L'*Opus minus* rappelle l'*Opus majus* : on peut rapprocher le *sapientissimus* de l'un, le *peritissimus* de l'autre, qui construit un miroir et le *perfectus experimentator* dont l'astrolabe serait mû naturellement d'un mouvement diurne, d'autant plus que tous trois sont versés dans la mathématique et la complètent par l'expérimentation. Si donc le premier est seul de son espèce chez les Latins, on est conduit à les considérer avec assez de vraisemblance comme un seul et même personnage, par suite à supposer que Roger Bacon, dans tous ces passages, a en vue Pierre Peregrinus, dont la *Lettre* paraît contenir les indications reproduites par Roger Bacon à propos de l'astrolabe.

Si un manuscrit porte en marge Robert de Lincoln, *Rob. Lincolniensis*, c'est évidemment une erreur, comme le fait remarquer Charles. Sans doute on n'a que des probabilités, quoi qu'en dise celui-ci, pour substituer maître Pierre à Robert. Mais Roger Bacon ne peut avoir pensé à Robert de Lincoln. Certes, il en fait un fréquent éloge : seul des traducteurs, Robert connaît les sciences comme seul Boèce a connu les langues. En particulier, Bacon le présente comme ayant expliqué par les mathématiques les causes de toutes choses et peut-être comme ayant traité de l'arc-en-ciel. Mais Robert est mort en 1253, tandis que Roger Bacon parle, dans le passage cité, d'un homme vivant, puisqu'il s'agit de donner une explication *actuelle* de l'iris et des cercles colorés, *nullus poterit satisfacere in hac parte, præter unum qui est sapientissimus Latinorum.*

Un autre passage de l'*Opus minus* présente non moins d'intérêt. Mais Brewer et Charles en offrent des lectures différentes. Selon Brewer (p. 359), Roger Bacon donne un exemple magnifique pour les choses inférieures, les bouillonnements de la mer qui figurent souvent dans l'Écriture. Et il ajoute qu'il n'a vu personne capable d'en fournir l'explication, sauf celui dont il a appris tout cela, il y a vingt ans, *sed nullum vidi qui sciat illos æstus nisis virum a quo hæc didici transactis annis vigintis.*

Charles, dans son texte (p. 356) parle de l'homme qui sait toutes les sciences nécessaires à la constitution de la philosophie, partant de la théologie, et qui les a enseignées à Bacon, il y a vingt ans *Et si sciretur tota sapientia philosophiæ cum theologia, videretur tunc utilitas philosophiæ quia sua utilitas consistit in quantum deservit theologiæ... Sed nullum vidi qui sciat illas scientias nisi unum a quo hæc omnia didici transactis annis 0.* A coup sûr, le texte de Charles est infiniment précieux, s'il est celui qui rend bien la pensée véritable de Roger Bacon. C'est une des raisons pour lesquelles nous réclamons une édition nouvelle et complète de ses œuvres. Provisoirement au moins nous nous prononçons pour

Charles, parce que, dans tous les passages où il nous a été possible de le comparer à Brewer, nous l'avons trouvé supérieur pour la lecture des manuscrits, pour le choix des leçons et l'intelligence du texte. L'un et l'autre s'accordent à dire qu'il y a vingt ans, c'est-à-dire vers 1247, Roger Bacon a reçu l'enseignement d'un maître qui savait les sciences et les employait à la constitution de la philosophie et de la théologie. D'après Charles, il semble bien que ce maître lui apprenait les langues, la mathématique sous toutes les formes qu'elle a prises dans l'*Opus majus*, l'optique, a science expérimentale, l'alchimie, la science qui traite de la propagation de la force. Cette conjecture apparaît d'autant plus vraisemblable que Roger Bacon se plaint d'avoir été mal guidé par ses premiers maîtres : « Nous ne trouvons pas, dit-il, d'une façon générale (Brewer, p. 64), de docteurs utiles dès le temps de notre jeunesse et ainsi nous languissons pendant toute la vie et savons peu de choses, *parum scimus*. »

Dans le même ouvrage, un autre passage, fort précieux encore, est à relever à propos des tables astronomiques que Bacon a adressées au Pape et dont il a appris le fonctionnement à son envoyé, le jeune Jean. Bacon a préparé, dit-il, la table latine avec un savant. Et il affirme que l'un des deux qui connaissent, là où il est (*hic*), la vérité en cette matière — l'autre étant probablement lui-même — est un très savant théologien et un excellent homme *sapientissimus theologus et optimus homo* (Brewer, p. 320).

On comprend pourquoi Bacon donne ces indications : il s'agit de matières sur lesquelles le Pape peut seul se prononcer et il importe de lui faire remarquer qu'il aurait, pour se justifier, l'autorité d'un homme recommandable tant au nom de la morale que de la science sacrée. Car Roger Bacon établit une relation constante et intime entre la pureté morale et la science, entre le péché et l'ignorance.

S'appuyant vraisemblablement sur ce texte, Charles (p. 264) voit dans le savant qui est au courant de toutes ces questions d'ordre scientifique et le théologien capable de corriger les textes sacrés un seul et même personnage, maître Pierre.

En fait, voici ce qu'on peut réellement affirmer, d'après la *Lettre* de Gasquet et l'*Opus minus* : 1° un théologien a passé trente ans à l'étude des textes sacrés et peut seul corriger, comme il convient, l'exemplaire vulgaire ; 2° il y a un seul Latin capable de donner en optique les explications pour lesquelles Roger Bacon a encore besoin de nombreuses expériences ; 3° Bacon a eu un maître dont il a appris, vingt ans auparavant, beaucoup de choses en matière scientifique ; 4° un observateur, versé dans l'astronomie, est en même temps un très savant théologien et un excellent homme.

III

Sur les personnes, l'*Opus tertium* donne des indications plus précises. Un premier texte, dont l'objet est de montrer qu'il faut d'excellents mathématiciens, capables non seulement de connaître ce qui a été traduit, ce qui a été fait, mais d'ajouter aux œuvres de leurs prédécesseurs, dit (Brewer, p. 34) qu'il n'y a que deux mathématiciens parfaits, Jean de Londres et maître Pierre de Maharncuria, le Picard. Deux autres sont bons, maître Campanus de Novare et maître Nicolas, le docteur du Seigneur Amaury de Montfort.

Par cette désignation même, maître Pierre répond à plusieurs des passages relevés chez Roger Bacon. Mais pour tous ceux qui portent sur les mathématiques, on pourrait tout aussi bien penser à Jean de Londres ou même à maître Campanus ou à maître Nicolas.

Dans un second texte (Brewer, p. 40-42), Roger Bacon distingue l'alchimie spéculative de l'alchimie opérative et pratique : « Cette science double est ignorée de presque tous. Il en est beaucoup qui travaillent par le monde à faire des métaux et des couleurs ; il en est très peu qui sachent faire vraiment et utilement des couleurs. Presque personne ne sait faire les métaux et fort peu savent accomplir les œuvres qui servent à la propagation de la vie. Il y a même peu de gens qui sachent bien distiller et sublimer et calciner, résoudre et faire d'autres œuvres du même genre, par lesquelles on acquiert la certitude pour toutes les choses inanimées, pour tout ce qui concerne l'alchimie spéculative, la philosophie naturelle et la médecine. Il n'y a pas trois Latins qui sachent l'alchimie spéculative ; il y en a un seul qui est très puissant en cela et qui est très habile en toutes ces choses, *non sunt tres inter Latinos qui dederunt se ad hoc, ut scirent alchimiam speculativam... unus solus est qui potest in hoc et peritissimus est in istis omnibus*. Comme ils sont si peu à les savoir, ils ne croient pas de leur dignité de communiquer aux autres ce qu'ils savent ni de vivre avec eux, parce qu'ils estiment que les autres hommes sont des ânes et des insensés, occupés aux subtilités du droit et aux sophismes des maîtres ès arts, *artistarum*. J'ai posé les principes de l'alchimie spéculative, surtout dans l'exposition du sixième péché pour l'étude de la théologie et on peut en les suivant apprendre beaucoup de choses sur l'alchimie pratique. Mais tout ce que j'ai dit dans mes ouvrages ne donne pas l'intelligence des choses elles-mêmes, si ce n'est à ceux qui sont très sages et tout à fait parfaits en cette science. Et il n'y en a pas trois en ce monde, *non sunt tres in hoc mundo*, Dieu en ayant toujours caché la puissance à la multitude, car le vulgaire non seulement ne sait pas user de ces choses très dignes, mais même les tourne en mal. Et le vulgaire des sages n'a pu davantage y atteindre : seuls y sont arrivés les plus savants et ceux qui ont tout à fait le plus d'expérience, « *sapientissimi et omnino expertissimi.* »

Les derniers mots, *omnino expertissimi*, impliquent un emplo intelligent, constant, réfléchi de l'expérience. Si nous savons, par des contemporains de Roger Bacon, qu'il y avait alors des confréries d'alchimistes et si, à propos de l'un d'eux, on a pu songer au maître Pierre dont il se réclame en plus d'un cas, le petit nombre de ceux qu'il croit devoir compter — *non sunt tres inter Latinos, non sunt tres in hoc mundo* — limite singulièrement notre choix. Il s'agit d'ailleurs d'un homme qui travaille pour lui, à la façon de Roger Bacon lui-même et qui voit, dans les juristes et ceux dont l'occupation est de réunir les sophismes philosophiques, les destructeurs de la médecine, de la philosophie et de la théologie véritables.

Un troisième texte (Brewer, p. 43) fournit le moyen d'utiliser les indications relatives à l'alchimie comme la plupart de celles qui viennent de l'*Opus majus*, de la *Lettre* de Gasquet et de l'*Opus minus* : « Je pose les principes de l'expérience, qu'un seul Latin, à savoir, maître Pierre, *quas nullus Latinorum nisi unus scilicet magister Petrus*, peut comprendre, pour toutes les choses de la nature... Non seulement l'expérience permet d'atteindre la certitude en cette matière, mais elle nous la donne pour les nobles vérités qui sont sur les frontières des autres sciences et ne peuvent être ni prouvées par elles-mêmes, ni recherchées par quelque autre moyen que ce soit. Il en est ainsi, par exemple, pour la prolongation de la vie. L'expérimentateur fidèle considère l'aigle, le cerf, le serpent, le phénix, beaucoup d'autres animaux qui prolongent leur vie et retrouvent leur jeunesse et il sait que tout cela est donné aux brutes pour l'instruction de l'homme. C'est pourquoi il a imaginé pour cela des voies nobles. Il a ordonné à l'alchimie pratique de préparer un corps d'égale complexion qui lui serve pour ses expériences... La science expérimentale use des autres sciences comme de ses servantes... Toutes les œuvres magnifiques se rapportent à elle, quoique l'opération, en beaucoup de choses, soit préparée par les autres sciences. Par exemple, faire un miroir comburant a rapport à la géométrie, parce qu'il faut une figure déterminée. Mais la géométrie n'imagine pas cet ouvrage admirable, ni son usage ; c'est l'œuvre de l'expérimentateur qui veut, par ce miroir, brûler tout combustible aux rayons du soleil et à quelque distance qu'il le veuille. Il y a là un grand travail d'art que sait seul imaginer l'expérimentateur fidèle : il commande à la géométrie de lui préparer et de lui figurer un corps de miroir. Partant, pour l'usage, il dépend de l'expérimentateur, pour la composition, de la géométrie. Cette science qui donne la certitude dans toutes les choses de la nature et de l'art, non par des arguments comme les sciences purement spéculatives, non par des expériences débiles et imparfaites comme les sciences opératives, est la maîtresse des sciences qui la précèdent, et la fin de toute spéculation. Mais il est évident qu'il faut beaucoup d'argent pour les œuvres de cette science... Certes la combustion à toute distance que nous voudrions coûterait plus de mille marcs, avant qu'on ait fait des miroirs suffisants, mais des miroirs tels vaudraient plus qu'une armée contre les Tartares et les Sarrasins. Car l'expérimentateur parfait pourrait, par une combustion de ce genre, aux seuls rayons solaires et sans autre feu, détruire toute armée et tout camp contraires. C'est une chose merveilleuse, mais il y en a beaucoup d'autres merveilleuses dans cette science et très peu s'y adonnent à cause du manque d'argent. Je n'en connais qu'un qu'on peut louer. Car il ne se soucie ni des discours, ni des combats de mots, mais il poursuit les œuvres de la sagesse et se repose en elles. C'est pourquoi ce que les autres, frappés de cécité, s'efforcent de voir, comme la chauve-souris la lumière du soleil au crépuscule, il le contemple en pleine lumière, parce qu'il est le maître des expériences. Ainsi il connaît par expérience la physique, la médecine, l'alchimie, toutes les choses tant célestes qu'inférieures. Bien plus, il serait humili si un laïque ou une vieille femme, ou un soldat, ou un rustique de la campagne savait des choses que lui-même ignore. C'est pourquoi il a recherché soigneusement tous les ouvrages de ceux qui fondent les métaux et qui travaillent sur l'or, l'argent, les autres métaux et tous les minéraux. Il sait tout ce qui a rapport à la milice, aux armes et aux chasses, à l'agriculture, aux mesures des terres et aux travaux des campagnards. Il a considéré même les tentatives d'expérience, *experimenta*, et les sortilèges des vieilles femmes, leurs charmes et ceux de tous les magiciens, les impostures et les artifices de tous les jongleurs, de façon que rien de ce qui doit être su ne lui échappe et qu'il puisse condamner toutes les choses fausses et magiques. Il est donc impossible que, sans lui, la philosophie soit complétée, qu'elle soit traitée utilement et avec certitude. Mais cet homme n'estime pas plus sa valeur qu'il n'est possible de l'apprécier. Car s'il voulait se tenir avec les rois et les princes, il en trouverait bien un qui l'honorerait et l'enrichirait. Ou s'il voulait montrer à Paris tout ce qu'il sait par les œuvres de la sagesse, tout le monde le suivrait. Mais, parce que, dans l'une et l'autre voie, il serait écarté des grandes expériences où il trouve le plus grand charme, il néglige tout honneur et toute richesse, surtout qu'il pourra, quand il le voudra, parvenir, par sa science, à la richesse. Il a déjà travaillé pendant trois ans à un miroir capable de brûler à une certaine distance et il en viendra bientôt à ses fins par la grâce de Dieu. C'est ce que tous les Latins ne sauraient faire, c'est ce qui n'a jamais été tenté parmi eux, quoique nous ayons des livres sur la composition de ces miroirs ».

Magnifique éloge qui fait penser tout à la fois à un Bernard Palissy, à un Diderot et à un Berthelot !

Ainsi maître Pierrre est présenté comme le seul qui puisse, avec Bacon, comprendre les principes de l'expérience. Nous savions déjà, par un texte antérieur (Brewer, p. 34), que c'est un des deux mathématiciens parfaits qui existent parmi les Latins. En outre un manuscrit (B) porte en marge la mention que tout ce qui est dit de l'expérimentateur parfait s'applique à maître Pierre de Maharne-Curia.

Et Charles estime, non sans raison, que la mention est exacte. Dès lors nous avons tout ce qu'il faut pour rapporter à maître Pierre de Maricourt bon nombre des textes précédents. C'est de lui qu'il s'agit (Bridges, I, p. 115), quand Bacon parle du plus habile des Latins, versé dans la mathématique, dans ses applications à l'optique et à la propagation de la force, travaillant à faire un miroir comburant qui exige une grande habileté manuelle. C'est lui qui, mathématicien et expérimentateur parfait (Bridges, II, p. 202, *de mirabili potestate*, p. 537), songe à douer, d'un mouvement diurne et naturel, l'astrolable sphérique où est décrit du ciel tout ce qui est nécessaire à l'homme. C'est encore maître Pierre, semble-t-il bien, qui découvre, par une expérience sur le serpent (Bridges, p. 208), une herbe merveilleuse, car les mêmes formules relatives à la façon dont l'expérimentateur fidèle considère l'aigle, le cerf, le serpent, le phénix dans le présent texte de l'*Opus tertium*, se trouvent dans l'*Opus majus*, Bridges, II, p. 208, *sic excitati per exempla brutorum excogitaverunt vias meliores et majores*, comme dans le *de mirabili potestate artis et naturæ* (Brewer, p. 539, *sapientes dederunt se ad hujusmodi secretum, excitati exemplis brutorum, æstimantes quod possibile fuit homini, quod brutis animalibus est concessum*). De même, c'est l'expérimentateur mathématicien de l'*Opus minus* (Brewer, p. 317) qui, seul, pourrait traiter complètement la question de l'arc en ciel et des cercles colorés. C'est enfin l'alchimiste de l'*Opus tertium* (p. 39) qui, très habile en toutes choses, dédaigne de communiquer sa science aux autres et condamne les subtilités des juristes et les sophismes des maîtres ès arts, *cavillationibus juris et sophismatibus artistarum*.

Que Roger Bacon, d'après son propre témoignage, ait tiré beaucoup de choses de maître Pierre ou que maître Pierre soit l'homme dont il a appris, il y a vingt ans, tout ce qu'il sait dans les sciences nécessaires pour constituer la philosophie et la théologie, c'est ce qui sera établi d'une façon assez probable — on ne peut jamais parler avec certitude quand il s'agit d'interpréter la pensée de Roger Bacon — après avoir relevé les autres textes qui s'appliquent à maître Pierre ou qui ont pu lui être rapportés.

Et d'abord on trouve le théologien exégète et critique de la lettre de Gasquet. Roger Bacon rappelle, comme il fait souvent, les sages antiques dont quelques-uns ont vécu jusqu'à son temps (Brewer, p. 88), Robert de Lincoln, Thomas de Saint-David, frère Adam et beaucoup d'autres. Puis il ajoute : « Quelques vieillards existent encore, qui savent beaucoup, comme *ce très savant homme* dans l'étude de l'Écriture sainte, qui n'a jamais eu son égal pour corriger la lettre et exposer le sens littéral. » Quelques pages plus loin (p. 94), Roger Bacon s'exprime de la façon suivante : « Pour corriger convenablement la Bible, il faut savoir le grec, l'hébreu de façon suffisante et bien connaître la grammaire des Latins dans les livres de Priscien, il faut avoir bien considéré les modes de correction — ce que personne n'a jamais fait — sauf le sage dont j'ai parlé. Et il n'y a rien d'étonnant à cela, puisqu'il a passé près de quarante ans à corriger la lettre et à expliquer le sens littéral. Tous sont des idiots par rapport à lui et ne savent rien en cette partie, *omnes sunt idiotæ respectu illius et nihil sciunt in hac parte.*

Charles suppose (p. 64) que ce très savant homme dans l'Écriture est maître Pierre, qui serait ainsi versé dans les langues comme dans les sciences. Mais cette attribution, comme celle du texte de Gasquet, est-elle justifiée?

Parmi les trois ou quatre Latins qui n'ignorent pas, comme le vulgaire des étudiants, la multiplication des espèces ou la propagation de la force (Brewer, p. 99), Roger Bacon compte vraisemblablement maître Pierre. C'est probablement aussi le seul homme qui puisse, à Paris, donner des explications sur l'usage de ce cristal sphérique (Brewer, p. 111) que Roger Bacon a remis à son disciple Jean pour faire, devant Clément IV, des expériences et des démonstrations, *nec est aliquis in tota Italia, sicut nec Parisius duo, qui possunt dare causam sufficientem in hac parte.*

A coup sûr, c'est de maître Pierre qu'il est question à propos du miroir comburant : « Déjà par la grâce de Dieu, écrit (Brewer, p. 112) Roger Bacon, ce miroir a été fait par le plus savant des Latins. » Il est plus explicite quelques pages plus loin (p. 116) : « Il a été fait avec de grandes peines et des dépenses considérables, car celui qui l'a fait y a dépensé cent livres parisiennes. Il y a travaillé plusieurs années, laissant de côté l'étude et toutes les occupations nécessaires. Mais cependant, pour mille marcs, il ne voudrait pas avoir négligé ce travail, soit parce qu'il a ainsi perçu le très beau pouvoir de la science, soit parce qu'il pourra en faire par la suite de meilleurs et avec moins de dépenses, ayant appris par l'expérience ce qu'il ignorait auparavant. Et il n'est pas étonnant qu'il ait tant dépensé et travaillé dans son premier ouvrage, parce que jamais un Latin n'a su l'entreprendre. Ce qui est étonnant, c'est qu'il ait osé s'engager dans une affaire aussi ignorée et aussi ardue. Mais il est le plus savant des hommes et rien ne lui est difficile, si ce n'est parce qu'il lui manque les ressources nécessaires. Certes, si les habitants de Saint-Jean-d'Acre et les chrétiens qui sont au delà de la mer avaient des miroirs tels, ils repousseraient les Sarrasins de leurs frontières sans effusion du sang; il ne faudrait pas que le Seigneur roi de France, pour conquérir cette terre, passe la mer avec une armée. Et quand il ira, il vaudrait mieux pour lui avoir ce maître avec deux autres que d'avoir une grande partie de son armée, pour ne pas dire son armée tout entière. Parce que non seulement on peut faire ces miroirs, mais on peut en faire de beaucoup plus grands, comme ceux avec lesquels Alexandre, sur le conseil d'Aristote, vainquit le monde, non par la force des armes, mais par les œuvres de la science. J'en parlerai en son lieu. Et je ne crois pas qu'Aristote a su plus que ne savent quelques savants réunis les uns avec les autres. Je ne dis pas qu'il n'ait pas su plus de choses par lui-même, mais quelques savants, travaillant ensemble, feraient plus qu'il n'a fait lui-même, s'ils avaient de l'argent en quantité suffisante. »

Par ce texte, nous apprenons que maître Pierre a terminé l'œuvre entreprise depuis trois ans, qu'il y a employé cent livres parisiennes, qu'il a laissé pour cela le *studium* et toutes les autres occupations nécessaires, *dimittens studium et alias occupationes necessarias*. Sans doute, il s'agit de l'étude poursuivie en elle-même, non de l'enseignement, puisque Roger Bacon a dit auparavant qu'il ne se soucie ni des discours, ni des combats de mots (Brewer, p. 43).

Quelles étaient les occupations nécessaires que maître Pierre a aussi laissées en suspens? Nous l'ignorons. Par le fait qu'il dispose librement de sommes considérables, qu'il emploie son temps comme il lui plaît, nous pouvons tout au moins conjecturer que ce n'est ni un Franciscain, ni un Dominicain. En outre, Roger Bacon parle au chapitre XXIII du travail entrepris depuis trois ans ; il en annonce, avec des détails précis, l'achèvement au chapitre XXIV : il doit donc être en communications constantes et fréquentes avec maître Pierre. Peut-être même celui-ci est-il à Paris, comme l'indiquent certains des textes cités.

En résumé, l'*Opus tertium* nous montre, en maître Pierre, un mathématicien et un expérimentateur, un alchimiste et un chercheur qui prend pour guides tous ceux dont il espère tirer quelque enseignement. De plus, il connaît les lois de la propagation de la force et peut expliquer ce qui se produit quand on se sert d'un cristal sphérique, il a construit un miroir comburant dont Roger Bacon vante les effets prodigieux.

Enfin l'*Opus tertium* présente un exégète incomparable, qui est seul capable de corriger le texte corrompu des Écritures et d'en exposer le sens littéral.

IV

On peut maintenant se représenter assez exactement ce qu'est, pour Roger Bacon, maître Pierre de Maricourt, sinon ce qu'il fut en réalité.

C'est un mathématicien parfait, le seul avec Jean de Londres. Par conséquent il connaît ce qui a été fait avant lui et il peut ajouter à ce qu'ont su ses prédécesseurs : il est également versé dans toutes les parties des mathématiques comme dans l'astronomie, l'optique et la science de la propagation de la force.

C'est le maître des expériences. Par la science expérimentale, il complète la médecine ; il cherche les moyens de prolonger la vie humaine et demande ensuite à l'alchimie des produits propres à lui fournir les résultats auxquels arrivent certains animaux, guidés par la nature. Il complète aussi l'astronomie en travaillant à douer d'un mouvement naturel l'astrolabe sphérique dont la mathématique fournit le plan, comme il complète par elle l'optique et la géométrie, en construisant ce miroir comburant qui vaut plus que le trésor d'un roi.

Maître Pierre a étudié l'alchimie spéculative qui explique, par les éléments, la génération des choses et l'existence des êtres inanimés, comme l'alchimie opérative et pratique qui enseigne à faire des métaux et des couleurs, mieux et en plus grande abondance que ne les donne la nature.

Comment maître Pierre s'est-il formé et comment s'y prend-il pour augmenter les connaissances antérieurement acquises ? Il ne semble guère se soucier ni des écoles ni des maîtres illustres. Les hommes sont des ânes et des insensés quand ils s'occupent des subtilités du droit et des sophismes par lesquels les maîtres ès arts ont gâté la médecine, la philosophie et la théologie. Indifférent aux discours et aux combats de mots, il ne poursuit que les œuvres de la sagesse. Sans doute, il recherche et utilise les livres pour les diverses parties de la mathématique, pour l'alchimie, la médecine, la physique en général, mais surtout il emploie en tout et partout l'expérience.

Il observe pour savoir si les affirmations qu'il trouve dans les livres sont conformes à la réalité. Puis il institue des expériences dans lesquelles il se fait le disciple des hommes, des animaux, de la nature. S'agit-il, par exemple, de douer d'un mouvement naturel l'astrolabe sphérique? il considère, à la façon d'un moderne, beaucoup de choses qui suivent, en tout ou en partie, les mouvements des cieux, comètes, flots de la mer, herbes et plantes; puis, raisonnant par analogie et travaillant en conséquence, il s'efforce de produire, en employant la pierre magnétique, les mouvements qui le conduiront à son but. Faut-il prolonger la vie humaine? il pense à certains animaux, aigles, serpents, corbeaux, et, persuadé que tout est donné aux brutes pour l'instruction des hommes, il cherche, en les observant, les secrets naturels qui expliquent la longue durée de leur existence. Autant qu'aucun de nos contemporains, maître Pierre croit qu'il faut obéir à la nature pour la vaincre, *natura, nisi parendo, non vincitur*.

A plus forte raison, est-il soigneux de demander aux hommes ce qu'ils peuvent lui apprendre. On sait aujourd'hui que les connaissances scientifiques de l'antiquité se conservèrent au Moyen Age, sous une forme pratique, chez les techniciens de l'Occident et de l'Orient. Maître Pierre en a la vue anticipée et il veut remonter des connaissances techniques aux doctrines qu'elles supposent. Aussi recherche-t-il soigneusement les ouvrages de ceux qui fondent les métaux, travaillent l'or, l'argent, les autres métaux et les minéraux, comme tout ce qui concerne les soldats, les armes, les chasses, la culture et la mesure des terres.

De nos jours, on voit, dans l'alchimie et l'astrologie, surtout dans la magie de ce temps, un mélange de rêveries et de superstitions, avec des données positives et des pratiques fondées sur la connaissance des lois naturelles. C'est ce que soupçonne maître Pierre : il examine ce que savent et ce que font vieilles femmes, magiciens, jongleurs, en s'attachant à séparer nettement — de ce qui est magique ou démoniaque pour le temps — ce qui est l'œuvre de la nature ou des puissances naturelles.

Par Roger Bacon, nous connaissons aussi l'homme : maître Pierre n'a pas d'ambition. Il ne cherche ni les honneurs ni les richesses, quoiqu'il lui soit facile, s'il le voulait, d'acquérir les unes et les autres. S'il aime à interroger la nature et les choses, les animaux et les humbles qui savent parfois beaucoup sans se croire pour cela savants, il dédaigne les discours et les combats de mots. Il est passionné pour la science et la recueille partout où il peut l'acquérir; il l'est plus encore pour la réalisation des œuvres qui donneront à l'homme plus de puissance, qui rendront la vie plus facile, meilleure et plus longue.

Manifestement Roger Bacon se présente à nous, dans ses ouvrages, comme un disciple, peut-être même un collaborateur de maître Pierre. Pour s'en convaincre, il suffit de relire ce qui précède et suit les passages où il est question de maître Pierre, ce qu'il a dit sur la mathématique, sur l'optique, sur la propagation de la force, sur la science expérimentale et sur l'alchimie. Comme maître Pierre, Roger Bacon s'attaque aux enseignements des écoles, à leurs élèves et à leurs maîtres, sans respecter les plus illustres, Alexandre de Halès, Albert de Böllstadt et Thomas d'Aquin; comme lui encore, il s'adresse aux humbles et à ceux qui ne se donnent pas comme savants, pour s'instruire et découvrir la vérité : « Nous ne trouvons pas, dit-il, de maîtres utiles dès le temps de la jeunesse et ainsi nous languissons pendant toute la vie et nous savons peu de choses (Brewer, p. 65).... J'ai appris, dit-il encore, des choses plus utiles et plus dignes d'être connues, des hommes simples qui n'avaient aucun nom dans l'étude que de tous mes maîtres les plus fameux » (Bridges, I, p. 23). Comme maître Pierre enfin, Roger Bacon construit des miroirs comburants : « Le premier, dit-il, m'a coûté 60 livres de Paris; puis, instruit par l'expérience, j'ai découvert qu'on pouvait arriver à faire mieux encore pour deux marcs ou 20 sous et même à meilleur compte » (Charles, p. 70 et 305).

V

Peut-on voir, en maître Pierre, le théologien et l'exégète, l'homme qui aurait su les langues comme il savait les sciences, en réalisant ainsi complètement l'idéal de Roger Bacon? En d'autres termes, les cinq textes de la Lettre à Clément IV, de l'*Opus minus* et de l'*Opus tertium* désignent-ils un seul et même personnage et ce personnage est-il maître Pierre?

Le savant homme de la première (Gasquet, p. 516) a besoin d'être aidé dans les livres de langues étrangères, *dummodo in libris juvetur aliarum linguarum*, et certaines choses lui manquent qui pourront être fournies par d'autres, *quod illi homini deficit in hac parte potest sufficienter per alios haberi*. Ces deux formules sont assez vagues : il lui manque une bible grecque et hébraïque, avec le livre des Étymologies en ces langues. Par cela seul qu'il a besoin de ce dernier, on peut supposer qu'il lui faut une aide, non seulement pour se procurer les livres, mais peut-être pour les traduire. Qu'il ait les connaissances scientifiques nécessaires, cela résulte directement du texte — *usque ad rerum proprietates et naturas in quibus stat sensus litteralis* — puisque le théologien dont il s'agit donnerait une *exposition assurée, expositionem certam*, du sens littéral. Cela est établi indirectement encore, parce que Roger Bacon réclame constamment des interprètes la connaissance des langues et des sciences : implicitement donc il affirme que celui-là possède les sciences qui expose d'une façon assurée le sens littéral.

Les deux textes de l'*Opus tertium* (Brewer, p. 88 et 94) s'appliquent à ce personnage, comme l'indique la formule, *nullus fuit unquam nisi ille sapiens*. Il sait bien la grammaire des Latins d'après Priscien ; il connaît suffisamment le grec et l'hébreu. C'est peut-être un contemporain de Robert de Lincoln, d'Adam de Marisco, comme le ferait supposer l'expression per*durare* employée pour lui, tandis que Roger Bacon se sert pour ceux-ci de *durare*. Par induction nous pouvons affirmer, de ce qu'il n'a jamais eu son égal depuis le temps des saints pour corriger la lettre et exposer le sens littéral, qu'il a, des sciences, la connaissance exigée par Roger Bacon de tout interprète.

Cet homme incomparable peut, pour cette dernière raison, faire songer à maître Pierre, car il n'y a guère d'autre homme à qui Roger Bacon reconnaisse des connaissances aussi étendues. Mais maître Pierre avait-il étudié la théologie ? Roger Bacon parle, dans l'*Opus minus*, de deux hommes qui savent à Paris la vérité sur les tables astronomiques des Latins et des Hébreux. Très vraisemblablement, l'un d'eux est maître Pierre. Si le second est Bacon lui-même, il faudrait admettre que maître Pierre est le théologien très savant et l'excellent homme dont l'autorité est invoquée par Bacon (Brewer p. 320). Puis maître Pierre reproche aux juristes et aux maîtres ès arts de souiller le droit, la philosophie et la théologie, ce qui permet de supposer qu'il a touché lui-même à la dernière, comme au droit et à la philosophie (Brewer, p. 356). Enfin si l'on s'en rapporte au texte indiqué par Charles pour l'*Opus minus*, on est amené encore à voir en maître Pierre un théologien et un exégète comme un savant (Charles, p. 356).

***

Ainsi il y a des raisons de supposer que maître Pierre connut les langues comme les sciences, qu'il travailla à constituer et à expliquer les Livres saints, comme à découvrir les secrets de la nature et à construire des œuvres merveilleuses. Mais elles sont infiniment moins fortes que celles par lesquelles nous avons établi, d'après Roger Bacon, l'originalité du savant : elles nous permettent simplement de dire qu'il n'est pas impossible que les textes relevés fassent allusion à maître Pierre.

Or il y a des difficultés à ce qu'il en soit ainsi. D'abord nous admettrons difficilement qu'il y ait eu presque au même moment deux hommes d'un génie aussi vaste, embrassant l'étude des sciences et des langues, songeant à conquérir le monde par la science et, par elle aussi, en l'appliquant aux livres saints, en y joignant une étude approfondie et comparée des langues, à créer une exégèse et une théologie éminemment progressives. Et pour Roger Bacon, nous ne saurions douter qu'il ait vu et poursuivi ce double but.

Puis les textes suggèrent eux-mêmes de fortes objections. Comment, par exemple, l'homme qui a passé trente ou quarante ans à corriger et à exposer les livres saints peut-il se donner tout entier aux expériences, employer, par exemple, trois ans à la construction d'un miroir, en renonçant, pendant tout ce temps, à l'étude et à ses autres occupations nécessaires ?

Enfin il y a des raisons, comme nous avons vu déjà, d'identifier maître Pierre avec Pierre Pérégrin, et Charles, sur ce point, présente une argumentation convaincante. Il y a à la Bibliothèque Nationale (manuscrits latins, 7378) un recueil intitulé *Geometria*. Au folio 67 commence l'*Epistola Petri Peregrini de Maricourt ad Sygerium de Fontancourt, militem, de magnete*. L'identité du nom, la concordance des dates, l'analogie des idées invitent, dit Charles, à faire du maître de Roger Bacon et de l'auteur du *De Magnete* un seul et même personnage. Si Cousin traduit par Marnecourt le *Maharniscuria* du manuscrit de Douai, on peut traduire par *Maricourt* le *Mahariscuria* des manuscrits de Londres et d'Oxford. Puis un manuscrit de Leyde où figure l'*Epistola Petri Peregrini de Maricourt* porte la date de 1269 et Roger Bacon écrivait, en 1267-1268, l'*Opus majus*, l'*Opus minus* et l'*Opus tertium*. Charles note d'ailleurs de singulières ressemblances entre maître Pierre et Pierre Pérégrin. Maître Pierre est le maître des expériences et s'emploie aux travaux mécaniques. Pérégrin est un observateur habile, pour qui les mains sont aussi nécessaires que l'esprit à la découverte de la vérité. Pérégrin, comme maître Pierre, dédaigne ceux qui s'intitulent des savants, *debiles inquisitores*, comme dira Bacon. Pérégrin veut profiter des propriétés de l'aimant pour mettre en mouvement l'astrolabe sphérique dont nous avons attribué à maître Pierre la construction. Comme maître Pierre, Pérégrin s'applique à l'optique ; il vante les merveilleux effets de la réfraction et dit qu'il écrira un ouvrage sur la construction des miroirs. Pérégrin sait sur la boussole et l'aimant des choses qu'ignorent ses contemporains. Il indique un mode de suspension de l'aiguille très ingénieux et de bons moyens d'aimantation. Il a une main très habile et une imagination féconde. Il décrit un petit appareil d'un mouvement perpétuel, fondé sur les propriétés de l'aimant — ce qui est, selon Libri, une erreur très savante pour le XIIIe siècle — et il a peut-être soupçonné la déclinaison.

La comparaison qui nous permet d'identifier maître Pierre et Pérégrin ne nous autorise pas à faire de celui-ci un théologien et un exégète. Dira-t-on que Pierre Pérégrin — insoucieux de communiquer ce qu'il sait à ceux qu'il considère comme des ânes et des insensés — ne nous a rien laissé de son œuvre exégétique et théologique ? Mais il resterait à savoir pourquoi il a écrit le *De Magnete*. Il resterait surtout à fournir la preuve positive qu'il fut bien théologien et exégète. En attendant qu'on nous l'apporte, nous devons affirmer que Roger Bacon a subi l'influence de deux maîtres éminents qui l'ont initié l'un à la recherche scientifique, l'autre à la connaissance des langues, à la critique et à l'exégèse sacrées. Sans leur attribuer toute la valeur que comporteraient ses éloges — s'ils venaient d'un homme vraiment impartial et habitué à juger objectivement — il faut reconnaître que l'un et l'autre sont ses précurseurs et des précurseurs dont le souvenir mérite d'être conservé. N'eussent-ils fait que lui fournir l'occasion de tracer deux figures, dont l'imitation pût s'imposer à tous, qu'il faudrait encore les rappeler, pour se rendre plus aisément compte de l'idéal entrevu et poursuivi comme de la réalité atteinte. En particulier le Picard Pierre Pérégrin de Maricourt, qui donne en tout et partout la prééminence aux recherches expérimentales, ne saurait être oublié de ceux qui s'intéressent aux progrès de la science et de la philosophie positives. Et on peut en dire tout autant de l'exégète et du théologien qui a préparé l'originale tentative de Roger Bacon.

CHAPITRE XII

JEAN DISCIPLE DE ROGER BACON

I. — Roger Bacon introduit son disciple, sans le nommer, dès la première partie de *l'Opus majus*: c'est un jeune homme qui a appris beaucoup de choses en peu de temps, parce qu'un excellent maître lui a préparé toute la besogne.
II. — Le fragment publié par D. Gasquet nomme le jeune homme, Jean, et donne sur sa personne et sa formation intellectuelle des renseignements plus précis. *L'Opus tertium* les complète. *L'Opus minus* met, pour la possession de certaines vérités, Jean sur le même pied que Roger Bacon et Pierre de Maricourt.
III. — Jean a-t-il répondu aux espérances de son maître ? Nous n'avons aucun renseignement sur la manière dont il fut reçu par Clément IV, non plus que sur son existence après 1267. Les questions qui se posent. *Le Compendium studii philosophiæ* ne parle pas de Jean. Conclusion.

I

Que Roger Bacon grandisse ceux qu'il aime, c'est ce qu'on a pu supposer déjà à propos des deux maîtres dont il a été question au précédent chapitre ; c'est ce qui est absolument incontestable pour son disciple Jean.

C'est au chapitre ix de la première partie de *l'Opus majus* que Roger Bacon introduit, sans le nommer, le jeune homme dont il a fait l'éducation. Il y est question de la quatrième cause de nos erreurs, qui provient de ce que nous exagérons l'étendue de nos connaissances et que nous excusons trop facilement notre ignorance. Tout le texte vaut d'être cité (Bridges, I, p. 22) : « L'homme ne peut atteindre en cette vie la sagesse parfaite ; il lui est trop difficile d'arriver à la perfection de la vérité et il est trop enclin à chercher des choses fausses et vaines. Il ne doit donc pas se glorifier de sa sagesse..... car ce qu'il sait n'est rien au prix de ce qu'il ignore..... Qui oserait se vanter de la science qu'il a acquise, quand toute celle qu'un homme, si studieux qu'il soit, a amassée en vingt, trente ou quarante ans, avec de grandes dépenses et des travaux très rudes, pourrait être enseignée, en une année, au moins d'une façon suffisante, à un enfant docile, avec un écrit préparé à cet effet, auquel on joindrait l'enseignement oral, *uni puero docili certo scripto et verbo sufficienter ostendere per annum unum vel in tempore minori*. J'en ai la preuve dans l'enfant que je vous envoie. Très pauvre et ayant une instruction médiocre, il a appris, en consacrant à peine l'espace d'une année à l'étude, tant et de si grandes choses que tous ceux qui le connaissent s'en étonnent. Car, en toute sécurité, je puis dire que si quelques-uns sont plus savants que lui en philosophie et dans les langues, si des personnes différentes le surpassent en différentes matières, *in diversis diversi ipsum excedant*, il n'y a personne, parmi les Latins, qui le dépasse en toutes choses. Lui-même, en quelques-unes, est égal à chacune d'elles, en d'autres, il leur est supérieur. Et il n'y a pas un homme, chez les Latins, qui ne puisse apprendre de lui de bonnes choses; aucun n'est assez savant pour qu'il ne lui soit pas nécessaire en beaucoup de façons. S'il a acquis, en majeure partie, ses connaissances par mon conseil, sous ma direction et avec mon aide, si je les lui ai transmises par des leçons orales et écrites, il m'est supérieur à moi vieillard, parce que, des principes meilleurs qu'il a reçus, il peut attendre des fleurs et des fruits salutaires que je n'ai pas à espérer..... Je ne dis pas que certains savants et hommes d'expérience ne pourront pas, par leur puissance propre, découvrir beaucoup de secrets de la sagesse plus facilement et plus vite que ce jeune homme, car il n'a pas encore éprouvé ses forces, il ne se rend pas compte de tout ce qu'il connaît et de tout ce qu'il peut faire avec les principes fondamentaux qui lui ont été fournis. Mais comme par eux il surpasse les autres, il ne pourra, s'il est dirigé d'après ces principes, par des conseils sains et efficaces, être égalé par aucun vieillard dans la poursuite des ruisseaux qui en découlent comme d'une source. Aussi les sages... s'humilient devant des campagnards, des vieilles femmes, des enfants, ...parce qu'on a trouvé plus de secrets de la sagesse chez les simples et ceux qu'on néglige que chez ceux qui sont fameux auprès du vulgaire, ceux-ci s'occupant de choses connues du vulgaire et qui, partant, ne peuvent être fort grandes. Même j'ai appris plus de choses utiles et, sans comparaison, méritant plus d'être apprises, d'hommes vivant avec grande simplicité et n'ayant pas de nom dans le *studium, in studio*, que de tous mes docteurs fameux. C'est pourquoi j'ai proposé cet exemple à Votre Sagesse et j'ai envoyé mon ouvrage par lui, non seulement pour les deux causes notées plus haut, mais comme un argument parfait, afin que nul ne se glorifie de sa sagesse, ne méprise les simples qui savent mettre en avant les choses que Dieu n'a pas concédées aux hommes fameux dans la science, qui savent révéler et renouveler beaucoup de secrets que n'ont jamais saisis les sages vulgaires. »

Dans cette page, on reconnaît le chercheur qui méprise le commun des hommes et qui ne croit pas que ceux qu'il estime puissent en général trouver des choses qui ne soient pas elles-même vulgaires ; le franciscain qui, à l'imitation de saint François d'Assise, pense que Dieu ne dédaigne pas de favoriser les humbles et les simples par ses révélations ; le disciple de maître Pierre qui serait humilié si un laïque, une vieille femme ou un soldat, ou un rustre de la campagne savait des choses qu'il ignore. Puis la méthode a, pour Roger Bacon, une importance capitale : avec un enseignement oral et écrit, on peut, en une année, exposer suffisamment, à un enfant docile, le résultat de trente ou quarante années d'études. Ainsi son disciple a travaillé une année à peine, conseillé, dirigé et aidé par lui. Il est supérieur, même à son maître, parce qu'il a eu des principes meilleurs pour servir de fondement à ses recherches. Son éducation est bien commencée, il faut la continuer ; il lui reste à mettre en pratique, pour des travaux personnels, les principes qui lui ont été donnés. Inférieur pour l'invention à certains savants ou hommes d'expérience, il ne pourrait être égalé, même par un vieillard, s'il reçoit des conseils appropriés à ces principes.

En réalité, c'est un jeune homme qui a appris fort vite beaucoup de choses, parce qu'un excellent maître lui a préparé toute la besogne ; il ne deviendra lui-même un maître excellent que si son éducation est continuée et achevée dans les mêmes conditions.

II

Le fragment publié par D. Gasquet nomme le disciple de Bacon et donne sur lui de nouveaux renseignements.

Roger Bacon explique, d'un côté, que l'écriture est insuffisante sans la parole, de l'autre que le Pape est trop occupé pour vaquer à l'étude. Il a donc pris soin de lui envoyer un intermédiaire capable de répondre à ses questions. D'autres traiteraient mieux peut-être les choses dont il parle. Mais ce que Bacon a exposé ne peut être expliqué que par quelqu'un avec qui il a conféré : « Puisque je suis absent, dit-il, et qu'un intermédiaire, aussi convenable que possible, doit intervenir, j'ai préparé Jean, en qui est une grâce multiple, *gratia multiplex*, de façon que s'il plaît au Seigneur Pape de poser des questions, je ne sois pas accusé de négligence. Mais quoiqu'il soit meilleur en science que je ne puis dire, Dieu m'est témoin que je ne l'aurais pas mentionné, n'était l'utilité et l'honneur de Votre Béatitude. Si j'avais songé à l'avantage de l'envoyé, j'en aurais trouvé d'autres auxquels je tiens plus et qui me sont plus à cœur. Car il n'est pas de ma parenté. Je ne l'ai vu à Paris que depuis sept ans et je ne m'en suis soucié qu'en raison de Dieu et de la bonté du jeune homme, dont on peut faire un vase très utile dans l'Église de Dieu. Si c'était pour mon utilité, j'en aurais cherché un plus habile pour traiter les affaires. Ainsi n'ai-je en vue que la cause de Votre Hauteur en regard de la Majesté divine. Cet adolescent a été instruit d'après mon conseil depuis sept ans ; je l'ai dirigé d'une façon spéciale dans toutes les études où j'ai pu le faire, depuis que j'ai reçu l'ordre de Votre Sérénité, je ne pourrais donc trouver, pour la présente persuasion, personne dans ce monde qui convienne mieux. En l'une ou en l'autre, même dans la plupart des matières que je traite, il en est de plus experts. Dans beaucoup de sciences dont je ne traite pas, il y a en abondance des choses que Jean ignore, en tout ou en partie. Mais dans presque tout ce que j'écris, nul n'est aussi bien instruit de ma façon de penser. Car sur les langues, les mathématiques, l'optique, sur la première partie des sciences expérimentales où il y a difficulté à cause de la géométrie, il peut répondre suffisamment dans la plupart des cas. Il ne saurait ni donner en tout satisfaction, ni persuader toujours aussi clairement et promptement ce qu'il faudrait. Cela n'est pas étonnant, puisque c'est un jeune homme et qu'il manque d'expérience pour enseigner ce qu'il sait. Il n'a pas encore produit les fleurs et les fruits qu'il obtiendra dans la vigueur de l'âge. Mais si je vous l'envoie, c'est moins encore pour obéir à votre mandat que pour deux autres raisons dont j'exposerai l'une ici, l'autre en son lieu. Ce que j'écris est très important et difficile à cause de l'ignorance des étudiants. Donc celui qui le lira — à moins d'être un homme tout à fait savant — désespérera facilement et estimera que cela ne peut être accessible qu'à l'intellect de Dieu ou d'un ange. Or cet enfant montre que cela est d'une facilité infinie, pourvu qu'on ait un interprète suffisant. Car tout ce que j'écris, il le comprendrait sans difficulté s'il l'entendait de ma bouche. L'ouvrage que je vous transmets, il le comprendrait, en grande partie, par lui-même. Cependant, c'est un enfant sans expérience ; il a été pauvre, ne pouvant avoir ni livres ni docteurs, ni vaquer à l'étude, parce qu'il n'avait rien que ce que je demandais pour lui à quelques amis. Il n'a ni trouvé de docteurs suffisants, ni passé une année à apprendre tout ce qu'il sait, parce qu'il a été le serviteur de ceux qui lui fournissaient les choses nécessaires à la vie. A plus forte raison, nous autres vieillards, qui avons de l'expérience et dont l'intellect est exercé dans la sagesse, pourrions-nous saisir tout ce qu'un interprète fidèle nous enseignerait ! »

Un peu plus loin, Roger Bacon revient sur Jean et indique plus nettement quels services il est en état de rendre au Pape : « Il peut servir à Votre Sainteté, dit-il, quand elle s'occupera, si cela lui plaît, de l'ouvrage que j'envoie... Pour l'application de la mathématique aux choses du monde, pour l'optique, pour d'autres passages, il y a beaucoup de difficultés dans la manière de démontrer, si ce n'est pour ceux qui connaissent la géométrie... Et tout ce qui a rapport à la géométrie en soi, *secundum se*, ce jeune homme le sait non seulement avec le livre, mais par cœur, *non solum libro, sed corde*. S'il savait aussi bien l'appliquer aux choses et aux sciences qu'il la connaît dans sa propre forme, il se suffirait à lui-même et il servirait aux autres, parce que c'est là la voie à suivre pour connaître toutes choses, *in omnia cognoscenda*. »

Ainsi nous recueillons sur Jean quelques renseignements nouveaux. Il y a en lui une grâce multiple et l'expression nous sera expliquée dans l'*Opus tertium*. Jean n'est pas de la parenté de Bacon qui le connaît depuis sept ans. Pauvre il n'a eu pour vivre que ce que Roger Bacon obtenait de ses amis ou ce que lui fournissaient les hommes dont il s'était fait le serviteur, à la façon de bon nombre d'écoliers du Moyen Age ou des étudiants de la moderne Amérique. Aussi n'a-t-il vraiment étudié qu'une année ou moins encore. Il a rencontré des maîtres insuffisants, mais il a eu les conseils de Bacon qui, depuis la lettre du Pape, l'a spécialement dirigé. S'il ignore bien des choses il peut comprendre tout ce qu'écrit Roger Bacon pourvu que le maître le lui expose de vive voix ; par lui-même, il en comprend une grande partie. Dans la plupart des cas, il répondra sur les langues, sur l'application des mathématiques aux connaissances humaines et aux choses divines, pour l'optique, pour la science expérimentale, surtout pour la géométrie. Il lui reste à joindre l'application à la théorie.

L'*Opus tertium* parle de Jean en termes qui rappellent souvent le texte édité par D. Gasquet. Bacon s'est occupé (ch. XIX, p. 60) de trouver un intermédiaire qui pût expliquer au Pape ce qui présente des difficultés. Aussi il a, depuis cinq ou six ans, fait instruire un adolescent dans les langues, les mathématiques et l'optique. Et après qu'il eut reçu l'ordre du Pape, il l'a instruit lui-même gratuitement et de sa propre bouche, *gratis eum ore meo instruxi*. Ainsi le Pape aura, s'il lui plaît, un intermédiaire tout préparé et qui en tout cas lui offrira ses livre. Aucun Latin ne pourrait aussi bien expliquer sa pensée. Il en est qu'il aime plus, auxquels il est plus tenu. Envers Jean il n'a nulle obligation, ni familiale, ni autre, *nec jure sanguinis, nec aliter*. Jean est venu à lui, enfant et pauvre, Bacon l'a fait nourrir et instruire pour l'amour de Dieu, d'autant plus volontiers qu'il l'a trouvé habile dans l'étude et dans la vie. Il s'est formé de telle façon qu'il pourra mieux qu'aucun Parisien se procurer les choses nécessaires à la vie, quoiqu'il n'ait que vingt ou vingt et un ans. Il n'y en a pas un qui connaisse aussi bien les racines de la philosophie, quoiqu'il n'ait encore produit ni rameaux, ni fleurs, ni fruits, à cause de sa jeunesse et qu'il n'ait pas l'expérience de l'enseignement, *quia non est expertus in docendo*. Il a de quoi dépasser tous les Latins, *unde omnes Latinos transcendat*, s'il vit jusqu'à la vieillesse et s'il construit sur les fondements préparés. Il est prudent, bien instruit, *prudens et bene instructus*. Mais il n'a commis aucun péché mortel depuis sa naissance — *nihil sibi conscius est de peccato mortali, sed virgo mundissimus a me recessit, nec habens alicujus conscientiam mortalis peccati a sua nativitate*. Et après enquête faite par moi et par d'autres, ajoute Roger Bacon, j'en suis aussi sûr que je le suis de votre élévation à la Papauté. Affirmation d'une singulière importance pour Roger Bacon qui renverse la théorie morale de Platon et voit, dans tout méchant, un ignorant, incapable d'arriver à la vérité en matière scientifique ou philosophique. S'il a toutes les qualités qu'on peut souhaiter, s'il est plein de douceur, de bonté et de discrétion, s'il n'est ni bavard, ni menteur, *clementem, benignum et mansuetum, fidelem in commissis, non loquacem, nec bilinguem, sed secretorum optimum celatorem*, il porte un cilice sur sa chair pour remercier Dieu des dons qu'il lui a faits, pour garder sa pureté, *propter custodiam suæ sanctitatis*, et pour faire pénitence des péchés du monde. C'est vers l'âge de quinze ans qu'il est venu vers Roger Bacon, n'ayant pas de quoi vivre, ne trouvant de maîtres ni suffisants, ni bénévoles à cause de sa pauvreté. Il n'a pas employé une année à l'étude parce qu'il était obligé de servir ceux qui lui donnaient le nécessaire. Et cependant il sait beaucoup de choses excellentes, *tot et tanta*, parce qu'il a eu une bonne direction, parce qu'il a travaillé avec espoir et avec soin — *propter bonum consilium quod habuit, et propter hoc quod speravit et diligens fuit.*

Roger Bacon donne ensuite un certain nombre d'indications sur ce qu'il a appris à Jean. « J'ai mis dans *l'Opus majus*, dit-il (ch. LXI, p. 220), toute la table des trois cycles, où l'on peut trouver ce qui concerne les fêtes, d'après des considérations astronomiques, et j'ai enseigné l'art de trouver, pour chacune de nos années, quand doit être le commencement de l'année selon les Hébreux. Cette table avec ses canons, je l'ai expliquée à Jean. »

Voici pour les langues. « Je prouve, dit-il (xxv, p. 89), par des exemples manifestes des saints, par l'erreur considérable des théologiens vulgaires, *apud vulgus theologorum*, provoquée par l'ignorance des langues, qu'il faut les connaître. J'ai indiqué l'alphabet grec et l'alphabet hébreu et un certain nombre de remarques nécessaires pour comprendre les exemples. Jean les saisit mieux, bien qu'ils soient théologiques, que tous les théologiens qui en ce monde sont lecteurs et docteurs. Et Votre Gloire pourra éprouver la sagesse du jeune homme en cette matière. »

Jean est chargé de porter au Pape (XXXII, p. 111), une lentille sphérique pour expérimenter et Bacon l'a instruit dans la démonstration et la figuration de cette chose occulte. « Il n'y a personne en Italie, il n'y a pas deux hommes à Paris qui puissent donner sur ce sujet une explication suffisante. »

J'ai exposé, dit Bacon (XL, p. 135), la figuration des corps du monde et il n'y a aucune difficulté plus grande dans la Physique d'Aristote, il n'y a aucune beauté plus délectable dans les vérités purement scientifiques pour les hommes qui savent bien la géométrie : « Si vous n'avez pas le temps d'examiner ces questions, Jean est plus puissant en cela que tous ceux qui sont à Paris et il mettra toutes ces choses devant vos yeux, les corps et les figures ; il pourra vous répondre là-dessus, car je lui ai enseigné tout ce qui a rapport à ces figurations de corps. »

Enfin Jean emporte un traité plus complet que le chapitre où Roger Bacon justifie (LXV, p. 268) l'emploi de la mathématique prise comme une partie de la philosophie, par l'autorité d'Augustin, de Jérôme, etc. et montre que ce qui a été condamné par les Pères, c'est la mathématique qui est une espèce de la magie : « Jean n'a qu'à vous en faire donner une bonne copie — *jubeatis Johanni ut faciat scribi de bona litera* — et vous verrez combien les philosophes sont sobres dans les jugements sur l'astronomie et qu'ils n'usent ni de présomption, ni d'erreur. »

L'*Opus minus*, dont nous n'avons qu'une rédaction fort incomplète, fournit quelques passages qui complètent la lettre de Gasquet et l'*Opus tertium*. Si le Pape n'a pas encore l'ouvrage principal, *scriptum principale*, qu'il demande, Jean peut déjà offrir quelques remèdes aux maux signalés, même une introduction, *prælibatio*, mise en ordre, de tout le traité, et il excitera en outre le désir de le lire. Puis Bacon rappelle les tables astronomiques des Hébreux et des Latins, qui requièrent toute la puissance de l'astronomie. Il insiste (p. 319, 320) sur la dernière qu'il a ordonnée avec un savant, *quodam sapiente* : « J'ai instruit, dit-il, cet adolescent, de façon à ce qu'il comprenne ces tables que ne connaissent pas trois autres hommes en ce monde, *adolescentem hunc satis instruxi hic ut utramque tabulam intelligeret quæ ambæ simul non sciuntur a tribus aliis in hoc mundo.* » Jean est mis ainsi, pour la possession, sinon pour la découverte de cette partie de la science, sur le même pied que Roger Bacon et aussi que le savant qui l'a aidé à préparer la table latine et qui pourrait bien être maître Pierre de Maricourt (ch. xi).

III

Charles s'est demandé, après bien d'autres, si Jean répondit aux espérances de son maître. On n'a aucun renseignement sur la manière dont il fut reçu par Clément IV. Pits a imaginé la vie d'un Jean de Londres, né à Oxford et franciscain, qui fit ses études à Londres avec Roger Bacon, fut conduit par lui à Paris et devint un grand philosophe. Quand Bacon envoya ses livres à *Innocent* IV, ajoute Pits, le Pape le retint et le combla d'honneurs. Il aurait passé sa vie à la cour romaine en produisant de nouveaux ouvrages dont Pits ne donne pas la liste, parce que « hors de son pays natal, les écrits d'un étranger perdent le plus souvent leur prix et disparaissent». Il n'y a pas à s'arrêter à de pareilles affirmations, purement gratuites. Il faudrait avant tout établir, pour qui voudrait compléter les indications de Roger Bacon, que Jean ne rentra pas dans l'ombre dont il fut un moment tiré par Roger Bacon. Charles a pensé, après Wadding, à l'identifier avec Jean de Galles, puis avec Jean de Paris, le dominicain en lutte contre l'archevêque, qui mourut en 1304 (*Hist. litt.*, xx, p. 83), mais il a abandonné ces conjectures. A plus forte raison, faut-il renoncer à celle de Victor Leclerc à propos de Jean de Garlande. Charles s'arrêterait volontiers à Jean Baconthorpe, que l'on a appelé aussi *Baconius, de Bacone*, et dont on fait le prince des Averroïstes. Sa biographie, dit-il, est peu détaillée et *elle n'offre rien qui empêche cette conjecture* (p. 34). Même il y est question d'un séjour à Rome. Dans ses Commentaires, il cite : Thomas, Ægidius, Henri de Gand, Richard de Middleville, Suiton, Hervé, Scot, Auriol et beaucoup d'autres scolastiques, mais jamais Bacon. Et dans ses doctrines, Charles trouve parfois quelques analogies de détail avec celles de Roger Bacon. Mais, ajoute-t-il, ce sont de bien faibles indices, surtout quand on réfléchit qu'on le fait mourir en 1346, ce qui, en admettant qu'il fut l'élève de Bacon, supposerait qu'il vécut quatre-vingt dix-huit ans.

Aucune de ces hypothèses ne repose sur des raisons vraisemblables; elles restent toutes à l'état de pures conjectures. Si nous résumons ce que Roger Bacon a dit de Jean, voici à peu près ce que nous pouvons en penser. D'abord, il l'a formé pour qu'il puisse être son intermédiaire auprès du Pape, pour qu'il soit instruit de sa façon de penser, pour qu'il réponde à toutes les questions qui lui seront posées, et aussi pour qu'on ne désespère pas en présence des difficultés soulevées par ses ouvrages, pour montrer que les vieillards, avec l'expérience, pourront faire infiniment plus que ce jeune homme sans expérience.

A coup sûr Roger Bacon en fait un grand éloge. Jean a appris rapidement et d'une façon suffisante, *sufficienter*, ce que Roger Bacon a amassé en vingt, trente ou quarante ans, à la suite de grandes dépenses et de grands travaux. Personne, parmi les Latins, ne lui est supérieur en toutes choses et à tous il peut donner des connaissances nouvelles. Il a des principes meilleurs que ceux dont est parti Roger Bacon et il est, par cela même, supérieur à tous ceux qui ne les ont pas acquis. Mieux qu'aucun autre Parisien il est capable de se procurer les choses nécessaires à la vie.

Cet éloge de Roger Bacon s'explique, en bonne partie, par le fait que son but principal est de conquérir pour son envoyé la confiance de Clément IV. Mais il a pris soin d'en limiter lui-même la portée. Il a des principes d'une haute valeur et il ne sera égalé par aucun vieillard dans la poursuite des ruisseaux qui en découlent comme d'une source, mais à *condition qu'il soit dirigé d'après ces principes par des conseils sains et efficaces*; il a les racines, *mais il n'a encore produit ni rameaux, ni fleurs, ni fruits*; il a de quoi dépasser tous les Latins, *mais s'il vit jusqu'à la vieillesse et s'il cons-*

truit sur les fondements qu'il possède. Et il n'a pas encore éprouvé ses forces, il ne se rend pas compte de ce qu'il connaît et de qu'il peut faire avec les principes fondamentaux qui lui ont été transmis; il n'a pas l'expérience de l'enseignement. Jean a donc été un bon élève qui s'est assimilé, dans la mesure et dans la direction où le souhaitait Roger Bacon, ce qui lui fut enseigné. Il deviendra un maître excellent s'il vit, s'il travaille d'après les principes qui lui ont été transmis et s'il continue à être guidé par le maître incomparable qui les lui a donnés. Peut-être même faut-il ajouter à ces trois conditions indispensables deux autres qui ne le sont pas moins, à savoir qu'il ne soit pas tourné vers la vie séculière pour laquelle il avait le moyen de se procurer tout ce qui est nécessaire, ou vers la vie ascétique pour laquelle il avait des dispositions, puisqu'il porte un cilice sans avoir rien fait qui l'oblige à faire pénitence!

Aux questions ainsi posées nous ne saurions donner aucune réponse. La publication des œuvres complètes de Roger Bacon (ch. x) nous apporterait peut-être quelques lumières nouvelles. Tout ce que nous pouvons affirmer actuellement, c'est que le *Compendium studii philosophiæ*, publié par Brewer, ne parle pas de Jean. Et cependant on y trouve la plupart des critiques auxquelles Roger Bacon avait joint le nom de son disciple. Ainsi en parlant (p. 398) de la corruption du temps, personne n'est épargné, ni les religieux — *nullum ordinem excludo* — ni les clercs, et il ne mentionne pas celui dont il avait autrefois vanté la pureté en même temps que l'intelligence et la docilité. Il ne le cite pas davantage quand il rappelle les jeunes gens comme Albert, Thomas et les autres qui entrent dans les ordres à vingt ans ou plus tôt encore (ch. xiii).

Si Jean eût persévéré dans la voie où il était entré en 1267, s'il eût fait les progrès alors espérés, s'il fût devenu un excellent maître après avoir été un bon disciple, il n'est pas douteux que Roger Bacon ne l'eût opposé à ceux dont il formulait la critique, avec d'autant plus de plaisir que l'homme eût justifié ce qu'il avait prédit de l'enfant et qu'il condamnait plus vivement alors que jamais les pratiques blâmées dans les ouvrages adressés à Clément IV. Jean n'a pas été le premier, il ne sera pas le dernier à susciter des espérances que l'avenir n'a pas réalisées!

CHAPITRE XIII

QUELQUES-UNS DE CEUX QUE COMBAT ROGER BACON : ALEXANDRE DE HALÈS, ALBERT LE GRAND, SAINT THOMAS

I.— Dans *l'Opus majus*, dans le fragment publié par D. Gasquet, Roger Bacon s'oppose à l'autorité usurpée par violence et aux personnes, réputées très sages, qui sont souvent aveuglées par les causes d'erreur. Dans *l'Opus minus*, Bacon énumère les sept péchés de la théologie et combat sans les nommer deux hommes qu'il a vus et qui ont écrit. Le premier est Alexandre de Halès, le second est Albert le Grand. Ce sont les deux maîtres dont l'autorité est la plus grande dans les écoles parisiennes, ceux qu'il rend responsables de la mauvaise direction des études, parce qu'ils ignorent les langues et les sciences.

II.— Dans *l'Opus tertium*, Bacon précise ces critiques, surtout celles qui s'adressent à Albert; mais il fait de celui-ci un grand éloge en lui attribuant une autorité que le Christ n'a pas eue de son vivant.

III.— Dans l'analyse de *l'Opus majus*, Bacon détaille ce qui, selon lui, manque à Albert.

IV.— Bacon, dans le *Compendium studii philosophiæ*, se montre de plus en plus persuadé que la mauvaise direction donnée aux études a pour résultat nécessaire la corruption de la vie et des mœurs. Il insiste sur la nécessité de l'enseignement oral sous les formes qu'il revêt au xiiie siècle; il fait appel à la puissance merveilleuse de la parole et au progrès historique. Valeur de cette méthode. — Conclusion.

I

L'indulgence de Roger Bacon pour ceux qu'il aime n'a d'égale que sa sévérité pour ceux dont il désapprouve les idées, la méthode et l'enseignement. Dans le premier ouvrage qu'il écrit pour Clément IV, il vante l'autorité vraie et solide, qui repose sur le jugement de Dieu et appartient à l'Église, qui naît du mérite et de la personne chez les saints, les parfaits philosophes et les autres sages, devenus experts dans l'étude de la sagesse autant que cela est possible à l'homme. Il en distingue avec soin l'autorité qu'il convient de condamner, parce qu'elle a été acquise par violence, *violenter usurpaverunt*, sans le conseil de Dieu, sans le mérite de la connaissance, *nec ex merito sapientiæ*, mais d'après la présomption propre et le désir de renommée, parce que le vulgaire ignorant l'accorde à beaucoup de personnes au détriment du jugement juste de Dieu (Bridges, III, chap. I, p. 2). Plusieurs autres passages font prévoir que Roger Bacon s'attaquera, s'il le juge nécessaire, à ceux qui jouissent d'une autorité et d'une réputation usurpées : il a appris plus de choses utiles de gens très simples et sans nom dans le *studium* que de tous ses maîtres fameux ; il faut combattre, quoiqu'on doive le louer en d'autres choses, l'homme de bien, même le saint qui affirme ou condamne ce qu'il ignore, surtout s'il agit ainsi pour excuser son ignorance ou faire montre d'une sagesse apparente (ch. x, p. 24).

Dans la lettre publiée par D. Gasquet, Roger Bacon insiste (p. 508) sur les quatre causes d'erreur : « Tous les péchés de la vie et de la science ont été introduits par elles, toute utilité a été exclue ; tous les hommes en sont esclaves et les invoquent pour excuser leurs fautes et leurs erreurs. *Des personnes qu'on répute très sages sont souvent aveuglées par elles.* »

Dans l'*Opus minus* il s'attaque à l'enseignement et aux maîtres qui le donnent (p. 325). Il énumère les sept péchés de la théologie. Aucun de ceux qui ont composé des écrits et des Sommes, dit-il à propos du troisième péché, n'a professé, *legit*, les quatre sciences dont usent les théologiens de notre temps ; aucun d'eux n'a reçu l'enseignement d'un maître, *nec audivit*, pour ces sciences, surtout pour la philosophie naturelle et la métaphysique dont ils se glorifient ; aucun d'eux n'a eu de révélation. Et Roger Bacon précise ses attaques, s'en prenant à deux hommes qui ont écrit et qu'il a vus de ses yeux, *duos qui fecerunt scripta vidimus oculis nostris*, qui jamais n'ont lu, ni entendu lire les sciences dont ils parlent : « Toute l'erreur, dans la direction des études, vient de ces deux hommes. L'un est mort. Ce fut un homme de bien, riche archidiacre, de son temps maître en théologie. Lorsqu'il entra dans l'ordre des Frères Mineurs, il y eut beaucoup de bruit, parce qu'il était homme de mérite, mais aussi parce que l'ordre était récent et encore négligé, qu'il édifia le monde et exalta ses confrères. Aussi on le porta au ciel et on lui donna toute autorité dans le *studium*. On lui attribua cette *Somme* dont un cheval aurait plus que sa charge, que d'autres et non lui ont faite, *adscripserunt ei*...

Summam... quæ est plus quam pondus unius equi, quam ipse non fecit, sed alii... Et tamem vocatur Summa fratris Alexandri... Et qu'il l'ait faite ou qu'il en ait fait la plus grande partie, il n'en est pas moins certain qu'il n'a ni lu ni entendu lire — *non legit nec audivit* — la philosophie naturelle et la métaphysique, parce que les livres les plus importants de ces sciences n'étaient pas traduits quand il étudiait et que, par la suite, ils furent longtemps excommuniés et suspendus à Paris où il étudia lui-même. Il entra dans l'ordre avant que ces livres eussent été lus en entier, même une seule fois. Ils furent prohibés jusqu'au retour de l'Université et c'est alors que, déjà vieux et maître en théologie, il se fit religieux. Donc il a ignoré les sciences aujourd'hui vulgarisées, philosophie naturelle et métaphysique, dans lesquelles est, pour les modernes, la gloire de l'étude. Or, sans elles, la logique ne peut être connue, car les dix livres de la *Métaphysique* portent sur les sujets dont traite la logique ; la philosophie naturelle a, en beaucoup de points, des rapports avec la logique, en d'autres, elle la contredit. Quand il (Alexandre) discute de ces sciences, il est clair, même pour tous les théologiens, qu'il est absolument mauvais, *vilior omnibus*. En philosophie, il a plusieurs choses vaines et fausses. La preuve, c'est qu'on n'a jamais fait récrire la *Somme* en entier ; bien plus, l'exemplaire pourrit chez les Frères et personne ne le touche ni ne le voit, *putrescit et jacet intactum et invisum his temporibus*. Il est certain aussi qu'il a ignoré toutes les sciences sur lesquelles j'écris, parce qu'il n'y en a pas un mot dans la *Somme* qui lui est attribuée et que les écoles de Paris n'en ont pas encore eu l'usage. »

Roger Bacon passe alors au second de ceux qu'il rend responsables du mauvais état des études : « L'autre, qui est vivant, entra tout enfant dans l'ordre des Frères. Jamais il n'a entendu lire ni lu la philosophie dans les écoles, *nec unquam legit, nec audivit*. Jamais il n'a été dans un *studium solennel* avant d'être théologien, et il n'a pu être instruit dans l'ordre, dont il fut le premier maître de philosophie. C'est lui qui a instruit les autres et c'est par son travail propre, *studio proprio*, qu'il a appris ce qu'il sait. En vérité, je le loue plus que tous les étudiants du vulgaire, parce que c'est un homme très studieux, *studiosissimus*. Il a vu une infinité de choses, il a eu de l'argent et ainsi il a pu réunir beaucoup de textes utiles dans la mer infinie des auteurs. Mais parce qu'il n'a pas eu un fondement sur lequel il pût bâtir — ce que Bacon signalait avec insistance chez son disciple Jean (ch. xii), — parce qu'il n'a été ni instruit ni exercé à écouter, à lire, à discuter — *audiendo, legendo, disputando*, — il est nécessaire qu'il ignore les sciences vulgarisées, *scientias vulgatas*. Ignorant les langues, il ne peut savoir quelque chose de magnifique. Ne sachant pas l'optique, ou n'en sachant pas plus que le vulgaire des ignorants, il est impossible qu'il sache quelque chose d'important en philosophie. »

Roger Bacon justifie ces attaques : « Dieu est témoin que j'ai exposé l'ignorance de ces hommes pour le bien des études. Car le vulgaire croit qu'ils ont su toutes choses et il s'attache à eux comme à des anges : dans les discussions, dans les lectures, on les cite comme des autorités. Surtout celui qui est encore vivant, a dans Paris le renom d'un docteur ; il est une autorité dans le *Studium*, ce qui ne peut avoir lieu sans la confusion et la destruction de la sagesse, puisque ses écrits sont pleins de choses fausses et vaines, *plena falsitatibus et vanitatibus infinitis*. Jamais il n'y eut un tel abus dans ce monde ! En disant — ce qui est vrai — qu'ils ont ignoré les sciences vulgaires et les autres, je ne les injurie pas : ignorance n'est pas infamie, puisque des hommes privés et de valeur, tant clercs que laïques, ne les connaissent pas et ne laissent pas d'être fort utiles en ce monde. Ceux dont je parle sont aussi utiles. Ils le sont même dans le *studium*, mais pas autant qu'on l'estime. L'ignorance est bien plus chez ceux qui n'ont pas été aussi studieux et qui n'ont rien appris que par eux... »

Manifestement il s'agit, dans le premier texte, d'Alexandre de Halès, le compatriote et le confrère de Roger Bacon. Né dans le comté de Gloucester, devenu riche tout en restant homme de bien, ce qui était assez rare pour un archidiacre, Alexandre vint à Paris pour terminer ses études et prendre le titre de maître. C'est le 25 avril 1231 que Grégoire IX enjoignait à Guillaume d'Auxerre, à Simon d'Authie, à Etienne de Provins d'examiner les livres interdits en 1210 et 1215, pour en retrancher scrupuleusement toute erreur et en rendre l'usage possible dans les écoles parisiennes. Alors seulement la *Physique* et la *Métaphysique* d'Aristote pourront y être lues et commentées. Et c'est aussi en 1231 que l'Université, après sa dispersion, rentre à Paris. Si Wadding, dans les *Annales* des Mineurs, place en 1222, non en 1232, comme fait Charles après Roger Bacon, l'entrée d'Alexandre chez les Franciscains, il est incontestable au moins que c'est par Alexandre de Halès que les disciples de saint François devinrent un ordre lettré. Il aurait enseigné jusqu'en 1238, aurait été alors remplacé par Jean de la Rochelle et serait mort à Paris en 1245. Il fut le *Docteur irréfragable*, Hauréau a cru que sa méthode était celle de Pierre le Lombard. Sans doute Roger Bacon, dans un passage où il malmène le *Livre des Sentences* et ceux qui le préfèrent à la Bible, semble indiquer qu'Alexandre en fit le premier la lecture et l'exposition à la Faculté de Théologie. Mais Alexandre fut plus et mieux qu'un disciple de Pierre le Lombard. C'est l'homme qui a complété et presque transformé la méthode constituée par Abélard ; c'est lui qui l'a formulée et transmise à Albert le Grand et à saint Thomas d'Aquin, à qui on l'a plus d'une fois à tort attribuée. C'est qu'il connaît, non seulement l'Aristote de la première période, c'est-à-dire l'auteur de l'*Organon*, mais encore celui que possède le xiii° siècle, c'est-à-dire qu'il a lu pour lui, sinon dans les conférences, la *Physique* et la *Métaphysique*. Même il donne à Aristote le *Livre des Causes*, dont l'inspiration remonte au plotinien Proclus ; il connaît Avicenne, peut-être Averroès, certainement la *Source de Vie* d'Ibn Gebirol. A-t-il écrit la *Somme* ou a-t-elle été rédigée sous sa direction par ses confrères, comme firent les Dominicains pour tant d'œuvres de saint Thomas? Cela importe assez peu, en réalité, car on ne saurait contester qu'elle est le résultat de l'enseignement d'Alexandre ; qu'elle réalise la première synthèse des matériaux de provenance si diverse, en possession desquels vient d'entrer le xiii° siècle, qu'elle constitue une œuvre orthodoxe; que les théologiens chargés par Alexandre IV — celui-là même qui fit Albert évêque de Cologne — de l'examiner, selon Wadding, la recommandèrent comme un livre parfait à tous les professeurs. Entre les deux affirmations contradictoires de Roger Bacon, « que personne ne touche ni ne regarde la *Somme* », et « que le vulgaire s'attache à Alexandre (et à Albert), comme à des anges et qu'on les allègue comme des autorités dans les discussions », c'est la seconde qui semble la plus exacte. Comme dit Hauréau, Alexandre eut une influence considérable sur son ordre et sur tous les héritiers de sa chaire. Duns Scot après Jean de la Rochelle continua son enseignement et soutint sa doctrine. On comprend sans peine que l'admirateur de Pierre de Maricourt, que celui qui avait tant espéré du jeune Jean ait jugé sévèrement l'enseignement et la doctrine d'Alexandre de Halès. Il ne faut pas être surpris davantage que, dans le monde franciscain et même dans tout le monde religieux, on n'ait pas toujours été satisfait de ces critiques si vives.

Dans le second des philosophes attaqués par Roger Bacon, Cousin, Hauréau et Émile Charles s'accordent à reconnaître Albert le Grand. Albert a bien été en effet le premier maître de philosophie des Dominicains. Les autres affirmations de Roger Bacon ne concordent pas aussi bien avec ce qu'on nous dit par ailleurs d'Albert. Mais il faut remarquer qu'il est contestable qu'Albert soit né en

1193, d'autres plaçant sa naissance en 1205 ; il n'est pas prouvé non plus qu'il vint terminer ses études à Paris, ni qu'il fut formé à Padoue. Le témoignage de Roger Bacon, qui a *vu* les deux maîtres dont il parle et qui a lu leurs écrits, doit donc être pris en considération, puisque les textes ultérieurs nous montreront qu'il s'agit ici d'Albert. Celui-ci serait entré fort jeune dans l'ordre des Prêcheurs et il n'aurait jamais ni lu ni entendu lire la philosophie dans les écoles, il se serait surtout formé lui-même et n'aurait fait nulle part son apprentissage de maître.

Albert enseigna avec un grand succès au couvent des dominicains de Cologne, à celui de Paris où il exposa les *Sentences* de Pierre Lombard aux jeunes religieux, de façon telle que les vieux venaient écouter ce maître d'un si prodigieux savoir. Puis il revint à Cologne vers 1248, ayant, depuis 1245, saint Thomas parmi ses auditeurs. De 1254 à 1259 il s'occupe de théologie et devient provincial d'Allemagne. On rapporte qu'en visitant les couvents de sa juridiction, il se faisait conduire partout où se trouvaient des manuscrits anciens, les copiait ou les faisait copier par ses compagnons, ce qui concorde assez avec la formule de Bacon : « Il a pu réunir beaucoup de choses utiles dans la mer infinie des auteurs. » Après avoir prêché le christianisme en Pologne, il se serait rendu à Rome pour plaider contre les séculiers la cause des réguliers, dont on avait mis à Paris les chaires en interdit. Alexandre IV l'attacha à sa personne, comme maître du palais. Mais Albert se fit remplacer auprès du Pape par Thomas d'Aquin et retourna enseigner à Cologne. L'année suivante, le Pape l'obligea à accepter l'évêché de Ratisbonne. Albert ne l'occupa que trois ans, jusqu'en 1252 ; puis il résigna ses pouvoirs pour reprendre à Cologne son enseignement. Il y mourut en 1280. Ses œuvres, dans l'édition de 1651, comprennent 21 volumes in-folio et portent sur la philosophie et la théologie : les six premiers contiennent les *Commentaires* sur Aristote, puis viennent les *Commentaires* sur les livres saints (VII-XI), les *Commentaires* sur Denys l'Aréopagite et l'*Abrégé de théologie* (XII et XIII), l'Explication des *Sentences* de Pierre Lombard (XIV, XV, XVI), la *Somme de théologie* (XVII, XVIII), la *Somme des créatures* (XIX), le *Traité sur la Vierge* (XX), huit opuscules dont un sur l'alchimie (XXI). Sans admettre qu'Albert soit « le singe d'Aristote introduit par lui dans le sanctuaire du Christ et placé au siège principal », sans soutenir même qu'il ait uniquement interprété et exposé ses doctrines, puisqu'il commente également le plotinien que l'on désigne alors sous le nom de Denys l'Aréopagite, on ne saurait disconvenir qu'Aristote tient une place considérable dans l'œuvre d'Albert. Quand Bacon écrit l'*Opus minus*, en 1267, Albert est revenu pour toujours à Cologne, il a déjà composé bon nombre de ses ouvrages et il est le seul, parmi les Dominicains, à qui puissent s'appliquer les éloges et l'autorité extraordinaire dont témoigne Bacon, comme les critiques si sévères qu'il lui adresse.

En résumé, Alexandre et Albert sont pour Bacon les deux maîtres dont l'autorité est la plus grande dans les écoles parisiennes, les deux docteurs principaux autour desquels se rangent tous les autres, ceux qu'il rend responsables de la mauvaise direction des études. Une première critique qu'il leur adresse, c'est qu'ils n'ont étudié ni la logique, ni la physique, ni la métaphysique en suivant les exercices en honneur dans les écoles. Mais ce qu'il leur reproche surtout, c'est qu'ils ignorent les langues et les sciences sans lesquelles on ne peut comprendre ni les livres sacrés, ni les livres profanes, sans lesquelles on ne peut acquérir la sagesse ni sous sa forme théologique ni sous sa forme philosophique. Ce sont des ignorants d'autant plus dangereux qu'ils ont la présomption de savoir et qu'ils donnent l'illusion de la science à un nombre plus grand de disciples.

II

Dans l'*Opus tertium*, Bacon reprend et précise toutes ces critiques, surtout celles qui s'adressent à Albert. Pour lui, l'homme est tel dans la vie qu'il s'est montré dans l'étude de la sagesse, par conséquent ceux qui ont été mal dirigés aux écoles sont mal préparés à la vie pratique et tout prêts pour la corruption. Aussi croit-il, en combattant ceux dont il condamne l'enseignement, rendre tout à la fois service à la science et à la morale, à la spéculation et à la pratique.

S'excuse-t-il (ch. II, p. 13) de ne pas avoir immédiatement envoyé au Pape l'œuvre demandée, il insiste sur la difficulté du travail que nul autre n'aurait pu faire aussi rapidement : « Vous pouvez, dit-il, vous adresser aux savants les plus renommés entre les chrétiens, à Albert, de l'ordre des Prêcheurs, à maître Guillaume de Schyrwode, trésorier de l'église de Lincoln, beaucoup plus savant qu'Albert, car dans la philosophie commune, nul n'est plus grand que lui. Ecrivez-leur les titres des questions que j'ai envoyées et que je vais traiter... il se passera dix ans sans qu'ils vous donnent ce que je vous ai écrit. Vous y trouverez cent endroits où ils n'atteindraient pas avec ce qu'ils savent maintenant en s'y donnant jusqu'à la fin de leur vie... Vous ne rencontrerez, parmi les Latins, personne qui achève en un an ou même en dix, l'exposition que je donne ici de l'optique. »

Un peu plus loin, Bacon s'attaque directement à Albert (p. 30). « Le vulgaire des étudiants, dit-il, et beaucoup d'hommes excellents — quoiqu'ils se trompent en cela — estiment que les Latins ont une philosophie complète, qu'elle a été faite en mon temps, *est facta in tempore meo*, qu'elle a été vulgarisée à Paris, et celui qui l'a composée est cité comme une autorité. On l'invoque dans les écoles comme Aristote, Avicenne et Averroès, *sicut Aristoteles, Avicenna et Averroes allegantur in scholis, sic et ipse*. Il est encore en vie et il a de son vivant une autorité que jamais homme n'a eue en matière doctrinale. Car le Christ n'y est pas arrivé, puisqu'il a été pendant sa vie condamné avec sa doctrine. Ce n'est pas sans une grande compassion que je parle et de cet auteur et de l'erreur du vulgaire trompé par lui, mais la vérité ne peut apparaître si l'on ne se livre à ces considérations. C'est pour l'amour de la vérité, pour l'utilité commune que je dirai ce qui est vrai sur ses écrits et sur sa personne. Ses écrits ont quatre péchés, vanité puérile et infinie, fausseté ineffable, diffusion extrême. Toute la puissance de la grammaire, de la logique, de la physique, de la métaphysique peut être condensée dans un traité utile, vrai, clair et complet qui serait la vingtième partie de ces volumes. Quant aux parties de la philosophie, d'une utilité magnifique et d'une immense beauté, sans lesquelles on ne peut savoir ce qui est vulgarisé (la grammaire, la logique, la physique, la métaphysique), il les a omises. Aussi ses écrits apportent-ils dommage, *detrimentum*, et non utilité pour la science. Qu'il faille les négliger, cela n'a rien d'étonnant, puisqu'il n'a jamais entendu lire les parties de la philosophie, qu'il ne les a jamais apprises de personne, qu'il n'a pas été nourri dans le *Studium* de Paris ni dans une autre ville où est en vigueur l'étude de la philosophie; qu'il n'a ni lu, ni disputé, qu'il n'a pas été exercé à disputer et à conférer avec d'autres, *nec exercitus est disputando et conferendo cum aliis*, qu'il n'a pas eu de révélation, ne s'y étant pas préparé en vivant autrement (qu'il n'a fait), ayant accumulé les choses fausses, vaines, superflues, ayant omis l'utile et le nécessaire, ce qui n'indique pas une révélation, mais la présomption de traiter par soi-même ce que l'on ignore... Aussi par lui plus que par tout autre a été corrompue, chez les Latins, l'étude de la philosophie... Les autres ont des lacunes, mais il n'ont pas prétendu à l'autorité... Pour lui il écrit *per modum authenticum* et c'est pourquoi tout le vulgaire insensé le cite à Paris comme Aristote, Avicenne, Averroès ou autres autorités. D'où un grand dommage pour la philosophie et aussi pour la théologie, comme il a été montré dans l'*Opus minus* à propos du troisième péché, où j'ai parlé de deux hommes dont celui-ci est le principal en réalité, *principalis in re*, parce qu'il multiplie, dans les choses divines et humaines, les choses vaines, fausses et superflues pour laisser de côté ce qui est beau, magnifique et utile. »

On ne saurait faire d'Albert un éloge plus considérable. Il a d'autant plus de prix qu'il vient d'un adversaire. On est surpris qu'il n'ait pas été relevé par ceux qui, ne voyant que le succès ultérieur de saint Thomas, s'étonnent parfois de rencontrer des Albertistes au XIIIe siècle et dans les siècles suivants. Ce qui est vraiment étonnant, c'est qu'Albert ait cédé la place à saint Thomas auprès des générations suivantes, lui qui, en 1267 et de son vivant, a une autorité que le Christ n'a pas eue pendant qu'il vivait! D'autant que Roger Bacon le considère comme son principal adversaire, en ne faisant plus que mentionner Alexandre de Halès dont le nom est grand, mais l'autorité inférieure à celle d'Albert; et il le combat en vrai scolastique qui attache aux pratiques de l'école, sous toutes leurs formes, même à la dispute, une importance qui nous surprend chez un homme pour qui les sciences et les langues sont aussi nécessaires qu'elles peuvent le paraître à un moderne!

III

Dans l'Analyse de l'*Opus majus* (ch. XI, p. 37), Roger Bacon montre en détail tout ce qui, selon lui, manque à Albert. D'abord il rappelle que la philosophie révélée aux Hébreux est complète chez eux. Renouvelée par Aristote, par Avicenne, elle fut suffisante, sans être toutefois complète comme chez Moïse et Salomon. Les Latins ne l'ont jamais eue en leur langue, les traductions n'ont pas transmis ce qui existe en hébreu, en arabe, en grec. Il faut donc savoir les trois langues pour ne pas laisser périr la philosophie et l'intelligence du texte sacré. Or Albert ne sait rien de ces langues pas plus que le vulgaire, car il n'y a pas, dit Bacon, quatre Latins qui sachent la grammaire des Hébreux, des Grecs et des Arabes.

S'agit-il de l'optique, indispensable puisque c'est la science de la vue et que, par la vue, nous connaissons toutes choses? Elle n'a été enseignée qu'à Oxford et il n'y a pas trois hommes qui en connaissent la puissance. Albert l'ignore, car il n'a pas fait de livre sur l'optique et il n'a rien dit de l'optique dans ceux qu'il a publiés. Ne sachant rien de la science qui s'applique à toutes les autres, il est nécessaire qu'il ne puisse atteindre la sagesse de la philosophie.

Mais avec l'optique, il faut étudier la science qui porte sur la multiplication des espèces et des vertus des agents, la science que les modernes appellent la propagation de la force. Car c'est la somme et la principale racine de la sagesse, *summa et principalis radix sapientiæ*. En elle il y a, pour la théologie et la philosophie, une beauté infinie. Sans elle on ne peut rien savoir de la perspective (optique) et de la philosophie. Albert l'ignore, car il n'en dit rien. Partant il ignore les choses naturelles et tout ce qui a rapport à la philosophie. Il en est de même de tout le vulgaire des maîtres qui se trompent en le suivant. « Ecrivez-lui, dit Roger Bacon, pour qu'il traite de ces principes et vous trouverez qu'il en est incapable. Nul des auteurs ni des maîtres anciens ou modernes n'en n'a traité. J'y ai travaillé dix ans, tout le temps que j'ai pu y donner, j'ai tout discuté comme j'ai pu et j'ai mis par écrit le résultat de mes études. »

Que doit donc conclure le Pape ? Pour connaître une des sciences les plus importantes à qui veut acquérir la sagesse, théologique ou philosophique, il est inutile de s'adresser à Albert ou à ses disciples. Bacon peut seul la transmettre au Pape et aux maîtres qu'il aura choisis.

De même l'alchimie spéculative, l'alchimie opérative et pratique sont nécessaires pour la physique, la médecine comme pour savoir la génération de toutes choses. Maître Pierre y est très habile. Albert qui a composé tant et de si grands volumes sur la nature ne connaît pas les principes exposés par Roger Bacon : son édifice ne peut subsister.

Il n'est pas même question d'Albert à propos de la science expérimentale, un seul Latin, maître Pierre, pouvant comprendre les principes sur lesquels elle repose et dont Roger Bacon donne l'exposition.

Jean répondra à la plupart des questions que soulèvera la lecture des livres baconiens ; il n'en est ainsi ni du « grand maître » dont il a parlé, ni d'aucun de ceux qu'il a mentionnés. En particulier, Jean peut répondre à toutes les questions relatives aux figurations des corps qui emplissent l'espace, alors que personne parmi les maîtres, Albert sans doute pas plus que les autres, ne comprend les termes mêmes dont on use.

Dans les *Communia Naturalium*, Roger Bacon reproduit encore ses attaques contre les modernes et spécialement contre Albert et Alexandre. « Ils se trompent, dit-il, les modernes qui amplifient Aristote et emploient pour un seul de leurs livres une étendue plus grande qu'Aristote n'a donnée à tous les siens. Ne s'en tenant pas aux choses nécessaires, ils accumulent les choses sans valeur et multiplient les erreurs. C'est qu'ils n'ont pas examiné les sciences sur lesquelles ils écrivent, qu'ils ne les ont pas lues dans un *studium* solennel, qu'ils ne les ont pas entendu lire, qu'ils sont devenus maîtres avant d'être disciples, de façon qu'en toutes choses ils se trompent eux-mêmes et multiplient les erreurs chez les autres hommes. Puis ils ne peuvent comprendre les livres de la physique vulgaire sans les sept autres sciences spéciales et même sans les mathématiques. Or les deux modernes fameux n'ont entendu lire ni les sciences sur lesquelles portent leurs affirmations ni les autres. Ils ne les ont pas lues, ils n'ont pas fait d'expériences *non experti sunt*, comme il apparaît d'après leurs écrits. Ils abondent donc partout en choses erronées et sans valeur. »

Pour prouver l'ignorance de ceux qu'il considère comme des adversaires dans les sept sciences spéciales, optique, astronomie judiciaire et opérative, science des poids, des légers et des graves, alchimie, agriculture, médecine, science expérimentale, qu'il oppose aux *communia naturalium*, Roger invoque leurs écrits et surtout le fait qu'ils n'ont pris part à aucun des exercices scolaires par lesquels on pouvait alors se préparer à devenir un maître en telle ou telle matière déterminée. Pour lui l'enseignement méthodique et réguglier, tel que le concevront les Occidentaux jusqu'au XVIIe siècle, prend de plus en plus d'importance. Une seule chose pourrait à ses yeux compenser cette lacune : il leur faudrait, disait-il auparavant, une révélation spéciale qu'ils n'ont pas eue, il leur faudrait, dit-il maintenant, l'expérience qui est, pour lui, intérieure ou extérieure, illumination divine ou révélation et expérience proprement dite.

IV

En 1272, sous le pontificat de Grégoire X, Roger Bacon écrit le *Compendium studii philosophiæ*, qu'a publié Brewer. Bacon se montre de plus en plus persuadé que la mauvaise direction donnée aux études a pour résultat nécessaire la corruption de la vie et des mœurs. Le *Compendium* débute par montrer qu'il y a partout apparence de science et abondance de docteurs, partout ignorance et corruption. La corruption règne à la Curie romaine, chez les prélats, chez les religieux, chez les clercs, les princes, les barons, les seigneurs, dans le peuple, chez les marchands et les artisans. Parmi les causes qui s'opposent, selon lui, à l'étude de la sagesse, Bacon insiste sur la manière dont se recrutent et s'instruisent les religieux; généralisant ainsi ce qu'il a dit ailleurs à propos d'Alexandre de Halès et surtout d'Albert le Grand.

« Depuis quarante ans, dit-il (Brewer, p. 425), il s'est élevé dans le *Studium* des hommes qui se sont créés eux-mêmes maîtres et docteurs pour l'étude de la théologie et de la philosophie, alors qu'ils n'ont jamais rien appris qui en vaille la peine, qu'ils ne peuvent, à cause de leur état, rien apprendre de tel... Ce sont des enfants qui ne connaissent ni eux-mêmes ni le monde, ni les langues de la sagesse, le grec et l'hébreu, qui sont nécessaires à l'étude... Ils ignorent et toutes les parties et toutes les sciences de la philosophie du monde avec la sagesse, quand ils ont la présomption de se livrer à l'étude de la théologie qui requiert toute la sagesse humaine, comme l'enseignent les Saints. Et tous les sages le savent... Ce sont les enfants des deux ordres étudiants, comme Albert et Thomas, comme d'autres qui, le plus souvent, entrent dans les ordres à l'âge de vingt ans et moins. Et cela, de la mer d'Angleterre aux limites de la chrétienté, surtout au delà du royaume de France, de façon qu'en Aquitaine, en Provence, en Espagne, en Italie, en Allemagne, en Hongrie, en Dacie et partout, ils sont reçus dans les ordres, de dix à vingt ans, ne pouvant rien savoir qui mérite d'être su à cause de leur âge, surtout que les causes d'erreurs les tiennent comme les autres hommes. Et c'est pourquoi ils ne savent rien quand ils entrent dans les ordres qui soit de quelque valeur pour la théologie. Plusieurs milliers d'enfants sont ainsi reçus sans être capables de lire ni le psautier ni Donat. Et aussitôt après leur profession, ils sont mis à l'étude de la théologie. Dès le début de l'ordre, depuis le moment où l'étude y a fleuri, les premiers étudiants furent tels que l'ont été leurs successeurs. Et ils se sont donnés à l'étude de la théologie qui requiert toute la sagesse humaine. Ils n'en ont donc tiré aucun profit, surtout qu'ils ne prirent aucun soin de se faire, après leur entrée, instruire en philosophie par d'autres. Plus encore qu'ils eurent la présomption d'étudier la philosophie par eux-mêmes et sans guide, de façon qu'ils furent faits maîtres en théologie et en philosophie avant d'avoir été écoliers. »

Ainsi Roger Bacon croit de plus en plus qu'il faut recevoir l'enseignement oral sous les formes qu'il revêt au xiii° siècle, pour être à même de profiter des livres et de devenir un maître à son tour. Par ce côté encore, c'est bien un homme du Moyen Age d'accord avec ses contemporains sur la forme, sinon sur la matière de l'enseignement. Mais Roger Bacon attribue à la parole une puissance merveilleuse, presque divine, surtout si on y fait intervenir les langues dans lesquelles sont écrits les Livres saints. Et il s'appuie aussi sur une théorie du progrès historique qu'il puise chez Sénèque et chez les Arabes, sans qu'il prenne toujours le soin de montrer comment elle peut n'être pas en opposition avec l'affirmation que la sagesse a été entièrement révélée à Moïse et à Salomon. Une science, dit-il, n'a jamais été inventée complètement à une époque ; la sagesse a grandi peu à peu depuis le commencement du monde. Et il est impossible que l'homme acquière par lui-même des sciences difficiles. C'est pourquoi un orgueil infini a envahi les ordres qui ont la présomption d'enseigner avant d'apprendre ; c'est pourquoi, ajoute-t-il, en renversant la doctrine célèbre que le méchant est un ignorant, il est nécessaire que leur enseignement, comportant ignorance et erreur, aboutisse à une corruption d'autant plus étendue qu'il exerce une influence plus grande.

En fait, il convient de reconnaître que la méthode employée dans les écoles du xiii° siècle et de la période ultérieure ne manque pas de valeur. Il n'est pas un maître qui ne se soit aperçu qu'il comprenait mieux une question après l'avoir exposée de vive voix : il en a vu les lacunes, les difficultés ou même des éclaircissements auxquels il n'avait pas auparavant songé. Il n'est pas un étudiant qui ne se soit rendu plus clairement compte des problèmes soulevés et des solutions qui leur étaient jointes dans un livre longuement étudié, après en avoir entendu l'exposition orale par le maître même dont il avait lu l'ouvrage. Enfin une discussion bien conduite est de nature à mettre complètement en lumière ce qu'il faut examiner, ce qu'il faut admettre, ce qu'il faut écarter, les questions qu'il faut soulever et les réponses qu'il convient de chercher. Cela était vrai au xiii° siècle comme cela reste vrai de nos jours. A une condition sans doute, c'est que ceux qui enseignent, ceux qui écoutent et ceux qui discutent soient avant tout préoccupés de trouver la vérité, non de faire admirer leur habileté dans l'exposition, la critique ou la discussion de propositions posées ou opposées sans souci de savoir si elles correspondent ou non à la réalité pleine et entière. Au xiii° siècle comme de notre temps, le nombre est fort restreint de ceux qui consacrent leur existence, leurs ressources, leurs facultés et leurs forces à la poursuite d'un idéal de vérité, de beauté et de ustice (ch. iv). Mais rien ne prouve qu'avec eux la méthode recommandée et pratiquée par Roger Bacon et par d'autres ne soit excellente et ne contribue, pour une large part, à faciliter leur tâche. Que Roger Bacon l'ait conçue comme un instrument nécessaire pour mettre au jour la vérité trouvée ou cherchée, cela est incontestable. Peut-être a-t-il eu tort de croire ou de laisser croire parfois qu'elle est suffisante et d'attribuer à l'emploi de la méthode qui analyse et qui éclaircit, qui explore et délimite, ce qui vient de l'invention proprement dite, ce qui est l'œuvre personnelle ou impersonnelle du génie, intuition, comme disen quelques-uns de nos contemporains, révélation ou illumination comme disaient Roger Bacon et les hommes de son temps.

*
* *

En réalité les éloges et les critiques de Roger Bacon ont une portée plus dogmatique qu'historique. Il exalte ceux en qui il voit son idéal déjà réalisé (ch. xi) ou par qui il espère être aidé à le réaliser (ch. xii). Ceux qui vont dans une direction différente, il les critique avec d'autant plus d'âpreté qu'ils exercent plus d'influence et qu'ils ont plus de chance de l'emporter auprès de la Papauté, seule capable d'imposer au monde religieux les idées propres, selon lui, à assurer le triomphe du christianisme. Il faut vaincu. Même les éditeurs du xvii° siècle, si l'on en croit un de nos contemporains, attribuèrent un de ses ouvrages à celui qui fut pour lui le grand adversaire, dont l'autorité déclina rapidement devant celle de son élève, saint Thomas d'Aquin. On ne saurait dire toutefois ni que ses conceptions manquaient de grandeur, ni qu'elles ont été complètement ensevelies avec lui.

CHAPITRE XIV

DEUX DIRECTIONS DE LA THÉOLOGIE ET DE L'EXÉGÈSE CATHOLIQUES AU XIII° SIÈCLE, SAINT THOMAS D'AQUIN ET ROGER BACON

C'est avec Albert le Grand et surtout avec saint Thomas que la théologie catholique s'est constituée en ses grandes lignes.

I. — L'œuvre de saint Thomas est une vaste synthèse où entrent les résultats alors connus de l'observation interne et externe, l'Ancien et le Nouveau Testament, les Pères et les docteurs, les savants et les philosophes grecs, arabes et juifs. Elle ne laisse pas supposer qu'il y aura lieu d'utiliser, pour une synthèse nouvelle, des résultats acquis par une expérience ultérieure.

II. — Roger Bacon a voulu lancer dans une autre voie l'exégèse et la théologie catholiques.

III. — On a pu voir en Roger Bacon un ancêtre des savants modernes, un positiviste avant Auguste Comte.

IV. — Mais Bacon se sert des sciences pour la philosophie, l'exégèse et la théologie. Il veut persuader au Pape que l'Église doit travailler à l'avancement des études. L'utilité scientifique n'est pour lui qu'une utilité seconde. Bacon défend la science de Dieu. La sagesse est tout entière dans les lettres sacrées ; mais pour l'expliquer et l'exposer, il faut recourir à la philosophie, à l'expérience intérieure, à l'expérience sensible, aux langues, aux mathématiques, à la science expérimentale, à l'alchimie, à la morale qui est inséparable de la métaphysique.

V. — Si l'Église avait suivi la direction indiquée par Roger Bacon, les théologiens auraient étudié les langues et les sciences : il n'y aurait eu ni Renaissance hostile au christianisme, ni Réforme opposée au catholicisme, ni rupture complète entre les théologiens et les historiens ou les savants.

Une *Somme de théologie*, au XII° et au XIII° siècle traite de Dieu et de la Trinité, des anges, de l'homme et des sacrements. Son objet essentiel, c'est de faire connaître le monde intelligible ou divin, comme les moyens par lesquels le chrétien peut s'en rapprocher dans cette vie et y entrer dans l'autre.

Au XII° siècle, Abélard a esquissé, au XIII°, Alexandre de Halès a donné, sous sa forme complète, la méthode employée pour rassembler les matériaux, pour en préparer et en opérer la synthèse, pour en ordonner la distribution.

C'est avec Albert le Grand et surtout avec saint Thomas d'Aquin que la théologie catholique s'est constituée en ses grandes lignes, dans les directions indiquées par les conciles, les papes et suivies par les fidèles.

I

L'œuvre de saint Thomas constitue un tout indivisible. Ses Commentaires sur Aristote, ses ouvrages philosophiques font entrer dans le catholicisme la doctrine positive d'Aristote, la métaphysique néo-platonicienne, telle qu'elle lui est arrivée par les Grecs, les Arabes et les Juifs, par des écrits authentiques ou apocryphes.

Ainsi construite, cette philosophie devient, pour la théologie, une *vassale* qui défend avec son chef les anciens territoires et en conquiert de nouveaux, une servante qui marche devant elle pour porter le flambeau et l'éclairer. Aussi la *Somme de théologie* fait-elle une place considérable à Aristote, à Averroès et à tous les autres philosophes étudiés par lui et par ses contemporains. Les *Commentaires* sur les *Sentences* de Pierre Lombard, qui se rapprochent de la *Somme de théologie*, à tel point que celle-ci apparaissait à Launoy comme l'œuvre d'un frère prêcheur s'inspirant surtout de ceux là, occupent cinq ou six fois plus d'espace que le travail même auquel ils s'ajoutent. Ils manifestent clairement ainsi l'accroissement que la théologie a pris en moins d'un siècle et comment il s'est produit; car, sur la nature divine, sur les êtres créés, anges et hommes, sur l'incarnation, les vertus et les vices, sur les sacrements et les fins dernières de l'homme, ils font un appel incessant à la raison et au bon sens, qu'ils interrogent eux-mêmes ou par l'intermédiaire des philosophes, des Latins que connaissent ses prédécesseurs, mais aussi d'Arisote, d'Avicenne, d'Averroès et de Maimonide.

La philosophie et la théologie de saint Thomas sont complétées par un Commentaire des livres saints qui constitue, pour l'histoire, une synthèse analogue. La *Catena aurea*, avec des textes ou des idées empruntés aux Pères et aux Docteurs, relie les quatre Évangiles, de manière à ce qu'ils puissent être tenus pour l'œuvre d'un seul maître, *historia unius doctoris*. L'interprétation allégorique et l'interprétation morale se modifient et s'étendent dans les mêmes proportions que les doctrines théologiques et philosophiques. Dans le *Psautier* et le *Symbole*, dans l'*Oraison dominicale* et dans le *Décalogue*, dans le *Livre de Job* et dans l'*Épitre aux Romains* se trouve en germe tout ce que développe la *Somme de théologie*; ainsi le Psautier nous découvre, selon saint Thomas, ce qu'il faut savoir de la création, du gouvernement de l'univers, de la rédemption du genre humain, de la gloire des élus, de tous les mystères de Jésus-Christ.

En somme l'œuvre, philosophique, exégétique et théologique de saint Thomas est une vaste synthèse qui coordonne, embrasse et enchaîne, par une raison exercée à l'étude des philosophes, tous les résultats alors connus de l'observation interne et externe, non seulement ce qui est dans l'Ancien et le Nouveau Testament, chez les Pères et les Docteurs, mais encore ce qui vient des savants et des philosophes, grecs, arabes et juifs. Comme toutes les synthèses qui se sont produites antérieurement dans le monde chrétien, elle se rattache surtout au Plotinisme. Mais son auteur et ceux qui l'acceptent ne laissent nullement supposer — et ne pensent peut-être pas eux-mêmes — qu'il y aura lieu d'utiliser, pour une synthèse nouvelle, des résultats acquis par une expérience ultérieure.

Or, du XIIIᵉ au XVᵉ siècle, les sciences et la philosophie furent plus en recul ou stationnaires qu'en progrès : aucune synthèse ne fut possible qui aurait dépassé et condamné à l'oubli celle de saint Thomas. Aussi, pour combattre la Réforme, les catholiques se rattachèrent étroitement au thomisme. La *Somme de théologie* leur fournit, au concile de Trente, des réponses qui parurent complètes et concluantes, à toutes les questions qu'on se posait alors. De même elle servit à rédiger le catéchisme qui n'a pas cessé d'être en vigueur dans l'Eglise catholique.

En conséquence, on demanda au thomisme, qui donnait aux théologiens ce qui leur était nécessaire pour se satisfaire et combattre leurs adversaires, la direction scientifique et philosophique qui complétait ou préparait la vie religieuse et morale.

Au début du XVIIᵉ siècle, les Universités et les Jésuites ne reconnaissent plus pour maître que l'Aristote catholicisé par saint Thomas. L'autorité séculière ne laisse pas plus de liberté : si l'Inquisition condamne Giordano Bruno, le Parlement de Toulouse fait périr Vanini, celui de Paris décrète, en 1624, la peine de mort contre quiconque enseignera quelque chose de contraire à la doctrine d'Aristote. Dans les écoles, on répète que le soleil tourne autour de la terre, que les cieux sont incorruptibles, que l'éther se meut en cercle, que les corps périssables vont en ligne droite vers le haut ou vers le bas.

Et cependant, par des observations et des expériences dont chacun peut vérifier la conduite et les résultats, Galilée et Newton, Leibnitz et Huyghens, Torricelli, Descartes et Pascal, Rœmer et Harvey, Malpighi, Leuwenhoek, Swammerdam, Ruisch, Spallanzani, Lyonnet et tant d'autres ruinent la physique et l'astronomie péripatéticiennes. Ils jettent les fondements d'une science et d'une philosophie qui donnent du monde sensible une conception infiniment plus précise, plus complète et plus nette, qui peuvent diriger à elles seules notre vie individuelle et sociale ou qui tout au moins nous obligent à modifier le monde intelligible, constitué par Plotin et, après lui, par les chrétiens en harmonie avec les données positives, à leur époque, des sciences mathématiques, physiques, naturelles et psychologiques.

De même avec Spinoza, avec Richard Simon, avec bien d'autres encore, qui conservaient leurs croyances, une science nouvelle de l'exégèse faisait son apparition. Elle grandissait au xixe siècle, en même temps que les sciences historiques, dont les progrès ont été tels qu'elles ont rejoint, pour ainsi dire, les sciences physiques et naturelles dont la marche a été si continue et si rapide depuis rois siècles.

Les scolastiques du xviie et du xviiie siècle ne voulurent pas savoir ce que donnaient et devenaient toutes ces sciences positives. Même les catholiques comme Galilée, Descartes, Malebranche, Richard Simon, dont l'orthodoxie religieuse n'était guère contestable, furent condamnés ou devinrent suspects à cause de leurs opinions scientifiques, philosophiques ou exégétiques.

Aussi la séparation a-t-elle tendu à se faire plus grande chaque jour entre les savants, les partisans d'une philosophie scientifique et les catholiques qui craignent, en renonçant à certaines doctrines, mêlées au thomisme, de compromettre les doctrines religieuses auxquelles ils entendent rester fidèles.

C'est ce qui a été mis en pleine évidence quand Léon XIII a voulu faire revivre la méthode, autant au moins que le système thomiste ; quand il a conseillé de faire rentrer, dans la synthèse religieuse et philosophique, toutes les connaissances positives, historiques et exégétiques qui se sont accumulées depuis la fin du xvie siècle, comme saint Thomas avait utilisé, en ce sens, tout ce qui s'était conservé de l'antiquité et des hommes du Moyen

Age, qui l'avaient précédé. Les difficultés étaient nombreuses. Les maîtres auxquels les catholiques devaient s'adresser étaient de purs savants qui n'avaient aucun souci des croyances de leur Église. Ou bien c'étaient des adversaires qui, tantôt utilisaient les résultats obtenus pour combattre toute affirmation religieuse, tantôt s'en servaient pour établir ou défendre des doctrines adverses. Car les protestants de toute confession ont non seulement essayé de s'approprier, pour les incorporer à leurs croyances, les méthodes et les découvertes nouvelles, mais encore ils ont plus d'une fois collaboré au progrès des unes et à l'augmentation des autres.

N'y avait-il pas dès lors, pour des catholiques, danger de prendre, à tous ces maîtres, avec les données positives dont ils voulaient s'enrichir, des doctrines, hérétiques ou irréligieuses ? Des condamnations récentes ont montré qu'il est difficile, sinon impossible, d'opérer un rapprochement complet entre les recherches scientifiques ou philosophiques et les dogmes catholiques qui en furent longtemps séparés. En outre, quel croyant, restant d'ailleurs à l'abri de tout soupçon d'hétérodoxie, sera capable de rassembler les matériaux, puis de les unir dans une synthèse qui semble déjà presque au-dessus des forces humaines quand il ne s'agit que de les lier entre eux, sans aucune préoccupation religieuse, pour en tirer une explication rationnelle des choses ?

II

Or, au XIII° siècle, une autre direction avait été indiquée. Elle eût donné des résultats moins immédiats, mais, à plusieurs reprises dans le passé et peut-être encore aujourd'hui, elle aurait empêché la séparation entre des hommes également, mais différemment religieux, ou entre ces hommes et ceux que préoccupent avant tout les questions scientifiques et philosophiques dont la solution fournirait, avec la connaissance aussi complète que possible de notre univers, les meilleurs moyens de diriger notre vie individuelle et sociale.

C'est Roger Bacon qui aurait pu lancer l'exégèse et la théologie catholiques dans cette direction toute différente.

En 1265, un ancien secrétaire de saint Louis, devenu archevêque et cardinal, qui était, comme légat, entré en relations avec Bacon, fut nommé pape sous le nom de Clément IV. Roger Bacon put lui faire tenir une lettre et, en 1266, Clément IV lui prescrivit

« nonobstant toute injonction contraire, de quelque prélat que ce soit, ou toute constitution de son ordre, de lui envoyer au plus vite, nettement écrit, l'ouvrage dont il lui avait déjà demandé communication quand il était légat... de s'expliquer, dans ses lettres, sur les remèdes qu'on doit appliquer à un mal suivant lui si dangereux ».

En toute hâte, Roger Bacon composa l'*Opus majus*, dont le titre indique la place réservée à l'alchimie. Jean, son disciple bien aimé, qui le porta au pape, était chargé d'instructions verbales et devait lui en éclaircir les points obscurs. Peut-être lui offrit-il quelques instruments, en particulier une lentille de cristal, inventée par Bacon ou par ce maître Pierre dont il fait un si magnifique éloge. Ensuite Roger Bacon envoya au pape l'*Opus minus*, qui revenait sur certaines idées pour les développer et en mieux montrer l'importance. Enfin il écrivit, pour lui encore, l'*Opus tertium*, « le plus important, le plus étendu, le plus méthodique de tous ses écrits ». Redevenu libre, Roger Bacon espérait répandre ses idées dans le monde chrétien. Mais la mort de Clément IV, en 1268, le laissa sans protecteur. Réuni en chapitre général sous la présidence de Jérôme d'Ascoli, l'ordre des Franciscains condamnait Pierre Jean d'Olive « suspecté de partager les erreurs de Jean de Parme et de l'abbé Joachim », puis Roger Bacon, « maître en théologie », dont il défendait d'embrasser les doctrines, et qu'il faisait jeter en prison. Bacon y demeura, ce semble, jusqu'en 1292. Mis en liberté, il entreprit d'écrire le *Compendium studii theologiæ*. Il mourut à Oxford et ses ouvrages n'eurent pas plus de succès après sa mort que pendant sa vie. Ce sont les progrès des sciences qui, au xvie, au xviie, au xviiie et surtout au xixe siècle attirèrent l'attention sur Roger Bacon. Et l'on surprend beaucoup, d'ordinaire, ceux auxquels on parle, pour la première fois, de Roger Bacon, comme exégète et théologien.

III

En fait, il y a des raisons de voir en Roger Bacon un ancêtre de nos savants modernes, peut-être même, comme l'ont dit Renan et d'autres, un positiviste avant Auguste Comte. Non seulement il revendique le droit de penser par lui-même et attaque l'autorité en matière scientifique ; il a foi au progrès et combat les opinions du vulgaire ; il préfère l'expérience à l'autorité et au raisonnement; mais encore il a, comme l'a montré Émile Charles, presque toutes les idées qui ont triomphé à la Renaissance ; il veut qu'on étudie le latin, l'hébreu, le chaldéen, l'arabe et le grec. L'étude des langues facilitera, selon lui, les relations, commerciales et autres, avec les peuples étrangers ; celle des sciences provoquera une foule d'inventions utiles pour les rois et pour les peuples. Aussi on a souvent invoqué son nom pour montrer que les découvertes des modernes, qu'il s'agisse de la guérison des maladies ou de la conservation de la santé, des applications relatives à l'art militaire ou aux diverses industries, ont été préparées ou faites, entrevues ou souhaitées par les hommes du Moyen Age et surtout du XIIIe siècle, auquel nous devons d'ailleurs les œuvres artistiques les plus remarquables de toute cette période.

De plus, si l'on considérait en particulier la grammaire et les mathématiques, l'astronomie et la chronologie, la géographie où il a des vues aussi étendues qu'ingénieuses, dont la divulgation ou la conservation a été en bonne partie cause de l'entreprise de Christophe Colomb ; la physique, l'histoire naturelle, l'alchimie, l'optique ou la perspective, la morale et la politique, l'érudition, littéraire et historique, scientifique et philosophique, on retrouverait, chez Roger Bacon, bien des procédés, des tendances, des préoccupations et des habitudes qui font penser au caractère nettement positif et utilitaire de nos contemporains, surtout peut-être des compatriotes actuels de Roger Bacon, Anglais du vieux pays ou Américains du Nouveau Monde.

IV

Mais si Roger Bacon, comme les savants et les positivistes, demande aux sciences tout ce qu'elles peuvent fournir, pour satisfaire le désir de savoir qu'Aristote prenait déjà pour la caractéristique de l'homme, ou pour améliorer sa condition matérielle et morale, il se sépare fort nettement des uns et des autres pour défendre la philosophie, l'exégèse et la théologie, avec les armes mêmes qu'elles lui fournissent.

D'abord Roger Bacon s'adresse à un pape. Il veut lui persuader que l'Église doit s'occuper, avant toutes choses, de l'avancement salutaire des études, parce que si l'on néglige la recherche de la sagesse, on néglige la vertu ; parce que, si des hommes qui ont mal étudié — *de studio corrupto* — sont chargés de la direction de l'Église ou des peuples, ils sont cause de grands maux. Et il estime que Alexandre de Halès, Albert le Grand, partant saint Thomas, qui suit l'un et l'autre, ont fait œuvre mauvaise pour l'Église dans laquelle ils ont pris, le second surtout, une place telle, que le Christ lui-même n'a jamais été suivi aussi docilement et aussi respectueusement.

En second lieu, l'utilité scientifique, que Bacon vante comme un moderne, n'est pour lui au fond qu'une utilité seconde. Avec une vivacité extrême, il attaque ceux qui veulent substituer le droit civil au droit canon, fondé sur les Écritures. Il croit au diable et à l'antéchrist, aux prophéties, aux miracles et aux révélations naturelles. Il y a quarante ans, dit-il, dans l'*Opus tertium*, beaucoup de visions et de prophéties ont annoncé la venue d'un pape par qui le droit canonique et l'Église seront purgés des tromperies et des fraudes des juristes; par qui justice sera rendue à tous; sous qui les Grecs reviendront à l'obéissance de l'Église romaine, les Tartares se convertiront, les Sarrasins seront détruits. Avec Clément IV, auquel Bacon applique ces prédictions, il pourra y avoir un seul troupeau, un seul pasteur.

Sans doute Roger Bacon relève les sept péchés capitaux de la théologie de son temps ; mais s'il critique, avec âpreté et avec violence, les contemporains qui maculent la théologie de péchés en nombre infini, il défend avec ardeur et conviction, la science de Dieu qui conduit à la vie éternelle. Il ne veut pas que la philosophie domine la théologie, comme cela se produit, selon lui, dans les *Sentences* de Pierre Lombard et dans les *Sommes* de théologie où l'on trouve une foule de questions purement philosophiques et un mode artificiel d'exposition, utile en philosophie, mais sans rapport avec la théologie. Il ne veut pas non plus qu'à la Faculté de théologie, on préfère le *Liber Sententiarum* à la Bible dont la lecture remplirait toute la vie, ou que le lecteur biblique y soit en infériorité sur le lecteur des *Sentences* qui, parmi les religieux, choisit son heure et habite une chambre à part avec un compagnon.

Ce qu'il voudrait, avant tout, c'est qu'on ne se contentât pas des traductions bibliques dont on fait alors usage; car elles présentent des contradictions, des interpolations, des faux sens ou des non-sens, partant un ensemble d'imperfections qui empêchent l'intelligence exacte et complète du texte. La Vulgate elle-même est loin d'être satisfaisante et les copies, fort différentes, que l'on en rencontre devraient être examinées de près. Sans doute on a essayé tout récemment d'en opérer la recension et de constituer un texte latin. Mais on y a complètement échoué, parce que l'on ignore la grammaire des langues d'où vient la théologie, comme les expositions des Saints ; parce que l'on ne sait ni les mathématiques, l'optique ou la perspective, ni les sciences physiques et naturelles, ni l'alchimie, ni la morale ; parce que l'on use de sciences sans valeur, de la grammaire des Latins, de la logique, de la philosophie naturelle prise en ce qu'elle a de moins précieux (*viliorem*) et d'une seule partie de la métaphysique, qui ne procurent, ni les unes ni les autres, le bien de l'âme, celui du corps ou celui de la fortune. Il y a plus encore, c'est que les théologiens ignorent même ces quatre sciences qui pourraient être à leur disposition, grammaire des Latins et logique, philosophie naturelle et métaphysique.

Comment convient-il donc de procéder à la recherche de la vérité ? D'abord il faut se rappeler qu'il n'y a qu'une seule sagesse qui soit parfaite et qui est tout entière dans les lettres sacrées ; qu'il y a une science maîtresse de toutes les autres, la théologie. Mais, pour expliquer et exposer la sagesse qui est dans les Écritures, pour mettre la théologie à même de produire tout son effet, il est absolument nécessaire de recourir à la philosophie et aux autres sciences comme au droit canon. La philosophie, spéculative ou morale, ne se propose-t-elle pas de nous conduire, par la connaissance de la créature, à celle du créateur, de nous amener à honorer celui-ci, à lui obéir en établissant de bonnes mœurs et des lois utiles pour vivre en paix dans cette vie et nous préparer à la félicité future ?

D'ailleurs l'origine de la philosophie montre quelle place elle doit tenir dans les préoccupations du théologien. A quatre reprises différentes, elle s'est produite dans le monde. En même temps que la loi divine, elle fut révélée aux Patriarches, puis à Salomon. Par les livres sacrés qu'ils connurent — comme l'affirme le *Liber secretorum* que Roger Bacon attribue à Aristote —, par l'inspiration divine « qui illumine tout esprit venant en ce monde », les Chaldéens et les Égyptiens, les sages et les poètes, puis les Ioniens et les Italiens, Socrate et Platon furent initiés à cette philosophie que les patriarches avaient connue dans son intégrité : Aristote, puis Avicenne eurent une philosophie suffisante, mais incomplète parce qu'ils étaient infidèles. Parfaite chez les Patriarches et chez Salomon, qui avaient la loi divine, la philosophie fut suffisante, mais imparfaite chez Aristote et chez Avicenne, qui ignoraient cette loi.

Quant aux Latins, ils n'ont rien de comparable, même de loin, à ce que nous offrent les Grecs et les Arabes.

De ce point de vue et en tenant compte aussi des résultats fournis par l'astronomie, Roger Bacon établit une classification curieuse des six sectes principales entre lesquelles se partage le monde. La loi de Vénus ou des Sarrasins, ne contient pas la vérité, parce qu'elle admet la délectation du péché. Il en est de même de celles des Égyptiens et des Chaldéens qui enseignent à adorer la créature. La philosophie leur est supérieure, parce qu'elle condamne le péché et s'oppose à l'adoration des animaux. Moins éloignée encore de la vérité, la secte des Juifs ne doit pas cependant, comme le christianisme, son origine au fils d'une vierge. Elle n'est pas confirmée par autant d'écritures authentiques et elle n'a pas non plus tous ces nobles articles qu'on rencontre chez les philosophes. Il convient donc de réserver le principat à la loi du Christ. Accordons d'ailleurs, dit-il souvent, que les infidèles qui abusent de la philosophie pour leur damnation, ne l'étudient pas avec fruit. Mais si elle poursuit un quintuple but, aider la sagesse divine, être utile à l'Église, servir à diriger la république des fidèles, à convertir les infidèles et à combattre par ses raisonnements, mieux que par la guerre à main armée, ceux qui se refusent à toute conversion, il est incontestable que les théologiens sont dans l'impossibilité absolue de s'en passer. Saint Augustin ne dit-il pas que l'or de la sagesse des philosophes et l'argent de leur éloquence doivent, par les chrétiens, être réclamés à ceux qui les possèdent injustement? Et tous les docteurs sacrés ne sont-ils pas en cela d'accord avec saint Augustin?

Cependant l'on conteste que la philosophie soit utile et nécessaire pour comprendre la loi, pour l'expliquer et la défendre, pour la prouver, la communiquer et l'étendre. C'est, dit-on d'abord, chose contraire à ce qui s'est fait et se fait encore, *exemplata, consueta et vulgata*. Mais, répond Roger Bacon, l'autorité — celle qui vient de gens orgueilleux, soucieux de leur renommée et hypocrites, non de Dieu, des saints, des prophètes ou des philosophes — la coutume, le préjugé populaire, la présomption de notre propre sagesse, conséquences du péché originel et des péchés ordinaires, sont, d'après l'Écriture et les saints docteurs, d'après le droit canon et les philosophes, les causes de toute erreur et de toute imperfection. Puis les sages, philosophes ou saints, se sont toujours séparés de la multitude, de la coutume et des exemples vulgaires. Même l'homme n'atteindra la vérité complète que quand il verra Dieu face à face. La vérité est une et les erreurs sont infinies. Il y a moins d'hommes parfaits que de nombres parfaits et l'on trouve une plèbe, un vulgaire chez les chrétiens comme chez les païens et les infidèles, chez les étudiants comme chez les maîtres, chez les philosophes comme chez les alchimistes et les théologiens.

On dit encore que les saints n'ont pas, à l'origine, usé de la philosophie comme la veut employer Roger Bacon, et que nous devons nous en tenir à leur jugement. C'est, répond Roger Bacon, que les sciences ne furent pas alors traduites en latin et qu'elles ne le sont pas encore. Mais ils ne les ont pas condamnées. S'ils ont sévèrement apprécié la mathématique, c'est la mathématique qui est une partie de l'art magique — en quoi ils sont d'accord avec les philosophes — mais ils ont approuvé la vraie mathématique ; ils l'ont enseignée, et avec elle et par elle, ils ont exposé l'Ecriture.

Objecte-t-on d'ailleurs que les saints, que Gratien et d'autres en foule critiquent tout ce que Bacon avance. Toujours, dit-il, il en fut ainsi : Aaron et Marie ont blâmé Moïse ; des saints et des sages ont attaqué la Vulgate que tous acceptent maintenant ; on a condamné, à Paris et à Rome, la Physique et la Métaphysique d'Aristote, dont on tire aujourd'hui une doctrine saine et utile ; les Juifs ont crucifié le Christ. Seule sa mère a eu la foi droite et absolue.

Rien d'étonnant, dès lors, à ce que l'on n'ait pas admis, en tout temps, les vérités philosophiques. En outre la philosophie dirigeait alors le monde, elle lutta contre le christianisme et fut considérée comme une ennemie. On la confondit avec l'art magique qui a fait beaucoup de mal à l'Eglise, puisque les infidèles lui attribuaient les miracles des saints. Enfin Dieu voulut être seul, tout d'abord, garant de la religion. Et la philosophie fut méprisée à cause de ceux qui en abusaient et ne reconnaissaient pas sa fin véritable, la vérité chrétienne.

Aujourd'hui la foi dans le Christ est introduite, la puissance de la magie est détruite. Il faut donc faire appel à la philosophie. Mais les théologiens n'en useront que si le pape les y oblige.

Reproche-t-on à Roger Bacon de louer et de critiquer les personnes et les œuvres ? Il ne saurait montrer autrement la vérité. Affirme-t-on qu'il y a une philosophie complète en latin, qu'elle existe chez Albert le Grand ou Alexandre de Halès ? Bacon répond qu'ils ont fait grand tort à la théologie, que leurs volumes, vingt fois trop gros, sont infiniment vains et puérils (*vanitas puerilis infinita*), ineffablement faux (*falsitas ineffabilis*) et qu'ils laissent de côté des parties d'une utilité magnifique et d'une immense beauté.

Pour la théologie et pour la philosophie, il faut recourir à l'expérience intérieure, illumination par laquelle Dieu donne l'intelligence des vérités sacrées de la grâce et de la gloire; à l'expérience sensible, qui pénètre les arcanes de la nature et de l'art. En plus, il faut consulter tout à la fois les Livres saints, les écrits des Pères et des philosophes. Pour les comprendre, il est nécessaire d'étudier les langues et les mathématiques, la science expérimentale et l'alchimie souvent réunies, la morale, dont la connaissance est indispensable aux théologiens et aux philosophes. C'est à rendre évidente cette affirmation que sont employés, en bonne partie, les trois grands ouvrages de Roger Bacon.

S'agit-il des langues ? Avec raison, Emile Charles a considéré Bacon comme un des fondateurs de la grammaire comparée et aussi de l'exégèse sacrée.

D'un côté, Bacon a vu et bien montré qu'il faut au théologien et au philosophe la connaissance du grec, de l'hébreu, de l'arabe et du syriaque ; qu'au premier comme au second, il est indispensable de lire les ouvrages sacrés et profanes et que, pour cette lecture, il faut des textes bien constitués. Si l'on objecte que ni les uns ni les autres ne pourront tous y arriver, il en demeure d'accord, et, s'appuyant sur sa théorie très aristocratique de la pleine connaissance, possible seulement pour un petit nombre d'hommes, il lui suffit qu'on en fasse une obligation à quelques-uns, pour que tous en recueillent les fruits.

D'un autre côté Bacon se rend admirablement compte des conditions qu'il faut imposer à l'interprète : il doit, dit-il, connaître la science dont traite le livre à traduire, savoir la langue dans laquelle il est écrit et celle dans laquelle il veut le faire passer. De ce point de vue tout moderne, il lui est facile d'établir qu'il y a une foule de mauvaises traductions. Elles sont l'œuvre d'écrivains qui ignoraient les sciences ou les langues, ou bien elles proviennent d'une collaboration entre des hommes qui savaient le latin mais ignoraient l'hébreu et le grec et des hommes qui ne savaient que fort mal l'hébreu ou le grec, « parce qu'ils avaient perdu la sagesse de Dieu et la sagesse de la philosophie », et qui étaient complètement étrangers au latin. Entre tous ces traducteurs, Boëce seul a connu pleinement le pouvoir des langues, Robert Grosse-Tête a connu pleinement le pouvoir des sciences. Et Roger Bacon ne cite personne qui ait eu une connaissance complète ou même suffisante des langues et des sciences!

Non seulement les traductions qui existent sont mauvaises, mais il y a une foule d'œuvres qui n'ont pas été traduites. Bacon cite celles de saint Basile, du Pseudo-Denys l'Aréopagite, de Jean Damascène, dont nous connaissons des versions latines, auparavant faites et probablement inconnues des hommes du xiii° siècle !

Bacon n'est pas moins explicite en ce qui concerne les sciences et la morale. Les arguments, les faits, les autorités se pressent pour montrer et démontrer à Clément IV quel intérêt il y aurait pour l'Eglise à les étudier de manière à les approfondir pour enrichir la théologie. On sait généralement quelle importance il attache, en ce sens, aux recherches expérimentales. Nous nous bornerons donc à résumer brièvement ce qu'il dit de la mathématique et de la morale.

Toute science, dit-il, a besoin de la mathématique, comme le prouvent l'autorité, la raison et l'exemple des sages qui l'ont tous cultivée avec soin. Nécessaire pour les choses de ce monde, qu'il s'agisse de la terre ou du ciel, elle est surtout utile pour les choses divines.

D'abord, en effet, l'on ne peut savoir la philosophie si l'on ignore la mathématique, et la théologie si l'on ignore la philosophie : le théologien doit donc connaître la mathématique. Puis le théologien doit encore la connaître, parce qu'il faut qu'il soit instruit de toutes les choses créées, que Dieu a mises dans le texte sacré. Enfin il en est de même si l'on considère le sens spirituel, que l'on établit en tenant compte du sens littéral. Celui-ci porte sur la connaissance des natures et des propriétés des créatures; le sens spirituel en sort par des ressemblances et des rapports convenables. D'ailleurs les patriarches, maîtres de tous les hommes, ont trouvé la mathématique, en même temps qu'ils nous ont donné la loi divine et qu'ils ont vécu très saintement. Qu'ils se soient occupés de mathématique, c'est ce dont témoignent Josèphe, saint Jérôme et les philosophes, les docteurs et les saints, comme Albumazar, Ptolémée, Cassiodore, Origène, Augustin, etc. Docteurs et saints ont enseigné la mathématique pour qu'on fût prémuni contre les hérétiques; ils ont exposé les vérités théologiques par la vertu de ces sciences; ils ont affirmé qu'elles valent pour les choses divines et, par cela même, ils les ont placées au-dessus de toutes les autres sciences.

Puis si l'on passe aux recherches propres à la théologie, on voit sept raisons d'affirmer que la mathématique leur est nécessaire, pour la connaissance du ciel, pour celle des lieux du monde, des temps et des figurations géométriques, des nombres et de la musique. Successivement Roger Bacon montre que l'astronomie, la chronologie, la géographie, la géométrie, l'arithmétique et la musique sont absolument indispensables pour comprendre la Sainte Écriture, pour en saisir le sens littéral et par suite pour en déterminer le sens allégorique.

Quant à la morale, c'est la meilleure et la plus noble des sciences nécessaires à la philosophie et à la théologie, car elle seule détermine les rapports de l'homme avec Dieu, avec son prochain et avec lui-même, elle seule s'occupe du salut et procure la vertu et le bonheur. Elle a le même objet que la théologie et donne à la foi de précieux témoignages. Echo lointain de ses principales vérités, elle est un auxiliaire puissant de la religion. Aussi Bacon s'étonne-t-il que les chrétiens négligent de consulter l'antiquité qui leur fournirait d'excellentes doctrines et qui constitue un terrain commun, une théologie profane où Grecs, Latins et Musulmans peuvent se rencontrer. Même les philosophes anciens, Aristote, Sénèque, Cicéron et bien d'autres, sont supérieurs en moralité aux chrétiens : nul homme, après avoir lu leurs ouvrages, ne serait assez absurdement entiché de ses vices pour ne pas y renoncer sur-le-champ. C'est pourquoi aussi il faut consulter leurs autres ouvrages, ceux qui traitent de politique et ceux qui s'occupent des autres sciences dont la culture n'a d'autre but que la morale.

Roger Bacon ne sépare pas d'ailleurs la morale de la métaphysique, identique pour lui à la théologie. L'une et l'autre s'appuient sur les principes suivants : 1° il y a un Dieu; 2° l'existence de ce Dieu est connue de tout homme par ses facultés naturelles; 3° sa puissance, sa bonté sont infinies comme sa substance et son essence; 4° un en essence, il est triple sous un autre rapport; 5° il a créé et gouverne toute la nature; 6° il a formé, outre les corps, des intelligences ou des anges dont le nombre et les opérations concernent la métaphysique, dans la mesure où la raison humaine peut en connaître; 7° il a créé des substances spirituelles, des âmes raisonnables; 8° il y a une vie future; 9° Dieu gouverne le genre humain par rapport aux mœurs: 10° il y a des peines et des récompenses après la vie; 11° Dieu a droit à un culte; 12° l'homme doit être juste envers son prochain, honnête dans sa propre vie ; 13° c'est la révélation qui enseigne à l'homme le culte qu'il doit à Dieu, ses devoirs envers les autres et envers lui-même; 14° le Pape est le médiateur de la révélation; c'est le législateur et le prêtre suprême; toute puissance lui appartient dans l'ordre spirituel et dans l'ordre temporel.

De toutes ces assertions, Roger Bacon demande la justification aux philosophes. En eux l'illumination intérieure remplace la révélation. Avicenne, Platon, Aristote et Théophraste, Sénèque et Cicéron, Apulée et Algazel sont ainsi tour à tour invoqués. Sans doute Roger Bacon donne, de ces doctrines anciennes, une exposition qui nous les présente tout autres qu'elles ne nous apparaissent aujourd'hui. Mais il ne faut pas oublier qu'il y avait alors bon nombre d'œuvres apocryphes que personne ne songeait à retirer à Sénèque, à Aristote et à beaucoup d'autres penseurs. Telle est la célèbre correspondance de Sénèque et de saint Paul, sur laquelle repose la légende du christianisme de Sénèque. Tel encore le *Liber secretorum* où le Pseudo-Aristote fait venir toute sagesse de Dieu : *Omnem sapientiam Deus revelavit suis prophetis et justis et quisbudam aliis... quos prælegit et illustravit spiritu divinæ sapientiæ et dotavit eos dotibus scientiæ... e quibus philosophi originem trahunt.* Et il faut se souvenir en outre que bon nombre des docteurs chrétiens ont fait de très larges emprunts, directs ou indirects, à Plotin dont le système constituait la synthèse, d'un point de vue mystique, de toute la philosophie antique.

V

Si donc l'Eglise s'était engagée dans la voie indiquée par Roger Bacon, deux résultats considérables auraient été obtenus.

D'abord les théologiens eussent été obligés de partir des textes, non des commentaires ou des expositions ni même des traductions qu'ils tiennent de leurs prédécesseurs. Ainsi ils auraient acquis une connaissance de plus en plus précise et exacte des langues dans lesquelles ont été écrits les livres saints ou les œuvres qu'il leur importe de connaître pour les comprendre, hébreu et grec, arabe, syriaque et latin. Ils auraient dû examiner l'antiquité des manuscrits pour en déterminer la valeur, puis les comparer, pour constituer le meilleur texte possible, au point de vue de la langue et de la pensée. Et s'ils avaient songé à en exposer la substance, soit dans le latin médiéval, soit dans les langues vulgaires, français, italien, espagnol, allemand ou anglais, ils auraient encore tâché de suivre l'excellent précepte de Roger Bacon, pour qui le traducteur doit posséder la science des choses dont il veut parler, la langue dans laquelle elles sont écrites et la langue dans laquelle il veut les faire passer.

Puis le théologien aurait étudié les sciences dont Bacon a signalé l'importance. Tout au moins il eût pris soin de réunir les résultats auxquels elles aboutissent, pour avoir du monde sensible une connaissance aussi adéquate que possible, indispensable tout à la fois pour l'explication littérale du texte biblique et pour la constitution du monde intelligible, auquel il procède par l'emploi de l'interprétation allégorique. Peut-être la théologie fondée ainsi sur une critique et une exégèse de plus en plus sévères et minutieuses, sur des connaissances scientifiques de plus en plus exactes, aurait-elle suivi une marche évolutive qui n'eût pas convenu à quelques-uns de ses représentants actuels dans le monde catholique. L'autorité pontificale eût probablement suffi d'ailleurs à les maintenir dans l'Église. Mais il semble qu'il n'y eût pas eu de place pour une Renaissance parfois hostile au christianisme, pour une Réforme qui se séparât complètement du catholicisme. Il semble qu'il n'y aurait jamais eu rupture complète ni guerre ouverte entre les théologiens et les purs historiens ou savants. Et les théologiens, comme les historiens et les savants, auraient pu contribuer, d'une façon continue et parfois considérable, aux progrès de la critique historique et de la découverte scientifique.

C'est pourquoi il a paru intéressant d'appeler l'attention sur un Bacon exégète et théologien, dont l'originalité ne le cède en rien à celle du savant et du théoricien scientifique. De celui-ci on n'a d'ailleurs nullement exagéré la valeur. Mais on a diminué le penseur en laissant dans l'ombre le chrétien qui voulait faire servir les progrès de la science au développement de la religion. On a rendu inexplicable l'apparition de cet homme de génie, en ne considérant en lui que ce qui le rattache aux modernes, sans tenir compte de tout ce qu'il a de commun avec ses contemporains du xiiie siècle,

CHAPITRE XV

UNE DES ORIGINES DE LA RÉFORME LUTHÉRIENNE

I. — Les préfaces des deux éditions par Luther de la *Deutsche Theologie*, en 1516 et en 1518; le manuscrit édité par Pfeiffer; les réimpressions et les traductions des éditions luthériennes; l'auteur est un prêtre, chevalier teutonique, un *ami de Dieu*. L'âme trouve le parfait en elle quand elle s'abandonne à Dieu. La Divinité dans la *Théologie germanique* : Dieu-Déité, Dieu-Dieu, Dieu-homme, Christ ou humanité parfaite; l'âme humaine arrive à connaître que Dieu est son fond même par l'imitation du Christ et prépare ainsi l'Union finale avec Dieu.

II. — M. Imbart de la Tour et la formation spirituelle de Luther: les scolastiques, saint Augustin, Tauler et ses autres lectures.

III. — On dit que ce qui caractérise la réforme luthérienne, c'est la rupture avec toute philosophie : Luther, en effet, attaque d'abord Aristote mais il revient, par Mélanchthon, à le considérer comme un homme dont l'étude peut être utile pour le chrétien. La philosophie plotinienne a eu une importance capitale dans la formation de Luther et dans la constitution de sa doctrine religieuse : il l'a connue par saint Augustin, par le Pseudo-Denys l'Aréopagite, par Lefèvre d'Étaples, Pic de la Mirandole, par les mystiques allemands, par Eckhart, par Suso, par Tauler dont il fait son livre de chevet, enfin par la *Deutsche Theologie*.

IV. — Luther est chrétien et il est original. Avec saint Paul, il voit en Dieu le seul auteur du salut, avec les mystiques allemands il fait intervenir le Christ, avec les Plotiniens il supprime les intermédiaires entre les hommes et Dieu. — Conclusion : le miracle grec.

I

En 1516 parut chez Jannem Grünenberg un petit livre, divisé en 24 parties et orné d'une gravure sur bois représentant le crucifiement du Christ. C'était, était-il dit, « un opuscule spirituel, noble et raisonnable, qui nous apprend ce qu'est le vieil et le nouvel homme, ce que sont les enfants d'Adam et de Dieu et comment Adam doit mourir pour faire naître le Christ en nous ».

Le manuscrit, trouvé par Martin Luther, sans titre ni nom d'auteur, était publié par lui et précédé de la préface suivante :

« Il importe, en premier lieu, d'avertir tous ceux qui veulent lire et comprendre ce petit livre, en particulier ceux qui sont d'une intelligence éclairée et d'un esprit ingénieux, de ne point précipiter leur jugement en le lisant pour la première fois, car il paraît quelquefois insuffisant et d'un autre genre que les doctrines des prédicateurs et des docteurs ordinaires. En effet, il ne se tient pas sur les hauteurs comme l'écume sur l'eau, mais il a été puisé au fond du Jourdain par un véritable Israélite, dont le nom n'est connu et ne sera connu que par Dieu seul, car le petit livre a été trouvé sans titre ni nom. Or, toutes réflexions faites, la matière traitée est à peu près celle du docteur illuminé Tauler, de l'ordre des Frères Prêcheurs. Mais quoi qu'il en soit, la véritable et profonde doctrine de l'Ecriture sainte rend insensé ou peut paraître une folie comme le dit l'apôtre Paul, I, *Corinthiens*, ch. I : « nous prêchons le Christ qui est une folie aux païens et une sagesse divine aux saints ».

En 1518, l'ouvrage reparaissait à Wittenberg chez Joannem Grünenberg; à Augsbourg chez Silvanum Otmar (le 23 septembre) et à Leipzig chez Wolfgang Stöckl. Luther l'intitulait *une Théologie germanique* et l'avait divisé en 56 chapitres, auxquels il avait joint une préface nouvelle :

« On lit que saint Paul fut petit et faible de corps, mais qu'il savait écrire des lettres puissantes et fortes et il dit lui-même que son langage, quoique exempt de paroles parées et fleuries, contient les richesses de l'art et de la sagesse divine. En effet, en contemplant les merveilles de Dieu, il est évident que, pour se révéler, il n'a pas toujours élu des prédicateurs éminents et brillants, mais comme il est écrit, *ex ore infantium*, c'est par la bouche des enfants et des hommes peu éloquents que tu as le mieux manifesté ta gloire et la sagesse de Dieu dénoue la langue de ceux qui sont peu diserts. Par contre, il punit les hommes prétentieux, qui se scandalisent et s'offensent des simples. *Consilium inopis*, etc... vous avez dédaigné les bons conseils et les bonnes doctrines à cause des hommes pauvres et insignifiants qui vous les ont communiqués. Je dis cela pour prévenir tous ceux qui lisent ce petit livre, de ne point s'offenser du mauvais allemand et du langage vulgaire et peu orné, car autant ce noble petit livre est pauvre et simple en paroles et sagesse humaine, autant il est riche et précieux dans l'art et la sagesse divine. Quant à moi, vieux fou que je suis, j'affirme que je n'ai trouvé aucun ouvrage, sauf la Bible et saint Augustin, dans lequel j'eusse mieux pu apprendre ce que sont Dieu, le Christ, l'homme et toutes choses. Je constate donc tout d'abord qu'il est vrai que quelques hommes très doctes insultent les théologiens de Wittenberg, comme si nous voulions proposer des doctrines nouvelles, ou comme s'il n'y avait pas eu des théologiens autre part et avant nous. Certainement, il y en a eu, mais la colère de Dieu, provoquée par nos péchés, ne nous a point jugés dignes de les voir ou de les entendre. Il est évident que depuis longtemps on n'a pas traité de matière pareille dans les Universités : au contraire, la sainte parole de Dieu y a été non seulement cachée sous le banc, mais elle a failli être corrompue par la poussière et les mites.

Lise ce petit livre qui voudra et qu'il nous dise alors si la théologie chez nous est ancienne ou nouvelle, car cet ouvrage n'est pas nouveau. Mais on nous répondra peut-être, comme auparavant, que nous sommes des théologiens allemands. Soit ! Je rends grâce à Dieu de ce que je puis le trouver et l'entendre en langue allemande, comme ni moi, ni eux (ceux qui ont attaqué les théologiens de Wittenberg), n'avons pu le trouver jusqu'à présent, ni en latin, ni en grec, ni en hébreu. Plaise à Dieu que ces sortes de livres soient mis au jour plus fréquemment, nous trouverons alors que les théologiens allemands sont sans doute les meilleurs. *Amen.* »

Les deux manuscrits dont s'est servi Luther semblent aujourd'hui perdus. Celui que Reuss, de Würzbourg, a découvert en 1843 à la bibliothèque ducale de Löwenstein-Wertheim-Freudenberg à Bronnbach, contient un *Incipit* et un *Explicit*, qu'il est intéressant de rappeler :

« Ici commence le Francfortois qui dit de belles et suprêmes choses d'une vie parfaite... Le Dieu tout-puissant et éternel a manifesté ce livret par un homme sage et sincère, son ami, qui a été de son temps un Chevalier teutonique à Francfort. Il nous apprend mainte bonne distinction de la vérité divine. Ainsi finit le Francfortois 1497. »

Pfeiffer édita ce manuscrit en 1851 à Stuttgart. Il en donna une seconde édition en 1854 avec une traduction en allemand moderne. Pour lui, ce troisième manuscrit est la source première des deux manuscrits de Luther. Mlle Windstosser estime que le texte est inférieur à celui dont a usé Luther. Quoi qu'il en soit, d'ailleurs, c'est à l'édition de Luther qu'il faut s'en référer pour se rendre compte des doctrines que la Réforme allemande a pu lui emprunter.

Et cette recherche est d'autant plus importante que peu de livres ont été aussi souvent réimprimés et traduits. Mlle Windstosser a relevé les éditions suivantes : 1519, Strasbourg et Leipzig; 1520, Wittenberg, Leipzig, Augsbourg, Strasbourg; 1523, Bâle; 1525, Berlin et Wolfenbüttel; 1526, Augsbourg et Nuremberg; 1528, Nuremberg et Worms; 1531, 1534, 1538, à Rostock; 1543 à Augsbourg; 1546, à Francfort; 1552, à Augsbourg; 1558 à Königsberg, etc. De même il y eut des traductions flamandes, latines, françaises, hollandaises, anglaises, etc.

Quel est l'auteur du livre, que Luther a appelé une *Théologie germanique*? On a voulu récemment la lui attribuer; mais pourquoi, dans ce cas, n'y aurait-il pas mis son nom et pourquoi y aurait-il joint ses préfaces pour dire que l'auteur en était inconnu?

Luther ayant parlé, en 1516, « d'une matière à peu près analogue à celle du docteur illuminé Jean Tauler », l'ouvrage fut pendant longtemps donné à Tauler. On y a renoncé, en raison d'une citation qui vraisemblablement est empruntée aux œuvres du célèbre dominicain.

Dès 1518, Luther le présentait comme écrit par un chevalier teutonique, prêtre et custode à Francfort, par qui nous apprenons à reconnaître les véritables et justes amis de Dieu. La découverte du troisième manuscrit a pleinement justifié ce que l'on considérait autrefois comme une simple conjecture de Luther. C'est un chevalier teutonique, non de ceux qui soignaient les malades et combattaient les Infidèles, mais un des prêtres qui célébraient les offices et qui dirigeaient les études. C'est aussi un des mystiques qui s'appelaient les *Amis de Dieu*. Deux textes servaient de point de départ à leur groupement, l'un de Jacques (II, 23) : « Ainsi s'accomplit la parole de l'Ecriture, Abraham eut foi en Dieu et cela lui fut imputé à justice et il fut appelé ami de Dieu »; l'autre de Jean (XV, 15) : « Je ne vous appelle plus serviteurs, parce que le serviteur ne sait pas ce que fait son maître; mais je vous appelle amis, parce que je vous ai fait connaître tout ce que j'ai appris de mon père. » Pour Tauler, pour Suso, les *Amis de Dieu* cherchaient la paix de l'âme dans un complet abandon à Dieu, dans une soumission sans réserve à la volonté divine. En imitant la pauvre vie du Christ, on pouvait, d'après eux, s'unir directement à Dieu. Strasbourg était un des centres de cette vie mystique. On y trouvait surtout Jean Tauler, le disciple de maître Eckhart. La doctrine du Francfortois, ami de Dieu, se rattache aussi à celle des mystiques allemands, ses contemporains ou ses prédécesseurs.

L'auteur débute par un texte de saint Paul : Quand la perfection sera venue, ce qui est imparfait sera aboli (I, Cor. xiii, 10). Et il définit le Parfait un être qui renferme tout et qui embrasse dans son être toutes choses, dans lequel toutes les choses sont essentiellement comprises, sans lequel et hors duquel il n'y a pas d'être réel (ch. i). De cet être qui n'est ni ceci, ni cela, qui est dans tout et partout, émanent les choses imparfaites, les créatures, dont l'existence n'est qu'un accident. Les créatures, en tant que créatures, ne peuvent ni comprendre, ni nommer ou penser le Parfait, qui est immuable, inexprimable, incompréhensible. Or le Parfait abolira l'Imparfait, quand il sera venu, c'est-à-dire quand l'âme le trouvera en elle, quand elle s'oubliera comme créature et qu'elle s'abandonnera entièrement à Dieu.

Ainsi se trouve expliquée la formule de saint Paul par des doctrines qui sont déjà dans Tauler (2º sermon pour le saint jour de Pâques), dans saint Augustin (*Cité de Dieu*, XI, 10, XII, 25, 27), dans le Pseudo-Denys l'Aréopagite (*Des noms divins*) et dans Plotin (III, 9, VI, 9).

La *Théologie germanique* donne ensuite une théorie de la Divinité. Il n'est pas bien sûr qu'elle accepte la Trinité chrétienne sous sa forme ordinaire, Père, Fils et Saint-Esprit. Mais elle pose un Dieu-Déité, un Dieu-Dieu, un Dieu-Homme. Le Dieu-Déité est l'être premier, l'Un, au dessus de toute compréhensibilité et de tout savoir, le mystère profond, la source obscure du Tout. En se regardant, en se contemplant, il se reconnaît lui-même en lui-même, il devient l'être connaissant et l'être connu. Dieu-Dieu, qui s'aime et se révèle, qui est le parfait Bien. C'est le Père d'où vient le Fils. De l'Etre premier descendent tous les êtres, de degré en degré. De Dieu éternel émane éternellement la création qui est le complément nécessaire de la Déité. Dans la Déité reposent tous les êtres avant leur existence réelle ; Dieu-Dieu est l'être second dans lequel la Déité procède de son unité à la dualité ; Dieu-Homme ou le Christ, l'humanité parfaite, la créature dans sa perfection. L'homme déifié, c'est celui qui est illuminé d'une lumière éternelle et divine, celui qui est enflammé d'un amour éternel et divin. Le Christ n'est donc pas une personne, un homme qui a vécu à une certaine époque, ce sont tous ceux qui désirent et cherchent uniquement le Bien, qui renoncent à leur moi et à tout ce qui s'y rattache. La lumière éternelle, qui est Dieu, éclaire l'homme et lui fait reconnaître le Parfait dans son âme ; elle est accompagnée de l'amour, qui lui fait aimer toutes choses dans le Bien et le Bien dans toutes choses. Et le bonheur des Hommes-Christs est si grand et si parfait qu'il est indicible. Mais c'est aussi le Christ qui souffre du mal de la créature, c'est là sa souffrance secrète, sa croix et sa mort. Car la croix a une signification symbolique, elle est identique à la souffrance de l'homme parfait et c'est cette peine, causée par la méchanceté de la créature, que doivent prendre pour eux tous ceux qui veulent être comptés parmi les déifiés.

Il est inutile d'insister, après tous les historiens qui l'ont examinée, sur les obscurités ou sur les lacunes de cette théologie. Il ne faut pas oublier d'ailleurs qu'elle s'adresse à tous et qu'elle a surtout pour objet de faire atteindre le salut. Aussi n'indique-t-elle que les grandes lignes. En affirmant que le Dieu vivant demeure et agit dans l'âme humaine, par suite, que l'âme humaine est dans son fond Dieu même et que la véritable félicité consiste à connaître cette vérité sublime, à laquelle on arrive par l'imitation de la vie du Christ, l'auteur cherchait à persuader à ses lecteurs que la vie mystique, ainsi conçue, amène l'homme à l'union finale avec Dieu, fin et but de toute existence.

II

Dans un article récent de la *Revue des Deux Mondes*, M. Imbart de la Tour insistait avec raison sur la formation spirituelle de Luther qu'il faut connaître si l'on veut comprendre son œuvre. A Magdebourg, l'adolescent passe une année chez les *Frères de la vie commune*, zélés pour l'instruction de tous, adonnés au mysticisme et rêvant une réforme de l'Eglise. A l'Université d'Erfurt le jeune homme se passionne pour la musique, pour les livres et pour la Bible. Il a pour maîtres des nominalistes qui se rattachent à Jean de Wesel dont les écrits reproduisent les doctrines d'Occam et de Gabriel Biel. Plus tard il étudiera Gabriel Biel, Pierre d'Ailly qu'il saura par cœur et Occam, mais en même temps Gerson et Bonaventure. En 1520, dit M. Imbart de la Tour, il se dit encore du parti d'Occam. Dans sa théologie, on trouvera la volonté mise au premier plan et toute la valeur de l'être sera concentrée dans la liberté. Comme Occam — et aussi comme les Averroïstes latins du XIII° siècle (ch. XVI) — Luther opposera les vérités de la foi et les vérités de la raison, il ramènera toute certitude à la seule autorité de la parole divine. S'attachant à la liberté de Dieu, il ne cherchera point à concilier la liberté de l'homme avec l'universelle souveraineté de Dieu. Chez Occam encore il trouvera des arguments en faveur du déterminisme moral, des idées de prédestination, d'élection arbitraire, qu'on rencontre dans les *Thèses* et le *Serf arbitre*.

Conduit presque au désespoir par une maladie grave, effrayé par la mort d'un ami que la foudre frappe à ses côtés, n'ayant jamais cessé d'ailleurs, depuis son enfance, d'être en proie à l'obsession maladive du péché, Luther entre chez les Augustins où il a pour supérieur Jean Staupitz qui le pousse vers la mystique, vers saint Augustin qu'il lit pour la première fois en 1509. Il étudie les *Confessions*, la *Cité de Dieu*, la *Vraie religion*, la *Doctrine chrétienne* et voit en lui le premier des Pères. C'est à lui qu'il demande l'interprétation des *Psaumes*, de *l'Epître aux Romains* de saint Paul; c'est à lui qu'il emprunte la régénération de la nature, l'action toute-puissante de la grâce, la pénitence. La publication, en 1516, du *de Spiritu et Litera* de Carlstadt montre que l'augustinisme est l'enseignement officiel de Wittemberg. La mystique s'en trouve agrandie et aussi dirigée. Luther lit Gerson après avoir commenté saint Augustin et saint Anselme. Surtout il étudie Tauler qui est, dès 1515, un de ses livres de chevet. Je n'ai jamais vu, dit-il, soit en latin, soit en notre langue, une théologie plus saine, plus conforme à l'Evangile... Les pratiques nous apprennent que, pour posséder Dieu, nous devons nous abaisser nous-mêmes, recevoir passivement la grâce, sans aller au-devant d'elle, être agis, non agissants. Nous sommes la matière, Dieu est la forme, car il opère tout en nous.

M. Imbart de la Tour signale d'autres lectures. Luther apprend le grec assez tard et ne lit de Platon que le *Phédon*, d'Aristote et dans une traduction latine que l'*Ethique*, la *Physique* et le *Traité de l'Ame*. Il utilise des manuels qui groupent les vers et les sentences célèbres des Anciens. Il lit les Commentaires de Lorenzo Valla sur l'Evangile, les travaux de Pic de la Mirandole, de Reuchlin, de Lefèvre d'Etaples, le Nouveau Testament d'Erasme : dans les grandes éditions critiques, dit M. Imbart de la Tour, Luther trouve la matière de sa théologie; par l'emploi de l'interprétation allégorique dans les *Commentaires sur les Psaumes;* par l'exemple de Lefèvre d'Etaples, et aussi par la *Deutsche Theologie*, il put être entraîné vers saint Paul; mais, dès 1513, il a déjà noté les textes célèbres où Paul a proclamé, contre la justice des œuvres, l'imputation qui nous est faite de la justice du Christ.

III

On dit souvent et nous l'avons déjà rappelé à propos de saint Paul (ch. v), que Luther s'est séparé de l'Eglise catholique pour revenir aux Evangiles, à l'Ancien et au Nouveau Testament; qu'il renonce à la théologie et à la philosophie scolastiques, parce qu'elles ont mêlé la philosophie grecque et latine à la doctrine révélée par Dieu. Ce qui caractérise la Réforme luthérienne, dit-on encore, c'est la rupture avec la pensée antique, c'est la rupture avec toute philosophie.

On fait valoir, pour établir qu'il en est ainsi, un certain nombre d'arguments. Si Luther enseigne en 1508 à Wittemberg la dialectique et la physique d'après Aristote, on dit que, dès 1511, il le traite de « raconteur de fables », qu'il éprouve de la haine contre « ce Grec qui illusionne les esprits, ce serpent à mille têtes d'où sont sortis les thomistes, les scotistes, et qui prétend, chose horrible, que toute justice est en nous ». En 1517, Luther demande à ses disciples de le « déshonorer ». C'est un païen dangereux, d'abord à cause des arguties auxquelles sa logique semble avoir donné naissance, mais plus spécialement à cause de sa *Morale* où certains prêtres prennent des textes de sermons. A quoi bon, disait Luther, ces volumes sans nombre qui doivent commenter et expliquer ce que personne n'a encore entendu, ce que l'auteur lui-même n'a pas compris, ce qui coûte des peines, de l'argent et de longues années, ce qui a vainement chargé tant de nobles âmes. Surtout sa morale est condamnable : elle entretient la pensée impie que l'homme peut faire le bien par lui-même; Aristote est le père et le précurseur de Pélage, le plus terrible antagoniste de saint Augustin : « Presque toute l'*Éthique* d'Aristote, dit-il dans la quarante et unième des célèbres *Thèses*, est l'ennemie la plus détestable de la grâce, *tota fere Aristotelis Ethica pessima est gratiæ inimica*. Si le moraliste garde son empire, plus de péché originel, plus d'éternelle damnation, plus de rédemption pour le sang du Christ. Oui, pour devenir aristotélicien, il faut renoncer au christianisme, *qui in Aristotele vult philosophari, prius oportet in Christo stultificari*. » M. Imbart de la Tour fait remarquer que Luther n'est pas moins sévère pour Platon et le Stoïcisme.

Mais le nombre est grand de ceux qui, dans le christianisme et même dans les autres religions médiévales, s'attaquèrent à Aristote, sans qu'on puisse nier d'ailleurs qu'ils aient eu des raisons suffisantes de se mettre avec lui en opposition doctrinale. En outre, si Luther voulut rompre avec Aristote, même avec les thomistes et les scotistes, la rupture, pour Aristote tout au moins, ne fut que momentanée. Car il permit plus tard à Mélanchthon de le citer avec éloge dans la Confession d'Augsbourg. Il reconnut que l'humaine raison, loin d'être un « feu follet », est une faculté extraordinaire; que, si elle ne comprend pas d'une manière positive ce qu'est Dieu, elle conçoit du moins ce qu'il n'est pas ; qu'enfin, elle est quelque chose de surnaturel, un soleil et une divinité placés dans notre existence pour tout dominer et plutôt fortifier qu'affaiblir depuis la chute d'Adam. Enfin Luther finit par regarder Aristote comme le plus pénétrant des hommes et son *Éthique* comme un des meilleurs ouvrages.

D'un autre côté, on peut se rappeler que saint Paul, qui a condamné la philosophie dans certaines parties de son œuvre (ch. v) l'a utilisée complètement en d'autres, qu'il y a chez lui des doctrines stoïciennes d'une importance capitale, comme celle de la prédestination, comme celle qui nous dit de la race de Dieu et qui, transformée et spiritualisée par Plotin, deviendra le fondement de l'union mystique de l'âme humaine avec Dieu (*Esquisse d'une histoire générale et comparée des philosophies médiévales*, ch. vi). Suivre saint Paul, ce serait bien quelquefois combattre la philosophie, ce ne serait pas y renoncer.

Mais d'autres sources ont fourni à Luther une philosophie dont l'importance fut capitale dans sa formation personnelle et dans la constitution de sa doctrine religieuse, ce sont les sources plotiniennes. Sans doute, il n'a pas lu Plotin. Mais M. Imbart de la Tour fait remarquer avec raison qu'il a puisé des idées néo-platoniciennes chez saint Augustin. Comme l'influence des livres de Plotin et de son disciple Porphyre fut considérable sur saint Augustin, qu'ils l'amenèrent au catholicisme et qu'on a pu signaler certaines de leurs doctrines dans presque toutes ses œuvres ; comme saint Augustin eut sur Luther une action qu'on ne saurait exagérer, il en résulte que Luther est d'autant plus redevable à Plotin qu'il a pris davantage chez saint Augustin, en se souciant aussi peu d'ailleurs que tous les hommes du Moyen Age, des auteurs que saint Augustin a utilisés pour constituer sa dogmatique chrétienne. De là les formules dont use M. Imbart de la Tour et qui rappellent Plotin autant qu'Augustin : « L'intuition prend la place de la dialectique, la foi est ramenée à une illumination intérieure, au témoignage de la conscience ».

Ce n'est pas seulement chez saint Augustin que Luther puise, même sans le savoir, des doctrines plotiniennes. Lefèvre d'Etaples avait édité le Pseudo-Denys l'Aréopagite, Pic de la Mirandole avait eu pour maître Marsile Ficin, le traducteur et le commentateur de Platon et de Plotin, qui l'appelait son fils, et Ficin caractérisait son œuvre en disant qu'il travaillait chaque jour à trois choses, commenter les livres saints, réfuter les astrologues, mettre en accord, à la façon des Plotiniens, Platon et Aristote : *moliebatur quotidie tria, concordiam Aristotelis cum Platone, enarrationes in eloquia sacra, confutationes astrologorum.*

Surtout Luther subit l'influence profonde des mystiques allemands. Eckhart reproduit (ch. IV, p. 109) la grande pensée de Plotin et de son école, le *Connais-toi toi-même* de Porphyre, encore développé par Proclus. Suso fut bien, en ce sens, le disciple d'Eckhart (ch. IV). Quant à Tauler dont Luther fait son livre de chevet, nous avons signalé chez lui en abondance les formules plotiniennes (IV, p. 111). Enfin toute cette éducation plotinienne est complétée par la *Deutsche Theologie*.

D'abord elle renvoie à Tauler et peut-être à Eckhart dans le chapitre XII, où il est affirmé que « quiconque tend à la connaissance de la paix éternelle et véritable, avec amour, avec soin et ardeur, possèdera la paix », puis, qu'on « doit savoir que personne ne peut être illuminé avant d'être purifié, réformé et délivré, que personne ne peut s'unir à Dieu avant d'être illuminé » ; enfin « qu'il y a trois voies pour arriver à Dieu, la purification, l'illumination et l'union ». Aussi Luther, dans une lettre à Spalatin, affirme-t-il que la *Deutsche Theologie*, dont il lui envoie la première édition, est un véritable résumé (*Epitome*) des sermons de Tauler.

Puis elle mentionne Boéce, dont l'ambition fut de concilier Platon et Aristote, en lui attribuant (ch. VI) une pensée toute plotinienne : « Notre imperfection vient de ce que nous n'aimons pas le meilleur ».

Enfin la *Deutsche Theologie* invoque le *Pseudo-Denys l'Aréopagite* (ch. VIII) : « On se demande s'il est possible que l'âme, liée au corps, puisse voir dans l'éternité et recevoir ainsi un avant-goût de la vie éternelle et de la félicité suprême... On dit généralement que cela est impossible, pendant que l'âme est unie au corps et aux choses qui le concernent, au temps et aux autres créatures... Pour contempler l'éternité, l'âme doit être pure et dégagée de tout ce qui est image, *von allen Bilden*..... abandonner les créatures... Pourtant saint Denys affirme que c'est possible en cette vie... Pour contempler les secrets divins, dit-il dans la *Théologie mystique*, tu dois abandonner les sens, tout ce qui est sensible et tout ce que les sens et la raison peuvent concevoir, ce que les opérations intellectuelles peuvent produire, comme ce que la raison peut comprendre et connaître... Puis dans l'oubli de ce que je viens de dire, élève-toi au-dessus de tout être et de toute connaissance. Saint Denys n'aurait sûrement pas enseigné tout cela à un homme de ce monde, s'il ne le croyait pas possible dans ce monde même. Aussi faut-il savoir qu'un certain maître a approuvé cette parole du saint, en affirmant même que l'homme pouvait éprouver cela fort souvent.... »

Ce passage du *Pseudo-Denys* est cité par Eckhart, par Tauler, et le P. Sandreau a remarqué que ce texte fut regardé, pendant tout le Moyen Age, comme le texte fondamental de l'enseignement mystique, celui que tous les saints docteurs, tous les auteurs spirituels citaient, développaient, en faisant reposer sur lui leur doctrine de la contemplation.

Mais le *Pseudo-Denys* a reproduit Plotin et parfois Proclus, encore plus dans ce passage que dans tous les textes où il a dépouillé les Plotiniens pour enrichir les Chrétiens ou amené ceux-ci à accepter les doctrines de l'Ecole qu'ils avaient réussi à faire fermer en 525 (*Esquisse*, ch. v).

Et si nous relevons un certain nombre de citations probantes dans la *Théologie germanique*, nous y trouvons en outre des affirmations nettement plotiniennes par leur origine. Tout ce qui est provient de Dieu. L'homme, issu de Dieu, participe à son être divin et primordial. L'Un, qui est le Parfait Bien, demeure dans son âme. Il y a toujours été, mais il y est inconnu et c'est à l'homme à le chercher et à le reconnaître dans le fond de lui-même, comme ce qu'il est, le Bien parfait. Ce qui est contre Dieu, c'est la volonté propre. La libre volonté, c'est la divine volonté : être libre, c'est vivre dans la volonté divine (ch. vi). Il faut donc faire abnégation totale de toute volonté propre et se soumettre à celle de Dieu. C'est Dieu dans l'homme, Dieu demeurant en lui et le rendant heureux. Donc l'homme doit travailler à se connaître lui-même, en cherchant et saisissant cet Un qui le fait vivre et agir. Le péché réside dans l'éloignement de Dieu — l'ἀπόστασις de Plotin —, la rédemption dans son retour à Dieu et à la volonté divine — l'analogue de la conversion plotinienne. L'homme doit devenir le Christ, en écartant tout ce qu'il y a d'imparfait et de créé en lui, en se perfectionnant et se déifiant de plus en plus. Si un homme renonçait entièrement à soi et à toutes choses, s'il vivait entièrement dans la volonté divine comme le Christ, il serait sans faute comme le Christ, il serait le Christ même. On peut s'avancer peu à peu jusqu'à ce qu'on devienne parfait et véritablement déifié. Plus on imite la vie du Christ, plus on devient soi-même le Christ. « Mais on ne doit pas croire qu'on peut atteindre cette véritable lumière, cette parfaite connaissance ou cette noble vie du Christ par ouï-dire ou en posant des questions, en lisant ou en étudiant, ni par les arts, ni par une connaissance parfaite de ce qui est beau et bon, ni par une grande intelligence naturelle (ch. XVII). » La *Deutsche Theologie*, comme l'*Imitation de Jésus-Christ*, ne prend, des trois grandes voies par lesquelles Plotin veut conduire l'homme à l'union avec Dieu (ch. IV), qu'une seule, la pratique de la vertu envisagée dans le Christ dont il s'agit de reproduire, par l'amour et par un travail constant, tout ce qui a caractérisé sa vie mortelle et servi à la rédemption du genre humain. Et surtout il faut, en suivant la lumière divine, se soumettre à la volonté de Dieu (ch. V), être purement, humblement, véritablement et entièrement un avec cette simple et éternelle volonté de Dieu, pour que seule elle demeure, désire, et agisse en nous. Comme étapes de cette préparation à la vie divine, la *Deutsche Theologie* indique une volonté sincère, un exemple et un maître, des moyens appropriés à la pratique de ce qu'elle considère comme l'art d'arriver à l'union avec Dieu. Ce qui rend, comme chez Plotin, ce retour possible, c'est que l'âme ne descend dans la créature que pour manifester le Divin; qu'elle reste unie à Dieu qui est en elle-même. De là le désir ardent de retourner à Dieu. Ce que le Christ est par nature, l'homme peut l'être par la grâce. Et en s'appuyant sur le *Pseudo-Denys*, l'auteur affirme nettement la possibilité d'une intuition immédiate de Dieu : « Ce regard, dit-il, est plus beau, plus noble et plus cher à Dieu que tout ce que la créature peut accomplir ». L'âme humaine, unie au corps, peut donc voir le Dieu éternel et s'unir avec lui dans l'oubli absolu de sa corporéité. Dans cette union d'où résulte le bonheur suprême, l'âme se tourne vers elle même (ch. IV), puisque c'est en elle que cette union s'accomplit. Par la foi, elle obtient la purification, l'illumination et l'union finale dans laquelle toute différence est abrogée, dans laquelle Dieu est homme et l'homme est divin, dans laquelle on constate l'action réciproque de l'homme et de Dieu. Dieu attire l'homme et incessamment l'appelle ; l'homme renonce à son individualité, quitte ce qui tient aux choses créées, vit dans une pauvreté spirituelle et se livre entièrement à Dieu, selon l'exemple de J.-C. Ainsi peut être atteinte sur terre la félicité suprême et la vie éternelle.

IV

Est-ce à dire que Luther ne soit pas original? Est-ce à dire qu'il ne soit pas avant tout chrétien? On ne veut soutenir rien de semblable. Il s'agit uniquement de mettre en lumière une des sources qui ont le plus contribué à sa formation définitive et qui nous permettent le mieux d'en saisir le développement. Pour Luther qui suit saint Paul, Dieu est le seul auteur du salut, de l'union de l'âme avec Dieu (ch. IV, 104). S'il admet encore en 1513, dit M. Imbart de la Tour, que nous pouvons coopérer à la grâce, il ne l'admet plus en 1516 : « Nous naissons, nous mourons dans l'iniquité et l'injustice, justifiés par la seule imputation du Dieu miséricordieux et la foi en sa parole. »

D'un autre côté, on a vu que, dans le christianisme, les intermédiaires sont devenus de plus en plus nombreux (ch. IV, p. 106) : les Anges, les Saints, la Vierge, le Christ, l'Esprit-Saint, le prêtre, l'abbé ou l'évêque, le Pape qui montre la voie aux fidèles et par les indulgences facilite l'accès du royaume de Dieu, la grâce et les sacrements qui sont les meilleurs moyens de l'acquérir, suppléent à la faiblesse de l'individu. C'est chez saint Thomas, dans son œuvre compliquée et travaillée comme une cathédrale gothique, qu'on trouve utilisés tous les moyens et tous les intermédiaires, mais c'est aussi chez lui que l'on peut sentir combien est grand l'intervalle qui nous sépare de l'Être infiniment parfait (ch. IV, p. 109).

Or, les mystiques allemands simplifient la marche vers Dieu et tendent à la ramener, comme Plotin, à l'union de l'âme avec Dieu. Ils sont essentiellement chrétiens, en ce qu'ils font intervenir le Christ, qu'ils lui attribuent, à Lui et au Saint-Esprit, le rôle que remplissent à ce point de vue l'Ame du monde et l'Intelligence universelle chez Plotin. L'œuvre propre de Luther, c'est qu'il revient comme eux au Christ et s'attache « aux théologiens de la Croix » : les Psaumes deviennent pour lui le récit de la vie et de la mort du Christ. Mais c'est aussi qu'il supprime les intermédiaires entre l'homme et Dieu. Dès 1512, il demande moins de pratiques, de pèlerinages, de dévotions, de religion sensible, plus de sentiment chrétien. Dans les *Commentaires* sur les Psaumes, il s'élève contre les pratiques qui ne sont qu'un geste corporel et contre les pratiques populaires, contre le culte utilitaire et tout matériel des Saints, contre « l'océan de superstitions » en présence duquel il se trouve. En 1517, ce sont les thèses célèbres contre les indulgences dont le succès fut grand, parce qu'on pouvait les attaquer à un double point de vue : elles donnaient, à l'intermédiaire qui les délivrait, une importance trop considérable au détriment de l'âme et du Christ ou de Dieu ; elles pouvaient être considérées comme des œuvres de simonie. Puis Luther élimine, de la pénitence, les œuvres satisfactoires, le purgatoire, les sacrements, sauf le Baptême et la Cène. Il s'attaque aux vœux monastiques, au célibat des prêtres, aux observances, aux fondations pieuses, aux confréries. S'il admet encore l'invocation des saints et la prière pour les morts, il supprime, après la rupture, les « derniers restes d'idolâtrie ». Si on lui oppose, sur les indulgences, l'enseignement de l'Église, Luther rompt le lien qui unit l'Église à l'Évangile, il supprime Légat, Pape, Concile et Peuple chrétien. Et cela est d'autant plus important à remarquer que Luther a écrit lui-même : « Nul plus que moi, avant la renaissance de la lumière évangélique, n'a eu une si profonde vénération pour les décrets du Pape et les traditions des Pères. » Il était parti de fort loin pour aboutir à « l'inspiration intérieure, à la religion individuelle, à l'autonomie de la conscience » !

*
* *

On a souvent parlé du miracle grec et l'on avait surtout en vue les œuvres merveilleuses en tout genre que cet heureux pays a produites à l'époque où la civilisation y était plus florissante. Il y a peut-être une preuve plus grande de la puissance et de l'influence du génie grec. C'est que les trois religions, qui avaient la haine du polythéisme et estimaient que leurs livres saints, venant de Dieu, devaient suffire à toute la vie individuelle et sociale, ont fait une place et parfois une place fort grande à la pensée grecque. Pour cela, le *Pseudo-Aristobule* et Philon affirment que les philosophes et les poètes de la Grèce ont connu l'Ancien Testament et y ont puisé leurs doctrines. Les chrétiens, avec le quatrième Évangile, ajoutent que le Verbe est la lumière illuminant tout homme venant en ce monde, partant qu'il a inspiré les penseurs du monde gréco-romain comme les patriarches et les prophètes juifs (ch. IV et ch. IX). Aussi, par l'interprétation allégorique, les Chrétiens et les Juifs s'emparent des doctrines professées par les diverses écoles de la Grèce et de Rome. De même les Musulmans absorbent, en moins de trois siècles, tout ce que la civilisation avait accumulé, pour la science et la philosophie, de Thalès et Pythagore à Plotin. Et leur décadence commence quand ils renoncent à la philosophie grecque, quand ils brûlent les livres et empêchent l'apparition de nouveaux philosophes (ch. xix).

Et c'est ainsi aussi que Luther a voulu rompre avec la philosophie et la théologie qui s'étaient construites autour des Livres Saints par des emprunts à la pensée antique et qui avaient trouvé dans saint Thomas leur expression la plus complète avant d'être entièrement acceptées par le catholicisme. Mais il n'a pu le faire, qu'il en ait eu conscience ou non, qu'en recourant à une autre philosophie, au Plotinisme déjà mis si souvent à contribution par les chrétiens qu'ils avaient fini par le considérer, en ce qui concerne la spiritualité et l'immortalité de l'âme, comme leur propriété primitive et imprescriptible !

CHAPITRE XVI

AVERROISTES, LIBERTINS, ESPRITS FORTS, PETITS PHILOSOPHES, DU XIIIe AU XVIIIe SIÈCLE

I. — La formation rapide de la légende de Gerbert. Celle d'Averroès se forme peut-être plus rapidement encore : à côté de l'Averroès véritable, le Commentateur, il y a l'incrédule auquel on prête toutes les doctrines hostiles au christianisme. Les Averroïstes latins du xiiie siècle nient l'immortalité de l'âme, opposent la raison à la foi et guidés par l'une acceptent ce que l'autre ne peut leur fournir. Les contemporains refusent de croire à leur sincérité et on condamne ceux qui distinguent l'ordre théologique et l'ordre philosophique. Autour de la négation de l'immortalité se groupent les affirmations hétérodoxes émises dans l'Occident chrétien, en particulier celle qui attribue à trois imposteurs la formation des trois religions dominantes. Les raisons pour lesquelles on a rapporté à l'arabisme et surtout à Averroès les formes multiples de l'incrédulité.

II. — La troisième Renaissance, du xve siècle, et la réforme du xvie. Les continuateurs des doctrines averroïstes condamnées au xiiie siècle ; Pomponace et le concile de Latran. Pomponace se présente comme Alexandriste ; les Averroïstes écrivent en faveur de l'immortalité ; ils éditent et commentent Averroès. On va user d'un autre nom pour désigner ceux qui opposent la foi et la raison, qui nient l'immortalité.

III. — Les libertins, les impies et les athées, les esprits forts succèdent aux Averroïstes. Ils sont attaqués par Ronsard, Lessius, Garasse et Mersenne. Descartes montre dans les *Méditations*, que si les noms ont changé, les doctrines sont demeurées les mêmes. Molière emploie les termes libertin, libertinage, esprit fort, impie. Bossuet proclame parfois l'impuissance de la raison humaine et de la philosophie : toujours il attaque les libertins, les Epicuriens, les impies, les esprits forts chez lesquels il signale la plupart des doctrines que nous avons rencontrées chez bien d'autres écrivains du xviie siècle. Les *Caractères* de La Bruyère montrent fort bien que le débat porte sur l'immortalité de l'âme, l'existence de Dieu et sur le christianisme tout entier. Bayle s'attache à mettre en pleine lumière l'opposition de la foi et de la raison. Leibniz, en le combattant, rappelle les Averroïstes du xvie siècle et le concile de Latran. Berkeley veut combattre les sceptiques, les athées, les libertins, les esprits forts et il leur donne un nom nouveau, les petits philosophes, qu'il applique à Pomponace.

Conclusion : les Averroïstes latins du xiiie siècle ont eu des successeurs au xvie; ils ont été continués au xviie et au xviiie, par les libertins, athées, impies, esprits forts, petits philosophes et philosophes. D'où la nécessité et la possibilité de prolonger au xviie, au xviiie et au xixe siècle l'histoire générale et comparée des philosophies médiévales.

I

On a montré avec quelle rapidité s'est formée (*Un pape philosophe*, *ch.* vi) la légende de Gerbert. Elle commence moins d'un siècle après sa mort. Adonné à la magie, à la nécromancie, Gerbert a un démon particulier qui lui livre le Saint-Siège en échange de son âme. Chez les Sarrasins, il étudie l'astrologie et les autres sciences occultes, apprenant ce que signifient le chant et le vol des oiseaux, le secret d'évoquer les ombres des morts, acquérant tout ce que la curiosité humaine peut connaître de nuisible ou de salutaire. Pour obtenir le seul ouvrage que son maître arabe a refusé de lui communiquer, Gerbert séduit sa fille, puis enivre le père et s'empare du livre. Il s'enfuit, échappe aux poursuites du Sarrasin et, sur le bord de la mer, il appelle le diable, lui jure un hommage éternel s'il le protège et la lui fait traverser. Maître à Reims, archevêque, puis pape et soutenu par le diable, son patron, il fait servir à ses passions des trésors autrefois cachés par les Gentils et que la nécromancie lui a permis de découvrir dans des amas de ruines. Au moment de mourir, furieux, hébété par la douleur, il ordonne que son corps soit haché et les lambeaux jetés hors du palais. Et souvent son tombeau, dit-on, même par le temps le plus serein et quoique placé dans un lieu sec, laisse échapper des gouttes d'eau : quand un cardinal ou un haut dignitaire de l'Eglise doit mourir, il est tellement humide qu'il semble avoir été arrosé; quand c'est le pape lui-même, le trépas est annoncé par un choc et froissis des os qui se fait au dedans!

Renan a fait voir que la légende d'Averroès s'est formée plus rapidement peut-être encore que celle de Gerbert. Les travaux récents du R. P. Mandonnet et de M. Gauthier nous ont appris qu'il n'est guère possible, pour l'historien impartial, de considérer les Averroïstes latins comme les disciples fidèles du célèbre philosophe musulman, dont les orthodoxes chrétiens, comme Albert le Grand et saint Thomas, paraissent infiniment plus voisins. De bonne heure, il y a, à côté de l'Averroès véritable, du *Commenta-*

teur qui complète Aristote par Plotin, un incrédule auquel on prêtera toutes les doctrines hostiles au christianisme.

Dès le temps d'Albert le Grand et de saint Thomas, les Averroïstes latins semblent déjà des partisans de l'unité de l'intellect, des adversaires de la doctrine selon laquelle la raison et la foi aboutissent aux mêmes conclusions. Pour eux, le principe de perfection ne semble pas régir le monde intelligible : Dieu, dit l'un d'eux cité par saint Thomas (*Esquisse*, p. 202), ne peut faire plusieurs intellects, parce que cela implique contradiction.

On voit la portée de cette affirmation. Plotin et ses disciples plaçaient, au-dessous de l'Un ou du Bien, une seconde hypostase, l'Intelligence universelle, dans laquelle coexistent avec les Idées, Etres ou Nombres, les intelligences particulières; puis une troisième hypostase, l'Ame universelle avec laquelle se trouvent de même les âmes particulières. Mais l'Un ou le Bien ne perd rien de sa substance, de sa perfection en produisant l'Intelligence; celle-ci reste identique à elle-même, malgré l'existence des intelligences particulières qui ont leur individualité propre; il en est de même pour l'Ame universelle par rapport aux âmes particulières et de celles-ci par rapport à l'Ame universelle.

Les philosophes arabes trouvèrent dans Aristote un intellect agent qu'il dit divin, venu du dehors et séparable. La question, pour des croyants qui devaient admettre l'immortalité de l'Ame, se posa de la façon suivante : Y a-t-il un seul intellect agent, l'Intelligence divine, qui s'unit pour un temps à chacune des âmes humaines et les abandonne au moment où a lieu la dissolution du corps? Ou bien y a-t-il aussi, dans l'âme humaine, un intellect agent intimement lié à l'âme végétative, animale et rationnelle, qui s'unisse en certains cas à l'intellect divin, mais de manière à conserver son individualité et à faire participer à son immortalité les autres parties de l'âme humaine ? Dans le premier cas, il y a, sans doute, permanence de la substance qui ne fut nôtre que pour un temps; il n'y a pas permanence de cette substance, en tant qu'elle fut nous-mêmes, non plus que de celles auxquelles elle fut associée pendant notre vie. D'où une solution panthéistique, en tant que Dieu vient pour un temps dans l'homme et constitue en lui une personnalité supérieure, mais aussi une solution matérialiste, en tant que l'âme humaine, forme du corps, disparaît avec la matière sans laquelle elle ne saurait subsister. La première sera appelée Averroïste — sans qu'on puisse affirmer qu'elle se trouve nettement exprimée chez Averroès— ; l'autre sera appelée alexandriste, sans qu'on puisse la reporter sûrement sous la forme où elle s'est souvent présentée, à Alexandre d'Aphrodise. Mais ni l'une ni l'autre ne sauraient admettre l'immortalité personnelle à laquelle tiennent surtout les hommes du XIIIe siècle.

Or les Averroïstes latins du XIIIe siècle ne se bornent pas à la négation pure et simple de l'immortalité, ils opposent la raison à la foi et, guidés par l'une, acceptent ce que l'autre ne peut leur fournir : « Par la raison, disent-ils, je conclus nécessairement que l'intellect est un numériquement; je tiens cependant fermement le contraire par la foi ».

Saint Thomas vit bien la portée de cette affirmation : « Comme une conclusion nécessaire ne peut donner que le vrai nécessaire dont le contraire est faux et impossible, il suit que la foi porte sur le faux et l'impossible, c'est-à-dire sur ce que Dieu ne peut faire... Avec cette méthode, on arriverait à montrer que tous les mystères n'ont aucune raison d'être aux yeux de la raison. »

C'est en effet à l'opposition de la foi et de la raison, de la vérité théologique et de la vérité philosophique que recourent la plupart de ceux en qui l'on vit, du XIIIe siècle au XVIe, de redoutables adversaires de l'orthodoxie. Sans doute il peut se faire que bon nombre de ceux qui désespéraient de la raison et s'inclinaient devant la révélation fussent des chrétiens véritables et des croyants sincères, comme on en trouverait certainement encore de nos jours. Mais leurs contemporains ne songeaient pas même à le supposer, pas plus que les adversaires des religions au XVIIIe siècle ne pouvaient admettre qu'il y eût, parmi les croyants, des hommes honnêtes et convaincus à côté de fripons et de dupes! Qu'on le laisse aller comme chrétien, dira-t-on de l'un d'eux, au XVIe siècle, mais qu'on le brûle comme philosophe ! Et il est possible d'ailleurs que, pour certains d'entre eux, l'appel à la foi ait été, en une mesure que nous ne saurions déterminer, un moyen employé pour échapper aux terribles châtiments dont on usa souvent alors contre ceux qui n'étaient pas orthodoxes. Mais il faut reconnaître que nous sommes presque toujours incapables de résoudre les questions relatives à la sincérité des opinions ou des croyances, dont ne se rendent même pas un compte exact ceux qui les professent.

C'est contre l'opposition de la foi et de la raison que s'élève le synode de Paris en 1277 : « Ils prétendent qu'il est des choses vraies selon la philosophie, quoiqu'elles ne le soient pas selon la foi, comme s'il y avait deux vérités contraires et comme si, en opposition avec la vérité de l'Écriture, la vérité pouvait se trouver dans les livres des païens damnés dont il est écrit, Je perdrai la sagesse des sages. » C'est ce que reproche surtout en 1311

Raymond Lulle aux Averroïstes parisiens en faisant remarquer que, si les dogmes chrétiens sont absurdes aux yeux de la raison et impossibles à comprendre, ils ne peuvent être vrais à un autre point de vue. C'est pour avoir parlé contre la foi que Cecco d'Ascoli est frappé en 1324 par l'Inquisition de Bologne. « Quand ils peuvent s'exprimer sans contrainte, écrit Pétrarque, ils combattent directement la vérité... Quand ils disputent en public, ils protestent qu'ils parlent abstraction faite de la foi, c'est-à-dire, qu'ils cherchent la vérité en rejetant la vérité et la lumière en tournant le dos au soleil... Plus on attaque la religion chrétienne avec fureur, plus on est à leurs yeux ingénieux et docte. Se permet-on de la défendre, on n'est plus qu'un *esprit faible* et un sot qui couvre son ignorance du voile de la foi. »

Si la négation de l'immortalité de l'âme est la doctrine centrale, on peut dire qu'autour d'elle se groupent toutes les affirmations hétérodoxes qui ont été émises alors par les chrétiens d'Occident. Pour Nicolas Eymeric, l'auteur du *Directorium Inquisitorum*, qui s'attaque à l'Averroès constitué par la légende, cet impie a nié la création, la providence, la révélation surnaturelle, la trinité, l'efficacité de la prière, de l'aumône, des litanies, l'immortalité, la résurrection et il a placé le souverain bien dans la volupté.

Au parallélisme des trois religions que caractérise le conte célèbre des Trois anneaux et qui aboutit à une haute tolérance justifiée par leur origine également divine, s'oppose la conception des *Trois imposteurs* qui les rapproche comme également fausses et ne répondant à aucune réalité. On avait abusé, au XII° siècle, des accusations de trithéisme contre Roscelin, Abélard et bien d'autres, on lança au XIII°, au XIV° siècle et au XV° contre les adversaires gênants, le reproche d'avoir traité d'imposteurs les fondateurs des trois religions qui avaient alors leurs représentants dans le monde civilisé. On supposa même que Porphyre, mort au début du IV° siècle, avait eu, le premier, l'idée de comparer Moïse, Jésus et Mahomet! D'abord il fut question d'une affirmation, puis d'un livre successivement attribué à Averroès, à Frédéric II, à Pierre des Vignes, à Arnauld de Villeneuve, à Boccace et à Pogge, à Pierre Arétin, à Machiavel, à Pomponace et à Cardan, à Servet et à Guillaume Postel, à Campanella et à Giordano Bruno, à Spinoza, à Hobbes et à Vanini. Et Mersenne disait l'avoir vu en arabe! Une telle énumération, qui est loin d'être complète, prouve amplement déjà qu'il convient de reconnaître la continuité de la pensée dans le monde de l'Occident du XIII° au XVII° siècle.

Des trois religions, aurait dit Averroès, l'une est impossible, c'est le christianisme; une autre, le judaïsme, est une religion d'enfants; la troisième, l'islamisme, est une religion de porcs. Et, comme l'a bien vu Renan, chacun fit penser à Averroès ce qu'il n'osait dire en son propre nom. Pour les uns, Averroès avait appelé la religion chrétienne une religion impossible à cause de l'Eucharistie qui fait manger aux fidèles le Dieu qu'ils adorent! D'autres le mènent par tous les degrés de l'incrédulité : d'abord chrétien, puis juif, puis musulman, il aurait renoncé à toute religion et écrit alors le livre des *Trois imposteurs.* Il n'aurait cru ni à l'Eucharistie, ni au diable, ni à l'enfer, devenant ainsi le bouc émissaire sur lequel chacun décharge sa pensée incrédule, le chien enragé qui, poussé par une fureur exécrable, ne cesse d'aboyer contre le Christ et contre la foi catholique, selon la formule de Pétrarque, le maudit, l'ennemi le plus acharné des chrétiens comme dit Gerson. Aussi la peinture italienne fait d'Averroès le représentant de l'incrédulité, tantôt couché à terre et serré dans les plis d'un serpent, tantôt renversé aux pieds de saint Thomas.

Pourquoi donc a-t-on rapporté à l'arabisme et surtout à Averroès les formes multiples de l'incrédulité?

D'abord il faut, comme dit Renan, tenir compte de la prédilection de Frédéric II pour les Arabes. Sa cour est remplie de Sarrasins, d'eunuques, d'astrologues, de Juifs dont les riches et étranges costumes frappaient le peuple et lui faisaient croire à des relations coupables avec Astaroth et Belzébuth. Aussi l'on racontait que Frédéric II faisait éventrer des hommes pour étudier la digestion, qu'il ordonnait d'élever des enfants dans l'isolement pour savoir dans quelle langue ils parleraient d'abord et que les enfants moururent faute de chants pour les endormir ! « Ce roi de pestilence, écrivait Grégoire IX, assure que l'univers a été trompé par trois imposteurs, *tribus baratoribus*, que deux d'entre eux sont morts dans la gloire, tandis que Jésus a été suspendu à une croix. De plus, il soutient clairement et à haute voix ou plutôt il ose mentir au point de dire que tous ceux-là sont des sots qui croient qu'un Dieu créateur du monde et tout-puissant est né d'une Vierge. Il soutient cette hérésie qu'aucun homme ne peut naître sans le commerce de l'homme et de la femme. Il ajoute qu'on ne doit absolument croire qu'à ce qui est prouvé par les lois des choses et par la raison naturelle. »

De Frédéric II, on passa aux Arabes et au plus célèbre d'entre eux dont la légende fit venir même les fils à sa cour. Les Averroïstes latins y trouvaient un double avantage : ils étaient d'accord, avec les Musulmans qui se prétendaient orthodoxes, pour voir dans Averroès la source de toute incrédulité et ils se réclamaient du maître que les chrétiens du xv° et du xvi° siècle proclamaient le Commentateur par excellence. Quand Louis XI règle en 1473 l'enseignement philosophique, il recommande encore la doctrine d'Aristote et de son commentateur Averroès comme reconnue depuis longtemps pour saine et assurée.

II

Ainsi l'on trouve, du milieu du xiii° siècle à la fin du xvi°, des Averroïstes latins qui nient l'immortalité de l'âme au nom de la raison et l'admettent au nom de la foi, qui parfois même professent d'autres doctrines aussi contraires à l'orthodoxie chrétienne, tandis que de vrais chrétiens utilisent constamment le Commentateur d'Aristote. A côté d'eux d'ailleurs existent des thomistes, des scotistes, des lullistes, des occamistes, des mystiques : une troisième Renaissance s'épanouit au xv° siècle et se distingue de celles du xiii° et du viii° qu'elle continue, par l'importance qu'elle accorde à la forme, mais surtout par le souci qu'elle témoigne de donner, des doctrines anciennes qu'elle entreprend de remettre toutes en pleine lumière, une interprétation littérale aussi exacte que possible.

Le xvi° siècle voit arriver à leur plein développement des formes de pensée dont les germes existaient dans la période antérieure. La Réforme avec Luther, avec Calvin, avec Zwingle, avec d'autres encore, écarte d'abord la théologie et la philosophie auparavant constituées, pour mettre au premier plan les textes, étudiés en eux-mêmes, de l'Ancien et du Nouveau Testament. Les sciences expérimentales et mathématiques ont des représentants de grande valeur, Léonard de Vinci, Paracelse et Copernic, Rabelais, Vésale, Huarte, Bernard Palissy, Ambroise Paré et Viète qui continuent Roger Bacon et ses contemporains, qui précèdent François Bacon et Galilée, Képler, Harvey et Descartes. Les humanistes sont encore nombreux et il y a des thomistes ou des néo-thomistes, des scotistes et des albertistes, des mystiques et des philosophes politiques. Mais il reste aussi des continuateurs des Averroïstes : les uns rappellent entièrement leurs prédécesseurs latins contre lesquels avaient lutté Albert le Grand et saint Thomas ; d'autres utilisent comme ceux-ci le Commentateur pour expliquer Aristote.

C'est d'ordinaire chez Pomponace que l'on signale des doctrines analogues à celles que condamna le xiii⁰ siècle. Il met en cause la personnalité de l'âme humaine, l'immortalité, la Providence et toutes les vérités de la religion naturelle. Vers 1500, la doctrine de l'immortalité est le problème autour duquel s'agite l'esprit philosophique en Italie : « Parlez-nous de l'âme, disent les élèves des Universités à chacun de leurs nouveaux professeurs ». La base du système de Pomponace, c'est l'opposition de la foi et de la raison. « Pomponace philosophe ne croit pas à l'immortalité, mais Pomponace chrétien y croit. Certaines choses sont vraies théologiquement et ne sont pas vraies philosophiquement. Théologiquement il faut croire que l'invocation des saints et l'application des reliques ont beaucoup d'efficacité dans les maladies; mais philosophiquement, il faut reconnaître que les os d'un chien mort en auraient tout autant si on l'invoquait avec foi. »

Le concile de Latran, en 1512, condamna ceux qui disent que l'âme n'est pas immortelle, ceux qui prétendent qu'elle est unique dans tous les hommes, ceux qui soutiennent que ces opinions, quoique contraires à la foi, sont vraies philosophiquement. Il défendit aux clercs de consacrer plus de cinq ans à l'étude de la philosophie et de la poésie, s'ils n'y joignaient l'étude de la théologie et du droit canon. Aux professeurs de philosophie, il enjoignit de réfuter les opinions hétérodoxes après les avoir exposées (Concile de Latran, V, Session viii, Labbe, Concil, t. XIX, col. 842) : *Insuper omnibus et singulis philosophis districte præcipiendo mandamus ut, quum philosophorum principia aut conclusiones, in quibus a recta fide deviare noscuntur auditoribus suis legerint, quale hoc est de animæ mortalitate aut unitate et mundi Æternitate, ac alia hujusmodi, teneantur veritatem religionis christianæ omni conatu manifestam facere, ac omni studio hujusmodi philosophorum argumenta, quum omnia solubilia existant, pro viribus excludere atque resolvere.*

Quand parut en 1516, à Bologne, le traité de Pomponace, *de immortalitate animæ*, il y eut un ordre de le poursuivre comme rebelle au concile de Latran. Mais Bembo se chargeait de corriger le livre pour apaiser l'inquisition et la cour de Léon X était pleine de gens qui répétaient que l'enfer est une invention des princes, que toutes les religions renferment des fables, que les prières et les sacrifices sont des inventions des prêtres ! D'ailleurs la papauté se trouvait en présence d'adversaires autrement redoutables, les Réformés de toute nuance, contre lesquels elle devait avoir grand'peine à conserver même une partie de son antique souveraineté.

Enfin si l'on rencontre chez Pomponace toutes les doctrines incrédules dont la légende voyait l'origine en Averroès, si Vanini a dit que l'esprit d'Averroès avait passé dans son corps, il n'est pas permis d'oublier que Pomponace se présente comme alexandriste et combat l'averroïsme comme une erreur monstrueuse, justement réprouvée par saint Thomas et bien éloignée de la pensée d'Aristote. Sans doute les Alexandristes et les Averroïstes nient les uns et les autres l'immortalité personnelle et il n'y a guère lieu au fond de distinguer les deux sectes au point de vue de la doctrine essentielle et des doctrines hétérodoxes qui l'accompagnent. Mais le nom est changé et le chef des Averroïstes, Achillini, qui combat Pomponace, rejette expressément comme opposées à la foi, l'unité des âmes, l'immortalité collective et accorde au Grand Commentaire une importance capitale. Vernias l'Averroïste, qui avait infecté l'Italie, disait-on, de la pernicieuse erreur d'un intellect unique, y renonça et écrivit en 1499 en faveur de l'immortalité et de la pluralité des âmes. De même Niphus, qui avait d'abord excité la colère des thomistes en maltraitant les arguments d'Albert le Grand et de saint Thomas contre l'unité de l'intellect, se chargea de réfuter Pomponace. Ses Commentaires d'Averroès furent d'un catholique et l'édition complète qu'il donna des œuvres d'Averroès en 1495-1497 a été souvent reproduite : si Averroès, dira-t-on, a seul compris Aristote, Niphus est le seul qui ait saisi Averroès. Renan, pour qui la psychologie de Niphus est la psychologie thomiste, affirme que l'averroïsme inoffensif de Niphus fut pendant tout le XVIe siècle l'enseignement officiel de Padoue et qu'on peut le résumer dans la confiance accordée au Grand Commentaire pour l'interprétation d'Aristote. Zimara et bon nombre de professeurs travaillèrent à élucider Averroès par des index, des arguments, des concordances, des traductions nouvelles. Les Juntes donnèrent, vers le milieu du siècle, une édition complète qui fut souvent reproduite, car chaque édition s'écoulait en deux ou trois ans, comme pour les classiques les plus usuels, affirme Renan. Et quand Gabriel Naudé passa en 1628 à Padoue, il y trouva encore l'Averroïsme dominant.

Mais l'Averroïsme n'est plus ainsi qu'une des formes de la scolastique destinée à s'effacer de plus en plus comme certaines autres au XVIIe siècle. Et quant aux doctrines incrédules que la légende avait réunies sous le nom d'Averroès, elles sont présentées dans toute leur ampleur par Pomponace, mais elles sont attribuées à Alexandre, à qui il est impossible de les rapporter toutes. On usera désormais d'autres noms pour les désigner, mais il ne faut pas croire qu'elles aient disparu au xvii⁰ siècle.

III

En effet, les Averroïstes du xiii⁰ et du xvi⁰ sont devenus les libertins, les impies et les athées, les esprits forts, les petits philosophes du xvii⁰ siècle et même du xviii⁰.

D'abord, on attribue les *Trois Imposteurs* à Giordano Bruno, à Spinoza, à Hobbes et à Vanini. Puis il faut tenir compte d'un élément nouveau, qu'apportent les Sceptiques, comme Montaigne, Charron et leurs successeurs : « La tactique de Montaigne, de Bayle et autres sceptiques, dit Sainte-Beuve, c'est, ou bien de rabaisser l'homme jusqu'au rang des bêtes pour lui ôter le privilège de l'immortalité ou bien d'élever les bêtes jusqu'au rang de l'homme pour forcer à conclure que, s'il a une âme immortelle, elles en doivent avoir une également ». Si l'argumentation change par certains côtés, la question posée reste la même et concerne l'immortalité de l'âme humaine. Nul n'a mieux montré d'ailleurs que Sainte-Beuve comment Bayle et le xviii⁰ siècle ont continué les sceptiques du xvi⁰ et du xvii⁰ siècle.

C'est d'abord aux libertins qu'on s'attaque. Il y eut des libertins spirituels en Flandre vers 1529, qui rappelaient les Amauriciens du xiii⁰ siècle et aussi les Épicuriens : « Tout ce que nous faisons, disaient-ils, c'est Dieu qui le fait; le diable, le mal et le monde ne sont que de vaines imaginations; chacun n'a qu'à suivre son inclination et à prendre son appétit pour règle de vie. » L'anabaptiste, qui prendra le nom de libertin, croira que toute servitude, soit de la pensée, soit de la volonté, est contraire à l'esprit du christianisme.

Puis ce sont les Libertins de Genève, défenseurs des vieilles libertés et franchises de la cité, qui luttent pendant dix-neuf ans contre les innovations dogmatiques, disciplinaires et politiques de Calvin : on en fit plus tard, en les rapprochant des libertins des Pays-Bas, que Calvin confondit avec les anabaptistes, « un ramassis de vauriens, de débauchés et de traîtres ».

Avant 1574, M. Strowski signale la *Béatitude des chrétiens ou le Fléo de la Foi*, in-8⁰ de 8 feuilles par Geoffroi Vallée d'Orléans, grand oncle de Desbarreaux, présentée comme le dialogue d'un huguenot, d'un catholique, d'un libertin, d'un anabaptiste et d'un athée, que Ronsard combattit et qui fut brûlée par sentence du 9 février 1574. En 1613, le P. Lessius, dans le *de Providentia numinis et animi immortalitate*, publié à Anvers, signale des attaques contre la religion où l'on retrouve des doctrines de l'Averroïsme légendaire, la négation d'un Dieu rémunérateur et vengeur, celle de l'immortalité de l'âme, les religions expliquées comme des inventions politiques, les athées et les déistes appelés des Machiavélistes ou Politiques, etc.

Puis c'est en 1623 la *doctrine curieuse des beaux esprits de ce temps ou prétendus tels, contenant plusieurs maximes pernicieuses à l'Estat, à la religion et aux bonnes mœurs*, où Garasse dit que « par le mot de libertin, il n'entend ni un huguenot, ni un athée, ni un catholique, ni un hérétique, ni un politique, mais un certain composé de toutes ces qualités ».

L'année suivante, c'est Mersenne qui combat l'impiété des déistes, athées et libertins du temps, comme saint Thomas combattait l'Averroïsme, « par des raisons tirées de la philosophie et de la théologie ». On a dit, non sans raison, que le libre-penseur devient déiste avec Charron qui lui apprend à distinguer Dieu de la religion. Dans un livre que voulait réfuter Mersenne — *le Poème de l'Antibigot ou les quatrains du déiste* — on retrouvait cette conception empruntée à Charron. Mersenne combattait en outre Charron et Cardan, Giordano Bruno et Vanini, Machiavel et Charpentier, Jean Basso et Campanella, en reproduisant, comme dans les *Questions sur la Genèse*, la preuve de l'existence de Dieu tirée de saint Anselme.

Descartes montre bien, dans les *Méditations*, que si les noms sont changés, les doctrines sont demeurées les mêmes. L'objet qu'il se propose, c'est de prouver clairement l'existence de Dieu et l'immortalité de l'âme. Ceux qu'il veut combattre, il les appelle des impies, des esprits forts, des athées.

Or comment se propose-t-il de les réfuter? En procédan comme autrefois saint Thomas avec les Averroïstes du XIII° siècle, comme le concile de 1512 recommanda d'agir avec ceux du XVI° : « J'ai toujours estimé, écrit-il aux doyens et docteurs de la sacrée Faculté de théologie de Paris, que les deux questions de Dieu et de l'âme étaient les principales de celles qui doivent plutôt être démontrées par les raisons de la philosophie que de la théologie... Car bien qu'il nous suffise à nous autres qui sommes fidèles, de croire par la foi qu'il y a un Dieu et que l'âme humaine ne meurt point avec le corps, certainement il ne semble pas possible de pouvoir jamais persuader aux infidèles aucune religion ni quasi même aucune vertu morale si... on ne leur prouve ces deux choses par raison naturelle... car ils pourraient s'imaginer que l'on commettrait en ceci la faute que les logiciens nomment un cercle. »

Pour établir qu'il faut procéder ainsi à l'égard de l'existence de Dieu, Descartes fait appel à l'Ecriture, à la Sagesse et à saint Paul. En ce qui concerne l'immortalité de l'âme, il invoque le concile de Latran : « Quoique plusieurs aient cru qu'il n'est pas aisé d'en connaître la nature et que quelques-uns aient même osé dire que les raisons humaines nous persuadaient qu'elle mourait avec le corps et qu'il n'y avait que la seule foi qui nous enseignât le contraire, néanmoins d'autant que le concile de Latran tenu sous Léon X, en la session 8, les condamne et qu'il ordonne expressément aux philosophes chrétiens de répondre à leurs arguments et d'employer toutes les forces de leur esprit pour faire connaître la vérité, j'ai bien osé l'entreprendre dans cet écrit. »

Molière montre, dans le *Tartuffe*, que les termes de libertin et de libertinage sont entrés dans l'usage courant. Orgon soupçonne Valère d'être un peu libertin et ne remarque point qu'il hante les Eglises. Quand Cléante le déclare fou à propos de son admiration pour Tartuffe, Orgon trouve que son discours sent le libertinage et Cléante réplique de telle façon qu'on se rend compte de la banalité de l'accusation :

> C'est être libertin que d'avoir de bons yeux
> Et qui n'adore pas de vaines simagrées
> N'a ni respect ni foi pour les choses sacrées.

Dans le *Festin de Pierre*, écrit un an plus tard (1665), Molière use indifféremment des expressions *libertin, esprit fort, impie* : « J'ai toujours ouï dire que c'est une méchante raillerie, dit Sganarelle à Don Juan, que de se railler du ciel et que les libertins ne font jamais une bonne fin... Il y a certains impertinents dans le monde qui sont libertins sans savoir pourquoi, qui font les esprits forts, parce qu'ils croient que cela leur sied bien... Apprenez que le ciel punit tôt ou tard les impies. »

Puis Sganarelle fait à Don Juan des questions qui auraient pu être posées aux Averroïstes : Est-il possible que vous ne croyiez point du tout au ciel, ni à l'enfer, ni au diable, ni à l'autre vie... A quoi croyez-vous donc ? — Je crois, répond Don Juan, que deux et deux sont quatre et que quatre et quatre sont huit — ce qui est une façon fort nette de dire qu'il ne veut user que de la raison. Et quand Don Juan a vu la statue baisser la tête, Sganarelle s'écrie : « Voilà de mes esprits forts qui ne veulent rien croire. »

Dès 1653, Bossuet s'attaque aux libertins et aux épicuriens, aux impies et aux esprit forts, parfois à la philosophie et à la raison humaine. « Eloignez de moi, dit-il à Metz en 1653, une sorte de confiance qui règne parmi les libertins, confiance aveugle et téméraire qui, ajoutant l'audace au crime et l'insolence à l'ingratitude, les enhardit à se révolter contre vous par l'espérance de l'impunité. » Il proclame l'impuissance de la philosophie à montrer la fin de la vie humaine et ne peut jamais se fier à la seule raison; il veut qu'on laisse Platon, Aristote et Sénèque pour la simplicité de Jésus; il montre le dernier effort de la philosophie impuissante quand Sénèque fait dire à Dieu : « Je n'ai pu te retirer de ces maux. » Des savants, des gens de littérature, des beaux esprits, Bossuet admet qu'ils sont dignes d'être distingués des autres et qu'ils font un des plus beaux ornements du monde. Mais, ajoute-t-il, qui les pourrait supporter lorsque aussitôt qu'ils se sentent un peu de talent, ils fatiguent toutes les oreilles de leurs faits et de leurs dits et que, parce qu'ils savent arranger des mots, mesurer un vers ou arrondir une période, ils pensent avoir droit de se faire écouter sans fin et de décider de tout souverainement?

Les libertins ont voulu, selon lui, secouer le joug de cette Providence qui veille sur nous, afin d'entretenir dans l'indépendance une liberté indocile, qui les porte à vivre à leur fantaisie, sans crainte, sans retenue et sans discipline... à la façon des Épicuriens... Ils déclarent la guerre à la Providence divine et ils ne trouvent rien de plus fort contre elle que la distribution des biens et des maux qui paraît injuste, irrégulière, sans aucune distinction entre les bons et les méchants. Et Bossuet rapproche le libertin de l'insensé que rappelle saint Anselme et qui dit dans son cœur qu'il n'y a point de Dieu. Puis il le montre s'élevant ouvertement contre l'Evangile, esclave de ses passions et téméraire censeur des conseils de Dieu, empoisonnant les esprits par ses railleries sacrilèges. Aussi Bossuet ramène-t-il nettement la question à celle de l'immortalité de l'âme et de l'existence de Dieu : « Eh quoi ! homme, pouvez-vous penser que tout soit corps et matière en vous ? Quoi ! tout meurt, tout est enterré?... Je le vois bien, votre esprit est rempli de tant de belles sentences, écrites si éloquemment, qu'un Montaigne, je le nomme, vous a débitées, qui préfèrent les animaux à l'homme, leur instinct à notre raison, leur nature simple, innocente et sans fard, c'est ainsi qu'on parle, à nos raffinements et à nos malices. Mais, dites-moi, subtil philosophe qui vous riez si finement de l'homme qui s'imagine être quelque chose, compterez-vous encore pour rien de connaître Dieu ? Connaître une première nature, adorer son éternité, admirer sa toute-puissance, louer sa sagesse, s'abandonner à sa providence, obéir à sa volonté, n'est-ce rien qui nous distingue des bêtes ? Tous les saints, dont nous honorons aujourd'hui la glorieuse mémoire, ont-ils vainement espéré en Dieu et n'y a t-il que les épicuriens et les sensuels qui aient connu directement ce que c'est que l'homme ?... Périssent toutes les pensées que nous avons données aux choses mortelles; mais que ce qui était né capable de Dieu soit immortel comme lui ! Par conséquent, homme sensuel qui ne renoncez à la vie future que parce que vous en craignez les justes supplices, n'espérez plus au néant. »

Enfin Bossuet signale aussi la révolte contre l'Eglise : « Dieu a mis dans son Eglise une autorité seule capable d'abaisser l'orgueil et de relever la simplicité et qui, également propre aux savants et aux ignorants, imprime aux uns et aux autres un même respect. C'est contre cette autorité que les libertins se révoltent avec un air de mépris. Mais qu'ont-ils vu ces rares génies? qu'ont-ils vu de plus que les autres? quelle ignorance est la leur? et qu'il serait aisé de les confondre si, faibles et présomptueux, ils ne craignaient d'être instruits !.. Ils n'ont rien vu, ils n'entendent rien: ils n'ont pas même de quoi établir le néant auquel ils aspirent après cette vie et ce misérable partage ne leur est pas assuré.»

On relèverait en abondance chez Pascal et Malebranche, chez Bourdaloue et Fléchier, chez bien d'autres écrivains du xviie siècle, des textes qui prouveraient que l'on combat, dans les libertins, esprits forts, athées ou impies de cette époque, des doctrines analogues ou même identiques à celle des Averroïstes du xiiie ou du xive siècle. Cela apparaît plus clairement encore avec La Bruyère, dont *les Caractères* paraissent en 1687 : « De seize chapitres qui les composent, dit-il dans la préface du Discours à l'Académie française, il y en a quinze qui, s'attachant à découvrir le faux et le ridicule qui se rencontrent dans les objets des passions et des attachements humains, ne tendent qu'à ruiner tous les obstacles qui affaiblissent d'abord, qui éteignent ensuite dans tous les hommes la connaissance de Dieu ; qu'ainsi ils ne sont que des préparations au seizième et dernier chapitre, où l'athéisme est attaqué et peut-être confondu, où les preuves de Dieu... sont apportées, où la providence de Dieu est défendue contre l'insulte et les plaintes des libertins. »

La Bruyère a admirablement montré que le débat porte sur l'immortalité de l'âme, l'existence de Dieu, intimement liées au

XVII⁰ siècle comme pendant toute la période médiévale, mais aussi sur la religion même, visée dans toutes les luttes où l'on avait opposé la foi et la raison : « Les esprits forts savent-ils qu'on les appelle ainsi par ironie? Quelle plus grande faiblesse que d'être incertain quel est le principe de son être, de sa vie, de ses sens, de ses connaissances et quelle en doit être la fin ? Quel découragement plus grand que de douter si son âme n'est point matière comme la pierre et le reptile, et si elle n'est point corruptible comme ces viles créatures ? N'y a-t-il pas plus de force et de grandeur à recevoir dans notre esprit l'idée d'un être supérieur à tous les êtres... d'un être souverainement parfait, qui est pur, qui n'a point commencé et qui ne peut finir, dont notre âme est l'image et, si j'ose dire, une portion comme esprit et comme immortelle?... Il y a deux mondes, l'un où l'on séjourne peu et dont on doit sortir pour n'y plus rentrer; l'autre où l'on doit bientôt entrer pour n'en jamais sortir... Si ma religion était fausse... voilà le piège le mieux dressé qu'il soit possible d'imaginer... quelle majesté, quel éclat des mystères! quelle suite et quel enchaînement de toute la doctrine! quelle raison éminente! quelle candeur! quelle innocence de vertus! quelle force invincible et accablante des témoignages!... J'ai approfondi, je ne puis être athée, je suis donc ramené et entraîné dans ma religion. »

Et après lui La Monnoie (*Menagiana*, IV, p. 283) rapproche encore les libertins des auteurs du prétendu livre des *Trois imposteurs* : « Le quolibet que le monde a été séduit par trois pipeurs, continuellement rebattu par les libertins, aura donné l'occasion à quelqu'un d'entre eux de dire qu'il y avait bien là de quoi exercer son esprit et que ce serait un beau sujet de livre. »

Au moment où La Bruyère publiait les *Caractères*, Bayle écrivait les ouvrages, surtout le *Dictionnaire historique et critique*, où il s'attachait à mettre en pleine lumière l'opposition de la foi et de la raison, de manière à préparer des armes, de son point de vue sceptique, à tous ceux qui allaient au XVIII⁰ siècle entrer en lutte avec le christianisme et les religions révélées. Leibnitz ne s'y trompait pas et faisait précéder les *Essais de Théodicée sur la bonté de Dieu, la liberté de l'homme et l'origine du mal*, destinés surtout à combattre Bayle, d'un *Discours de la conformité de la foi avec la raison*, parce que, disait-il, cette question a beaucoup d'influence sur la matière principale que nous allons traiter et parce que Bayle l'a fait entrer partout. D'ailleurs, ajoute Leibnitz, ce grand problème de la conformité de la foi avec la raison s'est posé dans la primitive Eglise et d'une façon ininterrompue jusqu'à nos jours. Parmi ceux qui ont essayé de le résoudre, Leibnitz place saint Augustin, Boèce, Cassiodore, saint Jean Damascène, Bède, Alcuin, saint Anselme, les scolastiques qui utilisèrent Aristote et les Arabes, puis les Averroïstes qu'il met en Italie et au xvi° siècle — sans savoir qu'il y en eut en France au xiii° siècle — mais en les rattachant à l'Averroès de la légende plutôt qu'à celui de l'histoire. Ils combattaient, dit-il en se plaçant comme Descartes parmi leurs adversaires, cette conformité de la foi avec la raison que nous soutenons et affirmaient après le *Commentateur*, que l'immortalité de l'âme ne peut subsister suivant Aristote et suivant la raison. Mais « s'ils se persuadaient que leur dogme était démontré suivant la raison et que l'âme de l'homme est mortelle selon la philosophie, ils protestaient de se soumettre à la théologie chrétienne qui la déclare immortelle ». Comme Descartes encore, Leibnitz dit que le concile de Latran, sous Léon X, condamna ce divorce de la foi et de la raison et exhorta les savants à « travailler pour lever les difficultés qui semblaient commettre ensemble la théologie et la philosophie ». Parmi ceux qui « maintinrent incognito » cette incompatibilité ou qui conservèrent « par tradition » la secte des Averroïstes, Leibnitz cite Pomponace, Crémonini, Césalpin, Bérigard et s'en rapporte surtout, pour l'établir, aux écrits, aux lettres de Gabriel Naudé, aussi bien qu'au *Naudæana*.

C'est en 1710 que Leibnitz donnait les *Essais de Théodicée*. La même année, Berkeley publiait la première partie d'un ouvrage sur les principes de l'entendement humain, puis, trois ans plus tard, les *Dialogues entre Hylas et Philonous*. On ne peut bien comprendre l'ouvrage, comme tous ceux de Berkeley, qu'en le replaçant, à côté de tous ceux dont on vient de rappeler les noms, parmi les adversaires des Averroïstes et de leurs modernes successeurs. Comme Descartes, comme La Bruyère, Berkeley veut donner une démonstration sans réplique de l'existence de Dieu, de sa Providence, de l'immortalité de l'âme, pour convaincre, par la voie du raisonnement, les sceptiques et les athées : « J'espère, écrit-il, que ce sera dorénavant une chose évidente, pour tout lecteur impartial, que la connaissance sublime d'un Dieu et l'attente si consolante de l'immortalité se présentent d'elles-mêmes à l'esprit lorsqu'il s'applique avec assez d'attention et de méthode, quelles que puissent être les conclusions où aboutit cette manière de penser vague et sans suite qu'on a nommée bien plus à propos libertinage d'esprit que liberté de penser, puisqu'elle n'est propre qu'à certains libertins en fait de raisonnement, gens à qui la sévérité d'une bonne logique n'est pas moins redoutable que celle de la religion ou du gouvernement. » Parmi ceux qu'il combat, Berkeley cite Vanini, Hobbes et Spinoza, auxquels on n'a pas manqué d'attribuer le Livre des *Trois imposteurs*, et il semble annoncer son prochain ouvrage où il s'efforcera de montrer « que les points de la révélation qui sont à la portée de la recherche de l'homme sont très conformes à la droite raison, de manière à disposer toutes les personnes sages et dépouillées de préventions, à ne juger qu'avec circonspection et avec respect de ces mystères sacrés qui sont au-dessus de la sphère de nos facultés ».

C'est en 1732 que Berkeley publie *Alciphron ou le Petit Philosophe, en sept dialogues contenant une apologie de la religion chrétienne contre ceux qu'on nomme esprits forts*. Fort nettement, Berkeley combat les athées, les libertins, les esprits forts, toutes les doctrines qui avaient été soutenues par eux et par les averroïstes. Il leur donne un nom nouveau qu'il emprunte, dit-il, à Cicéron : « Les esprits forts modernes sont précisément les mêmes que ceux que Cicéron appelle petits philosophes, nom qui leur convient avec la dernière justesse, puisqu'ils décrient tout ce que les hommes estiment le plus, les pensées, les vues et les espérances du genre humain. Ils réduisent aux seuls sens toutes les idées et toutes les connaissances de l'âme ; ils avilissent la nature humaine au point de la supposer semblable à celle des bêtes et ne nous accordent qu'un court espace de temps à la place de l'immortalité ». Berkeley, qui les combat comme hostiles au christianisme, va même jusqu'à voir en eux des émissaires déguisés de la Cour de Rome en Angleterre, des dupes des Jésuites, et à trouver chez eux des tendances au Papisme et à l'esclavage ! Il fait appel au Pseudo-Denys, à saint Thomas, à Suarez et il rapproche les incrédules modernes de ceux du Moyen Age en nommant « un Petit Philosophe », Pomponace, l'auteur du *Traité de l'Immortalité de l'Ame* (Dial. vi).

Le traducteur français, dont les deux volumes sont publiés à la Haye, chez Gosse et J. Neaulme, en 1734, l'année où paraissaient les *Lettres anglaises* de Voltaire, estime que l'auteur a voulu considérer l'esprit fort sous ses différents points de vue, athée, libertin, enthousiaste, moqueur, censeur, métaphysicien, défenseur de la Fatalité, sceptique. Aussi croit-il que tous ceux qui écrivent, en termes formels ou par insinuation, contre la dignité, la liberté et l'immortalité de la nature humaine, peuvent avec justice être taxés de ruiner les fondements de la morale et de détruire les moyens de rendre les hommes sagement vertueux.

*
* *

En résumé les Averroïstes latins du XIII⁰ siècle opposent la foi à la raison et nient l'immortalité de l'âme. Ils ont des successeurs qui s'attaquent à d'autres affirmations chrétiennes, en particulier à l'existence de Dieu, mais aussi au christianisme et à toute religion révélée. Il y a des hommes qui suivent cette direction dans l'Italie du XVIᵉ siècle et auxquels on attribue encore — non toujours à juste titre — le nom d'Averroïstes. Au XVIIᵉ et surtout au XVIIIᵉ, ils ont des continuateurs pour les doctrines, mais on les présente sous des dénominations nouvelles qui d'ailleurs sont à peu près identiques en Allemagne, en Hollande, en France, en Angleterre. Cela est vrai pour les libertins, athées et impies, esprits forts. Cela est vrai encore pour les « petits philosophes » de Berkeley qui seront les « philosophes » du XVIIIᵉ siècle français. D'où il résulte, d'un côté, qu'il est indispensable de continuer l'histoire comparée des philosophies médiévales au XVIIᵉ, au XVIIIᵉ et au XIXᵉ siècle, dans les divers pays d'Europe, de l'autre qu'il est possible de la rattacher à l'histoire générale de ces philosophies antérieures au XVIIᵉ siècle (ch. III). D'autant plus que les novateurs comme Descartes ne rompent pas avec leurs prédécesseurs, ainsi qu'on essayera de le montrer au chapitre suivant.

CHAPITRE XVII

DESCARTES ET LES PHILOSOPHIES MÉDIÉVALES

Les comparaisons entre les textes cartésiens et les textes médiévaux à l'Ecole pratique des Hautes-Etudes depuis 1889.

I. — A la conception d'une Révolution, analogue à celle de 1789, opérée dans la philosophie par Descartes, se sont opposés les historiens qui ont signalé chez Descartes des doctrines médiévales. Huet n'a vu à tort en Descartes qu'un plagiaire. Bossuet a retrouvé chez lui saint Augustin, saint Anselme, saint Thomas. Si Cousin a surtout voulu mettre en lumière son originalité, Bouillet l'a rapproché de Plotin; Jourdain, de saint Thomas, de saint Anselme et de Duns Scot; Francisque Bouillier, de saint Thomas et de l'Ecole; Hauréau, de saint Anselme, de Heiric d'Auxerre, de Jean Scot Erigène et de saint Augustin, de saint Thomas, d'Abélard et de Guillaume d'Ockam.

II. — L'encyclique *Æterni Patris* de 1879 provoque des comparaisons entre les philosophies médiévales, surtout le thomisme, et les doctrines modernes d'Auguste Comte, de Kant, de Leibnitz et de Descartes. M. Liard, en 1882, met en lumière l'originalité du savant. Les travaux de Freudenthal et de Hertling; les recherches entreprises aux Hautes-Etudes. Fouillée, en 1893, soutient que le philosophe est complètement indépendant du passé. M. Espinas affirme en 1906 que le centre de la pensée cartésienne, c'est la religion.

III. — Descartes est original comme savant et comme auteur d'une philosophie scientifique. Mais il continue l'œuvre des Grecs et des Byzantins, des Arabes et des Latins du XIII° siècle. Il continue surtout les théologiens et les philosophes médiévaux en établissant dans les Méditations, l'existence de Dieu et l'immortalité de l'âme. Mais il y a alors même chez Descartes, une originalité qu'on ne saurait méconnaître. Sa métaphysique chrétienne et plotinienne, il l'unit aux conceptions nouvelles auxquelles son nom reste attaché. Son but ne fut pas de produire une révolution et de rompre entièrement avec le passé, ce fut d'amener une évolution qui mît l'humanité en possession de nouveaux domaines.

Dès 1889, on s'occupait à la cinquième section de l'Ecole pratique des Hautes-Études (p. 7) des rapports de la philosophie cartésienne avec les théologies et les philosophies médiévales, notamment avec Jean Scot Erigène, Heiric d'Auxerre, saint Anselme, saint Augustin et Plotin. Depuis cette époque, ces recherches y ont continué et une comparaison détaillée des œuvres de Descartes avec celles de ses prédécesseurs a été entreprise pour laquelle on a tenu compte de toutes les études antérieures (ch. I).

I

Si l'on a parlé souvent de nos jours, d'une *Révolution* opérée par Descartes dans le monde de la pensée ; si parfois même on l'a rapprochée du mouvement politique qui, en 1789, a voulu faire table rase du passé, il s'est trouvé bon nombre d'historiens pour montrer que Descartes a utilisé bien des doctrines médiévales dont il savait ou ignorait la provenance. Car, en pareille matière, il ne nous importe guère de savoir si Descartes a reproduit, conscient ou non, des doctrines médiévales ; l'essentiel, c'est de savoir s'il a donné des doctrines qui existaient avant lui à côté de théories qui lui appartiennent en propre.

Nous nous bornons à signaler les accusations de Huet, l'évêque d'Avranches, qui voulait prouver que Descartes n'a rien inventé du tout, mais qu'il a emprunté tous ses principes de physique et de métaphysique, à quelque philosophe antérieur: le doute méthodique, le critérium de l'évidence et les règles générales de la méthode, à Aristote et à saint Augustin ; la distinction de l'âme et du corps à Platon, à Epicure et aux autres philosophes dogmatiques ; la preuve de l'existence de Dieu à saint Augustin, à Claudien Mamert, à saint Anselme. A Protagoras et aux Cyrénaïques, Descartes devrait le principe que nous ne pouvons rien savoir de certain sur ce qui est hors de nous, mais seulement sur nos propres perceptions. L'automatisme des bêtes viendrait de Gomès Pereira ou même de Diogène ; l'axiome que tout ce qui peut être pensé peut être, des philosophes arabes ; le plein de l'univers, de l'école d'Ionie. Avant lui François Bacon a proscrit les causes finales du domaine de la physique ; Anaxagore, Démocrite, Epicure ont distribué la matière première en tourbillons et imaginé ce qu'il raconte sur l'origine du monde. Chez Roger Bacon, Antonio Dominis et Snellius, il a puisé sa dioptrique et son optique ; chez Giordano Bruno, l'infinité du monde, les tourbillons, la distinction des astres en terres et en soleils.

Un certain nombre des rapprochements ainsi faits par Huet ne sont pas justifiés ; d'autres sont superficiels. Et, d'une façon générale, il ne faut pas parler de plagiat comme fait Huet, parce que Descartes est toujours original, même en reproduisant ce que d'autres ont pensé avant lui.

Avec Bossuet, répondant le 18 mai 1689 à l'envoi de la *Censure de la philosophie cartésienne*, la question paraît mieux posée et, en une certaine mesure, mieux résolue : « La doctrine de Descartes ou des Cartésiens a des choses que j'improuve fort, parce qu'en effet, je les crois contraires à la religion... Descartes a dit d'autres choses que je crois utiles contre les athées et les libertins, et pour celles-là, comme je les ai trouvées dans Platon, et, ce que j'estime beaucoup plus, dans saint Augustin, dans saint Anselme, quelques-unes même dans saint Thomas et dans les autres auteurs orthodoxes, aussi bien ou mieux expliquées que dans Descartes, je ne crois pas qu'elle soient devenues mauvaises depuis que ce philosophe s'en est servi ; au contraire, je les soutiens de tout mon cœur et je ne crois pas qu'on les puisse combattre sans quelque péril. Pour les autres opinions de cet auteur, qui sont tout à fait indifférentes, comme celles de la physique particulière et les autres de cette nature, je m'en amuse, je m'en divertis dans la conversation, mais à ne rien vous dissimuler, je croirais un peu au-dessous du caractère d'évêque de prendre parti sérieusement sur de telles choses. »

Ce qu'il importe de retenir, de la lettre de Bossuet, c'est que, pour lui, Descartes a conservé des doctrines de Platon — ou plutôt de Plotin — de saint Augustin, de saint Anselme, de saint Thomas.

Victor Cousin, qui d'ailleurs a ignoré cette lettre de Bossuet, a été surtout soucieux de mettre en lumière l'originalité de Descartes. Mais ses contemporains, même ceux qui après lui et avec lui, ont le plus admiré Descartes, n'ont pas laissé dans l'ombre ses rapports avec les philosophies antérieures.

De 1857 à 1861 M. Bouillet donne, en trois volumes, les *Ennéades* de Plotin, traduites, commentées et enrichies de nombreuses comparaisons avec les doctrines antérieures et postérieures. En ce qui concerne Descartes, il établit des rapprochements à propos des idées innées (I, 347), de l'âme et du corps (I, 359), du morceau de cire à qui l'on imprime une figure (II, 131), des passages où Plotin dit qu'en nous pensant nous-mêmes nous pensons une nature intellectuelle (II, 245), où Descartes (Méd. II) se demande « qu'est-ce que je suis » et répond « une chose qui pense ».

En 1856, l'Académie des sciences morales et politiques proposait de « faire l'histoire de la philosophie de saint Thomas jusqu'à la chute de la scolastique et l'avènement du cartésianisme... en mettant en lumière ce qui paraîtra vrai, durable et digne encore de trouver place dans la philosophie de notre temps ». Deux ans plus tard, Jourdain publiait la *Philosophie de saint Thomas* qui avait été couronnée par l'Académie. L'auteur, parlant de l'hypothèse des trois âmes, soutenait que « saint Thomas a eu tellement la conviction de leur unité que, dans cette voie, il a dépassé Descartes et toute la philosophie moderne, puisque pour ne pas scinder l'être de l'homme, il rattache au même principe, à la même cause, non seulement le désir et la sensation, mais les opérations vitales et organiques » (I, 297). Tout en constatant avec Descartes le triomphe de la pensée moderne sur la méthode et la tradition philosophique du Moyen Age, Jourdain estime que Descartes « ne s'est pas soustrait entièrement — malgré son mépris des anciens et sa confiance un peu hautaine dans ses propres forces — au prestige que le génie joint à la sainteté exerce sur les esprits les plus indociles ». Et après avoir rappelé, d'après Baillet, que saint Thomas était son auteur favori et presque l'unique théologien qu'il eût jamais voulu étudier, il ajoute : « Le cartésianisme, en plus d'un endroit, porte la trace irrécusable de cette influence. Je n'en citerai qu'un seul exemple : la doctrine cartésienne sur la conservation du monde assimilée à une création continuée ». Pour le prouver, Jourdain cite les deux textes suivants tirés du *Discours de la Méthode et des Méditations* : « C'est une opinion communément reçue entre les théologiens que l'action par laquelle Dieu conserve le monde est toute la même que celle par laquelle il crée — C'est une chose bien claire et bien évidente à tous ceux qui considèrent avec attention la nature du temps qu'une substance, pour être conservée dans tous les moments qu'elle dure, a besoin du même pouvoir et de la même action qui serait nécessaire pour la produire et la créer tout de nouveau si elle n'était pas encore. » Et Jourdain se demande avec raison si ces maximes ne reportent pas la pensée vers les passages analogues de la *Somme de théologie* (II, p. 263)

Voici pour la preuve ontologique : « Saint Thomas se montre partisan trop exclusif de la preuve péripatéticienne du mouvement, sans assez mettre en lumière le côté solide et excellent de la doctrine de saint Anselme... L'Ecole presque tout entière a partagé, sous des formes diverses, l'opinion de saint Thomas... Il faut traverser le Moyen Age et la Renaissance et descendre jusqu'à Descartes, pour voir reparaître avec un succès éclatant la preuve de l'existence de Dieu par son idée » (II, p. 338).

A propos de la discussion célèbre qui eut lieu entre thomistes et scotistes pour savoir s'il faut subordonner toutes les perfections du Créateur à la seule volonté ou à la seule intelligence, Jourdain rappelle Descartes qui se range à l'avis de Duns Scot, en affirmant « qu'il répugne que la volonté de Dieu n'ait pas été indifférente à toutes les choses qui ont été faites ou qui se feront jamais », puis Leibnitz « qui juge ces conclusions tellement déraisonnables qu'il doute si Descartes était sincère en les proposant » (II, p. 360).

Quand Descartes dit, au début du *Traité des Passions*, qu'il sera obligé d'écrire en même façon que s'il traitait d'une matière que personne avant lui n'eût touchée, Jourdain proteste : « Evidemment Descartes nous abuse et s'abuse lui-même. Jamais il ne fut moins en droit d'affecter ce présomptueux mépris du passé que Leibnitz lui reprochait. Sans parler d'Aristote... il avait sous les yeux, dans la *Somme* de saint Thomas, un corps de doctrine excellent qu'il avait dû connaître lorsqu'il étudiait chez les Jésuites au Collège de la Flèche. Quel que soit le respect dû à son génie, nous osons dire qu'il est loin d'avoir surpassé ni même égalé ces modèles qu'il répudiait comme indignes de lui. Non seulement chez saint Thomas, l'analyse des passions est poussée beaucoup plus loin, non seulement elle se présente dégagée des détails physiologiques dont l'ouvrage est rempli, mais l'ordre de génération et les rapports naturels de nos sentiments sont mieux compris, mieux expliqués » (II, 421).

Enfin, pour ce qui concerne la théodicée et la morale, Jourdain estime (II, 485) que « ni Descartes, ni Leibnitz, ni l'Allemagne contemporaine n'ont mieux vu, pourquoi ne dirai-je pas tout mon sentiment? n'ont vu aussi loin que saint Thomas ».

L'historien de Descartes et de l'école cartésienne, Francisque Bouillier, se montre aussi soucieux que l'historien de saint Thomas et du thomisme, de signaler dans sa troisième édition (1868) les sources auxquelles a puisé Descartes. « Il ne pouvait, écrit-il, (I, p. 43), être tout à fait étranger au passé de la science. N'avait-il pas dû connaître plus ou moins Aristote et saint Thomas que suivaient les Jésuites ses maîtres »? Et après avoir dit que, selon Baillet, saint Thomas était l'auteur favori de Descartes, Bouillier rappelle que Descartes avait beaucoup lu, au moins étant au Collège. Il signale, après les attaques du P. Bourdin, l'intention (I, 51) qu'eut Descartes de publier la réfutation en règle d'un des cours de philosophie les plus en vogue chez les Jésuites, soit celui de Raconis, soit celui de dom Eustache le Feuillant. S'il ajoute entièrement foi à Descartes qui déclare avoir composé le *Discours de la Méthode* sans connaître saint Augustin et le passage, *si enim fallor, sum*, il fait remarquer que, pour Ferraz, saint Augustin a été trop sacrifié à Descartes (I, 71, 73). Il dit de même qu'*objectif* et *formel* sont empruntés au langage de l'Ecole (I, 87). Pour l'argument ontologique, il croit qu'il n'y a pas lieu d'accuser, comme Huet et Leibnitz, Descartes d'avoir commis un véritable larcin au détriment de saint Anselme; mais il admet qu'il « faut lui ôter quelque chose en fait d'originalité » (I, 94.) Il n'hésite pas à affirmer que « Descartes n'est nullement l'inventeur de la doctrine de la création continuée qui, comme il le dit (*Discours de la Méthode* et *Réponse à Gassendi*), était la doctrine communément reçue des philosophes et des théologiens. On la trouve en effet chez les Arabes, dans saint Thomas, dans les écoles du Moyen Age » (I, 102). Pour la définition de la substance créée, Bouillier dit que Descartes emploie celle qui était généralement usitée dans l'Ecole, à Coïmbre et chez Heineccius (I, p. 141). Enfin Bouillier rapporte les affirmations de Huet pour qui Descartes n'a rien inventé (I, 599).

C'est surtout Hauréau, dans l'*Histoire littéraire du Maine* (2° édition, 1876) et dans l'*Histoire de la scolastique* (1872-1880, 2° édition), qui a insisté sur ce que Descartes doit à ses prédécesseurs. Dans le huitième volume du premier de ces ouvrages, Hauréau étudie la vie et l'œuvre de Marin Mersenne, en particulier les *Quæstiones celeberrimæ in Genesim* de 1623. Dans le premier chapitre, dit-il, Mersenne combat Robert Fludd et Zorzi : « Il n'est personne qui n'accorde à tout homme la faculté de désirer et celle de connaître, et l'on convient que ces facultés ne sont pas vaines, stériles, mais qu'elles doivent s'exercer sur des objets réels. Sans traiter en ce moment du désir inné chez chaque individu, je parlerai simplement de la connaissance commune à tous les hommes. Or tous connaissent que Dieu est, puisque l'esprit de chacun affirme, bon gré, mal gré la présence de la divinité... Comme cette opinion est gravée par la nature dans tous les esprits, elle ne peut être fausse. En effet la nature n'a pas disposé la raison à croire le faux... elle l'a disposée à croire seulement le vrai, le vrai étant le souverain bien de l'intellect... Donc les croyances de la raison ne peuvent être fausses... La perfection absolue... ne subsiste pas seulement dans l'esprit qui la comprend, c'est encore une réalité qui serait alors même que personne ne pourrait la concevoir... L'idée de la perfection absolue est adéquate à la conception d'une substance absolument parfaite. En effet concevoir la souveraine perfection, n'est-ce pas concevoir ce au-dessus de quoi rien n'est et ne peut être parfait ? Or l'être en réalité est plus que l'être en puissance. »

Cousin ne croyait pas que Descartes eût connu le *Proslogium* et après lui bien des historiens ont soutenu que le xviie siècle avait remis en lumière « un axiome compromis dans le bagage scolastique ». Cela nous suffirait pour établir que le xviie siècle n'a pas rompu ou, si l'on veut, qu'il a renoué avec la période antérieure. Hauréau va plus loin : « Descartes, dit-il, n'eut le loisir de soumettre à sa propre méthode la question si grave de l'existence de Dieu que durant les premiers mois de son séjour en Frise, c'est-à-dire vers la fin de 1628... les *Questions sur la Genèse* furent publiées en 1623. Il faut donc reconnaître d'abord que la thèse de l'être souverainement parfait avait été recommandée par le P. Mersenne avant de l'être par Descartes, et comme le P. Mersenne, après l'avoir énoncée dans les termes reproduits, cite le passage du *Proslogium* signalé par Tennemann et par M. Cousin, il faut admettre que la philosophie cartésienne a fait sciemment au théologien du xie siècle un emprunt considérable. » Hauréau ajoute que saint Anselme avait lui-même puisé chez saint Augustin. Mais il ignore que saint Augustin tenait déjà l'argument de Plotin.

A nouveau d'ailleurs Hauréau, dans l'*Histoire de la Scolastique* (I, 277) revendique pour saint Anselme l'invention de l'argument en reproduisant le célèbre passage du *Proslogium*.

Hauréau procède à peu près de même pour le *Cogito, ergo sum*. L'*Histoire littéraire de la France* avait recueilli dans un poème d'Heiric d'Auxerre sur la vie de saint Germain un texte qui démontre l'existence par la pensée et fournit l'argument célèbre qu'on a coutume d'approuver ou de combattre sous le nom de Descartes. Hauréau montra que ce texte avait été littéralement copié par Heiric dans le *de divisione naturæ* de Jean Scot Erigène : *Hæc enim tria in omni creatura, sive corporea, sive incorporea, ut ipse certissimis argumentationibus docet incorruptibilia sunt et inseparabilia,* οὐσία, δύναμις, ἐνέργεια, *hoc est essentia, virtus, operatio naturalis — Discipulus : horum trium exemplum posco — Magister : Dum ergo dico,* Intelligo me esse, *nonne in hoc uno verbo quod est* intelligo *tria significo a se inseparabilia. Nam et me esse, et posse intelligere me esse, et intelligere me esse demonstro. Nonne vides verbo uno meam* οὐσίαν *meamque virtutem et actionem significari ? Non enim intelligerem si non essem, neque intelligerem si virtute intelligentiæ carerem ; nec illa virtus in me silet sed in operationem intelligendi prorumpit* ». Et en rappelant les passages de saint Augustin qu'on a rapprochés du *Cogito, ergo sum*, Hauréau ajoute que dans aucun d'eux l'argument cartésien ne se présente aussi complet, aussi bien établi que chez Jean Scot (*Histoire de la scolastique*, I, 182-183). Mais, pas plus que pour l'argument ontologique, Hauréau ne remonte de saint Augustin à Plotin.

Expose-t-il la doctrine de saint Thomas sur le principe d'individuation, parle-t-il de la quantité prise pour principe individuant de la matière (II, 374), Hauréau écrit : « Sa doctrine... est celle d'Aristote et, disons-le sans plus tarder, celle de Descartes. Voici les termes de Descartes : l'étendue en longueur, largeur et profondeur constitue la nature de la substance... car tout ce que, d'ailleurs, on peut attribuer au corps présuppose l'étendue et n'est qu'une dépendance de ce qui est étendu. Il n'y a qu'à substituer un mot à un mot et la formule cartésienne devient la formule thomiste. »

Notons encore les rapprochements pour la définition de l'universel entre Descartes qui le définit un tout qui n'est point hors de notre pensée et Abélard qui fait usage de termes absolument pareils (I, 382), entre David de Dinant et Spinoza (II, 78), entre la définition de l'âme de saint Thomas et celle de Descartes (II, 378), entre Guillaume d'Ockam, Locke et Kant qui, sur bien des points, se rencontrent et sont en parfait accord (III, 402). Enfin si Hauréau affirme que la réforme de la philosophie dont parle Leibnitz a été faite par Descartes, il n'hésite pas à dire que c'est Guillaume d'Ockam qui l'a préparée : « En veut-on la preuve ? On la trouve à chaque page dans le Lexique de Chauvin. Chauvin est de l'école cartésienne et, rédigeant un répertoire de philosophie classique, il a voulu répondre, au nom de Descartes, à toutes les questions encore agitées de son temps et par les derniers des thomistes et des scotistes. Or quel est l'esprit de ses réponses ? Elles sont toutes nominalistes » (III, 487).

II

On peut dire qu'à partir de la publication en 1879 de l'Encyclique *Æterni Patris* (Esquisse ch. IX) qui obligea les catholiques à professer la philosophie comme la théologie de saint Thomas, les comparaisons devinrent plus fréquentes entre les philosophies médiévales, surtout le thomisme, et les doctrines modernes d'Auguste Comte, de Kant, de Leibnitz, de Spinoza et de Descartes. Il ne saurait être question de les énumérer toutes, d'autant plus qu'un certain nombre d'entre elles ont été faites avec des intentions plus dogmatiques qu'historiques. Il suffit de citer quelques-uns des travaux les plus importants parmi ceux qui ont contribué à poser ou à résoudre la question.

C'est en 1882 que paraissait comme thèse le travail de M. Liard sur Descartes qui a été antérieurement utilisé (p. 9). Pour lui c'est surtout un savant, épris de mathématique, plus attaché à la physique et davantage encore à la médecine qui est le but dernier. Et M. Liard a raison de marquer ainsi la souveraine originalité de Descartes. Ce qui ne veut pas dire d'ailleurs que sa métaphysique, dont une bonne partie vient du passé, soit entièrement impersonnelle.

On a eu raison de signaler les travaux de Freudenthal en 1887 et de Hertling (1899) quand on a voulu nier que le principal titre de gloire de Bacon et de Descartes a été de « constituer une philosophie radicalement détachée de toutes les philosophies antérieures et d'en construire l'édifice entier à nouveaux frais ». Mais on aurait pu en relever bien d'autres, même en Allemagne, et on a eu tort d'oublier toutes les recherches qui avaient été faites antérieurement en France et celles qui commençaient alors à l'Ecole des Hautes-Etudes pour ne plus être interrompues.

Même c'est peut-être après l'apparition de l'ouvrage de Freudenthal que se présente, dans le travail de Fouillée sur Descartes en 1893, sous sa forme la plus complète, la thèse de l'indépendance du philosophe par rapport au passé. Fouillée rappelle d'abord les jugements de Hegel : « Votre nation a fait assez pour la philosophie en lui donnant Descartes... Descartes est le vrai fondateur de la philosophie moderne, en tant qu'elle prend la pensée pour principe. L'action de cet homme sur son siècle et sur les temps nouveaux ne sera jamais exagérée. C'est un héros ; il a repris les choses par les commencements (p. 5). Puis il cite celui de Huxley : » Considérez n'importe laquelle parmi les plus capitales productions des temps modernes, soit dans la science, soit dans la philosophie, vous trouverez que le fond de l'idée, sinon la forme même, fut présent à son esprit. » Aussi Fouillée le rapproche-t-il de la révolution de 1789 et de Napoléon, car « il a, lui aussi, fait une révolution, avant-courrière de l'autre, et livré ce qu'il appelait les grandes batailles (p. 6) et, dans le domaine de la pensée, ce fut peut-être le plus grand de tous les Français. » Il le présente comme « ayant le tempérament du protestant, comme étant le libre examen en personne et ayant préparé l'exégèse de Spinoza » (p. 21). Le premier chapitre du livre est intitulé la Révolution cartésienne (p. 25) : Descartes a renouvelé l'idée de science et l'idée de méthode. Avec lui commence le « lever complet de la science moderne, la disparition simultanée de toutes les chimères et de tous les rêves scolastiques. Le système cartésien du monde... ne laisse place à aucune des entités, formes et vertus occultes qui peuplaient avant lui la philosophie et la science... Il n'y a pas, dans toute l'histoire, pareil exemple d'un changement à vue aussi complet » (p. 32). Aussi les découvertes de Descartes « devaient révolutionner les sciences mathématiques et les sciences physiques (p. 45). Il est le vrai fondateur de l'évolutionnisme entendu dans son sens légitime (p. 46). Sa cosmogonie est la première cosmogonie scientifique que mentionne l'histoire (p. 58)... De même que la physique moderne, la physiologie moderne a été établie par lui sur ses vrais fondements (p. 64). C'est le fondateur de la psychologie physiologique de notre époque (p. 137) et le *Traité des Passions de l'âme* est le premier modèle de la psychologie qui est aujourd'hui en honneur (p. 138). Enfin le Luther de la philosophie et de la science a substitué aux formules mortes de la scolastique la vie et le mouvement de la pensée (p. 122) ». Descartes apparaît ainsi comme l'intermédiaire entre la Réforme et la Révolution, comme ayant fait dans l'ordre scientifique et philosophique ce que la première fit dans l'ordre religieux, la seconde dans l'ordre politique, comme ayant rompu complètement avec le passé.

C'est une thèse diamétralement opposée qui a été présentée en 1906 par M. Espinas dans la *Revue bleue*. Le centre de la pensée de Descartes serait la religion ; il se serait proposé d'être le défenseur de la foi chrétienne, de justifier et de renouveler l'enseignement traditionnel de l'Eglise ; il aurait, en bon élève des Jésuites qui firent son éducation, défendu contre les libertins l'existence de Dieu et l'immortalité de l'âme. Et de fait, comme nous l'avons vu au précédent chapitre, Descartes combattit énergiquement les successeurs de nos Averroïstes. Mais il semble que l'on ne puisse ramener toute son œuvre à cette polémique d'une importance capitale, sur laquelle M. Espinas a eu raison d'attirer l'attention.

III

Nous pouvons, avec toutes les recherches qui ont été faites, esquisser en quelle mesure Descartes est original et en quelle mesure il continue le passé.

Il est avant tout original comme savant et comme auteur d'une philosophie scientifique, ainsi que l'a montré M. Liard. Mais il continue en cela l'œuvre des générations antérieures, des Grecs et des Byzantins, des Arabes et des Latins du XIIIe siècle. Pour s'en rendre compte, il suffit d'étudier les œuvres de Viète, sur l'algèbre et la trigonométrie et celles de Léonard de Pise qu'on a pu rapprocher de Fermat, le contemporain de Descartes. Pour l'optique et la psychologie physiologique, il ne faut pas oublier que Képler a commencé ses travaux en commentant le traité de Witelo, qui avait moins bien utilisé que son contemporain Roger Bacon les travaux d'Avicenne et d'Alhazen; que les jésuites de l'Université de Pont-à-Mousson, au témoignage de Naudé, faisaient usage, dès 1623 ou peut-être plus tôt, de la quatrième et de la cinquième partie de l'*Opus majus* de Roger Bacon (X, p. 211), publiées par Combach en 1614. Enfin ceux qui compareront le *de retardandis senectutis accidentibus*, dont une édition parut en 1590, avec ce que Descartes écrit dans la sixième partie du *Discours de la Méthode*, sur la conservation de la santé, sur les moyens de s'exempter d'une infinité de maladies, et même aussi peut-être de l'affaiblissement de la vieillesse, se demanderont si Descartes n'a pas lu Roger Bacon. En tout cas, ils seront persuadés qu'il faut tenir compte, dans l'histoire des idées, du *de retardandis* pour comprendre Descartes, comme il convient de relire le *Discours de la Méthode* pour saisir la doctrine de Condorcet sur la perfectibilité indéfinie (*Idéologues*, p. 115).

On arrivera à une conclusion identique par la comparaison du *de mirabili potestate artis et naturæ* (X, p. 216) avec le passage du *Discours de la Méthode* où il est question de substituer à la philosophie spéculative qu'on enseigne dans les écoles une philosophie pratique qui nous rende « maîtres et possesseurs de la nature ».

Est-ce à dire que l'originalité de Descartes et des savants du XVIIe siècle s'en trouve diminuée? Ce n'est nullement ce que nous avons voulu soutenir. Mais de même que dans les *Idéologues* nous avons essayé de montrer que la philosophie du XVIIIe siècle tout entier, même celle du début du XIXe, tiennent plus de compte qu'on ne le croit d'ordinaire des philosophies antérieures, nous entendons maintenir que les philosophes et les savants du xviie siècle partent de leurs prédécesseurs, pour faire accomplir à la spéculation et à la pratique les progrès dont personne ne peut mettre en doute la réalité.

Descartes continue les théologiens et les philosophes du Moyen Age en établissant, dans les *Méditations*, l'existence de Dieu et la distinction de l'âme et du corps, d'où résulte l'immortalité. Car la caractéristique de la civilisation médiévale chez les Chrétiens, les Musulmans et les Juifs d'Orient ou d'Occident, c'est que tous affirment qu'il y a un seul Dieu, Créateur et Providence, que notre âme est immortelle (*Esquisse*, ch. ii). Et Descartes se range « parmi les fidèles auxquels il suffit de croire par la foi qu'il y a un Dieu et que l'âme humaine ne meurt point avec le corps ». Sur ce point concordent toutes les affirmations des œuvres publiées par Descartes comme de celles qui ne le furent qu'après sa mort : l'argumentation de M. Espinas est absolument irréfutable.

Non seulement Descartes est chrétien comme ses prédécesseurs, mais il accepte la distinction de la foi et de la raison telle que l'établissent les catholiques à la suite de saint Thomas. Il s'appuie sur les théologiens pour établir que l'existence de Dieu se peut prouver « par raison naturelle ». Et il invoque la Sainte Ecriture : la Sagesse (ch. xiii) où il est dit que « l'ignorance (de ceux qui n'ont point la connaissance de Dieu) n'est point pardonnable, car si leur esprit a pénétré si avant dans la connaissance des choses du monde, comment est-il possible qu'ils n'en aient point reconnu plus facilement le souverain Seigneur ? » puis l'Epître aux Romains de saint Paul (ch. i), où il est dit « qu'ils sont inexcusables... que ce qui est connu de Dieu est manifesté dans eux ». Aussi croit-il que tout ce qui se peut savoir de Dieu peut être montré par des raisons qu'il n'est pas besoin de tirer d'ailleurs que de nous-mêmes et de la simple considération de la nature de notre esprit, qu'il n'est pas contre le devoir d'un philosophe de faire voir comment et par quelle voie nous pouvons, sans sortir de nous-mêmes, connaître Dieu plus facilement et plus certainement que nous ne connaissons les choses du monde.

Pour l'immortalité, Descartes s'appuie sur le concile de Latran, comme nous l'avons déjà montré au précédent chapitre, afin de se justifier d'avoir « osé entreprendre de la démontrer. »

Et il sait qu'il ne peut trouver de démonstrations qui n'aient pas déjà été employées : il tient, dit-il, « que la plupart des raisons qui ont été apportées par tant de grands personnages touchant ces deux questions (de l'existence de Dieu et de l'immortalité de l'âme) sont autant de démonstrations quand elles sont bien entendues et qu'il est presque impossible d'en inventer de nouvelles, et il croit qu'on ne saurait rien faire de plus utile en la philosophie que d'en rechercher les meilleures. »

Si nous passons, de la Lettre à la Faculté de Théologie, aux *Méditations*, nous arrivons encore à affirmer, par l'examen de chacune des théories développées, que Descartes continue les théologiens et les philosophes médiévaux. S'agit-il des choses que l'on peut révoquer en doute ? Il suffit de nommer les sceptiques et surtout Montaigne. On pourrait aussi rappeler dans le monde musulman Al Gazel, dans le monde chrétien de l'Occident, Jean de Salisbury (p. 9).

Pour le *Cogito*, il convient d'abord de citer la forme la plus inattaquable sous laquelle il a formulé sa pensée : « Il faut conclure et tenir pour constant que cette proposition, Je suis, j'existe — *hoc pronuntiatum, ego sum, ego existo* — est nécessairement vraie, toutes les fois que je la prononce ou que je la conçois dans mon esprit ». (II *sub initio*). Car on se reporte ainsi beaucoup mieux aux ultimes origines. Hauréau a rappelé Heiric d'Auxerre, Jean Scot Erigène, saint Augustin. On est amené à remonter à Plotin, le maître de saint Augustin et de bien d'autres théologiens ou philosophes médiévaux. N'a-t-il pas identifié l'Intelligence et l'Etre, les εἴδη et les ὄντα, dans toute son œuvre et spécialement dans tous les livres où il a traité de la seconde hypostase ? Par cela même, on rejoint plus aisément les deux doctrines relatives à l'âme spirituelle et à Dieu. Car Plotin et son école ont singulièrement transformé le *Connais-toi toi-même* de Socrate. Chez le maître de Platon, la formule a surtout un sens moral, comme l'a montré M. Boutroux. Pour Platon, elle a une signification métaphysique ; pour les Plotiniens, elle a une portée théologique. L'intuition qui nous fait connaître l'âme dans sa nature véritable et la plus intime nous permet de saisir Dieu par l'extase, dans la mesure où cela nous est possible. Ainsi s'expliquent, par leur comparaison avec la source primitive, les formules cartésiennes : « Nous pouvons, sans sortir de nous-mêmes, connaître Dieu... L'idée d'un être souverainement parfait se trouve en nous... J'ai en quelque façon premièrement en moi la notion de l'infini que du fini, c'est-à-dire de Dieu que de moi-même... Dieu en me créant, a mis en moi cette idée (de Dieu) pour être comme la marque de l'ouvrier empreinte sur son ouvrage, et il n'est pas aussi nécessaire que cette marque soit quelque chose de différent de cet ouvrage même, mais de cela seul que Dieu m'a créé, il est fort croyable qu'il m'a en quelque façon produit à son image et semblance et que je conçois cette ressemblance dans laquelle l'idée de Dieu se trouve contenue par la même faculté par laquelle je me conçois moi-même. »

Et si l'on s'attaque à la preuve que Descartes affectionne par dessus toutes les autres, celle qu'il tire de l'idée présente en nous d'un être souverainement parfait et infini, on sait que Descartes a pu la trouver chez saint Anselme qu'il aurait lu à La Flèche ou chez Mersenne, comme Hauréau l'a établi dans l'*Histoire littéraire du Maine*. Mais on peut aller, au delà de saint Augustin, jusqu'à Plotin, pour qui les idées d'être et de perfection étant synonymes, la souveraine perfection doit correspondre à l'existence suprême, comme la matière, dernier degré de la perfection, ne comporte qu'un minimum d'existence.

Dira-t-on que Descartes ne connaît pas ces ancêtres que nous lui attribuons? Cela n'est vrai qu'en partie. Puis il s'est attaché, de propos délibéré, à oublier les sources auxquelles il avait puisé dans sa jeunesse et en décidant de ne recevoir jamais aucune chose pour vraie qu'il ne la connût évidemment être telle, il s'était formellement engagé à examiner la valeur des idées sans tenir compte des hommes qui pouvaient les avoir émises auparavant. D'ailleurs Descartes, comme les hommes du Moyen Age, comme ceux du xviii° siècle, n'a aucune idée de ce que nous appelons aujourd'hui la probité scientifique ou historique : ce qui leur importe surtout, c'est la vérité. Ainsi s'expliquent les *deflorationes* ou reproductions à peu près littérales des œuvres antérieures chez Alcuin, chez Heiric d'Auxerre, la publication sous le nom de Guillaume d'Auvergne d'un traité sur l'Immortalité de l'Ame qui fut rédigé par Gundissalinus, l'introduction dans l'*Encyclopédie* de d'Alembert et de Diderot de pages entières de Buffier, de Condillac ou d'autres écrivains du xvii° et du xviii° siècle. Enfin si l'on arrivait même à établir, par impossible, que Descartes n'a connu, ni directement, ni indirectement, les œuvres antérieures où nous trouvons ses doctrines des *Méditations*, il faudrait encore admettre qu'elles ne lui appartiennent pas en propre, puisqu'elles se trouvent, sous une forme complète et systématique, chez les théologiens et les philosophes médiévaux.

Et ces doctrines ne figurent pas exclusivement dans les *Médi-*

tations. Elles sont dans le *Discours de la Méthode*. « J'ai déjà touché ces deux questions de Dieu et de l'âme humaine dans le Discours français que je mis en lumière en l'année 1637. » Et elles sont encore dans les *Principes* qu'il recommande de ne lire qu'après avoir étudié les *Méditations*, comme elles sont dans les Lettres et les ouvrages qu'il a laissés inédits.

D'autres théories, comme nous avons vu déjà, ont été exposées par les hommes du Moyen Age, qui entrent dans les *Méditations* ou dans ses autres œuvres : c'est, pour les rappeler brièvement, celles de la création continuée, de l'étendue rapprochée de la quantité continue, de la volonté supérieure en Dieu à l'intelligence, des passions et de l'universel, etc., etc.

Mais il est nécessaire, pour compléter cette démonstration, de citer un certain nombre de textes caractéristiques que nous offrent les *Méditations*. Le libraire nous avertit qu'elles ont été écrites en latin parce qu'elles s'adressent aux doctes et qu'on y a utilisé les termes de l'Ecole. Voici, dans la troisième Méditation, des formules qui viennent des philosophes antérieurs : « Les idées qui me représentent des substances... participent par représentation à plus de degrés d'être ou de perfection que celles qui me représentent seulement des modes ou accidents... Je conçois un Dieu souverain, éternel, infini, immuable, tout connaissant, tout puissant, et créateur universel de toutes les choses qui sont hors de lui... Ce qui est plus parfait, c'est-à-dire ce qui contient en soi plus de réalité, ne peut être une suite et une dépendance du moins parfait... Par le nom de Dieu, j'entends une substance infinie, éternelle, immuable, indépendante, toute connaissante, toute puissante et par laquelle moi-même et toutes les autres choses qui sont ont été créées et produites... L'unité, la simplicité ou l'inséparabilité de toutes les choses qui sont en Dieu est une des principales perfections que je conçois être en lui... C'est une chose manifeste par la lumière naturelle qu'il doit y avoir pour le moins autant de réalité dans la cause efficiente et totale que dans son effet ; car d'où est-ce que l'effet peut tirer sa réalité, sinon de sa cause, et comment cette cause la lui pourrait-elle communiquer si elle ne l'avait en elle-même ?... Il me semble très à propos de m'arrêter quelque temps à la contemplation de ce Dieu tout parfait, de peser tout à loisir ses merveilleux attributs, de considérer, d'admirer et d'adorer l'incomparable beauté de cette immense lumière... Comme la foi nous apprend que la souveraine félicité de l'autre vie ne consiste que dans cette contemplation de la majesté divine, ainsi expérimentons-nous, dès maintenant, qu'une semblable méditation, quoique incomparablement moins parfaite, nous fait jouir du plus grand contentement que nous soyons capables de ressentir en cette vie ? » Et ce dernier passage, plotinien autant que chrétien (*Esquisse* V, p. 110), est complété par le début de la 4ᵉ Méditation : « Il me semble que je découvre un chemin qui nous conduira de cette contemplation du vrai Dieu, dans lequel tous les trésors de la science et de la sagesse sont renfermés, à la connaissance des autres choses de l'univers. »

Toujours Descartes prend le concept de Dieu tel qu'il lui est donné par la tradition, sans s'attacher même comme saint Anselme à le constituer en rassemblant successivement les attributs ou qualités qui lui appartiennent. C'est par la volonté ou la liberté principalement « que l'homme porte en lui l'image et la ressemblance de Dieu »; Dieu dispose l'intérieur de sa pensée et « la grâce divine, la connaissance naturelle, bien loin de diminuer sa liberté, l'augmentent plutôt et la fortifient ». C'est encore l'appel à « l'Ecole » pour la signification qu'on donne aux mots privation et négation, en ce qui concerne la raison formelle de l'erreur et du péché. Et aussi (5ᵉ Mᵒⁿ) pour le rapprochement de la quantité continue et de l'étendue: « J'imagine distinctement cette quantité que les philosophes appellent vulgairement la quantité continue, ou bien l'extension en longueur, largeur et profondeur, qui est en cette quantité ou plutôt en la chose à qui on l'attribue. » Puis c'est la distinction de l'essence et de l'existence pour les choses autres que Dieu, l'impossibilité de les séparer en lui, l'identification en lui de l'existence et de la perfection, de la perfection et de l'être, la nécessité de n'être prévenu d'aucuns préjugés, de n'avoir pas sa pensée « divertie par la présence continuelle des choses sensibles » pour connaître Dieu plus facilement qu'aucune chose, l'idée que la certitude de toutes les autres choses en dépend si absolument que, sans cette connaissance, il est impossible de pouvoir jamais rien savoir parfaitement. Et Descartes conclut « que la certitude et la vérité de toute science dépendent de la seule connaissance du vrai Dieu, qu'en le connaissant il a le moyen d'acquérir une science parfaite touchant une infinité de choses, non seulement de celles qui sont en lui, mais aussi de celles qui appartiennent à la nature corporelle, en tant qu'elle peut servir d'objet aux démonstrations des géomètres, lesquels n'ont point d'égard à son existence ».

Il resterait bien d'autres passages à relever : dans la sixième Méditation, celui où il est question de la notion que nous avons de nos diverses facultés de penser ou, pour employer les termes de l'Ecole, de leur concept formel; dans les *Objections*, les appels au Pseudo-Denys, à saint Thomas, à Boèce, etc. Ce qui précède suffit à montrer que Descartes a bien continué les philosophes et les théologiens du Moyen Age, que les doctrines essentielles de sa métaphysique ou de sa philosophie première ne sont pas des doctrines nouvelles, puisqu'elles remontent par des intermédiaires nombreux jusqu'à saint Augustin et aux Plotiniens.

Mais il y a, chez Descartes, reproduisant le passé, une originalité qu'on ne saurait méconnaître. S'il croit qu'il est presque impossible d'inventer de nouvelles preuves de l'immortalité de l'âme et de l'existence de Dieu, *il en recherche avec soin les meilleures*, il veut *les disposer en un ordre si clair et si exact qu'il soit constant désormais à tout le monde que ce sont de véritables démonstrations*. Enfin il a pensé qu'il était de son devoir de faire, sur une matière aussi importante, l'épreuve de la méthode qu'il a cultivée pour résoudre toutes sortes de difficultés dans les sciences et de laquelle plusieurs personnes savent qu'il s'est servi assez heureusement en d'autres rencontres. Et il estime que, par aucune voie, on ne pourra en trouver de plus satisfaisantes!

Ce qui prouve bien que cette tentative n'est pas sans originalité, c'est que cette partie de l'œuvre cartésienne fut reprise en bonne partie au xviiie siècle par Voltaire et par Rousseau. Descartes ayant invoqué surtout la raison, avait constitué en quelque sorte une religion naturelle qu'il avait mise à côté ou à part de la religion révélée, suffisante pour les fidèles et relevant de la foi. Les philosophes du xviiie siècle ne voulurent tenir compte que de la raison et, au *théisme* qui s'accordait avec le christianisme, ils substituèrent le *déisme* qui rompait nettement avec la révélation.

Nous en dirons tout autant en ce qui concerne les preuves de l'existence de Dieu et de la distinction de l'âme et du corps. Sans aller aussi loin que Fouillée, pour qui la preuve cartésienne est une complète transfiguration du raisonnement de saint Anselme, on est obligé de reconnaître que Descartes a su donner une forme personnelle à la matière qui lui venait de ses prédécesseurs.

Même pour les vérités éternelles, M. Boutroux a établi que Descartes avait fait autre chose que de répéter ce qui avait été dit avant lui.

Enfin si le philosophe rapproche lui-même la quantité continue des thomistes et l'étendue à laquelle il attribue un si grand rôle, on voit fort bien que celle-ci se trouve ramenée à la mathématique, base de toutes ses recherches et qu'elle est ainsi, en une bonne mesure, le point de départ de la science et de la

philosophie scientifique dont nous lui sommes redevables.
On saisit par cela même la liaison qu'il veut établir entre sa métaphysique, plotinienne autant que chrétienne, et les conceptions nouvelles auxquelles son nom reste justement attaché. Il veut montrer qu'à la métaphysique antérieure, pour laquelle il restait en accord avec tous ses prédécesseurs, on pouvait joindre la science qu'il était en train de construire. Ne faisait-il pas découler de la conception orthodoxe de Dieu une science parfaite des choses qui appartiennent à la nature corporelle et en particulier de celles qui ont rapport aux démonstrations des géomètres ? Et Auguste Comte n'a-t-il pas pu se donner comme le continuateur de Descartes par la célèbre classification des sciences dans laquelle, allant de la mathématique à la sociologie, il entendait rassembler tout le savoir qu'il nous est donné d'atteindre ?

***

En résumé Descartes a défendu la religion contre les libertins, les athées et les esprits forts. Il a constitué, avec les éléments qu'il a pris aux théologiens et aux philosophes médiévaux, une métaphysique ou une philosophie première qui n'est pas sans originalité. Surtout il a voulu qu'elle servît de fondement — non plus à la science du passé comme au temps de saint Thomas — mais à la science nouvelle, appelée à recevoir de jour en jour de nouveaux enrichissements. En ce sens, on pourrait encore rapprocher son œuvre de celle de Roger Bacon et l'en distinguer par le fait que ce qui est pour Roger Bacon le but suprême, c'est le groupement, en vue de la théologie et de la philosophie futures, de toutes les acquisitions scientifiques, tandis que, pour Descartes, c'est l'adjonction à une théologie et à une philosophie fixées dans leurs grandes lignes, de connaissances sans cesse augmentées par l'observation, l'expérimentation, le calcul et reliées entre elles de manière à constituer une philosophie scientifique qui peut-être se suffise à elle-même, mais qui ne doive pas nécessairement entrer en lutte avec les affirmations et les croyances des chrétiens ou même des catholiques. Ce qu'il se proposa, en réalité, ce ne fut pas de faire une révolution et de rompre entièrement avec le passé, ce fut de produire une évolution qui valut à l'humanité, sans lui faire rien perdre, la possession de nouveaux domaines dans lesquels le progrès lui paraissait indéfiniment possible.

CHAPITRE XVIII

THOMISME ET MODERNISME DANS LE MONDE CATHOLIQUE

I. — Augmentation, pendant les dernières années de Léon XIII, du nombre des dissidents.
II. — Pie X : le début de son Pontificat.
III. — La lettre à l'Académie romaine de saint Thomas et les actes qui l'ont suivie.
IV. — La lutte entre le thomisme et le modernisme.
V. — L'Encyclique *Pascendi Dominici gregis* condamne le modernisme en fonction de la philosophie.
VI. — Le triomphe du thomisme dans le monde catholique.

I

On a étudié, dans l'*Esquisse d'une histoire générale et comparée des philosophies médiévales* (ch. x, p. 216-288), la restauration au xixe siècle du thomisme comme philosophie catholique. Le pape Léon XIII avait voulu qu'on tentât de joindre à la philosophie et à la théologie de saint Thomas, les acquisitions des sciences modernes, *vetera novis augere*, de sorte que certains catholiques travaillaient à suivre cette double direction, d'autres s'occupaient surtout à restaurer la philosophie du xiiie siècle, tandis que d'autres songeaient davantage aux adjonctions qu'il convenait de lui faire.

Vers 1900 on pouvait s'apercevoir qu'un certain nombre de penseurs catholiques étaient plus soucieux d'acquérir des connaissances ou des doctrines nouvelles que de conserver fidèlement et pieusement le thomisme. Au début de 1902, Mgr Turinaz, *Les périls de la foi et de la discipline dans l'Eglise de France*, signalait les dangers de la nouvelle apologétique, surtout imprégnée de la « philosophie kantienne qui, ébranlant la base du savoir humain, conduit logiquement au scepticisme universel et à l'irréligion ». Un peu plus tard, l'abbé Fontaine publiait un volume de plus de 500 pages sur les infiltrations kantiennes et protestantes dans le clergé français. Il y attaquait les doctrines et les hommes : « Le pire fléau pour l'église à notre époque, écrivait-il, ce sont les outranciers de la conciliation, dont l'œuvre forme comme une synthèse théologico-philosophique ou du moins les anneaux d'une même chaîne, depuis l'irresponsabilité de M. l'abbé Jules Martin jusqu'aux négociations radicales de M. l'abbé Hébert, en passant par le dogmatisme moral du P. Laberthonnière, les dangereux paradoxes de M. Blondel, les fantaisies exégétiques de M. l'abbé Loisy et de M. l'abbé Bigot, les atténuations habiles de M. l'abbé Mano et les naïves questions de M. l'abbé Péchégut, sans parler des reproductions tronquées de M. Lechartier ». M. l'abbé Fontaine s'attaquait même aux philosophes qui ont travaillé à faire échec à l'idéalisme critique, à M. Fonsegrive comme à M. Blondel. Et pour lui l'histoire des dogmes telle qu'elle se fait chez les protestants, la substitution de leur méthode à la théologie traditionnelle et systématique serait « un jour de malheur pour l'Eglise de France. »

On trouvait que le directeur de la *Quinzaine*, qui avait été, pendant un certain temps, grand admirateur du thomisme, semblait faire une place trop grande aux novateurs. Quant aux *Annales de philosophie chrétienne*, son directeur l'abbé Denis donnait raison à M. Turinaz (mars 1902) : dans sa défense de Kant, il disait qu'il a rétabli la tradition scolastique, en la limitant à ses justes et stricts droits ; Kant, ajoutait-il, est déjà dépassé comme saint Thomas, mais pas plus que saint Thomas, il n'est contredit. Laberthonnière réunissait, au début de 1903, des articles publiés sur la méthode de l'apologétique moderne où il défendait la méthode d'immanence contre les théologiens qui l'ont combattue en flétrissant le subjectivisme et le « kantisme, au risque de perdre la vieille apologétique, c'est-à-dire le catholicisme lui-même ». Si l'on faisait remarquer que Brunetière avait fondé sa théorie apologétique du catholicisme sur l'impuissance de la recherche rationnelle, quand il disait : « On ne démontre pas la divinité du Christ, on l'affirme ou on la nie ; on y croit ou on n'y croit pas, comme à l'immortalité de l'âme, » on répondait que c'était là une formule condamnée par l'Eglise sous le nom de fidéisme. Comment se fait-il, ajoutait-on, que l'Eglise ne soit pas intervenue et que Mgr. Turinaz, attaquant Blondel et Fonsegrive, n'ait rien dit de Brunetière? C'est d'abord que Brunetière a condamné en 1900 le fidéisme. Et puis, dit l'abbé Péchégut dans les *Annales*, c'est qu'il y a des motifs secrets à l'indulgence dont on use pour Brunetière,

Alors se placent les conférences de William James à Oxford sur les variétés du sentiment religieux, qui rappellent le point de vue pragmatique : le vrai, pour lui, c'est l'efficace, Dieu n'est pas connu, il n'est pas compris, il est employé (*used*).

On peut donc trouver chez tous ceux dont nous venons de parler une méthode contraire à celle des thomistes et entraînant par suite, sans même qu'ils le veuillent, des solutions contraires aux leurs. Chez l'abbé Hébert, la méthode et la doctrine s'opposent, nettement et de propos délibéré, au thomisme. Dans l'article sur la dernière Idole, il soutient que la plupart des majeures sur lesquelles les philosophes scolastiques appuyaient leurs syllogismes, renfermaient leur croyance diluée, incorporée en quelque principe plus ou moins rationnel ou expérimental. Et il prend pour exemple les preuves de l'existence de Dieu, telles que les développe saint Thomas d'Aquin dans la première partie de la *Somme théologique* : il y signale une ou même plusieurs pétitions de principe. « Au point de vue vital, dit-il, comme expression de la vie psychique de celui qui les a élaborées et formulées, selon la mode de son époque, elles permettent de conclure à l'au-delà, à l'Idéal, au Divin, nullement à un Dieu personnel. »

Un an plus tard l'abbé Hébert publie une seconde étude sur la personnalité divine (*Revue de métaphysique et de morale*, mars 1903). Et enfin, il proclame la faillite du catholicisme dogmatique, condamne l'inconséquence et la timidité traditionnelle de Loisy qui s'arrête dans son interprétation spiritualiste, comme si l'on pouvait concilier la recherche de la vérité avec le vieux matérialisme de l'Eglise, comme si le symbole en quoi l'on transforme le dogme conservait de la valeur si l'on n'a pas commencé par prendre à la lettre les affirmations dogmatiques, comme si la foi chrétienne n'était pas aussi vivante dans la conscience d'Arius que dans celle d'Athanase, dans celle de Luther que dans celle de beaucoup de Pères du Concile de Trente. En définitive Loisy aboutit, dit-il, à n'avoir d'autre critérium que le succès, à justifier, par conséquent, le fait accompli par le résultat obtenu.

Chez Loisy, on relève des doctrines et des textes significatifs. Wilbois, étudiant l'esprit positif dans la *Revue de métaphysique et de morale* (mai 1902), donne comme modèle de l'évolutionnisme qu'il recommande certaines études bibliques de Loisy. Et la *Revue thomiste* cite un texte accepté par ce dernier et qui en dit long pour ceux qui, après et avec Léon XIII, défendent le thomisme : « La philosophie, comme telle, abstraction faite de toute relation avec la vérité révélée, n'est pas plus soumise à son autorité que les sciences naturelles. Il (le pape) s'en occupe en vertu de son suprême pouvoir de direction, non comme le docteur infaillible de l'Eglise. Il sait bien d'ailleurs qu'en dehors de la foi religieuse et des vérités évidentes, l'esprit humain est essentiellement libre et incapable de s'assujettir, le voulût-il, à ce qui ne le satisfait pas ». Quand l'*Evangile et l'Eglise* fut condamné par plusieurs évêques, la *Revue thomiste* écrivit : « Il a voulu défendre l'Eglise catholique avec tout ce que nous y trouvons, même les Jésuites, même la dévotion à saint Antoine de Padoue et au scapulaire... Il combat Harnack, mais le suit ».

Ainsi le nombre des dissidents semble, en France, aller en augmentant et l'on entrevoit déjà que leurs affirmations peuvent être ordonnées autour d'une philosophie qui, dans toutes ses formes, s'opposera nettement au thomisme.

II

Léon XIII mourut le 20 juillet 1903. Il était remplacé, le 4 août, par le patriarche de Venise. D'une humble famille, Joseph Melchior Sarto était né le 2 juin 1835, le premier de huit enfants. Il fit de modestes études, au collège de Castelfranco Veneto, qui est aujourd'hui une école primaire. Au Séminaire, on le trouva excellent en philosophie, parce qu'il s'était assimilé cette science dans la mesure voulue en étendue et en profondeur. Vicaire de 1859 à 1867, il dut pour vivre, lui et sa sœur, ajouter à son ministère l'éducation des enfants et la composition de sermons. Jusqu'en 1866, il demeura sujet autrichien. Il apprit donc l'allemand, qui était la langue officielle, mais il ignora le français. Archiprêtre de 1867 à 1875, chanoine de 1875 à 1880, il s'occupa de la direction spirituelle du séminaire diocésain et de l'extension à donner à la musique sacrée. Après avoir été vicaire général de Trévise de 1880 à 1884, il devint évêque de Mantoue. Il organise alors les fêtes centenaires de saint Anselme, fait une grande place à la musique sacrée, copiant des parties, enseignant le solfège aux jeunes séminaristes, mais leur expliquant aussi lui-même la *Somme théologique* de saint Thomas d'Aquin. Il devançait ainsi les prescriptions explicites de Léon XIII.

En 1893 Sarto est cardinal et patriarche de Venise. Il vit en bonne intelligence avec le roi Humbert, développe ses idées sur le chant liturgique, organise des sociétés catholiques et des caisses rurales, fonde la *Difesa*, journal catholique, s'occupe activement des congrégations religieuses et des œuvres de son diocèse. Pas plus alors qu'auparavant, il ne semble qu'il ait donné beaucoup de temps aux études purement spéculatives.

A la mort de Léon XIII, la *Revue thomiste* écrivait : « Il s'est rangé parmi les grands pasteurs des peuples, les grands conducteurs des destinées humaines ; il a été le plus grand pape du siècle et peu de siècles en ont eu d'aussi grands que lui. » Son successeur, le patriarche de Venise, fut élu à la suite d'une intervention de l'Autriche qui écartait le cardinal Rampolla, le collaborateur le plus fidèle et le plus éminent de Léon XIII. Le nouveau pape prenait le nom de Pie X et les partisans, comme les adverversaires du thomisme, se demandaient s'il ne romprait pas, en philosophie tout au moins, avec les prescriptions de Léon XIII.

Dans sa première Encyclique du 4 octobre, Pie X ne parle ni de Léon XIII, ni du thomisme. Mais on voit déjà qu'il sera peu favorable aux novateurs. Il se propose de « restaurer toutes choses dans le Christ » et, par le Christ, de revenir au Dieu juste et vivant, non à un Dieu inerte et insoucieux des choses humaines, *comme les matérialistes l'ont forgé dans leurs folles rêveries*. Il signale la guerre contre Dieu et veillera à ce que les membres du clergé ne se laissent point surprendre aux manœuvres insidieuses d'une certaine science nouvelle qui se pare du masque de la vérité, science menteuse qui, à la faveur d'arguments fallacieux et perfides, s'efforce de frayer le chemin aux erreurs du rationalisme et du semi-rationalisme. Il préférera toujours les jeunes prêtres qui, sans négliger les sciences ecclésiastiques et profanes, se vouent plus particulièrement au bien des âmes dans l'exercice des divers ministères qui siéent au prêtre, animé de zèle pour l'honneur divin, quoiqu'il déclare dignes d'éloges ceux qui se consacrent à d'utiles études dans toutes les branches de la science et se préparent ainsi à mieux défendre la vérité ou à réfuter plus victorieusement les calomnies des ennemis de la foi. Il admet des associations — à condition qu'elles aient pour objet principal l'accomplissement des devoirs de la vie chrétienne. Il recommande l'action mais l'action qui se porte sans réserve à l'observation intégrale et scrupuleuse des lois divines et des prescriptions de l'Église, à la profession ouverte et hardie de la religion.

Pie X apparaît ainsi tout d'abord comme le véritable successeur du pape auquel reste attaché le souvenir du *Syllabus*. Il se montre encore le successeur de Pie IX, qui « déclara et proclama de révélation divine, par l'autorité du magistère apostolique, que

Marie a été, dès le premier instant de sa conception, totalement exempte de la tache originelle », dans l'Encyclique du 2 février 1904 et les documents qui la précèdent ou qui la suivent.

Pie X, d'un autre côté, ordonne, dans les nombreux documents relatifs à la musique sacrée, la pratique de ce qu'il avait fait lui-même comme prêtre, comme évêque, comme patriarche.

Déjà cependant dans la lettre du 8 septembre aux cardinaux Vanutelli, Rampolla, Ferrata et Vivès, Pie X proclame qu'il est de son devoir de garder comme un trésor *tous les enseignements* et tous les exemples laissés par Léon XIII, particulièrement pour les moyens qui visent l'accroissement de la foi et la sainteté des mœurs. Dans le *Bref* du 6 novembre 1903, sur l'union entre les catholiques italiens, il renvoie à l'Encyclique *Rerum novarum* qui traite de la question sociale, et à l'Encyclique *Graves de communi* qui traite de l'action catholique, mais il ne dit rien du thomisme par lequel Léon XIII entendait établir l'union de tous, clercs et laïques. Dans le *Motu proprio* du 18 décembre, on trouve le même appel à Léon XIII « qui a tracé lumineusement les règles de l'action populaire chrétienne ». Des documents publiés par son prédécesseur, Pie X tire une série d'articles « qui devront être pour tous les catholiques la règle constante de leur conduite ». Mais il n'y est pas davantage question du thomisme. Il en est de même encore dans le *Bref* du 28 décembre 1903, où, se réservant le protectorat de l'Institut de l'union catholique, il rappelle que Léon XIII approuva, loua et recommanda cet Institut.

Plus caractéristique encore est, en ce sens, l'allocution consistoriale du 9 novembre 1903. De Léon XIII, Pie X disait que son zèle pour étendre la religion, pour multiplier et entretenir les manifestations de la piété, sa sagesse pour combattre les erreurs de notre temps, pour ramener dans les foyers et dans l'ordre public l'intégrité de la doctrine et de la vie chrétiennes, sa sollicitude pour améliorer le sort des humbles et des indigents, pour remédier aux maux de la société civile, lui ont conquis l'admiration et la sympathie immortelles du genre humain. « Devant l'excellence et la grandeur d'un tel homme, ajoutait-il, qui ne reculerait à la pensée de recueillir en quelque sorte une si lourde succession? » Et s'il déclarait approuver « les découvertes de l'expérience, les progrès des sciences, tout ce qui perfectionne l'activité humaine », il croyait avoir le devoir « de rejeter et de réfuter *les principes de la philosophie moderne* et les sentences du droit civil qui dirigent aujourd'hui le cours des affaires humaines dans une voie contraire aux prescriptions de la loi éternelle ».

Combattre les principes de la philosophie moderne, c'était, semble-t-il, recommander implicitement déjà la philosophie thomiste.

La Congrégation de l'Index, par les condamnations qu'elle portait le 4 décembre et le 23 décembre 1903, indiquait bien qu'elle entendait proscrire tout à la fois les partisans de l'exégèse moderne et ceux qui refusaient d'accepter la philosophie thomiste. Cela est manifeste pour Charles Denis, qui s'est en presque toute circonstance comporté comme un adversaire du thomisme.

Loisy déniait au Pape le droit d'imposer une philosophie. Et ses partisans, comme ses adversaires, lui attribuaient une philosophie tout autre que le thomisme : « Loisy, écrit Houtin, résolut de s'appliquer à l'histoire des dogmes. Il choisit pour guide le cardinal Newman, qu'il appelle le plus grand et peut-être le seul théologien catholique du xixe siècle. Il reprit son idée du développement chrétien pour l'opposer aux systèmes de MM. Harnack et Sabatier. Il poussa plus loin — si tant est que Newman l'admette — l'idée de la relativité des dogmes et des formules dogmatiques ». Et Houtin relève dans *Autour d'un petit livre* certaines formules, — « le renouvellement intégral qui s'est produit et qui se continue dans la philosophie moderne... l'évolution de la philosophie moderne... l'histoire qui n'atteint pas le fond des choses ». — Elles n'échappent d'ailleurs pas aux adversaires. Ainsi l'abbé Gayraud l'attaque au nom de la scolastique thomiste. Le *Bulletin de littérature ecclésiastique*, l'*Ami du clergé*, la *Revue augustinienne*, etc., le dénoncent comme philosophe. D'autres déclarent que ce qui l'a écarté de l'orthodoxie, c'est l'idéologie, une fausse philosophie qui l'a fait tomber dans le rationalisme le plus complet; d'autres encore, que « les censures des théologiens... la condamnation de Rome n'ont rien laissé debout de la synthèse historico-philosophique de M. Loisy ». Merry del Val, annonçant à l'archevêque de Paris la condamnation par le Saint Office, se bornait à parler « d'erreurs sur la révélation primitive, l'authenticité des faits et des enseignements évangéliques, la divinité et la science du Christ, la résurrection, la divine institution de l'Église et les sacrements ». Mais l'introduction de nouveaux éléments dans la discussion, l'examen plus approfondi des doctrines condamnées ou suspectes amèneront le pape et les représentants de l'orthodoxie à en chercher de plus en plus la cause dans la philosophie moderne, à en indiquer le préservatif ou le remède dans la philosophie thomiste.

III

D'abord le 23 janvier 1904, Pie X, dans sa lettre apostolique sur l'Académie romaine de saint Thomas, se prononçait énergiquement pour la philosophie recommandée par son prédécesseur. Il affirmait expressément qu'une des choses les plus louables chez Léon XIII, c'était l'effort pour restaurer la discipline de saint Thomas et la fondation de cette Académie destinée à expliquer, à défendre, à propager la doctrine de saint Thomas, spécialement en philosophie. A son tour, il s'engageait à maintenir les prescriptions touchant l'enseignement de la philosophie et de la doctrine thomistes, à continuer à l'Académie de saint Thomas la protection que lui accordait Léon XIII. Les membres de l'Académie, il les félicitait des commentaires qu'ils ajoutaient à la doctrine, du développement qu'ils faisaient de ses pensées, des jugements qu'ils portaient, à la lumière de ses principes, sur les affirmations des philosophes récents, de l'aide puissante que, d'une façon générale, ils apportaient aux véritables progrès de la philosophie. Puis il exhortait tous ceux qui enseignent la philosophie dans les écoles catholiques de l'univers entier, à ne jamais s'écarter de la voie et de la méthode de saint Thomas, à combattre virilement le fléau commun de la raison et de la foi, le néo-rationalisme. Pie X, revenant ainsi sur le rationalisme condamné par sa première Encyclique, proclamait que seul le thomisme est en état de le combattre.

La *Revue thomiste* signala immédiatement l'importance de la lettre pontificale : « Il se disait en bien des endroits, écrivait le P. Coconnier, que le Pape d'aujourd'hui ne pensait pas et ne parlerait pas sur saint Thomas et sa doctrine comme le Pape d'hier... qu'il orienterait les esprits vers une science nouvelle, pour répondre à des besoins nouveaux. Très peu de Revues — ce qui ne laisse pas de faire songer — ajoutait-il, ont mis sous les yeux de leurs lecteurs le texte du bref pontifical. Puis, faisant prévoir les condamnations futures, le P. Coconnier disait encore : « Il demeure donc bien établi que la pensée de Léon XIII sur le rôle doctrinal que doit exercer de nos jours saint Thomas d'Aquin est devenue la pensée même de Pie X, que, pour Pie X comme pour Léon XIII, les philosophes et les théologiens catholiques doivent reconnaître en saint Thomas d'Aquin leur guide et leur maître; qu'expliquer, défendre et répandre la doctrine de saint Thomas, c'est à l'heure présente, faire œuvre éminemment utile et opportune, soit pour réfuter les erreurs, soit pour aider aux progrès de la vraie science... Pie X signale cette peste tout ensemble de la raison et de la foi qu'est le néo-rationalisme, qui tend à s'insinuer partout dans l'exégèse, l'histoire, la critique... *Il a vu le mal, il s'en est ému et nous savons qu'il portera le remède.* »

La lutte entreprise en France contre les congrégations, puis la séparation de l'Église et de l'État, qui n'eurent aucune influence appréciable sur les élections législatives, montrèrent nettement que les catholiques y avaient perdu du terrain et que la direction suivie par la Papauté n'y avait pas obtenu des résultats analogues à ceux qu'elle avait réalisés en Belgique et en Allemagne. Peut-être parut-il bon, à un certain nombre de catholiques, de faire d'amples concessions à l'esprit moderne pour empêcher une séparation qu'ils craignaient de plus en plus radicale. Mais, de son côté, le Pape estima de plus en plus qu'il importait de maintenir le catholicisme sur le terrain même où il était placé, en particulier de demander au thomisme de guider les exégètes et les critiques, les historiens et les théologiens comme les philosophes.

D'abord la *Lettre apostolique* du 23 février 1904 institue des grades de licencié et de docteur en Écriture sainte. Pour les obtenir, il faut être docteur en théologie dans une Université ou Faculté approuvée par le Saint-Siège, puis soutenir un examen écrit et oral devant un jury désigné par la Commission biblique, à laquelle il appartient aussi de fixer les matières sur lesquelles doivent porter l'un et l'autre. Et c'est aux ecclésiastiques ainsi préparés que les évêques doivent confier l'enseignement des Écritures.

Le 12 mars 1904, l'Encyclique *Jucunda sane* opposait l'immortalité de l'Église aux systèmes philosophiques ruinés successivement de fond en comble, après avoir voulu la combattre. Puis il y était dit que « l'erreur du temps présent apporte beaucoup de dommages à la religion et en apportera plus encore, *si le médecin n'y porte la main* ». Et, après avoir ainsi laissé entrevoir des mesures de rigueur, Pie X montrait en quoi consiste l'erreur moderne, la plus grande de toutes : « On nie qu'il y ait rien au-dessus de la nature... On nie un Dieu créateur et Providence... la possibilité des miracles. Ainsi on ébranle les fondements de la religion. On attaque même les arguments qui démontrent l'existence de Dieu et, avec une témérité incroyable, à l'encontre des premiers jugements de la raison, on rejette cette force invincible du raisonnement qui, des effets, conclut à leur cause, c'est-à-dire à Dieu et à ses attributs... De là d'autres erreurs monstrueuses... La négation du principe surnaturel... devient le postulat d'une critique également fausse... On nie la divinité de J.-C., son Incarnation par l'œuvre du Saint-Esprit, sa résurrection... tous les autres points de notre foi... La science critique biffe, des Livres saints, tout ce qui ne sourit pas à ses desseins... Les fauteurs de nouveautés, pour refaire l'histoire de l'Église, retournent les textes anciens au gré de leur caprice... Est-ce à dire qu'il faut renoncer à la méthode critique? Non pas. Légitimement employée, elle facilite très heureusement les recherches... Il faut changer de tactique... revenir au champ légitime de la philosophie, dont l'abandon fut le principe de leurs erreurs ».

Ainsi Pie X ramène nettement à une fausse philosophie les nouveautés critiques et historiques, recommande expressément le retour au thomisme qui les fera disparaître.

Aussi reçoit-il le 16 avril le Président et le Secrétaire de l'Institut de Louvain, auquel il adresse le 20 juin un bref signé de sa main. Il félicitait le maître et les élèves de l'ardeur qu'ils mettaient à distribuer ou à recevoir l'enseignement de saint Thomas, à puiser à larges traits, aux sources si pures du Docteur évangélique, la science divine et humaine. A tous il recommandait de poursuivre, avec un inébranlable courage, l'œuvre qu'ils avaient entreprise sous l'impulsion de Léon XIII. Lui-même il imposait la *Psychologie* de Mgr Mercier, comme livre de texte, aux candidats pour les grades académiques du Séminaire romain.

Et le 3 juin 1904, la Congrégation de l'Index, qui annonçait la soumission de Charles Denis et de Michael Georgel, condamnait trois livres, dont les tendances montraient que des adversaires se levaient en France, en Italie, en Allemagne.

A la même époque, Mgr Batiffol constatait que les partisans de la critique en Angleterre impliquaient eux aussi une philosophie dans leur conception de la critique. Le général des jésuites mettait ses subordonnés en garde contre la méthode historique interne, en leur montrant où aboutit « le manque d'une sévère éducation philosophique et théogique ». Et les *Études* publiaient, en ce sens, des articles qui signalaient et combattaient les nouveautés suspectes. De même la *Revue thomiste* donnait, du T. R. P. Gardeil, des articles où il renvoyait Loisy qui « confond foi et révélation, proportion et inadéquation, symbole et analogie », à la lecture de la *Somme théologique*. Elle rappelait que, depuis cinq ans et plus, elle avertissait l'opinion de ses erreurs et soutenait que « les prétendues exigences de la pensée philosophique moderne ne sont rien d'autre qu'une ignorance grossière de la philosophie chrétienne »... qu'elle combattait ce que Loisy appelle l'infaillibilité de la critique, parce que tous les esprits critiques sont habitués au flux et au reflux des systèmes. En analysant les lettres à Loisy de l'abbé Frémont, elle signalait l'engouement naïf pour l'hébreu, le grec et les langues orientales, l'introduction, dans l'interprétation des documents sacrés, d'une philosophie personnelle et subjectiviste qui aboutit à leur donner un sens que la tradition n'a jamais connu. Et elle insistait sur la nécessité de la tradition, pour une langue comme l'hébreu, dont la plupart des mots sont équivoques. Puis dans une série d'articles sur la scolastique, T. Richard en montrait le but, la nature, les avantages et les inconvénients. Il trouvait plus de rapports qu'on ne pense entre les abus de la scolastique et ceux de la critique actuelle :

« La critique, disait-il, se livre surtout à une interprétation extensive des faits, d'où résulte une incroyable diversité dans les résultats obtenus, qu'il s'agisse de Platon ou du Pentateuque... *Tanta est hodie hypotheseon varietas ut semper patronum aliquem invenias, quidquid de numero vel ætate scriptorum statueris...* Ce qui n'est guère tolérable, c'est qu'on parle sans cesse de science à propos de choses qui mériteraient bien plus le nom de récréations intellectuelles... Si l'on procède par déduction, on met en avant des principes généraux... un système de philosophie qui n'est rien moins que prouvé... Si l'on recourt à l'induction, les documents et les faits ne donnent pas de réponse claire et catégorique aux questions qu'on leur pose... Il faut éviter de présenter, comme des conclusions scientifiques, des choses qui sont tout au plus du domaine de la probabilité... il ne faut *donc pas s'emballer sur les résultats, comme les primaires et les demi-savants.* »

IV

Les années 1905 et 1906 ont vu se continuer, dans le monde catholique, le double mouvement qui porte un certain nombre d'esprits à se rapprocher de plus en plus des doctrines modernes, tandis que le Pape et ceux qui restent soumis à sa direction s'attachent de jour en jour davantage au thomisme, philosophique autant que théologique.

Dans la *Quinzaine*, Georges Fonsegrive avait, à plusieurs reprises, fait l'éloge de ceux qui essayent de concilier le catholicisme avec la science et la pensée modernes, en particulier des abbés Loisy et Klein. En 1904, il y avait donné deux articles de M. Blondel, *Histoire et Dogme, Les lacunes philosophiques de l'exégèse moderne*, qui développaient certaines idées émises dans la thèse sur l'*Action*. Le 16 avril 1905, la *Quinzaine* publiait, comme préface d'une enquête adressée aux théologiens, l'article, de M. Le Roy : *Qu'est-ce qu'un dogme* ? M. Le Roy s'inspirait, selon M. Wilbois, des docrines contingentistes de M. Boutroux, de la critique du sens commun de M. Bergson, et s'appuyait, en les complétant, sur les analyses fragmentaires que MM. Poincaré, Duhem, Milhaud ont données des procédés de la science.

La pensée moderne répugne, selon M. Le Roy, à l'idée de dogme. D'abord le dogme se donne comme n'étant ni prouvé, ni prouvable, tandis que la pensée moderne, fidèle au précepte de Leibnitz, s'efforce de démontrer jusqu'aux anciens axiomes, ou tout au moins de les justifier, avec Kant, par une analyse critique qui les montre conditions nécessaires de la connaissance, impliquées *a priori* dans tout acte de raison. Puis les démonstrations indirectes qu'on en tente ont, pour base inévitable, un appel à la transcendance de l'autorité pure : le dogme apparaît ainsi comme un asservissement, une menace de tyrannie intellectuelle, ce qui est contraire au principe générateur et fondamental de l'esprit, le principe d'immanence. En outre, les formules des dogmes ne sont pas parfaitement intelligibles, elles appartiennent au langage d'un système philosophique difficile à entendre, elles contiennent des métaphores empruntées au sens commun ; on ne parvient pas à leur découvrir un sens pensable. Enfin les dogmes forment un groupe incommensurable avec l'ensemble du savoir positif et produisent, pour qui les accepte, la nécessité désastreuse de vivre en partie double.

Cette conception intellectualiste rend, selon M. Le Roy, insolubles la plupart des objections qu'on a faites à l'idée de dogme. Si, au contraire, on voit dans le dogme une prescription d'ordre pratique, si on admet la primauté de l'action, on résout le problème, sans rien abandonner ni des droits de la pensée, ni des exigences du dogme.

Ainsi M. Le Roy exposait les objections que, d'un point de vue philosophique et rationnel, on peut adresser aux dogmes. Ainsi il se mettait en opposition radicale avec l'orthodoxie catholique, pour laquelle le dogme ne peut être qu'une proposition définie, formulée et, s'il y a lieu, interprétée par l'autorité religieuse. Et au point de vue orthodoxe, il n'avait aucune qualité pour proposer une solution qu'en toute circonstance, il n'appartient qu'à l'Église de faire intervenir. Mais M. Le Roy entendait bien ne pas se séparer de l'Église, en s'unissant d'ailleurs avec l'abbé Loisy.

En 1905 mourait Charles Denis « qui combattit la scolastique, faute de la bien connaître ». L'abbé Laberthonnière prenait la direction des *Annales de Philosophie chrétienne*. On lui doit toute une série d'opuscules qu'il a réunis en un volume intitulé « Essais de philosophie religieuse ». Il y critique l'intellectualisme, parce que ce n'est point par la pensée abstraite qu'on atteint Dieu. Comme M. Blondel, il estime que Dieu est accessible à « l'action ». L'action humaine n'est jamais satisfaite d'elle-même. En rentrant en soi, on trouve l'inassouvissement, l'inquiétude, l'appétit du divin. Il faut donc une nouvelle apologétique : si la critique des sciences nous fait sortir de la quiétude des formules incomprises, c'est la philosophie de l'action qui nous tire de la torpeur du bonheur sans Dieu.

Au commencement de 1905, l'abbé Loisy publia, dans la *Revue d'histoire et de littérature religieuses*, un article sur le message de saint Jean-Baptiste. On a raconté que Pie X refusa de souscrire à la condamnation de l'Index, mais, qu'à plusieurs reprises, il blâma énergiquement l'*évolutionnisme théologique et la fausse science* qu'il incarnait dans l'exégète français.

Le 15 avril 1905, Pie X traitait, dans l'Encyclique *Acerbo nimis*, de l'enseignement de la doctrine chrétienne. Il faut fonder, disait-il, des écoles de religion pour enseigner les vérités de la foi et les préceptes de la vie chrétienne à la jeunesse des Universités, des lycées et des collèges. A la fin de l'année, l'Index condamnait Lizzocci, *Nuovi orizonti filosofici, ossia avvamento a nuovi studi di filosofia* et annonçait la soumission de Vogrinec (13 décembre).

De Mgr Mercier, le maître thomiste de Louvain, Pie X faisait un archevêque de Malines (25 mars 1906). Deux jours plus tard, une *Lettre apostolique* résumait les règles qui doivent présider à l'enseignement de l'Écriture sainte dans les séminaires : faire étudier l'hébreu, le grec biblique, le syriaque ou l'arabe aux meilleurs élèves, s'assimiler les progrès des modernes, mais ne jamais s'écarter ni de la doctrine commune ni de la tradition de l'Église et laisser de côté les commentaires téméraires des novateurs.

Le 5 avril 1906, l'Index condamnait Paul Viollet, Laberthonnière et Foggazaro. Un mois et demi plus tard (26 mai), Pie X accordait le titre d'Université pontificale au Collège de saint Thomas à Rome. Les grades délivrés par elle devaient être assimilés à ceux des autres Universités catholiques. Et l'ordre des Dominicains, fidèle défenseur du thomisme, se trouvait ainsi posséder trois grands centres, Fribourg en Suisse, Manille dans les Philippines, la Minerva à Rome.

Puis venaient des décisions relatives à l'exégèse (23 juin et 27 juin) et la lettre du 28 juillet 1906 aux évêques d'Italie, qui signale le remède, plusieurs fois indiqué déjà, à l'esprit d'insubordination et d'indépendance dont les ravages s'exercent surtout chez les jeunes prêtres : « Qu'on fasse, dit-il, les études de philosophie, de théologie et des sciences annexes, spécialement de la sainte Ecriture, en se conformant aux prescriptions pontificales et en étant fidèle *à l'étude de saint Thomas*, tant de fois recommandée par nous et en particulier dans notre Lettre apostolique du 24 janvier 1904 ». Et non seulement il ordonnait aux évêques de surveiller de très près les maîtres, mais il interdisait, pour les jeunes élèves, la fréquentation des Universités publiques, la lecture des revues et des journaux, sauf dans les cas où, pour des raisons très graves, l'évêque accorderait des permissions spéciales.

Ainsi le Pape insistait sur la nécessité de prendre saint Thomas pour maître et de n'en avoir pas d'autre qu'on pût entendre ou lire.

Enfin la Sacrée Congrégation des Études adressait le 10 septembre 1906, une lettre circulaire aux Recteurs des Universités catholiques : « On donne trop d'importance, disait-elle, dans le développement des thèses de doctorat — philosophiques ou théologiques — à des discussions d'histoire et de critique, sur des points minutieux et singuliers, tout en laissant de côté les questions les plus amples et les plus universelles de théologie et de philosophie rationnelle ». Le remède indiqué par elle était celui qu'avaient recommandé Léon XIII et Pie X : « Il faut que les jeunes étudiants s'appliquent, avec une plus grande ardeur et un plus grand profit, à l'étude de la philosophie et de la théologie, suivant les doctrines de l'angélique Docteur, desquelles on ressent aujourd'hui plus que jamais le besoin. Et c'est ainsi seulement que l'on pourra reprendre ces excellentes traditions qui, jadis, donnèrent des fruits si splendides de science chrétienne dans la glorieuse Université de la Sorbonne ».

Si l'on se rappelle qu'en 1906 le Pape adressa au peuple français l'Encyclique *Vehementer nos* sur la séparation de l'Église et de l'Etat, puis l'Encyclique *Gravissimo officii* sur ce qu'il convenait de faire pour défendre et conserver la religion, on verra que les préoccupations si importantes auxquelles elles correspondaient pour l'Église, n'empêchaient pas, en définitive, le Pape de déclarer que le maintien du thomisme lui semblait absolument indispensable pour conserver intactes les croyances et indiscuté le gouvernement de l'Église. C'est ce que montraient encore les condamnations prononcées par la Congrégation de l'Index, contre l'abbé Lefranc, un des collaborateurs des *Annales de philosophie chrétienne*, et contre l'abbé Houtin.

Dans le monde des catholiques dociles aux directions pontificales, on était à la fois inquiet des tendances nouvelles et ardent à défendre le thomisme qui semblait l'arme la plus efficace pour combattre tous les novateurs.

Au début de 1906, la *Revue thomiste*, la *Revue néo-scolastique*, la *Pensée contemporaine*, l'*Ami du Clergé* s'accordent à parler d'une conspiration ourdie par un certain nombre de catholiques de France contre la philosophie scolastique.

La *Revue néo-scolastique* signale les progrès du thomisme en Belgique. Des élèves de Louvain sont nommés professeurs de philosophie à Westminster, à Liége, à Kilkenny en Irlande ; l'un d'eux, Michotte, reçu agrégé à l'École saint Thomas, est chargé de cours pour la psychologie avec un « laboratoire richement outillé et aménagé sur le modèle des laboratoires allemands ». Parmi ses élèves et ses gradués, il y a des Italiens, des Américains, des Français, des Hollandais, des Polonais, des Allemands, des Espagnols. Ses collaborateurs, Clément Besse et Ysselminden sont nommés professeurs, l'un à l'Institut catholique de Paris, l'autre à Etten en Hollande. Le Président de l'Institut de philosophie de Louvain devient archevêque de Malines et il est remplacé par Deploige, le professeur de philosophie sociale dont on se rappelle les articles sur l'Antisémisme et saint Thomas et qui bientôt se livrera à une critique aussi sévère que passionnée des travaux en morale et en sociologie d'une École française. C'est sous les auspices du gouvernement que de Wulf et Pelzer publient leur collection intitulée les Philosophes belges.

La *Revue néo-scolastique* se félicite également de ce qui se fait en Hollande. Il y a des associations d'étudiants catholiques à Amsterdam, à Deft, à Groningue, à Leyde, à Utrecht, groupées sous les noms de saint Thomas d'Aquin (Amsterdam), d'Albert le Grand (Groningue), de saint Augustin (Leyde), de Veritas (Utrecht). Les futurs ingénieurs ou médecins réservent une bonne place dans leur sympathie et leurs travaux à la philosophie thomiste. Ils ont pour le R. P. de Groot, le professeur thomiste d'Amsterdam, une estime et une confiance des plus grandes. Le professeur Beyssens, du séminaire de Warmond, fait à l'Université de Leyde un cours de philosophie thomiste : on peut espérer que chaque étudiant mettra à profit l'occasion qui lui est offerte et considérera sa formation comme inachevée tant qu'il ne l'aura pas complétée par la philosophie. Enfin un Comité de protestants orthodoxes, de libéraux et de socialistes, invite M. Beysséns à faire à Rotterdam une série de conférences sur un sujet de son choix.

La *Revue néo-scolastique* annonce encore qu'un professeur allemand, auteur d'un article sur le mouvement néo-thomiste de Louvain, prépare une traduction de la Psychologie de Mgr Mercier. En Angleterre elle trouve peu de publications qui répandent les doctrines scolastiques; elle appelle toutefois l'attention sur la traduction de la *Summa contra Gentiles*, par le P. Rickaby « avec des notes abondantes qui rendent accessible à la mentalité moderne la pensée de saint Thomas ».

Mais la situation est mauvaise en France : « Pour introduire dans les séminaires, sous prétexte de rajeunissement, la grande exégèse, la patristique documentaire, l'histoire des dogmes, l'économie politique, les problèmes sociaux, la basse, moyenne et haute apologétique, les sciences naturelles et mathématiques, la littérature, etc., on condamne la philosophie... La philosophie scolastique sera remplacée par l'étude autrement pratique de l'évolution progressive des idées philosophiques modernes pendant toute la période qui s'étend de Bacon à Nietzsche... Il y a dix ans, le mouvement de rénovation scolastique avait pris en France un ample développement... Aujourd'hui un certain nombre d'esprits distingués semblent se tourner vers une philosophie anti-intellectualiste qui met toute sa confiance dans la souveraine efficacité de l'action et de la vie. Ils méprisent le thomisme ».

La *Revue thomiste* examine l'article de Le Roy, « Qu'est-ce qu'un dogme » et attaque ses conclusions et ses solutions. Elle se plaint qu'on combatte la théologie dogmatique, comme la philosophie scolastique et rappelle qu'au lendemain du jour où il venait de faire condamner l'abbé Loisy, Pie X ne trouvait rien de mieux à opposer à toutes ces nouveautés destructives que la doctrine philosophique et théologique de saint Thomas. De même elle dit, à propos du *Catéchisme* de M. Gaillot, que, dès 1899, pour Léon XIII, le livre par excellence où les élèves pourront étudier avec plus de profit la théologie scolastique est la *Somme* de saint Thomas d'Aquin. Elle se demande « si la crise terrible que traverse en ce moment la mentalité théologique du jeune clergé n'a pas eu pour cause le peu de zèle qu'on a mis à leur inspirer l'amour de saint Thomas et à les initier à sa doctrine ». A propos des publications pontificales relatives aux évêques d'Italie et aux Instituts catholiques de France, la *Revue thomiste* citait Mgr Delannoy qui condamnait sévèrement les tendances de certains esprits ne sachant pas ou ne voulant pas choisir entre la vérité et l'erreur; il aimait mieux l'erreur que l'on peut combattre à ciel ouvert, alors que les tendances se réfugient dans une hypocrite orthodoxie. « Ils sont là, en effet, une poignée de prétendus intellectuels qui naïvement substituent leur infaillibilité personnelle à l'infaillibilité de l'Église. » Et elle rappelait l'unique remède signalé par les souverains Pontifes, l'étude et l'enseignement du thomisme.

Un autre évêque, celui de Saint-Claude dénonçait, avec Loisy, Édouard le Roy et le P. Laberthonnière, tandis que l'abbé Houtin disait lui-même : « Tout le fond de la doctrine chrétienne, mis en question au nom de l'exégèse par Loisy, l'était par E. Le Roy au nom de la philosophie. »

V

L'année 1907 a été décisive dans l'histoire du modernisme. Jamais ses partisans n'ont eu plus de confiance dans son succès final, comme on peut s'en rendre compte en lisant l'enquête du docteur Rifaux et les deux articles de M. Wilbois, dans la *Revue de Métaphysique et de morale*, sur *La pensée catholique en France au commencement du XX° siècle*. En sens contraire, l'article de Pègues sur l'hérésie du renouvellement dans la *Revue thomiste* de juillet-août 1907, les plaintes qui y reviennent sans cesse sur le « mépris grandissant du pragmatisme pour toute philosophie intellectualiste », le Discours de Pie X au Consistoire (18 avril 1907), sa Lettre au cardinal Richard (6 mai 1907), les Réponses de la Commission biblique sur le quatrième Évangile (29 mai); les articles de l'Univers (5 et 7 juin), qui soulignaient la mise à l'Index du *Rinnovamento*, annonçaient le décret *Lamentabili sine exitu* (4 juillet) qui condamne les doctrines nouvelles. Celui-ci à son tour préparait l'Encyclique *Pascendi Dominici gregis* du 8 septembre 1907.

L'Encyclique est dirigée contre des laïques, contre des prêtres, contre des religieux qui ne se présentent pas comme des ennemis déclarés de l'Eglise, mais comme des catholiques, soucieux de continuer à en faire partie et de la rénover. Pie X, qui a usé de douceur, de sévérité, de réprimandes publiques, se voit enfin obligé de les montrer à l'Eglise universelle tels qu'ils sont.

Il indique lui-même la division de l'Encyclique. D'abord il présente sous une seule vue les doctrines des modernistes en montrant le lien logique qui les rattache entre elles; il signale ensuite les causes des erreurs et enfin prescrit les remèdes propres à retrancher le mal.

Dans la première partie, l'analyse des doctrines modernistes, Pie X distingue, chez les nouveaux hérétiques, plusieurs personnages, le philosophe, le croyant, le théologien, l'historien, le critique, l'apologiste et le réformateur.

Le philosophe est un agnostique, ennemi de l'intellectualisme, pour qui la raison n'atteint que les phénomènes et qui aboutit à l'athéisme scientifique, sans justifier le passage de l'ignorance à la négation. C'est, en plus, un partisan de l'immanence vitale, qui cherche l'explication de la religion dans la vie de l'homme. Le besoin du divin engendre la foi; la foi, commencement de toute religion, enveloppe Dieu comme objet et comme cause intime. La conscience équivaut à la révélation et la conscience religieuse devient la règle universelle à qui tout doit s'assujettir, même l'autorité suprême dans sa triple manifestation, doctrinale, cultuelle, disciplinaire.

La conséquence, c'est que la science et l'histoire ne trouvent qu'un homme dans la personne du Christ; c'est que les religions, y compris les surnaturelles, ne sont que des efflorescences du sentiment religieux, jaillissant, par immanence vitale, des profondeurs de la subconscience.

Quand l'intelligence s'ajoute au sentiment religieux, elle en tire d'abord une assertion simple et vulgaire; puis, par la réflexion et l'étude, des formules plus approfondies et plus distinctes qui, sanctionnées par l'Eglise, deviennent le dogme. Les dogmes sont donc des symboles qui doivent changer, pour s'assortir constamment au croyant et à sa foi.

Pour le croyant, Dieu existe en soi. Il en a la certitude par l'expérience individuelle et se distingue ainsi du rationaliste, pour se rapprocher d'ailleurs des protestants et des pseudo-mystiques. Partant l'expérience et le symbolisme consacrent la vérité de toute religion, même du paganisme. Si la religion catholique est la plus vraie, c'est qu'elle est la plus vivante. La tradition devient la communication faite à d'autres, par la prédication et d'après la formule intellectuelle, d'une expérience originale. Quand elle persiste, elle devient une preuve de vie et par suite de vérité. La foi semble bien distincte de la science; elle porte sur le divin et celle-ci porte sur les phénomènes. Et cependant, quoi qu'en disent les modernistes, le fait religieux rentre dans les phénomènes, l'idée de Dieu est tributaire de la science, l'évolution religieuse est subordonnée à l'évolution intellectuelle et morale. Mais le moderniste, pour harmoniser la science et la foi, asservit la première à la seconde et il apparaît ainsi tantôt comme catholique, tantôt comme rationaliste.

Le théologien prend les principes du philosophe, l'immanence et le symbolisme, pour les adapter au croyant. Tantôt il admet que Dieu est plus présent à l'homme que l'homme n'est présent à lui-même, ce qui bien compris serait irréprochable. Tantôt il affirme que Dieu ne fait qu'un avec l'action de la nature et il ruine ainsi l'ordre surnaturel. Tantôt enfin il s'attache à une interprétation panthéistique. Au principe d'immanence, il rattache le principe de permanence divine : la vie chrétienne donne, dans la suite des temps, naissance aux sacrements et à l'Eglise. Les livres saints constituent le recueil des expériences faites dans une religion donnée. Ce sont des livres historiques et apocalyptiques, dans lesquels Dieu parle par voie d'immanence et de permanence vitale. Il y a séparation de l'Eglise et de l'Etat, du catholique et du citoyen : comme la foi se subordonne à la science quant aux éléments phénoménaux, l'Eglise doit s'assujettir à l'Etat dans les affaires temporelles.

Le point capital du système, c'est l'évolution : dans une religion vivante, tout doit varier, le dogme, l'Eglise, le culte, les Livres saints, la foi même. Il doit y avoir progrès — négatif par élimination de tout élément familial ou national — positif, par solidarité avec le perfectionnement intellectuel et moral de l'homme. L'évolution résulte du conflit de deux forces dont l'une pousse au progrès, dont l'autre tend à la conservation; la première fermente dans les consciences individuelles, la seconde est représentée par l'autorité religieuse.

Le moderniste qui s'adonne aux études historiques fait — même s'il le nie — œuvre de philosophe. C'est au nom de principes philosophiques — qu'il affecte parfois d'ignorer — qu'il dénie, au Christ, la divinité, à ses actes, tout caractère divin.

Il en est de même de la critique. L'immanence vitale explique tout dans l'histoire de l'Eglise. L'historien dresse une nomenclature des besoins successifs par où est passée l'Eglise et la transmet au critique qui, d'après cette nomenclature, échelonne les documents le long des âges. Et pour retracer les origines et le développement, il se dirigera d'après la loi qui domine et régit l'histoire, d'après l'évolution. L'auteur de l'histoire ainsi comprise, ce ne sera ni l'historien, ni le critique, ce sera le philosophe. C'est cette méthode que le modernisme applique aux livres saints où il signale des adjonctions à une narration primitive fort brève, des interpolations, en un mot une évolution vitale, qui est la conséquence de l'évolution de la foi. « Et il écrit cette histoire si imperturbablement que vous diriez qu'ils ont vu de leurs yeux, dit Pie X, les écrivains à l'œuvre, alors que le long des âges, ils travaillaient à amplifier les Livres Saints. »

L'apologiste relève, à double titre, du philosophe : il prend l'histoire dictée par lui et emprunte ses lois.

Enfin le réformateur s'attache surtout à la réforme de la philosophie. Il veut reléguer la philosophie scolastique dans l'histoire de la philosophie parmi les systèmes périmés, pour y substituer la philosophie moderne. Il entend que celle-ci serve de base à la théologie rationnelle; que la théologie positive ait pour fondement l'histoire des dogmes, que l'histoire soit enseignée selon les méthodes et les principes modernes.

Ainsi le modernisme, « rendez-vous de toutes les hérésies modernes », ruine la religion catholique et toute religion.

Pie X en indique ensuite les causes. D'abord les causes morales, la curiosité et l'orgueil; puis la cause intellectuelle, l'ignorance de la philosophie scolastique. « C'est d'une alliance de la fausse philosophie avec la foi qu'est né, pétri d'erreurs, leur système. »

Enfin la troisième partie de l'Encyclique expose les remèdes. Avant tout, il faut mettre à la base des sciences sacrées, la philosophie scolastique, c'est-à-dire la philosophie de saint Thomas. Sur cette base on élèvera l'édifice théologique, en donnant plus d'importance que par le passé à la théologie positive, sans porter néanmoins le moindre détriment à la théologie scolastique. On s'appliquera à l'étude des sciences naturelles, sans que les sciences sacrées en souffrent. On choisira avec soin les directeurs, les professeurs des Séminaires et des Universités catholiques. Les clercs ou les prêtres qui ont pris quelque inscription dans une Université ou un Institut catholique, ne pourront, en aucun pays, suivre pour les matières qui y seront professées, les cours des Universités civiles. On empêchera la publication, la lecture et la propagation d'écrits modernistes; on surveillera les journaux et les revues.

L'Encyclique *Pascendi dominici gregis* est remarquable à plus d'un titre. D'abord Pie X a soin de reconnaître que la plupart des modernistes ont « des mœurs recommandables par leur sévérité ». Puis il donne une synthèse, plus nette qu'aucun des systèmes ébauchés, des doctrines qu'il condamne et il les grandit plutôt que de les diminuer. C'est ce qui explique que bon nombre des lecteurs profanes de l'Encyclique, peu soucieux d'ailleurs des condamnations portées par Pie X, aient éprouvé, pour les doctrines présentées avec cette ampleur, cette netteté et cette rigueur logique, une admiration qu'ils n'auraient pas eue peut-être pour l'exposition fragmentaire qu'en ont présentée presque tous les auteurs.

D'ailleurs le pape y a repris et développé, en même temps que les critiques, les synthèses partielles qui avaient déjà été tentées dans le monde orthodoxe. Et c'est pourquoi elle n'a guère surpris que ceux qui avaient négligé de suivre, depuis 1900, la polémique dirigée dans les revues catholiques contre toutes les formes du modernisme.

Enfin c'est manifestement en fonction de la philosophie que la condamnation a été prononcée. Les modernistes sont des novateurs en philosophie et toutes leurs erreurs proviennent de ce qu'ils ont pris pour base de leurs recherches, la philosophie moderne, par laquelle il faut entendre surtout celle qui pose en principe que seuls les phénomènes peuvent être saisis par l'intelligence humaine. De sorte que le Pape, dont on s'était d'abord demandé s'il recommanderait l'étude de la philosophie thomiste comme son prédécesseur, en est venu à proclamer que seul le thomisme peut et doit servir de fondement à tout l'édifice catholique.

Les modernistes ont interprété, avec les données de la science et de la philosophie modernes, toutes les affirmations de la foi catholique. Et ils sont arrivés à faire reconnaître, par un certain nombre de représentants de la pensée moderne, que le catholicisme ainsi entendu pouvait se concilier avec celle-ci. Mais ils n'en ont pas fait des catholiques : personne, à notre connaissance, parmi ceux qui se réclament de la science positive et de ses constructions philosophiques, n'a donné son adhésion aux doctrines catholiques, présentées avec leur interprétation moderniste. Quant aux catholiques groupés autour du Pape et de leurs chefs, ils ne pouvaient ni ne devaient renoncer à admettre l'existence d'un monde intelligible, cause, modèle et fin du monde sensible, sous peine de ne plus conserver de leur religion que des mots vides de réalité. On peut, comme Plotin et ses disciples, constituer un monde intelligible où l'on place toute la perfection qu'on regrette de ne pas trouver dans le monde où nous vivons. Il est infiniment plus difficile, pour ne pas dire impossible, de montrer dans le monde sensible l'idéal qu'on avait tenté de réaliser ailleurs.

Après la condamnation prononcée par l'Encyclique, d'une façon générale, contre les doctrines modernistes, la plupart des catholiques firent acte de soumission ou d'adhésion. En Belgique Mgr Mercier soutenait que l'Encyclique ne creuse pas un abîme entre la pensée moderne, scientifique, progressive et l'Eglise, mais qu'elle sépare la cause de l'Eglise de celle d'une philosophie où sombre la connaissance rationnelle aussi bien que la connaissance religieuse. Pour lui les modernistes « ont bu le lait de la philosophie kantienne et agnostique ». Et aux modernistes d'Italie il rappelait qu'eux-mêmes acceptaient la critique de la raison pure faite par Kant et par Spencer.

De même en France, Mgr Baudrillart, Mgr Batiffol et la plupart des évêques ou archevêques se prononcèrent énergiquement contre le modernisme. Les revues ou journaux catholiques qui avaient propagé les idées nouvelles étaient obligés de disparaître. Les revues demeurées fidèles au thomisme commentaient et expliquaient l'Encyclique. Des condamnations nouvelles et plus graves étaient lancées contre ceux qui refusaient de se soumettre et les prescriptions les plus sévères étaient prises par le Pape et les évêques pour maintenir partout les doctrines thomistes.

Louvain et la Belgique suivaient Pie X comme ils avaient suivi Léon XIII. En Italie les modernistes répondaient au pape, *Il programma dei modernisti, Riposta all' Enciclica di Pio X Pascendi gregis*. Et leur réponse était bientôt traduite en français. Mais une condamnation nouvelle intervenait et toutes les mesures étaient prises pour défendre les jeunes clercs contre les doctrines nouvelles.

En Angleterre, l'Encyclique était assez mal accueillie dans le clergé anglican, mais les catholiques, en dehors de Tyrrel qu'on dut spécialement condamner, se rangeaient, avec leurs chefs, derrière Pie X.

En Allemagne et en Autriche, les évêques se sont associés à Pie X, mais il ne semble pas que les professeurs, et, en particulier, les professeurs de théologie, aient donné une adhésion pleine et entière à l'Encyclique *Pascendi*. C'est ce que prouvent l'ouvrage de Commer, *Hermann Schell et le catholicisme progressif (H. Sch. und der fortschrittliche Katholizismus)* et la polémique qu'il a suscitée, ceux des professeurs Ehrhard et Schnitzer, la nomination du professeur Wahrmund à Prague, après une grève des étudiants, etc.

* *

Le thomisme est donc aujourd'hui, pour les catholiques, la seule philosophie possible. Dès 1879 on pouvait se demander si la synthèse qui a réussi au xiiie siècle réussirait de nos jours où le domaine de la science s'agrandit sans cesse. La question se pose actuellement encore dans les mêmes termes. Mais les condamnations qui ont frappé, depuis 1907, bon nombre de catholiques qui s'étaient avancés sur le terrain de la recherche historique, exégétique, scientifique et philosophique, ne sont-elles pas de nature à décourager ceux qui seraient tentés de les imiter? Et dès lors si les hommes soucieux de conserver le thomisme ne font pas défaut, il y a lieu de se demander s'il s'en trouvera pour rassembler les connaissances nouvelles et par conséquent pour tenter la synthèse entrevue et souhaitée. Mais si le catholicisme en venait ainsi à renoncer à ce qui fait essentiellement la vie de nos sociétés modernes, n'aurait-il pas à craindre ce qui est arrivé à l'islamisme quand il a renoncé aux sciences et à la philosophie? L'avenir seul nous permettra de résoudre chacune des deux questions.

CHAPITRE XIX

SCIENCE, PHILOSOPHIE ET THÉOLOGIE DANS L'ISLAM

I. — Pourquoi les Juifs, les Chrétiens, les Musulmans ne se sont-ils pas contentés de leurs livres saints et ont-ils eu recours aux auteurs profanes, poètes, savants, philosophes du monde gréco-romain, auxquels ils reprochaient de n'avoir pas connu le vrai Dieu? Les changements politiques, économiques ou sociaux soulèvent des problèmes nouveaux. On interroge indirectement Dieu lui-même; on recourt à l'interprétation allégorique des Livres Saints. Les Juifs soutiennent que, les philosophes et les poètes grecs ayant utilisé les Livres saints, ils leur reprennent, en leur faisant des emprunts, ce qui est leur bien propre; les Chrétiens disent en plus que le Verbe illuminant tout homme venant en ce monde, a inspiré les savants, les philosophes, les poètes, les pythonisses et les sibylles. Ils s'approprient ainsi tout ce qui a été trouvé par les Grecs et les Romains. Les Chrétiens sont occupés en outre de maintenir l'unité de doctrines : ils constituent des dogmes et les catholiques proclament orthodoxes ceux-là seuls qui les acceptent tels que l'Eglise les a formulés.

II. — Peut-on employer, pour le monde musulman, les termes *dogme* et *orthodoxie*, *nouveauté* et *hérésie* au sens qu'ils ont chez les catholiques? Renan et d'autres l'ont fait sans hésitation. Or on s'appuie, dans l'Islam, sur le Coran, dont nous sommes à peu près assurés d'avoir un texte authentique pour le fond; mais on l'interprète allégoriquement et aucune autorité n'est instituée pour déterminer quels passages il faut interpréter ni comment il faut les interpréter. On invoque les *hadits* ou paroles du Prophète. Mais on ne saurait, pas plus avec les *hadits* qu'avec les sourates coraniques, établir une orthodoxie et des dogmes. On ne le peut davantage par la recherche de la *hilla* ou de la cause, par l'*idjmâ* ou l'accord unanime de la communauté islamique. Il n'y a donc, dans l'Islam, ni dogmes, ni orthodoxie, au sens où les catholiques entendent et définissent ces mots. La conséquence, c'est qu'il y a lieu d'établir, si on le demande, que chaque addition est en accord avec le Coran, c'est qu'il n'est pas plus facile de séparer la philosophie et la théologie chez les Musulmans que chez les Chrétiens; c'est qu'il faut distinguer la *falasafat* ou philosophie venue de certains Grecs, de la *hikma*, de la sagesse, théologique ou philosophique.

III. — Les sciences et la philosophie du ixᵉ au xiiiᵉ siècle, leurs progrès et leur décadence.

IV. — Que peut-on conclure de ce qui s'est produit du ixᵉ au xiiiᵉ siècle chez les Musulmans? Pour Renan, l'Islam est l'ennemi de la science et de la philosophie. En fait il y a eu lutte entre les religions juive, chrétienne et musulmane et la science et la philosophie. Ce n'est pas le rôle des Livres saints de recommander l'une ou l'autre. Partout il y eut des dévots pour condamner la recherche spéculative, et il n'y a qu'une élite, une minorité pour s'y livrer. Puis, non seulement il n'y a pas d'autorité pour constituer une théologie et des dogmes, mais encore on trouve des textes sacrés pour justifier l'étude des sciences et de la philosophie. En outre l'œuvre scientifique et philosophique paraît, aux hommes antérieurs à Gazali, aussi légitime que celle par laquelle on édifie la théologie et la jurisprudence. Les attaques contre les philosophes ne semblent venir que de Gazali et de ceux qui l'ont suivi. En Espagne, les philosophes justifièrent l'emploi de la raison, mais ils eurent contre eux le pouvoir politique, et la civilisation musulmane fut ruinée en même temps que la science et la philosophie. Le monde musulman peut se remettre à l'étude de la science et de la philosophie en conservant ses pratiques et ses doctrines théologiques, mais il faut pour cela qu'il apprenne au moins l'anglais et le français, de manière à se tenir au courant de toutes les acquisitions modernes en matière scientifique. — Conclusion : les hommes ont cherché, du premier siècle à nos jours, à s'approprier tout ce qui, sous forme religieuse ou autre, est entré dans la conscience des diverses générations.

1

Les Juifs ont l'Ancien Testament qu'ils croient tenir de Dieu même et qui est destiné à les guider dans toutes les circonstances de leur vie, comme individus et comme membres de la société. Les Chrétiens ont l'Ancien, le Nouveau Testament, et les Musulmans possèdent le Coran auxquels ils attribuent la même origine divine et la même valeur pour la conduite de la vie.

Pourquoi donc les fidèles des trois religions ne se sont-ils pas contentés de leurs livres saints et comment ont-ils eu recours aux auteurs profanes, aux poètes, aux savants, aux philosophes du monde gréco-romain, auxquels ils reprochaient de n'avoir pas connu le vrai Dieu?

Il y a d'autant plus de raisons de se poser la question que, dans chacune des trois religions, il s'est trouvé des hommes pour réclamer, parfois pour obtenir la proscription de tout ou de presque tout ce qui était en dehors de leurs livres saints.

Ce qui apparaît tout d'abord à qui veut la résoudre, c'est que les changements politiques, économiques ou sociaux soulèvent des problèmes qui n'ont pas été posés dans les Livres Saints et auxquels il faut que, sous peine de mort ou de ruine, les individus et les sociétés trouvent une solution immédiate.

On use d'un procédé qui consiste à interroger directement Dieu lui-même : on ouvre l'Ancien Testament, les Évangiles ou le Coran, parfois en Occident le poète Virgile, *sortes Virgilianæ*; on lit les pages en présence desquelles l'œil est ainsi placé et fréquemment il arrive qu'on y rencontre, expresse ou suggérée, une réponse à la difficulté actuelle.

D'une façon plus générale, on recourt à l'interprétation allégorique des Livres Saints. Les Stoïciens avaient déjà expliqué les doctrines savantes ou populaires de manière à y retrouver leur pensée personnelle. Par l'emploi d'un procédé analogue, Plotin et ses disciples arrivèrent à montrer que la plupart de ceux qui les avaient précédés, surtout Platon, Aristote, Pythagore et Parménide, avaient pensé comme eux sur bon nombre des questions philosophiques qu'ils classaient parmi les plus importantes.

Mais déjà les Juifs, dont la Loi réglait si minutieusement la vie quotidienne, avaient eu leurs Prophètes qui en avaient donné des explications et des commentaires auxquels on ne serait jamais arrivé par l'étude littérale du texte. Leurs livres sacrés s'étaient ainsi augmentés chaque fois que paraissait un nouveau Prophète : le dernier venu semblait avoir été chargé de faire connaître ce qui convenait le mieux a « besoins du moment. Même on pourrait, en une certaine mesure, reconstituer par l'étude objective et chronologique des Prophètes, les vicissitudes si diverses par lesquelles passa le peuple d'Israël.

Puis les Juifs entrèrent en contact avec le monde hellénique, avec une civilisation qu'ils ignoraient et dans laquelle les savants, les écrivains et les poètes, les moralistes et les philosophes avaient fourni des règles précieuses pour l'organisation de l'existence individuelle et sociale, en même temps qu'ils posaient et essayaient de résoudre des questions que n'avait même pas soupçonnées le monde hébraïque.

A ces sources nouvelles de connaissance et d'action, les Juifs puisèrent bientôt et ils s'ingénièrent à justifier leurs emprunts. Le *Pseudo-Aristobule* soutint que, les poètes et les philosophes grecs ayant connu et utilisé les Livres saints, il était légitime de leur reprendre ce qui était le bien propre de la nation juive. Et Philon, usant en toute liberté de l'interprétation allégorique pour les œuvres profanes comme pour les œuvres sacrées, affirma qu'on y trouvait les mêmes doctrines : ou Platon philonise, dira-t-on par la suite, ou Philon platonise.

Les Juifs ajoutèrent donc doublement des choses nouvelles ou étrangères aux choses anciennes, en s'appropriant les doctrines gréco-romaines et en s'attachant à prouver que toutes les prescriptions rassemblées plus tard dans le Talmud étaient le légitime prolongement de la Loi et des Prophètes.

L'incorporation de certaines doctrines latines et grecques a été signalée dans les premiers écrits du christianisme (ch. v), sans qu'on ait eu besoin de les expliquer, puisqu'elles semblaient, comme la langue dont on s'y servait, constituer une propriété commune. Mais de bonne heure on usa copieusement de l'interprétation allégorique, d'abord pour transformer l'Ancien Testament en une introduction à l'Évangile, pour présenter le christianisme comme l'héritier légitime du judaïsme, puis pour tirer des deux Testaments une règle complète de vie et des préceptes adéquats aux besoins nouveaux. Les emprunts aux œuvres profanes, on les justifia de deux façons. Comme les Juifs, les Chrétiens affirmèrent que les poètes, les savants et les philosophes avaient mis à profit les livres révélés pour former leurs doctrines. De l'autre, on fit à leurs auteurs l'application du texte célèbre de saint Jean — le Verbe est la lumière qui illumine tout homme venant en ce monde —, on rappela l'ânesse de Balaam et on soutint que Dieu, l'ayant fait parler, pouvait à plus forte raison inspirer les savants et les philosophes, voire les poètes, les pythonisses et les sibylles. Une Sibylle prit place à côté de la Vierge dans la cathédrale d'Auxerre, les Sibylles et les Prophètes furent rassemblés dans des tableaux pieux, même à la voûte de la chapelle Sixtine au Vatican. La théorie fut complète quand Roger Bacon eut invoqué une double expérience, celle des sens et des instruments qui leur viennent en aide, celle qui se produit par l'illumination intérieure. Toute science vient de Dieu et les Chrétiens en sont ou doivent en devenir les légitimes possesseurs. Par l'interprétation littérale, ils prennent une bonne partie de ce qui a été trouvé chez les Gréco-Romains ; par l'interprétation allégorique ils achèvent de les dépouiller et ils peuvent se dire, dès le vi^e siècle, les héritiers de l'humanité pensante, les possesseurs de la vérité révélée aux hommes par voie naturelle et par voie surnaturelle.

C'est d'après les mêmes principes — il est bon de le rappeler — que Léon XIII, dans l'Encyclique *Æterni Patris*, a ordonné aux catholiques, ramenés au thomisme en philosophie comme en théologie, d'introduire, dans la conception chrétienne et médiévale, toutes les acquisitions des sciences modernes, *vetera novis augere*. C'est ce que n'ont pas cessé de poursuivre les catholiques soucieux de répondre à l'appel de Léon XIII (ch. XVIII).

Mais les chrétiens se sont préoccupés en outre d'assurer l'unité de doctrines en vue de maintenir l'union entre tous. Quand ils se trouvent en présence de plusieurs réponses, divergentes ou même opposées à des questions importantes, qu'ils ont trouvées par l'interprétation allégorique, ils se croient tenus de faire un choix. De bonne heure l'Eglise entreprend de constituer une autorité devant laquelle tous ses membres soient obligés de s'incliner. Parmi les écrivains dont elle se réclame, elle place à part les *Pères* dont les écrits sont considérés comme propres à expliquer les passages obscurs ou douteux des Évangiles et des œuvres apostoliques. Ainsi les catholiques reconnaissent des Pères grecs, Athanase, Basile, Grégoire de Nazianze, Chrysostome, Cyrille d'Alexandrie, Jean de Damas; des Pères latins, Ambroise, Augustin, Jérôme, Grégoire le Grand, Léon le Grand, Thomas d'Aquin, Bonaventure, Bernard de Clairvaux, Hilaire de Poitiers.

S'il reste encore des divergences entre toutes ces autorités, les conciles prononcent. Et, depuis 1870, le Souverain Pontife peut lui-même prendre l'initiative de décisions doctrinales. Les dogmes constituent ainsi l'ensemble des croyances formulées par l'Eglise et qu'il faut accepter pour être et demeurer catholique. A aucun des fidèles il n'appartient de les discuter, de les modifier ou de les interpréter. Aucun ne peut se dire orthodoxe ni être tenu pour tel, s'il ne les admet pleinement et entièrement. Sans doute, il reste bien des questions qui n'ont pas été résolues dogmatiquement et pour lesquelles les catholiques conservent une liberté incontestable — *in dubiis libertas.* — Mais là même, ils ont à prendre garde d'avancer des opinions contraires aux dogmes et que l'Eglise pourrait déclarer hérétiques.

II

Or, quand on parle de l'Islam, on se sert souvent de formules et de mots dont l'usage est constant et légitime pour une partie tout au moins du monde chrétien. De 325 au VIIIe siècle pour l'Orient et l'Occident, et jusqu'à nos jours pour l'Occident, il y a des dogmes et une orthodoxie. On distingue très nettement les doctrines et les dogmes (ch. 1). Sont chrétiennes en effet toutes les doctrines qui, présentées par des chrétiens, se rattachent aux Évangélistes ou aux Pères, apostoliques et ecclésiastiques. Sont dogmes les seules doctrines qui ont été proclamées telles par les Conciles œcuméniques ou par le Pape depuis 1870. Sont par conséquent orthodoxes tous les Chrétiens qui donnent aux dogmes leur complète adhésion. Sont novateurs ceux qui proposent une doctrine que l'Eglise n'a ni examinée ni acceptée. Sont hérétiques ceux qui demeurent attachés à une doctrine que l'Eglise a condamnée. Sans doute, il faudrait nuancer ces formules, si l'on voulait les appliquer comme il convient à la réalité. Mais les distinctions sont en elles-mêmes très nettes et les mots *dogme, orthodoxie, hérésie, nouveauté* ont un sens déterminé qu'il n'appartient pas aux individus de modifier ou de préciser. Sans doute, on peut se dire chrétien sans admettre les dogmes catholiques, mais on ne peut s'appeler catholique en définissant le dogme et l'orthodoxie autrement que les Conciles et l'Église.

Est-il permis de parler, pour le monde musulman, de dogme et d'orthodoxie, de nouveauté et d'hérésie, au sens que ces mots ont aujourd'hui dans les conceptions catholiques ? Renan, dans une conférence célèbre sur *l'Islamisme et la science*, nous dit que les « musulmans orthodoxes ont toujours accueilli, avec des malédictions, le beau mouvement d'études qui s'est produit du VIIIe au XIIIe siècle ». M. Gauthier, dans un travail récent où il a étudié les rapports de la philosophie et de la religion chez Averroès, emploie des formules qui rappellent celles dont on use pour le monde catholique : « La science et la philosophie grecque reçurent, de la part des *purs orthodoxes*, l'accueil le plus hostile (p. 20)... Les théologiens et les jurisconsultes musulmans établissent *en parfaite conformité avec l'esprit du Coran*, que la raison n'a été donnée à l'homme ni pour découvrir par elle-même les vérités d'ordre transcendant, ni pour trouver en elle-même la source de principes et de préceptes moraux, tout cela étant du domaine de la seule révélation et reposant nécessairement sur *l'autorité du prophète* (p. 29)... *Les dogmes principaux* de la religion musulmane... sont distingués des *doctrines* des sectes religieuses (p. 32)... Al Gazali et les motecallemin sont appelés des théologiens *orthodoxes* (p. 34)... Il est question d'une *pure doctrine musulmane* qui n'est même pas celle des fondateurs *des grandes écoles juridiques orthodoxes*... des anciens *orthodoxes*, antérieurs à la réforme semi-rationaliste opérée par El Aschari, lui-même *orthodoxe* (p. 53)... de désaccord entre Ascharites et Hanbalifes, les uns et les autres *orthodoxes* (p. 58)...

Al Aschari constitue la théologie *orthodoxe* de l'Islam... un milieu entre le littéralisme étroit des *anciens orthodoxes* et la hardiesse rationaliste des Motazilites (p. 66) ».

Quelles sont donc les autorités auxquelles on fait appel dans l'Islam ?

En première ligne se place la parole de Dieu, le Coran. Le Coran, c'est la révélation par excellence. C'est par ce mot que Mahomet désigne, à l'origine, toute révélation isolée qu'il communique au peuple. De bonne heure il voulut former un recueil qu'on pût rapprocher des livres sacrés des Juifs et des Chrétiens. Pour lui le Coran était écrit tout entier dans le ciel et Dieu le lui envoyait par fragments. Les Musulmans lui ont donné des noms multiples : c'est le salut, la rédemption, la grâce divine, la distinction entre la vérité et l'erreur ; c'est le livre, le livre de Dieu, la parole de Dieu, la direction, l'avis, etc.

Il est divisé en cent quatorze chapitres de longueur différente ou sourates, mot emprunté probablement aux Juifs Arabes, pour qui schourah correspondait à l'hébreu Séder, qui désigne certaines divisions du Pentateuque. Les sourates ont un titre qui indique le sujet : la sourate de Joseph contient l'histoire du fils de Jacob. Ou bien le titre reproduit un mot saillant, comme la sourate de la Vache où il est question de l'animal que Moïse avait ordonné aux Israélites de sacrifier. Chaque sourate est divisée en *versets* ou *ayats*. Le mot *ayat* paraît avoir désigné d'abord les réponses des oracles : peut-être Mahomet a-t-il pensé à ce premier sens, qui rappelle le curieux travail de Porphyre, *la Philosophie d'après les Oracles*, dont l'objet était de constituer, pour les Gréco-Romains, des livres sacrés qu'ils pussent opposer à l'Ancien et au Nouveau Testament, afin de défendre la religion hellénique contre le christianisme. Par les Musulmans qui se trouvèrent en présence d'une religion instituée et acceptée, le verset ou *ayat* est toujours pris au sens de signe céleste ou de miracle.

En tête de chaque sourate est placée l'invocation « Au nom d'Allah le Dieu miséricordieux », qui rappelle des formules souvent mises en tête d'ouvrages chrétiens, *In nomine Domini clementissimi, potentissimi*, etc.

Tant que vécut Mahomet, le Coran ne fut point rédigé systématiquement. Les sourates médinoises, postérieures à l'hégire, avaient été dictées par le Prophète pour venir en aide à sa mémoire affaiblie par l'âge. S'il y avait discussion sur le sens d'un ayat ou d'une sourate, on recourait au Prophète ou *aux porteurs du Coran*, à ceux qui l'avaient appris par cœur. Quand, au temps d'Abou-

Bekre, un grand nombre d'entre eux périrent, Omar craignit que le livre sacré ne se perdît : un ancien secrétaire de Mahomet, Zaïd ben Thabit, consulta les Musulmans les plus versés dans la connaissance du Coran et recueillit les sourates dans une copie en feuillets détachés qu'il fit pour le khalife. Mais on continua à réciter le Coran, en se référant aux porteurs disséminés dans l'empire. De là des différences de texte qui pouvaient devenir dangereuses parmi des hommes dont le Coran formait le lien essentiel. Ainsi pendant qu'ils faisaient sous Othman la conquête de l'Arménie, les soldats de diverses provinces faillirent en venir aux mains en discutant les textes de différents versets. C'est pourquoi leur général Hodhaifah conseilla à Othman de publier une édition archétype. Ce fut Zaïd ben Thabit qui la prépara, avec quelques Mekkois et en s'aidant de celle qu'il avait déjà faite : il mit, d'une façon générale, les sourates les plus longues au début, les plus courtes à la fin. Des copies en furent envoyées à Médine, à Koufah, à Bacrah, à Damas et on détruisit la première édition.

Le texte actuel du Coran est donc la reproduction fidèle de la rédaction faite par ordre d'Othman. Et il convient de le remarquer, car nous sommes ainsi à peu près assurés d'avoir un texte authentique pour le fond, sinon pour l'ordre de rangement, où l'on aurait pu souhaiter un classement chronologique et une classification dogmatique.

Il y a, dans le Coran, un certain nombre de prescriptions que tous les Musulmans admettent et dont il serait possible de dresser la liste. Mais leurs théologiens, comme ceux des Chrétiens et ceux des Juifs, sont obligés de distinguer entre le sens extérieur ou apparent et le sens intérieur ou caché. Ils interprètent allégoriquement le Coran comme font les Juifs avec l'Ancien Testament et les Chrétiens avec les Écritures qui leur viennent des Juifs ou qui leur sont propres. Avec cette méthode, l'imagination, parfois même la raison se donnent libre carrière. Or, dans le monde musulman, aucune autorité n'est instituée ni pour déterminer quels passages doivent être pris à la lettre, quels passages peuvent être interprétés allégoriquement, ni pour choisir, en supposant qu'on se soit mis d'accord sur ce dernier point, entre les interprétations différentes qui en sont proposées.

Il n'y a donc pas lieu, en cette matière, de parler d'orthodoxie ou d'hérésie.

Après le Coran ou à son défaut, on utilise comme autorité les *hadits* par lesquels le Prophète révèle les ordres de Dieu, avec des paroles qui ne sont pas considérées comme venant de Dieu même. On les invoque pour résoudre les questions que l'on ne saurait trancher par les textes coraniques. Mais il y a des hadits douteux, contestés, il y en a dont le sens n'est pas clair; il n'y en a pas pour tous les cas où le Coran ne fournit pas de solution explicite. On ne saurait donc, pas plus avec les hadits qu'avec les sourates coraniques, établir une orthodoxie et des dogmes.

Pour toutes les questions qui n'ont pas été expressément posées au temps de Mahomet et qui, par suite, n'ont été résolues ni dans les sourates ni par les hadits, on a recouru à l'interrogation posée en ouvrant au hasard une page du Coran où on cherche la réponse, à l'interprétation allégorique des divers textes. Puis on a utilisé la recherche de la *hilla* ou de la cause, raison d'être ou fondement d'un écrit divin. Par exemple le Coran dit que le vin est une abomination. La *hilla* ou la raison, c'est que le vin est une boisson fermentée et enivrante. On en déduit l'interdiction du rhum et des autres boissons, fermentées et enivrantes comme le vin. Mais aucune autorité religieuse, à laquelle il serait impossible de résister sans cesser d'être musulman, ne justifie moralement cette déduction, bien qu'on puisse sans doute en faire une loi politique dont le pouvoir punisse la violation.

Les théologiens font encore appel à l'*idjmâ* ou accord unanime de la communauté islamique, pour trancher les questions laissées en suspens par le Coran et les hadits. Mais ils ne sont pas d'accord sur la définition de l'*idjmâ* : pour les uns, c'est l'accord unanime de tous les docteurs d'une même époque, quelle qu'elle soit. Pour d'autres, c'est l'accord des seuls compagnons du Prophète. Et il n'y a rien chez les Musulmans qui ressemble à la classification dans laquelle on met — après les Livres Saints — les Pères apostoliques, puis les Pères de l'Église, enfin les docteurs ou *scriptores ecclesiastici* dont l'autorité est supérieure à celle des théologiens actuels, même les plus considérés. Il n'y a rien qui rappelle les conciles œcuméniques, où le Pape infaillible depuis le concile du Vatican, pour décider laquelle des solutions, proposées par les autorités dont il y a lieu de tenir compte, il convient d'imposer à tous les fidèles.

Aussi lorsqu'il s'agit d'un appel au consentement universel, l'islamisme se trouve en présence de l'objection qu'en pareille matière on a toujours faite aux philosophes : il vous est impossible de savoir ce qu'ont pensé tous les hommes qui ont vécu dans le passé, ceux qui vivent actuellement et à plus forte raison ceux qui vivront dans l'avenir. Et du moment où vous n'avez pas l'opinion de tous, vous ne pouvez parler de consentement universel. L'objection à la doctrine ainsi présentée est vraiment irréductible.

Il ne saurait donc y avoir, dans le monde de l'Islam, de dogmes ou d'orthodoxie au sens où l'on entend ces mots pour le catholicisme. Chacun se dira orthodoxe quand il estimera qu'il est en accord, pour la spéculation et pour la pratique, avec le Coran ou même avec les hadits, pris à la lettre ou interprétés allégoriquement. Il en sera des groupes comme des individus : plusieurs écoles, théologiques et juridiques, se diront et seront dites en même temps orthodoxes.

En fait, il y a, dans le Coran, un certain nombre d'affirmations, un certain nombre de pratiques que l'on convient à peu près d'admettre quand on se dit musulman. Mais il n'y existe ni théologie ni métaphysique ; nulle autorité n'est chargée de constituer l'une et l'autre, de travailler à les dégager des tentatives faites par les individus pour en tirer un catéchisme qui devienne une règle pour tous.

La première conséquence et la plus importante, c'est que chacun de ceux qui font des additions au Coran, qu'elles relèvent de la théologie, de la jurisprudence, de la métaphysique ou de la science, aura à établir — si on l'interroge ou s'il s'interroge lui-même — que chaque addition proposée est en accord avec le livre saint, ou du moins qu'elle ne lui est pas opposée, ou à soutenir que la raison et la foi, concurremment employées, aboutissent à des résultats concordants.

Théologiens, savants et philosophes sont dans des conditions identiques. Pour tous, la même œuvre est à accomplir, qu'il s'agisse d'additions suggérées par l'imagination ou par la raison, par la raison de l'individu actuel ou par celle des hommes qui vécurent antérieurement à l'apparition du Coran, par la science héritée du monde gréco-romain, comme par celle qui s'accroît du VIIIe au XIIIe siècle.

Une autre conséquence également importante, c'est qu'il n'est pas plus facile de séparer la théologie et la philosophie dans le monde musulman que dans le monde chrétien. On affirme d'ordinaire que le premier *calam* (*Esquisse*, ch. VII) est essentiellement théologique. Et en réalité, on peut fort bien dire que les *kadrites*, en défendant la liberté de l'homme, sont surtout préoccupés de montrer que Dieu n'est pas responsable du mal moral, de conserver ainsi sa justice et partant sa perfection ; que les *djabarites*, en soutenant que l'homme est agi, comme dira plus tard Malebranche, veulent maintenir de Dieu la toute-puissance et par conséquent encore sa perfection. Des *Cifatistes* ou partisans des attributs de Dieu, on dira qu'ils travaillent à placer en Dieu toutes les perfections dont l'homme et la nature présentent les germes, tandis que leurs adversaires s'opposent aux conceptions anthropomorphiques pour lui garder sa souveraine perfection. Enfin les *motazales*, qui se nomment les partisans de la justice et de l'unité, apparaissent, vus d'un seul côté, comme soucieux de sauvegarder en Dieu l'une et l'autre.

Mais il y a une autre façon de les considérer tous. Les *kadrites* et les *djabarites* traitent de la liberté de l'homme comme en avaient discuté autrefois les purs philosophes, dont les successeurs reprendront la question aux théologiens. Les *cifatistes* et leurs adversaires s'appuient sur l'étude de l'homme et de la nature pour affirmer ou nier en Dieu l'existence des attributs. Quant aux *motazales*, ils affirment que l'homme est libre, qu'il fait de lui-même et par lui-même le bien ou le mal, qu'il a, par conséquent, des mérites et des démérites. Même ils ajoutent que toutes les connaissances nécessaires au salut sont du ressort de la raison, qu'elles se présentent, par suite, comme obligatoires pour tous les hommes, dans tous les temps et dans tous les pays.

A la même époque les chrétiens d'Occident discutaient la question toute théologique de la prédestination et ils se trouvaient entraînés sur le terrain philosophique par Jean Scot Erigène, qui réunissait contre lui les adversaires et les partisans de Gottschalk (*Esquisse*, ch. VI). Dans le monde musulman comme dans le monde juif et chrétien, les théologiens étaient conduits ou obligés à employer la dialectique et la logique, le *calam* ou le raisonnement.

Enfin, ce qui est plus important peutêtre encore, parce que cela a été trop souvent oublié par les historiens, il est nécessaire de distinguer la philosophie venue des Grecs — ou même plus exactement encore de certains Grecs —, de la philosophie proprement dite. Le mot arabe *falasafat*, qui ne semble guère qu'une transcription du mot grec φιλοσοφία, sert à nommer d'ordinaire la philosophie grecque ou même la partie de cette philosophie que les théologiens considèrent comme opposée à leurs propres doctrines et qu'ils combattent par des emprunts aux plotiniens et aux atomistes. Or quand Averroès cherche, par exemple, à déterminer les rapports de la religion et de la philosophie, il n'use que rarement du mot *falasafat*. Le plus souvent il emploie le mot *hikma*, qu'on peut rapprocher du grec σοφία, du latin *sapientia*, du français *sagesse*. Tous ces termes impliquent une spéculation sur les choses qu'on ne saurait considérer comme positives : le point de départ peut en être dans le Coran et la pensée religieuse, dans la science ancienne ou dans celle qui s'accroît chaque jour, dans les philosophies venues des Grecs ou dans les réflexions faites par les penseurs musulmans sur les données scientifiques, psychologiques et religieuses.

III

Il est incontestable que, du VIIIe au XIIIe siècle, les sciences et la philosophie ont pris chez les Arabes un prodigieux développement. Ils se sont assimilé ce qui avait été trouvé par les Grecs, les Persans, les Syriaques et ils y ont joint des connaissances nouvelles et originales. Avec eux naissent ou grandissent la trigonométrie, l'algèbre, l'optique et la psychologie physiologique, l'astronomie pour laquelle ils ont d'importants observatoires où ils construisent les tables qui seront utilisées par les Occidentaux au XIIIe et au XVIIe siècles, l'alchimie où ils introduisent des spéculations aussi singulières que les conceptions astrologiques qu'ils mêlent à l'astronomie, mais où ils laissent des observations et des expériences vraiment remarquables, dirigées par une méthode nettement scientifique ; la médecine, la géographie et toutes les sciences naturelles.

Ce qui est non moins caractéristique, c'est que la plupart des savants arabes sont en même temps des philosophes, des théologiens et des jurisconsultes, capables d'examiner tout à la fois les conséquences spéculatives et pratiques que l'on a tirées du Coran et celles qu'on en peut faire sortir. Tous d'ailleurs furent, avec les Juifs et les Byzantins, les maîtres des Chrétiens occidentaux qu'ils guidèrent pendant des siècles, dans la recherche de la vérité positive et métaphysique. Avicenne, Alhazen, Ibn-Tofaïl, Averroès, pour ne citer que quelques noms, occupent par eux-mêmes et par l'influence qu'ils ont exercée, une grande place dans l'histoire de la civilisation. Au début du XVIIe siècle, Képler préluda à ses recherches sur l'optique en commentant Witelo qui avait utilisé au XIII° siècle, comme Roger Bacon, les travaux d'Avicenne et d'Alhazen. Et l'on montrerait aisément qu'il en est ainsi pour bon nombre des savants et des philosophes du XVIIe et même du XVIIIe siècle.

On sait aussi comment périrent les sciences et la philosophie. Théologiens et philosophes de l'Islam cherchaient en plotiniens à unir l'âme avec Dieu ou, comme ils disaient en termes péripatéticiens, à opérer la conjonction avec l'intellect agent, par la culture de l'intelligence comme par celle de la volonté, par la science et la philosophie comme par la pratique de la vertu et les observances religieuses. Les Asharites, surtout Al Gazel, estimèrent que, par celles-ci seules, on peut arriver à l'union avec Dieu et faire son salut. Tous ceux que tente le moindre effort, comme on a appelé élégamment la paresse d'esprit, se rangèrent à cet avis. Mais de plus, disaient les Asharites et Al Gazel, il peut être dangereux d'utiliser les sciences et la philosophie. Al Gazel le montrait en signalant vingt affirmations doctrinales qu'il attribuait aux philosophes, sans se soucier de dire chez lesquels d'entre eux elles se trouvaient. Il les proclamait en contradiction avec les théories religieuses, sans se mettre en peine de réunir les passages des sourates ou des hadits qui auraient justifié son assertion. Or les Asharites devinrent les maîtres du monde musulman, en Orient d'abord, puis en Espagne et en Égypte. On prêcha dans les mosquées contre les philosophes, on brûla les livres, on persécuta les hommes. Ce que les disciples d'Al Gazel avaient proclamé inutile et dangereux, ils le proscrivirent et firent tout ce qu'ils purent pour le détruire. Aussi sans les transcriptions, les traductions, les analyses et les commentaires des Juifs, nous ignorerions une bonne partie de la philosophie arabe.

IV

Que peut-on conclure, pour le présent et pour l'avenir, de ce qui s'est produit, du ixe au xiiie siècle, chez les Musulmans d'Orient et d'Occident ?

Pour certains historiens, c'est au Coran qu'il faudrait faire honneur du développement de la science et de la philosophie, de l'apparition des penseurs et des savants que nous trouvons alors dans le monde musulman. Mais ils auraient dû montrer et expliquer comment le Coran, continuant à exercer son influence, les sciences et la philosophie ont cessé d'être florissantes. Ce ne serait peut-être pas d'ailleurs une entreprise irréalisable.

Tout autre est la thèse de Renan dans une conférence célèbre sur l'*Islamisme et la science* qui remonte à 1883, mais qui reproduit bon nombre de ses assertions antérieures.

D'abord, dit-il, on peut constater l'infériorité actuelle des pays musulmans, la décadence des Etats gouvernés par l'Islam, la nullité intellectuelle des races qui tiennent uniquement de cette religion leur culture et leur éducation. Vers l'âge de dix ou douze ans, l'enfant musulman, jusque-là quelquefois assez éveillé, devient tout à coup fanatique, plein de la sotte fierté de posséder ce qu'il croit la vérité absolue. Le Musulman a le plus profond mépris pour l'instruction, pour la science, et ce pli, inculqué par la foi musulmane, est si fort que toutes les différences de race et de nationalité disparaissent par le fait de la conversion à l'Islam.

En second lieu, si la civilisation musulmane a eu des savants, des philosophes, si elle a été pendant des siècles la maîtresse de l'Occident chrétien, s'il y a eu jusqu'à Averroès un grand ensemble philosophique, ce grand ensemble qu'on a coutume d'appeler arabe, parce qu'il est écrit en arabe, est en réalité gréco-sassanide et plus exactement grec, car l'élément vraiment fécond vient de la Grèce. La philosophie a toujours été persécutée au sein de l'Islam. A partir de 1200, la réaction théologique l'emporte tout à fait, la philosophie est abolie. L'astronomie est tolérée seulement pour la partie qui sert à déterminer la direction de la prière.

Enfin le beau mouvement qui se produit alors est tout entier l'œuvre de Parsis, de Chrétiens, de Juifs, de Harraniens, d'Ismaéliens, de Musulmans intérieurement révoltés contre leur propre religion... « Il n'a recueilli des musulmans orthodoxes que des malédictions... L'islamisme, en réalité, a toujours persécuté la science et la philosophie et a fini par les étouffer... L'Islam est l'union indiscernable du spirituel et du temporel, le règne d'un dogme, la chaîne la plus lourde que l'humanité ait jamais portée... Faire honneur à l'Islam de la philosophie et de la science qu'il n'a pu tout d'abord anéantir, c'est comme si l'on faisait honneur aux théologiens des découvertes de la science moderne... Faire honneur à l'Islam d'Avicenne, d'Avenzoar, d'Averroès, c'est comme si l'on faisait honneur au catholicisme de Galilée ».

Remarquons avant tout que la question est mal posée. La science et la philosophie entrent en rapport et aussi en conflit avec les religions juive, chrétienne et musulmane. Il y a victoire totale ou partielle des adversaires, ou bien il y a conciliation, établissement d'un *modus vivendi*. Mais ce n'est pas le rôle des Livres Saints de recommander l'étude de la science et de la philosophie, puisque leur objet est de fournir à l'homme une direction aussi complète que possible pour la vie actuelle et pour la vie futur. Il n'y aurait donc pas lieu de s'étonner si l'on ne trouvait aucun texte dans le Coran pour recommander l'une et l'autre.

En second lieu, bien des chrétiens et des juifs se sont montrés aussi durs que les dévots musulmans pour la recherche vraiment spéculative. Saint Bernard n'est-il pas le contemporain d'Al Gazel? Mais on ne peut tirer de ces faits aucune conclusion générale pour le judaïsme, le christianisme ou l'islamisme ; il n'en faut retenir que des constatations limitées dans le temps et dans l'espace.

Puis on pourrait montrer que, depuis 1883, des changements se sont produits qui ne permettraient plus de dire du musulman en général ce qu'en disait alors Ernest Renan. On a réédité les œuvres philosophiques d'Avicenne et d'Averroès ; on a demandé aux Européens leur culture scientifique ; on a même entrepris de créer des gouvernements vraiment modernes. Sans doute on ne peut dire que tous ces efforts aient pleinement atteint le but qu'on s'était proposé. Mais l'étude des sciences, comme celle de la philosophie, a toujours été le lot d'une élite et un luxe dans la société qui s'y livre. Il peut arriver que cette élite ne fasse pas son apparition ou qu'on l'occupe à des besognes médiocres, même que la majorité l'empêche d'atteindre une formation complète. Car, dans toutes les sociétés, la majorité, maîtresse en droit ou en fait du gouvernement, tend à faire disparaître ou à réduire au silence, par tous les moyens, les minorités qui la combattent ou parfois même qui pensent d'une autre façon. Et cela se produit dans les périodes théologiques comme dans les époques démocratiques.

Ce qu'il importe donc de retenir, c'est d'abord qu'il n'y a pas, dans le monde musulman, d'autorité chargée de constituer une théologie et des dogmes. Bien plus, on ne trouve, dans le Coran, aucune condamnation contre la science ou la philosophie, analogue à celle que fournissent, par exemple, les épîtres de saint Paul (ch. v). Sans doute Mahomet ignorait l'une et l'autre. Mais ceux même qui voudront les cultiver trouveront pour le faire des textes sur lesquels ils pourront s'appuyer.

Maverdi, nous écrit M. Casanova, dans *El Ahkram es Soultaniya*, Traité de droit public (traduction Ostorog, Paris, Leroux, 1901) mentionne, comme devoirs catégoriques, la guerre sainte et la recherche de la science. Le traducteur cite en note ce que Ghazzali a dit à ce sujet. Ghazzali donne le *hadith* qui qualifie d'obligatoire la recherche de la science : « Le Prophète a dit: La recherche de la science est un devoir pour tout musulman — et encore, — Recherchez la science quand ce serait en Chine. » En examinant à fond la question, Ghazzali distingue la science qui intéresse la foi et ses pratiques, nécessaire à tout Musulman, et la science indispensable à la bonne marche des affaires de ce monde, ce qui comprend la science pure, les arts et les métiers. Et il affirme que, si dans un pays musulman il n'y a personne qui possède ces connaissances, les habitants sont en état de péché.

Maçoudi, dans *les Prairies d'Or* (traduction Barbier de Meynard, iv, p. 169), nous écrit aussi M. Casanova, attribue au Prophète une parole encore plus énergique, Le mérite (ou la qualité) de la science est meilleur que le mérite (ou la qualité) de la foi — *fadlou — l'ilmi Khaïroun min fadli — l'ibâdat*. Si Barbier de Meynard traduit « Trop de science est préférable à trop de dévotion », sa traduction n'est pas rigoureusement exacte. Le mot fadl signifie *excédent* et *mérite*; dans le premier sens, il pourrait bien être appliqué au mot *science*, mais non au mot *foi*. Comment d'ailleurs peut-on attribuer au Prophète une formule, comme « trop de foi »? Barbier de Meynard dit *trop de dévotion*, et le Prophète aurait pu blâmer, à la rigueur, un excès de dévotion, c'est-à-dire de pratiques religieuses. Mais le mot arabe pour noter cette nuance n'est pas *ibâdat*, qui ne peut être traduit ici que par la *foi*, prise dans son sens intégral, croyance et pratique, primitivement *adoration* de Dieu. Il faut donc entendre par là l'opposition courante de la science et de la foi et traduire : « la science a une qualité supérieure à celle de la foi ».

En fait, ce qui frappe le plus celui qui examine impartialement à ce point de vue le développement des sciences et de la philosophie dans le monde musulman, c'est que si, dans l'Occident, Ibn Tofaïl écrit son célèbre roman *Hayy ben Yaqdhan, Le Vivant, fils du Vigilant*, pour établir que la raison suffit à l'homme qui veut, après s'être procuré le nécessaire, constituer la science sous toutes ses formes et arriver, même dès cette vie, à unir son âme à Dieu, à plus forte raison à faire son salut, si Ibn Roschd écrit un Traité pour montrer que la foi et la raison conduisent l'homme aux mêmes affirmations, les penseurs de l'Orient antérieurs à Gazzali ne semblent pas s'être occupés de justifier leurs appels à la raison. Leur œuvre de constructeurs de la science et de la philosophie leur paraît aussi légitime que celle des théologiens et des jurisconsultes. Et s'ils ne se sont pas justifiés comme tentèrent de le faire leurs successeurs d'Occident, c'est vraisemblablement qu'ils n'en ont pas éprouvé le besoin. S'ils n'ont pas expliqué la manière dont la raison s'accorde avec la foi, c'est qu'autour d'eux personne ne mettait en doute que la raison créatrice de la science et de la philosophie, et la foi créatrice de la religion, travaillent à une même œuvre, nous viennent du même Dieu qu'il s'agit de connaître et auquel il faut tâcher de s'unir.

On a parlé des attaques contre les philosophes. Il est incontestable qu'après Gazali ils sont obligés de se défendre et que finalement ils furent vaincus. Mais en fut-il de même antérieurement? Munk (p. 340) dit que des hommes jaloux et des *fanatiques* suscitèrent des persécutions à Al Kendi, que le khalife Al Motawakkel fit confisquer sa bibliothèque, qui lui fut toutefois rendue peu de temps avant la mort du khalife. Mais il ne dit pas, de façon expresse, que ces informations viennent d'auteurs qui ont vécu avant Gazali. Au contraire, il parle d'un médecin du xii° siècle, Abd-al Latif, fort attaché aux croyances de l'islamisme, qui dit avoir écrit un traité sur l'essence de Dieu et ses attributs essentiels, pour réfuter les doctrines d'Al Kendi. Il ajoute que, dans un ouvrage anonyme du xiii° siècle, le *Tractatus de erroribus philosophorum*, on reproche à Al Kendi d'être un partisan de l'astrologie et de certaines théories alexandrines. Mais ces accusations sont postérieures à celles de Gazali.

De même, pour Al Farabi, les critiques par lesquelles on a contesté que sa philosophie soit en accord avec le Coran se rencontrent chez Gazali, chez Ibn Tofaïl, chez Ibn Roschd. Rien ne nous indique qu'elles aient été faites par des contemporains ou même par des Musulmans antérieurs à Gazali. Les *Frères de la Pureté* n'ont satisfait pleinement ni les théologiens ni les philosophes, mais on ne semble pas avoir critiqué, avant Gazali, l'usage qu'ils firent de la raison.

Les troupes mécontentes d'Ibn Sina, devenu le vizir du prince Schems Eddaula à Hamadan, s'emparèrent de sa personne et demandèrent sa mort. Il fallut, ajoute-t-on, toute l'autorité du prince pour le sauver. Mais on ne dit pas qu'il fût question de choses religieuses ou philosophiques dans cette échauffourée militaire. Ibn Sina rentra d'ailleurs en faveur auprès du prince. S'il fut emprisonné par le fils et successeur de Schems Eddaula, c'est pour avoir correspondu avec son ennemi. Ce qu'on semble surtout lui reprocher, c'est d'avoir trop aimé les plaisirs et la bonne chère. Et encore on affirme que, voyant approcher sa fin, il montra un profond repentir, fit distribuer de riches aumônes, se livra à des actes de dévotion pour se préparer à mourir en bon musulman, sans que pour cela on songe à dire qu'il ne l'avait pas été auparavant.

En Espagne les philosophes durent justifier l'emploi de la raison et ils le firent, en particulier Ibn Tofaïl et Ibn Roschd, d'excellente façon. Tout ce qu'ils ont dit, en faveur de la science et de la philosophie, a été répété dans l'Occident chrétien, par les meilleurs de leurs défenseurs. Mais ils eurent contre eux le pouvoir politique. Non seulement on ne prit pas la peine d'examiner leur justification, mais encore on admit, sans examen, tout ce qu'avançaient leurs adversaires. Il nous est impossible, aujourd'hui encore, de savoir chez quels philosophes ont été puisées les citations de Gazali; il est même tout aussi impossible de montrer en quoi certaines de ses assertions sont en opposition avec le Coran. Le premier résultat d'une semblable façon de procéder, ce fut sans doute d'accréditer les reproches les moins fondés, de recourir à la violence, de détruire les livres, d'empêcher l'apparition de nouveaux savants et de nouveaux philosophes. Mais le second fut la diminution, puis la disparition de ce qui avait fait l'honneur et la gloire de la civilisation musulmane.

On vit un moment, au temps de Galilée, les catholiques délaisser, en partie tout au moins, la recherche scientifique et philosophique, de sorte qu'on a pu, par une généralisation excessive, attribuer aux protestants et aux représentants de la pensée libre, tous les progrès du xviie et du xviiie siècle. Mais au xixe siècle, ils ont repris leur place dans la recherche commune et Léon XIII, en maintenant la théologie et la philosophie thomistes comme fondement de la pensée catholique, a recommandé d'y joindre toutes les acquisitions des sciences modernes, d'en faire les éléments intégrants d'une synthèse nouvelle qui continue et complète l'œuvre d'Albert le Grand et de saint Thomas. On ne saurait dire que le véritable successeur de l'un et de l'autre ait déjà fait son apparition. Mais on ne peut nier que l'effort se continue avec des vicissitudes diverses (ch. xviii).

Le monde musulman se trouve, en un sens, dans une situation plus défavorable, parce que l'interruption dans les recherches scientifiques et philosophiques a été plus complète et plus longue. En un autre sens, la situation est plus favorable, puisqu'il n'y a pas, dans le monde de l'Islam, d'autorité religieuse véritablement constituée pour déterminer et définir ce que doivent être les croyances de ceux qui ne veulent pas cesser d'être orthodoxes. Les musulmans se trouvent à peu près dans les mêmes conditions que les Chrétiens qui se réclament de la réforme religieuse du xvie siècle sous ses formes multiples : on peut les accuser de nouveauté ou d'hétérodoxie ; ils conservent le droit d'adopter les croyances qui leur paraissent le plus en accord avec le Coran et d'y joindre ce qu'ils veulent de la science et de la philosophie modernes. Et il reste infiniment improbable qu'une autorité politique soit assez forte, au milieu du développement scientifique qui s'empare de plus en plus de tout l'univers civilisé, pour arrêter les recherches positives ou spéculatives ou pour maintenir telles ou telles croyances religieuses qui auraient pour but de les proscrire. Rien ne s'oppose donc à ce qu'on revoie un jour une civilisation vraiment riche par ses savants et ses philosophes, fleurir dans les pays musulmans qui auront conservé en bonne partie leurs pratiques et leurs doctrines théologiques. Ce qui rend plus difficile qu'au ixe siècle cet éveil et surtout ce développement de la science et de la philosophie dans le monde de l'Islam, comme ce qui rend plus difficile qu'au xiiie siècle la synthèse catholique, c'est qu'aujourd'hui les sciences multiplient chaque jour leurs acquisitions. Comme le remarquait M. Charles Beaugé à propos de l'Egypte, on n'aurait pas fini de traduire en arabe un ouvrage scientifique que ses informations cesseraient d'être complètement exactes. Plus encore qu'au temps de Roger Bacon, la connaissance des langues, au moins de celles des peuples par qui s'accomplissent surtout les recherches positives, est indispensable à qui veut suivre le développement d'une seule même de ces sciences dont le domaine s'est si prodigieusement agrandi. Ce que disait M. Beaugé aux Musulmans de l'Egypte, on peut le dire aux Musulmans de tous les pays : il faut que vous appreniez au moins le français et l'anglais pour que vous puissiez vraiment vous instruire et avoir accès dans le monde scientifique.

*
* *

Si nous faisons un retour, pour l'histoire de la pensée, sur ce qui s'est produit depuis le premier siècle de l'ère chrétienne jusqu'à nos jours, nous constatons, semble-t-il, un double effort de l'humanité. Les possesseurs de la sagesse révélée dans des livres saints, Juifs, Chrétiens, Musulmans, ont trouvé les raisons les plus ingénieuses et les plus plausibles pour puiser ce qui leur parut convenable chez les savants et les philosophes dont la connaissance de la nature et de l'homme s'était formée par l'observation et l'expérimentation, par le raisonnement et l'intuition.

Inversement les philosophes tentèrent de s'approprier la pensée religieuse sous ses formes diverses et multiples : les uns l'interprétèrent allégoriquement, comme firent les Stoïciens et les Plotiniens ; d'autres la rationalisèrent ou, si l'on préfère, lui donnèrent surtout un caractère naturel, à l'exemple de Descartes, de Rousseau et de Voltaire, voire de Kant et d'Auguste Comte. Tous semblent avoir vu, les uns clairement, les autres d'une façon plus obscure, que rien de ce qui est humain ne doit être négligé et que le philosophe doit rassembler avec soin, pour le soumettre à son examen et à sa réflexion, tout ce qui a été donné successivement ou simultanément, à la conscience et à la méditation des diverses générations.

FIN

NOTES

CHAPITRE PREMIER

BIBLIOGRAPHIE. — Rapports annuels sur les conférences de l'exercice antérieur et le programme des conférences de l'exercice courant, à l'Ecole pratique des Hautes-Etudes, section des sciences religieuses, depuis 1892, Paris, Imprimerie Nationale. — Bibliothèque de l'Ecole pratique des Hautes-Etudes, Section des sciences religieuses, 25 volumes in-8º, Paris, Leroux. — LIARD, Descartes, Paris, Alcan (p. 9). — SCHEPSS, Conradi Hirsaugiensis dialogus super auctores, sive Didascalion, Wuzle, 1889 (p. 9). — CL. BÆUMKER, Ein Tractat gegen die Amalricaner aus d. Anfang d. 13 Jahrh., Jahrb. f. Ph. und spec. Theolog., 1893-1894 (p. 11). — BÆUMKER, G. VON HERTLING ET BAUMGARTNER, Beiträge zur Geschichte der Philosophie des Mittelalters, Münster, Texte und Untersuchungen (depuis 1891). — BERTHELOT, Les Origines de l'alchimie, in-8º 1885; Science et Philosophie, 1886; Introduction à l'étude de la chimie des anciens et du Moyen Age, 1889; Collection des Alchimistes grecs, 4 vol. in-4º, 1887-1888; Histoire des sciences, la Chimie au Moyen Age, 3 vol. in 4º, 1893 (p.12). — E. DE WULF, Histoire de la philosophie scolastique dans les Pays-Bas et la Principauté de Liége, 1895 (p. 13). — GUSTAVE GUENARD, Conférences de la Société d'études italiennes, Paris, Fontemoing (la 5e est sur Galilée p. 13). — MAUGUINI vett. auctt. qui nono seculo de prædestinatione et gratia scripserunt opera et fragmenta Paris, 1650 (p. 14). — GRANDGEORGE, saint Augustin et le Néo-Platonisme (p. 28). — PAUL ALPHANDÉRY, Les idées morales chez les hétérodoxes latins au début du xiiie siècle (p. 29). — LUQUET, Aristote et l'Université de Paris pendant le xiiie siècle (p. 29), vol. VIII et XVI de la Bibliothèque de l'Ecole des Hautes-Etudes, sciences religieuses. — Dr JEAN PHILIPPE, Lucrèce dans la théologie chrétienne, du iiie au xiiie siècle et spécialement dans les Ecoles carolingiennes, Paris, Leroux, 1896 (p. 28).

P. 3. — C'est d'après le travail de M. Toutain (Rapport de 1911) qu'il a été rendu compte de la fondation de la 5e section de l'Ecole des Hautes-Etudes. Il convient d'y joindre, pour plus de précision, le discours de M. Liard au banquet du 10e anniversaire (Rapport de 1896, p. 33) : « On a bien voulu me présenter la Section des sciences religieuses comme ma fille. Si je suis son père, je puis dire à quelle date précise elle a été conçue. C'était après la séance de la Chambre des Députés où furent supprimées les Facultés catholiques de théologie. Le Ministre qui les avait en vain défendues, M. Fallières, et moi, nous tombâmes d'accord qu'il fallait créer à Paris un nouveau centre d'études religieuses, et il nous sembla que le meilleur moyen était de constituer une nouvelle section à l'Ecole des Hautes-Etudes. Quand M. Duruy avait créé cette Ecole, il y avait fait cinq sections, celle des sciences mathématiques, celle des sciences physiques et chimiques, celle des sciences naturelles, celle des sciences philologiques et des sciences historiques, et enfin, celle des sciences économiques. Cette dernière section n'avait pas été organisée. Il y avait donc là, avec un excellent voisinage, un cadre tout prêt et comme un berceau vide, tout prêt pour recevoir un enfant nouveau né. Quand je dis tout prêt, je me trompe, il manquait la layette. Les Chambres nous la donnèrent, simple et modeste, mais suffisante et la Section des sciences religieuses fut placée dans ce berceau... Quand la demande de crédits fut discutée à la Chambre, une seule voix s'éleva pour la combattre, celle d'un homme dont on pouvait ne pas partager les idées, mais auquel on devait respect, parce qu'il était un ardent patriote et un esprit sincère, M. l'évêque Freppel. Mais, en combattant la création de la Section, il se trompait : « De deux choses l'une, dit-il, ou bien la nouvelle école étudiera la religion selon l'esprit et les tendances catholiques et alors il vaut mieux rétablir les Facultés catholiques de théologie, ou bien elle s'inspirera d'un esprit anticatholique et alors l'Etat qui la crée violera la neutralité religieuse promise par lui ». Le dilemme n'était pas absolu. En organisant la section des sciences religieuses, l'Etat n'entendait enseigner ni pour ni contre le catholicisme. Il voulait grouper un certain nombre d'esprits compétents, élevés, sincères, capables d'envisager les phénomènes religieux en eux-mêmes, avec les procédés de la méthode historique et critique et aussi avec cette large sympathie qui est l'auxiliaire nécessaire de l'intelligence. Certes, je ne me fais pas d'illusion. A moins d'avoir la pensée d'un Spinoza, entièrement détachée des contingences, je pense que, sauf peut-être dans les sciences mathématiques, il est impossible au chercheur, à l'observateur, de faire complète abstraction de ses sentiments subjectifs. Dans les sciences naturelles il y a déjà des partis pris; à plus forte raison y en a-t-il dans les sciences historiques, et surtout dans cette partie de l'histoire qui touche aux sentiments religieux, c'est-à-dire au fond le plus profond de l'homme. Quoi qu'il en soit, il n'est pas impossible de réunir en vue d'une même étude scientifiquement poursuivie, l'étude des phénomènes religieux qui se sont manifestés dans l'histoire, des hommes professant des croyances différentes et la preuve que c'est possible, c'est que cela est. Cette synthèse, la voilà vivante devant moi à cette table. »

P. 827. — Sur les rapports de Descartes avec les philosophies médiévales voir le chapitre XVI (p. 328).

P. 9. — Sur Roscelin, voir (p. 15) la leçon-programme, et (p. 66) l'indication relative au volume Roscelin, philosophe et théologien, d'après la légende et d'après l'histoire, sa place dans l'histoire générale et comparée des philosophies médiévales.

P. 10. — Les Idéologues, 1 vol. in-8° de XII-628 p. Paris, Alcan, 1891.

Il est question de Condorcet (p. 101-115), de Daunou (p. 399-411), de Benjamin Constant et la science des religions (p. 413-418), de Degérando (p. 505-510). La thèse latine sur Epicure a été reprise en partie et complétée en certains points dans la Revue de l'histoire des religions Rapports de la religion et de la philosophie en Grèce (tirage à part, 30 p. Paris, Leroux, 1893).

P. 11. — Sur les Arabes, voir Esquisse, Bibliographie et chapitre II, La civilisation médiévale; chapitre III, L'histoire comparée des philosophies médiévales; chapitre V, Les vrais maîtres des philosophes médiévaux; chapitre VII, Histoire comparée des philosophies du VIIIe siècle au XIIIe siècle; ch. VIII, La raison et la science dans les philosophies médiévales; ch. X, L'histoire enseignée et écrite des philosophies médiévales. — Voir aussi, dans ce volume, le chapitre XIX, Science, théologie et philosophie dans l'Islam.

P. 13, 16, 17, 20. — Sur Roger Bacon, voir les chapitres X, XI, XII, XIII, XIV.

P. 14, 16, 27. — Les Mystiques, voir le chapitre IV. Essai de classification des Mystiques.

P. 14, 15. Société pour l'étude de la scolastique médiévale, voir p. 52-56.

P. 16. — Stölzle, de unitate et trinitate divina Freiburg i. B. 1891.

P. 18. — Les historiens de la Scolastique. Voir Esquisse, ch. X.

P. 19. — Averroïstes. Voir Esquisse ch. VIII et, dans les présents Essais, le chapitre XVI, Averroïstes, libertins, esprits forts, petits philosophes du XIIIe au XVIIIe siècle; p. 310.

P. 20. — Plotin, voir Esquisse, ch. III et ch. V.

P. 25. — Cicéron et saint Ambroise ont été étudiés par THAMIN. La morale de saint Ambroise, 1895. THIAUCOURT, qui avait publié en 1885, les traités philosophiques de Cicéron et leurs sources grecques, Paris, Hachette, a repris la question dans un cours public, autographié : Les traités philosophiques de Cicéron, leurs sources grecques, leurs imitations chrétiennes et la pensée moderne. Le premier ouvrage nous donnait les résultats des recherches faites en Allemagne; le second est tout personnel et dénote une longue pratique de Cicéron.

Les doctrines de Carnéade ont été étudiées dans la Revue philosophique, XXIII, 378, 498 : Le phénoménisme et le probabilisme de l'école platonicienne.

P. 26. — Voir le chapitre V, saint Paul a-t-il reçu une éducation hellénique et le chapitre VI, Le divin dans les premiers siècles de l'ère chrétienne.

P. 27. — Plotin, voir Esquisse, ch. III et ch. V; voir dans les présents Essais, le chapitre XIII sur la question des Universaux au Moyen Age, le chapitre IX sur l'âme du monde et l'Esprit-Saint.

P. 27. — Descartes, voir ch. XVII, Descartes et les philosophies médiévales.

CHAPITRE II

P. 34. — Voir HIMLY, Livret de la Faculté des Lettres de Paris, 3e édition, Paris, Delalain. Pour la Bibliographie, se reporter à celle de l'*Esquisse*; pour le 1ᵉʳ paragraphe, aux chapitres ii et iii de l'*Esquisse*; pour le 2ᵉ paragraphe, aux chapitres viii, ix, x, xi, xii, xiii, xiv des présents *Essais*; pour le 3ᵉ aux chapitres iii et v de l'*Esquisse*, aux chapitres viii à xiv des présents *Essais*.

P. 49. L'intellectualisme de saint Thomas a été l'objet de la thèse principale de M. Rousselot et lui a valu le titre de docteur à la Faculté des Lettres de l'Université de Paris.

P. 52, l. 3. — Sur Raymond Martin et son influence, on peut consulter utilement l'édition des Pensées de Pascal par M. Brunschwicg, Paris, Hachette.

P. 57 et 67. — La thèse sur la *Deutsche Theologie*, Paris, Alcan, a valu à Mᵉˡˡᵉ Windstosser le titre de Docteur de l'Université de Paris. Voir le chapitre xv sur une des origines de la réforme luthérienne.

P. 64, 66. — Sur Guillaume de Champeaux, sur Abélard, voir ch. viii.

CHAPITRE III

Une partie de ce chapitre a paru dans la *Revue de l'Université de Bruxelles* en décembre 1912.

P. 74. — Histoire générale. Voir par exemple ce qu'est l'*Histoire générale* de Lavisse et Rambaud, Paris, Colin.

P. 76. — Méthode comparative. Il faudrait renvoyer à bon nombre de volumes de la *Revue d'histoire des Religions* où cette question a été discutée. Nous nous bornons à mentionner les ouvrages suivants : G. Frazer, The Golden Bough dont plusieurs volumes ont déjà été traduits en français; Salomon Reinach, Cultes, Mythes et Religions, 3 vol., Paris, Leroux; De Cumont, Les religions orientales dans le paganisme romain, Paris, Leroux, 1906; Durkheim, Les formes élémentaires de la vie religieuse, Paris, Alcan, 1912 et Lévy-Brühl, Les fonctions mentales dans les sociétés inférieures, Paris, Alcan; Michel, La religion officielle et la religion populaire dans la Grèce ancienne (*Revue de l'Instruction publique en Belgique*, 1908; Toutain, Etudes de mythologie et d'histoire des religions antiques, Paris, Hachette, 1909; G. Foucart, Histoire des religions et méthode comparative, Paris, Picard, 1912. M. Foucart veut que la comparaison ait lieu, non pas avec les sauvages considérés à tort ou à raison comme des primitifs, mais avec l'Egypte dont l'histoire comporte une développement chronologique qu'il est possible de suivre avec précision.

P. 76. — Sur la comparaison dans la formation des concepts voir Th. Ribot, L'évolution des idées générales, Paris, Alcan.

P. 78 et suivantes. — Les philosophies médiévales. Voir *Esquisse*, ch. iii, iv, v, vii, viii, Roscelin, philosophe et théologien d'après la légende et d'après l'histoire, ch. iv, La place de Roscelin dans l'histoire générale et comparée des philosophies médiévales.

P. 81. — Sur le divin dans les premiers siècles, voir le chapitre vi.

P. 79. — Les historiens des littératures. Voir Lanson, Manuel bibliographique de la Littérature française, 4 vol., Paris, Hachette et *Histoire de la Littérature française*, Paris, Hachette. On y relèvera spécialement, au point de vue de la littérature comparée, les travaux de J. Texte, de Baldensperger, de Hazard, etc.

CHAPITRE IV

Ce chapitre a paru d'abord dans la *Revue philosophique* de juillet 1912, p. 1-26. Les éléments en ont été recueillis pour l'enseignement aux Hautes-Etudes, p. 13, 14, 16, 20, 26, 27, à la Faculté des Lettres, p. 64, 66, 67, 68. Le point de départ est chez Philon, surtout chez Plotin (*Esquisse*, ch. III et ch. v). On a consulté spécialement Ed. Zeller, Die Ph^{ie} der Griechen III, II, 2, Die nacharis. Ph^{ie} 2te Hälfte ; Preger, Gesch. der Deutschen Mystik, Leipzig, 1875 ; C. Schmidt, Etudes sur le mysticisme allemand (Mém. de l'Ac. des sc. m. et p., II, p. 240, Paris, 1847); Jundt, Histoire du panthéisme populaire, Les amis de Dieu au XIVe siècle, Paris, 1875 et Strasbourg, 1869 ; Delacroix, Essai sur le mysticisme spéculatif en Allemagne au XIVe siècle, Paris, Alcan, 1900; E. Boutroux, Jacob Böhme (Etudes d'histoire de la philosophie, Paris, Alcan) et Pascal, Paris, Hachette ; Bergson, L'évolution créatrice, Paris, Alcan. On peut trouver l'indication complète des œuvres et des travaux dans les bibliographies de Zeller, de Ueberweg-Heinze, de Preger.

P. 96, l. 7. — Voir dans l'*Evolution des idées générales* de M. Th. Ribot, les chapitres où il traite de l'évolution des principaux concepts ; l. 8, chez Philon, l'extase est : 1° la frénésie qui fait perdre la raison et naître le trouble dans l'esprit par suite de vieillesse, de mélancolie ou de quelque autre cause ; 2° la violente consternation dont nous sommes saisis en présence de ce qui nous arrive soudainement et à l'improviste ; 3° l'état calme de la raison quand elle se repose ; 4° un transport divin et inspiré, celui qui fait les prophètes ; l. 31, Thulié, La Mystique divine, diabolique et naturelle, Paris; l. 38, Th. Ribot, *La Psychologie de l'attention*, ch. III ; Taine, *Les philosophes classiques du XIXe siècle en France*, ch. XIV.

P. 97, l. 18. — On peut soutenir — et les textes abonderaient pour le faire — que cet idéal a été plus ou moins nettement marqué par la plupart des philosophes. Il se trouve rapproché de l'idée de Dieu chez Ravaisson, Essai sur la Métaphysique d'Aristote et surtout Rapport sur la philosophie au XIXe siècle, chez Lachelier, article sur l'Idée de Dieu de Caro, signalé par Ravaisson dans son Rapport (*Revue de l'Instruction publique* des 16, 23 et 30 juin 1864), chez Em. Boutroux, spécialement dans Jacob Böhme, dans Pascal, dans tous les travaux où il a traité des rapports de la science, de la morale, de la religion et de la philosophie, chez Bergson, surtout dans l'évolution créatrice, chez William James, Expérience religieuse, chez Delbos, Spinoza. Chez tous on trouverait, à des degrés divers, la conception qui consiste à réaliser en nous la plus grande perfection possible et la conception selon laquelle l'individu peut saisir en lui, par une intuition de plus en plus profonde, de plus en plus complète et compréhensive, la souveraine perfection. — l. 42, sur la connaissance de Dieu sortant de la connaissance de soi-même, voir surtout ch. VI, Le divin dans les premiers siècles de l'ère chrétienne ; ch. XVII, Descartes et les philosophies médiévales, p. 340 et suivantes. Voir aussi l'*Esquisse*, p. 102-119, les pages où il a été montré que la doctrine de Plotin constitue l'explication de la formule de saint Paul : c'est en lui que nous vivons, que nous nous mouvons et que nous sommes.

P. 98, l. 28. — l'amour sexuel. Plotin, vi, 9, 9 veut faire comprendre la félicité que procure l'union de l'âme avec Dieu en rappelant, à propos des amours terrestres, la joie qu'éprouve celui qui aime et qui obtient ce qu'il aime. Mais il a soin d'ajouter que ces amours sont mortelles et trompeuses, qu'elles ne s'adressent qu'à des fantômes et ne tardent pas à disparaître. D'autres mystiques s'y arrêteront. Il y aurait, au point de vue psychologique, une curieuse étude à faire sur l'usage des termes qui servent à exprimer l'amour divin par ceux qui décrivent l'amour humain et sur l'usage par les mystiques des mots qui expriment l'amour sexuel. On pourrait comparer, en ce sens, certaines pages de l'Imitation de Jésus-Christ à plusieurs poésies de Donne (The Poems of John Donne edited from the old editions and numerous manuscrits with Introductions and Commentary by HERBERT J. C. GRIERSON M. A. Chalmers Professor of english Literature in the University of Aberdeen, 2 vol., Oxford, Clarendon Press, 1912).

P. 101, l. 15, des imperfections. — Par exemple l'orgueil chez saint Martin, chez Böhme (p. 27), chez saint Augustin, etc. Sur Jacob Böhme, voir le travail de M. Boutroux. Voir aussi son *Pascal* où il met fort nettement au premier plan ce qui a vraiment une importance capitale dans l'existence de Pascal. On lira utilement aussi *La psycho-physiologie des états mystiques* (*Année psychologique*, XVII, 97-144) et le *Mysticisme catholique et l'Ame de Dante*, Paris, Bloud, de M. Albert Leclère, qui avait abordé autrefois l'étude du mysticisme dans nos conférences des Hautes-Études.

P. 102, l. 26, p. 115, l. 15, intuitionnistes. — On a indiqué à la note pour la page 97, l. 18, quelques-uns de ceux auxquels on pourrait appliquer ce nom. Il conviendrait peut-être moins à Ém. Boutroux qu'à Ravaisson, Lachelier et surtout William James et Bergson. Il y aurait à nuancer ces rapprochements, comme à distinguer intuitionnistes et mystiques, chacun de ceux dont nous rappelons les noms ayant son originalité. Mais les ressemblances, sur les points essentiels, sont assez grandes pour les justifier.

P. 105, l. 2. — Sainte Thérèse distingue la prière ou l'oraison vocale, l'oraison mentale, l'oraison de recueillement, l'oraison de quiétude, l'oraison d'union, l'oraison de ravissement, le vol de l'esprit qui produit l'unification avec Dieu. Ces distinctions sont commentées par M. Th. Ribot dans la *Psychologie de l'attention*, p. 144-148. Voir HENRY JOLY, *Psychologie des Saints, Saint Ignace de Loyola, Sainte Thérèse*, 3 vol. in-12, Paris, Lecoffre; DELACROIX, *Études d'histoire et de psychologie du mysticisme*, Paris, Alcan.

P. 107, l. 26. — Plotin — auquel Suidas, huit siècles après sa mort, attribue des attaques d'épilepsie dont n'ont parlé ni Porphyre ni Eunape et qui, par conséquent, ne sauraient être considérées comme réelles — a eu une santé assez bonne, malgré une méditation à peu près continuelle, malgré le peu de sommeil et de nourriture. Il eut, semble-t-il, l'intestin fragile, mais il vécut jusqu'à soixante-six ans. S'il fut atteint dans les dernières années de sa vie, comme montre Porphyre, de la maladie dont il mourut, il n'y a là rien qui ressemble à des troubles cérébraux ou à une maladie nerveuse. Des remarques analogues pourraient être faites pour ceux de nos contemporains qui se rattachent, en affirmant que nous saisissons Dieu par une intuition, à la mystique plotinienne. Le nombre en est plus grand qu'on ne pense, mais ils n'ont aucun signe extérieur qui les désignent à l'attention comme ceux chez qui se rencontrent des phénomènes morbides et voisins de la folie. Mais les volumes et les articles consacrés depuis une dizaine d'années à MM. Boutroux, William James et Bergson, suffisent pour le prouver.

P. 109, l. 22. — Le récent travail, d'un intérêt considérable, de M. Henri Lichtenberger, a paru dans la *Revue des Cours et Conférences* : 18 mai 1910, le Mystique Suso, les origines du mysticisme allemand, (p. 433-449); 9 juin 1910, L'œuvre de Suso, l'Exemplaire, avec ses quatre parties, la Vie, le Livre de la Sagesse éternelle, le Livre de la Vérité, le Petit recueil de Lettres spirituelles, les Œuvres non comprises dans l'Exemplaire, les Lettres spirituelles, les Sermons et le Minnebüchlein, l'authenticité de l'Exemplaire (p. 600-612); 23 juin 1910, Mysticisme pratique de Suso, d'après le *Livre de la Sagesse éternelle*, Apologie de la souffrance, Souffrances physiques, Souffrances spirituelles, composition du Livre de la Sagesse éternelle, première partie, seconde partie, valeur poétique (p. 683-695); 17 novembre 1910, le Mysticisme spéculatif de Suso, d'après le *Livre de la Vérité*, l'Unité suprême ou divinité, Unité et multiplicité en Dieu, Retour de la créature vers Dieu par le Christ, L'union mystique (p. 7-14); 24 novembre 1910, La vie de Suso, naissance et famille de Suso, Débuts dans la vie religieuse, Études de Suso, Suso lecteur de Constance, Activité pastorale de Suso. Départ de Constance, Émigration à Ulm (p. 73-81); 8 décembre 1910, Examen critique de la Vie, Manuscrits et rédactions, Résultats généraux de l'Analyse critique (p. 155-167); 15 décembre 1910, Inauthenticité de la vie de Suso, Conclusion (p. 203-228). Les conclusions auxquelles Lichtenberger aboutit pour Suso — qui ne fut pas l'ascète farouche dont on a longtemps parlé, — s'imposeraient pour plusieurs des mystiques allemands. -- Voir ce qui a été dit à propos de Tauler dans la *Revue Philosophique* du 1er septembre 1911.

P. 111, l. 8. -- On a signalé, dans la *Revue philosophique* du 1er septembre 1911, les deux premiers volumes des œuvres complètes, traduction littérale de la version latine du chartreux Surius, par Pierre Noël. Trois autres volumes ont paru depuis lors. — Ligne 25. En niant que Tauler soit panthéiste, Noël renvoie à l'*Esquisse* où il a été rappelé que les conclusions sur la subordination des principes de causalité et de contradiction au principe de perfection pour la constitution d'un monde intelligible, sont analogues à celles auxquelles aboutit M. Th. Ribot dans la *Psychologie* et la *Logique des Sentiments*. Et l'on trouverait des formules équivalentes dans l'*Induction* de M. Lachelier, dans la *Contingence des lois de la nature* de M. Boutroux, dans les *Données immédiates de la conscience* de M. Bergson. — Ligne 30. Nous possédons, uniquement dans des traductions latines du xiiie siècle, trois œuvres de Proclus, *de Providentia, de decem dubitationibus circa Providentiam, de Malorum subsistentia*; les *Principes de théologie* de Proclus, abrégé de la théorie des trois hypostases, sont le fond du *de Causis*, utilisé et commenté par Albert le Grand, saint Thomas et bien d'autres.

P. 113, l. 24. — Mlle Windstosser, Étude sur la théologie germanique suivie d'une traduction française faite sur les éditions originales de 1516 et de 1518, 1 vol. in-8° de xi-218 p. Paris, Alcan. Voir *Revue internationale de l'Enseignement* du 15 mars 1912 (p. 269-271); Voir ch. ii, (p. 67-68); ch. xv. Une des origines de la réforme luthérienne (p. 295-309).

P. 113, 1. 24. — *La mystique divine, diabolique et naturelle des théologiens*, par le Dr Thulié, 1 vol. in-8° de viii-406 p. Paris, Vigot frères : I. Définition et division de la mystique par les mystiques; II. Le terrain mystique; III. La culture physique par entraînement physique; IV. La culture mystique par entraînement moral; V. Le premier pas; VI. Phénomènes mystiques intellectuels, La parole imaginaire, La parole intellectuelle, Les visions imaginaires, La vision intellectuelle; VII. Paroles surnaturelles auriculaires; VIII, *id*. Visions surnaturelles oculaires; IX. Phénomènes mystiques de l'ordre affectif, Mariage mystique; X, *id*. La jubilation mystique et les saintes voluptés; XI, *id*. L'extase; XII, *id*. Les stigmates; XIII. Phénomènes mystiques de la grâce, Les dons corporels; XIV, *id*. Dons intellectuels, Don des langues, Don de la science infuse; XV. La mystique diabolique; XVI. Suggestions et auto-suggestions, Causes déterminantes du délire mystique; XVII. Mystique naturelle et conclusion.

CHAPITRE V

BIBLIOGRAPHIE. — RENAN, Histoire des origines du christianisme, Les Apôtres, Saint Paul, Paris, Calman-Lévy; SABATIER, Encyclopédie des sciences religieuses, art. saint Paul, l'Apôtre Paul, 4e édition avec préface de M. de Faye, Paris, Fischbacher; CONSTANT MARTHA, Les moralistes sous l'empire romain, Paris, Hachette; AUBERTIN, Sur les rapports supposés entre Sénèque et saint Paul, Paris, 1869; KARPE, Étude sur les origines et la nature du Zohar, 1 vol. in-8 de x-604 p., Paris, Alcan, 1901; Essais de critique et d'histoire de philosophie, 1 vol. in-8 de 226 p., Paris, Alcan, 1902; JOSEPH VITEAU, Étude sur le grec du Nouveau Testament, Paris, 1893, Étude sur le grec du Nouveau Testament comparé avec celui des Septante, Bib. de l'École des Hautes-Études, Sciences historiques, f. 114; Essai sur la syntaxe des voix dans le grec du Nouveau Testament, Rev. philol., XVIII, 1894 (p. 1-41); DEISSMANN, Bibelstudien, Marburg, 1895; Neue Bibelstudien, Marburg, 1895; JEAN PSICHARI, Essai sur le grec de la Septante, Revue des Études juives, avril 1908 (p. 168-208); G.-B. WINER, Grammatik des Neutestamentlichen Sprachidioms, neubearb. von W. Schmiedel, 1894; KENNEDY, Sources of New Testament Greek, Edinburgh, 1885; BLASS, Grammatik des Neutestamentlichen Griechisch, Gottingen, 1896, 2e édition 1902; JEAN ROUFFIAC, Recherches sur les caractères du grec dans le Nouveau Testament, Bib. de l'École des Hautes-Études, sciences religieuses, 24e vol., f. 2, Paris, Leroux, 1911; F. Pfister, Les Στοιχεῖα τοῦ κόσμου dans les Épîtres de saint Paul (Pilologus, xix, 3); E. HERRIOT, Philon le Juif, Paris, 1898; ÉMILE BRÉHIER, Les idées philosophiques et religieuses de Philon d'Alexandrie, Paris, 1908; Chrysippe, Paris, 1910; BONHOEFER et HARNACK, travaux sur le christianisme, l'histoire des dogmes, Epictète et le Christianisme (Bibliographie dans Ueberweg-Heinze). Voir aussi la Préface de M. E. DE FAYE à la 4e édition de l'Apôtre Paul de Sabatier, etc.

CHAPITRE VI

BIBLIOGRAPHIE : FRANÇOIS PICAVET, Un document important pour l'histoire du Pyrrhonisme, Paris, Picard (Extrait du compte rendu des séances des travaux de l'Académie des sciences morales et politiques, 1888) et *Revue de philologie*, 1888; J. LACHELIER, Les Dieux d'Epicure, d'après le *de Natura Deorum de Cicéron* dans la *Revue de philologie* de juillet 1877; CONSTANT MARTHA, le Poëme de Lucrèce, Paris, Hachette; FRANÇOIS PICAVET, *de Epicuro novæ religionis conditore* et Rapports de la religion et de la philosophie en Grèce (ch. I texte et Bibliogr.) — Sur Evhémère, qu'Ennius traduisit en latin, Voir SEVIN, Recherches sur la vie et les ouvrages d'Evh. (Mém. de l'Ac. des Inscrip., VII, p. 107; FOURMONT, *ibid.*, XV, p. 265; FOUCHER, *ibid.*, XXXIV, p. 435, XXXV, p. 1; R. DE BLOCK, Evhémère, son livre et sa doctrine, Mons, 1876.

P. 147. — Sur Carnéade et sa théorie de la liberté, voir FRANÇOIS PICAVET, Le phénoménisme et le probabilisme de l'école platonicienne, *Revue philosoph.*, XXIII, 378, 498 ; sur Cicéron, FRANÇOIS PICAVET, La philosophie de Cicéron, Introduction au *de Natura Deorum*, l. II, Paris, Alcan.

P. 149-155. — Voir *Esquisse*, ch. III, IV, V; EDUARD ZELLER, Die Nacharistotelische philosophie zweite Hälfte; CHAIGNET, Psychologie des Grecs, Paris, Hachette; ALFRED ET MAURICE CROISET, Histoire de la littérature grecque, vol. V, Paris, Fontemoing; CONSTANT MARTHA, Les moralistes sous l'empire romain, Paris, Hachette; COLARDEAU, Epictète. Voir la Bibliographie du chapitre précédent.

CHAPITRE VII

Sur Phavorinos (forme grecque) ou Favorinus (forme latine) on peut consulter E. ZELLER, *op. cit.*; VICTOR BROCHARD, Les sceptiques grecs, Paris, Alcan, 1887; A. ET M. CROISET, Histoire de la littérature grecque, V, Paris, 1899; R. HIRZEL, Der Dialog., II, Leipzig, 1905; E. NORDEN, Die antike Kunstprosa, II, Berlin, 1898; LUDOVIC LEGRÉ, Un philosophe provençal au temps des Antonins, Favorin d'Arles, sa vie, ses œuvres, ses contemporains, Marseille, 1900; TH. COLARDEAU, de Favorini Arelatensis studiis et scriptis, Grenoble, 1903, IX-108 p. — J'avais fait, avant 1884, des recherches sur Phavorinos pour un mémoire sur le scepticisme qui obtint à l'Académie des sciences morales une récompense de 4000 francs en 1884. Il est resté inédit, mais il a été signalé par M. Ravaisson dans un Rapport sur le prix Victor Cousin, publié à la suite de la seconde édition de la Philosophie en France au XIXe siècle, Paris, Hachette. La publication des documents réunis avait été annoncée dans la *Revue internationale de l'Enseignement* du 15 mars 1901. M. Colardeau m'écrivit alors qu'il préparait une thèse latine sur Phavorinos et me pria d'en retarder l'apparition. Il l'a rappelé dans sa préface : *Fidei meæ convenit hic memorari Franciscum Picavet jamdudum præparatam habere materiem libelli quem de Favorino conficere destinat quemque haud scio an jam editurus fuerit, nisi roganti mihi ne me præverteret magna benevolentia morem gessisset*. La publication ainsi différée aura probablement lieu en même temps que cele de l'Histoire générale et comparée des philosophies médiévales O·n n'a voulu en donner ici qu'un passage propre à établir que les hommes du xviiie comme ceux du xviie siècle se sont plus d'une fois inspirés des philosophes médiévaux. On a montré, au ch. xvii, que Descartes (p. 344) a repris, non sans originalité, les conceptions de ses prédécesseurs sur l'âme et Dieu, qu'il les a transmises à Rousseau et à Voltaire, chez qui le déisme a remplacé le théisme. M. Gauthier a signalé dans Ibn Thofaïl, sa vie, ses œuvres (p. 51-53), un roman allégorique de Baltasar Gracian, imitation du *Hayy ben Yaqdhân* d'Ibn Thofaïl et traduit en français en 1697 où se trouve l'opposition de l'état de nature et de l'état social, si chère à J.-J. Rousseau.

Dans sa séance du 16 novembre 1901, le Conseil municipal d'Arles approuva le rapport de sa Commission de la revision des noms des rues de la ville, qui proposait de donner le nom de Favorin à la rue Saint-Lucien aboutissant à la Place du Forum (Lettre du maire d'Arles). Le volume sur J.-J. Rousseau (1 vol. in-8 de la Bibliothèque générale des sciences sociales, xii-304, p. Paris, Alcan, compte rendu dans *Revue internationale de l'Enseignement*, 15 décembre 1912, p. 563-564) ne mentionne pas le nom de Phavorinos. Sur Rousseau, outre le volume récent qui vient d'être indiqué, il convient de rappeler — entre beaucoup de recherches importantes — Espinas, Le système de Jean-Jacques Rousseau, 3 articles en 1895 dans la *Revue internationale de l'Enseignement*; Chuquet, J.-J. Rousseau, Paris, Hachette et les travaux récents de Faguet.

P. 176. — Dom Cajot, 1726-1799, Plagiats de J.-J. Rousseau de Genève sur l'éducation, Paris, 1766, in-12.

CHAPITRE VIII

Bibliographie : Ueberweg-Heinze, Grundris der Gesch. der Philosophie der patristichen und scholastischen Zeit; Hauréau, Histoire de la scolastique; A. Stoöckl, Gesch. der Philosophie der Mittelalters, Bd i-iii, Mainz, 1864-1866; E. de Wulf, Histoire de la philosophie médiévale, Paris, Alcan; Charles de Rémusat, Abélard, Paris, 1845; Michaud, Guillaume de Champeaux et les écoles de Paris au xiie siècle, 2e édition, Paris, 1868; G. Lefèvre, Les variations de Guillaume de Champeaux et la question des Universaux, Travaux et Mémoires de l'Université de Lille, 1898.

Voir en outre la Bibliographie de l'*Esquisse*, le Roscelin philosophe et théologien et les ouvrages ou articles indiqués dans le cours de l'Essai; Prantl, Gesch. der Logik im Abendland.

P. 188. — Sur le xiie siècle voir la place de Roscelin dans l'histoire générale et comparée des philosophies médiévales, ch. iv du Roscelin philosophe et théologien.

CHAPITRE IX

BIBLIOGRAPHIE, ED. ZELLER, Die Philosophie der Griechen (ce qu'il dit de l'âme du monde d'après Platon et du commentaire de Chalcidius). TH. H. MARTIN, Etudes sur le Timée de Platon, 2 vol., Paris, 1841. Dans la collection Bœumker et von Hertling, SWITALSKI, Das Chalcidius Kommentar zu Plato' Timœus. ESQUISSE, ch. III. et ch. V; Plotin, Ennéades, édit. Didot, Volkmann, trad. Bouillet, avec notes et commentaires, 3 vol., Paris, Hachette. — Sur l'Ame du monde chez les Stoïciens, voir Ed. ZELLER et CHAIGNET, BRÉHIER, *op. cit.* avec la blibliographie qui s'y trouve jointe. — Voir aussi l'Introduction au *de Nat. Deorum*, l. 2. — Sur saint Paul, voir le ch. V.

P. 196. — Voir PIERRE BATIFFOL, Les anciennes littératures chrétiennes, Paris, Lecoffre, JAHN, Basilius Plotinizans, Bern 1833 et BOUILLET fournissent l'essentiel pour les comparaisons de textes, à condition bien entendu que l'on opère des vérifications d'après les éditions récentes. Il convient aussi d'examiner au point de vue de ces comparaisons les travaux de Harnack pour lesquels on renvoie à la bibliographie d'Ueberweg-Heinze. Pour saint Augustin, on a rappelé le travail de Grandgeorge dans la Bibliothèque de l'École des Hautes-Études. — Pour saint Cyrille, il faut tenir compte du jugement de Batiffol rapporté (p. 203, l. 2.-4) et ne pas accepter le jugement d'Ueberweg, — Ohne philosophische Bedeutung ist Cyrill, Patriarch von Alexandrien. — Il a été indiqué d'ailleurs (p. 67) que le cours public à la Faculté des Lettres a porté en 1911-1913 sur les doctrines d'Ammonius Saccas et de Plotin chez les théologiens, les philosophes et les savants du monde hellénico-romain, du monde chrétien, musulman et juif. On espère en publier prochainement les résultats.

Sur Abélard et les scolastiques de l'Occident, il y a lieu de renvoyer aux travaux de Cousin, de Rémusat, de Prantl, de Hauréau signalés dans l'*Esquisse* comme aux recherches dont les résultats ont été exposés dans la Bibliothèque de l'École des Hautes-Études, dans l'*Esquisse*, dans Roscelin théologien et philosophe, comme dans les deux premiers chapitres du présent volume.

Il est profondément regrettable que nous n'ayons pas encore, au lieu de la publication systématiquement incomplète de Cousin, un texte exact de la Dialectique.

CHAPITRES X, XI, XII, XIII, XIV

Le chapitre X est la refonte de deux articles parus dans le *Journal des Savants* (juillet 1905, septembre et octobre 1912), le chapitre XI est un article remanié qui a paru d'abord dans la *Revue internationale de l'Enseignement* (15 octobre 1907); le chapitre XII et le chapitre XIII sont entièrement inédits, le chapitre XIV a été communiqué sous des formes différentes au Congrès d'histoire des religions de Bâle, à l'Académie des sciences morales et politiques et il a paru dans la *Revue d'histoire des religions* et dans les *Comptes rendus de l'Académie*.

Roger Bacon a été étudié à l'Ecole pratique des Hautes-Etudes, section des sciences religieuses en 1892-1893, 1893-1894, 1894-1895 (p. 10-12), en 1902-1903, 1903-1904, 1904-1905, 1905-1906, 1906-1907 (p. 16-21), à la Faculté des Lettres de l'Université de Paris, 1907-1908 (p. 50); 1910-1911 (p. 64).

BIBLIOGRAPHIE : BREWER, Fr. Rogeri Bacon opera quædam hactenus inedita, 1859; EMILE CHARLES, Roger Bacon, sa vie, ses ouvrages, ses doctrines, Paris, 1861; JOHN HENRY BRIDGES, The Opus majus of Roger Bacon, 2 vol. Oxford, Clarendon Press, 1897, Supplementary volume, Villiams et Norgate, 1900; DOM F. A. GASQUET, An unpublished fragment of a work by Roger Bacon, English Historical Review, vol. XII, 1897; English Scholarship in the thirteenth century, Dublin-Review, vol. CXXIII, 1898; S. A. HIRSCH, Early English Hebraists, Roger Bacon and his predecessors, Jewish Quaterly Review, october 1899, vol. XII, p. 51;

J. L. HEIBERG, Die griechische Grammatik Roger Bacons, Byzantinische Zeitschrift, vol. IX, Leipzig, 1900, p. 479-491; EDMOND NOLAN et S. A. Hirsch, The greek Grammar of Roger Bacon and a fragment of his Hebrew Grammar, edited from the Mss, with Introduction and Notes LXXV-212 p. Cambridge, at the University Press, 1902; ROBERT STEELE, Metaphysica Fratris Rogeri ordinis minorum... London, Alexander Moring, VIII-56 pages; DUHEM, Un fragment inédit de l'Opus Tertium de Roger Bacon, Quaracchi, 1909; British Society of franciscan Studies, vol. III Fratris Rogeri Bacon, Compendium Studii Theologiæ, edidit H. RASHDALL, una cum appendice de Operibus Rogeri Bacon, edita par A. G. LITTLE 1911 ; Part of the Opus Tertium of Roger Bacon including a fragment now printed for the first time editedby C. G. LITTLE, 1912; R. P. MANDONNET, Roger Bacon et le Speculum Astronomiæ, Rev. néo-scolastique, août 1910; Roger Bacon et la composition des trois Opus, *ibid*, 1912; R. P. HILARIN, Histoire des Etudes dans l'ordre de saint François, traduction française par le T. R. P. Eusèbe, Paris, Picard. Voir ch. I et ch. II la liste des travaux entrepris à l'Ecole des Hautes-Etudes et à la Faculté des Lettres sur Roger Bacon.

P. 239. — Semen capsilaginis. La correction est de M. Antoine Thomas, *Bulletin hispanique*, janvier-mars 1904.

P. 234. — Sur l'alchimie et les Alchimistes, voir *Esquisse*, 2ᵉ édition, p. 202-209 avec la bibliographie qui y est jointe.

P. 237. — Kenelm Digby, à rapprocher de ce qui est dit de Descarte et de Roger Bacon, p. 329, 338, 345.

P. 238. — On a voulu voir parfois dans l'exégète et le théologien dont il est question Guillaume de Mara. Mais rien ne nous autorise à accepter cette hypothèse, si nous nous en tenons aux documents dont nous disposons actuellement.

P. 241. — Relation entre la pureté morale et la science. C'est une curieuse théorie qui rappelle Plotin et qui renverse la formule socratique et platonicienne. Au lieu d'expliquer la façon dont agit le méchant en disant qu'il ignore la science du bien, Roger Bacon affirme que celui-là qui est méchant ignore la vérité d'une façon générale. La pureté morale est la condition nécessaire de la connaissance. On peut se rendre un compte exact de cette théorie de Roger Bacon en voyant ce qui est dit de Jean au chapitre suivant.

P. 253. — Libri a donné une copie incomplète du manuscrit de la Bibliothèque nationale, imprimé selon lui à Augsbourg en 1558. Hist. des math., II, p. 487. *In occultis operibus multum indigemus industria manuali* (l. 40). — Maricourt est une commune de 467 habitants, avec une superficie de 752 hectares sur la rive droite de la Somme, dans le canton de Combles et l'arrondissement de Péronne, avec une brasserie, une briqueterie et des forges. Il y a aussi un Maharicourt dans l'arrondissement de Montdidier, canton de Rosières, près de 1100 habitants, fabriques de bonneteries de laine, de fouets. — On a cité souvent Emile Charles parce que son ouvrage, écrit il y a plus de cinquante ans, a conservé une valeur incontestable. On ne saurait trop regretter qu'on n'ait pas conservé les nombreux matériaux qui, dit-il p. 334, pourraient faciliter l'édition des œuvres de Roger Bacon que l'Angleterre doit à une de ses plus grandes renommées. Nous savons, grâce à l'obligeance de la fille d'Emile Charles, aujourd'hui Mme Louise, femme de notre collègue de la Faculté des Sciences de Caen, que ces matériaux n'existent plus.

P. 257. — Il faut remarquer l'importance que Roger Bacon attribue à l'enseignement oral. Cela apparaît nettement dans toutes les critiques qu'il adresse à Alexandre de Halès, à Albert le Grand (ch. xiii).

P. 268. — Voir Hauréau, Histoire de la scolastique, vol. II, Hilarin, Histoire des études dans l'ordre de saint François, Denifle et Chatelain, Cartulaire de l'Université de Paris. — Voir aussi dans la Bibliothèque de l'Ecole des Hautes-Etudes et dans *l'Esquisse* ce qui concerne Alexandre de Halès.

P. 277. — Il faut noter chez Bacon cette théorie du progrès par laquelle il rejoint Descartes, Pascal, Condorcet — nouvelle preuve que l'on ne saurait, comme on l'a voulu trop souvent, établir une solution de continuité entre les temps modernes et la période médiévale. Voir l'Avant-Propos et les chapitres xvi et xvii.

P. 280. — Sur saint Thomas, voir *Esquisse* (ch. viii) et le premier chapitre des présents *Essais*. Il est toujours utile de consulter la Philosophie de saint Thomas, de Charles Jourdain.

P. 290. — On ne saurait trop appeler l'attention sur tout ce que Roger Bacon a dit de l'étude des langues et des conditions que suppose une bonne traduction. Il serait bon qu'aujourd'hui encore on s'inspire, dans le monde savant, de ses recommandations.

P. 293. — Sur saint Paul et Sénèque, voir ch. v et ch. vi. Sur Plotin et les docteurs chrétiens, voir *Esquisse*, ch. iii et v. Sur tout ce 5e paragraphe, voir *Esquisse*, ch. ix et, dans les présents *Essais*, les chapitres xv et xviii. — Le Roger Bacon, théologien et exégète, est un précurseur de Spinoza, de Richard Simon et de tous ceux qui ont donné au xixe siècle une direction nouvelle à l'exégèse de l'Ancien et du Nouveau Testament. Avec cette différence pour un certain nombre d'entre eux tout au moins qu'il entend rester en accord complet avec l'Eglise.

CHAPITRE XV

Une partie de ce chapitre a paru dans la *Revue Bleue* du 25 janvier et du 1er février 1913. C'est dans la *Revue des Deux Mondes* du 15 septembre 1912 qu'a paru l'article sur Luther de M. Imbart de la Tour. La thèse de Mlle Windstosser a été publiée chez Alcan et donne une bibliographie complète en ce qui concerne la *Deutsche Theologie*. Il faut voir aussi les chapitres IV sur les Mystiques, V sur l'éducation hellénique de saint Paul, XVII sur Descartes, avec les bibliographies qui y sont jointes. Voir encore l'*Encyclopédie des sciences religieuses* publiée sous la direction de F. Lichtenberger, spécialement l'article Luther de Félix Kuhn, avec la bibliographie. Sur les Mystiques allemands, voir aussi le ch. IV et les articles qui ont rendu compte, dans la *Revue philosophique*, de la traduction par Noël des œuvres de Tauler; dans l'*Esquisse*, le ch. V. Voir enfin Ueberweg-Heinze, vol. II, et vol. III.

CHAPITRE XVI

BIBLIOGRAPHIE : RENAN, Averroès et l'Averroïsme; R. P. MANDONNET, Siger de Brabant et l'Averroïsme latin au XIIIe siècle, 2e édit. 2 volumes des Philosophes belges, Louvain, 1908, FRANÇOIS PICAVET, Esquisse d'une histoire générale et comparée des philosophies médiévales, 2e édit., Paris, Alcan, 1907; A. et Ch. JOURDAIN, recherches critiques sur l'âge et l'origine des traductions latines d'Aristote, Paris, 1843; LÉON GAUTHIER, Hayy ben Yaqdhan, Roman philosophique d'Ibn Thofaïl, Alger, 1900; Accord de la Religion et de la philosophie, traité d'Ibn Roschd, traduit et annoté, Alger, 1905; Ibn Thofaïl, sa vie, ses œuvres, Paris, Leroux (avec Bibliographie), 1909; La théorie d'Ibn Roschd sur les rapports de la religion et de la philosophie, Paris, Leroux, 1909 (avec bibliographie); La philosophie musulmane, Leçon d'ouverture d'un cours public sur le Roman philosophique d'Ibn Thofaïl, Paris, 1900; PROBST, Caractère et origine des idées du bienheureux Raymond Lulle, Toulouse, Edouard Privat, 1913; STROWSKI, Histoire du sentiment religieux en France au XVIIe siècle, Pascal et son temps, 3 vol., Paris, Plon; PENJON, Berkeley, Paris, Alcan; Berkeley, Œuvres choisies, trad. Beaulavon et D. Parodi, Paris, Alcan; Alciphron ou le Petit Philosophe en sept dialogues, contenant une Apologie de la religion chrétienne contre ceux qu'on nomme Esprits forts, à la Haye, chez P. Gosse et J. Neaulme, 1754 — Pour Bossuet et Descartes, voir la Bibliographie du ch. XVII — Voir UEBERWEG-HEINZE, Bibliographie des volumes II et III.

CHAPITRE XVII

BIBLIOGRAPHIE: HUET, Censura philosophiæ Cartesianæ, Paris, 1689; RÉBELLIAU, Bossuet, Paris, Hachette. Rébelliau, Lanson, Strowski ont donné des Extraits où figurent les textes rappelés dans le chapitre XVI.

La lettre de la page 330 est dans Strowski et dans Brunetière, Paris, Hachette. Bouillet, Les Ennéades de Plotin, Paris, Hachette, 3 vol. 1857, 1859, 1861 ; Ch. Jourdain, La Philosophie de saint Thomas, 2 vol. in-8°, Paris ; Francisque Bouillier, Histoire de la philosophie cartésienne, 3e édit., 2 vol., Paris, Delagrave ; Hauréau, Histoire littéraire du Maine, 2e édit., Paris, Dumoulin, 1876 ; Histoire de la scolastique, 3 vol., 1872-1880, Paris, Durand et Pedone Lauriel ; Liard, Descartes, Paris, Alcan ; Freudenthal, Spinoza et la Scolastique, Ph. Aufsätze, Eduard Zeller für seinem fünfzigjähringen, Doctor Jubiläume gewidmet, Leipzig, 1887 ; Hertling, Descartes Beziehung zur Scholastik, Kon. Bay. Ak. der Wiss., 1897, p. 339-381, 1899, p. 3-36 ; Fouillée, Descartes, Paris, Hachette, 1893 ; Espinas, Pour l'histoire du Cartésianisme, Les oratoriens et le Platonisme, Antécédents des Méditations comme défense laïque de la morale chrétienne, Mersenne et de Sithon, Revue de méthaphysique et de morale, 1906 ; Revue bleue, Le point de départ de Descartes, 10 mars 1906, Descartes de 16 à 22 ans, 23 et 30 mars 1907. Descartes, édit. Adam et Paul Tannery, 12 vol. in-4, Paris, 1897-1910 ; Boutroux, Socrate, fondateur de la science morale. Science et morale selon Descartes (Études d'histoire de la philosophie, Paris, Alcan) ; Descartes and Cartesianism (Cambridge modern History) ; de Veritatibus æternis apud Cartesium, Paris, 1874, Monnier, Alcuin et Charlemagne, Paris, Plon ; Gundissalinus, Traité de l'Immortalité de l'âme, collection Baeumker et Hertling, Bd II h. 3 (G. Bulow) ; Ferraz, La Psychologie de saint Augustin, Paris, Durand, 1862 ; Hamelin, Le système de Descartes, Paris, Alcan, 1911 ; Gilson, La liberté chez Descartes et la théologie, Paris, Alcan, 1913, Index scolastico-cartésien, Paris, Alcan, 1913.

CHAPITRE XVIII

Ce chapitre est un article revu et complété de la *Revue philosophique*, décembre 1908 et janvier 1909.

Bibliographie : *Études*, p. 780, mars 1893 (p. 347). *Revue de Métaphysique et de morale*, mai 1902, mars 1903 ; *Revue thomiste*, 1902, p. 489, 1903, p. 70-8-7, 228 ; Mgr. Ballandier, Annuaire pontifical de 1905 ; *Actes de S. S. Pie X*, Encycliques, Motu proprio, Brefs, Allocutions, etc. Paris, 2 vol. ; *Revue thomiste*, 1906 (p. 574) (Compte rendu d'un livre de M. Gaillot qui se demande pourquoi le Saint Père n'a pas terminé par ces simples mots : « Nous voulons et ordonnons que désormais la Somme théologique soit l'unique manuel destiné à la formation des jeunes théologiens de l'univers catholique. La *Revue thomiste* répond que ce que Léon XIII n'a point dit en 1878, il l'a notifié le 8 septembre 1899).

P. 352, l. 4. — Décret du 4 décembre 1903, Charles Denis, Un carême apostolique sur les dogmes fondamentaux, Paris, 1902, L'Église et l'État, Les leçons de l'heure présente, Paris, 1902 ; abbé Georgel, La matière, sa définition, sa réhabilitation au point de vue intellectuel et aimant, ses destinées ultimes, Oran, 1902 ; Joseph Olive, Lettre aux membres de la pieuse et dévote association du cœur de Jésus et de Notre-Dame des Sept Douleurs, Cette, 1886-1903. (On sait que le Pape approuve et ordonne de promulguer chaque décret de l'Index.) — Décret du 23 décembre 1903 : Albert Houtin, La question biblique chez les catholiques de France au XIXe siècle, Mes difficultés avec mon évêque; Alfred Loisy, La religion d'Israël — Décret Off. fer. IV, 16 décembre 1903 : Alfred Loisy, La religion d'Israël, L'Évangile et l'Église, Études évangéliques, Autour d'un petit livre, Le 4e Évangile. La condamnation contre Loisy est prononcée tout à la fois par l'Index et l'Inquisition (Actes de Pie X).

P. 353. — La *Revue thomiste*, 1906, I, p. 5-11.

P. 355. — La Congrégation de l'Index, Ciro Alvi, Saint Francesco d'Assisi, Milan, Palerme, Naples, 1903; Albert Houtin, L'Américanisme, Paris, 1904; Antoine Vogrinec, Nostra maxima culpa ! Die Bedrangte Lage der katolischen Kirche, deren Ursachen und Vorschlage zur Besserung, Vienne, Leipzig, 1904.

P. 355, 356. — *Revue thomiste*, 1904, La réforme de la théologie catholique (p. 48-76; 1904, p. 93, 98, 109, 682).

P. 357. — Wilbois, *Revue de métaphysique et de morale*, 1907; *Quinzaine*, 16 avril, 16 mai, 1er et 16 juillet, 1er août 1905.

P. 357. — Le Roy : « Rien ne réussira jamais à troubler notre ferme volonté d'obéissance, notre intention de ne travailler que dans l'Eglise et pour l'Eglise... Je suis et resterai de ceux qui obéissent... Avec M. Loisy, je prends comme formule intégrale du christianisme, Dieu dans le Christ et le Christ dans l'Eglise » (Wilbois, p. 543-544).

P. 358. — Viollet, L'Infaillibilité du Pape et le Syllabus; Laberthonnière, Essais de philosophie religieuse, le réalisme chrétien et l'idéalisme grec (Actes de Pie X).

P. 360. — Lefranc, Les conflits de la science et de la Bible; Segismundo Pey-Odeix, El Jesuitism y sus Abusos, Crisis de la Compagnia de Jesus; A Houtin, La question biblique au XXe siècle — Le décret annonce la soumission de Laberthonnière.

P. 360. — *Revue néo-scolastique*, 1906, f. 205-209.

P. 367. — La *Quinzaine*, La *Revue d'histoire et de littérature religieuse*, *Demain* disparaissent. La *Revue thomiste* donne l'Encyclique en 1907, 4; Garrigou-Lagrange traite du panthéisme de la philosophie nouvelle et de la preuve de la transcendance divine, 1907, 5; en mars-avril 1908, il est donné « quelques réflexions opportunes sur le modernisme ». La *Revue des sciences théologiques et philosophiques* donne des articles sur l'Intellectualisme de saint Thomas, sur Canonicité et Authenticité, sur saint Thomas et l'histoire inspirée; elle fait connaître dans ses bulletins de théologie et de philosophie les livres et les articles relatifs au modernisme. La *Revue augustinienne* du 15 février 1908 expose les bases philosophiques du modernisme, le mouvement religieux en Angleterre, Autour du modernisme, etc. Les *Etudes* donnent l'Encyclique et la théologie moderniste, 20 novembre 1907, Qu'est-ce que le modernisme? 5 mai 1908 et 20 mai 1908, Le modernisme en Allemagne, 5 et 20 juin 1908, Autour de la question religieuse, 5 juillet 1908. Les Dominicains, les Jésuites et, d'une façon générale, les thomistes rapprochent les modernistes des philosophes modernes, mais aussi des philosophes du Moyen Age, averroïstes, nominalistes, terministes, etc. avec lesquels leurs doctrines présentent, selon eux, des analogies.

CHAPITRE XIX

BIBLIOGRAPHIE: Renan et Léon Gauthier, ouvrages cités au chapitre xvi; STANISLAS GUYARD, art. sur le Coran dans Encycl. des sciences religieuses, Ueberweg-Heinze, II et Esquisse (ch. II, III, VIII, etc); Baeumker, Witels (dans la collection des Beiträge zur Geschichte d. Ph. des Mittelalters), voir *Essais* (p. 66); MUNK, Mélanges de philosophie juive et arabe, Paris, 1859 et articles dans le Dict. ph. de Franck; CHARLES BEAUGÉ, Des langues employées dans l'enseignement scolaire en Egypte, *Revue internationale de l'Enseignement*, vol. LX (p. 193). — Voir aussi la Bibliographie du chapitre XVI, les chapitres III et IV.

INDEX DES PRINCIPAUX NOMS ET TERMES EMPLOIÉS

Abd. al. Latif, 385.
Abélard 1, 2, 7, 9, 12, 13, 16, 32, 33, 34, 37, 57, 61, 64, 66, 86, 177, 178, 179, 180, 181, 182, 183, 184, 185, 186, 189, 203, 204, 205, 206, 215 269, 279, 314, 328, 335.
Académie, Académiciens, 3, 25, 56, 80, 91, 140, 149, 155, 169.
Académie des sciences morales et politiques, 13, 17, 20, 142, 331.
Achillini, 318.
Adam de Marisco, 246, 252.
Adhélard de Bath, 61, 86.
Ægidius, 263.
Æterni Patris (Encyclique), 1, 10, 11, 92, 328, 335, 372.
Alain de Lille, 61, 86.
Al. Aschari, Ascharites, 60, 374, 375, 381.
Albert le Grand, Albert de Bollstadt, Albertistes, 12, 17, 24, 37, 46, 49, 56, 67, 86, 88, 90, 109, 111, 188, 215, 220, 228, 231, 232, 251, 264, 265, 269, 270, 271, 272, 273, 274, 276, 279, 280, 286, 289, 311, 312, 316, 318, 386.
Albinus, 140.
Alchimie, Alchimistes, 1, 12, 80, 289.
Albumazar, 291.
Alcinoüs, 82, 140, 149.

Alcuin, 6, 7, 9, 21 25, 54, 55, 59, 184, 185, 325, 341.
D'Alembert, 10, 62, 211, 215, 341.
Alexandre, IV, 269, 270.
Alexandre d'Aphrodise, Alexandristes, 24, 25, 45, 90, 152, 248, 310, 313, 318, 319.
Alexandre de Halès, 1, 2, 9, 12, 13, 16, 86, 88, 215, 220, 228, 251, 265, 267, 268, 269, 271, 273, 275, 276, 286, 289.
Al-Farabi, 11, 37, 54, 60, 64, 85 385.
Al Gazel, Al Gazali, 11, 32, 37, 51, 52, 56, 60, 62, 85, 104, 293, 340, 374, 381, 383, 384, 385.
Alhazen, 85, 228, 338, 380.
Al-Kindi, 37, 64, 84, 228, 385.
Thomas Allen, 237.
Paul Alphandéry, 21, 29.
Amaury de Bennes, Amauriciens 1, 11, 12, 26, 61, 88, 319.
Amaury de Monfort, 242.
Saint Ambroise, 3, 25, 55, 58, 78, 373.
Ame du monde, 33, 189, 190, 191, 195, 196, 197, 198, 199, 201, 202, 203, 204, 205, 206, 207, 208.
Amis de Dieu, 298.
Ammonius, 140, 149.
Ammonius Saccas, 26, 45, 67, 78, 121, 197.

Ampère, 107.
Anabaptistes, 319.
Anan ben David, 59.
Anaxagore, 26, 329.
Andronicus de Rhodes, 152.
Saint Anselme, 1, 7, 8, 9, 12, 19, 27, 28, 34, 37, 46, 51, 54, 55, 61, 64, 85, 111, 184, 301, 320, 322, 325, 328, 329, 330, 331, 333, 334, 341, 343, 344, 349.
Anselme de Laon, 16, 64, 177, 178, 180, 181, 183, 184, 186, 203.
Antichrist, 235.
Antiochus, 80, 148, 149.
Antoine de Padoue, 349.
Antonins, 49, 71, 81, 82, 168.
Annuaire des Hautes Études, 2, 15.
Apollonius de Tyane, 45, 79, 81, 82, 140, 153, 155.
Apulée, 7, 54, 82, 140, 150, 151, 293.
Archimède, 15, 98.
Arabes, Musulmans, 1, 11, 12, 14, 18, 23, 24, 27, 30, 36, 37, 42, 46, 50, 51, 52, 55, 56, 57, 58, 60, 61, 63, 64, 67, 71, 72, 73, 75, 84, 85, 86, 87, 88, 89, 92, 93, 104, 177, 178, 188, 208, 273, 277, 279, 280, 281, 287, 292, 308, 315, 316, 333, 338, 339, 369, 370, 376, 377, 378,

381, 382, 384, 385, 387.
Aratus, 82, 122, 131, 132, 133, 165.
Arcèsilas, 9, 80, 86.
Aretin, 314.
Pseudo-Aristobule, 116, 132, 133, 137, 141, 163, 308, 371.
Aristote, Péripatétismes, Péripatéticiens, 1, 2, 3, 6, 9, 10, 11, 12, 13, 16, 17, 18, 23, 24, 26, 29, 30, 31, 35, 39, 45, 49, 51, 59, 62, 63, 64, 65, 68, 75, 77, 79, 81, 85, 86, 89, 92, 111, 120, 122, 123, 124, 126, 132, 140, 146, 148, 152, 170, 178, 183, 193, 209, 212, 219, 229, 248, 261, 269, 272, 273, 274, 280, 285, 287, 292, 293, 301, 302, 303, 304, 312, 316, 318, 322, 325, 329, 332, 335, 371,
Ariens, Arius, 196, 203,
Arius Didymus, 140, 149,
Asclépius, 24.
Athanase, 36, 196, 203, 204, 348, 373, 196.
Athées, 310. 320, 323, 326, 327, 330.
Athénée, 24, 143.
Atticus, 140, 149.
Auguste, 39, 41, 81, 140, 143, 144, 149, 161,
Saint Augustin, 2, 3, 5, 7, 8, 9, 16, 22, 25, 26, 28, 29, 45, 50, 51, 54, 55, 56, 58, 63, 64, 67, 69, 78, 83, 84, 103, 108, 111, 112, 113, 118, 119, 120, 121, 133, 193, 196, 198, 199, 203, 204, 205, 208, 288, 291, 295, 297, 299, 301, 302, 303, 328, 329, 330, 333, 334, 335, 340, 341, 344, 373.
Aulu-Gelle, 167, 168, 169, 172, 173, 176, 298.
Avempace, 37.
Auriol, 263.
Averroès, Ibn. Roschd. Averroistes, Averroïsme, 2, 11, 19, 28, 32, 34, 37, 46, 51, 52, 54, 55, 57, 60, 64, 66, 85, 86, 87, 88, 89, 90,

102, 188, 263, 269, 272, 273, 280, 300, 310, 311, 312, 313, 314, 315, 316, 318, 319, 320, 321, 323, 325, 327, 337, 374, 380, 382, 383, 384, 385, 386.
Avicebron, Ibn Gebirol, 11, 37, 46, 54, 56, 60, 64, 86, 87, 102, 188, 269.
Avicenne, Ibn Sina, 11, 37, 46, 51, 54, 55, 56, 60, 64, 65, 86, 87, 102, 188, 269, 272, 273, 280, 287, 293, 338, 380, 382, 383, 385.
Nicolas Aymeric, 314.

Baader, 14.
François Bacon, 18, 39, 46, 62, 63, 91, 231, 237, 316, 329, 336, 361.
Roger Bacon, 2, 12, 13, 16, 17, 20, 26, 29, 32, 33, 34, 37, 46, 50, 51, 54, 56, 57, 64, 65, 66, 67, 68, 88, 91, 102, 109, 139, 156, 209, 210, 211, 212, 213, 214, 215, 216, 217, 218, 219, 220, 221, 222, 223, 224, 225, 226, 227, 228, 229, 230, 231, 233, 234, 235, 236, 237, 238, 239, 240, 241, 242, 243, 245, 246, 247, 248, 249, 250, 251, 252, 253, 254, 255, 256, 257, 258, 259, 260, 261, 262, 263, 264, 265, 266, 267, 268, 269, 270, 271, 272, 273, 274, 275, 276, 277, 278, 279, 283, 284, 285, 286, 287, 288, 289, 290, 291, 292, 293, 316, 329, 338, 345, 372, 380, 387.
Baillet, 331.
Barbier de Meynard, 384.
Barlaam, 89.
S. Basile, 36, 45, 63, 83, 189, 193, 196, 197, 198, 291.
Basset, 52.
J. Basso, 320.
Batiffol, 355, 367.
Baudrillart, 367.
Bayle, 14, 91, 310, 324.
Ch. Beaugé, 387.

Thomas Becket, 9.
Bède le Vénérable 46, 59.
Bérenger de Tours 8, 29, 61, 85, 185.
Bérigard, 325.
Bergson, 357, 393, 394, 395.
Berkeley, 3, 28, 31, 63, 310, 325, 326, 327.
S. Bernard, 9, 10, 37, 61, 86, 104, 108, 111, 181, 184, 185, 373, 383.
Bernard de Chartres, 61, 86.
Berthelot, 12, 233, 234, 245.
Sainte-Beuve, 166, 167, 176, 319.
Beyssens, 360, 361.
Biel, 90, 300.
Bigot.
Bibliothèque de l'Ecole des Hautes-Etudes, 1, 2, 7, 13, 15, 29.
Bibliothèque du Congrès de philosophie 2, 18.
Biran, 62.
Elie Blanc, 18.
Blondel, 347, 356, 358.
Boccace, 89, 314.
Bodin, 91.
Boèce, 9, 46, 54, 64, 83, 113, 182, 205, 240, 290, 304, 325, 344.
J. Bœhme, 14, 35, 91.
Boileau, 86.
De Bonald, 55.
S. Bonaventure, 13, 57, 88, 108, 111, 225, 300, 373.
Bonhœfer, 138.
Bonitz, 24.
Bossuet, 3, 20, 28, 29, 57, 133, 310, 322, 323, 328, 330.
Bouillet, 328, 330.
F. Bouillier, 328, 332, 333.
Bourdaloue, 323.
P. Bourdin, 332.
Boutroux, 34, 38, 69, 340. 344, 357, 393, 394, 395.
Buffier, 341.
Buffon, 173.
Byzance et Byzantins, 1, 11, 27, 30, 35, 37, 38, 46, 50, 52, 55, 58, 60, 71, 72, 73, 75, 84, 85, 86, 87,

INDEX DES PRINCIPAUX NOMS ET TERMES EMPLOYÉS

88, 92, 177, 207, 328, 338, 380.
Brewer, 209, 212, 221, 225, 229, 230, 234, 236, 237, 240, 241, 242, 243, 246, 247, 248, 249, 251, 264, 274, 276.
Bridges, 16, 209, 213, 214, 215, 216, 221, 223, 224, 229, 231, 234, 235, 236, 237, 245, 246, 255, 266.
Brieux, 166, 168.
Brown, 221.
G. Bruno, 29, 91, 281, 314, 319, 320, 329.
La Bruyère, 310, 323, 324, 325.

Calvin, 55, 316, 319.
Curnéade, 3, 9, 25, 80, 140, 147, 148, 149, 164.
Carra de Vaux, 51.
Casanova, 383, 384.
Chalcédoine (Concile), 4, 5, 84.
Chalcidius, 49, 56, 83, 199, 208.
Charlemagne, 5, 6, 46, 56, 57, 58, 59, 87.
Emile Charles, 34, 209, 210, 211, 212, 215, 224, 225, 226, 228, 231, 233, 234, 235, 236, 240, 241, 245, 251, 252, 263, 268, 269, 285, 290.
Chauvin, 28.
Chauvin (lexique), 335.
Christ, 24.
Christianisme, Chrétiens, 1, 3, 4, 5, 14, 18, 26, 27, 37, 38, 42, 45, 46, 49, 50, 52, 55, 56, 57, 58, 59, 61, 122, 126, 129, 133, 139, 141, 152, 155, 156, 163, 164, 176, 189, 196, 207, 208, 216, 274, 278, 288, 289, 305, 308, 314, 315, 316, 328, 330, 339, 343, 369, 370, 373, 374, 378, 379, 382, 383, 386, 388.
Chysippe, 25, 122.
Cicéron, 3, 6, 9, 25, 55, 58, 62, 63, 64, 69, 128, 140, 141, 144, 147, 148, 149, 205, 292, 293, 326,

Cléanthe, 25, 82, 122, 131, 152, 164, 208.
Clément IV, 215, 221, 222, 223, 225, 226, 228, 230, 235, 236, 238, 241, 247, 251, 255, 256, 259, 260, 261, 262, 263, 264, 265, 283, 286, 291.
Cogito, sum, Cogito ergo sum, 9, 50, 340.
R. P. Coconnier, 353.
Combach, 209, 210, 211, 215, 227, 338.
A. Comte, 3, 20, 28, 31, 62, 69, 215, 279, 284, 328, 336, 388.
Condorcet, 1, 62, 65, 328.
Connais-toi toi-même, 340.
Conrad de Hirschau, 1, 9.
Benjamin Constant, 10.
Constantin l'Africain, 11.
Cornificius, 9.
A. et M. Croiset, 128.
Cournot, 63, 93.
Victor Cousin, 33, 183, 184, 185, 186, 209, 211, 215, 253, 328, 330, 334.
Saint Cyrille, 45, 67, 78, 83, 199, 200, 201, 202, 373.

Dante, 34, 89.
Daunou, 10, 33.
David de Dinant 1, 11. 61, 88, 335.
Degérando, 10, 33.
Denys, Pseudo-Denys l'Aréopagite, 2, 16, 42, 46, 65, 66, 67, 83, 86, 113, 131, 133, 205, 270, 291, 295, 299, 304, 305, 306, 326, 344.
Denys le Chartreux, 2, 15.
Denys le Thrace, 217.
Deutsche Theologie, Théologie germanique, 33, 57, 67, 68, 89, 113, 121, 295, 296, 298, 299, 301, 304, 306.
Descartes, 1, 3, 8, 9, 14, 18, 27, 28, 31, 34, 39, 46, 50, 51, 54, 62, 63, 64, 65, 69, 77, 91, 93, 211, 231, 237, 310, 316,

320, 321, 325, 328, 329, 330, 331, 332, 333, 334, 335, 336, 337, 338, 339, 340, 341, 342, 343, 344, 345, 388.
Dogmes, orthodoxie, 4, 18, 21, 22, 23, 27, 30, 36, 41, 43, 88, 89, 90, 92, 121, 126, 138, 203, 207, 208, 373, 374, 375, 378.
Diderot, 233, 245, 341.
Diels, 35.
Digby, 219.
Donne, 67, 394.
Drtina, 28.
Antonin Dubost, 3.
Duhem, 209, 218.
Victor Duruy, 390.

Ebersolt, 29.
Eckhart, 14, 37, 67, 89, 295, 298, 304, 305.
Encyclopédie des sciences religieuses, 123.
Enésidème, 45, 169.
Epicure, Epicuriens, Epi, curisme, 1, 3, 5, 10, 25, 26, 30, 45, 75, 78, 128, 130, 140, 141, 143, 144, 145, 146, 147, 155, 310- 319, 322, 329.
Epictète, 3, 26, 45, 62, 63, 79, 120, 128, 129, 140, 141, 153, 156, 157, 158, 159, 160, 163, 164, 169.
Esprits forts, 310, 311, 319, 320, 321, 322, 323, 324, 326, 327.
Esprit-Saint, 33, 189, 196, 197, 198, 199, 201, 202, 204, 205, 206, 207, 208.
Espinas, 328, 337, 339, 398.
Eucharistie, 6, 185, 315.
Eusèbe, 58, 83, 132, 154, 189, 196.
Evangile éternel, 16, 29.
Evhémère, 140, 143, 144, 155, 161.
Extase, 131, 163, 340.

Fallières, 390.
E. de Faye, 116, 119, 126, 138.
Fénelon, 3, 28, 133.
Ferraz, 323.

Fichte, 14, 63.
Freudenthal, 224, 326, 328
Florus, 7.
Foucart, 27, 142.
G. Foucart, 392.
Fouillée 40, 327, 336, 344.
Franciscains, 2, 16, 33, 88, 209, 211, 225, 228, 229, 230, 234, 248, 257, 266, 268, 284.
Saint François d'Assise, 1, 12, 88, 218, 257, 268.
Fridugise, 7.
Fulbert de Chartres 37, 61.

Galilée, 1, 13, 15, 18, 39, 46, 211, 231, 282, 316, 382, 386.
Gambetta, 2, 20.
Garasse, 310, 320.
Garnier, 20.
D. Gasquet, 17, 64, 209, 214, 216, 220, 224, 225, 226, 227, 228, 233, 241, 243, 246, 251, 255, 257, 260, 265, 266.
Gaunilon, 8, 51, 66.
Gauthier. 311, 374.
Gérard de Crémone, 11.
Gerbert, 1, 2, 7, 8, 9, 15, 37, 46, 55, 56, 60, 85, 185, 211, 311.
Gilbert, 236, 237, 238.
Goblet d'Alviella, 27.
Gnostiques, 45, 58, 78, 82.
Gottschalk, 2, 7, 13, 14, 46, 55, 60, 184, 379.
Grande Encyclopédie, 2, 17.
Grandgeorge, 28, 198.
Grecs, 5, 13, 17, 23, 30, 40, 135, 178, 205, 273, 279, 280, 281, 285, 287, 292, 328, 338, 369, 372, 375, 378, 380, 382.
Grégoire de Nazianze, 45, 63, 197, 373.
Grégoire de Nysse, 36, 45, 117.
Guillaume d'Auvergne, 11, 56, 66, 341.
Guillaume de Champeaux, 1, 9, 16, 32, 61, 66, 86, 176, 178, 179, 180, 181, 182, 183, 184, 185, 186, 187, 203.

Guillaume de Conches, 61, 86, 189, 207.
Guillaume d'Occam, Occamistes, 72, 300, 301, 316, 328, 335.
Guillaume de Saint-Amour, 29.
Guizot, 33.
Grierson, 394.
Griveau, 29.
Gundissalinus, Gundisalvi, 2, 11, 15, 66, 86, 178, 341.

G. Hardy, 29.
Harnack, 4, 35. 349, 352.
Harvey, 18, 39, 46, 231, 282, 316.
Hauréau, 9, 18, 34, 183, 185, 186, 207, 208, 215, 268, 269, 329, 333, 334, 335, 340, 341.
Hegel, 14, 47, 336.
Heilberg, 217.
Heiric d'Auxerre, 1, 7, 9, 50, 60, 328, 329, 334, 340, 341.
Henri de Gand, 1, 12.
Hertling, 328, 336.
Hésiode, 26, 83, 131.
Hikma, 369, 380.
Hincmar, 2, 7, 13, 184.
Hirsch, 209, 217, 234.
Homère, 26, 83, 131, 172, 173.
Horace, 8.
Huet, 329, 330, 332.
Hugues et Richard de Saint-Victor, 12, 86.
Hypostases, 3, 27, 83, 133, 138, 188, 189, 193, 194, 195, 196, 198, 199, 200, 203, 312.

Ibn Badja, 11, 60, 85.
Ibn Tofaïl, 11, 37, 60, 85, 380, 384, 385, 386.
Idéologues, 1, 10, 338.
Imbart de la Tour, 295, 300, 301, 302, 303, 307.
Incarnation, 6, 30, 185, 199, 223.
J. Kell Ingram, 209, 212.
Isidore de Séville, 7, 46, 54, 59, 238.

Jamblique, 45.

William James, 348.
Jansénius, 5, 13, 55, 91.
Jean d'Espagne, 11, 86, 178.
Jean de Galles, 262.
Jean de Garlande, 263.
Jean, disciple de Roger Bacon, 223, 228, 247, 255, 258, 259, 260, 261, 263, 264, 267, 269, 274, 284.
Jean de Londres, 242, 249, 262.
Jean de Paris, 262.
Jean de Salisbury, 1, 9, 24, 46, 56, 61, 178, 340.
Jebb, 209, 211, 212, 215, 223, 234.
Saint-Jérôme, 58, 78, 261, 291, 373.
Joachim de Flore, 29, 284.
Henri Joly, 394.
Josèphe, 58, 123, 125, 128, 163, 291.
Jourdain, 24, 34, 231, 328, 331, 332.
Journal des Savants, 20, 34, 68, 218.
Judaïsme, Juifs, Hébreux, 1, 13, 14, 18, 24, 28, 30, 37, 42, 45, 50, 52, 55, 56, 57, 58, 59, 60, 61, 63, 64, 67, 71, 72, 73, 75, 80, 81, 82, 83, 84, 86, 87, 88, 89, 92, 93, 94, 117, 121, 122, 125, 128, 133, 136, 139, 141, 152, 162, 163, 164, 177, 178, 208, 273, 279, 280, 288, 289, 308, 315, 339, 369, 370, 371, 372, 375, 376, 380, 382, 383, 387.
Jundt, 393.
Jungmann, 29.
Justinien, 36, 41, 78.
Juvénal, 8.

Kant, 3, 8, 14, 28, 31, 47, 51, 63, 69, 77, 93, 328, 335, 336, 347, 357, 367, 388.
Kepler, 211, 231, 316, 338, 380.
Krumbacher, 35.

Labrosse, 29.

INDEX DES PRINCIPAUX NOMS ET TERMES EMPLOYÉS

Lachelier, 393, 394, 395, 397.
Lamennais, 54, 55.
Albert Lamy, 29.
Lanfranc (de Canterbury), 8, 56, 61, 85, 185.
Lanson, 392.
Latins, 1, 5, 13, 17, 39, 40, 83, 133, 216, 222, 230, 233, 235, 239, 243, 245, 246, 247, 252, 256, 260, 262, 263, 272, 273, 280, 287, 316, 328, 338, 372.
Concile de Latran, 28, 310, 317, 320, 321, 325, 339.
Lecomte, 29.
G. Lefèvre, 177, 183, 185, 186, 187, 292.
Leibnitz, 3. 8, 9, 14, 28, 31, 47, 51, 62, 69, 91, 127, 282, 310, 324, 325, 328, 329, 333, 357.
Liard, 9, 328, 336, 338, 389.
H. Lichtenberger, 110.
Libertins, 310, 311, 319, 320, 321, 322, 323, 326, 327, 329.
Robert de Lincoln, 86, 233, 240, 252, 290.
Littré, 20.
Lenormant, 27.
Léon XIII, 37, 43, 54, 55, 57, 282, 346, 348, 349, 350, 351, 353, 355, 359, 361, 367, 372, 373, 386.
Locke, 31, 63, 65, 336.
Louf, 29.
Loup de Ferrières, 7.
Lucrèce, 3, 10, 26, 28, 62, 63, 69, 140, 141, 143, 144, 145, 146, 147.
Luquet, 29.
Luther, 13, 14, 55, 57, 67, 68, 88, 90, 110, 113, 116, 118, 120, 121, 295, 296, 297, 298, 300, 301, 302, 303, 304, 307, 308, 309, 316, 337, 348.

Macrobe, 45, 51, 54, 55, 66, 83, 149, 189, 205, 206, 208.
Maimonide, 11, 37, 46, 54, 55, 56, 57, 61, 188, 280.
R. P. Mandonnet, 311.

Joseph de Maistre, 20, 54, 55.
Malebranche, 3, 28, 31, 47, 54, 62, 64, 93, 133, 282, 323.
Auzias March, 33, 68.
Marc-Aurèle, 22, 45, 63, 79, 140, 160, 161.
Marcianus Capella, 7, 45, 54.
Constant Martha, 79, 128, 156, 160.
Mauguin, 14.
Mersenne, 9, 19, 51, 310, 314, 320, 333, 334, 341.
Michaud, 181, 183, 184, 185.
Charles Michel, 76.
Michelet, 24.
Modernisme, 57, 346, 363, 364, 366, 367, 368.
Montaigne, 65, 168, 319, 322, 340.
Moyen Age, 1, 12, 18.
Munk, 34, 385.
Mystiques, Mysticisme, 2, 16, 33, 34, 35, 37, 47, 51, 57, 59, 61, 66, 72, 73, 77, 78, 85, 86, 88, 89, 93, 95, 96, 97, 99, 100, 101, 102, 103, 104, 105, 106, 107, 109, 110, 111, 113, 114, 115, 121, 151, 153, 168, 177, 181, 193, 304, 305, 307, 316, 363.

Nolan, 209, 217, 233.
Pythagore, Pythagoriciens, Neo-pythagoriciens, 7, 30, 45, 75, 78, 79, 80, 81, 82, 132, 140, 150, 154, 155, 156, 205, 371.
Concile de Nicée, 4, 5, 42, 44, 49, 84.
Nicolas de Damas, 24.

B. Palissy, 233, 245.
Panétius, 25.
Encyclique Pascendi, 346, 362, 365, 366, 367.
Saint-Paul, 20, 26, 28, 45, 54, 58, 63, 68, 79, 82, 84, 113, 116, 118, 119, 120, 121, 122, 123, 124, 125, 126, 127, 128, 129, 130, 131, 132, 133, 134, 135,

136, 137, 138, 139, 156, 157, 160, 164, 189, 193, 197, 202, 205, 293, 295, 296, 299, 301, 302, 303, 307, 321, 339, 383.
Miguel Asin Palacios, 51.
Pascal, 35, 52, 55, 62.
Paschase Ratbert, 7, 8, 185.
Principe de perfection, 140, 147, 195.
Philon le Juif, 7, 26, 45, 58, 78, 80, 81, 82, 128, 132, 133, 137, 141, 163, 308, 371, 372.
Phavorinos, 150, 166, 167, 168, 169, 170, 172, 173, 174, 176.
Philippe, 28, 46, 389.
Photius, 37, 46, 58, 84.
Pie X, 37, 346, 349, 350, 351, 353, 354, 355, 358, 359, 361, 362, 363, 365, 366, 367.
Pierre le Lombard, 12, 56, 61, 185, 268, 269, 270, 280, 286.
Pierre de Maricourt, maitre Pierre, Pierre Pérégrin, 32, 50, 228, 231, 233, 234, 236, 237, 240, 241, 242, 243, 245, 246, 247, 248, 249, 250, 251, 252, 254, 255, 257, 262, 269, 270, 284.
Pierron et Zévort, 24.
Platon, Platoniciens, Platonisme, 3, 7, 10, 12, 25, 26, 29, 35, 45, 49, 62, 63, 65, 75, 77, 78, 79, 80, 81, 82, 88, 89, 124, 126, 132, 140, 146, 148, 149, 150, 151, 152, 155, 156, 163, 169, 173, 189, 190, 191, 193, 199, 200, 201, 202, 203, 204, 205, 206, 207, 208, 260, 261, 287, 293, 301, 302, 304, 322, 329, 330, 340, 356, 371, 372.
Plotin, Plotinisme, Plotiniens, 1, 2, 3, 6, 7, 9, 10, 12, 16, 18, 20, 23, 25, 26, 27, 28, 33, 39, 43, 45, 46, 50, 52, 55, 58, 59, 60, 63, 64, 67, 71, 72, 73, 75, 82, 83, 85

88, 90, 91, 92, 93, 96, 99, 102, 104, 105, 109, 111, 113, 121, 131, 149, 153, 155, 163, 168, 181, 185, 189, 193, 195, 196, 197, 198, 199, 200, 201, 202, 203, 205, 206, 208, 281, 293, 299, 303, 304, 307, 309, 328, 329, 330, 334, 335, 340, 341, 343, 344, 366, 371, 388.
Pomponace, 310, 311, 317, 318, 326.
Plutarque, 24, 45, 63, 82, 140, 149, 150, 168, 169
Porphyre, 7, 9, 27, 45, 49, 51, 55, 80, 83, 182, 186, 196, 200, 201, 202, 303, 304, 375.
Posidonius, 25, 122.
Pottier, 27.
Prantl, 35.
Prédestination, 6, 7, 30, 124, 125, 128, 131, 184, 379.
Proclus, 7, 43, 45, 86, 269, 304, 305.
Proudhon, 20.
Prudence de Troyes, 7.
Pseudo-Hildebert, 55.
Pyrron, Pyrrhonisme, Scepticisme, Sceptiques, 5, 9, 45, 75, 78, 79, 80, 81, 140, 141, 142, 143, 150, 155, 169, 310, 319, 326.

Raban Maur, 2, 8, 9, 12, 13, 55, 59, 184.
Radshall, 218.
Raoul Glaber, 8.
Ratramne, 7.
Ravaisson, 24, 47, 63, 183, 184, 393, 394.
Raymond Lulle, Lullistes, 37, 52, 66, 72, 314, 315.
Raymond de Tolède, 61, 86.
Réforme, 5, 20, 36, 46, 65, 67, 72, 118, 119, 121, 279, 281, 294, 295, 302, 310, 316.
Remi d'Auxerre, 1, 7, 60.
Charles de Rémusat, 34.
1re Renaissance (Carolingienne), 1, 5, 28, 46, 59, 71, 81, 84, 316.

2e Renaissance (xiiie siècle,) 72, 87, 89, 316.
3e Renaissance (xve siècle,) 5, 15, 19, 20, 25, 34, 36, 46, 65, 86, 87, 88, 89, 279, 285, 294, 310, 316, 331.
Renan, 20, 34, 121, 122, 123, 128, 129, 133, 135, 138, 139, 215, 284, 311, 318, 369, 370, 374, 381, 383.
Renouvier, 63.
Albert Réville, 1, 2, 4, 6, 21.
Jean Réville, 29.
Théodule Ribot, 40, 42, 95, 98, 100, 114, 392, 393, 394, 395.
Ritter, Ritter et Preller, 35, 48, 62, 78.
Revue bleue, 2, 15, 337.
Revue critique, 10, 66.
Revue des Deux Mondes, 300.
Revue de l'histoire des Religions, 2, 12, 18, 19, 20, 28, 51.
Revue internationale de l'Enseignement, 1, 2, 4, 12, 18, 20, 50, 52, 62, 64, 65, 66, 68, 119, 166, 167, 177, 187.
Revue de métaphysique et de morale, 348, 362.
Revue néo-scolastique, 360, 361.
Revue philosophique, 1, 2, 10, 12, 13, 18, 20, 32, 51, 57, 66, 68, 72.
Revue scientifique, 1, 13.
Revue thomiste, 348, 349, 350, 353, 355, 360, 361, 362.
English Historical Review, 216, 224, 228, 238.
Rollet, 30.
Roscelin, 1, 2, 9, 15, 16, 32, 33, 55, 61, 66, 68, 73, 86, 178, 184, 186, 187, 203.
J.-J. Rousseau, 28, 62, 65, 166, 167, 168, 173, 174, 175, 176, 344, 388.

Saadia, 11, 46, 60, 84.

Sabatier, 121, 123, 124, 128, 133, 134, 135.
Barthélemy Saint-Hilaire, 24.
Schelling, 14, 47.
Schmidt, 34.
Schopenhauer, 14, 63.
Duns Scot, Scotiste, 26, 56, 72, 188, 303, 316, 328, 332.
Jean Scot Erigène, 2, 7, 8, 9, 13, 16, 21, 37, 46, 50, 54, 55, 60, 62, 85, 133, 184, 328, 329, 334, 340, 379.
Sénèque, 3, 25, 26, 45, 54, 62, 63, 79, 128, 131, 132, 135, 140, 155, 156, 208, 221, 277, 292, 293.
Siger de Brabant, 32, 66.
Société pour l'étude de la scolastique médiévale, de l'histoire générale et comparée des théologies et des philosophies médiévales, 2, 14, 15, 32, 52, 53.
Socrate, 26, 65, 150, 157, 160, 169, 186, 287, 340.
Spinoza, 8, 9, 51, 54, 62, 86, 133, 282, 314, 319, 326, 335, 336, 337.
Steele, 209, 217.
Stöckl, 35.
Stoïcisme, Stoïciens, 2, 3, 5, 7, 10, 17, 25, 26, 27, 30, 37, 45, 56, 75, 78, 80, 81, 82, 122, 123, 124, 126, 128, 129, 130, 132, 133, 134, 135, 137, 138, 139, 140, 141, 147, 148, 152, 155, 156, 164, 169, 173, 189, 190, 192, 205, 208, 302, 371, 388.
Stölzle, 16, 204.
Strabon, 24, 123.
Strowski, 319.
Suso, 295, 298, 304.
Synésius, 5, 45, 65, 83.

Taine, 20, 63.
Tauler, 32, 67, 295, 296, 298, 299, 301, 304, 305.
Thamin, 391.
Thiaucourt, 391.
Thomassin, 3, 28, 29.

INDEX DES PRINCIPAUX NOMS ET TERMES EMPLOYÉS

S. Thomas d'Aquin, thomisme, thomistes, 1, 2, 11, 12, 13, 15, 16, 17, 18, 19, 20, 23, 24, 31, 32, 34, 37, 43, 46, 47, 49, 52, 54, 56, 57, 64, 65, 66, 67, 68, 69, 72, 86, 88, 89, 90, 91, 92, 102, 109, 111, 118, 126, 139, 151, 158, 215, 231, 232, 264, 265, 269, 270, 273, 276, 278, 279, 280, 281, 286, 303, 307, 309, 311, 312, 313, 315, 316, 318, 320, 326, 328, 330, 331, 332, 333, 335, 339, 344, 345, 346, 347, 348, 349, 350, 352, 353, 355, 358, 359, 360, 361, 362, 363, 364, 365, 366, 367, 368, 372, 373, 386.

Thulié, 101, 103.

Toutain, 389.

Concile de Trente, 11, 281, 348.

Trinité, 6, 27, 30, 83, 103, 185, 189, 194, 196, 198, 199, 200, 202, 203, 204, 205, 206, 207, 208, 223, 279.

Ueberweg-Heinze, 18, 35, 78.

Universaux, 6, 10, 32, 66, 72, 177, 178, 181, 183, 184, 185, 186, 187, 195.

Victorins, 16, 29, 61, 121, 177, 180, 181, 185, 198.

Victorinus, 45, 55, 58, 83.

Vincent de Beauvais, 1, 2, 9, 12, 15, 215, 238.

Virgile, 8, 140, 172, 173, 189, 192, 193, 205, 208.

Voltaire, 28, 326, 344, 388.

Ch. Waddington, 34.

Mlle Windstosser, 297, 298.

Witelo, 32, 66, 338, 380.

De Wulf, 18.

Xénophane, 26.

Ed. Zeller, 24, 34, 78.

Zénon, 25, 79, 122.

TABLE DES MATIÈRES

	Pages.
AVANT-PROPOS	V
CHAPITRE I. — Vingt-quatre ans de recherches et d'enseignement aux Hautes-Études.	1
CHAP. II. — L'enseignement de l'histoire générale et comparée des philosophies médiévales a la Faculté des Lettres de Paris	32
CHAP. III. — Nécessité de faire générale et comparée l'histoire des philosophies médiévales	74
CHAP. IV. — Essai de classification des mystiques	95
CHAP. V. — Education hellénique de saint Paul	116
CHAP. VI. — Le divin dans les premiers siècles	140
CHAP. VII. — Phavorinos précurseur de Rousseau	166
CHAP. VIII. — La question des Universaux au XIIe siècle	177
CHAP. IX. — L'ame du Monde et l'Esprit-Saint	189
CHAP. X. — Editions faites et a faire de Roger Bacon	209
CHAP. XI — Le maitre des expériences, Pierre de Maricourt	232
CHAP. XII. — Jean disciple de Roger Bacon	254
CHAP. XIII. — Ceux que combat Roger Bacon	265
CHAP. XIV. — Deux directions au XIIIe siècle	279
CHAP. XV. — Une des origines de la Réforme luthérienne	295
CHAP. XVI. — Averroistes, Libertins, Esprits forts, Petits Philosophes	310
CHAP. XVII. — Descartes et les philosophies médiévales	328
CHAP. XVIII. — Thomisme et modernisme dans le monde catholique	346
CHAP. XIX. — Science, philosophie et théologie dans l'Islam	368
NOTES	388
INDEX	392

Paris — Typ. Ph. Renouard, 19, rue des Saints-Pères — 3456.

LIBRAIRIE FÉLIX ALCAN

OUVRAGES CITÉS DANS LE PRÉSENT VOLUME

BERGSON. — Essais sur les données immédiates de la conscience, 12ᵉ édit., 1 vol. in-8º	3 fr. 75
— L'évolution créatrice, 11ᵉ édit., 1 vol. in-8º	7 fr. 50
BERKELEY. — Œuvres choisies, trad. par E. BEAULAVON et D. PARODI, 1 vol. in-8º	5 fr.
BOUTROUX. — Études d'histoire de la philosophie, 3ᵉ édit., 1 vol. in-8º	7 fr. 50
— De la contingence des lois de la nature, 7ᵉ édit., 1 vol. in-12	2 fr. 50
BRÉHIER. — Chrysippe, 1 vol. in-8º	5 fr.
CARRA DE VAUX. — Gazali, 1 vol. in-8º	5 fr.
DROZ. — Études sur le scepticisme de Pascal considéré dans le livre des Pensées, 1 vol. in-8º	6 fr.
DURKHEIM. — Les formes élémentaires de la vie religieuse, 1 vol. in-8º	10 fr.
ESPINAS. — La philosophie sociale au XVIIIᵉ siècle et à la Révolution, 1 vol. in-8º	7 fr. 50
— Les origines de la technologie, 1 vol. in-8º	5 fr.
GILSON. — La liberté chez Descartes et la théologie, 1 vol. in-8º	7 fr. 50
— Index scolastico-cartésien, 1 vol. in-8º	2 fr. 50
HAMELIN. — Le système de Descartes, 1 vol. in-8º	7 fr. 50
H. BERT. — L'évolution de la foi catholique, 1 vol. in-8º	5 fr.
JAMES (William). — L'expérience religieuse, 2ᵉ édit., 1 vol. in-8º	10 fr.
JOLY (Henri). — Malebranche, 1 vol. in-8º	5 fr.
KARPPE. — Les origines et la nature du Zohar, 1 vol. in-8º	7 fr. 50
— Essais de critique et d'histoire de la philosophie, 1 vol. in-8º	3 fr. 75
LACHELIER. — Du fondement de l'Induction, 6ᵉ édit., 1 vol. in-16	2 fr. 50
LÉVY-BRUHL, Les fonctions mentales dans les sociétés inférieures, 1 vol. in-8º	7 fr. 50
LIARD. — Descartes, 3ᵉ édit., 1 vol. in-8º	5 fr.
G. LYON. — L'Idéalisme en Angleterre au XVIIIᵉ siècle, 1 vol. in-8º	7 fr. 50
— La philosophie de Hobbes, 1 vol. in-12	2 fr. 50
PHILIPPE. — Lucrèce dans la théologie chrétienne du IIIᵉ au IVᵉ siècle, 1 vol. in-8º	7 fr. 50
RECEJAC. — Essai sur les fondements de la connaissance mystique, 1 vol. in-8º	5 fr.
RIBOT. — Essai sur les passions, 3ᵉ édit., 1 vol. in-8º	3 fr. 75
— La psychologie de l'attention, 12ᵉ édit., 1 vol. in-16	2 fr. 50
— La psychologie des sentiments, 8ᵉ édit., 1 vol. in-8º	7 fr. 50
— La logique des sentiments, 5ᵉ édit., 1 vol. in-8º	3 fr. 75
— Essai sur l'imagination créatrice, 3ᵉ édit., 1 vol. in-8º	5 fr.
— L'évolution des idées générales, 3ᵉ édit., 1 vol. in-8º	5 fr.
— L'hérédité psychologique, 9ᵉ édit., 1 vol. in-8º	7 fr. 50
SPINOZA. — Œuvres, Éd. VAN VLOOTEN et J. P. N. LAND, 3 vol. in-12, reliés.	18 fr.
WULFF (DE). — Histoire de la philosophie médiévale, 4ᵉ éd., rev., 1 vol. in-8º	10 fr.
XAVIER (Léon). — La philosophie de Fichte, 1 vol. in-8º	7 fr. 50

A LA MÊME LIBRAIRIE

AUTRES OUVRAGES DE M. FRANÇOIS PICAVET

La Mettrie et la critique allemande, 1 vol. in-8º	1 fr.
Les Idéologues, 1 vol. in-8º de la *Bibliothèque de philosophie contemporaine*	10 fr.
Traduction française de la Critique de la Raison pratique, de Kant, 4ᵉ édit., 1 vol. in-8º	6 fr.
Esquisse d'une histoire générale et comparée des philosophies médiévales, 2ᵉ édit., 1 vol. in-8º	7 fr. 50
Roscelin, philosophe et théologien d'après la légende et d'après l'histoire, sa place dans l'histoire générale et comparée des philosophies médiévales, 1 vol. in-8º	4 fr.

www.ingramcontent.com/pod-product-compliance
Lightning Source LLC
Chambersburg PA
CBHW051829230426

43671CB00008B/890